中国语言资源保护工程

中国语言资源集·河北 编委会

主 任
韩爱丽

副主任
王 晖 单 娟

主 编
吴继章

副主编
盖林海 傅 林 吴丽君 李巧兰 侯建华
李 旭 李小平 王志勇 刘义青

委 员
（以姓氏笔画为序）

马美茹	王志勇	王锡丽	尹 凯	田文静	刘义青
孙 顺	李小平	李巧兰	李 旭	李建昌	吴丽君
吴继章	何怡佳	沈丹萍	张兰英	郑 莉	侯建华
唐健雄	曹梦雪	盖林海	傅 林	戴克良	

秘 书
刘宏宇

中国语言资源集

河北

词汇卷·上

吴继章 主编

商务印书馆
The Commercial Press
创于1897

总序

教育部、国家语言文字工作委员会于 2015 年 5 月发布《教育部 国家语委关于启动中国语言资源保护工程的通知》（教语信函〔2015〕2 号），启动中国语言资源保护工程（以下简称"语保工程"），在全国范围开展以语言资源调查、保存、展示和开发利用等为核心的各项工作。

在教育部、国家语委统一领导下，经各地行政主管部门、专业机构、专家学者和社会各界人士共同努力，至 2019 年底，语保工程超额完成总体规划的调查任务。调查范围涵盖包括港澳台在内的全国所有省份、123 个语种及其主要方言。汇聚语言和方言原始语料文件数据 1000 多万条，其中音视频数据各 500 多万条，总物理容量达 100TB，建成世界上最大规模的语言资源库和展示平台。

语保工程所获得的第一手原始语料具有原创性、抢救性、可比性和唯一性，是无价之宝，亟待开展科学系统的整理加工和开发应用，使之发挥应有的重要作用。编写《中国语言资源集（分省）》（以下简称"资源集"）是其中的一项重要工作。

早在 2016 年，教育部语言文字信息管理司（以下简称"语信司"）就委托中国语言资源保护研究中心（以下简称"语保中心"）编写了《中国语言资源集（分省）编写出版规范（试行）》。2017 年 1 月，语信司印发《关于推进中国语言资源集编写的通知》（教语信司函〔2017〕6 号），要求"各地按照工程总体要求和本地区进展情况，在资金筹措、成果设计等方面早设计、早谋划、早实施，积极推进分省资源集编写出版工作"，"努力在第一个'百年'到来之际，打造标志性的精品成果"。2018 年 5 月，又印发了《关于启动中国语言资源集（分省）编写出版试点工作的通知》（教语信司函〔2018〕27 号），部署在北京、上海、山西等地率先开展资源集编写出版试点工作，并明确"中国语言资源集（分省）编写出版工作将于 2019 年在全国范围内全面铺开"。2019 年 3 月，教育部办公厅印发《关于部署中国语言资源保护工程 2019 年度汉语方言调查及中国语言资源集编制工作的通知》（教语信厅函〔2019〕2 号），要求"在试点基础上，在全国范围内开展资源集编制工作"。

为科学有效开展资源集编写工作，语信司和语保中心通过试点、工作会、研讨会等形式，广泛收集意见建议，不断完善工作方案和编写规范。语信司于2019年7月印发了修订后的《中国语言资源集（分省）实施方案》和《中国语言资源集（分省）编写出版规范》（教语信司函〔2019〕30号）。按规定，资源集收入本地区所有调查点的全部字词句语料，并列表对照排列。该方案和规范既对全国作出统一要求，保证了一致性和可比性；也兼顾各地具体情况，保持了一定的灵活性。

各省（区、市）语言文字管理部门高度重视本地区资源集的编写出版工作，在组织领导、管理监督和经费保障等方面做了大量工作，给予大力支持。各位主编认真负责，严格要求，专家团队团结合作，协同作战，保证了资源集的高水准和高质量。我们有信心期待《中国语言资源集》将成为继《中国语言文化典藏》《中国濒危语言志》之后语保工程的又一重大标志性成果。

语保工程最重要的成果就是语言资源数据。各省（区、市）的语言资源按照国家统一规划规范汇集出版，这在我国历史上尚属首次。而资源集所收调查点数之多，材料之全面丰富，编排之统一规范，在全世界范围内亦未见出其右者。从历史的眼光来看，本系列资源集的出版无疑具有重大意义和宝贵价值。我本人作为语保工程首席专家，在此谨向多年来奋战在语保工作战线上的各位领导和专家学者致以崇高的敬意！

曹志耘
2020年10月5日

序

  河北是中华民族主要发祥地之一,有着悠久的历史和灿烂的文化。早在二百多万年以前,河北境内就有人类居住,从旧石器时代起,到中石器时代、新石器时代,早期人类的遗迹遍布今天的河北各地。五千多年前,中华民族的三大始祖黄帝、炎帝和蚩尤就在今天河北的大地上征战并最后融合,开创了中华民族的文明史。独特的自然地理环境和漫长的社会发展演变历史孕育了河北独具特色的地域文化:燕赵文化、中山文化、畿辅文化、太行文化、红色文化,等等。语言是文化的载体又是文化的组成部分,方言反映地域文化,与地域文化互为一体,古今皆然。譬如,有研究者就根据《方言》所载西汉大部分地区"芜菁"只有这一个名称,而赵、魏两地则依据"芜菁"的大小、颜色等的不同分别有四个名称这一方言特点,推断当时河北的一些地方"芜菁"的种类比别的地方多。到了现当代,我们能了解到的这类现象更是比比皆是,现在河北的唐山一带,人们常用"走一窗户"来表示"敷衍、应付"或"走形式、走过场"等意思,就源于当地流行的皮影戏这种艺术形式。

  由于方言与地域文化的这种密切关系,使得某些地域文化现象在本身成为历史之后,仍能借助方言保存下来,这使地域文化的多样性和丰富性有了较多的可能。但社会的转型和快速发展加快了方言消失的速度,地域文化生存的土壤处在加速的瓦解中;这就使得方言的保存和保护具有了现实的必要性和迫切性。

  顺应方言保存和保护的需要,先是国家语委于2008年启动了"中国语言资源有声数据库建设工程",教育部、国家语委又于2015年在"中国语言资源有声数据库建设工程"的基础上启动了"中国语言资源保护工程"。"中国语言资源保护工程"是20世纪50年代全国第一次汉语方言普查之后,第二个由政府主导的全国性语言调查工程。与以往的方言调查相比,"中国语言资源保护工程"有着诸多鲜明突出的特点。有的特点我们从各省的资源集中就可以看到,如全国所有的调查点都严格按照统一的格式,调查同样的内容;调查的内容不限于语音、词汇、语法,还包括了地方文化;它的调查不仅有纸笔的记录分析,还有录音录像,等等。有的特点则是资源集中看不到的:首先是它针对工程中的每一个方面、每一个步骤,都制定了严格具体的规范,提出了明确的要求;而且这些规范和要求都是以正规出版物或文件、信函的方式给出的,前者如《中国语言资源调查手册·汉语方言》(商务印书馆,2015),后者如《教育部办公厅关于部署中国语言资源保护工程2019年度汉语方言调查及中国语言资源集编制工作的通知》(教语信厅函〔2019〕2号)。其次是在调查队伍的组建、调查人员的培训、发音人的选择上都下足了功夫。三是调查点和调查内容的确定都是经过专业队伍反复论证的。四是各省市编入资源集和放置在语保工程采录展示平台上的相关内容都是经过语保核心专家组专家或外省市同行专家"中期检查""预验收""验收"过的,这些检查等都有严格细致的标准。

　　河北的语保工作是从2013年开始的。"有声数据库河北库"建设工作,我们调查了唐山的滦南县、玉田县、迁西县和古冶区以及承德的滦平县等5个县(区),并顺利通过了验收。在教育部、国家语委启动"中国语言资源保护工程"之后,河北省语委、省教育厅高度重视,迅速响应,于2015年9月启动了中国语言资源河北汉语方言调查项目。项目从2016年正式开始到2019年结束,历时3年,共完成了35个点的汉语方言调查描写任务。这部即将出版的《中国语言资源集·河北》就是河北一期"语言资源保护工程"的成果之一。河北语保参与调查工作的专业人员共148人,发音人225人,共组建了20个调查团队。在整个调查过程中,从发音人的选定到田野的纸笔记录,从材料的整理到录音录像,每个调查团队都以认真负责、一丝不苟的精神,克服了无数想象不到的困难。调查团队的专业人员绝大部分都是高校教师。一些需要多人互相配合完成的任务,如录音录像,多是在假期中完成的。酷热难当的盛夏,录音录像时为防止噪音的干扰,往往是风扇不能吹,空调不能开。河北同全国其他省市一样,在工作过程中,克服了各种各样的困难,经历了许许多多曲折而动人的"故事",这些"故事"中的一部分反映在《语保故事》(第一辑)(王莉宁主编,光明日报出版社,2021)中,感兴趣的读者可以参看。

　　《中国语言资源集·河北》的编写工作开始于2019年的年中,2019年6月成立了资源集编写委员会并申报立项,7月组织召开了资源集编写工作研讨会议。会上就资源集编写的第一步工作即单点校对进行了讨论并对校对任务进行了分工,10月完成了河北汉语方言调查项目35个点的校对任务,并将修改的情况按要求报给了语保中心。2020年1月组织专家进行了集中研讨,对编写任务按照语音、词汇、语法和口头文化进行了分组分工;邀请语保中心专家就资源集编写的有关内容进行了培训和问题解答。2020年底《中国语言资源集·河北》全部编写完成并进入出版流程。

　　"中国语言资源保护工程"对我们整个国家的语言和文化建设都将产生重大的影响,对河北而言更是具有特殊重要的意义。首先,河北环绕京津,河北的一部分方言比其他方言受普通话的影响更大、更直接,这种影响使得河北方言,起码是其中的大部分方言无论是在语音、词汇方面，还是在语法方面都处在较其他方言更快的变化之中；因此，河北的语言资源保护就有着比其他省市更为突出的迫切性。其次，从上个世纪50年代第一次全国汉语方言普查开始，就形成了一种河北方言在大部分地区大部分方面与普通话差别都不大的看法，这在一定程度上影响了河北方言调查研究的全面和深入。最近十几年来，随着调查的深入，人们已经在逐渐改变对河北方言的看法。这次语保调查，由于规模较大，调查的内容较为全面，对我们全面准确地认识河北方言及其调查研究的意义将会具有较大的作用，并促进河北方言调查研究的深入发展。三是可以在一定程度上弥补多年来河北方言调查研究中基础材料欠缺的弱项。四是为河北提供了一个壮大方言调查研究队伍和向周边省市学习的机会。

河北省的语言资源保护工作，无论是方言调查还是资源集的编写，都是在国家语委、教育部语信司、中国语言资源保护研究中心、河北省语委、河北省教育厅的领导和指导下进行的。工作过程让我们认识到，完成大规模的语言基础建设工程，政府主导、相关行政部门和专业团队的密切配合是必不可少的。几年里，河北省语委办的同志们，始终如一地与专业团队密切配合，以积极主动的工作态度，在调查点的选择调整、发音人的确定、外省市专家检查验收工作的协调安排、相关会议的组织、经费的申请和管理等方面，付出了大量的劳动。

由于《中国语言资源集·河北》所涉及内容的调查是在不同的时间地点、由不同的团队完成的，难免存在对同类问题的不同看法；由于方言和方言文化都具有较高的复杂性，很容易导致描写或分析的不准确；更由于我们的水平有限，问题和错漏的存在几乎可以说是一种必然。

我们衷心期待来自各方面的关注和批评指正！

吴继章

2022年11月

中国语言资源保护工程河北方言调查点分布图

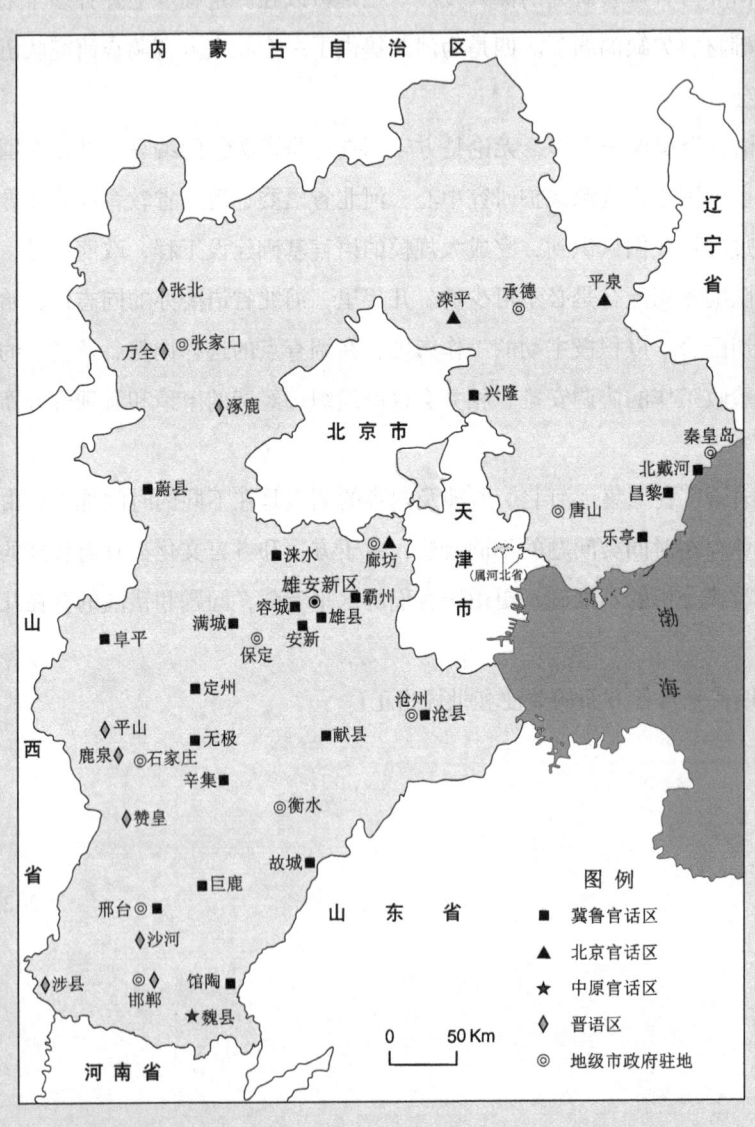

审图号：冀 S（2022）001 号

上卷目录

概述 / 1
编写凡例 / 1
词汇对照 0001—0600 / 2

概 述

本书包括上下两册，主要以表格的形式展示中国语言资源保护工程（以下简称"语保工程"）河北省35个调查点的1200个普通话词目对应的河北方言词汇情况。表格每页以词目为列，以方言调查点为行。词目以《中国语言资源调查手册·汉语方言》中的"词汇（方言老男）"所列1200个词目为序，标注了每个词目对应的河北方言词语的读音和必要的解释说明等，以便于方普之间和不同方言点之间进行比较。

编写凡例

一、除国际音标外，本书使用的符号主要有以下几种：

1. "/"，某些方言词条的用字有异读时，不同读音之间用"/"分隔。例如：雷 luei^{52}/lei^{52}| 淋 luən^{45}/lin^{45}。

2. "="（上标），表示其前面的字是同音替代字而不是本字。例如：户 $^=$往 $^=$xu^{312}uɑŋ^0（晚上）| 小里 $^=$siɔ^{31}li^0（小偷儿）| 列 $^=$个儿 liɛ^{51}kər^0（昨天）。

3. "[ ]"，表示其后面国际音标标注的读音是[ ]中汉字的合音。例如：[后晌] xuaŋ^{24}| 家[里头] tɕia^{21}lou^0| [出来] tʂʰuai^{213}。

4. 不知词的本字且方言中没有同音字可用时用"#"号代替。如果方言点只有一个这类情况，则为"#1"，两个则为"#2"，余者依次类推。例如：#3tsuo^{52}（嚼）|#1tuən^{55}（捅）。

二、如果方言点与普通话词目对应的词语不超过三个，则一般三个方言词语均置于表格中；如果方言点与普通话词目对应的词语为三个以上，或必要的解释说明性内容较多，则将一部分方言词语或解释说明性文字以脚注的形式置于表末。

三、由于语流音变和不同历史层次成分的共存等原因，本卷的词语记音存在极少数与《中国语言资源集·河北 语音卷》不一致的情况。

词汇对照 0001—0600

	0001 太阳~下山了	0002 月亮~出来了	0003 星星
兴隆	老爷儿 lau²¹iɚ⁵⁵ 日头 ʐʅ⁵⁵tʰou⁰ 太阳 tʰai⁵¹iaŋ⁰	月亮 ye⁵¹liaŋ⁰	星星 ɕiŋ³⁵ɕiŋ⁰
北戴河	日头 ʐʅ⁵³tʰou⁰	月亮 ye⁵³liaŋ⁰	星星 ɕiŋ⁴⁴ɕiŋ⁰
昌黎	日头 ʐʅ²¹tʰou⁰	月儿 yɚ⁴⁵³ 月亮 ye⁴⁵liaŋ⁰	星星 ɕiŋ⁴²ɕiŋ⁰
乐亭	日头 ʐʅ³¹tʰou⁰	月儿 yɚ⁵²	星星 ɕiəŋ³¹ɕiəŋ⁰
蔚县	阳婆爷 iɔ⁴¹pʰɤ⁰iə⁴¹ 日头 ʐʅ³¹tʰəu⁰ 太阳 tʰɛi³¹iɔ⁰	月亮爷 yə³¹liɔ⁰iə⁴¹ 后天爷 xəu³¹tʰiã⁰iə⁴¹	星星 ɕiŋ⁵³ɕiŋ⁰
涞水	太阳 tʰai³¹iaŋ⁰	月亮 ye³¹liaŋ⁰	星星 ɕiŋ³³ɕiŋ⁰
霸州	日头 ʐʅ⁵³tʰou⁰ 太阳 tʰai⁴¹iaŋ⁰ 日头爷儿 ʐʅ⁴⁴tʰou⁰iɚ⁵³	月亮 ye⁴⁵liaŋ⁰ 月亮奶奶 ye⁴⁵liaŋ⁰nai⁴¹nai⁰	星星 ɕiŋ²¹ɕiŋ⁰
容城	日头爷儿 ʐʅ²¹tʰou⁰iɚ³⁵ 太阳老爷儿 tʰai⁵²iaŋ⁰lau²¹iɚ³⁵	月亮老爷儿 ye⁵²liaŋ⁰lau²¹iɚ³⁵	星星 ɕiŋ³¹ɕiŋ⁰
雄县	日头 ʐʅ⁵³tʰou⁰ 太阳 tʰai⁴¹iaŋ⁰ 日头爷儿 ʐʅ⁵³tʰou⁰iɚ⁵³	月亮 ye⁴⁵liaŋ⁰	星星 ɕiŋ⁴⁴ɕiŋ⁰
安新	日头 ʐʅ³³tʰou⁰	月亮 ye⁵⁵liaŋ⁰	星星 ɕiŋ⁴⁵ɕiŋ⁰
满城	老爷儿 lau³⁵iɚ²²	老母儿 lau³⁵mur²¹³	星星 ɕiŋ⁴⁵ɕiŋ⁰
阜平	日头儿 ʐʅ⁵³tʰour⁰	月亮儿 ye⁵³liãr⁰	星星 ɕiŋ³¹ɕiŋ⁰
定州	日头儿 ʐʅ⁵³tʰou⁰uɚ⁰ 老爷儿 lau²⁴iɚ²¹³	月亮 ye³⁵liaŋ⁰ 月老儿 ye⁵³lau²¹¹uɚ⁰	星星 siŋ³³siŋ¹¹
无极	日头儿 ʐʅ³¹tʰəur⁰	月亮儿 ye⁵³liãr⁰	星星 siŋ³¹siŋ⁰
辛集	日头儿 ʐʅ²⁴tʰour⁰	月亮 ye⁴¹liaŋ⁰ 佛佛 fə³⁵fə⁰ 儿语	星星 siŋ³³siŋ⁰
衡水	太阳 tʰai³¹iaŋ⁰	老母 lau⁵³mu⁰	星星 ɕiŋ³¹ɕiŋ⁰
故城	爷爷儿 ie⁵⁵iɤr⁰ 太阳 tʰæ³¹iaŋ⁵³	月亮 ye⁵³liaŋ⁰ 月亮奶奶 ye⁵³liaŋ⁰næ²⁴næ⁰	星星 ɕiŋ²¹ɕiŋ⁰

（续表）

	0001 太阳~下山了	0002 月亮~出来了	0003 星星
巨鹿	日头 i⁵³tʰou⁰	月亮帝儿 yɛ⁵³liaŋ⁰tiər²¹ 佛佛 fo⁵³fo⁰	星星 ɕiŋ³³ɕiŋ⁰
邢台	日头儿 zʅ³¹tʰour⁰	月亮 yɛ³¹liaŋ⁰	星星儿 siŋ³⁴siər⁰
馆陶	爷儿爷儿 iɛʀ⁵²iɛr⁰	月亮 yɛ²¹liaŋ⁰	星星 siŋ²²siŋ⁰
沧县	太阳 tʰai⁴¹iaŋ⁵³	月亮 yɛ⁵³liaŋ⁰	星星 ɕiŋ⁴¹ɕiŋ⁰
献县	太阳 tʰɛ³¹iã⁵³	月亮 ye³³¹liã⁰	星星 ɕiŋ³³ɕiŋ⁰
平泉	老爷儿 lau²¹iɛr³⁵ 日头 zʅ³⁵tʰou⁰ 太阳 tʰai⁵¹iaŋ³⁵	月儿 yɛr⁵¹ 月亮 yɛ⁵¹liaŋ⁰	星星 ɕiŋ⁵⁵ɕiŋ⁰
滦平	老爷儿 lau²¹iɛr⁵⁵ 日头 zʅ⁵¹tʰou⁰ 太阳 tʰai⁵¹iaŋ³⁵	月亮 yɛ⁵¹liaŋ⁰	星星 ɕiŋ⁵⁵ɕiŋ⁰
廊坊	老爷儿 lau²¹iɛr³⁵ 太阳 tʰai⁵³iaŋ³⁵①	月亮 yɛ⁵¹liaŋ⁰	星星 ɕiŋ⁵⁵ɕiŋ⁰
魏县	爷窝儿 ie⁵³uɤr³³	月亮帝儿 yɛ⁵³liaŋ³¹²tiər⁰ 明奶奶 miŋ⁵³nai⁵⁵nai³³	星星 ɕiŋ³³ɕiŋ⁰
张北	老爷儿 lau⁵⁵iɛr⁴² 日头 zʅ²³tʰəu⁴²	后天爷 xəu²³tʰiæ⁴²iɛ⁴² 月亮 yəʔ³liɔ̃²¹³	星星 ɕiŋ⁴²ɕiŋ⁰
万全	爷儿 iɛr⁴¹ 前天爷 tɕʰian⁴¹tʰian⁰iei⁴¹	后天爷 xou²¹³tʰian⁰iei⁴¹	星宿 ɕiəŋ⁴¹ɕiou²¹³
涿鹿	爷爷儿 ie⁴²iɤr⁰ 日头 ər³¹tʰəu⁰	后天爷 xəu³¹tʰiæ̃⁴²iɛ⁰	星星 ɕiŋ⁴²ɕiŋ⁰
平山	日头儿 zʅ⁴²tʰər⁰	月亮 yɤ²⁴liaŋ⁴²	星宿 siŋ⁴²sɐu⁰
鹿泉	日头儿 zʅ³¹tʰour⁰	月亮儿 yɤ³¹liãr⁰	星星儿 siŋ⁵⁵siər⁰
赞皇	日头儿 zʅ⁵¹tʰəur⁰	月儿 yɤr³¹²	星星 siŋ⁵⁴siŋ⁰
沙河	太阳 tʰai²¹iaŋ⁵¹ 日头儿 zʅ²¹tʰəur⁵¹	月亮 yəʔ²⁴liaŋ²¹ 月儿奶奶 yər²¹nai³³nai⁰	星星 siəŋ⁴¹siəŋ⁰
邯郸	太阳 tʰai¹³iaŋ⁰ 老爷儿 lau⁵⁵iɛr⁰	月亮 yʌʔ²⁵liaŋ²¹ 明奶奶 miŋ³¹nai⁵⁵nai⁰	星星 siŋ³¹siŋ⁰
涉县	日头儿 i⁵⁵tʰəur²⁴	月亮 yə⁵⁵liã⁰	星星 ɕiəŋ⁵⁵ɕiəŋ⁰

	0004 云	0005 风	0006 台风
兴隆	云 yn⁵⁵	风 fəŋ³⁵	台风 tʰai⁵⁵fəŋ³⁵
北戴河	云彩 yn³⁵tʃʰai⁰	风 fəŋ⁴⁴	台风 tʰai³⁵fəŋ⁴⁴
昌黎	云 yn²⁴	风 fəŋ⁴²	大风 ta⁴⁵fəŋ⁰
乐亭	云彩 yən³¹tsʰai⁰	风 fəŋ³¹	台风 tʰai²¹²fəŋ³¹
蔚县	云彩 yŋ⁴¹tsʰɛi⁰	风 fəŋ⁵³	台风 tʰɛi⁴¹fəŋ⁵³
涞水	云彩 yn²⁴tsʰai⁰	风 fəŋ³¹	台风 tʰai⁴⁵fəŋ³¹
霸州	云彩 yn⁵³tsʰai⁰	风 fəŋ⁴⁵	台风 tʰai⁵³fəŋ⁴⁵
容城	云彩 yn²¹tsʰai⁰	风 fəŋ⁴³	台风 tʰai⁴⁴fəŋ⁴³
雄县	云彩 yn⁵³tsʰai⁰	风 fəŋ⁴⁵	台风 tʰai⁵³fəŋ⁴⁵
安新	云彩 yn³³tsʰai⁰	风 fəŋ⁴⁵	台风 tʰai⁵³fəŋ⁴⁵
满城	云彩 yn²²tsʰai⁰	风 fəŋ⁴⁵	台风 tʰai²²fəŋ⁰
阜平	云彩 ioŋ⁵³tsʰæ⁰	风 fəŋ³¹	台风 tʰæ⁵⁵fəŋ³¹
定州	云彩 yn⁴²tsʰai⁰	风 fəŋ³³	旋风 syan⁵³fəŋ³³
无极	云彩 yen³¹tsʰæ⁰	风 fəŋ³¹	
辛集	云彩 yən³⁵tsʰai⁰	风 fəŋ³³	台风 tʰai³⁵⁴fəŋ³³
衡水	云彩 yn²⁴tsʰɑi⁰	风 fəŋ²⁴	台风 tʰɑi²⁴fəŋ⁰
故城	云彩 yẽ⁵⁵tsʰæ⁰	风 fəŋ²⁴	台风 tʰæ⁵³fəŋ⁰
巨鹿	云彩 yən⁵³tsʰai⁰	风 fəŋ³³	台风 tʰai⁴¹fəŋ³³
邢台	云彩 yn⁵³tsʰai⁰	风 fəŋ³⁴ 风儿 fər³⁴	大风 ta³¹fəŋ³⁴
馆陶	云彩 yn⁵²tsʰai⁰	风 fəŋ²⁴	台风 tʰai⁵³fəŋ²⁴
沧县	云彩 yən⁵⁵tsʰai⁰	风 fəŋ²³	台风 tʰai⁵³fəŋ²³
献县	云彩 yən⁵⁵tsʰɛ⁰	风 fəŋ³³	台风 tʰɛ⁵³fəŋ³³
平泉	云 yn³⁵	风 fəŋ⁵⁵	台风 tʰai³⁵fəŋ⁵⁵
滦平	云 yn³⁵	风 fəŋ⁵⁵	台风 tʰai³⁵fəŋ⁵⁵
廊坊	云彩 yn³⁵tsʰai⁰	风 fəŋ⁵⁵	台风 tʰai³⁵fəŋ⁵⁵
魏县	云彩 yn⁵³tʂʰai³¹²	风 fəŋ³³	台风 tʰai⁵³fəŋ³³
张北	云 yŋ⁴²	风 fəŋ⁴²	大风 ta²³fəŋ⁴²

（续表）

	0004 云	0005 风	0006 台风
万全	云彩 yəŋ⁴⁴tsʰɛi⁵⁵	风 fəŋ⁴¹	大洪风 ta²⁴xuəŋ⁴¹fəŋ⁴¹
涿鹿	云彩 yŋ⁴²tsʰɛ⁰	风 fəŋ⁴⁴	台风 tʰɛ⁵²fəŋ⁴²
平山	云彩 yŋ⁴²tsʰɛ⁰	风 fəŋ³¹	台风 tʰɛ⁴²fəŋ³¹
鹿泉	云彩 yẽ⁵⁵tsʰɛ⁰	风 fəŋ⁵⁵	台风 tʰɛ⁵⁵fəŋ⁵⁵
赞皇	云彩 yŋ⁵¹tsʰɛ⁰	风 fəŋ⁵⁴	台风 tʰɛ⁵⁴fəŋ⁵⁴
沙河	云 yən⁵¹	风 fəŋ⁴¹	台风 tʰai⁵⁴fəŋ³¹
邯郸	云彩 yn⁵³tsʰai⁰	风 fəŋ³¹	台风 tʰai²⁴fəŋ³¹
涉县	云彩 yəŋ⁴¹tsʰai⁰	风 fəŋ⁴¹	台风 tʰai⁴¹fəŋ⁰

	0007 闪电 名词	0008 雷	0009 雨
兴隆	闪电 ʂan²¹tian⁵¹	雷 lei⁵⁵	雨 y²¹³
北戴河	打闪儿 ta³⁵ʂɚ²¹⁴	雷 lei³⁵	雨 y²¹⁴
昌黎	霍闪 xuo⁴⁵ʂən⁰	雷生 ⁼lei⁴²ʂəŋ²³ 雷 lei²⁴	雨 y²¹³
乐亭	霍闪 xuə³¹ʂan⁰	雷成 ⁼lei³¹tʂʰəŋ⁰	雨 y³⁴
蔚县	闪 sã⁴⁴	雷 lei⁴¹	雨 y⁴⁴
涞水	闪 ʂan²⁴	雷 lei⁴⁵	雨 y²⁴
霸州	闪 ʂan²¹⁴	雷 lei⁵³	雨 y²¹⁴
容城	闪 ʂan²¹³	雷 lei³⁵	雨 y²¹³
雄县	闪 ʂãn²¹⁴	雷 lei⁵³	雨 y²¹⁴
安新	闪 ʂan²¹⁴	雷 lei³¹	雨 y²¹⁴
满城	闪电 ʂan²¹tian⁵¹²	雷 lei²²	雨 y²¹³
阜平	闪 ʂæ̃⁵⁵	雷 lei²⁴	雨 y⁵⁵
定州	闪 ʂan²⁴	雷 lei²¹³	雨 y²⁴
无极	闪 ʂãn³⁵	雷 ləi²¹³	雨 y³⁵
辛集	闪 ʂan³²⁴	雷 lei³⁵⁴	雨 y³²⁴
衡水	闪 sɑn⁵⁵	雷 luei⁵³	雨 y⁵⁵
故城	闪 ʂæ̃⁵⁵	雷 lei⁵³	雨 y⁵⁵
巨鹿	闪 ʂan⁵⁵	雷 luei⁴¹	雨 y⁵⁵
邢台	闪 ʂan⁵⁵	雷 lei⁵³	雨 y⁵⁵ 大雨 ta³¹y⁵⁵
馆陶	闪 ʂæn⁴⁴	雷 luei⁵²/lei⁵²	雨 y⁴⁴
沧县	闪 ʂan⁵⁵	雷 lei⁵³	雨 y⁵⁵
献县	闪 ʂæ̃²¹⁴	雷 lei⁵³	雨 y²¹⁴
平泉	闪电 ʂan²¹tian⁵¹	雷 lei³⁵	雨 y²¹⁴
滦平	闪电 ʂan²¹tian⁵¹	雷 lei³⁵	雨 y²¹⁴
廊坊	闪 ʂan²¹⁴	雷 lei³⁵	雨 y²¹⁴
魏县	打闪 ta⁵⁵ʂan⁵⁵	响雷 ɕiɑŋ⁵⁵luəi⁵³	雨 y⁵⁵

（续表）

	0007 闪电 名词	0008 雷	0009 雨
张北	闪 sæ̃⁵⁵	雷 li⁴²	雨 y⁵⁵
万全	闪 san⁵⁵	雷 lei⁴¹	雨 y⁵⁵
涿鹿	打闪 ta⁴² ʂæ̃⁴⁵ 闪 ʂæ̃⁴⁵	雷 lei⁴²	雨 y⁴⁵
平山	打闪 ta⁵⁵ ʂæ̃⁵⁵	响雷 ɕiaŋ⁵⁵ læi³¹	雨 i⁵⁵
鹿泉	闪电 ʂæ̃³⁵ tiæ̃³¹	雷 lei⁵⁵	雨 y³⁵
赞皇	闪 ʂæ̃⁴⁵ 打闪 ta⁵⁴ ʂæ̃⁴⁵	雷 lei⁵⁴	雨 y⁴⁵
沙河	闪电 ʂã³³ tiã²¹	雷 luei⁵¹	雨 y³³
邯郸	闪 sæ̃⁵⁵	雷 luəi⁵³	雨 y⁵⁵
涉县	闪电 sæ̃⁵³ tiæ̃²⁴	雷 luəi⁴¹²	雨 y⁵³

	0010 下雨	0011 淋 衣服被雨~湿了	0012 晒 ~粮食
兴隆	下雨 ɕia⁵¹y²¹³	潲 ʂɑu⁵¹ 淋 lin⁵⁵	晒 ʂai⁵¹ 晾 liaŋ⁵¹
北戴河	下雨 ɕia⁵³y²¹⁴	浇 tɕiɑu⁴⁴	晾 liaŋ⁵¹ 晒 ʃai⁵¹
昌黎	下雨 ɕia⁴²y²¹³	浇 tɕiɑu⁴²	晒 sai⁴⁵³
乐亭	下雨 ɕia⁵³y³⁴	拍 pʰai³⁴	晒 sai⁵²
蔚县	下雨 ɕia³¹y⁴⁴	淋 liŋ⁴¹	晒 sei³¹²
涞水	下雨 ɕia³¹y²⁴	淋 luən⁴⁵/ lin⁴⁵	晒 ʂai³¹⁴
霸州	下雨 ɕia⁴¹y²¹⁴	淋 luən⁵³	晒 ʂai⁴¹
容城	下雨 ɕia⁵²y²¹³	淋 luən³⁵	晒 ʂai⁵¹³
雄县	下雨 ɕia⁴¹y²¹⁴	淋 luən⁵³	晒 sai⁴¹
安新	下雨 ɕia⁵⁵y²¹⁴	淋 luən³¹	晒 sai⁵¹
满城	下雨 ɕia⁵³y²¹³	淋 luən²²/lin²²	晒 ʂai⁵¹²
阜平	下雨 ɕia⁵³y⁵⁵	淋 loŋ²⁴	晒 ʂæ⁵³
定州	下雨 ɕia⁵³y²⁴	涰 tʂuo²¹³	晒 ʂai⁵¹ 时间长 晾 liaŋ⁵¹ 时间短
无极	下雨 ɕiɑ⁵¹y³⁵	淋 luen²¹³	晒 ʂæ⁵¹
辛集	下雨 ɕiɑ⁴²y³²⁴	淋 luən³⁵⁴	晒 sai⁴¹
衡水	下雨 ɕia³¹y⁵⁵	淋 lun⁵³	晒 sai³¹
故城	下雨 ɕia³¹y⁵⁵	淋 luẽ⁵³	晒 sæ³¹
巨鹿	下雨 ɕia²¹y⁵⁵	淋 luən⁴¹	晒 sai²¹
邢台	下雨 ɕia³¹y⁵⁵ 圪星 kə³⁴siŋ⁵³	淋 luən⁵³	晒 ʂai³¹
馆陶	下雨 ɕia²¹y⁴³	淋 lun⁵²	晒 sai²¹³
沧县	下雨 ɕiɑ⁴¹y⁵⁵	淋 liɑn⁵³	晒 sai⁴¹
献县	下雨 ɕia³¹y²¹⁴	淋 luən⁵³	晒 ʂɛ³¹
平泉	下雨 ɕia⁵¹y²¹⁴	淋 lin³⁵	晾 liaŋ⁵¹ 吡 ⁼喽 ⁼tʂʅ⁵⁵lou⁰ 晒 ʂai⁵¹

（续表）

	0010 下雨	0011 淋 衣服被雨~湿了	0012 晒 ~粮食
滦平	下雨 ɕia⁵¹y²¹⁴	淋 lin³⁵	晾 liɑŋ⁵¹ 呲⁼喽 ⁼tsʰɿ⁵⁵lou⁰ 晒 ʂai⁵¹
廊坊	下雨 ɕia⁵³y²¹⁴	淋 luən³⁵/lin³⁵	晒 ʂai⁵¹
魏县	下雨 ɕia³¹²y⁵⁵	淋 luən⁵³	晒 ʂai³¹²
张北	下雨 ɕia²³y⁵⁵	浇 tɕiau⁴²	晒 sai²¹³
万全	下雨 ɕia⁴⁵y⁵⁵	淋 liəŋ⁴¹	晒 sei²¹³
涿鹿	下雨 ɕia³¹y⁴⁵	淋 liŋ⁴²	晒 sɛ³¹ 晾 liɑŋ³¹
平山	下雨 ɕia⁴²i⁵⁵	淋 lyŋ³¹	晒 ʂɛ⁴²
鹿泉	下雨 ɕia³¹y³⁵	淋 liẽ⁵⁵	晒 ʂɛ³¹²
赞皇	下雨 ɕia³¹²y⁴⁵	淋 lin⁵⁴	晒 ʂɛ³¹²
沙河	下雨 ɕiɔ²¹y³³	淋 lyən⁵¹	晒 ʂai²¹
邯郸	下雨 ɕiɔ¹³y⁵⁵	淋 lyn⁵³	晒 ʂai²¹³
涉县	下雨 ɕiɒ⁵⁵y⁰	淋 lyəŋ⁴¹²	晒 sai⁵⁵

	0013 雪	0014 冰	0015 冰雹
兴隆	雪 ɕye²¹³	冰 piŋ³⁵	冰雹 piŋ³⁵pau⁵⁵ 雹子 pau⁵⁵tsʅ⁰
北戴河	雪 ɕye²¹⁴	冰 piŋ⁴⁴	雹子 pau³⁵tʃʅ⁰
昌黎	雪 ɕye²¹³	冰 piŋ⁴²	雹子 pau⁴²tsʅ²³
乐亭	雪 ɕye³⁴	冰 piəŋ³¹	冷子 ləŋ³⁴tsʅ⁰
蔚县	雪 ɕyə⁵³	冰凌 piŋ⁵³liŋ⁰	蛋子 tã³¹tsʅ⁰
涞水	雪 ɕyɛ²⁴	冰 piŋ³¹	雹子 pau²⁴tsʅ⁰
霸州	雪 ɕyɛ²¹⁴	冰 piŋ⁴⁵ 凌 liŋ⁵³	雹子 pau⁵³tsʅ⁰
容城	雪 ɕyɛ²¹³	冰 piŋ⁴³	雹子 pau²¹tsʅ⁰
雄县	雪 ɕyɛ²¹⁴	冰 piŋ⁴⁵ 凌 liŋ⁵³	雹子 pau⁵³tsʅ⁰
安新	雪 ɕyɛ²¹⁴	凌 liŋ³¹ 通称 冰 piŋ⁴⁵①	雹子 pau³³tsʅ⁰
满城	雪 ɕyɛ²¹³	冰 piŋ⁴⁵	冰雹 piŋ⁴⁵pau²²
阜平	雪 ɕyɛ²⁴	冰 piŋ³¹	雹子 pɔ⁵³tsʅ⁰
定州	雪 syɛ³³	冬凌 tuŋ²¹¹liŋ⁰ 冰凌 piŋ²¹¹liŋ⁰	雹子 pau⁴²tsʅ⁰
无极	雪 syɛ²¹³	冬凌 tuŋ³⁵liŋ⁰	雹子 pɔ³¹tsʅ⁰
辛集	雪 syɛ³³	冰凌 piŋ³³liŋ⁰	雹子 pau³⁵tsʅ⁰
衡水	雪 ɕyɛ²⁴	冰凌 piŋ³¹liŋ⁰	雹子 pau²⁴tsʅ⁰
故城	雪 ɕyɛ²⁴ 地皮甲 ti³¹pʰi⁵³tɕia²⁴②	冰 piŋ²⁴ 冰凌 piŋ²¹luŋ⁰ 冬凌 tuŋ²¹luŋ⁰	雹子 pɔo⁵⁵tsʅ⁰
巨鹿	雪 ɕyɛ³³	冬凌 toŋ³³liŋ⁴¹	冷子 ləŋ⁵⁵tsʅ⁰
邢台	雪 syɛ³⁴ 米粒子 mi⁵⁵li³¹ə⁰	冰 piŋ³⁴ 冰凌 piŋ³⁴liŋ⁰ 冰凌碴儿 piŋ³⁴liŋ⁰tʂʰar⁵³	冷子 ləŋ⁵³ə⁰
馆陶	雪 syE²⁴	冰凌 piŋ²²liŋ⁰ 冰 piŋ²⁴	冷子 ləŋ⁴⁴tə⁰

（续表）

	0013 雪	0014 冰	0015 冰雹
沧县	雪 ɕyɛ²³	凌 liŋ⁵³	雹子 pɑu⁵⁵tsʅ⁰
献县	雪 ɕyɛ³³	凌 liŋ⁵³ 冰凉 piŋ³³liɑ̃⁰	雹子 pɔ⁵⁵tsʅ⁰
平泉	雪 ɕyɛ²¹⁴	冰 piŋ⁵⁵	雹子 pɑu³⁵tsʅ⁰ 冰雹 piŋ⁵⁵pɑu³⁵
滦平	雪 ɕyɛ²¹⁴	冰 piŋ⁵⁵	雹子 pɑu³⁵tsə⁰ 冰雹 piŋ⁵⁵pɑu³⁵
廊坊	雪 ɕyɛ²¹⁴	冰 piŋ⁵⁵	雹子 pɑu³⁵tsʅ⁰
魏县	雪 ɕyɛ³³	冰凌 piŋ³³liŋ⁰	冷子 ləŋ⁵⁵tɛ⁰
张北	雪 ɕyəʔ³²	冰 piŋ⁴² 冰凌 piŋ⁴²liəu⁰	蛋子 tæ²³tsʅ⁰
万全	雪 syəʔ²²	冰 piəŋ⁴¹	冷蛋子 ləŋ⁴⁴tan²¹³tsə⁰
涿鹿	雪 ɕyʌʔ⁴³	冰 piŋ⁴⁴	蛋子 tæ³¹ə⁰ 雹子 pɔ⁴²ə⁰
平山	雪 siə²⁴	冬凌 toŋ⁵⁵lyŋ⁰	雹子 pɔ⁴²tsʅ⁰
鹿泉	雪 syɤ¹³	冰凌 piŋ⁵⁵liŋ⁰	雹子 pɔ⁵⁵tɤ⁰
赞皇	雪 syɛ²⁴	冬凌 tuŋ⁴⁵liŋ⁰	雹子 pɔ⁵¹tsə⁰
沙河	雪 syəʔ²	冰 piəŋ⁴¹	冷子 ləŋ³³tə⁰
邯郸	雪 syʌʔ⁴³	冬凌 tuŋ⁵⁵liŋ⁰	冷子 ləŋ⁵⁵tə⁰
涉县	雪 ɕyɑʔ³²	冰凌 piəŋ⁵⁵lou⁰	冷子 ləŋ⁵³ɑ⁰ 冷龙蛋 ləŋ⁵³luəŋ⁴¹tæ⁵⁵

---

① 加工好的冰块儿。
② 粒状雪，落在地上结冰后很滑。

	0016 霜	0017 雾	0018 露
兴隆	霜 ʂuaŋ³⁵	雾 u⁵¹	露 lu⁵¹ 露水 lu⁵¹ʂuei⁰
北戴河	霜 ʃuaŋ⁴⁴	雾 u⁵¹	露水 lu⁵³ʃuei⁰
昌黎	霜 suaŋ⁴²	雾 u⁴⁵³	露水 lu²⁴ʂuei⁰
乐亭	霜 ʂuaŋ³¹	雾 u⁵²	露水 lu³⁵ʂuei⁰
蔚县	霜 sɔ⁵³	雾 vu³¹²	露水 lu³¹suei⁰
涞水	霜 ʂuaŋ³¹ 霜雪 ʂuaŋ³³ɕyɛ⁰	雾 u³¹⁴	露水 lu⁴⁵ʂuei⁰
霸州	霜 ʂuaŋ⁴⁵	雾 u⁴¹	露水 lu⁴⁵ʂuei⁰
容城	霜 ʂuaŋ⁴³	雾 u⁵¹³	露湿 lu³⁵ʂʅ⁰
雄县	霜 suaŋ⁴⁵	雾 u⁴¹	露水 lu⁴⁵ʂuei⁰
安新	霜 ʂuaŋ⁴⁵	雾 u⁵¹	露水 lu²¹ʂuei⁰
满城	霜 ʂuaŋ⁴⁵ 霜雪儿 ʂuaŋ⁴⁵ɕyer⁰	雾 u⁵¹²	露水 lu²¹ʂuei⁰
阜平	霜 ʂuaŋ³¹ 霜雪 ʂuaŋ³¹ɕyɛ⁰	雾 u⁵³	露水 lu²⁴ʂei⁰
定州	霜 ʂuaŋ³³	雾 u⁵¹	露水 lou³⁵ʂuei⁰
无极	霜 ʂuaŋ³¹	雾 u⁴⁵¹	露水 lu³²⁵ʂuəi⁰
辛集	霜雪 ʂuaŋ³³syɛ⁰	雾 u⁴¹	露水 lu³²⁴ʂuei⁰
衡水	霜 suaŋ²⁴	雾 u³¹	露湿 lu⁵³ɕi⁰
故城	霜 suaŋ²⁴	雾 vu³¹	露湿 lou⁵³ʂʅ⁰ 露水 lou⁵³suei⁰
巨鹿	霜雪 ʂuaŋ³³ɕyɛ⁰	雾 u²¹	露水 lu⁵³ʂuei⁰
邢台	霜 ʂuaŋ³⁴ 霜雪 ʂuaŋ³⁴syɛ³⁴	大雾 u³¹ 雾 u³¹	露水 lu³¹ʂuei⁵⁵
馆陶	霜 ʂuaŋ²⁴	雾 u²¹³	露水 lu²¹ʂuei⁰
沧县	霜雪 suaŋ⁴¹ɕyɛ⁰	雾 u⁴¹	露湿 lu⁵³ʂʅ⁰
献县	霜 ʂuã³³ 霜雪 ʂuã³³ɕyɛ⁰	雾 u³¹	露水 lu³³¹ʂuei⁰

（续表）

	0016 霜	0017 雾	0018 露
平泉	霜 ʂuaŋ⁵⁵	雾 u⁵¹	露水 lu⁵¹ʂuei⁰ 露 lu⁵¹
滦平	霜 ʂuaŋ⁵⁵	雾 u⁵¹	露水 lu⁵¹ʂuei⁰ 露 lu⁵¹
廊坊	霜 ʂuaŋ⁵⁵	雾 u⁵¹	露水 lu⁵¹ʂuei⁰
魏县	霜 ʂuaŋ³³	雾气 u³¹²tɕʰi⁰	露水 lu⁵³ʂuei³¹²
张北	油子 iəu⁴²tsə⁰	雾 u²¹³	露水 ləu²³suei⁵⁵
万全	霜 suə⁴¹	雾 vu²¹³	露水 lou²¹³suei⁰
涿鹿	霜 suã⁴⁴	雾 u³¹	露水 ləu³¹suei⁰
平山	霜 ʂuaŋ³¹	雾 u⁴²	露水 lu⁵⁵ʂæi⁰
鹿泉	霜 ʂuaŋ⁵⁵	雾 u³¹²	露水 lu³¹ʂei⁰
赞皇	霜 ʂuaŋ⁵⁴	雾 u³¹²	露水 lu⁵¹ʂuei⁰
沙河	霜 ʂuaŋ⁴¹	雾 u²¹	露水 lu²¹ʂuei³³
邯郸	霜 ʂuaŋ³¹	雾 u²¹³	露水 lu²¹ʂuəi⁰
涉县	霜 suã⁴¹	雾 u⁵⁵	露水 lu⁵⁵suəi⁰

	0019 虹统称	0020 日食	0021 月食
兴隆	虹 tɕiaŋ⁵¹/xoŋ⁵⁵ 彩虹 tsʰai²¹xoŋ⁵⁵	日食 zʅ⁵¹ʂʅ⁵⁵	月食 yɛ⁵¹ʂʅ⁵⁵
北戴河	虹 tɕiaŋ⁵¹	天狗吃日头 tʰian⁴⁴kou²¹tʃʰ⁴⁴zʅ⁵³tʰou⁰	月食 yɛ⁵³ʃʅ³⁵
昌黎	虹 tɕiaŋ⁴⁵³	狗吃日头 kou²¹tʂʰʅ³⁴zʅ²¹tʰou⁰	狗吃月亮 kou²¹tʂʰʅ³⁴yɛ⁴⁵liaŋ⁰
乐亭	虹 tɕiaŋ⁵²	狗吃日头 kou³³tʂʰʅ³³zʅ³¹tʰou⁰	狗吃月儿 kou³³tʂʰʅ³³yɛr⁵²
蔚县	虹 tɕiɔ³¹²	亏 kʰuei⁴¹	亏 kʰuei⁴¹
涞水	虹 tɕiaŋ³¹⁴	日食 zʅ³¹ʂʅ⁴⁵	月食 yɛ³¹ʂʅ⁴⁵
霸州	虹 tɕiaŋ⁴¹	天狗吃日头 tʰian⁴⁵kou²¹tʂʰʅ⁴⁴zʅ⁵³tʰou⁰	天狗吃月亮 tʰian⁴⁵kou²¹tʂʰʅ⁴⁴yɛ⁴⁵liaŋ⁰
容城	虹 tɕiaŋ⁵¹³	日食 zʅ⁵²ʂʅ³⁵	月食 yɛ⁵²ʂʅ³⁵
雄县	虹 tɕiaŋ⁴¹	天狗吃日头 tʰiãn⁴⁵kou²¹tʂʰʅ⁴⁵zʅ⁵³tʰou⁰ 日食 zʅ⁴¹ʂʅ⁵³	天狗吃月亮 tʰiãn⁴⁵kou²¹tʂʰʅ⁴⁵yɛ⁴⁵liaŋ⁰ 月食 yɛ⁴¹ʂʅ⁵³
安新	虹 tɕiaŋ⁵¹	日食 zʅ⁵³ʂʅ³¹	月食 yɛ⁵³ʂʅ³¹
满城	虹 tɕiaŋ⁵¹²	食老爷儿 ʂʅ²²lau³⁵iɛr²²	食老母儿 ʂʅ²²lau³⁵mu²¹ər⁰
阜平	虹 tɕiaŋ⁵³	食了日头儿兰 ʂʅ²⁴lə⁰zʅ⁵³tʰour⁰læ⁰	食了月亮儿兰 ʂʅ²⁴lə⁰yɛ²⁴liar⁵³læ⁰
定州	虹 tɕiaŋ⁵¹	日黑子 zʅ⁵³xei³³tsŋ⁰	天狗吃月亮 tʰian³³kou²⁴tʂʰʅ³³yɛ³⁵liaŋ⁰
无极	虹 tɕiaŋ⁵¹	食日头儿 ʂʅ³⁵zʅ³¹tʰəur⁰	狗吃哩月亮儿 kəu³⁵tʂʰʅ³¹li⁰yɛ⁵³liar⁰
辛集	虹 tɕiaŋ⁴¹		月食 yɛ⁴²ʂʅ³⁵⁴
衡水	虹 tɕiaŋ³¹	食太阳 ɕi⁵³tʰai³¹iaŋ⁰	食月亮 ɕi⁵³yɛ⁵³liaŋ⁰ 食老母儿 ɕi⁵³lau⁵³mur⁰
故城	虹 tɕiaŋ³¹	食太阳 ʂʅ⁵⁵tʰæ³¹iaŋ⁵³	月食 yɛ³¹ʂʅ⁵³
巨鹿	虹 tɕiã²¹	日食 i²¹ɕi⁴¹	月食 yɛ²¹ɕi⁴¹
邢台	虹 tɕiaŋ³¹/xuŋ⁵³ 彩虹 tsʰai⁵⁵xuŋ⁵³	日食 zʅ³¹ʂʅ⁵³	月食 yɛ³¹ʂʅ⁵³ 天狗吃月亮 tʰian³⁴kou⁵⁵tʂʰʅ³⁴yɛ³¹liaŋ⁰
馆陶	虹 tsiaŋ²¹³	没爷儿爷儿啦 mei²⁴iɛr⁵²iɛr⁰la⁰	没月亮啦 mei⁴⁴yɛ²¹liaŋ⁰la⁰
沧县	虹 tɕiaŋ⁴¹	日食 zʅ⁴¹ʂʅ⁵³	月食 yɛ⁴¹ʂʅ⁵³
献县	虹 tɕiã³¹	日食 zʅ³¹ʂʅ⁵³	月食 yɛ³¹ʂʅ⁵³

	0019 虹统称	0020 日食	0021 月食
平泉	彩虹 tsʰai²¹xuŋ³⁵ 虹 tɕiaŋ³¹/xuŋ⁵³	狗吃日头 kou²¹tʂʰʅ⁵⁵ʐʅ³⁵tʰou⁰ 日食 ʐʅ⁵³ʂʅ³⁵	狗吃月亮 kou²¹tʂʰʅ⁵⁵ye⁵¹liaŋ⁰ 月食 ye⁵³ʂʅ³⁵
滦平	虹 tɕiaŋ³¹/xuŋ⁵³	日食 ʐʅ⁵¹ʂʅ³⁵	月食 ye⁵¹ʂʅ³⁵
廊坊	彩虹 tsʰai²¹xuŋ³⁵ 虹 tɕiaŋ⁵¹	日食 ʐʅ⁵¹ʂʅ³⁵	天狗吃月亮 tʰien⁵⁵kou²¹tʂʰʅ⁵⁵ye⁵¹liaŋ⁰
魏县	虹 tɕiaŋ³¹²	天狗吃爷窝儿 tʰian³³kəu⁵⁵tʂʰɛ³³iɛ⁵³uɤr³³	天狗吃月亮 tʰian³³kəu⁵⁵tʂʰɛ³³ye⁵³liaŋ³¹²
张北	虹 tɕiɔ̃²¹³	天狗吃日头 tʰiæ⁴²kəu⁵⁵tsʰə³²ʐ²³tʰəu⁴²	天狗吃月亮 tʰiæ⁴²kəu⁵⁵tsʰə³²yəʔ³liɔ̃²¹³
万全	虹 tɕia²¹³	前天爷受难 tɕʰian⁴¹tʰian⁰iei⁴¹sou²⁴nan²¹³	狗吃后天爷 kou⁵⁵tsʰə³²²xou²¹³tʰian⁰iei⁴¹
涿鹿	虹 tɕiã³¹	狗吃日头 kəu⁴⁵tʂʰʌ⁴³ər³¹tʰu⁰	狗吃月亮 kəu⁵⁵tʂʰʌ⁴³yʌ⁴³liã⁰
平山	虹 tɕiaŋ⁴²	吃日头儿 tʂʰʅ²⁴ʐʅ⁴²tʰər⁰	吃月亮 tʂʅ²⁴yɤ²⁴liaŋ⁴²
鹿泉	虹 tɕiaŋ³¹²	日食 ʐʅ³¹ʂʅ¹³	月食 yɤ³¹ʂʅ¹³
赞皇	虹 tɕiaŋ³¹²	狗吃日头儿 kəu⁴⁵tʂʰʅ²⁴ʐʅ⁵¹tʰəur⁰	狗吃月儿 kəu⁴⁵tʂʰʅ²¹yɤr²⁴
沙河	虹 tsiaŋ²¹	日食 ʐʅ²¹ʂʅ⁵¹	月食 yəʔ²ʂʅ⁵¹ 天狗吃月亮 tʰiã⁴¹kəu³³tʂʰəʔ²yəʔ²liaŋ²¹
邯郸	虹 tsiaŋ²¹³	黑煞神吃老爷儿 xʌʔ⁴zɔ⁰zən⁵³tʂʰəʔ²lau⁵⁵iɛr⁰	黑煞神吃月亮 xʌʔ⁴zɔ⁰zən⁵³tʂʰəʔ²yʌʔ⁵liaŋ²¹
涉县	虹 tɕiã⁵⁵	日食 i⁵⁵səʔ⁰	月食 yɐʔ³²səʔ⁰

	0022 天气	0023 晴天~	0024 阴天~
兴隆	天儿 tʰiɐr³⁵ 天气 tʰian³⁵tɕʰi⁰	晴 tɕʰiŋ⁵⁵	阴 in³⁵
北戴河	天头 tʰian⁴⁴tʰou⁰	晴 tɕʰiŋ³⁵	阴 in⁴⁴
昌黎	天头 tʰian²⁴tʰou⁰	晴 tɕʰiŋ²⁴	阴 in⁴²
乐亭	天头 tʰiɛn³⁵tʰou⁰	晴 tɕʰiəŋ²¹²	阴 iən³¹
蔚县	天气 tʰiã⁵³tɕʰi⁰	晴 tɕʰiŋ⁴¹	阴 iŋ⁵³
涞水	天气 tʰian³³tɕʰi⁰	晴 tɕʰiŋ⁴⁵	阴 in³¹
霸州	天儿 tʰiɐr⁴⁵	晴 tɕʰiŋ⁵³	阴 in⁴⁵
容城	天气 tʰian³¹tɕʰi⁰	晴 tɕʰiŋ³⁵	阴 in⁴³
雄县	天儿 tʰiɐr⁴⁵	晴 tɕʰiŋ⁵³	阴 in⁴⁵
安新	天道 tʰian⁴⁵tɑu⁰	晴 tɕʰiŋ³¹	阴 in⁴⁵
满城	天头 tʰian⁴⁵tʰɑu⁰	晴 tɕʰiŋ²²	阴 in⁴⁵
阜平	天气 tʰiæ̃³¹tɕʰi⁰	晴 tɕʰiŋ²⁴	阴 iŋ³¹
定州	天气 tʰian³³tɕʰi⁰	晴 tsʰiŋ²¹³	阴 in³³
无极	天气 tʰiã̃n³¹tɕʰi⁰	天儿好 tʰiɐr³¹xɔ³⁵	阴 iɛn³¹
辛集	天儿 tʰiɐr³³	晴 tsʰiŋ³⁵⁴	阴 iən³³
衡水	天 tʰiɑn²⁴	晴 tɕʰiŋ⁵³	阴 in²⁴
故城	天儿 tʰiɐr²⁴ 天气 tʰiæ²⁴tɕʰi⁰	好天儿 xɔ³¹tʰiɐr²⁴ 天晴 tʰiæ²⁴tɕʰiŋ⁵³	阴 iɛ̃²⁴ 天变黑 tʰiæ̃²⁴piæ̃³¹xei²⁴ 没太阳 mei²⁴tʰæ³¹iɑŋ⁵³
巨鹿	天儿 tʰiɐr³³	晴 tɕʰiŋ⁴¹	阴 in³³
邢台	天儿 tʰiɐr³⁴	晴 tsʰiŋ⁵³	阴 in³⁴
馆陶	天儿 tʰiɐr²⁴	晴 tsʰiŋ⁵²	阴 in²⁴
沧县	天儿 tʰiɐr²³	晴 tɕʰiŋ⁵³	阴 iən²³
献县	天儿 tʰiɐr³³	晴 tɕʰiŋ⁵³	阴 in³³
平泉	天儿 tʰiɐr⁵⁵ 天气 tʰian⁵⁵tɕʰi⁰	晴 tɕʰiŋ³⁵	阴 in⁵⁵
滦平	天儿 tʰiɐr⁵⁵ 天气 tʰian⁵⁵tɕʰi⁰	晴 tɕʰiŋ³⁵	阴 in⁵⁵

（续表）

	0022 天气	0023 晴 天~	0024 阴 天~
廊坊	天儿 tʰier⁵⁵ 天气 tʰiɛn⁵⁵tɕʰi⁵¹	晴 tɕʰiŋ³⁵	阴 in⁵⁵
魏县	天儿 tʰier³³	晴 tɕʰiŋ⁵³	阴 in³³
张北	天气 tʰiæ⁴²tɕʰi⁰	晴 tɕʰiŋ⁴²	阴 iŋ⁴²
万全	天气 tʰian⁴¹tɕʰi²¹³	晴 tɕʰiəŋ⁴¹	阴 iəŋ⁴¹
涿鹿	天气 tʰiæ⁴²tɕʰi⁰	晴 tɕʰiŋ⁴⁴	阴 iŋ⁴⁴
平山	天气 tʰiæ⁴²tɕʰi⁰	晴 tsʰiŋ³¹	阴 iŋ³¹
鹿泉	天气 tʰiæ⁵⁵tɕʰi⁰	晴 tsʰiŋ⁵⁵	阴 iẽ⁵⁵
赞皇	天气 tʰiæ⁵⁴tɕʰi⁰	晴 tsʰiŋ⁵⁴	阴 in⁵⁴
沙河	天儿 tʰiar⁴¹	晴 tsʰiəŋ⁵¹	阴 iən⁴¹
邯郸	天气 tʰiæ⁵⁵tɕʰi²¹	晴 tsʰiŋ⁵³	阴 in³¹
涉县	天 tʰiæ⁴¹	晴 tɕʰiəŋ⁴¹²	阴 iəŋ⁴¹

	0025 旱天~	0026 涝天~	0027 天亮
兴隆	旱 xan⁵¹	涝 lɑu⁵¹	亮天儿 liaŋ⁵¹tʰiɚ³⁵ 天亮 tʰian³⁵liaŋ⁵¹
北戴河	旱 xan⁵¹	涝 lɑu⁵¹	亮天了 liaŋ⁵³tʰian⁴⁴lə⁰ 天亮了 tʰian⁴⁴liaŋ⁵³lə⁰
昌黎	旱 xan²⁴	涝 lɑu⁴⁵³	天亮 tʰian³⁴liaŋ²⁴ 亮天儿 liaŋ⁴⁵tʰiɚ⁴²
乐亭	旱 xan⁵²	淖 nɑu⁵²	天亮咧 tʰiɛn³³liaŋ³⁵liɛ⁰
蔚县	旱 xã³¹²	涝 lʌɯ³¹²	天明 tʰiã⁵³miŋ⁴¹ 天亮 tʰiã⁵³liɔ³¹²
涞水	旱 xan³¹⁴	涝 lɑu³¹⁴	天亮 tʰian⁵⁵liaŋ³¹⁴
霸州	旱 xan⁴¹	涝 lɑu⁴¹	天亮 tʰian⁴⁵liaŋ⁴¹
容城	旱 xan⁵¹³	涝咧 lɑu³⁵liɛ⁰	天儿亮咧 tʰiɚ⁴⁴liaŋ⁵²liɛ²³
雄县	旱 xãn⁴¹	涝 lɑu⁴¹	天亮 tʰiã⁴⁵liaŋ⁴¹
安新	旱 xan⁵¹	涝 lɑu⁵¹	天明 tʰian⁴⁵miŋ³¹
满城	旱 xan⁵¹²	涝 lɑu⁵¹²	天亮 tʰian⁴⁵liaŋ⁵¹² 天明 tʰian⁴⁵miŋ²²
阜平	旱 xæ̃⁵³	涝 lɔ⁵³	天明 tʰiæ̃⁵⁵miŋ²⁴
定州	旱 xan⁵¹	涝 lɑu⁵¹	天明 tʰian³³miŋ²⁴
无极	旱 xãn⁴⁵¹	连雨 liãn³¹y⁰	天明 tʰiã³³miŋ²¹³
辛集	旱 xan⁴¹	涝 lɑu⁴¹	明俩 miŋ³⁵lia⁰
衡水	旱 xan³¹	涝 lɑu³¹	明嗹 miŋ²⁴lian⁰
故城	旱 xæ̃³¹ 干 kæ̃²⁴	发水 fa²¹suei⁵⁵ 下涝 ɕia³¹lɔo³¹	明 miŋ⁵³
巨鹿	旱 xɛ̃²¹	涝 lɑu²¹	天明 tʰian³³miŋ⁴¹
邢台	旱 xan³¹	淹 ian³⁴	天明 tʰian³⁴miŋ⁵³ 天亮 tʰian³⁴liaŋ³¹
馆陶	旱 xæn²¹³	淹 iæn²⁴①	天明 tʰiæn²⁴miŋ⁵²
沧县	旱 xan⁴¹	涝 lɑu⁴¹	天亮 tʰian²³liaŋ⁴¹
献县	旱 xæ̃³¹	淹 iæ̃³³	天亮 tʰiæ̃³³liã³¹

(续表)

	0025 旱~天~	0026 涝~天~	0027 天亮
平泉	旱 xan⁵¹	涝 lɑu⁵¹	亮天 liaŋ⁵³tʰian⁵⁵ 天亮 tʰian⁵⁵liaŋ⁵¹
滦平	旱 xan⁵¹	涝 lɑu⁵¹	亮天 liaŋ⁵¹tʰian⁵⁵ 天亮 tʰian⁵⁵liaŋ⁵¹
廊坊	旱 xan⁵¹	涝 lɑu⁵¹	天亮 tʰiɛn⁵⁵liaŋ⁵¹
魏县	旱 xan³¹²	涝 lɑu³¹²	天明 tʰian³³miŋ⁵³
张北	旱 xæ̃²¹³	涝 lau²¹³	天亮 tʰiæ⁴²liɔ̃²¹³
万全	旱 xan²¹³	涝 lɔ²¹³	亮嘞 lia²¹³lei⁰
涿鹿	旱 xæ̃³¹	涝 lɔ³¹	天亮 tʰiæ⁴⁴liɑ̃³¹
平山	旱 xæ̃⁴²	涝 lɔ⁴²	明兰 miŋ⁴²læ⁰
鹿泉	旱 xæ̃³¹²	涝 lɔ³¹²	天明 tʰiæ⁵⁵miŋ⁵⁵
赞皇	旱 xæ̃³¹²	涝 lɔ³¹²	天明 tʰiæ⁵⁴miŋ⁵⁴
沙河	旱 xɑ̃²¹	淹啦 iɑ̃⁴¹la⁰	天明啦 tʰiɑ̃⁴¹miəŋ⁵¹la⁰
邯郸	旱 xæ̃²¹³	涝 lɑu²¹³	天明 tʰiæ⁵⁵miŋ⁵³
涉县	旱 xæ̃⁵⁵	连阴雨 liæ⁴¹iəŋ³¹y⁵³	天明 tʰiæ⁴¹miəŋ⁴¹

---

① 今年~啦：1.涝，庄稼死了；2.发洪水淹没房屋等。

	0028 水田	0029 旱地浇不上水的耕地	0030 田埂
兴隆	水田 ʂuei²¹tʰian⁵⁵ 稻田 tau⁵¹tʰian⁵⁵	旱地儿 xan⁵³tiɚ⁵¹ 坡耕地 pʰo³⁵kəŋ³⁵ti⁵¹	畦埂儿 tɕʰi⁵⁵kɤr²¹³ 田埂儿 tʰian⁵⁵kɤr²¹³
北戴河	稻田地 tau⁵³tʰian³⁵ti⁵¹	大田 ta⁵³tʰian³⁵	埂子 kəŋ²¹tʂʅ⁰
昌黎	水田 suei²⁴tʰian²⁴	旱地 xan⁴⁵ti²³	畦埂儿 tɕʰi²⁴kɤr²¹³ 田埂儿 tʰian²⁴kɤr²¹³
乐亭	水浇地 suei³³tɕiau³³ti⁵²	旱地 xan⁵³ti⁵²	畦埂儿 tɕʰi³³kɤr³⁴
蔚县	水田 suei⁴⁴tʰiã⁴¹	旱地 xã¹³ti³¹² 旱田 xã¹³tʰiã⁴¹	地圪塄儿 ti³¹kɤ⁰lə̃r⁴⁴
涞水	水浇地 ʂuei²⁴tɕiau⁵⁵ti³¹⁴	旱地 xan³¹ti³¹⁴	地埂 ti³¹kəŋ²⁴
霸州		旱地 xan⁴⁵ti⁴¹	畦背儿 tɕʰi⁴⁴pər⁴¹
容城	水田 ʂuei²¹tʰian³⁵	旱地儿 xan⁵²ti³⁵ər⁰	官背儿 kuan³⁵pər⁵¹³
雄县		旱地 xãn⁵³⁴ti⁴¹ 旱田 xãn⁴¹tʰiãn⁵³	畦埂儿 tɕʰi⁵³kɤr²¹⁴ 畦背儿 tɕʰi⁵³pər⁴¹
安新	水田 ʂuei⁴⁵tʰian³¹	旱地 xan⁵³ti⁵¹	背儿 pər⁵¹
满城	稻田 tau⁵³tʰian²² 稻子地 tau²¹tsʅ⁰ti⁵¹²	旱地 xan⁵³ti⁵¹²	畦背儿 tɕʰi⁴⁵pər⁵¹²
阜平	水地 ʂei²¹ti⁰	岗地 kaŋ²⁴ti⁰	地埂儿 ti⁵³kə̃r⁵⁵
定州	水浇地 suei²⁴tɕiau³³ti⁵¹	旱地 xan⁵³ti⁵¹	畦背儿 ɕi²⁴pər⁵¹
无极		旱地 xãn⁴⁵¹ti⁴⁵¹	官背儿 kuãn³¹pər⁵¹
辛集	水田 ʂuei²⁴tʰian³⁵⁴	旱地 xan⁴²ti⁴¹	畦背儿 tɕʰi³⁵pər⁴¹ 伙背儿 xuə²⁴pər⁴¹
衡水	水浇地 suei⁵⁵tɕiau²⁴ti³¹	旱地 xan³¹ti³¹	畦背儿 tɕʰi⁵³pər³¹ 地界儿 ti³¹tɕiɐr³¹ 地埝儿 ti³¹ɲiɐr³¹
故城		旱地 xæ̃²⁴ti³¹	田埂儿 tʰiæ⁵³kɤr⁵⁵ 畦背儿 ɕi⁵⁵pər³¹
巨鹿	水浇地 ʂuei⁵⁵tɕiau³³ti²¹	旱地 xɛ̃³³ti²¹	地埝儿 ti²¹ɲiɐr⁵⁵
邢台	稻子地 tau³¹ə⁰ti³¹	旱地 xan³³ti³¹	畦子埝儿 ɕi⁵³ə⁰ɲiɐr⁵⁵
馆陶	水田 ʂuei⁴⁴tʰiæn⁵² 水浇地 ʂuei⁴³tɕiao⁴⁴ti²¹① 好地 xao⁴⁴ti²¹②	旱地 xæn²⁴ti²¹	畦圪岭儿 tɕʰi⁵²kɤ⁰liə̃r⁴⁴

(续表)

	0028 水田	0029 旱地浇不上水的耕地	0030 田埂
沧县	水浇地 suei⁵³tɕiɑu²³ti⁴¹	旱地 xan⁴¹ti⁴¹	河沟儿 xɤ⁵³kour²³
献县	水浇地 ʂuei²¹tɕiɔ³³ti³¹	旱地 xæ̃³¹ti³¹	地堰节儿 ti³¹ȵiæ̃³¹tɕiɤr³³ 地堰儿 ti³¹ȵier³¹
平泉	稻田 tɑu⁵³tʰian³⁵ 水田 ʂuei²¹tʰian³⁵	旱地 xan⁵³ti⁵¹	坝界子 pa⁵³tɕie⁵¹tsʅ⁰ 田埂 tʰian³⁵kəŋ²¹⁴
滦平	稻池 tɑu⁵¹tʂʰʅ³⁵ 水田 ʂuei²¹tʰian³⁵	旱地 xan⁵¹ti⁵¹	田埂 tʰian³⁵kəŋ²¹⁴
廊坊	水田 ʂuei²¹tʰiɛn³⁵	旱地 xan⁵³ti⁵¹	埂儿 kə̃r²¹⁴
魏县	水浇地 ʂuəi⁵⁵tɕiɑu³³ti³¹²	旱地儿 xan³¹²tiər⁰	背儿 pər³¹²
张北	水浇地 suei⁵⁵tɕiau⁴²ti²¹³	旱地 xæ̃²³ti²¹³	圪塄 kəʔ³ləŋ⁴²
万全	水浇地 suei⁵⁵tɕiɔ⁴¹ti²¹³ 河地 xə⁴¹ti²¹³	旱地 xan²⁴ti²¹³	圪塄 kəʔ²²ləŋ⁰
涿鹿	水地 suei⁴⁵ti³¹	旱地 xæ̃³¹ti³¹	地埂儿 ti³¹kə̃r⁴⁵ 圪塄儿 kʌʔ⁴³lə̃r⁴²
平山	水地 ʂæi⁵⁵ti⁴²	旱地 xæ̃²⁴ti⁴²	埂儿上 kər⁵⁵laŋ⁰
鹿泉	水浇地 ʂei³⁵tɕiɔ⁵⁵ti³¹	旱地 xæ̃³⁵ti³¹	田埂儿 tʰiæ̃⁵⁵kə̃r³⁵
赞皇	浇地 tɕiɔ⁵⁴ti³¹	旱地 xæ̃²⁴ti³¹	蠢⁼子 tʂʰuən⁴⁵tsə⁰
沙河		旱地 xã²¹ti²¹	地圪眼⁼儿 ti²¹kəʔ²iar³³
邯郸	水地 ʂuəi⁵⁵ti²¹	旱地 xæ̃⁵³ti²¹	圪岭子 kəʔ²lin⁵⁵tə⁰
涉县	[稻子] 地 tau⁵⁵³ti⁰	旱地 xæ̃⁵⁵ti⁰	圪岭 kəʔ⁵⁵liəŋ⁰

---

①② 能浇上水的地。

	0031 路野外的	0032 山	0033 山谷
兴隆	小道儿 ɕiau²¹tauɻ⁵¹ 路 lu⁵¹	山 ʂan³⁵	山沟儿 ʂan³⁵kouɻ³⁵ 山谷 ʂan³⁵ku²¹³
北戴河	道儿 tauɻ⁵¹	山 ʃan⁴⁴	
昌黎	道儿 tauɻ²⁴ 路 lu⁴⁵³	山 san⁴²	
乐亭	道儿 tauɻ⁵²	山 ʂan³¹	山沟儿 ʂan³³kouɻ³¹
蔚县	道儿 tʌɯɻ³¹²	山 sã⁵³	峪 y³¹²
涞水	道儿 tau⁴⁵uəɻ⁰	山 ʂan³¹	山沟子 ʂan⁵⁵kou³³tsɿ⁰
霸州	小道儿 ɕiau²⁴tauɻ⁴¹	山 ʂan⁴⁵	
容城	道儿 tau³⁵əɻ⁰	山 ʂan⁴³	山谷 ʂan⁴⁴ku²¹³
雄县	小道儿 ɕiau²⁴tauɻ⁴¹	山 sãn⁴⁵	
安新	道儿 tau²¹wəɻ⁰	山 ʂan⁴⁵	
满城	道 tau⁵¹² 道儿 tau²¹uəɻ⁰	山 ʂan⁴⁵	山沟 ʂan⁴⁵kou⁴⁵
阜平	道儿 tɔɻ⁵³	坡 pʰuɣ³¹	山沟儿 sæ⁵⁵kouɻ³¹
定州	小道儿 siau³³tau³⁵uəɻ⁰	山 ʂan³³	山沟子 ʂan²⁴kou²¹¹tsɿ⁰
无极	路 lu⁴⁵¹	山 ʂãn³¹	山夹巴儿 ʂãn³³tɕia³¹paɻ⁰
辛集	道儿 tauɻ⁴¹	山 ʂan³³	山沟儿 ʂan³⁵⁴kouɻ³³
衡水	土道儿 tʰu⁵⁵tauɻ³¹	山 san²⁴	山谷 san²⁴ku²⁴
故城	道儿 tɔɻ³¹	山 sæ̃²⁴	山沟儿 sæ̃²⁴kouɻ²⁴
巨鹿	道儿 tauɻ²¹	山 ʂan³³	山沟儿 ʂan³³kouɻ³³
邢台	坯路 pʰi⁵³lu³¹	山 ʂan³⁴	峪儿 iouɻ³¹
馆陶	小路 ɕiao⁴⁴lu²¹	山 ʂæn²⁴	山谷 ʂæn²⁴ku²⁴
沧县	地道 ti⁵³tau⁰	山 san²³	
献县	道 tɔ³¹	山 sæ̃³³	
平泉	道儿 tauɻ⁵¹ 路 lu⁵¹	山 ʂan⁵⁵	山沟儿 ʂan⁵⁵kouɻ⁵⁵ 山谷 ʂan⁵⁵ku²¹⁴
滦平	道儿 tauɻ⁵¹ 路 lu⁵¹	山 ʂan⁵⁵	山谷 ʂan⁵⁵ku²¹⁴

（续表）

	0031 路野外的	0032 山	0033 山谷
廊坊	道儿 tɑur²¹⁴	山 ʂan⁵⁵	山谷 ʂan⁵⁵ku²¹⁴
魏县	小路儿 ɕiɑu⁵⁵lur³¹²	山 ʂan³³	山涧沟 ʂan³³tɕian³³kəu³³
张北	路儿 luɛr²¹³	山 sæ̃⁴²	山豁拉儿 sæ̃⁴²xəʔ³lar²¹³
万全	路儿 lou²¹³ər⁰	山 san⁴¹	山豁拉子 san⁴¹xə²²laºtsə⁰
涿鹿	路儿 lər³¹	山 sæ̃⁴⁴	山沟儿 sæ̃⁴²kəur⁴²
平山	道儿上 tər⁵⁵laŋ⁰	山 ʂæ̃³¹	山沟 ʂæ̃⁵³kɐu³¹
鹿泉	道儿 tər³¹²	山 ʂæ̃⁵⁵	山沟 ʂæ̃⁵⁵kou⁵⁵
赞皇	道儿 tər³¹²	山 ʂæ̃⁵⁴	山沟 ʂæ̃⁵⁴kəu⁵⁴
沙河	路 lu²¹	山 ʂã⁴¹	山根儿 [底下]ʂã⁴¹kər²¹tiau⁴¹
邯郸	路 lu²¹³	山 ʂæ̃³¹	山沟 ʂæ̃³¹kəu³¹
涉县	路 lu⁵⁵	山 sæ̃⁴¹	沟 kou⁴¹ 山沟 sæ̃⁴¹kou⁰

	0034 江 大的河	0035 溪 小的河	0036 水沟儿 较小的水道
兴隆	江 tɕiaŋ³⁵	小河套儿 ɕiau²¹xɤ⁵⁵tʰaur⁵¹ 溪 ɕi³⁵	小水沟儿 ɕiau³⁵suei²¹kour³⁵ 河沟子 xə⁵⁵kou³⁵tsɿ⁰
北戴河	江 tɕiaŋ⁴⁴	小河沟儿 ɕiau²¹xɤ³⁵kour⁴⁴	沟 kou⁴⁴
昌黎	江 tɕiaŋ⁴²	小河儿 ɕiau²⁴xɤr²¹³	水沟儿 suei²⁴kour⁴²
乐亭	江 tɕiaŋ³¹	小河儿 ɕiau³³xɤr²¹²	水沟儿 ʂuei³³kour³¹
蔚县	大河 ta¹³xuɤ⁴¹	小河 ɕiʌɯ⁴⁴xuɤ⁴¹	水沟儿 suei⁴⁴kəur⁵³
涞水	大河 ta³¹xɤ⁴⁵	小水流儿 ɕiau⁴⁵ʂuei²⁴liou⁴⁵uər⁰	水沟儿 ʂuei²⁴kou³³uər⁰
霸州	大河 ta⁴¹xɤ⁵³	河沟儿 xɤ⁴⁴kour⁴⁵	水沟儿 ʂuei²¹kour⁴⁵
容城	江 tɕiaŋ⁴³	河沟儿 xɤ⁴⁴kou³¹uər⁰	水沟儿 ʂuei²¹kou⁴⁴uər⁰
雄县	大河 ta⁴¹xɤ⁵³	小河儿 ɕiau²¹xɤr⁵³	水沟儿 suei²¹kour⁴⁵
安新		小河儿 ɕiau⁴⁵xɤr³¹	小河沟儿 ɕiau²¹xɤ⁵³kou⁴⁵wər⁰
满城	江 tɕiaŋ⁴⁵	溪 ɕi⁴⁵	水沟儿 ʂuei²¹kou⁴⁵ər⁰
阜平	河 xɤ²⁴	小河 ɕiɔ⁵⁵xɤ²⁴	水沟儿 ʂei⁵⁵kour³¹
定州	江 tɕiaŋ³³	小河儿 siau³³xɐr²¹³	河沟儿 xɤ²⁴kou³³uər⁰
无极	江 tɕiaŋ³¹	沟 kəu³¹	水沟儿 ʂuəi³⁵kəur³¹
辛集	江 tɕiəŋ³³	小河儿 siau²⁴xər³⁵⁴	水沟 ʂuei³²⁴kou³³
衡水	江 tɕiaŋ²⁴	小河沟子 ɕiau⁵⁵xɤ⁵³kəu³¹tsɿ⁰	小水沟儿 ɕiau⁵⁵suei⁵⁵kəur²⁴
故城	河 xɤ⁵³ 江 tɕiaŋ²⁴	小河儿 ɕiɔo²⁴xɤr⁵³	水沟儿 suei³¹kour²⁴
巨鹿	大河 ta²¹xɤ⁴¹	小河沟儿 ɕiau⁵⁵xɤ⁴¹kour³³	小沟儿沟儿 ɕiau⁵⁵kour³³kour⁰
邢台	江 tɕiaŋ³⁴	小河儿 siau⁵⁵xɤr⁵³	水沟儿 ʂuei⁴³kour³⁴
馆陶	河 xɤ⁵²	溪 si²⁴	水沟儿 ʂuei⁴³kəur²⁴
沧县	大河 ta⁴¹xɤ⁵³	台儿田沟子 tʰɐr⁵³tʰian⁵³kou⁴¹tsɿ⁰	小水沟子 ɕiau⁵⁵suei⁵⁵kou⁴¹tsɿ⁰
献县		小河沟子 ɕiɔ²¹xɤ⁵³kou³³tsɿ⁰	水沟子 ʂuei²⁴kou³³tsɿ⁰
平泉	江 tɕiaŋ⁵⁵	小河儿 ɕiau²¹xɤr³⁵ 小溪 ɕiau²¹ɕi⁵⁵	河了⁼沟子 xə³⁵lə⁰kou⁵⁵tsɿ⁰ 水沟儿 ʂuei²¹kour⁵⁵
滦平	江 tɕiaŋ⁵⁵	小河儿 ɕiau²¹xɤr³⁵ 小溪 ɕiau²¹ɕi⁵⁵	水沟儿 ʂuei²¹kour⁵⁵
廊坊	江 tɕiaŋ⁵⁵	河沟子 xɤ³⁵kou⁵⁵tsɿ⁰	水沟儿 ʂuei²¹kour⁵⁵

（续表）

	0034 江 大的河	0035 溪 小的河	0036 水沟儿 较小的水道
魏县	江 tɕiaŋ³³	河沟子 xɤ⁵³kəu³³tɛ⁰	水沟儿 ʂuəi⁵⁵kəur³³
张北	江 tɕiɔ̃⁴²	小河河 ɕiau⁵⁵xə⁴²xə⁰	水渠 suei⁵⁵tɕʰy⁴²
万全	江 tɕiaŋ⁴¹		水渠渠 suei⁴⁴tɕʰy⁴¹tɕʰy⁰
涿鹿	河 xə⁴²	小河儿 ɕiɔ⁴⁵xɤr⁵²	清水沟 tɕʰiŋ⁴⁴suei⁴²kəu⁴²
平山	江 tɕiaŋ³¹		小渠沟儿 siɔ⁵⁵tɕʰi⁴²kər⁰
鹿泉	大河 ta³¹xɤ⁵⁵	小河儿 siɔ³⁵xɤr⁵⁵	仑⁼沟 luẽ⁵⁵kou⁰
赞皇	河 xə⁵⁴	小河 siɔ⁴⁵xə⁵⁴	水沟儿 suei⁴⁵kəur⁵⁴
沙河	河 xɤ⁵¹	小河儿 siau³³xər⁵¹	水沟儿 ʂuei³³kəur⁴¹
邯郸	江 tɕiaŋ³¹	河沟子 xɤ²⁴kəu³¹tə⁰	水沟儿 ʂuəi⁵⁵kəur³¹
涉县	河 xə⁴¹²	溪 ɕi⁴¹	水沟儿 suəi⁵³kəur⁴¹

	0037 湖	0038 池塘	0039 水坑儿 地面上有积水的小洼儿
兴隆	湖 xu^{55}	水坑子 ʂuei^{21}kʰəŋ^{35}tsɿ^{0} 水坑 ʂuei^{21}kʰəŋ^{51} 池塘 tʂʰɿ^{55}tʰaŋ^{55}	水坑儿 ʂuei^{21}kʰɤr^{35}
北戴河	湖 xu^{35}		水坑儿 ʃuei^{21}kʰə̃r^{44}
昌黎	大坑 ta^{24}kʰəŋ^{42}	大坑 ta^{24}kʰəŋ^{42}	水坑儿 ʂuei^{24}kʰɤr^{42}
乐亭	湖 xu^{212}	水坑 ʂuei^{33}kʰəŋ^{31}	水坑儿 ʂuei^{33}kʰɤr^{31}
蔚县		水池子 suei^{44}tʂʰɿ^{41}tsɿ^{0}	水坑儿 suei^{44}kʰə̃r^{53}
涞水	湖 xu^{45}	池塘 tʂʰɿ^{45}tʰaŋ^{45}	水坑儿 ʂuei^{24}kʰəŋ^{33}ŋər^{0}
霸州	大坑 ta^{41}kʰəŋ^{45}	大坑 ta^{41}kʰəŋ^{45}	水洼儿 ʂuei^{21}uar^{45}
容城	湖 xu^{35}	壕坑 xau^{44}kʰəŋ^{43}	水坑儿 ʂuei^{21}kʰəŋ^{31}ŋər^{0}
雄县	淀 tiãn^{41}	水坑 suei^{21}kʰəŋ^{45}	水坑儿 suei^{21}kʰɤr^{45} 稍大 水洼儿 ʂuei^{21}uar^{45} 稍小
安新	淀 tian^{51}	大坑 ta^{53}kʰəŋ^{45}	水洼儿 ʂuei^{21}uar^{45}
满城	湖 xu^{22}	壕坑 xau^{45}kʰəŋ^{45} 河坑 xɤ^{45}kʰəŋ^{45}	水坑儿 ʂuei^{21}kʰəŋ^{45}ŋər^{0} 水湾儿 ʂuei^{21}uɐr^{45}
阜平	湖 xu^{24}	池子 tʂʰɿ^{53}tsɿ^{0}	水坑儿 ʂei^{55}kʰə̃r^{31}
定州	湖 xu^{24}	水坑儿 suei^{24}kʰəŋ^{33}ŋər^{0}	水汪儿 ʂuei^{24}uaŋ^{33}ŋər^{24}
无极		凿˭坑 tsɔ^{213}kʰəŋ^{0}	水坑 ʂuəi^{35}kʰəŋ^{31}
辛集	湖 xu^{354}	水坑 ʂuei^{324}kʰəŋ^{33}	水洼儿 ʂuei^{324}uar^{33}
衡水	湖 xu^{53}	大坑 ta^{31}tɕʰiŋ^{24}	小水洼儿 ɕiau^{55}suei^{55}var^{24}
故城	湖 xu^{53}	湾 væ^{24}	水洼儿 ʂuei^{31}var^{24}
巨鹿	湖 xu^{41}	大坑 ta^{21}kʰəŋ^{33}	水汪儿 ʂuei^{55}uɐr^{33}
邢台	湖 xu^{53}	水池子 ʂuei^{55}tʂʰɿ^{53}ə^{0} 水坑 ʂuei^{43}kʰəŋ^{34}	水坑儿 ʂuei^{43}kʰə̃r^{34}
馆陶	湖 xu^{52}	水坑 ʂuei^{43}kʰəŋ^{24}	水窝儿 ʂuei^{43}uor^{24}
沧县	湖 xu^{53}	大坑 ta^{41}kʰəŋ^{23}	水洼儿 ʂuei^{55}uʌr^{23}
献县		大坑 ta^{31}kʰəŋ^{33}	水坑儿 ʂuei^{24}kʰɯɤr^{33}
平泉	湖 xu^{35}	池塘 tʂʰɿ^{35}tʰaŋ^{35}	水坑儿 ʂuei^{21}kʰə̃r^{55}
滦平	湖 xu^{35}	池塘 tʂʰɿ^{35}tʰaŋ^{35}	水坑儿 ʂuei^{21}kʰə̃r^{55}

（续表）

	0037 湖	0038 池塘	0039 水坑儿 地面上有积水的小洼儿
廊坊	湖 xu³⁵	坑 kʰəŋ⁵⁵	水洼儿 ʂuei²¹uar⁵⁵
魏县	湖 xu⁵³	水坑儿 ʂuəi⁵⁵kʰɤr³³	水洼儿 ʂuəi⁵⁵uar³³
张北	淖儿 nɔr⁴²	池塘 tsʰɿ⁴²tʰɔ̃⁴²	水泊子 suei⁵⁵pəʔ³²tsə⁰
万全	湖 xu⁴¹	水圪洞 suei⁵⁵kə⁴¹tuəŋ²¹³	水泊泊 suei⁴⁴pʌʔ²²pʌʔ⁰
涿鹿	水库 suei⁴⁵kʰu³¹	水池子 suei⁴⁵tʂʰɿ⁴²ə⁰	水坑儿 suei⁴⁵kʰɚ̃r⁴²
平山		水坑 ʂæi⁵⁵tɕʰiŋ³¹	水坑儿 ʂæi⁵⁵tɕʰiɔr³¹
鹿泉	湖 xu⁵⁵	水坑 ʂei³⁵kʰəŋ⁵⁵	水泊泊儿 ʂei⁵⁵pa¹³pɑr⁰
赞皇	水库 ʂuei⁴⁵kʰu³¹	水坑 ʂuei⁴⁵kʰəŋ⁵⁴	小水坑儿 siɔ⁴⁵ʂuei⁴⁵kʰɚ̃r⁵⁴
沙河	湖 xu⁵¹	大水坑 tɔ²¹ʂuei³³kʰəŋ⁴¹	水坑 ʂuei³³kʰəŋ⁴¹
邯郸	湖 xu⁵³	水坑 ʂuəi⁵⁵kʰəŋ³¹	水坑儿 ʂuəi⁵⁵kʰər³¹
涉县	湖 xu⁴¹²	水圪道子 suəi⁵³kəʔ³²tau⁵⁵ə⁰① 麻池 mɒ⁴¹tsʰɿ⁰②	水坑子 suəi⁵³kʰəŋ⁴¹ə⁰

---

① 自然形成。
② 人工挖掘形成。

	0040 洪水	0041 淹被水~了	0042 河岸
兴隆	大水 ta⁵¹ṣuei²¹³ 洪水 xoŋ⁵⁵ṣuei²¹³	淹 ian³⁵	河岸 xə⁵⁵nan⁵¹ 岸边儿 nan⁵¹piɚ³⁵
北戴河	发水了 fa⁴⁴ʃuei²¹lə⁰	淹 ian⁴⁴	河边儿 xɤ³⁵piɚ⁴⁴
昌黎	大水 ta⁴⁵ṣuei²¹³	淹 ian⁴²	河沿儿 xɤ³⁴iɚ²¹³
乐亭	发大水 fa³³ta⁵³ṣuei³⁴	淖 ⁻nɑu⁵²	河沿儿 xə³⁴iɚ⁵²
蔚县	洪水 xuŋ⁴¹suei⁴⁴	淹 iã⁵³	河边儿 xɤ⁴¹piɚ⁵³ 河岸 xɤ⁴¹nã³¹²
涞水	大水 ta³¹ṣuei²⁴	淹 ian³¹	河岸 xɤ⁴⁵nan³¹⁴
霸州	大水 ta⁴¹ṣuei²¹⁴	淹 ian⁴⁵	岸 nan⁴¹
容城	洪水 xuŋ⁴⁴ṣuei²¹³	淹 ian⁴³	河边儿 xɤ⁴⁴piɚ⁴³
雄县	大水 ta⁴¹suei²¹⁴	淹 iãn⁴⁵	河岸 xɤ⁵³nãn⁴¹
安新	大水 ta⁵³ṣuei²¹⁴	淹 ian⁴⁵	河边儿 xɤ⁵³piɚ⁴⁵
满城	洪水 xuŋ⁴⁵ṣuei²¹³	淹 ian⁴⁵	河岸儿 xɤ⁴⁵nɚ⁵¹² 河帮儿 xɤ²²paŋ⁴⁵ŋər⁰
阜平	洪水 xoŋ³¹ṣei⁵⁵	淹 iæ³¹	河边儿 xɤ⁵⁵piɚ³¹
定州	大水 ta⁵³ṣuei²⁴	冲 tṣʰuŋ³³ 过俩水俩 kuo³⁵lia⁰ṣuei²¹¹lia⁰	河岸儿 xɤ²⁴ŋɚ²¹³
无极	发大水 fa³¹tɑ⁵¹ṣuəi³⁵	淹 iãn³¹	河边儿 xɤ³⁵piɚ³¹
辛集	发水 fa³³ṣuei³²⁴ 发大水 fa³³tɑ⁴²ṣuei³²⁴	淹 ian³³	河帮 xə³⁵⁴paŋ³³
衡水	大水 ta³¹suei⁵⁵	淹 iɑn²⁴	河边儿 xɤ⁵³piɚ²⁴
故城	大水 ta³¹suei⁵⁵	淹 iæ²⁴ 没 mɤ³¹	河沿儿 xɤ⁵³iɚ⁵³
巨鹿	大水 ta²¹ṣuei⁵⁵	淹 ian³³	河沿 xɤ⁴¹iɛ̃⁴¹
邢台	大水 ta³¹ṣuei⁵⁵	淹 ian³⁴	河沿儿 xə³³iɚ⁵³ 河边儿 xə⁵³piɚ³⁴
馆陶	大水 ta²¹ṣuei⁴³	淹 iæn²⁴	河边儿 xɤ⁵³piɚ²⁴
沧县	大水 ta⁴¹suei⁵⁵	淹 ian²³	河崖 xɤ⁴¹iai⁵³
献县	大水 ta³¹ṣuei²¹⁴	淹 iæ³³	河边儿 xɤ⁵³piɚ³³

（续表）

	0040 洪水	0041 淹 被水~了	0042 河岸
平泉	山洪 ʂan⁵⁵xuŋ³⁵ 发大水 fa⁵⁵ta⁵¹ʂuei²¹⁴ 洪水 xuŋ³⁵ʂuei²¹⁴	泡 pʰɑu⁵¹ 淹 ian⁵⁵	河边儿 xə³⁵piɐr⁵⁵ 河岸 xə³⁵nan⁵¹/xə³⁵an⁵¹
滦平	洪水 xuŋ³⁵ʂuei²¹⁴	泡 pʰɑu⁵¹ 淹 ian⁵⁵	河岸 xə³⁵nan⁵¹/xə³⁵ŋan⁵¹/xə³⁵an⁵¹
廊坊	大水 ta⁵³ʂuei²¹⁴	淹 iεn⁵⁵	河边儿 xɤ³⁵piɐr⁵⁵
魏县	大水 ta³¹²ʂuəi⁵⁵	淹 ian³³	河沿儿 xɤ⁵³iɐr⁵³
张北	大水 ta²³suei⁵⁵	淹 iæ̃⁴²	河岸 xə⁴²ŋæ̃²¹³
万全	发河涨了 fʌʔ²²xə⁵⁴tsa⁵⁵lə⁰	淹 ian⁴¹	河沿 xə⁴¹ian²¹³
涿鹿	洪水 xuŋ⁵²suei⁴⁵	淹 iæ̃⁴⁴	河边儿 xə⁵²piɐr⁴²
平山	大水 ta⁴²ʂæi⁵⁵	淹 iæ̃³¹	河岸儿上 xuə⁵³ŋær⁵⁵lɑŋ⁰
鹿泉	大水 ta³¹ʂei³⁵	淹 iæ̃⁵⁵	河岸 xɤ⁵⁵ŋæ̃³¹
赞皇	发河 fa²⁴xə⁵⁴	淹 iæ̃⁵⁴	河岸 xə⁵⁴ŋæ̃³¹
沙河	洪水 xoŋ⁵¹ʂuei³³	淹 iã⁴¹	河岸儿 xɤ⁵¹ŋar⁰
邯郸	大水 tɔ²¹ʂuei⁵⁵	淹 iæ̃³¹	河岸子 xɤ⁵³ŋæ̃²¹tə⁰
涉县	大水 tɒ⁵⁵suəi⁰	淹 iæ̃⁴¹	岸儿 ŋɐr⁵⁵ 河边儿 xə⁴¹piɐr³¹

	0043 坝 拦河修筑拦水的	0044 地震	0045 窟窿 小的
兴隆	坝 pa⁵¹ 坝堰儿 pa⁵³iɛr⁵¹ 河坝 xə⁵⁵pa⁵¹	地震 ti⁵³tʂən⁵¹	小窟窿眼儿 ɕiau²¹kʰu³⁵loŋ⁰iɛr²¹³ 窟窿 kʰu³⁵loŋ⁰
北戴河	坝 pa⁵¹	地震 ti⁵³tʃən⁵¹	窟窿眼儿 kʰu⁴⁴luŋ⁰iɛr²¹⁴
昌黎	坝 pa⁴⁵³	地动 ti⁴²tuŋ²⁴	窟窿儿眼儿 kʰu²⁴lʏr⁴²iɛr²¹³
乐亭	坝 pa⁵²	地动 ti⁵³tuŋ⁵²	窟窿 kʰu³¹ləŋ⁰
蔚县	大坝 ta¹³pa³¹²	地震 ti³¹tsən⁴⁴ 地动 ti¹³tuŋ³¹² #1 力人子眨眼 nəu⁴¹li⁰zəŋ⁴¹tsɿ⁰tsa⁵³iã⁴⁴	窟窿 kʰu⁵³luŋ⁰
涞水	坝 pa³¹⁴	地震 ti³¹tsən³¹⁴	窟窿 kʰu³³loŋ⁰
霸州	坝 pa⁴¹	地震 ti⁴⁵tʂən⁴¹	窟窿 kʰu²¹luŋ⁰
容城	坝 pa⁵¹³	地震 ti⁴⁴tsən⁵¹³	窟窿 kʰu³¹luŋ⁰
雄县	坝 pa⁴¹	地震 ti⁵³⁴tʂən⁴¹ 地动 ti⁵³⁴tuŋ⁴¹	窟窿 kʰu⁴⁴luŋ⁰
安新	堰子 nian⁵⁵tsɿ⁰	地震 ti⁵³tsən⁵¹	窟窿眼儿 kʰu²¹ləŋ⁰iɛr²¹⁴
满城	坝 pa⁵¹²	地动 ti⁵³tuŋ⁵¹² 地震 ti⁵³tsən⁵¹²	窟窿眼儿 kʰu⁴⁵ləŋ⁰iɛr²¹³
阜平	坝 pa⁵³	地震 ti²⁴tsən⁵³	窟窿 kʰu²¹loŋ⁰
定州	坝 pa⁵¹	地动 ti⁵³tuŋ⁵¹	小窟窿儿 siau²⁴kʰu²¹¹ləŋ⁰ŋər⁰
无极	堤 ti³¹	地动 ti⁵¹tuŋ⁵¹	窟窿 kʰu³⁵ləŋ⁰
辛集	坝 pa⁴¹	地震 ti⁴²tsən⁴¹ 地动 ti⁴²toŋ⁴¹	窟窿眼儿 kʰu³³ləŋ⁰iɛr³²⁴ 小窟窿 siau³²⁴kʰu³³ləŋ⁰
衡水	水埝 suei⁵⁵ȵian³¹ 大埝 ta³¹ȵian³¹	地动 ti³¹tuŋ³¹ 地震 ti³¹tsən³¹	窟窿 kʰu³¹luŋ⁰
故城	坝 pa³¹	地震 ti²⁴tʂẽ³¹	窟窿 kʰu²¹luŋ⁰ 小眼儿 ɕioɔ³¹iɛr⁵⁵
巨鹿	坝 pa²¹	地动 ti³³toŋ²¹	窟窿 kʰu³³loŋ⁰
邢台	水坝 ʂuei⁵⁵pa³¹	地震 ti³³tsən³¹ 地动 ti³³tuŋ³¹	小窟窿儿 siau⁴³kʰu³⁴lur⁰ 窟窿眼儿 kʰu³⁴luŋ⁰iɛr⁵⁵
馆陶	晾尸台 liaŋ²¹ʂɿ⁰tʰai⁵² 坝 pa²¹³	地动 ti²⁴tuŋ²¹	窟窿儿 kʰu²²luor⁰

（续表）

	0043 坝 拦河修筑拦水的	0044 地震	0045 窟窿 小的
沧县	坝 pɑ⁴¹	地震 ti²³tʂən⁴¹	窟窿眼儿 kʰu⁴¹loŋ⁰iɐr⁵⁵
献县		地震 ti³¹tʂən³¹	窟窿眼儿 kʰu³³ləŋ⁰iɐr³³
平泉	坝 pɑ⁵¹	地动 ti⁵³tuŋ⁵¹ 地震 ti⁵³tʂən⁵¹	眼儿 iɐr²¹⁴ 窟窿眼儿 kʰu⁵⁵luŋ⁰iɐr²¹⁴ 窟窿 kʰuŋ⁵⁵luŋ⁰
滦平	河坝 xə³⁵pa⁵¹	地震 ti⁵¹tʂən⁵¹	眼儿 iɐr²¹⁴ 窟窿眼儿 kʰu⁵⁵luŋ⁰iɐr²¹⁴ 窟窿 kʰu⁵⁵luŋ⁰
廊坊	坝 pa⁵¹	地震 ti⁵³tʂən⁵¹	窟窿眼儿 kʰu⁵⁵nuŋ⁰iɐr²¹⁴
魏县	坝 pa³¹²	地动 ti³¹tuŋ³¹²	窟窿儿 kʰuɛ³³luɤr³³
张北	坝 pa²¹³	地震 ti²³tsəŋ²¹³	小窟窿 ɕiau⁵⁵kʰu⁴²luŋ⁰
万全	坝 pa²¹³	鱼眨眼 y⁴¹tsʌʔ²²ian⁵⁵ 地动 ti²⁴tuəŋ²¹³	窟窟 kʰuəʔ²²kʰuəʔ⁰
涿鹿	坝 pa³¹	地动 ti²³tuŋ³¹	窟窿 kʰuʌ⁴³luŋ⁰
平山	坝 pa⁴²	地动 ti²⁴toŋ⁴²	窟窿儿 kʰu²¹lər⁰
鹿泉	水坝 ʂei³⁵pa³¹	地震 ti³⁵tʂẽ³¹	窟窿 kʰu³¹luŋ⁰
赞皇	坝 pa³¹²	地震 ti²⁴tʂən³¹	窟窿 kʰu²¹luŋ⁰
沙河	坝 pɔ²¹	地震 ti²¹tʂən²¹ 地动 ti²¹toŋ²¹	窟窿 kʰuəʔ²loŋ⁰
邯郸	坝 pɔ²¹³	地动 ti⁵³tuŋ²¹	窟窿儿 kʰuəʔ²⁴luər⁵³
涉县	坝 pɒ⁵⁵	地震 ti⁵⁵tsəŋ⁵³ 地动 ti⁵³tuəŋ²⁴①	窟窿儿 kʰuəʔ⁵⁵lur⁰

---

① 50 年前的说法。

	0046 缝儿 统称	0047 石头 统称	0048 土 统称
兴隆	缝儿 fɤr⁵¹	石头 ʂʅ⁵⁵tʰou⁰	土 tʰu²¹³
北戴河	缝儿 fər⁵¹	石头 ʃ³⁵tʰou⁰	土 tʰu²¹⁴
昌黎	缝儿 fɤr²⁴	石头 ʂʅ⁴²tʰou²³	土 tʰu²¹³
乐亭	缝儿 fɤr⁵²	石头 ʂʅ³¹tʰou⁰	土 tʰu³⁴
蔚县	缝儿 fər³¹²	石头 ʂʅ⁴¹tʰəu⁰	土 tʰu⁴⁴
涞水	缝儿 fəŋ⁴⁵ŋər⁰	石头 ʂʅ²⁴tʰou⁰	土 tʰu²⁴
霸州	缝儿 fɤr⁴¹	石头 ʂʅ⁵³tʰou⁰	土 tʰu²¹⁴
容城	缝儿 fəŋ³⁵ŋər⁰	石头 ʂʅ²¹tʰou⁰	土 tʰu²¹³
雄县	缝儿 fɤr⁴¹	石头 ʂʅ⁵³tʰou⁰	土 tʰu²¹⁴
安新	缝儿 fəŋ²¹ŋər⁰	石头 ʂʅ³³tʰou⁰	土 tʰu²¹⁴
满城	缝儿 fəŋ⁵⁵ər⁰	石头 ʂʅ²²tʰou⁰	土 tʰu²¹³
阜平	缝儿 fər⁵³	石头 ʂʅ⁵³tʰou⁰	土 tʰu⁵⁵
定州	璺儿 uər⁵¹	石头 ʂʅ⁴²tʰou⁰	土 tʰu²⁴
无极	缝儿 fər⁴⁵¹	石头 ʂʅ³¹tʰəu⁰	土 tʰu³⁵
辛集	缝儿 fər⁴¹	石头 ʂʅ³⁵tʰou⁰	土 tʰu³²⁴
衡水	缝儿 fər³¹	石头 ɕi²⁴tʰəu⁰	土 tʰu⁵⁵
故城	缝儿 fɤr³¹	石头 ʂʅ⁵⁵tʰou⁰	土 tʰu⁵⁵
巨鹿	缝儿 fɤr²¹	石头 ɕi⁵³tʰou⁰	土 tʰu⁵⁵
邢台	缝儿 fər³¹ 豁拉儿 xə⁵³lɤr⁰	石头儿 ʂʅ⁵³tʰour⁰	土 tʰu⁵⁵
馆陶	缝儿 fɤr²¹³ 指小 缝 fəŋ²¹³ 指大；无统称	石头 ʂʅ⁵²tʰəu⁰ 指大 石头儿 ʂʅ⁵²tʰəur⁰ 指小；无统称	土 tʰu⁴⁴
沧县	缝儿 fɤr⁴¹	石头 ʂʅ⁵⁵tʰou⁰	土 tʰu⁵⁵
献县		石头 ʂʅ⁵⁵tʰou⁰	土 tʰu²¹⁴
平泉	缝儿 fər⁵¹	石头 ʂʅ³⁵tʰou⁰	土 tʰu²¹⁴
滦平	缝儿 fər⁵¹	石头 ʂʅ³⁵tʰou⁰	土 tʰu²¹⁴
廊坊	缝儿 fər⁵¹	石头 ʂʅ³⁵tʰou⁰	土 tʰu²¹⁴
魏县	缝儿 fɤr³¹²①	石头 ʂʅ⁵³tʰəu³¹²	土 tʰu⁵⁵

（续表）

	0046 缝儿 统称	0047 石头 统称	0048 土 统称
张北	缝儿 fɐr²¹³	石头 səʔ³tʰəu²¹³	土 tʰu⁵⁵
万全	缝缝 fəŋ²¹³fəŋ⁰	石头 səʔ⁴tʰou⁰	土 tʰu⁵⁵
涿鹿	缝儿 fʌr³¹	石头 ʂʌ⁴³tʰəu⁰	土 tʰu⁴⁵
平山	缝儿 fɔr⁴²	石头 ʂʅ⁴²tʰɐu⁰	土 tʰu⁵⁵
鹿泉	缝儿 fə̃r³¹²	石头 ʂʅ⁵⁵tʰou⁰	土 tʰu³⁵
赞皇	缝儿 fə̃r³¹²	石头 ʂʅ⁵¹tʰəu⁰	土 tʰu⁴⁵
沙河	缝儿 fər²⁴	石头 ʂəʔ⁴tʰəu⁰	土 tʰu³³
邯郸	缝儿 fər²¹³	石头 ʂəʔ²təu⁰	土 tʰu⁵⁵
涉县	缝儿 fur⁵⁵	石头 səʔ³²tʰou⁰	土 tʰu⁵³

---

① 只指小一些的"缝"，大的不儿化。

	0049 泥湿的	0050 水泥旧称	0051 沙子
兴隆	泥 ȵi⁵⁵	水泥 ʂuei²¹ȵi⁵⁵ 洋灰 iaŋ⁵⁵xuei³⁵	沙子 ʂa³⁵tsʅ⁰
北戴河	泥 ȵi³⁵	洋灰 iaŋ³⁵xuei⁴⁴	沙子 ʃa⁴⁴tʃʅ⁰
昌黎	泥 ȵi²⁴	洋灰 iaŋ³⁴xuei⁴²	沙子 sa⁴²tsʅ⁰
乐亭	泥 ni²¹²	洋灰 iaŋ³⁴xuei³¹	沙子 ʂa³¹tsʅ⁰
蔚县	泥 ȵi⁴¹	洋灰 iɑ⁴¹xuei⁵³	沙子 ʂɑ⁵³tsʅ⁰
涞水	泥 ȵi⁴⁵	洋灰 iaŋ⁴⁵xuei³¹	沙子 ʂa³³tsʅ⁰
霸州	泥 ȵi⁵³	洋灰 iaŋ⁴⁴xuei⁴⁵	沙子 ʂa²¹tsʅ⁰
容城	泥 ni³⁵	洋灰 iaŋ⁴⁴xuei⁴³	沙子 ʂa³¹tsʅ⁰
雄县	泥 ȵi⁵³	洋灰 iaŋ⁵³xuei⁴⁵	沙子 sa⁴⁴tsʅ⁰
安新	泥 ni³¹	洋灰 iaŋ⁵³xuei⁴⁵	沙子 sa⁴⁵tsʅ⁰
满城	泥 ȵi²²	洋灰 iaŋ⁴⁵xuei⁴⁵	沙子 ʂa⁴⁵tsʅ⁰
阜平	泥 ȵi²⁴	洋灰 iaŋ⁵⁵xuei³¹	沙子 ʂa³¹tsʅ⁰
定州	泥 ȵi²¹³	洋灰 iaŋ²⁴xuei³³	沙子 ʂa³³tsʅ⁰
无极	泥 ȵi²¹³	洋灰 iaŋ³⁵xuəi³¹	沙子 ʂa³¹tsʅ⁰
辛集	泥 ȵi³⁵⁴	洋灰 iaŋ³⁵⁴xuei³³	沙子 ʂa³³tsʅ⁰
衡水	泥 ȵi⁵³	洋灰 iaŋ⁵³xuei²⁴	沙子 ʂɑ³¹tsʅ⁰
故城	泥 ȵi⁵³	洋灰 iaŋ⁵³xuei²⁴	沙子 sa²¹tsʅ⁰
巨鹿	泥 ȵi⁴¹	洋灰 iã⁴¹xuei³³	沙子 ʂa³³tsʅ⁰
邢台	泥儿 ȵiər⁵³	洋灰 iaŋ⁵³xuei³⁴	沙 ʂa³⁴
馆陶	泥 ȵi⁵²	洋灰 iaŋ⁵³xuei²⁴	沙子 ʂa²⁴tə⁰
沧县	泥儿 ȵiər⁵³	洋灰 iaŋ⁵³xuei²³	沙子 sɑ⁴¹tsʅ⁰
献县	泥 ȵi⁵³	洋灰 iã⁵³xuei³³	沙子 ʂa³³tsʅ⁰
平泉	泥 ni³⁵	洋灰 iaŋ³⁵xuei⁵⁵ 水泥 ʂuei²¹ni³⁵	沙子 ʂa⁵⁵tsʅ⁰
滦平	泥 ȵi³⁵	洋灰 iaŋ³⁵xuei⁵⁵ 水泥 ʂuei²¹ni³⁵	沙子 ʂa⁵⁵tsə⁰
廊坊	泥 ȵi³⁵	洋灰 iaŋ³⁵xuei⁵⁵	沙子 ʂa⁵⁵tsʅ⁰
魏县	泥 ȵi⁵³	洋灰 iaŋ⁵³xuəi³³	沙子 ʂa³³tɛ⁰

（续表）

	0049 泥_湿的_	0050 水泥_旧称_	0051 沙子
张北	泥 ȵi⁴²	洋灰 iɔ̃⁴²xuei⁴²	沙子 ʂa⁴²tsə⁰
万全	泥 ȵi⁴¹	洋灰 iaŋ⁴¹xuei⁴¹	沙 ʂa⁴¹
涿鹿	泥 ȵi⁴²	洋灰 iã⁵²xuei⁴²	沙子 ʂa⁴²a⁰
平山	泥 ȵi³¹	洋灰 iaŋ⁵³xuæi³¹	沙子 ʂa⁴²tsʅ⁰
鹿泉	泥 ȵi⁵⁵	洋灰 iaŋ⁵⁵xuei⁵⁵	沙子 ʂa⁵⁵tɤ⁰
赞皇	泥 ȵi⁵⁴	洋灰 iaŋ⁵⁴xuei⁵⁴	沙 ʂa⁵⁴
沙河	泥 ni⁵¹	洋灰 iaŋ⁵⁴xuei³¹	沙 ʂɔ⁴¹
邯郸	泥 ni⁵³	洋灰 iaŋ²⁴xuəi³¹	沙 ʂɔ³¹
涉县	泥 ȵi⁴¹²	洋灰 iã⁴¹xuəi⁰	沙 ʂɒ⁴¹

	0052 砖 整块的	0053 瓦 整块的	0054 煤
兴隆	砖 tʂuan³⁵	瓦 ua²¹³	煤 mei⁵⁵
北戴河	砖 tʂuan⁴⁴	瓦 ua²¹⁴	煤 mei³⁵
昌黎	砖 tʂuan⁴²	瓦 ua²¹³	煤 mei²⁴
乐亭	砖 tʂuan³¹	瓦 ua³⁴	煤 mei²¹²
蔚县	砖 tsuã⁵³	瓦 va⁴⁴	煤 mei⁴¹ 炭 tʰã³¹²
涞水	砖 tʂuan³¹	瓦 ua²⁴	煤 mei⁴⁵
霸州	砖 tʂuan⁴⁵	瓦 ua²¹⁴	煤 mei⁵³
容城	砖 tʂuan⁴³	瓦 ua²¹³	煤 mei³⁵
雄县	砖 tʂuãn⁴⁵	瓦 ua²¹⁴	煤 mei⁵³
安新	砖 tʂuan⁴⁵	瓦 ua²¹⁴	煤 mei³¹
满城	砖 tʂuan⁴⁵	瓦 ua²¹³	煤 mei²²
阜平	砖 tʂuæ̃³¹	瓦 ua⁵⁵	煤 mei²⁴
定州	砖 tʂuan³³	瓦 ua²⁴	砟子 tʂa²¹¹tsɿ⁰ 无烟,成块儿
无极	砖 tʂuãn³¹	瓦 ua³⁵	砟子 tʂa³⁵tsɿ⁰
辛集	砖 tʂuan³³	瓦 ua³²⁴	砟子 tʂa³²²tsɿ⁰
衡水	砖 tʂuan²⁴	瓦 va⁵⁵	煤 mei⁵³ 砟子 tsa²¹tsɿ⁰
故城	砖 tsuæ²⁴	瓦 va⁵⁵ 卜＝瓦 pu⁵⁵va⁰	煤 mei⁵³ 烟煤 砟子 tsa²⁴tsɿ⁰ 无烟,成块儿
巨鹿	砖 tʂuan³³	瓦 ua⁵⁵	煤 mei⁴¹
邢台	砖 tʂuan³⁴ 砖儿 tʂuɐr³⁴	瓦 va⁵⁵	砟子 tʂa⁵⁵ə⁰ 煤 mei⁵³
馆陶	砖 tʂuæn²⁴	瓦 ua⁴⁴	煤 mei⁵² 炭 tʰæn²¹³ 有烟儿煤
沧县	砖 tʂuan²³	瓦 ua⁵⁵	煤 mei⁵³
献县	砖 tʂuæ̃³³	瓦 ua²¹⁴	煤 mei⁵³
平泉	砖 tʂuan⁵⁵	瓦 ua²¹⁴	煤 mei³⁵
滦平	砖 tʂuan⁵⁵	瓦 ua²¹⁴	煤 mei³⁵

（续表）

	0052 砖整块的	0053 瓦整块的	0054 煤
廊坊	砖 tʂuan⁵⁵	瓦 ua²¹⁴	煤 mei³⁵
魏县	砖 tʂuan³³	瓦 uɑ⁵⁵	煤 məi⁵³
张北	砖 tsuæ̃⁴² 砖头 tsuæ̃⁴²tʰəu⁰	瓦 va⁵⁵	煤 mei⁴² 炭 tʰæ̃²¹³
万全	砖 tsuan⁴¹	瓦 va⁵⁵	煤 mei⁴¹
涿鹿	砖 tʂuæ̃⁴⁴	瓦 ua⁴⁵	炸子 tsa⁵⁵a⁰ 煤 mei⁴²
平山	砖 tʂuæ̃³¹	瓦 ua⁵⁵	煤 mæi³¹ 无烟 炭 tʰæ̃⁴² 有烟
鹿泉	砖 tʂuæ̃⁵⁵	瓦 ua³⁵	煤 mei⁵⁵ 无烟 炭 tʰæ̃³¹² 有烟
赞皇	砖 tʂuæ̃⁵⁴	瓦 ua⁴⁵	炭 tʰæ̃³¹²
沙河	砖 tʂuã⁴¹	瓦 uɔ³³	煤 mei⁵¹
邯郸	砖 tʂuæ̃³¹	瓦 vɔ⁵⁵	煤 məi⁵³ 无烟 炭 tʰæ̃²¹ 有烟
涉县	砖 tsuæ̃⁴¹	瓦 vɒ⁵³	煤 məi⁴¹²

	0055 煤油	0056 炭 木炭	0057 灰 烧成的
兴隆	煤油 mei⁵⁵iou⁵⁵	炭 tʰan⁵¹	灰 xuei³⁵
北戴河	洋油 iaŋ³⁵iou³⁵	炭 tʰan⁵¹	小灰子 ɕiau²¹xuei⁴⁴tʂʅ⁰
昌黎	洋油 iɑŋ⁴³iou⁰/iɑŋ²⁴iou²⁴	炭 tʰan⁴⁵³	灰儿 xuər⁴² 灰 xuəi⁴²
乐亭	洋油 iɑŋ³⁴iou²¹²	炭 tʰan⁵²	灰 xuei³¹
蔚县	煤油 mei¹³iəu⁴¹	木炭 mu¹³tʰã³¹²	灰 xuei⁵³
涞水	煤油 mei⁴⁵iou⁴⁵	炭 tʰan³¹⁴	灰 xuei³¹
霸州	煤油 mei⁴⁴iou⁵³	炭 tʰan⁴¹	灰 xuei⁴⁵
容城	煤油 mei⁴⁴iou³⁵ 洋油 iɑŋ⁴⁴iou³⁵	炭 tʰan⁵¹³	灰 xuei⁴³
雄县	煤油 mei⁵³iou⁵³	炭 tʰãn⁴¹	灰 xuei⁴⁵
安新	煤油 mei⁴⁵iou³¹	炭 tʰan⁵¹	灰 xuei⁴⁵
满城	洋油 iɑŋ⁴⁵iou²²	炭 tʰan⁵¹²	灰 xuei²²
阜平	煤油 mei⁵⁵iou²⁴	炭 tʰæ⁵³	灰 xuei³¹
定州	洋油 iɑŋ²⁴iou²¹³	炭 tʰan⁵¹	灰儿 xuər³³
无极	煤油 məi³⁵iəu²¹³	炭 tʰãn⁵¹	灰 xuəi³¹
辛集	煤油 mei³⁵⁴iou³⁵⁴	炭 tʰan⁴¹	灰 xuei³³
衡水	洋油 iɑŋ⁵³iəu⁵³ 煤油 mei⁵³iəu⁵³	炭 tʰan³¹	炉灰 lu⁵³xuei²⁴ 柴火灰 tsɑi²⁴xuo⁰xuei²⁴
故城	洋油 iɑŋ⁵³iou⁵³ 煤油 mei⁵³iou⁵³	炭焦儿 tʰæ³¹tɕiɔr²⁴	灰 xuei²⁴ 灰儿 xuər²⁴
巨鹿	洋油 iã⁴¹iou⁴¹	炭 tʰɛ̃²¹	灰 xuei³³
邢台	煤油 mei³³iou⁵³	木炭 mu³³tʰan³¹	灰 xuei³⁴ 灶火灰 tsau³¹xuo⁰xuei³⁴ 乏渣灰 fa⁵³tʂa³⁴xuei³⁴
馆陶	洋油 iɑŋ⁵²iəu⁵²	木炭 mu²⁴tʰæn²¹	灰 xuei²⁴
沧县	煤油 mei⁴¹iou⁵³	炭 tʰan⁴¹	灰 xuei²³
献县	煤油 mei³¹iou⁵³	炭 tʰæ³¹	灰 xuei³³

(续表)

	0055 煤油	0056 炭 木炭	0057 灰 烧成的
平泉	洋油 iaŋ³⁵iou³⁵ 灯油 təŋ⁵⁵iou³⁵ 煤油 mei³⁵iou³⁵	炭 tʰan⁵¹	灰 xuei⁵⁵
滦平	洋油 iaŋ³⁵iou³⁵ 煤油 mei³⁵iou³⁵	炭 tʰan⁵¹	灰 xuei⁵⁵
廊坊	煤油 mei³⁵iou³⁵① 洋油儿 iaŋ³⁵iour³⁵②	炭 tʰan⁵¹	灰 xuei⁵⁵
魏县	洋油 iaŋ⁵³iəu⁵³	木炭 me⁵³tʰan³¹²	灰 xuəi³³
张北	煤油 mei⁴⁴iɐu⁴²	木炭 məʔ³tʰæ²¹³	灰 xuei⁴²
万全	煤油 mei⁴¹iou⁴¹	炭 tʰan²¹³	灰 xuei⁴¹
涿鹿	煤油 mei¹¹³iəu⁵²	炭 tʰæ³¹	灰 xuei⁴⁴
平山	洋油 iaŋ⁵³iɐu³¹	火圪节儿 xuə⁵⁵kɤ⁰tsiər³¹	灰 xuæi³¹
鹿泉	洋油 iaŋ⁵⁵iou⁵⁵	木炭 mu³⁵tʰæ³¹	灰 xuei⁵⁵
赞皇	洋油 iaŋ⁵⁴iəu⁵⁴	木炭 mu²⁴tʰæ³¹	灰 xuei⁵⁴
沙河	洋油 iaŋ⁵⁴iəu⁵¹	木炭 məʔ⁴tʰã²¹	小灰 siau³³xuei⁴¹
邯郸	洋油 iaŋ²⁴iəu⁵³	木炭 məʔ⁵tʰæ²¹	灰 xuəi³¹
涉县	洋油 iã⁴¹iou⁰	木炭 mu⁵⁵tʰæ⁰	灰 xuəi⁴¹

---

① 常用，"油"声调上升幅度略小。
② 旧称，"油儿"声调上升幅度略小。

	0058 灰尘桌面上的	0059 火	0060 烟烧火形成的
兴隆	尘土 tʂʰən⁵⁵tʰu²¹³ 灰尘 xuei³⁵tʂʰən⁵⁵	火 xuo²¹³	烟 ian³⁵
北戴河	尘土 tʃʰən³⁵tʰu⁰	火 xuo²¹⁴	烟 ian⁴⁴
昌黎	尘土 tsʰən⁴²tʰu²³ 灰 xuei⁴²	火 xuo²¹³	烟儿 iɐr⁴² 烟 ian⁴²
乐亭	尘土 tʂʰən³¹tʰu⁰	火 xuə³⁴	烟 iɛn³¹
蔚县	灰 xuei⁵³ 灰土 xuei⁵³tʰu⁴⁴	火 xuɤ⁴⁴	烟 iã⁵³
涞水	土面儿 tʰu²⁴miɐr³¹⁴	火 xuo²⁴	烟 ian³¹
霸州	尘土 tʂʰən⁵³tʰu⁰ 土 tʰu²¹⁴	火 xuo²¹⁴	烟 ian⁴⁵
容城	塘土 tʰaŋ²¹tʰu⁰	火 xuo²¹³	烟 ian⁴³
雄县	塘土 tʰaŋ⁵³tʰu⁰	火 xuo²¹⁴	烟 iãn⁴⁵
安新	塘土 tʰaŋ³³tʰu⁰	火 xuo²¹⁴	烟 ian⁴⁵
满城	塘土 tʰaŋ²²tʰu⁰ 尘土 tʂʰən⁴⁵tʰu²¹³	火 xuo²¹³	烟 ian⁴⁵
阜平	尘土 tʂʰəŋ⁵³tʰu⁰	火 xuɤ⁵⁵	烟 iæ³¹
定州	塘土 tʰaŋ⁴²tʰu⁰	火 xuo²⁴	烟 ian³³
无极	塘土 tʰaŋ³¹tʰu⁰	火 xuɤ³⁵	烟 iãn³¹
辛集	塘土儿 tʰaŋ³⁵tʰur⁰	火 xuə³²⁴	烟 ian³³
衡水	土 tʰu⁵⁵	火 xuo⁵⁵	烟 iɑn²⁴
故城	土 tʰu⁵⁵ 灰 xuei²⁴	火 xuɤ⁵⁵	烟 iæ²⁴
巨鹿	土 tʰu⁵⁵	火 xuo⁵⁵	烟 ian³³
邢台	塘土 tʰaŋ⁵³tʰu⁵⁵	火 xuo⁵⁵	烟 ian³⁴
馆陶	土 tʰu⁴⁴	火 xuo⁴⁴	烟 iæn²⁴
沧县	土 tʰu⁵⁵	火 xuo⁵⁵	烟 ian²³
献县	土 tʰu²¹⁴	火 xuo²¹⁴	烟 iæ³³
平泉	尘土 tʂʰən³⁵tʰu²¹⁴ 灰尘 xuei⁵⁵tʂʰən³⁵	火 xuo²¹⁴	烟 ian⁵⁵

(续表)

	0058 灰尘 桌面上的	0059 火	0060 烟 烧火形成的
滦平	尘土 tʂʰən³⁵tʰu²¹⁴ 灰尘 xuei⁵⁵tʂʰən³⁵	火 xuo²¹⁴	烟 ian⁵⁵
廊坊	尘土 tʂʰən³⁵tʰu²¹⁴	火 xuo²¹⁴	烟 ien⁵⁵
魏县	灰 xuəi³³	火 xuə⁵⁵	烟 ian³³
张北	土尘 tʰu⁵⁵tsʰəŋ⁴² 尘土 tsʰəŋ⁴²tʰu⁵⁵	火 xuə⁵⁵	烟 iæ⁴²
万全	灰 xuei⁴¹	火 xuə⁵⁵	烟 ian⁴¹
涿鹿	落落尘 lɔ³¹lɔ⁰tʂʰəŋ⁴²	火 xuə⁴⁵	烟 iæ⁴⁴
平山	塘土 tʰɑŋ⁴²tʰu⁰	火 xuə⁵⁵	烟 iæ³¹
鹿泉	塘土儿 tʰɑŋ⁵⁵tʰur⁰	火 xuo³⁵	烟 iæ⁵⁵
赞皇	塘土 tʰɑŋ⁵¹tʰu⁰	火 xuə⁴⁵	烟 iæ⁵⁴
沙河	灰尘 xuei⁴¹tʂʰən⁰	火 xuo³³	烟 iã⁴¹
邯郸	塘土 tʰɑŋ⁵³tʰu⁰	火 xuə⁵⁵	烟 iæ³¹
涉县	灰土儿 xuəi⁵⁵tʰur⁰	火 xuə⁵³	烟 iæ⁴¹

	0061 失火	0062 水	0063 凉水
兴隆	着火 tʂau⁵⁵xuo²¹³ 失火 ʂʅ³⁵xuo²¹³	水 ʂuei²¹³	凉水 liaŋ⁵⁵ʂuei²¹³
北戴河	失火 ʃʅ⁴⁴xuo²¹⁴ 着火 tʃau³⁵xuo²¹⁴	水 ʃuei²¹⁴	凉水 liaŋ³⁵ʃuei²¹⁴
昌黎	失火 ʂʅ²⁴xuo²¹³	水 ʂuei²¹³	凉水儿 liaŋ³⁴ʂuər²¹³
乐亭	失火 ʂʅ³³xuə³⁴	水 ʂuei³⁴	凉水 liaŋ³¹ʂuei³⁴
蔚县	着火 tsʌɯ⁴¹xuɤ⁴⁴	水 suei⁴⁴	凉水 liɔ⁴¹suei⁴⁴ 烧开后晾凉的 冷水 ləŋ⁵³suei⁴⁴ 生的
涞水	着火 tʂau⁴⁵xuo²⁴	水 ʂuei²⁴	凉水 liaŋ⁴⁵ʂuei⁰
霸州	着火 tʂau⁴⁴xuo²¹⁴	水 ʂuei²¹⁴	凉水 liaŋ⁵³ʂuei²¹⁴
容城	着火 tʂau⁴⁴xuo²¹³	水 ʂuei²¹³	凉水 liaŋ⁴⁴ʂuei²¹³
雄县	着火 tʂau⁵³xuo²¹⁴	水 ʂuei²¹⁴	凉水 liaŋ⁵³ʂuei⁰
安新	着火 tʂau⁴⁵xuo²¹⁴	水 ʂuei²¹⁴	凉水 liaŋ⁴⁵ʂuei²¹⁴
满城	着火 tʂau⁴⁵xuo²¹³	水 ʂuei²¹³	凉水 liaŋ⁴⁵ʂuei⁰
阜平	着火 tʂɔ⁵⁵xuɤ⁵⁵	水 ʂei⁵⁵	凉水 liaŋ³¹ʂei⁵⁵
定州	着火 tʂau²⁴xuo²⁴	水 ʂuei²⁴	凉水 liaŋ⁴²ʂuei²⁴
无极	着火 tʂɔ³¹xuɤ³⁵	水 ʂuəi³⁵	凉水 liaŋ³¹ʂuəi³⁵
辛集	着火 tʂau³⁵xuə³²⁴	水 ʂuei³²⁴	凉水 liaŋ³⁵ʂuei³²⁴
衡水	着火 tʂau⁵³xuo⁵⁵	水 ʂuei⁵⁵	凉水 liaŋ⁵³ʂuei⁵⁵
故城	着火 tʂɔɔ⁵³xuɤ⁵⁵	水 ʂuei⁵⁵	凉水 liaŋ⁵³ʂuei⁵⁵
巨鹿	着火 tʂau⁴¹xuo⁵⁵	水 ʂuei⁵⁵	凉水 liã⁴¹ʂuei⁵⁵
邢台	着火 tʂau⁵³xuo⁵⁵	水 ʂuei⁵⁵	凉水儿 liaŋ⁵³ʂuər⁵⁵
馆陶	着火 tʂuo⁵²xuo⁴⁴	水 ʂuei⁴⁴	凉水 liaŋ⁵²ʂuei⁴⁴ 冷水 ləŋ⁵²ʂuei⁴⁴
沧县	着火 tʂau⁵³xuo⁵⁵	水 ʂuei⁵⁵	凉水 liaŋ⁵³ʂuei⁵⁵
献县	着火 tʂɔ⁵³xuo²¹⁴	水 ʂuei²¹⁴	凉水 liã⁵³ʂuei²¹⁴
平泉	着火 tʂau³⁵xuo²¹⁴ 失火 ʂʅ⁵⁵xuo²¹⁴	水 ʂuei²¹⁴	凉水 liaŋ³⁵ʂuei²¹⁴

（续表）

	0061 失火	0062 水	0063 凉水
滦平	着火 tṣau³⁵xuo²¹⁴ 失火 ʂʅ⁵⁵xuo²¹⁴	水 ʂuei²¹⁴	凉水 liaŋ³⁵ʂuei²¹⁴
廊坊	着火 tṣau³⁵xuo²¹⁴	水 ʂuei²¹⁴	凉水 liaŋ³⁵ʂuei²¹⁴
魏县	着火 tṣuə⁵³xuə⁵⁵	水 ʂuəi⁵⁵	凉水 liaŋ⁵³ʂuəi⁵⁵
张北	着火 tsau⁴²xuə⁴²	水 suei⁵⁵	冷水 ləŋ⁴²suei⁴²
万全	着火 tsɔ⁴⁴xuə⁵⁵	水 suei⁵⁵	冷水 ləŋ⁴⁴suei⁵⁵
涿鹿	着火 tṣɔ⁵²xuə⁴⁵	水 suei⁴⁵	冷水 ləŋ⁵²suei⁴⁵
平山	失火 ʂʅ³¹xuə⁵⁵	水 ʂæi⁵⁵	凉水 liaŋ⁴²ʂæi⁰
鹿泉	着火 tṣɔ⁵⁵xuo³⁵	水 ʂei³⁵	凉水 liaŋ⁵⁵ʂei⁰
赞皇	着火 tṣɔ⁵⁴xuə⁴⁵	水 ʂuei⁴⁵	凉水 liaŋ⁵¹ʂuei⁰
沙河	失火 ʂəʔ²xuo³³	水 ʂuei³³	凉水 liaŋ⁵¹ʂuei³³
邯郸	失火 ʂəʔ²xuo⁵⁵	水 ʂuəi⁵⁵	冷水 ləŋ⁵³ʂuəi⁰
涉县	失火 səʔ⁵⁵xuə⁰	水 suəi⁵³	凉水 liã⁴¹²suəi⁰

	0064 热水_{如洗脸的热水，不是指喝的开水}	0065 开水_{喝的}	0066 磁铁
兴隆	热水 zuo⁵¹ʂuei²¹³/zɤ⁵¹ʂuei²¹³	开水 kʰai³⁵ʂuei²¹³	吸铁石 ɕi³⁵tʰiɛ²¹ʂʅ⁵⁵ 磁铁 tsʰʅ⁵⁵tʰiɛ²¹³
北戴河	温乎水 uən⁴⁴xu⁰ʃuei²¹⁴	开水 kʰai⁴⁴ʃuei²¹⁴ 热水 zɤ⁵³ʃuei²¹⁴	吸铁石 ɕi⁴⁴tʰiɛ²¹ʃʅ³⁵
昌黎	温乎水儿 uən²⁴xu⁰ʂuər²¹³	热水 zɤ⁴⁵ʂuei⁰	吸铁石 ɕi⁴²tʰiɛ⁰ʂʅ²⁴ 磁铁 tsʰʅ³⁴tʰiɛ²¹³
乐亭	热水 zuə⁵³ʂuei³⁴	开水 kʰai³³ʂuei³⁴	吸铁石 ɕi⁵³tʰiɛ³³ʂʅ²¹²
蔚县	热水 zɤ³¹suei⁴⁴	开水 kʰɛi⁵³suei⁴⁴	吸铁石 ɕi⁵³tʰiə⁵³ʂʅ⁴¹
涞水	热水 zɤ³¹ʂuei²⁴	开水 kʰai⁴⁵ʂuei⁰	吸铁石 ɕi⁵⁵tʰiɛ²⁴ʂʅ⁴⁵
霸州	热水 zɤ⁴¹ʂuei²¹⁴	开水 kʰai⁴⁵ʂuei²¹⁴	吸铁石 ɕi⁴⁵tʰiɛ²¹ʂʅ⁵³
容城	热水 zɤ⁵²ʂuei²¹³	开水 kʰai⁴⁴ʂuei²¹³	磁铁 tsʰʅ⁴⁴tʰiɛ²¹³
雄县	热水 zɤ⁴¹ʂuei²¹⁴	开水 kʰai⁴⁵ʂuei⁰	吸铁石 ɕi⁴⁵tʰiɛ²¹ʂʅ⁵³
安新	热水 zɤ⁵⁵ʂuei²¹⁴	开水 kʰai⁴⁵ʂuei²¹⁴	吸铁石 ɕi⁵³tʰiɛ⁴⁵ʂʅ³¹
满城	热水 zɤ⁵³ʂuei²¹³	开水 kʰai⁴⁵ʂuei²¹³	吸铁石 ɕi⁴⁵tʰiɛ²¹³ʂʅ²²
阜平	热水 zɤ⁵³ʂei⁵⁵	开水 kʰæ⁵³ʂei⁵⁵	吸铁石 ɕi⁵³tʰiɛ⁵⁵ʂʅ²⁴
定州	热乎水儿 zɤ³⁵xu⁰ʂuər²⁴	开水 kʰai³³ʂuei²⁴	吸铁石 ɕi³¹tʰiɛ²⁴ʂʅ²¹³
无极	热水 zɤ⁵¹ʂuəi³⁵	开水 kʰæ³¹ʂuəi³⁵	吸铁石儿 ɕi³¹tʰiɛ³⁵ʂər²¹³
辛集	热水 zə⁴²ʂuei³²⁴	开水 kʰai³³ʂuei³²⁴	吸铁石 ɕi⁴¹tʰiɛ³³ʂʅ³⁵⁴
衡水	热水 iɛ³¹ʂuei⁵⁵	热水 iɛ³¹ʂuei⁵⁵ 开水 kʰai³¹ʂuei⁵⁵	吸铁石 ɕi³¹tʰiɛ²⁴ɕi⁵³
故城	热水 zɤ³¹suei⁵⁵	开水 kʰæ²¹suei⁵⁵	吸铁石 ɕi³¹tʰiɛ⁵⁵ʂʅ⁵³
巨鹿	温水 uən³³ʂuei⁵⁵	热水 iɛ²¹ʂuei⁵⁵	吸铁石儿 ɕi³³tʰiɛ³³ɕiər⁴¹
邢台	热乎儿水儿 zə³¹xur⁰ʂuər⁵⁵ 热水 zə³¹ʂuei⁵⁵	热水 zə³¹ʂuei⁵⁵ 开水 kʰai³⁴ʂuei⁵⁴	吸铁石 ɕi³⁴tʰiɛ³⁴ʂʅ⁵³
馆陶	热水 zE²¹ʂuei⁴³	开水 kʰai²⁴ʂuei⁴⁴	吸铁石 ɕi²¹tʰiɛ²⁴ʂʅ⁵²
沧县	热水 zɤ⁴¹suei²³	开水 kʰai²³ʂuei⁵⁵	吸铁石 ɕi⁴¹tʰiɛ²³ʂʅ⁵³
献县	热水 zuo³¹ʂuei²¹⁴	开水 kʰɛ³³ʂuei³³	吸铁石 ɕi³¹tʰiɛ³³ʂʅ⁵³
平泉	热水 zuo⁵³ʂuei²¹⁴/zɤ⁵³ʂuei²¹⁴	开水 kʰai⁵⁵ʂuei²¹⁴	吸铁石 ɕi⁵⁵tʰiɛ²¹ʂʅ³⁵ 磁铁 tsʰʅ³⁵tʰiɛ²¹⁴

（续表）

	0064 热水 如洗脸的热水，不是指喝的开水	0065 开水 喝的	0066 磁铁
滦平	热水 zuo⁵¹ʂuei²¹⁴/zə⁵¹ʂuei²¹⁴	开水 kʰai⁵⁵ʂuei²¹⁴	吸铁石 ɕi⁵⁵tʰiɛ²¹ʂʅ³⁵ 磁铁 tsʰʅ³⁵tʰiɛ²¹⁴
廊坊	热水 zɤ⁵³ʂuei²¹⁴ 温水 uən⁵⁵ʂuei²¹⁴ 温乎水 uən⁵⁵xu⁰ʂuei²¹⁴	开水 kʰai⁵⁵ʂuei²¹⁴	磁铁 tsʰʅ³⁵tʰiɛ²¹⁴ 吸铁石 ɕi⁵⁵tʰiɛ²¹ʂʅ³⁵
魏县	热水 zɛ³³ʂuəi⁰	开水 kʰai³³ʂuəi⁰	吸铁石 ɕi³³tʰiɛ³³ʂʅ⁵³
张北	热水 zəʔ³suei⁵⁵	开水 kʰai⁵⁵suei⁵⁵ 滚水 kun⁴²suei⁵⁵	吸铁石 ɕiəʔ³tʰiəʔ³²səʔ³²
万全	热水 zəʔ²²suei⁵⁵	开水 kʰɛi⁵⁴suei⁵⁵	吸铁石 ɕiəʔ⁴tʰiəʔ²²səʔ⁴
涿鹿	热水 zəʔ³¹suei⁴⁵ 温温水 uəŋ⁴²uəŋ⁰suei⁴⁵	开水 kʰɛ⁴²suei⁴⁵	吸铁石 ɕiʌ⁴³tʰiʌ⁰ʂʌʔ⁴³
平山	热水 zɤ³¹sæi⁵⁵	开水 kʰɛ⁴²sæi⁰	吸铁石 ɕi³¹tʰiə⁵⁵ʂʅ³¹
鹿泉	热水 zɤ³¹sei³⁵	开水 kʰɛ⁵⁵sei⁰	吸铁石 ɕi²¹tʰiʌ¹³ʂʅ⁵⁵
赞皇	温水 uən⁵¹suei⁰	开水 kʰɛ⁵⁴suei⁰	吸铁石 ɕi²⁴tʰiɛ²⁴ʂʅ⁵⁴
沙河	热水 zəʔ²ʂuei³³	滚水 kuən³¹suei³³	吸铁石 ɕiəʔ⁴tʰiəʔ⁴ʂʅ⁵¹
邯郸	热水 zʌʔ²ʂuəi⁰	开水 kʰai³¹suəi⁰ 滚水 kun⁵³ʂuəi⁰	吸铁石 ɕiəʔ⁴tʰiʌʔ⁴səʔ³²
涉县	热水 iə⁵⁵suəi⁰	开水 kʰai⁵⁵suəi⁰	吸铁 ɕiəʔ⁵⁵tʰiəʔ⁰

	0067 时候 吃饭的~	0068 什么时候	0069 现在
兴隆	时候儿 ʂʅ⁵⁵xour⁰ 前儿 tɕʰier⁵⁵	啥时候儿 ʂa⁵⁵ʂʅ⁵⁵xour⁰ 啥前儿 ʂa⁵⁵tɕʰier⁵⁵ 什么时候儿 ʂən⁵⁵mə⁰ʂʅ⁵⁵xour⁰	这会儿 tʂei⁵¹xuɐr²¹³ 当下 taŋ³⁵ɕia⁵¹ 现在 ɕian⁵³tsai⁵¹
北戴河	时候儿 ʃʅ³⁵xour⁵¹	啥时候儿 ʃa³⁵ʃʅ³⁵xour⁵¹	现在 ɕian⁵³tʃai⁵¹
昌黎	时候儿 ʂʅ⁴²xour²³	啥会儿 sa⁴⁵xuər⁰ 多咱 tuo⁴³tʂan⁰ 多前儿 tuo⁴³tɕʰier⁰	[这么] 咱 tsən⁴⁵tʂan⁰
乐亭	时候儿 ʂʅ³⁵xour⁰	啥时候儿 ʂa⁵³ʂʅ³⁵xour⁰	这前儿 tʂən⁵⁵tɕʰiour⁰
蔚县	时候儿 sʅ⁴¹xəur⁰	啥时候儿 sa¹³sʅ⁴¹xəur⁰ 多会儿 tuɤ⁵³xuər⁰ 啥时忽儿 sa¹³sʅ⁴¹xur⁰	这忽儿 tsʅ³¹xur⁰
涞水	时候 ʂʅ²⁴xou⁰	什么时候 ʂən⁴⁵mɤ⁰ʂʅ²⁴xou⁰	这会儿 tʂɤ³¹xuɐr²⁴
霸州	时候儿 ʂʅ⁵³xour⁰	多会儿 tuo²¹xuər⁰ 多咱晚儿 tuo²¹tsan⁰uɐr²¹⁴ 多咱 tuo²¹tsan⁰	这会儿 tʂɤ⁴¹xuər⁰
容城	时会儿 ʂʅ³⁵xuər⁵²	什么时会儿 ʂən³⁵mɤ⁰ʂʅ³⁵xuər⁰	现在 ɕian⁴⁴tsai⁵¹³
雄县	时候儿 ʂʅ⁵³xour⁰	多咱晚儿 tuo²¹tsʅ⁰uɐr²¹⁴ 么时候儿 mo⁰ʂʅ⁵³xour⁰ 几儿啊 tɕiər⁴¹za⁰	这咱晚儿 tʂɤ⁴⁵tsʅ⁰uɐr²¹⁴
安新	时候儿 sʅ⁴⁵xour⁰	什么时候儿 sou⁵³mo⁰sʅ⁴⁵xour⁰	就儿 tɕiou⁵⁵wər⁰
满城	时候 ʂʅ²²xou⁰	什么时候儿 ʂʅ²¹mo⁰ʂʅ²²xour⁰	这会儿 tʂɤ⁵³xuər²² 当下 taŋ⁴⁵ɕia⁵¹²
阜平	时候儿 ʂʅ²¹xour⁰	什么时候儿 ʂʅ⁵⁵muɤ⁰ʂʅ²¹xour⁰	现在 ɕiæ⁵³tsæ⁵³
定州	时会儿 ʂʅ⁴²xuər⁰	什么时会儿 ʂʅ²¹¹mə⁰ʂʅ⁴²xuər⁰ 多咱 tuo²¹¹tsan⁰ 哪会儿 nei²⁴xuər⁰	这会儿 tʂei⁵³xuər⁰
无极	时候 sʅ³¹xəu⁵¹	嘛时候 ma⁵¹sʅ³¹xəu⁵¹	这会儿 tʂɤ³¹xuər³⁵
辛集	工夫儿 koŋ³³fur⁰	什么时候儿 sou³²²mə⁰sʅ³⁵xour⁰ 多咱 tuɑ³³tsan⁰	这会儿 tʂɤ⁴¹xuər³⁴
衡水	时候 sʅ²⁴xəur⁰	多咱 tuo²⁴tsan⁰ 什么时候儿 xəu⁵³mo⁰sʅ²⁴xəur⁰	这咱 tɕie³¹tsan⁰
故城	时候 sʅ⁵⁵xou⁰ 时儿 sər⁵³	多咱 tuɤ²¹tsæ⁰ 嘛时候 ma⁵³sʅ⁵⁵xou⁰	这会儿 tʂɤ³¹xuər²⁴

(续表)

	0067 时候吃饭的~	0068 什么时候	0069 现在
巨鹿	时候儿 ʂʅ⁵³xour⁰	啥时候儿 ʂa⁴¹ʂʅ⁵³xour⁰	这会儿 tɕiɛ²¹xuər⁵⁵
邢台	时候儿 ʂʅ⁵³xour³¹	啥时候儿 ʂa⁵³ʂʅ⁵³xour³¹	这咱 tʂən³¹tan³⁴ 这时候儿 tʂə³¹ʂʅ⁵³xour⁰ 这会儿 tʂə³¹xuər⁰
馆陶	时候儿 ʂʅ⁵²əur⁰ /ʂʅ⁵²xəur⁰	啥[时候]儿 ʂa²¹ʂəur⁵² 啥时候儿 ʂa²¹ʂʅ⁵²xəur⁰	现在 ɕiæn²⁴tsai²¹ 现 ɕiæn²¹³
沧县	时候儿 ʂʅ⁵⁵xour⁰	什么时候儿 sən⁵⁵mə⁰ʂʅ⁵⁵xour⁰	现在 ɕian²³tsai⁴¹
献县	时候儿 ʂʅ⁵⁵xour⁰	什么时候儿 ʂən²¹mə⁰ʂʅ⁵⁵xour⁰	现在 ɕiæ³¹tsɛ³¹
平泉	时候 ʂʅ³⁵xou⁰	啥前儿 ʂa³⁵tɕʰiɛr³⁵ 啥时候 ʂa³⁵ʂʅ³⁵xou⁰ 什么时候 sən³⁵mə⁰ʂʅ³⁵xou⁰	这会儿 tʂə⁵³xuər²¹⁴ 现在 ɕian⁵³tsai⁵¹
滦平	时候儿 ʂʅ³⁵xour⁰	多会儿 tuo³⁵xuər⁰ 啥前儿 ʂa³⁵tɕʰiɛr³⁵ 什么时候儿 sən³⁵mə⁰ʂʅ³⁵xour⁰	这会儿 tʂei⁵¹xuər²¹⁴ 现在 ɕian⁵¹tsai⁵¹
廊坊	时候儿 ʂʅ³⁵xour⁰	什么时候儿 sən³⁵mɤ⁰ʂʅ³⁵xour⁰ 多早晚儿 tuo⁵⁵tsɑu⁰uər²¹⁴	现在 ɕien⁵³tsai⁵¹ 这前儿 tʂɤ⁵³tɕʰiɛr³⁵
魏县	时候儿 ʂʅ⁵³zəur³³	啥时候 ʂa³¹²ʂʅ⁵³zəur³³	这会儿 tʂɛ³¹²uər³³
张北	时候 ʂʅ⁴²xəu⁰	甚时候 sən²¹³ʂʅ⁴²xəu⁰	就这会儿 tɕiəu²³tʂə²³xuer²¹³
万全	时候 ʂʅ⁴¹xou²¹³	甚时候 sən²¹³ʂʅ⁴¹xou²¹³	这会儿 tʂə²⁴xuər²¹³
涿鹿	时候儿 ʂʅ⁴²xəur⁰	什么时候 ʂə³¹muə⁰ʂʅ⁴²xəur⁰	这会儿 tʂə³¹xuər⁰
平山	时候儿 ʂʅ⁵³xər³¹ 时儿 ʂər³¹	什时儿 ʂʅ⁵⁵mə⁰ʂər³¹ 什咱儿 ʂən⁵⁵tsær⁴²	这歇儿 tʂʅ³¹ɕiər²⁴ 然儿 zær⁵³
鹿泉	时候儿 ʂʅ⁵⁵xour⁰	什么时候 ʂɤ⁵⁵mo⁰ʂʅ⁵⁵xour⁰	这儿 tʂɤr³¹²
赞皇	时候儿 ʂʅ⁵¹xəur⁰	多刚儿来 tuə⁵⁴kãr⁴⁵le⁰	刚儿 kãr⁴⁵
沙河	时候儿 ʂʅ⁵¹əu⁰①	啥时候 ʂɔ²⁴ʂʅ⁵¹əu⁰	照＝儿 tsaur²⁴
邯郸	[时候儿]ʂəur⁵³	啥[时候儿]ʂɔ²⁴ʂəur⁵³	这会儿 tʂə²¹²uər⁰ 现在 ɕiæ⁵³tsai²¹
涉县	时候儿 ʂʅ⁴¹xur²⁴	啥时候儿 sɒ⁵⁵ʂʅ⁴¹xur⁰	这 tsə⁴¹²

---

① 第二音节有时读成 ˌnəu⁰。

	0070 以前 十年~	0071 以后 十年~	0072 一辈子
兴隆	前 tɕʰian⁵⁵ 以前 i²¹tɕʰian⁵⁵	后 xou⁵¹ 以后 i²¹xou⁵¹	一辈子 i³⁵pei⁵¹tsʅ⁰
北戴河	前 tɕʰian³⁵	后 xou⁵¹	一辈子 i³⁵pei⁵³tʃʅ⁰
昌黎	以前 i²⁴tɕʰian²⁴	以后 i²⁴xou⁴⁵³	一辈子 i³⁴pei⁴⁵tsʅ⁰
乐亭	早先 tsɑu³⁴ɕiɛn³¹	往后 uaŋ⁵³xou⁵²	一辈子 i³³pei⁵⁵tsʅ⁰
蔚县	以前 i⁴⁴tɕʰiã⁴¹	以后 i⁴⁴xəu³¹²	一辈子 i¹³pei³¹tsʅ⁰
涞水	以前 i²⁴tɕʰian⁴⁵	以后 i²⁴xou³¹⁴	一辈子 i²⁴pei³³¹tsʅ⁰
霸州	以前 i²¹tɕʰian⁵³	以后 i²⁴xou⁴¹	一辈子 i⁴⁵pei⁴⁵tsʅ⁰
容城	以前 i²¹tɕʰian³⁵	往后 uaŋ³⁵xou⁵¹³	一辈子 i⁴⁴pei⁵²tsʅ⁰
雄县	哀⁼窝⁼儿 nai⁴⁴uor⁰	以后 i²⁴xou⁴¹	一辈子 i⁴⁵pei⁴⁵tsʅ⁰ 一辈儿 i⁴⁵pər⁴¹
安新	以前 i⁴⁵tɕʰian³¹	以后 i⁴⁵xou⁵¹	一辈子 i⁴⁵pei⁵⁵tsʅ⁰
满城	以前 i³⁵tɕʰian²²	以后 i²¹xou⁵¹²	一辈子 i⁴⁵pei⁵⁵tsʅ⁰
阜平	以前 i⁵⁵tɕʰiæ²⁴	以后 i⁵⁵xou⁵³	一辈子 i²⁴pei²⁴tsʅ⁰
定州	可⁼前 kʰɤ²⁴tsʰian²¹³	可⁼后 kʰɤ²⁴xou⁵¹	一辈子 i³³pei³⁵tsʅ⁰
无极	早先儿个 tsɔ³⁵siɐr³¹kɤ⁰	往后 uaŋ³¹xəu⁵¹	一辈子 i³¹pəi⁵³tsʅ⁰
辛集	前 tsʰian³⁵⁴ 那咱 na⁴²tsan⁰ 早先儿 tsɑu²⁴siɐr³³	往后 uan²⁴xou⁴¹	一辈儿 i³⁵pər⁴¹
衡水	从前 tʂʰuŋ⁵³tɕʰian⁵³	往后 vaŋ⁵⁵xəu³¹	一辈子 i⁵⁵pei⁵³tsʅ⁰
故城	头 tʰou⁵³ 头十年 tʰou⁵³ʂʅ⁵³ȵiæ⁵³	再过 tsæ²⁴kuɤ⁵ 以后 i⁵⁵xou³¹	一辈子 i²⁴pei⁵³tsʅ⁰
巨鹿	往前 uaŋ⁵⁵tɕʰiɛ⁴¹	往后 uaŋ⁵⁵xou²¹	一辈的 i³³pei⁵³tə⁰
邢台	前 tsʰian⁵³ 以前 i⁵⁵tsʰian⁵³	后 xou³¹ 以后 i⁵⁵xou³¹	一辈子 i³⁴pei³¹ə⁰
馆陶	以前 i²⁴tsʰiæn⁵² 前 tsʰiæn⁵²	以后 i⁴⁴xəu²¹ 后 xəu²¹³	一辈儿 i⁴⁴pər²¹³ 一辈子 i⁴⁴pei²¹tə⁰ 庄重
沧县	以前 i⁵⁵tɕʰian⁵³	以后 i⁵⁵xou⁴¹	一辈子 i⁵⁵pei⁵³tsʅ⁰
献县	以前 i²¹tɕʰiæ⁵³	以后 i²⁴xou³¹	一辈子 i³³pei⁵³tsʅ⁰

（续表）

	0070 以前十年~	0071 以后十年~	0072 一辈子
平泉	前 tɕʰian³⁵ 以前 i²¹tɕʰian³⁵	后 xou⁵¹ 以后 i²¹xou⁵¹	一辈子 i⁵⁵pei⁵¹tsʅ⁰
滦平	以前 i²¹tɕʰian³⁵	以后 i²¹xou⁵¹	一辈子 i³⁵pei⁵¹tsə⁰
廊坊	以前 i²¹tɕʰiɛn³⁵	以后 i²¹xou⁵¹	一辈子 i³⁵pei⁵¹tsʅ⁰
魏县	头里 tʰəu⁵³lɛ⁰	以后 i⁵³xou³¹²	一辈子 i³³pəi³¹²tɛ⁰
张北	早以前 tsau⁵⁵i⁵⁵tɕʰiæ⁴²	往后 vɔ̃⁵⁵xəu²¹³	一辈子 i⁴²pei²³tsə⁰
万全	兀⁼儿年 vəʔ²²ərⁿ⁰n̩ian⁴¹	以后 i⁴⁴xou²¹³	一辈子 iəʔ²²pei²¹³tsə⁰
涿鹿	从前 tsʰuŋ¹¹³tɕʰiæ̃⁵² 早那会儿 tsɔ⁴⁵nə³¹xuər⁰	以后 i⁴⁵xəu³¹	一辈子 iʌ⁴³pei³¹ə⁰
平山	以先 i⁵⁵siæ³¹	以后 i⁵⁵xɐu⁴²	一辈子 i³¹pæi⁵⁵tsʅ⁰
鹿泉	以前 i³⁵tsʰiæ⁵⁵	以后 i³⁵xou³¹	一辈子 iɤ²¹pei³¹tɤ⁰
赞皇	以前 i⁴⁵tsʰiæ⁵⁴	以后 i⁴⁵xəu³¹	一辈子 iɛ²⁴pei³¹tsə⁰
沙河	地⁼以前 ti²¹⁻³³i³³tsʰiã⁵¹ 以前 i³³tsʰiã⁵¹	往后 uaŋ³³xəu²¹ 以后 i³³xəu²¹	成辈子 tʂʰəŋ⁵¹pei²¹tə⁰
邯郸	头里 tʰəu⁵³ləi⁰ 以前 i⁵⁵tsʰiæ⁵³	以后 i⁵⁵xəu²¹	一辈子 iəʔ⁵pəi²¹tə⁰
涉县	以前 i⁵³tɕʰiæ⁰	以后 i⁵³xou²⁴	一辈子 iəʔ³²pəi⁵³ə⁰

	0073 今年	0074 明年	0075 后年
兴隆	今年 tɕin³⁵n̠ian⁰	明年 miŋ⁵⁵n̠ian⁵⁵	后年 xou⁵¹n̠ian⁵⁵
北戴河	今年 tɕin⁴⁴n̠ian⁰	过年 kuo⁵³n̠ian⁰	后年 xou⁵³n̠ian⁰
昌黎	今年 tɕin²⁴n̠ian⁰	明年 miŋ⁴²n̠ian⁰	后儿年 xour²⁴n̠ian⁰
乐亭	今年个 tɕien³⁵niɛn⁰kə⁰	明年个 miəŋ²¹²niɛn⁰kə⁰	后年个 xou²¹²niɛn⁰kə⁰
蔚县	今年 tɕiŋ⁵³n̠iã⁰	明年 miŋ⁴¹n̠iã⁰	后年 xəu³¹n̠iã⁴¹
涞水	今年 tɕin⁴⁵n̠ian⁰	过年 kuo³¹n̠ian⁰	后年 xou³¹n̠ian⁴⁵
霸州	今年 tɕin²¹n̠ian⁰ 今年个 tɕin²¹n̠ian⁰kɤ⁰	过年 kuo⁴¹n̠ian⁰ 明年 miŋ⁵³n̠ian⁰	后年 xou⁴¹n̠ian⁰ 大过年 ta⁴¹kuo⁴¹n̠ian⁰
容城	今年 tɕin³¹nian⁰	过年儿 kuo⁵²niɐr⁰	大过年儿 ta⁵²kuo²¹niɐr⁰
雄县	今年 tɕin⁴⁴n̠iãn⁰	过年儿 kuo⁴¹n̠iɐr⁰	大过年儿 ta⁴¹kuo⁴¹n̠iɐr⁰
安新	今年 tɕin⁴⁵nian³¹	过年儿 kuo⁵³niɐr⁰	后年 xou²¹nian⁰
满城	今年 tɕin⁴⁵nian²²	过年儿 kuo⁵³n̠iɐr²²	后年儿 xou²¹n̠iɐr⁰
阜平	今年 tɕi³¹n̠iæ̃⁰	过年 kuɤ⁵³n̠iæ̃⁰	后年 xou²⁴n̠iæ̃⁰
定州	今年 tɕi²¹¹n̠ian⁰	过年儿 kuo³³n̠iɐr⁰	后年 xou⁵³n̠ian²⁴
无极	今年个 tɕi³⁵n̠iãn⁰kɤ⁰	过年 kuɤ³¹n̠iãn²¹³	后年 xəu⁵¹n̠iãn²¹³
辛集	今年 tɕiən³³n̠ian⁰	过年 kuə³³n̠ian⁰	大过年 ta⁴¹kuə³³n̠ian⁰
衡水	今年 tɕin²⁴n̠ian⁵³	过年 kuo³¹n̠ian⁵³	后儿年 xəur³¹n̠ian⁵³
故城	今年 tɕiẽ²⁴n̠iæ̃⁵³	明年 miŋ⁵³n̠iæ̃⁵³ 过年 kuɤ³¹n̠iæ̃⁰	后儿年 xour³¹n̠iæ̃⁵³ 大过年 ta⁵¹kuɤ³¹n̠iæ̃⁵³
巨鹿	今年 tɕi³³n̠iɛ̃⁴¹	过年 kuo²¹n̠iɛ̃⁴¹	后儿年 xour²¹n̠iɛ̃⁴¹
邢台	今年 tɕi³⁴nian⁰	过年 kuo³¹nian⁰ 明年 miŋ⁵³nian⁰	后年儿 xou³¹niɐr⁰
馆陶	今年 tɕin²⁴n̠iæn⁵²	过年 kuo²¹n̠iæn⁰ 明年 miŋ⁵²n̠iæn⁰	过啦明年 kuo²¹la⁰miŋ⁵²n̠iæn⁰ 后年 xəu²¹n̠iæn⁵²
沧县	今年 tɕiən²³n̠ian⁵³	明年 miŋ⁵³n̠ian⁵³	后儿年 xour⁴¹n̠ian⁵³
献县	今年 tɕi³³n̠iæ̃⁵³	过年 kuo³¹n̠iæ̃⁵³	转过年来 tʂuæ̃²¹kuo⁰n̠iæ̃⁵³le⁵³
平泉	今年 tɕin⁵⁵nian³⁵	明年 miŋ³⁵nian³⁵	后年 xou⁵³nian³⁵
滦平	今年 tɕin⁵⁵n̠ian³⁵	明年 miŋ³⁵n̠ian³⁵	后年 xou⁵¹n̠ian³⁵

（续表）

	0073 今年	0074 明年	0075 后年
廊坊	今年 tɕin⁵⁵ȵiɛn³⁵	明年 miŋ³⁵ȵiɛn³⁵ 过年 kuo⁵¹ȵiɛn⁰	后年 xou⁵³ȵiɛn³⁵
魏县	今年 tɕin³³ȵian⁵³	明年 miŋ⁵³ȵian⁵³	过年 kuə³¹²ȵian⁰
张北	今年 tɕiŋ⁴²ȵiæ̃⁴²	明年 miŋ⁴²ȵiæ̃⁴²	后年 xəu²³ȵiæ̃⁴²
万全	今年 tɕiəŋ⁴¹ȵian⁴¹	过年 kuə²⁴ȵian⁴¹	后年 xou²⁴ȵian⁴¹
涿鹿	今年 tɕiŋ⁴²ȵiæ̃⁰	明年 miŋ⁴²ȵiæ̃⁰	后年 xou³¹ȵiæ̃⁰
平山	今年 tɕi⁵³ȵiæ̃³¹	过年 kuə⁴²ȵiæ̃⁰	后年 xɐu⁵⁵ȵiæ̃⁰
鹿泉	今年 tɕiɛ̃⁵⁵ȵiæ̃⁰	过年 kuo⁵⁵ȵiæ̃⁰	后年 xou³¹ȵiæ̃⁰
赞皇	今年里 tɕi⁵⁴ȵiæ̃⁰li⁰	过年 kuə³¹ȵiæ̃⁰	后年里 xəu³¹ȵiæ̃⁰li⁰
沙河	今年 tɕiən⁴¹ȵiã⁰	明年 miən⁵¹ȵiã⁰	后年 xəu²¹ȵiã⁵¹
邯郸	今年 tɕin³¹ȵiæ̃⁰	过年 kuə¹³ȵiæ̃⁰	大过年 tɔ⁵³kuə²¹ȵiæ̃⁰
涉县	今年 tɕiəŋ⁵⁵ȵiæ̃⁰	明年 miəŋ⁴¹ȵiæ̃⁰	后年 xou⁵⁵ȵiæ̃⁰

	0076 去年	0077 前年	0078 往年 过去的年份
兴隆	头年 tʰou⁵⁵n̠ian⁰ 去年 tɕʰy⁵¹n̠ian⁰	前年 tɕʰian⁵⁵n̠ian⁵⁵	往年 uaŋ²¹n̠ian⁵⁵
北戴河	去年 tɕʰy⁵³n̠ian⁰	前年 tɕʰian³⁵n̠ian⁰	往年 uaŋ²¹n̠ian³⁵
昌黎	去年 tɕʰy⁴⁵n̠ian⁰	前年 tɕʰian⁴²n̠ian²³	往年 uaŋ²¹n̠ian⁰
乐亭	去年个 tɕʰy⁵⁵niɛn⁰kə⁰	前年个 tɕʰiɛn³¹niɛn⁰kə⁰	往着年儿 uaŋ²¹¹tʂə⁰nier²¹²
蔚县	年上 n̠iã⁴¹sən⁰ 年[时啊] n̠iã⁴¹sɑ⁰	前年 tɕʰiã⁴¹n̠iã⁰	往年 vɔ⁴⁴n̠iã⁰
涞水	去年 tɕʰy³¹n̠ian⁴⁵	前年 tɕʰian²⁴n̠ian⁰	往年 uaŋ²⁴n̠ian⁴⁵
霸州	头年 tʰou⁵³n̠ian⁰ 头年个 tʰou⁵³n̠ian⁰kɤ⁰ 去年 tɕʰy⁴¹n̠ian⁰	前年 tɕʰian⁵³n̠ian⁰	往时年 uaŋ²¹ʂʅ⁰n̠ian⁵³
容城	头年 tʰou³¹n̠ian⁰	前年个 tɕʰian²¹nian⁰kɤ⁰	往年儿 uaŋ²¹nier³⁵
雄县	去年 tɕʰy⁴¹n̠iãn⁰ 头年 tʰou⁵³n̠iãn⁰ 头年个 tʰou⁵³n̠iãn⁰kɤ⁰	前年 tɕʰiãn⁵³n̠iãn⁰	往年 uaŋ²¹n̠iãn⁵³
安新	去年 tɕʰy⁵³nian⁰	前年个 tɕʰian³³nian⁰kə⁰	前几年 tɕʰian⁵³tɕi⁴⁵nian³¹
满城	年个 n̠ian²²kɤ⁰	前年儿 tɕʰian²¹n̠ier⁰	往年儿 uaŋ³⁵n̠ier²²
阜平	去年 tɕʰy²⁴n̠iæ⁰	前年 tɕʰiæ⁵³n̠iæ⁰	往年 uaŋ⁵⁵n̠iæ²⁴
定州	年上个儿 n̠ian⁴²ʂəŋ⁰ker⁰	前年个儿 tɕʰian⁴²n̠ian⁰ker⁰	往几年 uaŋ²¹¹tɕi²¹¹n̠ian⁰
无极	年上个 n̠iãn³¹ʂəŋ⁰kɤ⁰	前年 tsʰiãn³¹n̠iãn⁰	往年价 uaŋ³⁵n̠iãn³¹tɕia⁰
辛集	年上 n̠ian³⁵⁴ʂəŋ³³	前年 tsʰian³⁵n̠ian⁰	往常年 uaŋ³⁵⁴tʂʰaŋ³⁵n̠ian⁰
衡水	头年里 tʰəu⁵³n̠ian²⁴li⁰	前年 tɕʰian²⁴n̠ian⁰	头几年 tʰəu⁵³tɕi⁵⁵n̠ian⁵³
故城	去年 tɕʰy³¹n̠iæ⁰ 头年 tʰou⁵⁵n̠iæ⁰	前年 tɕʰiæ⁵⁵n̠iæ⁰ 大头年 ta³¹tʰou⁵⁵n̠iæ⁰	前些年 tɕʰiæ⁵⁵ɕiɛ⁰n̠iæ⁵³
巨鹿	年上下 n̠ian⁵³ʂəŋ⁰ɕia⁰	前年 tɕʰiɛ̃⁴¹n̠iɛ̃⁴¹	前些年 tɕʰiɛ̃⁴¹ɕiɛ³³n̠iɛ̃⁴¹
邢台	年时个 nian⁵³ʂʅ⁵³kə⁰	前年 tsʰian⁵³nian⁰	每么儿 mei⁵⁵mar⁰ 往常年 vaŋ⁵⁵tʂʰaŋ⁵³nian⁵³
馆陶	年 #1n̠iæn⁵²ʂuo⁰	前年 tsʰiæn⁵²n̠iæn⁰	往年 uaŋ⁴⁴n̠iæn⁵²
沧县	去年 tɕʰy⁴¹n̠ian⁵³	前年 tɕʰian⁵⁵n̠ian⁰	往年 uaŋ⁵⁵n̠ian⁰
献县	头年 tʰou³¹n̠iæ⁵³	前年 tɕʰiæ⁵⁵n̠iæ⁰	前些个年 tɕʰiæ⁵³ɕi³³kɤ⁰n̠iæ⁰

(续表)

	0076 去年	0077 前年	0078 往年 过去的年份
平泉	去年 tɕʰy⁵³nian³⁵	前年 tɕʰian³⁵nian³⁵	往年 uɑŋ²¹nian³⁵
滦平	头年 tʰou³⁵n̠ian³⁵ 去年 tɕʰy⁵¹n̠ian³⁵	前年 tɕʰian³⁵n̠ian³⁵	往年 uɑŋ²¹ian³⁵
廊坊	去年 tɕʰy⁵³n̠iɛn³⁵ 上一年 ʂaŋ⁵¹i⁰n̠iɛn³⁵	前年 tɕʰien³⁵n̠ien³⁵	往年 uɑŋ²¹n̠ien³⁵
魏县	年时个儿 n̠ian⁵³ʐʅ³¹²kɤr⁰	前年个儿 tɕʰian⁵³n̠ian³¹²kɤr⁰	每朝儿年 məi⁵⁵tʂɑur³¹²n̠ian⁵³
张北	年上个儿 n̠iæ⁴²sɔ̃⁴⁴ker⁴²	前年个儿 tɕʰiæ⁴²n̠iæ⁴⁴ker⁴²	往几年 vɔ̃⁴²tɕi⁵⁵n̠iæ⁴²
万全	年时 n̠ian⁴¹sʅ⁴¹	前年个儿 tɕʰian⁴¹n̠ian⁴¹ker⁰	兀ⁿ儿年 vəʔ²²ər⁰n̠ian⁴¹
涿鹿	年上 n̠iæ⁴²sɤŋ⁰	前年 tɕʰiæ⁴²n̠iæ⁰	往年 uã⁵⁵n̠iæ⁰
平山	年上 n̠iæ⁴²sɤŋ⁰	前年 tsʰiæ⁴²n̠iæ⁰	往年儿啦 uaŋ⁵⁵n̠iær⁴²la⁰
鹿泉	年上 n̠iæ⁵⁵sɤŋ⁰	前年 tsʰiæ⁵⁵n̠iæ⁰	往年 uaŋ³⁵n̠iæ⁵⁵
赞皇	年上 n̠iæ³²sɤŋ⁰	前年哩 tsʰiæ⁵⁴n̠iæ⁵⁴li⁰	头几年 tʰəu⁵⁴tɕi⁴⁵n̠iæ⁵⁴
沙河	年个儿 n̠iã⁵¹kər⁰	前年 tsʰiã⁵¹n̠iã⁰	往年 uaŋ³³n̠iã⁰
邯郸	年个儿 n̠iæ⁵³ŋr⁰	前年个儿 tsʰiæ⁵³n̠iæ⁰ŋr⁰	前几年 tsʰiæ⁵³tɕi⁵⁵n̠iæ⁵³
涉县	年时 n̠iæ⁴¹səʔ⁰	前年 tɕʰiæ⁴¹n̠iæ²⁴	往年 vã⁵³n̠iæ⁰

	0079 年初	0080 年底	0081 今天
兴隆	年初 ɲian⁵⁵tʂʰu³⁵	年末 ɲian⁵⁵mo⁵¹ 年根儿 ɲian⁵⁵kər³⁵ 年底 ɲian⁵⁵ti²¹³	今儿个儿 tɕiər³⁵kɤr⁰ 今天 tɕin³⁵tʰian³⁵
北戴河	年初 ɲian³⁵tʂʰu⁴⁴	年底 ɲian³⁵ti²¹⁴	今儿个儿 tɕiər⁴⁴kər⁰
昌黎	年初 ɲian³⁴tʂʰu⁴²	年底儿 ɲian³⁴tiər²¹³	今儿个 tɕiər⁴²kə⁰
乐亭	年初 niɛn³⁴tʂʰu³¹	年底 niɛn³⁴ti³⁴	今儿个 tɕiər³¹kə⁰
蔚县	年初 ɲiã⁴¹tsʰu⁵³	年底 ɲiã⁴¹ti⁴⁴	今儿个 tɕiər⁵³kɤ⁰
涞水	年初 ɲian⁴⁵tʂʰu³¹	年底 ɲian⁴⁵ti²⁴	真=儿个 tʂər³³kɤ⁰
霸州	刚过了年 kaŋ⁴⁵kuo⁴⁵lɤ⁰ɲian⁵³	年底 ɲian⁴⁴ti²¹⁴ 年根儿底下 ɲian⁴⁴kər⁴⁵ti⁴¹ɕia⁰ 年根儿 ɲian⁴⁴kər⁴⁵	今儿个 tɕiər²¹kɤ⁰
容城	年初 nian⁴⁴tʂʰu⁴³	年底 nian⁴⁴ti²¹³	今个儿 tɕi³¹kɐr⁰
雄县	新过了年 ɕin⁴⁵kuo⁴⁵lɤ⁰ɲiãn⁵³ 刚过了年 kaŋ⁴⁵kuo⁴⁵lɤ⁰ɲiãn⁵³	快年了 kʰuai⁴¹ɲiãn⁵³lɤ⁰ 年根儿 ɲiãn⁵³kər⁴⁵ 年根子底下 ɲiãn⁵³kən⁴⁴tsʅ⁰ti²¹ɕia⁰	今儿 tɕiər⁴⁵ 今儿个 tɕiər⁴⁴kɤ⁰
安新	刚过了年 kaŋ⁴⁵kuo⁵⁵lo⁰nian³¹	年根儿里 nian⁵³kər⁴⁵ni⁰	今儿个儿 tɕiər⁴⁵kər⁰
满城	年初 ɲian⁴⁵tʂʰu⁴⁵	年底 ɲian⁴⁵ti²¹³	今儿个 tɕiər⁴⁵kɤ⁰
阜平	年初 ɲiæ̃⁵⁵tʂʰu³¹	年底 ɲiæ̃⁵⁵ti⁵⁵	今儿嘛 tɕiər³¹ma⁰
定州	刚过年儿 kaŋ²¹¹kuo⁵³ɲiər²¹³	年根儿起=ɲian²⁴kər³³tɕʰi²⁴	今儿么 tɕiər³³mə⁰ 今儿个 tɕiər³³kə⁰
无极	头年儿里 tʰəu³⁵ɲiər³¹li⁰	年根儿底下 ɲiãn³⁵kər³¹ti³⁵ɕia⁰	今儿个 tɕiər³¹kɤ⁰
辛集	刚过了年 kaŋ³³kuə⁴²lə⁰ɲian³⁵⁴	年根儿底下 ɲian³⁵⁴kər³³ti³²⁴ɕia⁰	今价 tɕiən³³tɕia⁰
衡水	过唠年 kuo⁵³lau⁰ɲian⁵³	年根儿底上 ɲian⁵³kər³¹ti²¹xaŋ⁰	今儿个 tɕiər³¹kʰɤ⁰
故城	刚过年 kaŋ²⁴kuɤ³¹ɲiæ̃⁵³	年根儿底下 ɲiæ̃²¹kər⁰ti²⁴ɕia⁰	今儿 tɕiər²⁴ 今天 tɕiɛ²⁴tʰiæ̃²⁴
巨鹿	刚过年 kaŋ³³kuo²¹ɲiɛ̃⁴¹	年根前 ɲiɛ̃⁴¹kən³³tɕʰiɛ̃⁴¹	今儿个 tɕiər³³kɤ²¹
邢台	开春儿 kʰai³⁴tʂʰuər³⁴ 闪过年儿 ʂan⁵⁵kuo³¹niər⁵³	年根儿 nian⁵³kər³⁴	今儿 tɕiər³⁴
馆陶	年初 ɲiæn⁵³tʂʰu²⁴	年根儿 ɲiæn⁵³kər²⁴	今儿个 tɕiər²⁴kɤ⁰ 今个儿 tɕi²⁴kɤr²¹

(续表)

	0079 年初	0080 年底	0081 今天
沧县	刚过年儿 kɑŋ²³kuo⁵⁵n̠ier⁵³	头年儿 tʰou⁵³n̠ier⁵³	今儿个 tɕiər²³kɤ⁰
献县	刚过唠年 kɑ̃³³kuo⁵³lɔ⁰n̠iæ̃⁵³	年根儿底下 n̠iæ̃⁵³kəz̩³³ti³³ɕia⁰ 年根子底下 n̠iæ̃⁵³kən³³tsʅ⁰ti³³ɕia⁰	今儿了个 tɕiəz̩³³lə⁰kə⁰
平泉	年初 nian³⁵tʂʰu⁵⁵	年根儿 nian³⁵kər⁵⁵ 年底 nian³⁵ti²¹⁴	今儿个儿 tɕiər⁵⁵kər⁰ 今天 tɕin⁵⁵tʰian⁵⁵
滦平	年初 n̠ian³⁵tʂʰu⁵⁵	年根儿 n̠ian³⁵kər⁵⁵ 年终 n̠ian³⁵tʂuŋ⁵⁵ 年底 n̠ian³⁵ti²¹⁴	今儿个 tɕiər⁵⁵kə⁰ 今天 tɕin⁵⁵tʰian⁵⁵
廊坊	年初 n̠iɛn³⁵tʂʰu⁵⁵	年底 n̠iɛn³⁵ti²¹⁴	今儿 tɕiər⁵⁵ 今儿个 tɕiər⁵⁵kɤ⁰ 今天 tɕin⁵⁵tʰiɛn⁵⁵
魏县	闪过年儿 ʂan⁵⁵kuə³¹²n̠ier⁵³	年根儿底下 n̠ian⁵³kər³³ti⁵⁵iə⁰	今个儿 tɕi³³kɤr⁰
张北	刚过年 kɔ̃⁴²kuə²³n̠iæ̃⁴²	快过年啦 kʰuai¹³kuə²³n̠iæ̃⁴²la⁰	今天 tɕiŋ⁴²tʰiæ̃
万全	刚过年 ka⁴¹kuə²⁴n̠ian⁴¹	年根儿底 n̠ian⁴¹kər⁴¹ti⁵⁵	今儿 tɕiər⁴¹
涿鹿	年初 n̠iæ̃⁵²tʂʰu⁴²	年底 n̠iæ̃⁵²ti⁴⁵ 年根儿 n̠iæ̃⁵²kɤ̃r⁴²	今儿日 tɕiər⁴²ə⁰
平山	一过年儿 i³¹kuə²⁴n̠iær³¹	头年儿里 tʰɐu⁵⁵n̠iær⁴²lɛ⁰	今儿啦 tɕiər⁴²la⁰
鹿泉	年初 n̠iæ̃⁵⁵tʂʰu⁵⁵	年底 n̠iæ̃⁵⁵ti³⁵	今个 tɕiɤr⁵⁵kɤ⁰
赞皇	刚过年 kɑŋ⁵⁴kuə³¹n̠iæ̃⁵⁴ 年后 n̠iæ̃⁵⁴xəu³¹	年底 n̠iæ̃⁵⁴ti⁴⁵	今个 tɕi⁵⁴kə⁰
沙河	开春儿 kʰai⁴¹tʂʰuər²¹	年根儿 [底下]niã⁵¹kər⁰tiau⁴¹	今儿 tɕiər⁴¹ 今儿个 tɕiər⁴¹kɤ⁰
邯郸	闪[过唠]年儿 ʂæ⁵⁵kuɑu²⁴nier⁵³	年根儿 niæ̃²⁴kər³¹	今儿 tɕiər³¹
涉县	开春儿 kʰai⁴¹tsʰuər⁴¹	年底 n̠iæ̃⁴¹²ti⁵³	今里 ⁼tɕiəʔ³²li⁰

	0082 明天	0083 后天	0084 大后天
兴隆	赶明儿 kan²¹miɤr⁵⁵ 明儿个 miɤr⁵⁵kə⁰ 明天 miŋ⁵⁵tʰian³⁵	后儿个儿 xour⁵¹kɤr⁰ 后天 xou⁵¹tʰian³⁵	大后儿个儿 tɑ⁵³xour⁵¹kɤr⁰ 大后天 tɑ⁵³xou⁵¹tʰian³⁵
北戴河	明个儿 miŋ³⁵kər⁰	后个儿 xou⁵³kər⁰	大后个儿 tɑ⁵³xou⁵³kər⁰
昌黎	明儿个儿 mier⁴²kɤr²³	后个 xour²⁴kə⁰	大后个儿 tɑ⁴³xour²⁴kə⁰
乐亭	明儿个 mier²¹²kə⁰	后儿个 xour²¹²kə⁰	大后儿个 tɑ⁵³xour³⁵kə⁰
蔚县	明儿个 mier⁴¹kɤ⁰	后个儿 xəu³¹kɤr⁰	大后个 tɑ¹³xəu³¹kɤ⁰ 外后天 vei¹³xəu³¹tʰiã⁰
涞水	明儿 miŋ²⁴ŋər⁰	后儿 xou⁴⁵uər⁰	大后儿 tɑ³xou⁴⁵uər⁰
霸州	明儿个 mier⁵³kɤ⁰	过了明儿 kuo⁴⁵lɤ⁰mier⁴⁴	大过了明儿 tɑ⁴¹kuo⁴⁵lɤ⁰ mier⁴⁴
容城	明儿 miŋ²¹ŋər⁰	过喽明儿 kuo⁵²lou⁰miŋ²¹ŋər⁰	大过喽明儿 tɑ⁵²kuo⁵²lou⁰miŋ²¹ŋər⁰
雄县	明儿个 mier⁴⁵kɤ⁰	过了明儿个 kuo⁴⁵lɤ⁰mier⁴⁵kɤ⁰	大过了明儿个 tɑ⁴¹kuo⁴⁵lɤ⁰mier⁴⁵kɤ⁰
安新	赶明个儿 kan⁴⁵mie³³kər⁰	过了明个儿 kuo⁵⁵lə⁰mie³³kər⁰	大过了明个儿 tɑ⁵³kuo⁵⁵lə⁰mie³³kər⁰
满城	明儿 miŋ²²ŋər⁰	后儿 xou²¹ər⁰	大后儿 tɑ⁵¹²xou²¹ər⁰
阜平	明天 miŋ⁵³tʰiæ⁰	后天 xou²⁴tʰiæ⁰	大后天 tɑ⁵³xou²⁴tʰiæ³¹
定州	明儿 miŋ⁴²ŋər⁰	后儿 xou³⁵uər⁰	大后儿 tɑ⁵³xou³⁵uər⁰
无极	赶明儿 kãn³⁵mĩər²¹³	过唠明儿 kuɤ³¹lo⁰mĩər²¹³	大过唠明儿 tɑ⁵¹kuɤ³¹lo⁰mĩər²¹³
辛集	明早 miŋ³⁵tsɑu³²⁴	过了明儿 kuə⁴²lɑu⁰miər³⁵⁴	大过了明儿 tɑ⁴¹kuə⁴²lɑu⁰miər³⁵⁴
衡水	赶明儿 kan⁵⁵mier⁵³	后儿天 xəur³¹tʰian²⁴	大后儿天 tɑ³¹xəur³¹tʰian²⁴
故城	明儿 miɤr⁵³ 明天 miŋ⁵³tʰiæ⁰	过明儿 kuɤ⁵³miɤr⁰ 后儿 xour³¹	大过明儿 tɑ³¹kuɤ⁵³miɤr⁰
巨鹿	赶明儿 kan⁵⁵miɤr⁴¹	过了明儿 kuo⁵³lɤ⁰miɤr⁴¹	大过了明儿 tɑ⁵³kuo²¹lɤ⁰miɤr⁴¹
邢台	明儿 miər⁵³	后儿 xour³¹ 过唠明儿 kuo³¹lau⁰miər⁵³	大后儿 tɑ³³xour³¹ 大后天 tɑ³³xou³¹tʰian³⁴
馆陶	明儿 miər⁵² 明儿个儿 miər⁵²kɤr⁰	过啦明儿 kuo²¹lɑ⁰miər⁵²	大后天 tɑ²⁴xəu²¹tʰiæn⁰

(续表)

	0082 明天	0083 后天	0084 大后天
沧县	明儿个 miɤr⁵⁵kɤ⁰	后儿天 xour⁴¹tʰian²³	大后儿天 ta⁴¹xour⁴¹tʰian²³
献县	明天 miŋ⁵³tʰiæ³³	过唠明儿 kuo³³¹lɔ⁰miŋɤr⁵³	大过唠明儿 ta³¹kuo⁰lɔ⁰miŋɤr⁵³
平泉	明儿个儿 miɤr³⁵kər⁰ 明天 miŋ³⁵tʰian⁵⁵	后儿个儿 xour⁵¹kər⁰ 后天 xou⁵³tʰian⁵⁵	大后儿个儿 ta⁵³xour⁵¹kər⁰ 大后天 ta⁵³xou⁵³tʰian⁵⁵
滦平	明儿个 miɤr³⁵kə⁰ 明天 miŋ³⁵tʰian⁵⁵	后儿个 xour⁵¹kə⁰ 后天 xou⁵¹tʰian⁵⁵	大后儿个 ta⁵¹xour⁵¹kə⁰ 大后天 ta⁵¹xou⁵¹tʰian⁵⁵
廊坊	明儿 miɤ̃r³⁵ 明儿个 miɤ̃r³⁵kɤ⁰ 明天 miŋ³⁵tʰien⁵⁵	后儿 xour⁵¹ 后儿个 xour⁵¹kɤ⁰ 后天 xou⁵³tʰien⁵⁵	大后儿 ta⁵³xour⁵¹ 大后儿个 ta⁵³xour⁵¹kɤ⁰ 大后天 ta⁵³xou⁵³tʰien⁵⁵
魏县	明儿个儿 miɤr⁵³kɤr⁰	过明儿 kuə³¹²miɤr⁰	大过明儿 ta³¹²kuə³¹²miɤr⁰
张北	明天 miŋ⁴²tʰiæ⁰	后天 xəu²³tʰiæ⁴²	大后天 ta²³xəu²³tʰiæ⁴²
万全	明儿 mier⁴¹	后天 xou²¹³tʰian³²	大夜后天 ta²¹³iei⁰xou²⁴tʰian⁴¹
涿鹿	明儿日 miɤr⁴²ə⁰	后儿日 xəur³¹ə⁰	大后儿日 ta²³xəur³¹ə⁰
平山	明儿啦 miɤr⁴²la⁰	后儿啦 xɤr⁵⁵la⁰	外后儿 uɛ⁵⁵xɤr⁰
鹿泉	明个 miŋ⁵⁵kɤ⁰	后个儿 xou³¹kɤr⁰	大后个儿 ta³⁵xou³¹kɤr⁰
赞皇	明儿个 miɤr⁵¹kə⁰	后儿个 xəur⁵¹kə⁰	大后儿个 ta³¹²xəur⁵¹kə⁰
沙河	明儿 miɤr⁵¹ 明儿喽 miɤr⁵¹lau⁰	后儿喽 xəur²¹lau⁰	大后儿喽 tɔ²¹xəur²⁴lau⁰
邯郸	明儿 miər⁵³	[过唠]明儿 kuɑu²⁴miər⁵³	大[过唠]明儿 tɔ⁵³kuɑu²⁴miər⁵³
涉县	早日 tsau⁵³i⁰	后日 xou⁵⁵i⁰	大后日 tɒ⁵⁵xou⁰i⁰

	0085 昨天	0086 前天	0087 大前天
兴隆	列＂个儿 lie⁵¹kɤr⁰ 昨天 tsuo⁵⁵tʰian³⁵	前儿个儿 tɕʰier⁵⁵kɤr⁰ 前天 tɕʰian⁵⁵tʰian³⁵	大前儿个儿 ta⁵¹tɕʰier⁵⁵kɤr⁰ 大前天 ta⁵¹tɕʰian⁵⁵tʰian³⁵
北戴河	夜个儿 ie⁵³kər⁰ 昨儿个 tʃuər³⁵kə⁰	前儿个儿 tɕʰier³⁵kər⁰	大前儿个儿 ta⁵³tɕʰier³⁵kər⁰
昌黎	夜儿个 ier²⁴kə⁰ 早儿个 tsɑur²¹kə⁰	前儿个 tɕʰier⁴²kə²³	大前儿个 ta⁴⁵tɕʰier⁴²kə⁰
乐亭	夜儿个 ier²¹²kə⁰	前儿个 tɕʰier³¹kə⁰	大前儿个 ta⁵³tɕʰier³¹kə⁰
蔚县	夜儿个 ier³¹kɤr⁰	前日个 tɕʰiã⁴¹zʅ⁰kɤr⁰ 前日儿 tɕʰiã⁴¹zər⁰	大前日个 ta¹³tɕʰiã⁴¹zʅ⁰kɤr⁰ 见前日个 tɕiã¹³tɕʰiã⁴¹zʅ⁰kɤr⁰ 见前日儿 tɕiã¹³tɕʰiã⁴¹zər⁰
涞水	列＂个 lie⁴⁵kɤr⁰	前儿个 tɕʰier²⁴kɤr⁰	大前儿个 ta³¹tɕʰier²⁴kɤr⁰
霸州	夜了个 ie⁴⁵lɤ⁰kɤr⁰ 夜儿了 ier⁴⁵kɤr⁰	前儿上个 tɕʰier⁵³ʂaŋ⁰kɤr⁰	大前儿上个 ta⁴¹tɕʰier⁵³ʂaŋ⁰kɤr⁰
容城	列＂个儿 lie³⁵ker⁰	前生＂个 tɕʰian²¹ʂəŋ⁰kɤr⁰	大前生＂个 ta⁵²tɕʰian²¹ʂəŋ⁰kɤr⁰
雄县	列＂个 lie²¹kɤr⁰ 列＂了个 lie²¹lɤ⁰kɤr⁰	前儿了个 tɕʰier⁴⁵lɤ⁰kɤr⁰	大前儿了个 ta⁴¹tɕʰier⁴⁵lɤ⁰kɤr⁰
安新	列＂个儿 lie²¹kər⁰	前了个儿 tɕʰian³³lə⁰kər⁰	大前了个儿 ta⁵³tɕʰian³³lə⁰kər⁰
满城	列＂个 lie²¹kɤr⁰	前儿个 tɕʰier²²kɤr⁰	大前儿个 ta⁵¹²tɕʰier²²kɤr⁰
阜平	夜个儿 ie⁵³ker⁰	前个儿 tɕʰiæ⁵³ker⁰	大前个儿 ta⁵³tɕʰiæ⁵³ker⁰
定州	夜唠个儿 ie³⁵lɔ⁰ker⁰	前日个儿 tɕʰian⁴²zʅ⁰ker⁰	大前日个儿 ta⁵¹tɕʰian⁴²zʅ⁰ker⁰
无极	夜里个 ie³⁵li⁰kɤr⁰	前日个 tsʰiãn³¹zʅ⁰kɤr⁰	大前日个 ta⁵¹tsʰiãn³¹zʅ⁰kɤr⁰
辛集	夜唠 ie³²⁴lau⁰	前日 tsʰian³⁵zʅ⁴¹	大前日 ta⁴²tsʰian³⁵zʅ⁴¹
衡水	夜了个 ie⁵³lɤ⁰kʰɤr⁰	前日个 tɕʰian²⁴i⁰kɤr⁰	大前日个 ta³¹tɕʰian²⁴i⁰kʰɤr⁰
故城	夜来 ie⁵³læ⁰	前儿个 tɕʰier⁵⁵kə⁰	大前儿个 ta³¹tɕʰier⁵⁵kə⁰
巨鹿	夜儿个 iɤr⁵³kɤr⁰	前个 tɕʰian⁵³kɤr⁰	大前个 ta²¹tɕʰian⁵³kɤr⁰
邢台	夜个 i³³kə³¹	前夜个 tsʰian⁵³i³³kə³¹	大前夜个 ta³¹tsʰian⁵³i³³kə³¹
馆陶	昨儿个儿 tsuor⁵²kɤr⁰	前儿 tsʰier⁵²kɤr⁰	大前儿个儿 ta²¹tsʰier⁵²ɤr⁰
沧县	夜了个 ie⁵³lɤ⁰kɤr⁰	前儿了个 tɕʰier⁵⁵lɤ⁰kɤr⁰	大前儿了个 ta⁴¹tɕʰier⁵⁵lɤ⁰kɤr⁰
献县	夜了个 ie³³¹lə⁰kə⁰	前日 tɕʰiæ⁵⁵zʅ⁰	大前日 ta³¹tɕʰiæ⁵⁵zʅ⁰

(续表)

	0085 昨天	0086 前天	0087 大前天
平泉	昨儿个儿 tsuor³⁵kər⁰ 夜个儿 iɛ⁵¹kər⁰ 昨天 tsuo³⁵tʰian⁵⁵	前儿个儿 tɕʰiɐr³⁵kər⁰ 前天 tɕʰian³⁵tʰian⁵⁵	大前儿个儿 ta⁵³tɕʰiɐr³⁵kər⁰ 大前天 ta⁵³tɕʰian³⁵tʰian⁵⁵
滦平	昨儿个 tsuor³⁵kə⁰ 昨天 tsuo³⁵tʰian⁵⁵	前儿个 tɕʰiɐr³⁵kə⁰ 前天 tɕʰian³⁵tʰian⁵⁵	大前儿个 ta⁵¹tɕʰiɐr³⁵kə⁰ 大前天 ta⁵¹tɕʰian³⁵tʰian⁵⁵
廊坊	昨儿 tsuor³⁵ 昨儿个 tsuor³⁵kɤ⁰ 昨天 tsuo³⁵tʰiɛn⁵⁵	前儿 tɕʰiɐr³⁵ 前儿个 tɕʰiɐr³⁵kɤ⁰ 前天 tɕʰiɛn³⁵tʰiɛn⁵⁵	大前儿 ta⁵³tɕʰiɐr³⁵ 大前儿个 ta⁵³tɕʰiɐr³⁵kɤ⁰ 大前天 ta⁵³tɕʰiɛn³⁵tʰiɛn⁵⁵
魏县	夜个儿 iɛ³³kɤr⁰	前儿个儿 tɕʰiɐr⁵³kɤr⁰	大前儿个儿 ta³¹²tɕʰiɐr⁵³kɤr⁰
张北	夜来个儿 iɛ²³lai⁰ker⁰	前日个儿 tɕʰiæ⁴²zəŋ⁰ker⁰	大前儿 ta²³tɕʰiæ⁴²zəŋ⁵⁵
万全	夜里 iei²⁴li⁰	前日 tɕʰian⁴¹zəʔ⁰	先前日 ɕian⁴¹tɕʰian⁴¹zəʔ⁰
涿鹿	夜儿日 iɤr³¹ə⁰	前儿日 tɕʰiɐr⁴²ə⁰	现前儿日 ɕiæ̃²³tɕʰiɐr⁴²ə⁰
平山	夜来 iə⁵⁵lɛ⁰	前日 tsʰiæ⁴²ʐɭ⁰	见前日 tɕiæ⁵⁵tsʰiæ⁵³ʐɭ⁴²
鹿泉	夜个 iɤ³¹kɤ⁰	前列⁼个 tsʰiæ⁵⁵liɤ⁰kɤ⁰	见前列⁼个 tɕiɤ³¹tsʰiæ⁵⁵liɤ⁰kɤ⁰
赞皇	夜儿个 iɤr⁵¹kə⁰	前时个 tsʰiæ⁵⁴ʂɭ⁵⁴kə⁰	大前时个 ta³¹²tsʰiæ⁵⁴ʂɭ⁵⁴kə⁰
沙河	夜个儿 iɛ²¹kər⁰	前儿个 tsʰiar⁵¹kɤ⁰	大前儿个儿 tɒ²¹tsʰiar⁵¹kər⁰
邯郸	夜个儿 iɛ²¹kər⁰	前个儿 tsʰiæ⁵³kər⁰	大前个儿 tɒ²⁴tsʰiæ⁵³kər⁰
涉县	夜来 iə⁴¹lai⁰	前日 tɕʰiæ⁴¹i²⁴	大前日 tɒ⁵⁵tɕʰiæ⁴¹i⁰

	0088 整天	0089 每天	0090 早晨
兴隆	整天 tʂəŋ²¹tʰian³⁵	每天 mei²¹tʰian³⁵ 成天 tʂʰəŋ⁵⁵tʰian³⁵	早下 tsau²¹ɕia⁰ 早晨 tsau²¹tʂʰən⁵⁵
北戴河	整天 tʃəŋ²¹tʰian⁴⁴	天天 tʰian⁴⁴tʰian⁴⁴	早起来 tʃau³⁵tɕʰie²¹lai⁰
昌黎	整天儿 tsəŋ²⁴tʰier⁴²	天天儿 tʰian⁴³tʰier⁰	早下 tsau²¹ɕie⁰
乐亭	成天 tʂʰəŋ³⁴tʰien³¹	天天儿 tʰien³³tʰier³¹	早下 tsau²¹¹ɕie⁰
蔚县	整天 tsəŋ⁴⁴tʰiã⁵³	每天 mei⁴⁴tʰiã⁵³① 日兴 zʅ³¹ɕiŋ⁰② 日们 zʅ³¹məŋ⁰③	早起 tsʌɯ⁴⁴tɕʰi⁴⁴
涞水	一天儿 i⁵⁵tʰier³¹	天天儿 tʰian³³tʰier⁰	早清儿 tsau²⁴tɕʰiŋ³³ŋər⁰
霸州	整天 tsəŋ²¹tʰian⁴⁵ 成天 tʂʰəŋ⁴⁴tʰian⁴⁵ 一天到晚 i⁴⁵tʰian⁴⁵tau⁴¹uan²¹⁴	见天儿 tɕian⁴¹tʰier⁴⁵ 天天儿 tʰian⁴⁵tʰier⁴⁵	早晨儿 tsau²¹tʂʰər⁵³ 早下 tsau⁴¹ɕia⁰ 一早下 i⁴⁵tsau⁴¹ɕia⁰
容城	成天儿 tʂʰəŋ⁴⁴tʰier⁴³	每天每 mei²¹tʰian⁴⁴mei²¹³	早起 tsau⁵²ɕi⁰
雄县	一天 i⁴⁵tʰiãn⁴⁵	天天儿 tʰiãn⁴⁵tʰier⁴⁵	早曦儿 tsau²¹ɕiər⁴⁵ 一早儿 i⁴⁵tsaur²¹⁴ 早下 tsau⁴¹ɕia⁰
安新	一天 i²¹tʰian⁴⁵	天天 tʰian⁵³tʰian⁴⁵	早清儿 tsau²¹tɕʰiŋ⁴⁵ŋər⁰
满城	整天价 tsəŋ²¹tʰian⁴⁵tɕie⁰	天天 tʰian⁴⁵tʰier⁰	早清儿 tsau²¹tɕʰiŋ⁴⁵ŋər⁰
阜平	一天 i⁵⁵tʰiæ³¹	天天儿 tʰiæ³¹tʰier⁰	早上 tsɔ⁵⁵ʂŋ³¹
定州	整天儿 tsəŋ²⁴tʰier³³	哪天 nei²⁴tʰian³³ 见天 tɕian⁵³tʰian³³	早起起来 tsau²¹¹tɕʰi⁰tɕʰi²¹¹lai²⁴
无极	整天 tsəŋ³⁵tʰiãn³¹	见天 tɕiãn⁵¹tʰiãn³¹	早晨起来 tsɔ³⁵ʂen⁰tɕʰi³⁵læ⁰
辛集	一大天儿 i³³ta⁴¹tʰier³³ 溜溜哩一天儿 liou³³liou³³li⁰i³⁵⁴tʰier³³	每天每 mei³²²tʰian⁰mei³²⁴	早起 tsau³²²tɕʰiən⁰
衡水	整天 tsəŋ⁵⁵tʰian²⁴	整天个 tsəŋ⁵⁵tʰian³¹kɤ⁰ 成天个 tʂʰəŋ⁵³tʰian³¹kɤ⁰	早起 tsau⁵⁵tɕʰi⁵⁵
故城	一大天 i²⁴ta³¹tʰiæ²⁴ 名词 成天 tʂʰəŋ⁵³tʰiæ²⁴ 副词	见天 tɕiæ³¹tʰiæ²⁴ 天天 tʰiæ²⁴tʰiæ²⁴	早上 tsɔɔ²⁴ʂaŋ⁰ 早晨起来 tsɔɔ²⁴tʂʰẽ⁰tɕʰi²⁴læ⁰
巨鹿	一天 i³³tʰian³³	天天 tʰian³³tʰian³³	早起 tsau⁵⁵tɕʰi⁰
邢台	整天 tsəŋ⁴³tʰian³⁴ 成天 tʂʰəŋ⁵³tʰian³⁴	天天儿 tʰian³⁴tʰier³⁴ 见天儿 tɕian³¹tʰier³⁴	早[前晌]tsau⁴³tsʰiaŋ³⁴

(续表)

	0088 整天	0089 每天	0090 早晨
馆陶	整天 tṣəŋ⁴⁴tʰiæn⁰	天天 tʰiæn²⁴tʰiæn⁰	清早 tsʰiŋ²⁴tsao⁴⁴ 早起 tsao⁵²tɕʰi⁴⁴
沧县	一天 i⁵³tʰian²³	天天儿 tʰian²³tʰiɚ²³	早晨 tsau²³tʂʰən⁰
献县	一整天 i³³tṣəŋ³³tʰiæ̃³³	天天儿 tʰiæ̃⁵³tʰiɚ³³	早起 tsɔ²¹tɕʰi⁰
平泉	一天 i⁵⁵tʰian⁵⁵ 整天 tṣəŋ²¹tʰian⁵⁵	天天 tʰian⁵⁵tʰian⁵⁵ 每天 mei²¹tʰian⁵⁵	早新 ⁼tsau²¹ɕin⁰ 早晨 tsau²¹tʂʰən³⁵
滦平	整天 tṣəŋ²¹tʰian⁵⁵	天天 tʰian⁵⁵tʰian⁵⁵ 每天 mei²¹tʰian⁵⁵	清早 tɕʰiŋ⁵⁵tsau²¹⁴ 早上 tsau²¹ʂaŋ⁵¹ 早晨 tsau²¹tʂʰən³⁵
廊坊	成天 tʂʰəŋ³⁵tʰiɛn⁵⁵ 整天 tṣəŋ²¹tʰiɛn⁵⁵	天天儿 tʰiɛn⁵⁵tʰiɚ⁵⁵ 每天 mei²¹tʰiɛn⁵⁵	早晨 tsau²¹tʂʰən³⁵ 早儿上 tsaur²¹ʂaŋ⁰ 大清早儿 ta⁵³tɕʰiŋ⁵⁵tsaur²¹⁴
魏县	成天 tʂʰəŋ⁵³tʰian³³	见天 tɕian³¹²tʰian³³	清早 tɕʰiŋ³³nau⁰
张北	一天 i⁵⁵tʰiæ̃⁴²	天天 tʰiæ̃⁴²tʰiæ̃⁰	早起 tsau⁴²tɕʰi⁵⁵
万全	整整儿一天 tsəŋ⁵⁵tsər⁰iə⁴⁴tʰian⁴¹	天天 tʰian⁴¹tʰian⁰	大早 ta⁴⁵tsɔ⁵⁵
涿鹿	成天 tʂʰəŋ⁵²tʰiæ̃⁴²	天天 tʰiæ̃⁴²tʰiæ̃⁰ 见天 tɕiæ̃³¹tʰiæ̃⁰	早起 tsɔ⁵⁵tɕʰi⁰ 早上 tsɔ⁵⁵ʂã⁰
平山	一天 i²⁴tʰiæ̃³¹ 成天儿啦 tʂəŋ²⁴tiær⁴²la⁰	每天儿 mæi⁵⁵tʰiær³¹	早上 tsɔ⁵⁵ʂəŋ⁵⁵
鹿泉	整天 tsəŋ³⁵tʰiæ̃⁵⁵	天天儿 tʰiæ̃⁵⁵tʰiɚ⁰	早上起来 tsɔ³⁵aŋ⁰tɕʰi³⁵lɛ⁰
赞皇	一天 i²¹tʰiæ̃⁵⁴	天天儿 tʰiæ̃⁵⁴tʰiɚ⁵⁴	早上 tsɔ⁴⁵ʂəŋ⁰
沙河	整天价 tsəŋ³³tʰiã⁰tɕie⁰	天天 tʰiã⁴¹tʰiã⁰	抢⁼[起来]tsʰiaŋ³³tɕʰie⁴¹
邯郸	成天 tʂʰəŋ⁵³tʰiæ̃⁰	每天 məi⁵³tʰiæ̃⁰ 见天 tɕiæ̃²¹tʰiæ̃⁰	清早 tsʰin³¹nau⁰
涉县	成天 tʂʰəŋ⁴¹tʰiæ̃⁰	天天儿 tʰiæ̃⁴¹tʰiɚ⁴¹	清早 tɕʰiəŋ⁵⁵tsau⁰

① 还有"天天 tʰiã⁵³tʰiã⁵³"的说法。
② 还有"日兴起来 zʅ³¹ɕiŋ⁰tɕʰi⁴⁴lɛi⁰"的说法。
③ 还有"日们天 zʅ³¹mən⁰tʰiã⁵³"的说法。

	0091 上午	0092 中午	0093 下午
兴隆	前半晌儿 tɕʰian⁵⁵pan⁵¹ʂãr²¹³ 前晌儿 tɕʰian⁵⁵ʂãr²¹³ 上午 ʂaŋ⁵¹u²¹³	晌午 ʂaŋ²¹xuo⁰ 中午 tʂoŋ³⁵u²¹³	后半晌儿 xuo⁵³pan⁵¹ʂãr²¹³ 后晌儿 xou⁵¹ʂãr²¹³ 下午 ɕia⁵¹u²¹³
北戴河	前晌儿 tɕʰian³⁵ʃãr⁰	晌午 ʃaŋ²¹xuo⁰	后晌儿 xou⁵³ʃãr⁰
昌黎	头午 tʰou⁴²u⁰	晌午 ʂaŋ²¹xuo⁰	后晌 xou²⁴ʂəŋ⁰
乐亭	前晌儿 tɕʰiɛn³¹ʂar⁰	晌午 ʂaŋ²¹¹xuə⁰	后晌儿 xou⁵³ʂar³⁴
蔚县	前晌 tɕʰiã⁴¹sɔ⁰ 前夜 tɕʰiã⁴¹iə⁰	晌午 sɔ⁴⁴vu⁰ 晌晚 sɔ⁴⁴vã⁰	后夜 xəu³¹iə⁰ 后晌 xəu³¹sɔ⁰ 后半晌 xəu³¹pã⁰sɔ⁰
涞水	前晌儿 tɕʰian⁴⁵ʂaŋ³¹ŋər⁰	晌午 ʂaŋ³¹xuo⁰	后晌儿 xou³¹ʂaŋ³¹ŋər⁰
霸州	头晌午 tʰou⁵³ʂaŋ⁴¹xu⁰	晌午 ʂaŋ⁴¹xu⁰	过晌午 kuo⁴⁵ʂaŋ⁴¹xu⁰ 后半晌儿 xou⁴¹pan⁰ʂar²¹⁴
容城	前晌儿 tɕʰian³⁵ʂaŋ⁵²ŋər⁰	晌午 ʂaŋ⁵²xuo⁰	后晌儿 xou⁵²ʂaŋ²¹ŋər⁰
雄县	前晌儿 tɕʰiãn⁵³ʂar⁰	晌午 ʂaŋ⁴¹xu⁰	后晌儿 xou⁴¹ʂar²¹⁴
安新	前晌儿 tɕʰian⁴⁵ʂaŋ⁵³ŋər⁰	晌午 ʂaŋ⁵³xuo⁰	后晌儿 xou⁵¹ʂaŋ⁵³ŋər⁰
满城	前半晌儿 tɕʰian²²pɤ⁰ʂaŋ²¹³ŋər⁰	晌午 ʂaŋ⁴²xuo⁰	后半晌儿 xou⁵⁵pə⁰ʂaŋ²¹³ŋər⁰
阜平	前晌 tɕʰiæ⁵³aŋ⁰	晌午 ʂaŋ⁵³xuɤ⁰	后晌 xou²⁴uaŋ⁰
定州	前晌 tɕʰian⁴²ʂaŋ⁰	晌午 ʂaŋ²¹¹xuo⁰	后晌 xou³⁵ʂaŋ⁰
无极	晌午 ʂaŋ³⁵xuɤ⁰	歇午晌 ɕie³¹xuɤ⁰ʂaŋ³⁵	后晌 xəu³²⁵ʂaŋ⁰
辛集	前晌儿 tsʰian³⁵ʂãr⁰	晌午 ʂaŋ³⁵xuə³⁴	后晌儿 xou⁴²ʂãr³²⁴
衡水	头晌午 tʰəu⁵³ʂaŋ²¹xuo⁰	晌午 ʂaŋ²¹xuo⁰	过晌午 kuo³¹ʂaŋ²¹xuo⁰
故城	头晌 tʰou⁵³ʂaŋ⁰	晌午 ʂaŋ²⁴vu⁰	过晌 kuɤ³¹ʂaŋ⁰
巨鹿	头晌午 tʰou⁴¹ʂaŋ⁵⁵xu⁰	晌午 ʂaŋ⁵⁵xu⁰	过晌午 kuo²¹ʂaŋ⁵⁵xu⁰
邢台	头晌午儿 tʰou⁵³ʂaŋ⁵³ur⁰ 前半晌 tsʰian⁵³pan³¹ʂaŋ⁵⁵	晌午 ʂaŋ⁵³u⁰	过晌午儿 kuo³¹ʂaŋ⁵⁵ur⁰ 后半晌 xou³¹pan³¹ʂaŋ⁵⁵
馆陶	前晌儿 tsʰiæn⁵²ʂar⁴⁴	大晌午 ta²¹ʂaŋ⁵²u⁰	后晌儿 xəu²¹ʂar⁰
沧县	头晌午 tʰou⁵³ʂaŋ²³xuo⁰	晌午头儿 ʂaŋ²³xuo⁰tour⁵³	过晌午 kuo⁵³ʂaŋ²³xuo⁰
献县	头晌午 tʰou⁵³ʂã²¹xuo⁰	晌午 ʂã²¹xuo⁰	过晌午 kuo³¹ʂã²¹xuo⁰

(续表)

	0091 上午	0092 中午	0093 下午
平泉	前晌儿 tɕʰian³⁵ʂãr²¹⁴ 前半晌儿 tɕʰian³⁵pan⁵³ʂãr²¹⁴ 上午 ʂaŋ⁵³u²¹⁴	晌午 ʂaŋ²¹xuo⁰ 中午 tʂuŋ⁵⁵u²¹⁴	后晌儿 xou⁵³ʂãr²¹⁴ 后半晌儿 kuo⁵³pan⁵³ʂãr²¹⁴ 下午 ɕia⁵³u²¹⁴
滦平	前晌儿 tɕʰian³⁵ʂãr²¹⁴ 头晌儿 tʰou³⁵ʂãr²¹⁴ 上午 ʂaŋ⁵¹u²¹⁴	晌午 ʂaŋ³⁵u²¹⁴/ʂaŋ²¹xuo⁰ 中午 tʂuŋ⁵⁵u²¹⁴	后晌儿 xou⁵¹ʂãr²¹⁴ 过晌儿 kuo⁵¹ʂãr²¹⁴ 下午 ɕia⁵¹u²¹⁴
廊坊	上午 ʂaŋ⁵³u²¹⁴ 早晌儿 tsau³⁵ʂãr²¹⁴ 前半晌儿 tɕʰiɛn³⁵pan⁵³ʂãr²¹⁴	晌午 ʂaŋ²¹u⁰	下午 ɕia⁵³u²¹⁴ 后半晌儿 xou⁵³pan⁵³ʂãr²¹⁴ 过晌儿 kuo⁵³ʂãr²¹⁴
魏县	前晌 tɕʰian⁵³ʂaŋ⁵⁵	晌午 ʂaŋ⁵⁵u⁰	后晌 xəu³¹²ʂaŋ⁰
张北	前晌 tɕʰiæ⁴²sɔ̃⁴²	晌午 sɔ̃⁵⁵xuə⁰	后晌 xəu²³sɔ̃⁴²
万全	前晌 tɕʰian⁵⁴sa⁵⁵	晌午 sa⁴⁴və⁵⁵	后晌 xou⁴⁵sa⁵⁵
涿鹿	前晌 tɕʰiæ⁵²ʂã⁴⁵	晌午 ʂã⁵⁵xuə⁰	后晌 xəu³¹ʂã⁴⁵
平山	前响 tsʰiæ⁴³aŋ⁰	响午 ʂaŋ⁵⁵xu⁰	后响 xɐu⁵⁵aŋ⁰
鹿泉	前响 tsʰiæ⁵⁵ʂaŋ⁰	晌午 ʂaŋ⁵⁵u⁰	后午 xou³¹ɤ⁰
赞皇	前晌儿 tsʰiæ⁵⁴ʂlãr⁴⁵	晌午 ʂaŋ⁴⁵xu⁰	后晌 xəu⁵¹aŋ⁰
沙河	前晌 tsʰiã⁵¹ʂaŋ⁰	晌午 ʂaŋ⁵¹u⁰	[后晌]xuaŋ²⁴
邯郸	晌午 ʂaŋ⁵³u⁰	正晌午 tʂəŋ²⁴ʂaŋ⁵³u⁰	[后晌]xuaŋ²¹³
涉县	前晌 tɕʰiæ⁴¹lã⁰	晌午 sã⁵³u⁰	晚夕 væ⁵³ɕi⁰

	0094 傍晚	0095 白天	0096 夜晚 与白天相对，统称
兴隆	傍后晌儿前儿 paŋ⁵⁵xou⁵¹ʂãr⁰tɕʰier²¹³ 傍晚 paŋ⁵¹uan²¹³	白天 pai⁵⁵tʰian³⁵	后晌儿 xou⁵¹ʂãr²¹³ 夜晚 iɛ⁵¹uan²¹³
北戴河	后晌黑儿 xou⁵³ʃaŋ⁰xər⁴⁴	白天 pai³⁵tʰian⁴⁴	黑下 xei⁴⁴ɕiɛ⁰
昌黎	擦黑儿 tsʰa²⁴xər⁴²	白天 pai⁴²tʰian²³	黑价 xei⁴³tɕiɛ⁰
乐亭	后阴 ⁼xou³⁵iən⁰	白日 pai³¹ʐʅ⁰	黑价 xei³¹tɕiɛ⁰
蔚县	后夜黑儿 xəu³¹iə⁰xɯr⁵³ 擦黑儿 tsʰa⁵³xɯr⁵³	白天 pei⁴¹tʰiã⁵³	黑夜 xɯ⁵³iə⁰ 夜里 iə³¹li⁰ 黑上 xɯ⁵³sɔ⁰
涞水	傍黑子 paŋ⁵⁵xei³³tsʅ⁰	白天 pai⁴⁵tʰian³¹	黑价 xei³³tɕiɛ⁰
霸州	傍黑 paŋ⁴⁵xei⁴⁵ 一擦黑 i⁴⁵tsʰa⁴⁵xər⁴⁵ 觑觑眼儿了 tɕʰy²¹tɕʰi⁰ier⁴¹lɤ⁰	白日儿 pai⁵³zər⁰ 白天 pai⁵³tʰian⁴⁵	黑下 xei²¹ɕia⁰ 整晚 后晌 xou⁴⁵ʂaŋ⁰ 天黑到睡前
容城	傍黑子 paŋ⁵²xei³¹tsʅ⁰	白日 pai²¹ʐʅ⁰	黑价 xei³¹tɕiɛ⁰
雄县	傍黑儿 paŋ⁴⁵xər⁴⁵ 擦黑儿 tsʰa⁴⁵xər⁴⁵ 觑觑眼儿 tɕʰy⁴⁵tɕʰy⁰ier²¹⁴	白日儿 pai⁵³zər⁰ 白天 pai⁵³tʰiãn⁴⁵	黑间 xei⁴⁴tɕiãn⁰
安新	傍黑子 paŋ⁴⁵xei⁵³tsʅ⁰	白天 pai⁵³tʰian⁴⁵	黑间 xei⁵³tɕian⁰ 哪子晚儿 na²¹tsʅ⁰uer²¹⁴
满城	傍黑儿 paŋ⁵³xər⁴⁵	白日 pai²²ʐʅ⁰	黑价 xei⁴⁵tɕiɛ⁰
阜平	傍黑 paŋ²⁴xei⁰	白上儿 pæ⁵³ʂãr⁰	黑下 xei²¹ia⁰
定州	擦黑儿 tsʰa³³xər¹¹ 后晌黑儿唠 xou²⁴ʂaŋ⁰xər²¹¹lɔ⁰	白日 pai⁴²ʐʅ⁰	黑价儿 xei³³tɕiar⁰
无极	一擦黑儿 i³¹tsʰa³⁵xər²¹³	白日 pæ³¹ʐʅ⁰	黑价 xəi²¹³tɕia⁰
辛集	傍黑儿 paŋ³⁵⁴xər³³ 头黑 tʰou³⁵⁴xei³³ 蚂蚱眼儿 ma⁴²tʂaŋ⁴¹ier³²⁴	白日 pai³⁵ʐʅ⁴¹	黑价 xei³²⁴tɕia⁰ 黑唠 xei³²⁴lau⁰
衡水	傍黑儿 paŋ²⁴xər²⁴	白天 pai⁵³tʰian²⁴	黑唠 xei³¹lau⁰ 后晌 xuŋ⁵³xaŋ⁰
故城	擦黑儿 tsʰa²⁴xər²⁴ 头天黑 tʰou⁵³tʰiæ²⁴xei²⁴	白下 pæ⁵⁵xa⁰	黑下 xei²¹ɕia⁰ 后晌 xuŋ⁵³xaŋ⁰
巨鹿	擦黑儿 tsʰa³³xər³³	白日 pai⁵⁵i²¹	黑价 xei⁵⁵tɕia⁰
邢台	擦黑儿 tsʰa³⁴xər³⁴	白天 pai⁵³tʰian⁰	后晌 xu³¹aŋ⁰

（续表）

	0094 傍晚	0095 白天	0096 夜晚 与白天相对，统称
馆陶	喂牛时 uei²¹ niəu⁵² ʂʅ⁵² 爷儿落时 iɛr⁴⁴luo²¹ʂʅ⁰ 落爷儿时 luo²¹iɛr⁵²ʂʅ⁰①	白天 pai⁵²tʰiæn⁰	黑夜 xei²⁴ɕia⁰
沧县	黑么前儿 xei⁴¹m⁰tɕʰiɐr⁵³	白下 pai⁵⁵ɕia⁰	黑下 xei⁴¹ɕia⁰ 后晌 xoŋ⁵³xoŋ⁰②
献县	傍黑子 pɑ̃⁵³xei³³tsʅ⁰	白天 pɛ⁵³tʰiæ̃³³	黑下 xei³³ɕia⁰
平泉	傍儿黑 pɑ̃r⁵⁵xei⁵⁵ 擦黑 tsʰa⁵⁵xei⁵⁵ 傍晚 paŋ⁵³uan²¹⁴	白天 pai³⁵tʰian⁵⁵	晚上 uan²¹ʂaŋ⁵⁵ 夜晚 iɛ⁵³uan²¹⁴
滦平	傍黑 paŋ⁵⁵xei⁵⁵ 擦黑儿 tsʰa⁵⁵xər⁵⁵ 傍晚 paŋ⁵¹uan²¹⁴	白天 pai³⁵tʰian⁵⁵	黑间 xei⁵⁵tɕian⁰ 夜晚 iɛ⁵¹uan²¹⁴
廊坊	傍晚 paŋ⁵³uan²¹⁴ 傍黑儿 paŋ⁵⁵xər⁵⁵	白天 pai³⁵tʰiɛn⁵⁵ 白日 pai³⁵ʐʅ⁵¹	黑夜 xei⁵⁵iɛ⁰
魏县	傍黑儿 paŋ³³xɤr³³ 傍黑子 paŋ³³xɛ³³tɛ⁰	白日 pai⁵³ʐʅ³¹²	户＝往 ⁼xu³¹²uaŋ⁰
张北	将黑 tɕiɑ̃⁴²xəʔ³²	白天 pai⁴²tʰiæ̃⁴²	黑夜 xəʔ³iɛ²¹³
万全	爷儿落山 iei⁴¹ərˡʔ⁴⁴san⁴¹	大白天 ta²¹³pei⁴¹tʰian⁴¹	黑夜 xəʔ²²iei²¹³
涿鹿	爷爷儿落 iɛ⁴²iɤrˡlɔ³¹ 擦黑儿 tsʰʌʔ⁴³xar⁴³	白天 pɛ⁵²tʰiæ̃⁴²	黑夜 xʌʔ⁴³iɛ³¹
平山	傍黑子 paŋ⁵⁵xæi²¹tsʅ⁰	白天 pɛ⁵³tʰiæ̃³¹	黑夜 xæi²¹ia⁰
鹿泉	擦黑儿 tsʰa⁵⁵xər¹³	白天 pɛ⁵⁵tʰiæ̃⁵⁵	黑夜 xei¹³iɤ⁰
赞皇	擦黑儿 tsʰa²¹xər²⁴	白天 pɛ⁵⁴tʰiæ̃⁵⁴	黑夜 xei²¹ia⁰
沙河	傍黑儿 paŋ⁴¹xər²¹	白天 pai⁵¹tʰiɑ̃⁰	[后晌]夜 xuan⁵¹iɛ²¹ 黑唠 xəʔ²lau⁰
邯郸	傍黑儿 paŋ³¹xʌr⁰	白日 piɛ⁵³n⁰	[黑来]xai²¹³
涉县	傍黑儿 pɑ̃⁵³xɐr²⁴	白日 pɐʔ⁵⁵i⁰	黑来 xɐʔ³²lai⁰

---

① 还有"傍黑儿 paŋ⁴⁴xər²⁴"的说法。
② 前后两音节整体都有鼻化色彩。

	0097 半夜	0098 正月 农历	0099 大年初一 农历
兴隆	黑价 xei³⁵tɕia⁰ 半夜 pan⁵³iɛ⁵¹	正月 tʂəŋ³⁵yɛ⁰	正月初一 tʂəŋ³⁵yɛ⁰tʂʰu³⁵i³⁵ 大年初一 ta⁵¹ȵian⁵⁵tʂʰu³⁵i³⁵ 年初一 ȵian⁵⁵tʂʰu³⁵i³⁵
北戴河	半夜 pan⁵³iɛ⁵¹	正月 tʃəŋ⁴⁴yɛ⁰	大年初一 ta⁵³ȵian³⁵tʃʰu⁴⁴i⁴⁴
昌黎	半夜儿 pan⁴²iɛr²⁴	正月儿 tʂəŋ²¹³yɛr⁰	初一 tʂʰu³⁴i⁴²
乐亭	半夜 pan⁵³iɛ⁵²	正月儿 tʂəŋ³¹yɛr⁵²	大年初一 ta⁵³ȵiɛn³³tʂʰu³³i³¹
蔚县	半夜 pã³¹iə⁰	正月 tsəŋ⁵³yə⁰	大年初一 ta³¹ȵiã⁰tsʰu⁵³i⁵³
涞水	半宿儿 pan³¹ɕiou³¹uər⁰	正月 tʂəŋ³³yɛ⁰	大年初一 ta³¹ȵian⁴⁵tʂʰu⁵⁵i³¹
霸州	半夜 pan⁴⁵iɛ⁴¹ 黑星半夜 xei⁴⁵ɕiŋ⁰pan⁴⁵iɛ⁴¹	正月 tʂəŋ²¹yɛ⁰	大年初一 ta⁴¹ȵian⁴⁴tʂʰu⁴⁵i⁴⁵ 初一 tʂʰu⁴⁵i⁴⁵
容城	半夜里 pan⁵²iɛ³⁵ȵi⁰	正月儿 tʂəŋ³¹yɛr⁰	大年初一 ta⁵²ȵian⁴⁴tʂʰu⁴⁴i⁴³
雄县	半夜 pãn⁴⁵iɛ⁴¹	正月 tʂəŋ⁴⁴yɛ⁰	大年初一 ta⁴¹ȵiã⁵³tʂʰu⁴⁵i⁴⁵ 初一 tʂʰu⁴⁵i⁴⁵
安新	半夜里 pan⁵⁵iɛ²¹ȵi⁰	正月 tʂəŋ⁴⁵yɛ⁰	大年初一 ta⁵³ȵian⁵³tʂʰu⁴⁵i²¹⁴
满城	半夜里 pan⁵³iɛ²ȵi⁰	正月 tʂəŋ⁴⁵yɛ⁰	大年初一 ta⁵³ȵian²²tʂʰu²²i⁴⁵
阜平	半宿 pæ̃⁵³ɕiou²⁴	正月 tʂəŋ³¹yɛ⁰	大年初一 ta⁵³ȵiæ⁵³tʂʰu²⁴i³¹
定州	夜儿深俩 iɛr⁵³ʂən³³lia⁰	正月儿 tʂəŋ³³yɛr⁰	大年初一 ta⁵³ȵian²⁴tʂʰu³³i¹¹
无极	半夜 pãn⁴⁵¹iɛ⁵¹	正月儿 tʂəŋ³¹yɤr⁰	大年初一 ta⁵¹ȵiãn²¹³tʂʰu³³i²¹³
辛集	半宿里 pan⁴¹siou³³li⁰	正月 tʂəŋ³³yɛ⁰	大年初一 ta⁴²ȵian³⁵⁴tʂʰu³⁵⁴i³³
衡水	半宿 pan³¹ɕiəu²⁴	正月 tʂəŋ³¹yɛ⁰	大年初一 ta³¹ȵian⁵³tʂʰu²⁴i²⁴
故城	半宿 pæ̃³¹ɕy²⁴	正月 tʂəŋ²¹yɛ⁰	大年初一 ta³¹ȵiæ̃⁵³tʂʰu²⁴i²⁴
巨鹿	半黑价 pan²¹xei³³tɕia⁰	正月 tʂəŋ³³yɛ²¹	大年初一 ta²¹ȵiɛ̃⁴¹tʂʰu³³i³³
邢台	半后晌 pan¹³xu³¹aŋ	正月 tʂəŋ³⁴yɛ³¹	过年下 kuo³¹nian⁵³ia⁰
馆陶	半夜三更 pæn²⁴iɛ²¹sæn²⁴tɕiŋ²⁴	正月 tʂəŋ⁴⁴yɛ⁰	大年初一 ta²¹ȵiæn⁵²tʂʰu²⁴i²⁴ 阴历年 in²⁴li⁰ȵiæn⁵²
沧县	半夜 pan²³iɛ⁴¹	正月 tʂəŋ⁴¹yɛ⁰	初一 tʂʰu²³i²³
献县	半宿里 pæ̃³¹ɕiou³³ȵi⁰	正月 tʂəŋ³³yɛ⁰	大年初一 ta³¹ȵiæ⁵³tʂʰu⁵³i³³
平泉	半夜 pan⁵³iɛ⁵¹	正月 tʂəŋ⁵⁵yɛ⁰	大年初一 ta⁵³nian³⁵tʂʰu⁵⁵i⁵⁵
滦平	半夜 pan⁵¹iɛ⁵¹	正月 tʂəŋ⁵⁵yɛ⁰	大年初一 ta⁵¹ȵian³⁵tʂʰu⁵⁵i⁵⁵

(续表)

	0097 半夜	0098 正月 农历	0099 大年初一 农历
廊坊	半夜 pan⁵³iɛ⁵¹	正月儿 tʂəŋ⁵⁵yɛr⁰	正月初一 tʂəŋ⁵⁵yɛ⁰tʂʰu⁵⁵i⁵⁵
魏县	半夜黑夜 pan³¹iɛ³¹²xɛ³³iɛ⁰	正月 tʂəŋ³³yɛ⁰	正月初一 tʂəŋ³³yɛ⁰tʂʰu³³i³³
张北	半夜 pæ̃²³iɛ²¹³	正月 tsəŋ⁴²yəʔ⁰	过年 kuə²³ȵiæ⁴²
万全	半夜 pan²¹³iei⁰	正月 tsəŋ⁴¹yəʔ⁰	大年初一 ta²⁴ȵian⁴¹tsʰu⁴¹iʔ²²
涿鹿	半夜 pæ̃³¹iɛ⁰	正月 tʂəŋ⁴²yʌ⁰	大年初一 ta²³ȵiæ⁵²tsʰu⁴⁴iʌʔ⁴³
平山	半夜里 pæ̃⁴²iə⁵⁵lɛ⁰ 半宿 pæ̃⁴²sɐu²⁴	正月 tʂəŋ⁴²yɤ⁰	大年下 ta²⁴ȵiæ⁴²ɕia⁰
鹿泉	半夜 pæ̃³⁵iɤ³¹	正月 tʂəŋ⁵⁵yɤ⁰	大年初一 ta³¹ȵiæ⁵⁵tʂʰu⁵⁵i⁵⁵
赞皇	半夜 pæ̃²⁴iɛ³¹	正月 tʂəŋ⁵⁴yɛ⁰	大年初一 ta³¹²ȵiæ⁵⁴tʂʰu⁵⁴i²⁴
沙河	半夜 pã²¹iɛ²¹	正月 tsəŋ⁴¹yəʔ⁰	大年初一 tɒ²¹niã⁵¹tsʰu⁴¹iəʔ²
邯郸	半夜 pæ̃⁵³iɛ²¹	正月 tsəŋ³¹yʌʔ²¹	大年初一 tɒ²⁴niæ⁵³tsʰu³¹ieʔ²¹
涉县	半夜 pæ̃⁵³iə²⁴	正月 tsəŋ⁵⁵yɐʔ⁰	大年初一 tɒ⁵⁵ȵiæ⁵⁵tsʰu⁴¹iəʔ⁰

	0100 元宵节	0101 清明	0102 端午
兴隆	灯花儿节 təŋ³⁵xuar³⁵tɕie²¹³ 正月十五 tʂəŋ³⁵yɛ⁰ṣʅ⁵⁵u²¹³ 元宵节 yan⁵⁵ɕiau³⁵tɕie²¹³	寒食 xan⁵⁵ṣʅ⁵⁵ 清明 tɕʰiŋ³⁵miŋ⁰	五月端午 u²¹yɛ⁰tuan³⁵u²¹³ 五月节 u²¹yɛ⁵¹tɕie²¹³ 端午节 tuan³⁵u²¹tɕie⁵⁵
北戴河	正月十五 tʂəŋ⁴⁴yɛ⁵³ʃʅ³⁵u²¹⁴	清明 tɕʰiŋ⁴⁴miŋ³⁵	五月节 u²¹yɛ⁵³tɕie²¹⁴
昌黎	元宵节 yan³⁴ɕiau³⁴tɕie²¹³	清明 tɕʰiŋ⁴³miŋ⁰	端儿午儿 tar³⁴ur²¹³
乐亭	正月十五 tʂəŋ³⁵yɛ⁵²ṣʅ²¹²u⁰	寒食 xan³¹ṣʅ⁰	五月端午儿 u³³yɛ⁵³tan³³ur³⁴
蔚县	正月十五 tʂəŋ⁵³yə⁰ṣʅ⁴¹vu⁰	清明 tɕʰiŋ⁵³miŋ⁰	五月端午 vu⁴⁴yə⁰tã⁵³vu⁰ 端午节 tã⁵³vu⁰tɕiə⁵³
涞水	正月十五 tʂəŋ³³yɛ⁰ṣʅ⁴⁵u²⁴	清明 tɕʰiŋ⁴⁵məŋ⁰	端午儿 taŋ⁵⁵u³¹uər⁰
霸州	正月十五 tʂəŋ²¹yɛ⁰ṣʅ⁴⁴u²¹⁴ 灯节儿 təŋ⁴⁵tɕier²¹⁴ 元宵节 yan⁴⁴ɕiau⁴⁴tɕie²¹⁴	清明 tɕʰiŋ²¹məŋ⁰	五月端午儿 u⁴¹yɛ⁰tan⁴⁵ur²¹⁴
容城	正月十五 tʂəŋ⁴⁴yɛ⁰ṣʅ⁴⁴u²¹³	清明 tɕʰiŋ³¹məŋ⁰	五月端五儿 u²¹yɛ⁰tan⁴⁴u²¹ər⁰
雄县	正月十五 tʂəŋ⁴⁵yɛ⁰ṣʅ⁵³u²¹⁴ 元宵节 yãn⁵³ɕiau⁴⁵tɕie²¹⁴	清明 tɕʰiŋ⁴⁴miŋ⁰	五月端午儿 u⁴¹yɛ⁰tãn⁴⁵ur²¹⁴
安新	正月十五 tʂəŋ⁴⁵yɛ⁵¹ṣʅ⁴⁵u²¹⁴	清明 tɕʰiŋ⁴⁵məŋ⁰	五月端午 u⁵³yɛ⁰tan⁴⁵u⁰
满城	正月十五 tʂəŋ⁴⁵yɛ⁰ṣʅ²²u⁰	清明 tɕʰiŋ⁴⁵miŋ⁰	五月端午 u²¹yɛ⁰tuan⁴⁵u⁰
阜平	正月十五 tʂəŋ³¹yɛ⁰ṣʅ³¹u⁵⁵	寒食 xã⁵³ṣʅ⁰	五月端午 u²¹yɛ⁰tæ³¹u⁰
定州	正月十五 tʂəŋ³³yɛ⁰ṣʅ²⁴u²⁴	寒食 xan⁴²ṣʅ⁰ 清明 tsʰiŋ³³məŋ⁰	五月端午 u²¹¹yɛ⁰tan³³u⁰
无极	元宵节 yãn²¹³siɔ⁰tsie²¹³	寒食 xãn³¹ṣʅ⁰	端午 taŋ³¹u⁰
辛集	正月十五 tʂəŋ³³yɛ⁰ṣʅ³⁵u⁰	清明 tsʰiŋ³⁵miŋ⁰ 寒食 xan³⁵ṣʅ⁰	五月端午 u³²²yɛ⁰tan³³u⁰
衡水	正月十五 tʂəŋ³¹yɛ⁰ɕi²⁴vu⁰	寒食 xan²⁴ɕi⁰	五月端午儿 u²¹yɛ⁰tuan³¹vur⁵⁵
故城	正月十五 tʂəŋ²¹yɛ⁰ṣʅ⁵⁵vu⁰	清明 tɕʰiŋ²¹miŋ⁰ 寒食 xã⁵⁵ṣʅ⁰	五月端午儿 vu²⁴yɛ⁰ta³¹vur⁵⁵ 五端儿 vu⁵⁵ta³¹vur⁵⁵
巨鹿	正月十五 tʂəŋ³³yɛ²¹ɕi⁴¹u⁵⁵	寒食 xɛ̃⁵³ɕi⁰	五月端午 u⁵⁵yɛ²¹tan³³u⁵⁵
邢台	正月十五 tʂəŋ³⁴yɛ³¹ṣʅ⁵³u⁵⁵	清明 tsʰiŋ³⁴miŋ⁵³	端午 tan³⁴u⁵⁵
馆陶	正月十五 tʂəŋ⁴⁴yE²¹ṣʅ⁴⁴u⁴⁴	清明儿 tsʰiŋ²⁴miɛ̃r⁵² 寒食 xæn⁵²ṣʅ⁵²	五月端午 u⁴⁴yE²¹tæn²⁴u⁴⁴

（续表）

	0100 元宵节	0101 清明	0102 端午
沧县	正月十五 tʂəŋ⁴¹yɛ⁰ʂʅ⁵⁵u⁰	清明 tɕʰiŋ²³miŋ⁵³	五月端午 u²³yɛ⁰tan⁴¹u⁵⁵
献县	正月十五 tʂəŋ³³yɛ⁰ʂʅ⁵⁵u⁰	清明 tɕʰiŋ³³miŋ⁰	五月端午 u²¹yɛ⁰tæ³³u⁰
平泉	正月十五 tʂəŋ⁵⁵yɛ⁵¹ʂʅ³⁵u²¹⁴ 元宵节 yan³⁵ɕiɑu⁵⁵tɕie³⁵	清明 tɕʰiŋ⁵⁵miŋ³⁵	五月节 u²¹yɛ⁵³tɕie³⁵ 端午 tuan⁵⁵u²¹⁴
滦平	正月十五 tʂəŋ⁵⁵yɛ⁵¹ʂʅ³⁵u²¹⁴ 元宵节 yan³⁵ɕiɑu⁵⁵tɕie³⁵	清明 tɕʰiŋ⁵⁵miŋ⁰	五月节 u²¹yɛ⁵¹tɕie³⁵ 端午 tuan⁵⁵u²¹⁴
廊坊	正月十五 tʂəŋ⁵⁵yɛ⁰ʂʅ⁵⁵u²¹⁴ 元宵节 yan³⁵ɕiɑu⁵⁵tɕie³⁵	清明 tɕʰiŋ⁵⁵miŋ³⁵/tɕʰiŋ⁵⁵miŋ⁰	端午节 tuan⁵⁵u⁰tɕie³⁵ 五端儿午 u²¹tãr⁵⁵u²¹⁴ 五月节 u²¹iɛ⁰tɕie³⁵
魏县	小年下儿 ɕiɑu⁵⁵ȵian⁵³ɣʵr³³	寒食 xan⁵³ʐʅ³¹²	五月端午儿 u⁵⁵yɛ⁰ta³¹²ur⁵⁵
张北	正月十五 tʂəŋ⁴²yəʔ⁰sə⁷³u⁵⁵	清明 tɕʰiŋ⁴²miŋ⁰	五月端午 u⁵⁵yəʔ⁰tæ⁴²u⁰
万全	正月十五 tʂəŋ⁴¹yəʔ⁰sə⁷²²vu⁵⁵	清明 tɕʰiəŋ⁴¹miəŋ⁰	五月端午 vu⁵⁵yəʔ⁰tan⁴¹vu⁰
涿鹿	正月十五 tʂəŋ⁴²yʌ⁰ʂʌ⁴³u⁴⁵	清明 tɕʰiŋ⁴²miŋ⁰	端午 tã⁴²u⁰
平山	正月十五 tʂəŋ⁴²yɤ⁰ʂʅ³¹u⁵⁵	清明 tsʰiŋ⁴²miŋ⁰	五月端午 u⁵⁵yɤ⁰tæ⁴²u⁰
鹿泉	正月十五 tʂəŋ⁵⁵yɤ⁰ʂɤ⁵⁵u³⁵	清明 tsʰiŋ⁵⁵miŋ⁵⁵	五月端午 u³⁵yɤ⁰tæ⁵⁵u⁰
赞皇	正月十五 tʂəŋ⁵⁴yɛ⁰ʂʅ⁵⁴u⁴⁵	清明 tsʰiŋ⁵⁴miŋ⁵⁴	五月端午 u⁴⁵yɛ³¹tæ⁵⁴u⁴⁵
沙河	正月十五 tʂəŋ⁴¹yəʔ²ʂəʔ²u³³	清明 tsʰiəŋ⁴¹miəŋ⁰	端儿午 tar⁴¹u⁰①
邯郸	正月十五 tʂəŋ³¹yʌʔ⁰sə²ʔ²u⁰ 小年儿 siɑu⁵⁵nieʵ⁵³	寒日儿 xæ̃⁵³ər⁰	五月端午儿 u⁵⁵yʌʔ⁰tæ³¹u⁰
涉县	正月十五 tʂəŋ²⁴yəʔ⁰səʔ²³²u⁰	清明 tɕʰiəŋ⁴¹miəŋ⁰	端午 tæ⁴¹u⁰

---

① 也可以读成 tuar⁴¹u⁰。

	0103 七月十五 农历，节日名	0104 中秋	0105 冬至
兴隆	七月十五 tɕʰi³⁵ye⁵¹ʂʅ⁵⁵u²¹³	八月十五 pa³⁵ye⁵¹ʂʅ⁵⁵u²¹³ 八月节 pa³⁵ye⁵¹tɕie²¹³ 中秋节 tʂoŋ³⁵tɕʰiou³⁵tɕie²¹³	冬至 toŋ³⁵tʂʅ⁵¹
北戴河	鬼节 kuei²¹tɕie³⁵	八月节 pa³⁵ye⁵³tɕie²¹⁴	冬至 tuŋ⁴⁴tʃʅ⁵¹
昌黎	七月十五 tɕʰi²⁴ye⁴⁵³ʂʅ⁴²u²⁴	八月儿节 pa²⁴yer⁴⁵³tɕie²¹³ 八月儿十五 pa²⁴yer⁴⁵³ʂʅ⁴²u²⁴	冬至 tuŋ²⁴tʂʅ⁰
乐亭	七月十五 tɕʰi³⁵ye⁵²ʂʅ³¹u⁰	八月十五 pa³⁵ye⁵²ʂʅ³¹u⁰	冬至 tuŋ³³tʂʅ⁵²
蔚县	七月十五 tɕʰi⁵³yə⁰ʂʅ⁴¹vu⁰	八月十五 pa⁵³yə⁰ʂʅ⁴¹vu⁰ 中秋节 tsuŋ⁵³tɕʰiəu⁵³tɕiə⁵³	冬至 tuŋ⁵³tsʅ³¹²
涞水	七月十五 tɕʰi³³ye⁰ʂʅ⁴⁵u²⁴	八月十五 pa³³ye⁰ʂʅ⁴⁵u²⁴	冬至 toŋ⁵⁵tsʅ³¹⁴
霸州	七月十五 tɕʰi²¹ye⁰ʂʅ⁴⁴u²¹⁴	八月十五 pa²¹ye⁰ʂʅ⁴⁴u²¹⁴ 八月节 pa²¹ye⁰tɕie²¹⁴	冬至 tuŋ⁴⁵tsʅ⁴¹
容城	七月十五 tɕʰi⁴⁴ye⁴⁴ʂʅ⁴⁴u²¹³	八月十五 pa³¹ye⁰ʂʅ⁴⁴u²¹³	冬至 tuŋ³⁵tʂʅ⁵¹³
雄县	七月十五 tɕʰi⁴⁵ye⁰ʂʅ⁵³u²¹⁴	八月十五 pa⁴⁵ye⁰ʂʅ⁵³u²¹⁴ 八月节 pa⁴⁵ye⁰tɕie²¹⁴	冬至 tuŋ⁴⁵tsʅ⁴¹
安新	七月十五 tɕʰi⁴⁵ye⁰ʂʅ³³u⁰	八月十五 pa⁴⁵ye⁰ʂʅ³³u⁰	冬至 tuŋ⁴⁵tsʅ⁵¹
满城	七月十五 tɕʰi⁴⁵ye⁰ʂʅ²²u⁰	八月十五 pa⁴⁵ye⁰ʂʅ²²u⁰	冬至 tuŋ⁴⁵tsʅ⁰
阜平	七月十五 tɕʰi²¹ye⁰ʂʅ³¹u⁵⁵	八月十五 pa²¹ye⁰ʂʅ³¹u⁵⁵	冬至 toŋ²⁴tʂʅ⁵³
定州	七月十五 tɕʰi²¹¹ye⁰ʂʅ⁴²u²⁴	八月十五 pa²¹¹ye⁰ʂʅ²⁴u²⁴ 八月节 pa²¹¹ye⁰tsie³³	冬至 tuŋ³³tʂʅ⁵¹
无极	七月十五 tsʰi³¹ye⁵¹ʂʅ³¹u³⁵	八月十五 pɑ³¹ye⁵¹ʂʅ³¹u³⁵	冬至 tuŋ³¹tsʅ⁵¹
辛集	七月十五 tsʰi³³ye⁰ʂʅ³⁵u⁰	八月十五 pa³³ye⁰ʂʅ³⁵u⁰	冬至 toŋ³⁵tsʅ⁴¹
衡水	七月十五 tɕʰi³¹ye⁰ɕi²⁴u⁰	八月十五 pa³¹ye⁰ɕi²⁴u⁰	冬至 tuŋ²⁴tsʅ³¹
故城	七月十五 tɕʰi²¹ye⁰ʂʅ⁵⁵vu⁰	八月十五 pa²¹ye⁰ʂʅ⁵⁵vu⁰ 中秋节 tsuŋ²⁴tɕʰiou²⁴tɕie²⁴	冬至 tuŋ²⁴tsʅ³¹
巨鹿	七月十五 tɕʰi³³ye²¹ɕi⁴¹u⁵⁵	八月十五 pa³³ye²¹ɕi⁴¹u⁵⁵	冬至 toŋ³³tʂʅ²¹
邢台	七月十五 tsʰi³⁴ye³¹ʂʅ⁵³u⁵⁵	八月十五 pa³⁴ye³¹ʂʅ⁵³u⁵⁵	冬至 tuŋ³⁴tʂʅ³¹
馆陶	七月十五 tsʰi⁵²yᴇ⁰ʂʅ⁴⁴u⁴⁴	八月十五 pa⁵²yᴇ⁰ʂʅ⁴⁴u⁴⁴	冬至 tuŋ²⁴tsʅ²¹
沧县	七月十五 tɕʰi⁴¹ye⁰ʂʅ⁵⁵u⁰	八月十五 pɑ⁴¹ye⁰ʂʅ⁵⁵u⁰	冬至 toŋ²³tsʅ⁴¹
献县	七月十五 tɕʰi³³ye⁰ʂʅ⁵⁵u⁰	八月十五 pa³³ye⁰ʂʅ⁵⁵u⁰	数九 ʂu⁵³tɕiou²¹⁴

（续表）

	0103 七月十五农历，节日名	0104 中秋	0105 冬至
平泉	七月十五 tɕʰi⁵⁵yɛ⁵¹ʂʅ³⁵u²¹⁴	八月十五 pa⁵⁵yɛ⁵¹ʂʅ³⁵u²¹⁴ 八月节 pa⁵⁵yɛ⁵³tɕiɛ³⁵ 中秋节 tʂuŋ⁵⁵tɕʰiou⁵⁵tɕiɛ³⁵	数九 ʂu³⁵tɕiou²¹⁴ 冬至 tuŋ⁵⁵tʂʅ⁵¹
滦平	鬼节 kuei²¹tɕiɛ³⁵ 七月十五 tɕʰi³⁵yɛ⁵¹ʂʅ³⁵u²¹⁴	八月节 pa³⁵yɛ⁵¹tɕiɛ³⁵ 中秋 tʂuŋ⁵⁵tɕʰiou⁵⁵	数九 ʂu³⁵tɕiou²¹⁴ 冬至 tuŋ⁵⁵tʂʅ⁵¹
廊坊	麻 ⁼#1ma³⁵kʰɤ⁰	中秋 tʂuŋ⁵⁵tɕʰiou⁵⁵ 八月十五 pa⁵⁵yɛ⁵⁵ʂʅ³⁵u⁵⁵ 八月节 pa⁵⁵yɛ⁰tɕiɛ³⁵	冬至 tuŋ⁵⁵tʂʅ⁵¹
魏县	七月十五 tɕʰi⁵³yɛ³¹²ʂʅ⁵³u⁵⁵	八月十五 pə⁵³yɛ³¹²ʂʅ⁵³u⁵⁵	冬至 tuŋ⁵³tʂʅ³¹²
张北	七月十五 tɕʰiəʔ³yəʔ⁰səʔ³u⁵⁵	八月十五 pəʔ³yəʔ⁰səʔ³u⁵⁵	冬至 tuŋ⁴²tʂʅ²¹³
万全	鬼节 kuei⁵⁵tɕiəʔ⁰	八月十五 pʌʔ²²yəʔ⁰səʔ²²vu⁵⁵	冬至 tuəŋ⁴¹tʂʅ²¹³
涿鹿	七月[十五]tɕʰiʌʔ⁴³yʌʔ⁰ʂəu³¹	八月[十五]pʌʔ⁴³yʌʔ⁰ʂəu³¹	冬至 tuŋ⁴⁴tʂʅ³¹
平山		八月十五 pa²¹yɤʔ⁰ʂʅ⁵³u⁵⁵	冬至 toŋ⁴²tʂʅ⁰
鹿泉	七月十五 tsʰi¹³yɤʔ⁰ʂɤ⁵⁵u³⁵	八月十五 pʌ¹³yɤʔ⁰ʂɤ⁵⁵u³⁵	冬至 tuŋ⁵⁵tʂʅ³¹
赞皇		八月十五 pa²⁴yɛ³¹ʂ⁵⁴u⁴⁵	冬至 tuŋ⁵⁴tʂʅ³¹
沙河		八月十五 pəʔ⁴yəʔ²səʔ²u³³	冬至 toŋ⁴¹tʂʅ²¹
邯郸	七月十五 tsʰiəʔ⁴yʌʔ⁵ʂəʔ²u⁰	八月十五 pʌʔ⁴yʌʔ⁵ʂəʔ²u⁰	冬至 tuŋ⁵⁵tʂʅ²¹
涉县	七月十五 tɕʰiəʔ²⁴yɐʔ³²səʔ⁰u⁰	八月十五 pɐʔ²⁴yɐʔ⁰səʔ³²u⁰	冬至 tuəŋ⁴¹tʂʅ⁰

	0106 腊月 农历十二月	0107 除夕 农历	0108 历书
兴隆	腊月 la⁵¹yɛ⁰	年三十儿 nian⁵⁵san³⁵ʂər⁵⁵ 大年三十儿 ta⁵¹nian⁵⁵san³⁵ʂər⁵⁵ 除夕 tʂʰu⁵⁵ɕi³⁵	皇历 xuaŋ⁵⁵li⁰ 历书 li⁵¹ʂu³⁵
北戴河	腊月 la⁵³yɛ⁰	三十儿黑价 ʃan⁴⁴ʃər³⁵xei⁴⁴tɕie⁰	阳历牌儿 iaŋ³⁵li⁵³pʰer³⁵
昌黎	腊月儿 la⁴⁵yɛr⁰	过年 kuo⁴²nian²⁴ 三十儿 san³⁴ʂər²⁴	皇历 xuaŋ²⁴li⁰
乐亭	腊月儿 la⁵⁵yɛr⁰	五"交"儿黑价 u³³tɕiaur⁰xei³¹tɕie⁰	皇历 xuaŋ³⁵li⁰
蔚县	腊月 lɑ³¹yə⁰	大年三十 ta³¹niã⁰sã⁵³sʅ⁴¹ 年三十 niã⁴¹sã⁵³sʅ⁴¹	皇历 xɔ⁴¹li⁰
涞水	腊月 la³¹yɛ³¹⁴	大年三十儿 ta³¹nian⁴⁵san⁵⁵sʅ²⁴ər⁰	皇历 xuaŋ⁴⁵li⁰
霸州	腊月 la⁴⁵yɛ⁰	大年三十儿 ta⁴¹nian⁴⁴san⁴⁵ʂər⁵³ 三十儿 san⁴⁵ʂər⁵³	历书 li⁴¹ʂu⁴⁵ 皇历 xuaŋ⁵³li⁰
容城	腊月儿 la⁵²yɛr⁰	除夕 tʂʰu³⁵ɕi⁵¹³	皇历 xuaŋ³⁵li⁰
雄县	腊月 la⁴⁵yɛ⁰	大年三十儿 ta⁴¹niãn⁵³sãn⁴⁵ʂər⁵³ 三十儿 sãn⁴⁵ʂər⁵³	历书 li⁴¹ʂu⁴⁵ 皇历 xuaŋ⁵³li⁰ 历头 li⁴⁵tʰou⁰
安新	腊月 la⁵⁵yɛ⁰	大年三十儿 ta⁵³nian⁵³san⁴⁵ʂʅ³³ɻ⁰	月份牌儿 yɛ⁵³fən⁴⁵pʰer³¹
满城	腊月 la⁵⁵yɛ⁰	大年三十儿 ta⁵³nian²²san⁴⁵ʂər⁰	历头 li⁵⁵tʰou⁰
阜平	腊月 la²⁴yɛ⁰	小年儿 ɕiɔ⁵⁵nier²⁴	月历牌儿 yɛ²⁴li⁰pʰer²⁴
定州	腊月儿 la³⁵yɛr⁰	大年三十 ta⁵³nian²⁴san³³sʅ²⁴	皇历 xuaŋ⁴²li⁰
无极	腊月 lɑ⁵³yɛ⁰	三十 sãn³³sʅ²¹³ 二十九挑三十 ər⁵¹sʅ³¹tɕiəu³⁵tʰiɔ³⁵sãn³³sʅ²¹³①	历头 li⁵³tʰəu⁰
辛集	腊月 lɑ⁴²yɛ⁰	年三十儿 nian³⁵⁴san³³ʂər³⁵⁴ 大年三十儿 tɑ⁴²nian³⁵⁴san³³ʂər³⁵⁴	历头 li³²⁴tʰou⁰
衡水	腊月 la⁵³yɛ⁰	三十儿黑唠 san²⁴ɕiər⁵³xei³¹lau⁰ 三十儿后晌 san²⁴ɕiər⁵³xuŋ⁵³xaŋ⁰	皇历 xuaŋ²⁴li⁰ 月份牌儿 yɛ³¹fən³¹pʰer⁵³
故城	腊月 la⁵³yɛ⁰	年三十 niæ̃⁵³sæ̃²⁴sʅ⁵³ 大年三十 ta³¹niæ̃⁵³sæ̃²⁴sʅ⁵³	皇历 xuaŋ⁵⁵li⁰
巨鹿	腊月 la⁵³yɛ⁰	大年三十黑价 ta²¹niẽ⁴¹san³³ɕi⁰xei³³tɕia⁴¹	皇历 xuaŋ⁵⁵li²¹

(续表)

	0106 腊月 农历十二月	0107 除夕 农历	0108 历书
邢台	腊月 la³³yɛ³¹	年三十儿 niən⁵³san³⁴ʂər⁵³ 小年下 siau⁵⁵nian⁵³ɕia³¹	皇历 xuaŋ⁵³li⁰
馆陶	腊月 la²¹yɛ⁰	年三十儿 ȵiæn⁵²sæn²⁴ʂər⁵²	月份牌儿 yɛ²⁴fen²⁴pʰɐr⁵²
沧县	腊月 la⁵³yɛ⁰	大年三十 ta⁴¹nian⁵³san²³ʂʅ⁵³	月公牌儿 yɛ⁴¹koŋ²³pʰɐr⁵³
献县	腊月 la³³¹yɛ⁰	三十儿 sæ̃³³ʂəʐ⁵³	月份牌儿 yɛ³¹fən³³pʰɐr⁵³
平泉	腊月 la⁵³yɛ⁵¹	过年 kuo⁵³nian³⁵ 大年三十 ta⁵³nian³⁵san⁵⁵ʂʅ³⁵ 除夕 tʂʰu³⁵ɕi⁵⁵	历书 li⁵³ʂu⁵⁵
滦平	腊月 la⁵¹yɛ⁵¹	三十儿 san⁵⁵ʂər³⁵ 三十儿晚上 san⁵⁵ʂər³⁵uan²¹ʂɑŋ⁰ 除夕 tʂʰu³⁵ɕi⁵⁵	皇历 xuaŋ³⁵li⁰ 历书 li⁵¹ʂu⁵⁵
廊坊	腊月 la⁵¹yɛ⁰	三十儿 san⁵⁵ʂər³⁵ 大年三十儿 ta⁵³ȵien³⁵san⁵⁵ʂər³⁵	皇历 xuaŋ³⁵li⁰
魏县	腊月 lɤ⁵³yɛ³¹²	三十儿户＝往＝ʂan³³ʂər⁵³xu³¹²uaŋ⁰	皇历 xuaŋ⁵³li³¹²
张北	腊月 ləʔ²³yʌʔ⁰	大年五更 ta²³ȵiæ̃⁴²u⁵⁵tɕiŋ⁴²	历书 li²³su⁴²
万全	腊月 lʌʔ²²yʌʔ²²	大年三十儿 ta²¹³ȵian⁰san⁴¹səʔ²⁴ər⁰	月份牌 yʌʔ²²fəŋ⁰pʰɛi⁴¹
涿鹿	腊月 lʌʔ⁴³yʌ⁰	大年三十 ta²³ȵiæ⁵²sæ̃⁴⁴ʂʌʔ⁴³	历书 lei²³su⁴² 皇历 xuã⁴²lei⁰
平山	腊月 la²¹yɤ⁰	小年下 siə⁵⁵ȵiæ⁴²ɕia⁰	历头 li²¹tʰɐu⁰
鹿泉	腊月 la³¹yɤ¹³	小年儿黑夜 siɔ³⁵ȵier⁵⁵xei⁵⁵iɤ⁰	皇历 xuaŋ⁵⁵li⁰
赞皇	腊月 la²¹yɛ⁰	大年三十 ta³¹²ȵiæ⁵⁴sæ⁵⁴ʂʅ⁵⁴	历头 li⁵¹tʰəu⁰
沙河	腊月 ləʔ⁴yəʔ²	年三十儿 ȵiã⁵¹sã⁴¹ʂər⁰ 大年三十儿 tɔ²¹ȵiã⁵¹sã⁴¹ʂər⁰	农历 noŋ⁵¹li²¹ 日历 ʐʅ²¹li²¹
邯郸	腊月 lʌʔ²⁴yʌʔ³²	年三十[黄昏] ȵiæ⁵³sæ̃⁵⁵ʂʅ⁰xuɑn⁵³	皇历 xuaŋ⁵³lieʔ⁴³
涉县	腊月 ləʔ³²yɐʔ⁰/lɒ⁵⁵yɐʔ⁰	三十日 sæ̃⁴¹səʔ³²i⁰	老皇历 lau⁵³xuã⁴¹li²⁴ 万年历 væ̃⁵⁵ȵiæ⁴¹li⁰

---

① 如遇除夕日为阴历二十九，则称除夕为"二十九挑三十"。

	0109 阴历	0110 阳历	0111 星期天
兴隆	旧历 tɕiou⁵³li⁵¹ 农历 noŋ⁵⁵li⁵¹ 阴历 in³⁵li⁵¹	阳历 iaŋ⁵⁵li⁵¹	礼拜日 li²¹pai⁵³zɿ⁵¹ 礼拜天儿 li²¹pai⁵¹tʰier³⁵ 星期儿 ɕin³⁵tɕʰi³⁵tʰier³⁵
北戴河	阴历 in⁴⁴li⁵¹	阳历 iaŋ³⁵li⁵¹	礼拜天儿 li²¹pai⁵³tʰier⁴⁴
昌黎	阴历 in²⁴li⁰ 农历 nəŋ²⁴li⁰	阳历 iaŋ²¹³li⁰ 公历 kuŋ²⁴li⁰	礼拜 li²⁴pai⁴⁵³ 礼拜天儿 li²¹pai⁰tʰier⁴²
乐亭	旧历 tɕiou⁵⁵li⁰	阳历 iaŋ³⁵li⁰	礼拜天儿 li³³pai⁵³tʰier³¹
蔚县	阴历 iŋ⁵³li⁰ 农历 nuŋ⁴¹li⁰	阳历 io⁴¹li⁰	星期天 ɕin⁵³tɕʰi⁵³tʰiã⁵³ 礼拜日 li⁴⁴pei³¹zɿ³¹² 礼拜天 li⁴⁴pei³¹tʰiã⁵³
涞水	农历 noŋ⁴⁵li⁰	阳历 iaŋ⁴⁵li⁰	星期天儿 ɕin⁵⁵tɕʰi⁵⁵tʰier³¹
霸州	阴历 in⁴⁵li⁴¹ 农历 nu⁵³li⁴¹	阳历 iaŋ⁵³li⁴¹	星期天 ɕin⁴⁵tɕʰi⁴⁵tʰian⁴⁵ 礼拜天 li²⁴pai⁴¹tʰian⁴⁵ 礼拜 li²⁴pai⁴¹①
容城	旧历 tɕiou⁵²li⁰	阳历 iaŋ³⁵li⁰	礼拜天 li²¹pai⁵²tʰian⁴³ 礼拜 li³⁵pai⁵¹³
雄县	阴历 in⁴⁵li⁴¹ 农历 nuŋ⁵³li⁰	阳历 iaŋ⁵³li⁰	星期天 ɕin⁴⁵tɕʰi⁴⁵tʰiãn⁴⁵ 礼拜天 li²⁴pai⁴¹tʰiãn⁴⁵ 礼拜 li²⁴pai⁴¹②
安新	阴历 in⁴⁵li⁵¹	阳历 iaŋ⁴⁵li⁵¹	礼拜 li²¹pai⁵¹
满城	阴历 in⁴⁵li⁰	阳历 iaŋ²²li⁰	礼拜 li²¹pai⁵¹²
阜平	阴历 iŋ³¹li⁰	阳历 iaŋ⁵³li⁰	礼拜 li⁵⁵pæ⁵³
定州	阴历 in²¹¹li⁰	阳历 iaŋ²⁴li⁵¹	礼拜天儿 li²⁴pai⁵³tʰier³³
无极	阴历 ien³¹li⁵¹	阳历 iaŋ³¹li⁵¹	礼拜日 li³⁵pæ⁵¹zɿ⁵¹
辛集	阴历 iən³³li⁰	阳历 iaŋ³⁵li⁴¹	礼拜 li²⁴pai⁴¹ 礼拜天儿 li²⁴pai⁴¹tʰier³³ 礼拜日 li²⁴pai⁴¹zɿ⁴¹
衡水	阴历 in²⁴li³¹ 农历 nuŋ⁵³li³¹	阳历 iaŋ⁵³li³¹	礼拜天儿 li⁵⁵pai³¹tʰier²⁴
故城	农历 nuŋ⁵⁵li⁰ 阴历 iə²⁴li³¹	阳历 iaŋ⁵⁵li⁰	礼拜天 li⁵⁵pæ³¹tʰiæ²⁴ 星期天 ɕin²⁴tɕʰi²⁴tʰiæ²⁴
巨鹿	阴历 in³³li²¹	阳历 iaŋ⁵⁵li²¹	礼拜天 li⁵⁵pai²¹tʰian³³

(续表)

	0109 阴历	0110 阳历	0111 星期天
邢台	阴历 in³⁴li³¹	阳历 iaŋ⁵³li³¹	礼拜天儿 li⁵⁵pai³¹tʰier³⁴
馆陶	阴历 in²⁴li²¹	阳历 iaŋ⁵²li⁰	星期天儿 siŋ⁴⁴tɕʰi⁰tʰier²⁴ 星期日 siŋ⁴⁴tɕʰi⁰ʐɿ²¹
沧县	阴历 iən²³li⁴¹ 农历 noŋ⁵³li⁴¹	阳历 iaŋ⁵³li⁴¹	礼拜 li⁵⁵pai⁴¹
献县	阴历 in³³li³¹	阳历 iã⁵³li³¹	星期 ɕin⁵³tɕʰi³³
平泉	阴历 in⁵⁵li⁵¹ 农历 nuŋ³⁵li⁵¹	阳历 iaŋ³⁵li⁵¹	礼拜天儿 li²¹pai⁵³tʰier⁵⁵ 星期天儿 ɕin⁵⁵tɕʰi⁵⁵tʰier⁵⁵
滦平	阴历 in⁵⁵li⁰ 农历 nuŋ³⁵li⁰	阳历 iaŋ³⁵li⁰	礼拜日 li²¹pai⁵¹ʐɿ⁵¹ 礼拜天儿 li²¹pai⁵¹tʰier⁵⁵ 星期天儿 ɕin⁵⁵tɕʰi⁵⁵tʰier⁵⁵
廊坊	阴历 in⁵⁵li⁵¹ 农历 nu̩³⁵li⁵¹	阳历 iaŋ³⁵li⁵¹ 公历 kuŋ⁵⁵li⁵¹	星期天 ɕin⁵⁵tɕʰi⁰tʰien⁵⁵ 礼拜天儿 li²¹pai⁰tʰier⁵⁵
魏县	阴历 in³³li⁰	阳历 iaŋ⁵³li⁰	礼拜天儿 li⁵⁵pai³¹²tʰier³³
张北	阴历 iŋ⁴²li²¹³	阳历 iõ⁴²li²¹³	礼拜天 li⁵⁵pai²³tʰiæ⁴²
万全	农历 nuəŋ⁴¹liəʔ²²	公历 kuəŋ⁴¹liəʔ²¹³	礼拜 li⁴⁴pɛi²¹³
涿鹿	阴历 iŋ⁴²lei⁰	阳历 iã⁴²lei⁰	礼拜日 li⁵⁵pe⁰ʐɿ³¹ 礼拜天 li⁵⁵pe⁰tʰiæ⁴⁴
平山	阴历 iŋ⁴²li⁰	阳历 iaŋ⁴²li⁰	礼拜天 li⁵⁵pe²⁴tʰiæ³¹ 星期日 siŋ⁵³tɕʰi⁵³ʐɿ⁴²
鹿泉	阴历 iẽ⁵⁵li⁰	阳历 iaŋ⁵⁵li⁰	礼拜天 li³⁵pe³¹tʰiæ⁵⁵
赞皇	阴历 in⁵⁴li⁰	阳历 iaŋ⁵¹li⁰	礼拜天 li⁴⁵pe³¹tʰiæ⁵⁴
沙河	阴历 iən⁴¹li⁰	阳历 iaŋ⁵¹li⁰	礼拜天儿 li³³pai²¹tʰiar⁴¹
邯郸	阴历 in³¹lieʔ²¹	阳历 iaŋ⁵³lieʔ⁴³	礼拜天儿 li⁵⁵pai²¹tʰier³¹
涉县	阴历 iən⁴¹li²⁴ 农历 nən⁴¹li²⁴	阳历 iã⁴¹li²⁴	礼拜天 li⁵³pai²⁴tʰiæ⁴¹ 星期天 ɕiəŋ⁴¹tɕʰi⁰tʰiæ⁰

---

① 还有"星期 ɕiŋ⁴⁵tɕʰi⁴⁵""礼拜日 li²⁴pai⁴¹ʐɿ⁴¹"的说法。
② 还有"星期日 ɕiŋ⁴⁵tɕʰi⁴⁵ʐɿ⁴¹""礼拜日 li²⁴pai⁴¹ʐɿ⁴¹"的说法。

	0112 地方	0113 什么地方	0114 家里
兴隆	地儿 tiər⁵¹ 地方儿 ti⁵¹fãr⁰	啥地儿 ʂa⁵⁵tiər⁵¹ 啥地方儿 ʂa⁵⁵ti⁵¹fãr⁰ 什么地方儿 ʂən⁵⁵mə⁰ti⁵¹fãr⁰	家里 tɕia³⁵li²¹³ 家[里头]tɕia³⁵lou⁰
北戴河	地方儿 ti⁵³fãr⁰	[哪一]疙瘩儿 nei²¹ka⁴⁴tər⁰ 啥地方儿 ʃa³⁵ti⁵³fãr⁰	家 tɕia⁴⁴
昌黎	地方儿 ti²⁴fər⁰ 地方 ti⁴⁵faŋ⁰	啥地方儿 ʂa⁴⁵ti²⁴fər⁰	家里儿 tɕia⁴²liər⁰
乐亭	地方儿 ti²¹²fər⁰	啥地方儿 ʂa⁵³ti³⁵fər⁰	家儿 tɕiar³¹
蔚县	地方儿 ti³¹fɔr⁰	啥地方儿 sa¹³ti³¹fɔr⁰ 什么地方儿 sən³¹mɤ⁰ti³¹fɔr⁰	家里 tɕia⁵³li⁰
涞水	地区儿 ti³¹tɕʰyər⁰	什么地区儿 ʂən⁴⁵mə⁰ti³¹tɕʰyər⁰	家里 tɕia³³li⁰
霸州	地方儿 ti⁴⁵fər⁰	哪下儿 na²¹xer⁰ 哪儿 nar²¹⁴ 什么地方儿 ʂən⁴⁵mo⁰ti⁴⁵fər⁰	家[里头]tɕia²¹lou⁰
容城	地方儿 ti⁵²faŋ²¹ər⁰	什么地方儿 ʂən³⁵mɤ⁰ti⁵²faŋ⁰ər⁰	家里 tɕia³¹ni⁰
雄县	地方儿 ti⁴⁵far⁰	哪儿下儿 nar²¹xer⁰ 么地方儿 mo²¹ti⁴⁵far⁰ 哪儿 nar²¹⁴	家里 tɕia⁴⁴n̩ie⁰
安新	地界儿 ti⁵³tɕier⁰ 地方儿 ti⁵³fər⁰	什么地界儿 sou⁵³mo⁰ti⁵³tɕier⁰ 什么地方儿 sou⁵³mo⁰ti⁵³fər⁰	家里 tɕia⁴⁵ni⁰
满城	地方儿 ti⁵³faŋ⁴⁵ər⁰ 处儿 tʂʰuər⁵¹²	什么地方儿 ʂən²¹mə⁰ti⁵³faŋ⁴⁵ər⁰ 什么处儿 ʂən²¹mə⁰tʂʰuər²¹³	家里 tɕia⁴⁵ni⁰
阜平	地方儿 ti⁵³fãr⁰	什么地方儿 ʂʅ⁵⁵muɤ⁰ti⁵³fãr⁰	家里 tɕia³¹li⁰
定州	地方儿 ti³⁵faŋ⁰ŋər⁰	什么地方儿 ʂʅ²¹¹mə⁰ti³⁵faŋ⁰ŋər⁰	家的 tɕia³³ti⁰
无极	地方儿 ti⁵¹fãr²¹³① 地摊儿 ti⁵³tʰer⁰②	嘛地方儿 ma⁵¹ti⁵³fãr⁰	家里 tɕia³¹li⁰
辛集	地方 ti³²⁴faŋ⁰	什么地方 ʂou³²²mə⁰ti³²⁴faŋ⁰ 哪 nə³⁵⁴	家里 tɕia³³li⁰
衡水	地方儿 ti⁵³mar⁰	什么地方儿 xəu⁵³mo⁰ti⁵³mar⁰ 哪儿下儿 nar²¹xar⁰	家里 tɕia³¹li⁰
故城	地方儿 ti⁵³fər⁰ 地头儿 ti⁵³tʰour⁰	哪里 na²⁴li⁰ 嘛地方儿 ma⁵³ti⁵³fər⁰	家里 tɕia²¹li⁰
巨鹿	地方 ti⁵³faŋ⁰	啥地方 ʂa³³ti⁵³faŋ⁰	家里 tɕia³³li⁰

（续表）

	0112 地方	0113 什么地方	0114 家里
邢台	地点儿 ti^{31}tɐr^{34}	啥地点儿 ʂa^{53}ti^{31}tɐr^{34}	家里 tɕia^{34}li^{0}
馆陶	地方儿 ti^{21}far^{0}	啥地方儿 ʂa^{24}ti^{21}far^{0}	家里 tɕia^{24}li^{0}
沧县	地丘⁼儿 ti^{53}tɕʰiour^{0}	什么地丘⁼儿 sən^{23}mə^{0}ti^{53}tɕʰiour^{0} 哪溜⁼ na^{41}liou^{0}	家 tɕia^{23}
献县	地方儿 ti^{331}fʌr^{0}	什么地方儿 sən^{21}mə^{0}ti^{53}fʌr^{0} 哪里 na^{21}n̠i^{0}	家里 tɕia^{33}n̠i^{0}
平泉	地儿 tiər^{51} 地方 ti^{51}faŋ^{0}	啥地儿 ʂa^{35}tiər^{51} 啥地方 ʂa^{35}ti^{51}fəŋ^{0} 什么地方 sən^{35}mə^{0}ti^{51}fəŋ^{0}	家里 tɕia^{55}li^{214}
滦平	地方 ti^{51}fəŋ^{0}	啥地方 ʂa^{35}ti^{51}fəŋ^{0} 什么地方 sən^{35}mə^{0}ti^{51}fəŋ^{0}	家里 tɕia^{55}li^{0}
廊坊	地方儿 ti^{51}fãr^{0}	什么地儿 sən^{35}mɤ^{0}tiər^{51} 什么地方 sən^{35}mɤ^{0}ti^{51}faŋ^{0}	家里 tɕia^{55}li^{0}
魏县	地场儿 ti^{312}ɐr^{33}	啥地场儿 ʂa^{31}ti^{312}ɐr^{33}	家里 tɕia^{33}lɛ^{0}
张北	地方儿 ti^{23}fɔr^{42}	在哪个儿 tsai^{213}na^{55}kɛr^{0} 什地方儿 sən^{23}ti^{23}fɔr^{0}	家里 tɕia^{42}lai^{0}
万全	地方 ti^{213}faŋ^{0}	甚地方儿 sən^{213}ti^{213}fɛr^{0} 哪个⁼儿 na^{44}kɛr^{213}	家里 tɕia^{54}li^{55}
涿鹿	地方 ti^{31}fã^{0}	甚么地方 ʂə^{31}muə^{0}ti^{31}fã^{0} 哪里 na^{55}lɛ^{0}	家里 tɕia^{42}lɛ^{0}
平山	[去处]儿 tɕʰyər^{24}	什么[去处]儿 sʅ^{55}mə^{0}tɕʰyər^{24} 哪儿 nɐr^{24}	家里 tɕia^{42}lɛ^{0}
鹿泉	地方 ti^{31}faŋ^{0}	什么地方 sɤ^{55}mo^{0}ti^{31}faŋ^{0}	家里头 tɕia^{55}li^{0}tʰou^{0}
赞皇	地方 ti^{51}faŋ^{0}	哪活⁼儿 na^{45}xuɐr^{0}	家里 tɕia^{54}li^{0}
沙河	地浙⁼儿 ti^{21}tʂər^{51}	啥地浙⁼儿 ʂɔ^{51}ti^{21}tʂər^{51}	家 tɕia^{41} 家里 tɕia^{41}lɛ^{0}
邯郸	地方儿 ti^{21}fɐr^{0} 地场儿 ti^{21}tʂɐr^{0}	啥地方儿 ʂɔ^{53}ti^{21}fɐr^{0} 啥地场儿 ʂɔ^{53}ti^{21}tʂɐr^{0}	家里 tɕiɔ^{31}lɛi^{0}
涉县	地场儿 ti^{55}tʂɐr^{0}	啥地场 sɒ^{53}ti^{24}tʂɐr^{0}	家里 tɕiɒ^{41}lɛi^{0}

① 多指大范围的地区。
② 指小范围的地区、场地等。

	0115 城里	0116 乡下	0117 上面 从~滚下来
兴隆	街里 tɕie³⁵li²¹³ 城里 tʂʰəŋ⁵⁵li²¹³	农村 nəŋ⁵⁵tsʰuən³⁵ 乡下 ɕiaŋ³⁵ɕia⁵¹	上头 ʂaŋ⁵¹tʰou⁰ 上边儿 ʂaŋ⁵¹pier³⁵ 上面儿 ʂaŋ⁵¹mier⁰
北戴河	城里 tʃʰəŋ³⁵li²¹⁴	农村 nuŋ³⁵tʃʰuən⁴⁴	上头 ʃaŋ⁵³tʰou⁰
昌黎	城里儿 tsʰəŋ⁴²liər²³	庄里 tsuan⁴³li⁰ 乡下 ɕian²⁴ɕia⁰	上头 ʃaŋ⁴²tʰou²³
乐亭	城儿 tʂʰɤr²¹²	下庄儿 ɕia³⁴tsuar³¹	上头 ʂaŋ³⁵tʰou⁰
蔚县	城里 tsʰəŋ⁴¹li⁰	村儿里 tsʰũr⁵³li⁰ 村乡 tsʰuŋ⁵³ɕio⁰	上面儿 sɔ³¹mier⁰ 上头 sɔ³¹tʰəu⁰ [那上]头 nɔ⁴⁴tʰəu⁰
涞水	城里 tsʰəŋ⁴⁵li⁰	村儿里 tsʰuər³³li⁰	上面儿 ʂaŋ³¹mier³¹⁴
霸州	城里 tsʰəŋ⁴⁴li²¹⁴	村儿[里头]tsʰuər²¹lou⁰	上边儿 ʂaŋ⁴¹per⁰ 上头 ʂaŋ⁴⁵tʰou⁰
容城	城里 tsʰəŋ⁴⁴li²¹³	乡下 ɕiaŋ³⁵ɕia⁰	上头 ʂaŋ⁵²tʰou⁰/ʂaŋ³⁵tʰou⁰
雄县	城里 tsʰəŋ⁵³li²¹⁴	村儿里 tsʰuər⁴⁴nie⁰ 乡下 ɕiaŋ⁴⁵ɕia⁴¹	上边儿 ʂaŋ⁴¹per⁰
安新	城里 tsʰəŋ⁴⁵li²¹⁴	乡里 ɕiaŋ⁴⁵ni⁰	上头 ʂaŋ²¹tʰou⁰
满城	城里头 tsʰəŋ²²li²¹tʰou⁰	乡下 ɕiaŋ⁴⁵ɕiɛ⁰	上头 ʂaŋ²¹tʰou⁰ 上边儿 ʂaŋ⁵³pier⁴⁵
阜平	城里 tsʰəŋ⁵³li⁰	村儿里 tsʰuər³¹li⁰	上边儿 ʂaŋ⁵³pier⁰
定州	城[里边]儿 tsʰəŋ²⁴lier²⁴	乡的 ɕiaŋ³³ti⁰	上头 ʂaŋ³⁵tʰou⁰
无极	城里 tsʰəŋ³¹li⁰	乡下 ɕiaŋ³¹ɕia⁰	上头 ʂaŋ³²⁵tʰəu⁰
辛集	城里 tsʰəŋ³⁵li³²⁴	村儿里 tsʰuər³³li⁰	上头 ʂaŋ³²⁴tʰou⁰
衡水	城里 tsʰəŋ²⁴li⁰	村儿里 tsʰuər³¹li⁰	上边儿 saŋ³¹pɐr⁰
故城	城里 tsʰəŋ⁵³li⁵⁵	乡里 ɕiaŋ²¹li⁰	上头 ʂaŋ⁵³tʰou⁰ 上边 ʂaŋ³¹piæ⁰
巨鹿	城里 tsʰəŋ⁴¹li⁵⁵	村儿里 tsʰuər³³li⁰	上边儿 sã²¹pier³³
邢台	城里 tsʰəŋ⁵³li⁰	乡里 ɕiaŋ³⁴li⁰	上边儿 ʂaŋ³¹pɐr³⁴ 上头 ʂaŋ³¹tʰou⁰

(续表)

	0115 城里	0116 乡下	0117 上面 从~滚下来
馆陶	城里 tʂʰəŋ⁵²li⁰ 城里头儿 tʂʰəŋ⁵²li⁴⁴tʰəur⁰	乡里 ɕiaŋ²⁴li⁰ 乡下 ɕiaŋ²⁴ɕia²¹ 农村儿 nuŋ⁵³tsʰuər²⁴	上边儿 ʂaŋ²¹piɚ⁰
沧县	市里 sɿ⁴¹li⁵⁵	农村 nu⁵³tsʰuən²³	上面儿 ʂaŋ⁴¹miɚ⁴¹
献县	城市里 tʂʰəŋ⁵⁵sɿ⁰ȵi⁰	农村里 noŋ⁵³tsʰuən³³ȵi⁰	上边儿 ʂã²¹pɚ⁰
平泉	城里 tʂʰəŋ³⁵li²¹⁴	农村 nəŋ³⁵tsʰuən⁵⁵ 乡下 ɕiaŋ⁵⁵ɕia⁵¹	上边儿 ʂaŋ⁵³piɚ⁵⁵ 上面 ʂaŋ⁵³mian⁵¹
滦平	城里 tʂʰəŋ³⁵li²¹⁴	农村 nuŋ³⁵tsʰuən⁵⁵ 乡下 ɕiaŋ⁵⁵ɕia⁵¹	上边儿 ʂaŋ⁵¹piɚ⁵⁵ 上面儿 ʂaŋ⁵¹miɚ⁵¹
廊坊	城里 tʂʰəŋ³⁵li²¹⁴	乡下 ɕiaŋ⁵⁵ɕia⁵¹	上头 ʂaŋ⁵¹tʰou⁰ 上边儿 ʂaŋ⁵¹piɚ⁰
魏县	城里 tʂʰəŋ⁵³lɛ⁰	村儿里 tsʰuər³³lɛ⁰	上边儿 ʂaŋ³¹²piɚ³³
张北	城里 tʂʰəŋ⁴²lai⁰	农村 nuŋ⁴⁴tsʰuŋ⁴²	上头 sɔ̃²³tʰou⁰
万全	城里 tʂʰəŋ⁴¹li⁵⁵	村子里 tsʰuəŋ⁴¹tsə⁰li⁵⁵	上头 saŋ²⁴tʰou⁰
涿鹿	城里 tʂʰəŋ⁴²lɛ⁰	村上里 tsʰuŋ⁴²ã⁰lɛ⁰	上面儿 ʂã³¹miɚ⁰ 上边儿 ʂã³¹piɚ⁰
平山	城里 tʂʰəŋ⁴²lɛ⁰	村儿里 tsʰuər⁴²lɛ⁰	上面 ʂaŋ²¹mi⁰
鹿泉	城里头 tʂʰəŋ⁵⁵li⁰tʰou⁰	村儿里 tsʰuər⁵⁵li⁰	上头 ʂaŋ³¹tʰou⁰
赞皇	城里 tʂʰəŋ⁵¹li⁰	村儿里 tsʰuər⁵⁴li⁰	顶儿上 tɚ̃⁴⁵aŋ⁰
沙河	市里 sɿ²¹li⁰	村儿里 tsʰuər⁴¹lɛ⁰	上边 ʂaŋ²¹piã⁰ 上边儿 ʂaŋ²¹piar⁰
邯郸	城里 tʂʰəŋ⁵³ləi⁰	乡下 ɕiaŋ⁵⁵ɕiɔ²¹	上边儿 ʂaŋ¹³piɚ⁰
涉县	城里 tʂʰəŋ⁴¹²əi⁰	乡下 ɕiã⁴¹ɕiɒ²⁴	上头 sã⁵⁵tʰou⁰

	0118 下面 从~爬上去	0119 左边	0120 右边
兴隆	下头 ɕia⁵¹tʰou⁰ 下边儿 ɕia⁵¹pieɻ³⁵ 下面儿 ɕia⁵¹mieɻ⁰	左边儿 tsuo²¹pieɻ⁰	右边儿 iou⁵¹pieɻ⁰
北戴河	下头 ɕia⁵³tʰou⁰	左边儿 tʃuo²¹pieɻ⁴⁴	右边儿 iou⁵³pieɻ⁴⁴
昌黎	下头 ɕia⁴²tʰou²³	左边儿 tsuo²¹pieɻ⁰	右边儿 iou⁴⁵pieɻ⁰
乐亭	下头 ɕia²¹²tʰou⁰	左边儿 tsuə²¹¹pieɻ⁰	右边儿 iou⁵⁵pieɻ⁰
蔚县	底下 ti⁴⁴ɕia⁰ 下头 ɕia³¹tʰəu⁰ 下面儿 ɕia³¹mieɻ⁰	左边儿 tsuɤ⁴⁴pieɻ⁰ 左面儿 tsuɤ⁴⁴mieɻ⁰	右边儿 iəu³¹pieɻ⁰ 右面儿 iəu³¹mieɻ⁰
涞水	下面儿 ɕia³¹mieɻ³¹⁴	左边儿 tsuo²⁴pieɻ³¹	右边儿 iou³¹pieɻ³¹
霸州	下边儿 ɕia⁴¹peɻ⁰ 下头 ɕia⁴⁵tʰou⁰	左边儿 tsuo²¹peɻ⁰ 左首儿 tsuo²⁴ʂouɻ²¹⁴	右边儿 iou⁴¹peɻ⁰ 右首儿 iou⁴¹ʂouɻ²¹⁴
容城	下头 ɕia⁵²tʰou⁰/ɕia³⁵tʰou⁰	左边儿 tsuo²¹pieɻ⁰	右边儿 iou⁵²pieɻ⁰
雄县	下边儿 ɕia⁴¹peɻ⁰	左边儿 tsuo²¹peɻ⁰ 左首儿 tsuo²⁴ʂouɻ²¹⁴	右边儿 iou⁴¹peɻ⁰ 右首儿 iou⁴¹ʂouɻ²¹⁴
安新	下头 ɕia²¹tʰou⁰	左沿儿 tsuo⁴⁵ieɻ³¹	右沿儿 iou⁵³ieɻ³¹
满城	下头 ɕia²¹tʰou⁰ 下边儿 ɕia⁵³pieɻ⁴⁵	里首儿 li²¹ʂou⁴²əɻ⁰	外首儿 uai⁵³ʂou⁴²əɻ⁰
阜平	下边儿 ɕia⁵³pieɻ⁰	左边儿 tsuɤ⁵³pieɻ⁰	右边儿 iou⁵³pieɻ⁰
定州	下头 ɕia³⁵tʰou⁰	里环＂儿 li²⁴xueɻ²¹³ 左边儿 tsuo²⁴pieɻ⁰	外环＂儿 uai⁵³xueɻ²⁴ 右边儿 iou⁵³pieɻ⁰
无极	下头 ɕia³²⁵tʰəu⁰	左边儿 tsuɤ³⁵pieɻ³¹	右边儿 iəu⁵¹pieɻ³¹
辛集	下头 ɕia³²⁴tʰou⁰	左边儿 tsuə³²⁴pieɻ³³	右边儿 iou⁴¹pieɻ³³
衡水	下边儿 ɕia³¹peɻ⁰	左边儿 tsuo⁵⁵peɻ⁰	右边儿 iəu³¹peɻ⁰
故城	下头 ɕia⁵³tʰou⁰ 下边 ɕia³¹piæ⁰	左边 tsuɤ²¹piæ⁰	右边 iou³¹piæ⁰
巨鹿	下边儿 ɕia²¹pieɻ³³	左边儿 tsuo⁵⁵pieɻ³³	右边儿 iou²¹pieɻ³³
邢台	下边儿 ɕia³¹peɻ³⁴ 下头 ɕia³¹tʰou⁰	左边儿 tsuo⁵³peɻ³⁴	右边儿 iou³¹peɻ³⁴
馆陶	下边儿 ɕia²¹pieɻ⁰	左边儿 tsuo⁴⁴pieɻ⁰	右边儿 iəu²¹pieɻ⁰

（续表）

	0118 下面 从~爬上去	0119 左边	0120 右边
沧县	下面儿 ɕia⁴¹miɛr⁴¹	左边儿 tsuo⁵³piɛr²³	右边儿 iou⁴¹piɛr²³
献县	下边儿 ɕia²¹pɐr⁰	左边儿 tsuo²⁴pɐr³³	右边儿 iou³¹pɐr³³
平泉	下边儿 ɕia⁵¹piɛr⁵⁵ 下面 ɕia⁵³mian⁵³	左边儿 tsuo²¹piɛr⁵⁵ 左面 tsuo²¹mian⁵¹	右边儿 iou⁵³piɛr⁵⁵ 右面 iou⁵³mian⁵³
滦平	下边儿 ɕia⁵¹piɛr⁵⁵ 下面儿 ɕia⁵¹miɛr⁵¹	左边儿 tsuo²¹piɛr⁰ 左面儿 tsuo²¹miɛr⁰	右边儿 iou⁵¹piɛr⁰ 右面儿 iou⁵¹miɛr⁰
廊坊	下头 ɕia⁵¹tʰou⁰ 下边儿 ɕia⁵¹piɛr⁰	左边儿 tsuo²¹piɛr⁵⁵	右边儿 iou⁵³piɛr⁵⁵
魏县	下边儿 ɕia³¹²piɛr³³	左面儿 tʂuə⁵⁵miɛr³¹²	右面儿 iəu³¹miɛr³¹²
张北	下头 ɕia²³tʰou⁰	左首 tsuə⁴²səu⁰	右首 iəu²³səu⁰
万全	下头 ɕia²⁴tʰou⁰	左边儿 tsuə⁵⁵piɛr⁰	右边儿 iou²¹³piɛr⁰
涿鹿	下面儿 ɕia³¹miɛr⁰ 下边儿 ɕia³¹piɛr⁰	左边儿 tsuə⁵⁵piɛr⁰ 左傍 tsuə⁵⁵pã⁰	右边儿 iəu³¹piɛr⁰ 右傍 iəu³¹pã⁰
平山	下面 ɕia²¹mi⁰	左面 tsuə⁵⁵mi⁰	右面 iɤu²¹mi⁰
鹿泉	下头 ɕia³¹tʰou⁰	左边儿 tsuo³⁵piɛr⁰	右边儿 iou³¹piɛr⁰
赞皇	底下 ti⁴⁵ia⁰	左边儿 tsuə⁴⁵piɛr⁵⁴	右边儿 iəu³¹²piɛr⁵⁴
沙河	下边儿 ɕiɔ²¹piar⁰ 下边 ɕiɔ²¹piã⁰	左边儿 tsuo³³piar⁰	右边儿 iəu²¹piar⁰
邯郸	下边儿 ɕiɔ²¹piɛr⁰	左边儿 tsuə⁵³piɛr⁰	右边儿 iuei¹³piɛr⁰
涉县	下头 ɕiɒ⁵⁵tʰou⁰	左边儿 tsuə⁵³pɐr²⁴	右边儿 iou⁵⁵pɐr⁰

	0121 中间 排队排在~	0122 前面 排队排在~	0123 后面 排队排在~
兴隆	当间儿 taŋ³⁵tɕier⁵¹ 中间 tsoŋ³⁵tɕian³⁵	前边儿 tɕʰian⁵⁵pier⁰ 前面儿 tɕʰian⁵⁵mier⁰	后边儿 xou⁵¹pier³⁵ 后面儿 xou⁵³mier⁰
北戴河	当腰儿 taŋ⁴⁴iaur⁴⁴	前边儿 tɕʰian³⁵pier⁴⁴	后边儿 xou⁵³pier⁰
昌黎	当腰儿 taŋ³⁴iaur⁴² 中间儿 tʂuŋ³⁴tɕier⁴²	前头 tɕʰian⁴²tʰou²³	后头 xou²⁴tʰou⁰
乐亭	当间儿 taŋ³³tɕier⁵²	前头 tɕʰien³¹tʰou⁰	后头 xou³⁵tʰou⁰
蔚县	当中儿 tɔ⁵³tsūr⁴⁴	前头 tɕʰiã⁴¹tʰəu⁰ 前面儿 tɕʰiã⁴¹mier⁰	后头 xəu³¹tʰəu⁰ 后面儿 xəu³¹mier⁰
涞水	当间儿 taŋ⁵⁵tɕier³¹⁴	前头 tɕʰian²⁴tʰou⁰	后头 xou⁴⁵tʰou⁰
霸州	中间儿 tʂuŋ⁴⁵tɕier⁴¹ 当间儿 taŋ⁴⁵tɕier⁴¹ 当不间儿 taŋ²¹pu⁰tɕier⁵³	前边儿 tɕʰian⁵³per⁰ 前头 tɕʰian⁵³tʰou⁰	后边儿 xou⁴¹per⁰ 后头 xou⁴⁵tʰou⁰
容城	当巴间儿 taŋ⁴⁴pa⁴⁴tɕier⁵¹³ 中间 tʂuŋ³⁵tɕier⁵¹³	前头 tɕʰian²¹tʰou⁰	后头 xou³⁵tʰou⁰
雄县	当不间儿 taŋ⁴⁵pu⁰tɕiar⁴¹ 中间 tsuŋ⁴⁵tɕiãn⁴⁵ 当间儿 taŋ⁴⁵tɕiar⁴¹	前头 tɕʰiãn⁵³tʰou⁰ 前边儿 tɕʰiãn⁵³per⁰	后头 xou²¹tʰou⁰ 后边儿 xou⁴¹per⁰
安新	当不间儿 taŋ⁴⁵pu⁰tɕiar⁵¹	前头 tɕʰian³³tʰou⁰	后头 xou²¹tʰou⁰
满城	当间儿 taŋ⁴⁵tɕier⁵¹² 当巴间儿 taŋ⁴⁵pa⁰tɕier⁵¹²	前头 tɕʰian²²tʰou⁰ 头里 tʰou²²ȵi⁰	后头 xou²¹tʰou⁰
阜平	当间 taŋ³¹tɕia⁰	前边儿 tɕʰiæ⁵⁵pier³¹	后边儿 xou⁵³pier⁰
定州	当么间儿 taŋ³³mə⁰tɕier⁵¹	前头 tɕʰian⁴²tʰou⁰	后头 xou³⁵tʰou⁰
无极	当巴间儿里 taŋ³¹pa⁰tɕier⁵³li⁰	前头 tsʰiãn³¹tʰəu⁰	后头 xəu³²⁵tʰəu⁰
辛集	当么间儿 taŋ³³mə⁰tɕier⁴¹	前头 tsʰian³⁵tʰou⁰	后头 xou³²⁴tʰou⁰
衡水	当乎间儿 taŋ³¹xu⁰tɕier⁵³ 当间儿 taŋ²⁴tɕier³¹	头里 tʰəu²⁴li⁰ 前边儿 tɕʰian⁵³per²⁴	后头 xəu⁵³tʰəu⁰ 后边儿 xəu³¹per⁰
故城	当中 taŋ²⁴tsuŋ²⁴ 中间 tsuŋ²⁴tɕiæ²¹⁴	前头 tɕʰiæ⁵⁵tʰou⁰ 头里 tʰou⁵⁵li⁰ 前边儿 tɕʰiæ⁵³pier⁰	后头 xou³¹tʰou⁰ 后边 xou³¹piæ⁰
巨鹿	当不间儿 taŋ³³pu⁰tɕier³³	前边儿 tɕiæ⁴¹pier³³	后边儿 xou²¹pier³³

（续表）

	0121 中间 排队排在~	0122 前面 排队排在~	0123 后面 排队排在~
邢台	当么间儿 taŋ³⁴mu⁰tɕier³¹ 当间儿 taŋ³⁴tɕier³¹	前边儿 tsʰian⁵³pɤr³⁴ 前头 tsʰian⁵³tʰou⁰	后边儿 xou³¹pɤr³⁴ 后头 xou³¹tʰou⁰
馆陶	中间儿 tʂuŋ²⁴tɕier²⁴ 当中 taŋ²⁴tʂuŋ²⁴	前边儿 tsʰiæn⁵³piɤr²⁴ 前面儿 tsʰiæn⁵³miɤr²¹	后边儿 xəu²¹piɤr⁰ 后面儿 xəu²⁴miɤr²¹
沧县	当间儿 taŋ²³tɕier⁵³	前边儿 tɕʰian⁵³piɤr²³	后边儿 xou⁴¹piɤr²³
献县	当间儿 tã³³tɕier³¹	头里 tʰou⁵⁵n̠i⁰	后头 xou³³¹tʰou⁰
平泉	当间儿 taŋ⁵⁵tɕier⁵¹ 中间 tʂuŋ⁵⁵tɕian⁵⁵	前边儿 tɕʰian³⁵piɤr⁵⁵ 前面 tɕʰian³⁵mian⁵¹	后边儿 xou⁵³piɤr⁵⁵ 后面 xou⁵³mian⁵¹
滦平	中间儿 tʂuŋ⁵⁵tɕier⁵¹ 中间 tʂuŋ⁵⁵tɕian⁵⁵	前面儿 tɕʰian³⁵miɤr⁰ 前面儿 tɕʰian³⁵piɤr⁵⁵	后面儿 xou⁵¹miɤr⁰ 后面儿 xou⁵¹piɤr⁵⁵
廊坊	中间儿 tʂuŋ⁵⁵tɕier⁵⁵	前边儿 tɕʰiɛn³⁵piɤr⁰ 前面 tɕʰiɛn³⁵miɛn⁰ 前头 tɕʰiɛn³⁵tʰou⁰	后边儿 xou⁵¹piɤr⁰ 后面 xou⁵¹miɛn⁰ 后头 xou⁵¹tʰou⁰
魏县	当间儿 taŋ³³tɕier³³	前边儿 tɕʰian⁵³piɤr³³	后边儿 xəu³¹²piɤr³³
张北	当间儿 tɔ̃⁴²tɕier⁰	前面儿 tɕʰiæ⁴²miɤr²¹³	后面儿 xəu²³miɤr²¹³
万全	当间儿 taŋ⁴¹tɕier⁴¹ 中中间 tsuaŋ⁴¹tsuaŋ⁰tɕian⁴¹	前头 tɕʰian⁴¹tʰou⁰	后头 xou²⁴tʰou⁰
涿鹿	当中儿 tã⁴²tsɔ̃r⁴⁴	前头 tɕʰiæ̃⁴²tʰou⁰ 头里 tʰəu⁴²le⁰	后头 xəu³¹tʰəu⁰
平山	当中间儿里 taŋ⁵³tʂoŋ⁰tɕiær⁴²le⁰	前面 tsʰiæ⁴²mi⁰	后面 xɤu²¹mi⁰
鹿泉	当么间儿 taŋ⁵⁵mo⁰tɕier³¹	前头 tsʰiæ⁵⁵tʰou⁰	后头 xou³¹tʰou⁰
赞皇	当间儿 taŋ⁵⁴tɕier³¹	前头 tsʰiæ⁵¹tʰəu⁰	后头 xəu⁵¹tʰəu⁰
沙河	中间 tʂoŋ⁴¹tɕiã⁰ 当中儿 taŋ²¹tʂuɤr⁰	前边 tsiã⁵¹piã⁰ 前边儿 tsiã⁵¹piɤr⁰	后边 xɤu²¹piã⁰ 后边儿 xɤu²¹piɤr⁰
邯郸	当间儿 taŋ³¹tɕier⁰	前边儿 tsʰiæ⁵³piɤr⁰	后边儿 xɤu²¹piɤr⁰
涉县	当中儿 tã⁴¹tʂur⁰	前头 tɕʰiæ⁴¹tʰou²⁴	后头 xɤʔ⁵⁵tʰou⁰

	0124 末尾 排队排在~	0125 对面	0126 面前
兴隆	末尾儿 mo⁵¹iər²¹³ 末后尾儿 mo⁵³xou⁵¹iər²¹³ 末尾 mo⁵¹uei²¹³	对过儿 tuei⁵³kuor⁵¹ 对个儿 tuei⁵³kɤr⁵¹ 对面儿 tuei⁵³miɐr⁵¹	跟前儿 kən³⁵tɕʰiɐr²¹³ 面前 mian⁵¹tɕʰian⁵⁵
北戴河	末后 mɤ⁵³xou⁵¹	对面儿 tuei⁵³miɐr⁵¹	跟前儿 kən⁴⁴tɕʰiɐr²¹⁴
昌黎	末后了儿 mɤ⁴²xou⁴²liɑur²¹³	对面儿 tuei⁴²miɐr⁴⁵³	跟前儿 kən³⁴tɕʰiɐr²¹³
乐亭	大后尾儿 ta⁵³xou⁵²iər³⁴	对过儿 tuei⁵³kuor⁵²	眼巴前儿 iɛn³⁴pa⁰tɕʰiɐr²¹²
蔚县	尽后头 tɕin⁴⁴xəu³¹tʰəu⁰	对面儿 tuei¹³miɐr³¹²	眼前头 iã⁴⁴tɕʰiã⁴¹tʰəu⁰
涞水	最后头 tsuei³¹xou⁴⁵tʰou⁰	对面儿 tuei³¹miɐr³¹⁴	面前儿 mian³¹tɕʰiɐr⁴⁵
霸州	末后拉儿 mo⁴¹xou⁰lar⁴⁵	对面儿 tuei⁴⁵miɐr⁴¹	眼面儿前儿 ian²¹miɐr⁰tɕʰiɐr⁵³
容城	末后了儿 mo⁵²xou⁵²liɑu⁵²uər⁰	对面儿 tuei⁴⁴miɐr⁵¹³	眼面儿 ian²¹mən⁴⁴tɕʰiɐr³⁵
雄县	末丢儿 mo⁴¹tiour⁴⁵ 老末丢儿 lau²⁴mo⁴¹tiour⁴⁵	对面儿 tuei⁴⁵miɐr⁴¹	眼面前儿 iã²¹miã⁰tɕʰiɐr⁵³
安新	末后了儿 miɛ⁴⁵xou⁰liɑur²¹⁴	对过儿 tuei⁵³kuor⁵¹	眼前头 ian⁴⁵tɕʰian³³tʰou⁰ 跟前儿 kən⁴⁵tɕʰiɐr³¹
满城	末后尾儿 mo⁵¹²xou⁵³iər²¹³ 后尾儿 xou⁵³iər²¹³	对面儿 tuei⁵³miɐr⁵¹² 对思⁼面儿 tuei⁵³sɿ⁰miɐr⁵¹²	眼面前儿 ian²¹mian⁵³tɕʰiɐr²²
阜平	末末了儿 mu⁻ɤ²⁴muɤ⁰liər⁵⁵	对面儿 tei⁵³miɐr⁵³	前面儿 tɕʰiæ²⁴miɐr⁵³
定州	末古⁼了儿 miɛ³⁵ku⁰liɑu²¹¹uər⁰	对面儿 tei⁵³miɐr⁵¹	跟前儿 kən³³tɕʰiɐr²¹³
无极	末了 miɛ³¹liɔ³⁵	对面儿 təi⁵¹miɐr⁵¹	面根儿底下 mian⁵¹kər³¹ti³⁵ɕiɑ⁰
辛集	末了儿 mə⁴²liɑur³²⁴ 末后了儿 mə⁴²xou⁴¹liɑur³²⁴	对过儿 tuei⁴²kuər⁰ 指建筑物 对脸儿 tuei⁴²liɐr³²⁴ 指人	眼前 ian³²²tsʰian⁰
衡水	最后 tʂuei³¹xəu³¹	对过儿 tuei³¹kuor³¹	头里 tʰəu²⁴li⁰
故城	末拉儿 mɤ³¹lɐr²⁴	对面儿 tuei²⁴miɐr³¹	脸前儿 liæ²⁴tɕʰiɐr⁵³
巨鹿	尾巴儿 i⁵⁵pɐr⁰	对过儿 tuei³³kuor²¹	跟前 kən³³tɕiɛ⁴¹
邢台	老末儿 lau⁵³miɐr³¹ 末了 miɛ³¹liau⁰	对面儿 tuei³³kuor³¹	跟前儿 kən³⁴tsʰiɐr⁵³
馆陶	末尾 mo²⁴uei⁴⁴	对面儿 tuei²⁴miɐr²¹ 对过儿 tuei²⁴kuor²¹	脸前儿 liæn⁴⁴tsʰiɐr⁵² 面前儿 miæn²¹³tsʰiɐr⁵²
沧县	后头儿 xou⁴¹tʰour⁵³	对面儿 tuei²³miɐr⁴¹ 对过儿 tuei²³kuor⁴¹	面前 mian⁴¹tɕʰian⁵³

(续表)

	0124 末尾 排队排在~	0125 对面	0126 面前
献县	末了儿 mie³³liər³³	对面儿 tuei³¹miɛr³¹	跟前儿 kən³³tɕʰiɛr⁵³
平泉	末后尾儿 mo⁵³xou⁵³yər²¹⁴ 末尾 mo⁵³uei²¹⁴	对个儿 tuei⁵³kɤr⁵¹ 对过儿 tuei⁵³kuor⁵¹ 对面 tuei⁵³mian⁵¹	眼前 ian²¹tɕʰian³⁵ 面前 mian⁵³tɕʰian³⁵
滦平	末后尾儿 mo⁵¹xou⁵¹yər²¹⁴ 末尾 mo⁵¹uei²¹⁴	对面儿 tuei⁵¹miɛr⁵¹ 对过儿 tuei⁵¹kuor⁵¹ 对个儿 tuei⁵¹kər⁵¹	面前 mian⁵¹tɕʰian³⁵ 眼前 ian²¹tɕʰian³⁵
廊坊	末了儿 mɤ⁵³liaur⁵⁵ 后尾儿 xou⁵³iər²¹⁴	对面儿 tuei⁵³miɛr⁵¹	跟前儿 kən⁵⁵tɕʰiɛr³⁵ 面前 miɛn⁵³tɕʰiɛn³⁵
魏县	末了儿 mɤ³³liaur⁵⁵	对过儿 tuəi³¹kuɤr³¹²	眼目前儿 ian⁵⁵mu⁰tɕʰiɛr⁵³
张北	后末尾儿 xou²³mə⁰iər²¹³	对过儿 tuei²³kuer²¹³	跟前 kən⁴²tɕiæ⁴²
万全	最后头 tsuei²⁴xou²⁴tʰou⁰ 尽后头 tɕiaŋ⁵⁵xou²⁴tʰou⁰	对脸脸 tuei⁴⁴lian⁵⁵lian⁰	眼跟前 ian⁴⁴kən⁴¹tɕʰian⁰ 眼窝子里 ian⁴⁴və⁴¹tsə⁰li⁵⁵
涿鹿	最后 tsuei²³xəu³¹	对过儿 tuei²³kuɤr³¹ 对面儿 tuei²³miɛr³¹	跟前 kən⁴²tɕʰiæ⁰
平山	尾巴㞘儿上 i⁵⁵pa⁰tuər²¹laŋ⁰	对过儿 tæi²⁴kuər⁴²	跟儿里 kər⁴²le⁰
鹿泉	末尾儿 mo³¹yər¹³	对过儿 tei³⁵kuor³¹	跟前 kẽ⁵⁵tsʰiæ⁰
赞皇	最后 tsuei²⁴xəu³¹	对过儿 tuei²⁴kuɤr³¹	跟前 kən⁵⁴tsʰiæ⁰
沙河	末了儿 məʔ²liaur³³	对面儿 tuei²¹miar²⁴ 对过儿 tuei²¹kuər²⁴	跟前 kən⁴¹tsʰiã⁰
邯郸	末了儿 mʌʔ⁴liaur⁵³	对过儿 tuəi⁵³kuər²¹	眼前 iæ̃⁵⁵tsʰiæ⁵³
涉县	末尾儿 mæʔ⁵⁵iər⁰	对面儿 tuəi⁵³miɛr⁰	脸前头 liæ⁵³tɕʰiæ⁴¹tʰou⁰

	0127 背后	0128 里面_{躲在~}	0129 外面_{衣服晒在~}
兴隆	背后 pei⁵³xou⁵¹	里头 li²¹tʰou⁰ 里边儿 li²¹piɐr⁰ 里面儿 li²¹miɐr⁰	外头 uai⁵¹tʰou⁰ 外边儿 uai⁵¹piɐr³⁵ 外面儿 uai⁵³miɐr⁰
北戴河	后边儿 xou⁵³piɐr⁰	里边儿 li²¹piɐr⁰	外边儿 uai⁵³piɐr⁰
昌黎	后头 xou²⁴tʰou⁰	里头 li²¹tʰou⁰	外头 uai²¹³tʰou⁰/uai⁴²tʰou⁰
乐亭	背后 pei⁵³xou⁵²	里头 li³⁴tʰou⁰	外头 uai³⁵tʰou⁰
蔚县	背后头 pei¹³xəu³¹tʰəu⁰ 背后面儿 pei¹³xəu³¹miɐr⁰	里面儿 li⁴⁴miɐr⁰ 里头 li⁴⁴tʰəu⁰	外面儿 vei³¹miɐr⁰ 外 vɛi³¹tʰəu⁰
涞水	背后 pei³¹xou³¹⁴	里面儿 li²⁴miɐr⁰	外头 uai⁴⁵tʰou⁰
霸州	背后 pei⁴⁵xou⁴¹	里边儿 li²¹pɐr⁰ 里头 li²¹tʰou⁰	外边儿 uai⁴¹pɐr⁰ 外头 uai⁴⁵tʰou⁰
容城	背后头 pei⁵²xou⁵²tʰou⁰	里边儿 li²¹piɐr⁰	外边儿 uai³⁵tʰou⁰
雄县	背后 pei⁵³⁴xou⁴¹	里边儿 li²¹pɐr⁰ 里头 li²¹tʰou⁰	外边儿 uai⁴¹pɐr⁰ 外头 uai²¹tʰou⁰
安新	后头 xou²¹tʰou⁰	里头 li²¹tʰou⁰	外头 uai²¹tʰou⁰
满城	后头 xou²¹tʰou⁰ 倒伙 ⁼tɑu²¹xuo⁰	里头 li²¹tʰou⁰	外头 uai²¹tʰou⁰
阜平	身后 ʂəŋ²⁴xou⁵³	里边儿 li⁵⁵piɐr³¹	外边儿 uæ⁵³piɐr⁰
定州	背着 pei³⁵tʂau⁰	里 li²¹¹tʰou⁰	外头 uai³⁵tʰou⁰
无极	脊梁后头 tsi²¹³ȵiɑŋ⁰xəu³⁵tʰəu⁰	里头 li³⁵tʰəu⁰	外 uæ³⁵tʰəu⁰
辛集	脊梁后头 tsi³²²ȵiaŋ⁰xou³²⁴tʰou⁰	里头 li³²²tʰou⁰	外头 uai³²⁴tʰou⁰
衡水	后头 xəu⁵³tʰəu⁰	里边儿 li²¹pɐr⁰	外边儿 vɑi³¹pɐr⁰
故城	背地儿里 pei³¹tiɐr⁵³li⁰ 背地儿后里 pei³¹tiɐr⁰xou⁵³li⁰	里头 li²⁴tʰou⁰ 里边 li²⁴piæ⁰	外头 væ⁵³tʰou⁰ 外边 væ³¹piæ⁰
巨鹿	身子后边儿 ʂən³³tsʅ⁰xou²¹piɐr³³	里边儿 li⁵⁵piɐr³³	外边儿 uai²¹piɐr³³
邢台	后边儿 xou³¹pɐr³⁴ 脊梁后边儿 tsi⁵⁵niaŋ⁰xou³¹pɐr³⁴	里边儿 li⁵⁵pɐr³⁴ 里头 li⁵⁵tʰou⁰	外边儿 vai³¹pɐr³⁴ 外头 vai³¹tʰou⁰
馆陶	身后 ʂen²⁴xəu²¹ 背后 pei²⁴xəu²¹	里面儿 li⁴⁴miɐr⁰ 里边儿 li⁴⁴piɐr⁰ 里头儿 li⁴⁴tʰəur⁵²	外面儿 uai²⁴miɐr²¹ 外边儿 uai²¹piɐr⁰ 外头儿 uai²¹tʰəur⁵²

	0127 背后	0128 里面 躲在~	0129 外面 衣服晒在~
沧县	后头 xou⁵³tʰou⁰	里头 li²³tʰou⁰ 里边儿 li⁵³pier²³	外头 uai⁵³tʰou⁰
献县	后头 xou³³¹tʰou⁰	里头 li²¹tʰou⁰	外头 ue³³¹tʰou⁰
平泉	背后 pei⁵³xou⁵¹	里边儿 li²¹pier⁵⁵ 里面 li²¹mian⁵¹	外边儿 uai⁵³pier⁵⁵ 外面 uai⁵³mian⁵¹
滦平	背后 pei⁵¹xou⁵¹	里面儿 li²¹mier⁵¹ 里边儿 li²¹pier⁵⁵	外面儿 uai⁵¹mier⁵¹ 外边儿 uai⁵¹pier⁵⁵
廊坊	背后 pei⁵³xou⁵¹	里面 li²¹mien⁵¹ 里边儿 li²¹pier⁵⁵ 里头 li²¹tʰou⁰	外面 uai⁵¹mien⁰ 外边儿 uai⁵¹pier⁰ 外头 uai⁵¹tʰou⁰
魏县	脊梁后边儿 tɕi⁵³liaŋ³¹²xəu³¹²pier³³	里边儿 li⁵⁵pier³³ 里头儿 li⁵⁵tʰəur⁵³	外边儿 uai³¹²pier³³ 外头 uai³¹²tʰəu⁵³
张北	后头的 xəu²³tʰəu⁰tə⁰	里头 li⁵⁵tʰəu⁰	外头 vai²³tʰəu⁰
万全	背后头 pei²¹³xou²⁴tʰou⁰	里头 li⁵⁵tʰou⁰	外头 vei²⁴tʰou⁰
涿鹿	后头 xəu³¹tʰəu⁰	里头 lei⁵⁵tʰəu⁰ 里边儿 lei⁵⁵pier⁰	外头 uɛ³¹tʰəu⁰ 外边儿 uɛ³¹pier⁰
平山	背地儿里 pæi⁵⁵tiər⁵⁵lɛ⁰ 后面 xɐu²¹mi⁰	里头 li⁵⁵tʰɐu⁰	外头 uɛ⁵⁵tʰɐu⁰
鹿泉	身后 ʂẽ⁵⁵xou³¹	里边儿 li³⁵pier⁵⁵	外边儿 uɛ³¹pier⁵⁵
赞皇	后边儿 xəu³¹²pier⁵⁴	里头 li⁴⁵tʰəu⁰	外边儿 uɛ³¹²pier⁵⁴
沙河	背后 pei²¹xəu²¹ 脊梁后边儿 tsiʔ²⁴liaŋ⁰xəu²¹piar⁰	里边儿 li³³piar⁰ 里头 li³³tʰəu⁰	外边儿 uai²¹piar⁰ 外头 uai²¹tʰəu⁰
邯郸	脊梁后边儿 tsəʔ²liaŋ⁵⁵xəu²¹pier⁰	里边儿 li⁵⁵pier⁰	外边儿 vai¹³pier⁰
涉县	脊梁后头 tɕiəʔ³³liã⁴¹xəʔ³²tʰou⁰	里头 li⁵³tʰou⁰	外头 vai⁵⁵tʰou⁰ 外边儿 vai⁵⁵per⁰

	0130 旁边	0131 上 碗在桌子~	0132 下 凳子在桌子~
兴隆	旁边儿 pʰaŋ³⁵pier³⁵	上 ʂaŋ⁵¹	下 ɕia⁵¹
北戴河	边儿上 pier⁴⁴ʂaŋ⁰	上 ʂaŋ⁵¹	下边儿 ɕia⁵³pier⁰
昌黎	边儿上 pier²¹³ʂaŋ⁰ 旁边儿 pʰaŋ²⁴pier⁰	上头 ʂaŋ⁴²tʰou²³	下头 ɕia⁴²tʰou²³
乐亭	旁边儿 pʰaŋ³⁴pier³¹	上头 ʂaŋ³⁵tʰou⁰	下头 ɕia³⁵tʰou⁰
蔚县	旁边儿 pʰɔ⁴¹pier⁰ 傍个儿 pɔ³¹kɤr⁰	上 sɔ³¹²	下 ɕia³¹²
涞水	边儿上 pier³³ʂaŋ⁰	上 ʂaŋ³¹⁴	下 ɕia³¹⁴
霸州	旁边儿 pʰaŋ⁴⁴pier⁴⁵ 一边儿 i⁴⁴pier⁴⁵	上 ʂaŋ⁴¹	下 ɕia⁴¹
容城	一边儿 i⁴⁴pier⁴³	上头 ʂaŋ⁵²tʰou⁰/ʂaŋ³⁵tʰou⁰	下头 ɕia⁵²tʰou⁰/ɕia³⁵tʰou⁰
雄县	一边儿 i⁴⁵pier⁴⁵ 旁边儿 pʰaŋ⁵³pier⁴⁵	上 ʂaŋ⁴¹	下 ɕia⁴¹
安新	一边儿 i²¹pier⁴⁵	上 ʂaŋ⁵¹	下 ɕia⁵¹
满城	半壁儿 pan⁵³pi²¹ər⁰	上 ʂaŋ⁵¹²	底下 ti²¹ɕie⁰
阜平	一边儿 i⁵⁵pier⁰	上 ʂaŋ⁵³	下 ɕia⁵³
定州	一边儿 i³³pier¹¹ 一傍⁼儿 i³³paŋ¹¹ŋər⁰ 傍⁼个儿 paŋ⁵³kɤr⁵¹	上头 ʂaŋ³⁵tʰou⁰	下头 ɕia³⁵tʰou⁰
无极	一边儿 i³⁵pier³¹	上头 ʂaŋ³²⁵tʰəu⁰	下头 ɕia³²⁵tʰəu⁰
辛集	一边儿 i³⁵⁴pier³³	上头 ʂaŋ³²⁴tʰou⁰	下头 ɕia³²⁴tʰou⁰
衡水	半个儿里 pan³¹kɤr⁵³li⁰ 旁半个儿里 pʰaŋ⁵³pan³¹kɤr⁵³li⁰	上边儿 ʂaŋ³¹per⁰	下边儿 ɕia³¹per⁰
故城	旁边 pʰaŋ⁵³piæ²⁴	上 xaŋ³¹	底下 ti²⁴ɕia⁰ 下边 ɕia³¹piæ⁰
巨鹿	边儿起 pier³³tɕʰi⁴¹	上边儿 ʂaŋ²¹pier³³	下边儿 ɕia²¹pier³³
邢台	边儿 pier³⁴	上边儿 ʂaŋ³¹per³⁴	下边儿 ɕia³¹per³⁴
馆陶	旁边儿 pʰaŋ⁵³pier²⁴	上 ʂaŋ²¹³ 上面儿 ʂaŋ²⁴mier²¹ 上边儿 ʂaŋ²¹pier⁰	下 ɕia²¹³ 下面儿 ɕia²⁴mier²¹ 下边儿 ɕia²¹pier⁰

（续表）

	0130 旁边	0131 上 碗在桌子~	0132 下 凳子在桌子~
沧县	旁边儿 pʰaŋ⁵³pieɹ²³	上 ʂaŋ⁴¹	底下 ti²³ɕia⁰
献县	旁边儿 pʰã⁵³pieɹ³³	上 xã³¹	下边儿 ɕia²¹peɹ⁰
平泉	一边儿 i⁵³pieɹ⁵⁵ 旁边儿 pʰaŋ³⁵pieɹ⁵⁵	上 ʂaŋ⁵¹	下 ɕia⁵¹
滦平	旁边儿 pʰaŋ³⁵pieɹ⁵⁵	上 ʂaŋ⁵¹	下 ɕia⁵¹
廊坊	旁边儿 pʰaŋ³⁵pieɹ⁵⁵ 边儿上 pieɹ⁵⁵ʂaŋ⁰	上 ʂaŋ⁵¹ 上头 ʂaŋ⁵¹tʰou⁰ 上边儿 ʂaŋ⁵¹pieɹ⁰	下面 ɕia⁵¹mien⁰ 下边儿 ɕia⁵¹peɹ⁰ 下头 ɕia⁵¹tʰou⁰
魏县	一边儿 i³³pieɹ³³	上 ʂaŋ³¹²	下 ɕia³¹²
张北	旁边儿 pʰɔ̃⁴²pieɹ⁰ 边儿上的 pieɹ⁴²sɔ̃⁰tə⁰	上头 sɔ̃²³tʰəu⁰	下头 ɕia²³tʰəu⁰
万全	一边儿 iəʔ²⁴pieɹ⁴¹	上头 saŋ²⁴tʰou⁰	下头 ɕia²⁴tʰou⁰
涿鹿	边儿里 pieɹ⁴²le⁰ 旁边儿 pʰã⁵²pieɹ⁴²	上 ʂã³¹	下 ɕia³¹
平山	边儿里 piæɹ⁴²le⁰	上 ʂaŋ⁴²	下 ɕia⁴²
鹿泉	边儿里 pieɹ⁵⁵li⁰	上 ʂaŋ³¹²	下 ɕia³¹²
赞皇	一边儿 i²¹pieɹ⁵⁴	上 ʂaŋ³¹²	下 ɕia³¹²
沙河	旁边儿 pʰaŋ⁵⁴piaɹ³¹	上 ʂaŋ²¹	下 ɕiɔ²¹
邯郸	一边儿 iəʔ²¹pieɹ³¹	上 ʂaŋ²¹³	下 ɕiɔ²¹³
涉县	旁边儿 pʰã⁴¹peɹ²⁴	上头 sã⁵⁵tʰou⁰ 上边儿 sã⁵⁵peɹ⁰	下头 ɕiɒ⁵⁵tʰou⁰ 下边儿 ɕiɒ⁵⁵peɹ⁰

	0133 边儿桌子的~	0134 角儿桌子的~	0135 上去他~了
兴隆	边儿 piɚ³⁵	角儿 tɕiaur²¹³	上去 ʂaŋ⁵¹tɕʰi⁰
北戴河	边儿 piɚ⁴⁴	角儿 tɕiaur²¹⁴	上去 ʃaŋ⁵³tɕʰi⁰
昌黎	边儿 piɚ⁴²	角儿 tɕiaur²¹³	上去 saŋ²⁴tɕʰi⁰
乐亭	边儿 piɚ³¹	角儿 tɕiaur³⁴	上去 ʂaŋ³⁵tɕʰi⁰
蔚县	边儿 piɚ⁵³	角儿 tɕiʌɯ⁴⁴	上去 sɔ³¹tɕʰy⁰
涞水	边儿 piɚ³¹	角儿 tɕiau³¹uɚ⁰	上去 ʂaŋ³³¹tɕʰy⁰
霸州	边儿 piɚ⁴⁵	角儿 tɕiaur²¹⁴	上去 ʂaŋ⁴⁵tɕʰi⁰
容城	边儿里 piɚ³¹ni⁰	角儿里 tɕiau⁵²ɚ⁰niɛ⁰	上去 ʂaŋ³⁵tɕʰi⁰
雄县	边儿 piɚ⁴⁵	角儿 tɕiaur²¹⁴	上去 ʂaŋ²¹tɕʰiɛ⁰
安新	沿儿 iɚ³¹	椅角儿 tɕi⁴⁵tɕiau⁵³wɚ⁰	上去 ʂaŋ²¹tɕʰi⁰
满城	边儿 piɚ⁴⁵ 棱儿 ləŋ²²ŋɚ⁰	角儿 tɕiau⁴²ɚ⁰	上去 ʂaŋ²¹tɕʰi⁰
阜平	边儿 piɚ³¹	角儿 tɕiɔr²⁴	上去 ʂaŋ⁵³tɕʰi⁰
定州	沿儿 iɚ²¹³	角儿 tɕiau²¹¹uɚ⁰	上去 ʂaŋ³⁵tɕʰi⁰
无极	边儿 piɚ³¹	角儿 tɕiɔr²¹³	上去 ʂaŋ³²⁵tɕʰi⁰
辛集	边儿 piɚ³³	角儿 tɕiaur³²⁴	上去 ʂaŋ³²⁴tɕʰi⁰
衡水	沿儿 iɚ⁵³	角儿 tɕiaur²⁴	上去 ʂaŋ⁵³tɕʰy⁰
故城	边儿 piɚ²⁴ 沿儿 iɚ⁵³	角儿 tɕiɔr⁵⁵	上去 ʂaŋ⁵³tɕʰi⁰
巨鹿	边儿 piɚ³³	角儿 tɕiaur³³	上去 ʂaŋ³³tɕʰy²¹
邢台	边儿 piɚ³⁴	角儿 tɕiaur⁵⁵	上去 ʂaŋ³⁴tɕʰi³¹
馆陶	沿儿 iɚ⁵² 边儿 piɚ²⁴	角儿 tɕyor²⁴	上去 ʂaŋ²¹tɕʰy⁰
沧县	边儿 piɚ²³	角儿 tɕiaur⁵⁵	上去 ʂaŋ⁵³tɕʰi⁰
献县	边儿 piɚ³³	角儿 tɕiɔr³³	上去 ʂã³³¹tɕʰi⁰
平泉	边儿 piɚ⁵⁵	角儿 tɕiaur²¹⁴	上去 ʂaŋ⁵³tɕʰy⁵¹
滦平	边儿 piɚ⁵⁵	角儿 tɕiaur²¹⁴	上去 ʂaŋ⁵¹tɕʰy⁵¹
廊坊	边儿 piɚ⁵⁵	角儿 tɕiaur²¹⁴	上去 ʂaŋ⁵¹tɕʰi⁰
魏县	边儿 piɚ³³	角儿 tɕyɤr³³	上去 ʂaŋ³¹²tɕʰy⁰

(续表)

	0133 边儿_{桌子的~}	0134 角儿_{桌子的~}	0135 上去_{他~了}
张北	边儿 piər⁴²	角角 tɕiəʔ³²tɕiəʔ⁰ 尖尖 tɕiæ⁴²tɕiæ⁰	上去的 ʂɔ̃²³kəʔ³²tə⁰
万全	边边里 pian⁴¹pʰian⁴¹li⁰	拐角角 kuei⁵⁵tɕiəʔ²²tɕiəʔ⁰	上得来 sa²⁴tə⁰lɛi⁴¹
涿鹿	边儿 piər⁴²	角儿 tɕiər⁴⁵	上去 ʂã³¹tɕʰy⁰
平山	边儿 piær³¹	角儿 tɕiər²⁴	上去 ʂaŋ⁵⁵tɕʰi⁰
鹿泉	边儿 piər⁵⁵	角儿 tɕiər¹³	上去 ʂaŋ³¹tɕʰy⁰
赞皇	边儿 piər⁵⁴	角儿 tɕiər²⁴	上哩 ʂaŋ⁵¹li⁰
沙河	边儿 piar⁴¹	角儿 tɕiər³³	上去 ʂaŋ²¹tɕʰi⁰
邯郸	边儿 piər³¹	角儿 tɕiʌr³¹	上去 ʂaŋ⁵³tɕʰi²¹
涉县	边儿 piər⁴¹	角儿 tɕyɐr²⁴	上 sã⁵⁵

	0136 下来 他~了	0137 进去 他~了	0138 出来 他~了
兴隆	下来 ɕia⁵¹lai⁰	进去 tɕin⁵¹tɕʰi⁰	出来 tʂʰu⁵⁵lai⁰
北戴河	下来 ɕia⁵³lai⁰	进去 tɕin⁵³tɕʰi⁰	出来 tʃʰu⁴⁴lai⁰
昌黎	下来 ɕia²⁴lai⁰	进去 tɕin⁴⁵tɕʰi⁰	出来 tʂʰuo²⁴lai⁰
乐亭	下来 ɕia³⁵lei⁰	进去 tɕiən⁵⁵tɕʰi⁰	出来 tʂʰuə³⁵lei⁰
蔚县	下来 ɕia³¹lei⁰	进去 tɕin³¹tɕʰy⁰	出来 tʂʰu⁵³lei⁰
涞水	下来 ɕia⁴⁵lai⁰	进去 tɕin³³¹tɕʰy⁰	出来 tʂʰu⁴⁵lai⁰
霸州	下来 ɕia⁴⁵lai⁰	进去 tɕin⁴⁵tɕʰi⁰	出来 tʂʰu⁴⁵lai⁰
容城	下来 ɕia³⁵lei⁰	进去 tɕin⁵²tɕʰi⁰	出来 tʂʰu³⁵lei⁰
雄县	下来 ɕia²¹lai⁰	进去 tɕin⁴¹tɕʰie⁰	出来 tʂʰu⁴⁵lai⁰
安新	下来 ɕia²¹lai⁰	进去 tɕin²¹tɕʰi⁰	出来 tʂʰu²¹lai⁰
满城	下去 ɕia²¹tɕʰi⁰	进去 tɕin²¹tɕʰi⁰	出来 tʂʰu²¹le⁰
阜平	下来 ɕia⁵³læ⁰	进去 tɕin⁵³tɕʰi⁰	出来 tʂʰu²¹læ⁰
定州	下来 ɕia³⁵lɛ⁰	进去 tɕin³⁵tɕʰi⁰	出来 tʂʰu²¹¹lɛ⁰
无极	下来 ɕia³²⁵læ⁰	进去 tsien⁵³tɕʰi⁰	出来 tʂʰu³⁵læ⁰
辛集	下来 ɕia³²⁴lai⁰	进去 tsiən³²²tɕʰi⁰	出来 tʂʰu³³lai⁰
衡水	下来 ɕia⁵³lɑi⁰	进去 tɕin⁵³tɕʰy⁰	出来 tɕʰy³¹lɑi⁰
故城	下来 ɕia⁵³læ⁰	进去 tɕiẽ⁵³tɕʰi⁰	出来 tʂʰu²¹læ⁰
巨鹿	下来 ɕin²¹lai⁴¹	进去 tɕin³³tɕʰy²¹	出来 tɕʰy³³lɑi⁰
邢台	下来 ɕia³¹lai³⁴	进去 tsin³¹tɕʰi⁰	出来 tʂʰu³⁴lai⁵³
馆陶	下来 ɕia²¹lai⁰	进去 tsin²¹tɕʰy⁰	出来 tʂʰu²⁴lai⁰
沧县	下来 ɕiɑ⁵³lai⁰	进去 tɕiən⁵³tɕʰi⁰	出来 tʂʰu⁴¹lai⁰
献县	下来 ɕia³³¹le⁰	进去 tɕin³³¹tɕʰi⁰	出来 tʂʰu³³le⁰
平泉	下来 ɕia⁵³lai³⁵	进去 tɕin⁵³tɕʰy⁵¹	出来 tʂʰu⁵⁵lai³⁵
滦平	下来 ɕia⁵¹lai³⁵	进去 tɕin⁵¹tɕʰy⁵¹	出来 tʂʰu⁵⁵lai⁰
廊坊	下来 ɕia⁵¹lai⁰	进去 tɕin⁵¹tɕʰi⁰	出来 tʂʰu⁵⁵lai⁰
魏县	下来 ɕia³¹²lai⁰	进去 tɕin³¹²tɕʰy⁰	出来 tʂʰuɛ³³lai⁵³
张北	下来 ɕia²³lai⁴²	进去 tɕiŋ²³tɕʰy²¹³	出来 tʂʰuəʔ²³lai⁴²
万全	下来来 ɕia²⁴lei⁴¹lei⁰	进得来 tɕiən²⁴tə⁰lei⁴¹	出来来 tʂʰuəʔ⁴⁴lei⁴¹lei⁰

(续表)

	0136 下来 他~了	0137 进去 他~了	0138 出来 他~了
涿鹿	下来 ɕia³¹lɛ⁰	进去 tɕiŋ³¹tɕʰy⁰	出来 tʂʰuʌ⁴³lɛ⁰
平山	下来 ɕia⁵⁵lɛ⁰	进去 tsiŋ⁵⁵tɕʰi⁰	[出来]tʂʰuæi²⁴ 出来 tʂʰu²¹lɛ⁰
鹿泉	下来 ɕia³¹lɛ⁰	进去 tsiẽ³¹tɕʰy⁰	出来 tʂʰu¹³lɛ⁰
赞皇	下来 ɕia³¹²lɛ⁵⁴	进哩 tsin⁵¹li⁰	出来 tʂʰu²¹lɛ⁰
沙河	下来 ɕiɔ²¹lai⁵¹	进去 tsiən²¹i⁰	出来 tʂʰuəʔ²lai⁵¹
邯郸	下来 ɕiɔ²¹lai⁰	进去 tsin⁵³tɕʰi²¹	[出来]tʂʰuai²¹³
涉县	下来 ɕiɒ⁵⁵lai⁰	进 tɕiəŋ⁵⁵	出来 tʂʰuəʔ⁵⁵lai⁰

	0139 出去 他~了	0140 回来 他~了	0141 起来 天冷~了
兴隆	出去 tʂʰu⁵⁵tɕʰy⁰	回来 xuei⁵⁵lai⁰	起来 tɕʰiɛ²¹lai⁰/tɕʰi²¹lai⁰
北戴河	出去 tʃʰu⁴⁴tɕʰi⁰	回来 xuei³⁵lai⁰	起来 tɕʰi²¹lai⁰
昌黎	出去 tʂʰuo²⁴tɕʰi⁰	回来 xuei⁴²lei²³	起来 tɕʰiɛ²⁴lai⁰
乐亭	出去 tʂʰuə³⁵tɕʰi⁰	回来 xuei³¹lei⁰	起来 tɕʰiɛ³⁴lei⁰
蔚县	出去 tʂʰu⁵³tɕʰy⁰	回来 xuei⁴¹lɛi⁰	
涞水	出去 tʂʰu⁴⁵tɕʰy⁰	回来 xuei²⁴lai⁰	起来 tɕʰi³¹lai⁰
霸州	出去 tʂʰu⁴⁵tɕʰi⁰	回来 xuei⁵³lai⁰	上来 ʂaŋ⁴⁵lai⁰①
容城	出去 tʂʰu³⁵tɕʰi⁰	回来 xuei²¹lai⁰	起来 tɕʰi²¹lai⁰
雄县	出去 tʂʰu⁴⁵tɕʰiɛ⁰	回来 xuei⁵³lai⁰	起来 tɕʰi²¹lai⁰②
安新	出去 tʂʰu²¹tɕʰi⁰	回来 xuei³³lai⁰	起来 tɕʰi²¹lai⁰
满城	出去 tʂʰu²¹tɕʰi⁰	回来 xuei²²lɛ⁰	起来 tɕʰi²¹lɛ⁰
阜平	出去 tʂʰu²¹tɕʰi⁰	回来 xuei⁵³læ⁰	起来 tɕʰi²¹læ⁰
定州	出去 tʂʰu²¹¹tɕʰi⁰	回来 xuei⁴²lɛ⁰	起来 tɕʰi²¹¹lɛ⁰
无极	出去 tʂʰu³⁵tɕʰi⁰	回来 xuəi³¹læ⁰	起来 tɕʰi³⁵læ⁰
辛集	出去 tʂʰu³³tɕʰi⁰	回来 xuei³⁵lai⁰	起来 tɕʰi³²²lai⁰
衡水	出去 tɕʰy³¹tɕʰy⁰	回来 xuei²⁴lɑi⁰	起来 tɕʰi²¹lɑi⁰
故城	出去 tʂʰu²¹tʂʰy⁰	回来 xuei⁵⁵læ⁰	起来 tɕʰi²⁴læ⁰
巨鹿	出去 tɕʰy³³tɕʰy²¹	回来 xuei⁵³lai⁰	起来 tɕʰi⁵⁵lai⁰
邢台	出去 tʂʰu³⁴tɕʰi³¹	回来 xuei⁵³lai⁰	起来 tɕʰi⁵⁵lai⁵³
馆陶	出去 tʂʰu²⁴tɕʰy²¹	回来 xuei⁵²lai⁰	起来 tɕʰi⁴⁴lai⁰ 开始 kʰai²⁴ʂʅ⁴⁴ 天~冷了
沧县	出去 tʂʰu⁴¹tɕʰi⁰	回来 xuei⁵⁵lai⁰	起来 tɕʰi²³lai⁰
献县	出去 tʂʰu³³tɕʰi⁰	回来 xuei⁵⁵lɛ⁰	起来 tɕʰi²¹lɛ⁵³
平泉	出去 tʂʰu⁵⁵tɕʰy⁵¹	回来 xuei³⁵lai³⁵	起来 tɕʰi²¹lai³⁵
滦平	出去 tʂʰu⁵⁵tɕʰy⁵¹	回来 xuei³⁵lai⁰	起来 tɕʰi²¹lai⁰
廊坊	出去 tʂʰu⁵⁵tɕʰy⁰	回来 xuei³⁵lai⁰	起来 tɕʰi²¹lai⁰
魏县	出去 tʂʰuɛ⁵³tɕʰy³¹²	回来 xuəi⁵³lai⁵³	[起来]tɕʰiai⁵⁵
张北	出去 tʂʰuəʔ³kəʔ³²	回来 xuei⁴²lai⁴²	起来 tɕʰi⁵⁵lai⁴²

（续表）

	0139 出去_{他~了}	0140 回来_{他~了}	0141 起来_{天冷~了}
万全	出去 tsʰuəʔ²²tɕʰy²¹³	回来 xuei⁴¹lɛi⁰	起来 tɕʰi⁵⁵lɛi⁰
涿鹿	出去 tsʰuʌ⁴³tɕʰy⁰	回来 xuei⁴²lɛ⁰	起来 tɕʰi⁵⁵lɛ⁰
平山	[出来] tʂʰuæi²⁴ 出去 tsʰu²¹tɕʰi⁰	回来 xuæi⁴²lɛ⁰	[起来] tɕʰiæi⁵⁵
鹿泉	[出去] 了 tʂʰuei¹³lɤ⁰ 出去 tsʰu¹³tɕʰy³¹	回来 xuei⁵⁵lɛ⁰	起来 tɕʰi³⁵lɛ⁰
赞皇	出哩 tʂʰu²¹li⁰	回来 xuei⁵¹lɛ⁰	起来 tɕʰi⁴⁵lɛ⁰
沙河	出去 tʂʰuəʔ⁴i⁰	[回来] xuai⁵¹	[起来] tɕʰie⁴¹
邯郸	[出去] tʂʰuəʔ⁵³	[回来] xuai⁵³	[起来] tɕʰiai⁵³
涉县	出 tsʰuəʔ³²	回来 xuəi⁴¹ai⁰	开 kʰai⁴¹

---

①② 实际语流中两个音节都是轻声。

	0142 树	0143 木头	0144 松树 统称
兴隆	树 ʂu⁵¹	木头 mu⁵¹tʰou⁰	松树 soŋ³⁵ʂu⁵¹
北戴河	树 ʃu⁵¹	木头 mu⁵³tʰou⁰	松树 ʃuŋ⁴⁴ʃu⁵¹
昌黎	树 ʂu²⁴	木头 mu⁴⁵tʰou⁰	松树 ʂuŋ²¹³ʂu⁰
乐亭	树 ʂu⁵²	木头 mu⁵⁵tʰou⁰	松树 suŋ³⁵ʂu⁵²
蔚县	树 su³¹²	木头 mu³¹tʰəu⁰	松树 suŋ⁵³su³¹²
涞水	树 ʂu³¹⁴	木头 mu³³¹tʰou⁰	松树 soŋ⁴⁵ʂu⁰
霸州	树 ʂu⁴¹	木头 mu⁴⁵tʰou⁰	松树 suŋ⁴⁵ʂu⁴¹
容城	树 ʂu⁵¹³	木头 mu⁵²tʰou⁰	松树 suŋ³⁵ʂu⁰
雄县	树 ʂu⁴¹	木头 mu⁴⁵tʰou⁰	松树 suŋ⁴⁵ʂu⁴¹
安新	树 ʂu⁵¹	木头 mu⁵⁵tʰou⁰	松树 suŋ⁴⁵ʂu⁵¹
满城	树 ʂu⁵¹²	木头 mu⁵⁵tʰou⁰	松树 ʂuŋ⁴⁵ʂu⁰
阜平	树 ʂu⁵³	木头 mu²⁴tʰou⁰	松树 soŋ³¹ʂu⁰
定州	树 ʂu⁵¹	木头 mu³⁵tʰou⁰	松树 suŋ²¹¹ʂu⁰
无极	树 ʂu⁴⁵¹	木头 mu⁵³tʰəu⁰	松树 suŋ³⁵ʂu⁰
辛集	树 ʂu⁴¹	木头 mu³²⁴tʰou⁰	松树 soŋ³⁵ʂu⁴¹
衡水	树 ɕy³¹	木头 mu⁵³tʰəu⁰	松树 suŋ²⁴ɕy³¹
故城	树 ʂʅ³¹	木头 mu⁵³tʰəu⁰	松树 suŋ²⁴ʂʅ³¹
巨鹿	树 ɕy²¹	木头 mu⁵³tʰu⁰	松树 soŋ³³ɕy²¹
邢台	树 ʂu³¹	木头 mu³¹tʰou⁰	松树 suŋ³⁴ʂu³¹
馆陶	树 ʂu²¹³	木头 mu²¹tʰəu⁰	松树 suŋ²⁴ʂu²¹
沧县	树 ʂu⁴¹	木头 mu⁵³tʰou⁰	松树 soŋ⁴¹ʂu⁰
献县	树 ʂu³¹	木头 mu³³¹tʰou⁰	松树 soŋ³³ʂu⁰
平泉	树 ʂu⁵¹	木头 mu⁵¹tʰou⁰	松树 suŋ⁵⁵ʂu⁵¹
滦平	树 ʂu⁵¹	木头 mu⁵¹tʰou⁰	松树 suŋ⁵⁵ʂu⁵¹
廊坊	树 ʂu⁵¹	木头 mu⁵¹tʰou⁰	松树 ʂuŋ⁵⁵ʂu⁵¹
魏县	树 ʂu³¹²	木头 mɛ³³tʰəu⁰	松树 ɕyŋ³³ʂu⁰
张北	树 su²¹³	木头 məʔ³²tʰəu²¹³	松树 suŋ⁴²su²¹³
万全	树儿 su²¹³ər⁰	木头 muəʔ²²tʰou⁰	松树 suəŋ⁴¹su²¹³

(续表)

	0142 树	0143 木头	0144 松树 统称
涿鹿	树 ʂu³¹	木头 mʌʔ⁴³tʰəu⁰	松树 suŋ⁴²ʂu³¹
平山	树 ʂu⁴²	木头 mu²¹tʰɐu⁰	松树 soŋ⁵³ʂu⁴²
鹿泉	树 ʂu³¹²	木头 mu³¹tʰuo⁰	松树 suŋ⁵⁵ʂu⁰
赞皇	树 ʂu³¹²	木头 mu⁵¹tʰu⁰	松树 suŋ⁵⁴ʂu³¹
沙河	树 ʂu²¹	木头 məʔ²tʰəu⁰	松树 soŋ⁴¹ʂu²¹
邯郸	树 ʂu²¹³	木头 məʔ²tʰəu⁰	松树 suŋ⁵⁵ʂu²¹
涉县	树 su⁵⁵	木头 mu⁵⁵tʰou⁰/məʔ³²tʰou⁰	松树 ɕyəŋ⁴¹su²⁴/suəŋ⁴¹su⁰

	0145 柏树 统称	0146 杉树	0147 柳树
兴隆	柏树 pai²¹ʂu⁵¹	杉树 ʂan³⁵ʂu⁵¹	柳树 liou²¹ʂu⁵¹
北戴河	柏树 pai²¹ʃu⁵¹	杉树 ʃan⁴⁴ʃu⁵¹	柳树 liou²¹ʃu⁵¹
昌黎	柏树 pai²¹ʂu⁰		柳树 liou²¹ʂu⁰
乐亭	柏树 pai²¹¹ʂu⁵²	杉树 ʂan³⁵ʂu⁵²	柳树 liou²¹¹ʂu⁵²
蔚县	柏树 pɛi⁵³ʂu³¹²	杉树 sã⁵³su³¹²	柳树 liəu⁴⁴su³¹²
涞水	柏树 pai²⁴ʂu⁰	杉树 ʂan⁴⁵ʂu⁰	柳树 liou²⁴ʂu⁰
霸州	柏树 pai²⁴ʂu⁴¹		柳树 liou²¹ʂu⁰
容城	柏树 pai²¹ʂu⁰	杉树 ʂan³⁵ʂu⁰	柳树 liou²¹ʂu⁰
雄县	柏树 pai²¹ʂu⁰		柳树 liou²¹ʂu⁰
安新	柏树 pai²¹ʂu⁵¹	杉树 sa⁴⁵ʂu⁵¹	柳树 liou²¹ʂu⁵¹
满城	柏树 pai²¹ʂu⁰	杉树 ʂan⁴⁵ʂu⁰	柳树 liou²¹ʂu⁰
阜平	柏树 pæ²¹ʂu⁰	杉树 ʂæ²⁴ʂu⁵³	柳树 liou²¹ʂu⁰
定州	柏树 pai²¹¹ʂu⁰	杉树 ʂa²¹¹ʂu⁰	柳树 liou²¹¹ʂu⁰
无极	柏树 pæ³⁵ʂu⁰		柳树 liəu³⁵ʂu⁰
辛集	柏树 pai²⁴ʂu⁴¹		柳树 liou²⁴ʂu⁴¹
衡水	柏树 pɑi³¹ɕy⁰	杉树 sɑ²⁴ɕy³¹	柳树 liəu⁵⁵ɕy³¹
故城	柏树 pæ²⁴ʂu³¹	杉树 ʂæ²⁴ʂʅ³¹	柳树 liou⁵⁵ʂu³¹
巨鹿	柏树 pai³³ɕy²¹	杉树 ʂan³³ɕy²¹	柳树 liou⁵⁵ɕy²¹
邢台	柏树 pai⁵⁵ʂu³¹	杉树 ʂan³⁴ʂu³¹	柳树 liou⁵⁵ʂu³¹
馆陶	柏树 pai²⁴ʂu²¹	杉树 ʂæn²⁴ʂu²¹	柳树 liəu⁴⁴ʂu²¹
沧县	柏树 pai⁵⁵ʂu⁰		柳树 liou²³ʂu⁰
献县	柏树 pɛ³³ʂu⁰		柳树 liou²⁴ʂu³¹
平泉	柏树 pai²¹ʂu⁵¹	杉树 ʂan⁵⁵ʂu⁵¹	柳树 liou²¹ʂu⁵¹
滦平	柏树 pai²¹ʂu⁵¹	杉树 ʂan⁵⁵ʂu⁵¹	柳树 liou²¹ʂu⁵¹
廊坊	柏树 pai²¹ʂu⁵¹	杉树 ʂan⁵⁵ʂu⁵¹	柳树 liou²¹ʂu⁵¹
魏县	柏树 pɛ⁵³ʂu⁰	杉树 ʂan³³ʂu⁰	柳树 liəu⁵⁵ʂu⁰
张北	柏树 pai⁵⁵ʂu²¹³	杉树 sæ⁴²ʂu²¹³	柳树 liəu⁵⁵ʂu²¹³
万全	柏树 piʌʔ²²su²¹³		柳树 liou⁴⁴su²¹³

(续表)

	0145 柏树_{统称}	0146 杉树	0147 柳树
涿鹿	柏树 piʌʔ⁴³ ʂu³¹	杉树 sæ⁴⁴ ʂu³¹	柳树 liəu⁴⁵ ʂu³¹
平山	柏树 pɐ²⁴ su⁴²	杉树 ʂæ⁴² su⁰	柳树 liɐu⁵⁵ su⁴²
鹿泉	柏树 pɛ¹³ su⁰	杉树 ʂæ⁵⁵ ʂu³¹	柳树 liou³⁵ ʂu³¹
赞皇	柏树 pɐ²⁴ su³¹	杉树 ʂæ⁵⁴ ʂu³¹	柳树 liɐu⁴⁵ ʂu³¹
沙河	柏树 piəʔ⁴ ʂu²¹	杉树 ʂɔ⁴¹ ʂu²¹	柳树 liəu³³ ʂu²¹
邯郸	柏树 piʌʔ⁵ ʂu²¹	杉树 ʂæ⁵⁵ ʂu²¹	柳树 liɐu⁵⁵ ʂu²¹
涉县	柏树 pɐʔ⁵⁵ su⁰	杉树 sæ⁴¹ su⁰	柳树 liou⁵³ su⁰

	0148 竹子 统称	0149 笋	0150 叶子
兴隆	竹子 tʂu³⁵tsʅ⁰	笋 suən²¹³ 竹笋 tʂu³⁵suən²¹³	叶儿 iɚ⁵¹ 叶子 ie⁵¹tsʅ⁰
北戴河	竹子 tʃu³⁵tʃʅ⁰	笋 ʃuən²¹⁴	叶儿 iər⁵¹
昌黎	竹子 tʂu²⁴tsʅ⁰	笋 suən²¹³	叶子 ie⁴⁵tsʅ⁰
乐亭	竹子 tʂu³¹tsʅ⁰	笋 suən³⁴	叶子 ie⁵⁵tsʅ⁰
蔚县	竹子 tsu⁵³tsʅ⁰	笋 suŋ⁴⁴	叶儿 iɐr³¹²
涞水	竹子 tʂu²⁴tsʅ⁰	笋 suən²⁴	叶儿 iəɚr³¹⁴
霸州	竹子 tʂu²¹tsʅ⁰		叶儿 iɐr⁴¹
容城	竹子 tʂu³¹tsʅ⁰	竹笋 tʂu⁴⁴suən²¹³	叶儿 iɐr⁵¹³
雄县	竹子 tʂu⁴⁴tsʅ⁰	笋 suən²¹⁴	叶儿 iɐr⁴¹
安新	竹子 tʂu⁵³tsʅ⁰	笋 suən²¹⁴	叶子 ie⁵⁵tsʅ⁰ 叶儿 iɐr⁵¹
满城	竹子 tʂu⁴⁵tsʅ⁰	笋 suən²¹³	叶子 ie⁵⁵tsʅ⁰
阜平	竹子 tʂu²¹tsʅ⁰	笋 soŋ⁵⁵	叶子 ie²⁴tsʅ⁰
定州	竹子 tʂu³³tsʅ⁰	笋 syn²⁴	叶儿 iɐr⁵¹
无极	竹子 tʂu²¹³tsʅ⁰		叶子 ie⁵³tsʅ⁰
辛集	竹子 tʂu³³tsʅ⁰	笋 suən³²⁴	叶子 ie⁴²tsʅ⁰
衡水	竹子 tʂu³¹tsʅ⁰	笋 ɕyn⁵⁵	叶儿 iɐr³¹
故城	竹子 tsu²¹tsʅ⁰	笋 ɕyẽ⁵⁵	叶子 ie⁵³tsʅ⁰ 叶儿 iɤr³¹
巨鹿	竹子 tʂu³³tsʅ⁰	笋 suən⁵⁵	叶儿 iɤr²¹
邢台	竹子 tʂu⁵³ə⁰	笋 suən⁵⁵	叶子 ie³¹ə⁰
馆陶	竹子 tʂu²⁴tə⁰	笋 sun⁴⁴	叶子 iɛ²¹tə⁰
沧县	竹子 tsu⁴¹tsʅ⁰	笋 suən⁵⁵	叶 ie⁴¹
献县	竹子 tʂu³³tsʅ⁰	笋 ɕyən²¹⁴/suən²¹⁴	叶儿 iɤr³¹
平泉	竹子 tʂu³⁵tsʅ⁰	笋 suən²¹⁴	叶子 ie⁵¹tsʅ⁰
滦平	竹子 tsu³⁵tsə⁰/tʂu³⁵tsə⁰	笋 suən²¹⁴	叶子 iɛ⁵¹tsə⁰
廊坊	竹子 tʂu³⁵tsʅ⁰	竹笋 tʂu³⁵suən²¹⁴	叶子 iɛ⁵¹tsʅ⁰
魏县	竹子 tʂue³³tə⁰/tʂu³³tə⁰	笋 ɕyn⁵⁵	叶子 ie³³tə⁰

(续表)

	0148 竹子 统称	0149 笋	0150 叶子
张北	竹子 tsuəʔ³²tsə⁰	笋 suŋ⁵⁵	叶子 iəʔ³²tsə⁰
万全	竹子 tsuəʔ²²tsə⁰	笋 suən⁵⁵	叶子 iəʔ²²tsə⁰
涿鹿	竹子 tsuʌ⁴³ə⁰	笋 suŋ⁴⁵	叶儿 iʏr³¹
平山	竹子 tʂu²¹tsʅ⁰	笋 soŋ⁵⁵	叶儿 iər²⁴
鹿泉	竹子 tʂuo¹³tʏ⁰	笋 suẽ³⁵	叶子 iʏ³¹tʏ⁰
赞皇	竹子 tʂu²¹tsə⁰	笋 suən⁴⁵	叶子 iɛ²¹tsə⁰
沙河	竹子 tsuəʔ²⁴tə⁰	笋 syən³³	叶子 iəʔ²⁴tə⁰
邯郸	竹子 tʂuəʔ²⁴tə⁰	笋 syn⁵⁵	叶子 iʌʔ²⁴tə⁰
涉县	竹子 tsuəʔ³³lə⁰	笋 ɕyəŋ⁵³	叶子 iə⁵⁵lə⁰

	0151 花	0152 花蕾 花骨朵	0153 梅花
兴隆	花 xuɑ³⁵ 花儿 xuɑr³⁵	花骨朵儿 xuɑ³⁵ku³⁵tuor⁰ 花蕾 xuɑ³⁵lei²¹³	梅花儿 mei⁵⁵xuɑr³⁵
北戴河	花儿 xuɐr⁴⁴	花骨朵儿 xuɑ⁴⁴ku⁴⁴tur⁰	梅花儿 mei³⁵xuɐr⁴⁴
昌黎	花儿 xuɑr⁴²	花骨朵儿 xuɑ³⁴ku⁴³tur⁰	梅花儿 mei⁴²xuɑr²³
乐亭	花儿 xuɑr³¹	花骨朵儿 xuɑ³³ku³¹tur⁰	梅花儿 mei³¹xuɑr⁰
蔚县	花儿 xuɑr⁵³	花骨朵儿 xuɑ⁵³ku⁰tur⁵³	梅花儿 mei⁴¹xuɑr⁰
涞水	花儿 xuɐr³¹	花骨朵儿 xuɑ⁵⁵ku³³tuɐr⁰	梅花儿 mei⁴⁵xuɐr⁰
霸州	花儿 xuɑr⁴⁵	花骨朵儿 xuɑ⁴⁵ku²¹tuor⁰	梅花儿 mei⁵³xuɑr⁰
容城	花儿 xuɐr⁴³	花骨朵 xuɑ⁴⁴ku³¹tuɐr⁰	梅花儿 mei³¹xuɐr⁰
雄县	花儿 xuɑr⁴⁵	花骨朵儿 xuɑ⁴⁵ku⁴⁴tur⁰	梅花儿 mei⁵³xuɑr⁰
安新	花儿 xuɑr⁴⁵	花骨朵儿 xuɑ⁴⁵ku²¹tʰour⁰	梅花儿 mei³³xuɑr⁰
满城	花儿 xuɐr⁴⁵	花骨朵儿 xuɑ⁴⁵ku⁴⁵tur⁰	梅花 mei²²xuɐr⁰
阜平	花儿 xuɑr³¹	花骨朵儿 xuɑ³¹ku⁵³tour⁰	梅花儿 mei⁵³xuɑr⁰
定州	花儿 xuɑr³³	花骨朵儿 xuɑ²⁴ku³³tuər⁰	梅花儿 mei⁴²xuɑr⁰
无极	花儿 xuɐr³¹	花儿骨头 xuɐr³³ku²¹³tʰəu⁰	梅花儿 məi³¹xuɐr⁰
辛集	花儿 xɑr³³	花骨朵儿 xɑ³³ku³³tuər⁰	梅花儿 mei³⁵xɑr⁰
衡水	花儿 xuɑr²⁴	花骨头儿 xuɑ²⁴ku³¹tʰəur⁰	梅花儿 mei²⁴xuɑr⁰
故城	花儿 xuɑr²⁴	花骨朵儿 xuɑ²⁴ku²¹tour⁰	梅花 mei⁵⁵xuɑ⁰
巨鹿	花 xuɑ³³	花骨朵儿 xuɑ³³ku³³tuor⁰	梅花儿 mei⁵³xuɐr⁰
邢台	花儿 xuɑr³⁴	花骨朵儿 xuɑ³⁴ku⁵⁵tour⁰	梅花儿 mei⁵³xuɑr⁰
馆陶	花儿 xuɑr²⁴	花骨朵 xuɑ⁴⁴ku²⁴tu⁰	梅花儿 mei⁵²xuɑr⁰
沧县	花儿 xuʌr²³	花骨头儿 xuɑ²³ku⁴¹tʰour⁰	梅花儿 mei⁵⁵xuʌr⁰
献县	花儿 xuʌr³³	花骨头儿 xuɑ⁵³ku³³tʰour⁰	梅花儿 mei⁵⁵xuʌr⁰
平泉	花儿 xuɑr⁵⁵	花骨朵儿 xuɑ⁵⁵ku⁵⁵tuor⁰ 花苞儿 xuɑ⁵⁵pɑur⁵⁵ 花蕾 xuɑ⁵⁵lei²¹⁴	梅花儿 mei³⁵xuɑr⁵⁵
滦平	花儿 xuɑr⁵⁵	花骨朵儿 xuɑ⁵⁵ku⁵⁵tuor⁰ 花蕾 xuɑ⁵⁵lei³⁵	梅花儿 mei³⁵xuɑr⁵⁵
廊坊	花儿 xuɑr⁵⁵	花骨朵儿 xuɑ⁵⁵ku⁵⁵tər⁰	梅花儿 mei³⁵xuɑr⁵⁵

(续表)

	0151 花	0152 花蕾 花骨朵	0153 梅花
魏县	花儿 xuɑr³³	花骨朵儿 xuɑ³³kuɛ³³tur³³	梅花儿 məi⁵³xuɑr³³
张北	花儿 xuer⁴²	花骨朵儿 xua⁴²kuə⁰tuer⁰	梅花儿 mei⁴²xuɐr⁰
万全	花 xua⁴¹	花骨朵朵 xuan⁴¹kuəʔ²²tu⁴¹tu⁰	梅花 mei⁴¹xua⁴¹
涿鹿	花儿 xuɑr⁴²	花骨朵儿 xua⁴²ku⁰tur⁰	梅花儿 mei⁴²xuɐr⁰
平山	花儿 xuer³¹	花骨朵儿 xuɐ⁴²ku⁰tuər⁵⁵	梅花儿 mæi⁴²xuɐr⁰
鹿泉	花儿 xuɑr⁵⁵	花骨朵儿 xua⁵⁵kɤ⁰tur⁰	梅花儿 mei⁵⁵xuɑr⁵⁵
赞皇	花儿 xuɑr⁵⁴	花骨朵儿 xua⁵⁴ku²⁴tuɤr⁰	梅花儿 mei⁵¹xuɐr⁰
沙河	花儿 xuɑr⁴¹	花骨朵儿 xuɔ⁴¹kuəʔ⁰tur⁰	梅花儿 mei⁵¹xuɐr⁰
邯郸	花儿 xuɑr³¹	花骨朵儿 xɔ⁵⁵kuəʔ⁰tur⁵³	干枝梅 kæ̃³¹ʐʅ⁰məi⁵³
涉县	花儿 xuɐr⁴¹	花骨朵儿 xuɐ⁴¹kuəʔ³²tur⁰	梅花儿 məi⁴¹xuɐr⁰

	0154 牡丹	0155 荷花	0156 草
兴隆	牡丹 mu²¹tan⁰	荷花儿 xə⁵⁵xuɐr³⁵	草 tsʰɑu²¹³
北戴河	牡丹 mu²¹tan⁴⁴	荷花儿 xɤ³⁵xuɐr⁴⁴	草 tʃʰɑu²¹⁴
昌黎	牡丹 mu²¹tan⁰	荷花儿 xɤ⁴²xuɐr²³	草 tsʰɑu²¹³
乐亭	牡丹 mu²¹¹tan⁰	荷花儿 xə³¹xuɐr⁰	草 tsʰɑu³⁴
蔚县	牡丹 mu⁴⁴tã⁰	荷花儿 xɤ⁴¹xuɐr⁰	草 tsʰʌɯ²¹⁴
涞水	牡丹 mu³¹tan⁰	荷花儿 xɤ²⁴xuɐr⁰	草 tsʰɑu²⁴
霸州	牡丹 mu⁴¹tan⁰	荷花儿 xɤ⁵³xuar⁰	草 tsʰɑu²¹⁴
容城	牡丹花儿 mu⁵²tan⁰xuɐr⁰	荷花儿 xɤ²¹xuɐr⁰	草 tsʰɑu²¹³
雄县	牡丹 mu⁴¹tãn⁰	荷花儿 xɤ⁵³xuar⁰	草 tsʰɑu²¹⁴
安新	牡丹 mu⁵³tan⁰	荷花儿 xɤ³³xuɐr⁰	草 tsʰɑu²¹⁴
满城	牡丹 mu⁴²tan⁰	荷花儿 xɤ²²xuɐr⁰	草 tsʰɑu²¹³
阜平	牡丹 mu²¹tæ̃⁰	荷花儿 xɤ⁵³xuar⁰	草 tsʰɔ⁵⁵
定州	牡丹 mu²¹¹tan⁰	荷花儿 xɤ⁴²xuar⁰	草 tsʰɑu²⁴
无极	牡丹 mu³⁵tãn³¹	荷儿花 xɤr³¹xuɑ⁰	草 tsʰɔ³⁵
辛集	牡丹 mu³²²tan⁰	荷花儿 xə³⁵xɑr⁰	草 tsʰɑu³²⁴
衡水	牡丹 mu²¹tan⁰	荷花儿 xɤ²⁴xuar⁰	草 tsʰɑu⁵⁵
故城	牡丹 mu²⁴tæ̃⁰	荷花儿 xɤ⁵⁵xuɐr⁰	草 tsʰɔo⁵⁵
巨鹿	牡丹 mu⁵⁵tɛ̃⁰	藕花儿 ŋou⁵⁵xuɐr³³	草 tsʰɑu⁵⁵
邢台	牡丹 mu⁵⁵tan⁰	荷花儿 xə⁵³xuar⁰ 莲花儿 lian⁵³xuar⁰	草儿 tsʰaur⁵⁵
馆陶	牡丹花儿 mu⁴⁴tæn⁰xuar⁰ 牡丹 mu⁴⁴tæn⁰	荷花儿 xɤr⁵²xuar⁰ 莲花儿 liæn⁵²xuar⁰	草 tsʰɑo⁴⁴
沧县	牡丹 mu²³tan⁰	荷花儿 xɤ⁵⁵xuʌr⁰	草 tsʰɑu⁵⁵
献县	牡丹 mu²¹tæ̃⁰	荷花儿 xɤ⁵⁵xuʌr⁰	草 tsʰɔ²¹⁴
平泉	牡丹 mu²¹tan⁵⁵	荷花 xə³⁵xuɑ⁵⁵	草 tsʰɑu²¹⁴
滦平	牡丹 mu²¹tan⁰	荷花儿 xə³⁵xuar⁵⁵	草 tsʰɑu²¹⁴
廊坊	牡丹 mu²¹tan⁵⁵	荷花儿 xɤ³⁵xuar⁵⁵ 莲蓬花儿 liɛn³⁵pʰəŋ⁰xuar⁵⁵	草 tsʰɑu²¹⁴
魏县	牡丹 mu⁵⁵tan³¹²	莲花儿 lian⁵³xuar³³	草 tʂʰau⁵⁵

（续表）

	0154 牡丹	0155 荷花	0156 草
张北	牡丹 mu⁵⁵tæ⁰	荷花儿 xə⁴²xuɐr⁰	草 tsʰau⁵⁵
万全	牡丹 mu⁴⁴tan⁴¹	荷花 xə⁴¹xua⁴¹	草 tsʰɔ⁵⁵
涿鹿	牡丹 mu⁵⁵tæ⁰	荷花儿 xə⁴²xuar⁰	草 tsʰɔ⁴⁵
平山	牡丹 mu⁵⁵tæ³¹	莲蓬 liæ⁴²pʰəŋ⁰ 荷花儿 xɤ⁵³xuɐr³¹	草 tsʰɔ⁵⁵
鹿泉	牡丹 mu³⁵tæ⁰	荷花儿 xɤ⁵⁵xuar⁵⁵	草 tsʰɔ³⁵
赞皇	牡丹 mu⁴⁵tæ⁵⁴	荷花儿 xə⁵¹xuar⁰	草 tsʰɔ⁴⁵
沙河	牡丹 mu³³tã⁰	荷花儿 xɤ⁵¹xuar⁰	草 tsʰau³³
邯郸	牡丹 mu⁵³tæ⁰	莲花儿 liæ⁵³xuar⁰	草 tsʰau⁵⁵
涉县	牡丹 mu⁵³tæ⁴¹ 牡丹花儿 mu⁵³tæ⁴¹xuɐr⁴¹	荷花儿 xə⁴¹xuɐr⁰	草 tsʰau⁵³

	0157 藤	0158 刺 名词	0159 水果
兴隆	蔓儿 uɐr⁵¹ 藤 tʰəŋ⁵⁵	刺儿 tsʰər⁵¹ 刺 tsʰɿ⁵¹	水果儿 ʂuei³⁵kuor²¹³
北戴河	藤 tʰəŋ³⁵	刺儿 tʃʰər⁵¹	水果儿 ʃuei³⁵kuər²¹⁴
昌黎	藤 tʰəŋ²⁴	刺儿 tʂʰər⁴⁵³	水果儿 suei²⁴kuɤr²¹³
乐亭	藤 tʰəŋ²¹²	刺儿 tʂʰər⁵²	水果儿 ʂuei³³kuor³⁴
蔚县	蔓 mã³¹²	刺 tsʰɿ³¹²	水果儿 suei⁴⁴kuɤr⁴⁴
涞水	藤 tʰəŋ⁴⁵	刺儿 tsʰər³¹⁴	水果儿 ʂuei⁴⁵kuɐr²⁴
霸州	蔓儿 uɐr⁴¹	刺儿 tsʰər⁴¹	鲜货 ɕian⁴⁵xuo⁴¹ 水果儿 ʂuei²⁴kuor²¹⁴
容城	藤子 tʰəŋ²¹tsɿ⁰	刺儿 tsʰɿ⁵²zər⁰	水果儿 ʂuei⁴⁴kuɐr²¹³
雄县	藤 tʰəŋ⁵³ 蔓儿 uɐr⁴¹	刺儿 tsʰər⁴¹	鲜货 ɕiã⁴⁵xuo⁴¹ 水果儿 suei²⁴kuor²¹⁴
安新	秧 iaŋ⁴⁵	刺儿 tsʰər⁵¹	水果儿 ʂuei⁴⁵kuor²¹⁴
满城	藤条儿 tʰəŋ⁴⁵tʰiau²²ər⁰	圪针 kɤ²¹tʂən⁰	水果儿 ʂuei³⁵kuor²¹³
阜平	串蔓儿 tʂʰuæ²⁴uɐr⁵³	刺儿 tsʰər⁵³	水果儿 ʂei⁵³kuɐr⁰
定州	藤 tʰəŋ²¹³	刺 tsʰɿ⁵¹	水果 ʂuei²⁴kuɐr²⁴
无极	蔓儿 uɐr⁵¹	刺儿 tsʰər⁵¹	水果儿 ʂuəi³¹kuɤr³⁵
辛集	蔓儿 uɐr⁴¹	刺儿 tsʰər⁴¹	水果儿 ʂuei³⁵kuɐr³⁴
衡水	藤子 tʰəŋ²⁴tsɿ⁰	刺儿 tsʰər³¹	水果儿 suei⁵⁵kuor⁰
故城	藤 tʰəŋ⁵³ 蔓儿 vɐr³¹	刺儿 tsʰər³¹	水果儿 suei³¹kuɤr⁵⁵
巨鹿	蔓儿 uɐr²¹	刺儿 tsʰər²¹	水果儿 ʂuei⁴¹kuor⁵⁵
邢台	蔓儿 vɐr³¹	刺儿 tsʰər³¹	水果儿 ʂuei⁵³kuor⁵⁵
馆陶	藤 tʰəŋ⁵² 藤条儿 tʰəŋ⁵²tʰiaor⁵² 草藤 tsʰao⁴⁴tʰəŋ⁵²	刺儿 tsʰər²¹³ 刺 tsʰɿ²¹³	水果儿 ʂuei⁵²kuor⁴⁴
沧县	秧子 iaŋ⁴¹tsɿ⁰	刺儿 tsʰər⁴¹	水果儿 suei⁴¹kuor⁵⁵
献县	藤子 tʰəŋ⁵⁵tsɿ⁰	刺儿 tsʰəz̩³¹	水果儿 suei²⁴kuor²¹⁴
平泉	拉拉蔓儿 la³⁵la⁰uɐr⁵¹ 藤 tʰəŋ³⁵	刺儿 tsʰər⁵¹	水果 ʂuei³⁵kuo²¹⁴

（续表）

	0157 藤	0158 刺 名词	0159 水果
滦平	藤 tʰəŋ³⁵	刺儿 tsʰər⁵¹	水果儿 ʂuei³⁵kuor²¹⁴
廊坊	藤 tʰəŋ³⁵	刺儿 tsʰər⁵¹	水果儿 ʂuei³⁵kuor²¹⁴ 鲜货 ɕien⁵⁵xuo⁵¹
魏县	藤 tʰəŋ⁵³	刺儿 tʂʰər³¹²	水果儿 ʂuəi⁵⁵kuɤr⁵⁵
张北	藤 tʰəŋ⁴²	刺儿 tsʰər²¹³	水果儿 suei⁴²kuɐr⁵⁵
万全	藤 tʰəŋ⁴¹	刺 tsʰɿ²¹³	水果 suei⁵⁴kuə⁵⁵
涿鹿	藤 tʰəŋ⁴²	刺儿 tsʰər³¹	水果儿 suei⁴²kuɤr⁴⁵
平山	蔓儿 uær⁴²	刺儿 tsʰər⁴²	水果儿 ʂæi⁵⁵kuɐr⁵⁵
鹿泉	藤 tʰəŋ⁵⁵	刺儿 tsʰər³¹²	水果儿 ʂei⁵⁵kuor³⁵
赞皇	蔓儿 uɐr³¹²	刺儿 tsʰər³¹²	水果儿 ʂuei⁵⁴kuɤr⁴⁵
沙河	蔓儿 uar²⁴	刺儿 tsʰər²⁴	水果 ʂuei⁴¹kuo⁰
邯郸	藤子 tʰəŋ⁵³tə⁰	刺儿 tsʰər²¹³	水果儿 ʂuəi²⁴kuɤr⁵³
涉县	秧子 iã⁴¹ə⁰	刺 tsʰɿ⁵⁵ 刺儿 tsʰər⁵⁵	水果 suəi⁴¹²kuə⁵³

	0160 苹果	0161 桃子	0162 梨
兴隆	苹果 pʰiŋ⁵⁵kuo²¹³	桃儿 tʰaur⁵⁵ 桃子 tʰau⁵⁵tsʅ⁰	梨 li⁵⁵
北戴河	苹果 pʰiŋ³⁵kuo⁰	桃儿 tʰaur³⁵	梨 li³⁵
昌黎	苹果 pʰiŋ³⁴kuo²¹³	桃儿 tʰaur²⁴	梨 li²⁴
乐亭	苹果 pʰiəŋ³³kuə³⁴	桃儿 tʰaur²¹²	梨儿 liər²¹²
蔚县	苹果 pʰiŋ⁴¹kuɤ⁰	桃儿 tʰʌur⁴¹	梨 li⁴¹
涞水	苹果 pʰiŋ⁴⁵kuo⁰	桃儿 tʰau²⁴uər⁰	梨儿 li²⁴ər⁰
霸州	苹果 pʰiŋ⁵³kuo⁰/pʰiŋ⁴⁴kuo²¹⁴	桃儿 tʰaur⁵³	梨 li⁵³
容城	苹果 pʰiŋ³¹kuo⁰	桃儿 tʰau²¹uər⁰	梨儿 li²¹ər⁰
雄县	苹果 pʰiŋ⁵³kuo²¹⁴	桃儿 tʰaur⁵³	梨 li⁵³
安新	苹果 pʰiŋ⁴⁵kuo⁰	桃儿 tʰau³³wər⁰	梨 li³¹
满城	苹果 pʰiŋ⁴⁵kuo⁰	桃儿 tʰau²²ər⁰	梨儿 liər²²
阜平	苹果 pʰiŋ⁵³kuɤ⁰	桃儿 tʰɔr²⁴	梨儿 liər²⁴
定州	苹果 pʰiŋ⁵³kuɤ⁰	桃儿 tʰau⁵³uər⁰	梨儿 li⁴²iər⁰
无极	苹果 pʰiŋ²¹³kuɤ⁰	桃儿 tʰɔr²¹³	梨 li²¹³
辛集	苹果 piŋ³⁵kuə³⁴	桃儿 tʰaur³⁵⁴	梨 li³⁵⁴
衡水	苹果 pʰiŋ⁵³kuo⁰	桃儿 tʰaur⁵³	梨 li⁵³
故城	苹果 pʰiŋ⁵³kuɤ⁰	桃 tʰɔo⁵³	梨 li⁵³
巨鹿	苹果 pʰiŋ⁴¹kuo⁵⁵	桃 tʰau⁴¹	梨 li⁴¹
邢台	苹果 pʰiŋ⁵³kuo⁵⁵	桃儿 tʰaur⁵³	梨 li⁵³ 梨儿 liər⁵³
馆陶	苹果 pʰiŋ⁵²kuo⁰	桃 tʰao⁵² 桃子 tʰao⁵²tə⁰	梨 li⁵²
沧县	苹果 pʰiŋ⁵³kuo⁰	桃儿 tʰaur⁵³	梨 li⁵³
献县	苹果 pʰiŋ⁵³kuo²¹⁴	桃儿 tʰɔr⁵³	梨 li⁵³
平泉	苹果 pʰiŋ³⁵kuo²¹⁴	桃子 tʰau³⁵tsʅ⁰	梨 li³⁵
滦平	苹果 pʰiŋ³⁵kuo²¹⁴	桃子 tʰau³⁵tsə⁰	梨 li³⁵
廊坊	苹果 pʰiŋ³⁵kuo²¹⁴	桃儿 tʰaur³⁵	梨 li³⁵
魏县	苹果 pʰiŋ⁵³kuə⁰	桃儿 tʰaur⁵³	梨 li⁵³

（续表）

	0160 苹果	0161 桃子	0162 梨
张北	苹果 pʰiŋ⁴²kuə⁵⁵	桃子 tʰau⁴²tsə⁰	梨 li⁴²
万全	苹果 pʰiəŋ⁵⁴kuə⁵⁵	桃儿 tʰɔ⁴¹ər⁰	梨儿 li⁴¹ər⁰
涿鹿	苹果 pʰiŋ⁴²kuə⁰	桃儿 tʰɔr⁴²	梨儿 lər⁴²
平山	苹果 pʰiŋ⁴²kuə⁰	桃儿 tʰɔr⁵³	梨儿 liər⁵³
鹿泉	苹果 pʰiŋ⁵⁵kuo⁰	桃儿 tʰɔr⁵⁵	梨儿 liər⁵⁵
赞皇	苹果 pʰiŋ⁵⁴kuə⁴⁵	桃儿 tʰɔr³²	梨儿 liər³²
沙河	苹果 pʰiəŋ⁵¹kuo⁰	桃儿 tʰaur⁵¹	梨 li⁵¹
邯郸	苹果 pʰiŋ⁵³kuə⁰	桃儿 tʰɑur⁵³	梨儿 liər⁵³
涉县	苹果 pʰiəŋ⁴¹²kuə⁵³	桃儿 tʰɚr⁴¹²	梨 li⁴¹²

	0163 李子	0164 杏	0165 橘子
兴隆	李子 li²¹tsɿ⁰	杏儿 ɕiɤr⁵¹ 杏 ɕiŋ⁵¹	橘子 tɕy⁵⁵tsɿ⁰
北戴河	李子 li²¹tʃʅ⁰	杏儿 ɕiər⁵¹	橘子 tɕy³⁵tʃʅ⁰
昌黎	李子 li²¹tsɿ⁰	杏儿 ɕier²¹³	橘子 tɕy²⁴tsɿ⁰
乐亭	李子 li²¹¹tsɿ⁰	杏儿 ɕier⁵²	橘子 tɕy³¹tsɿ⁰
蔚县	李子 li⁴⁴tsɿ⁰	杏儿 ɕiðr³¹²	橘子 tɕy⁵³tsɿ⁰
涞水	李子 li³¹tsɿ⁰	杏儿 ɕiŋ⁴⁵ŋər⁰	橘子 tɕy²⁴tsɿ⁰
霸州	李子 li⁴¹tsɿ⁰	杏儿 ɕier⁴¹	橘子 tɕy⁵³tsɿ⁰
容城	李子 li⁵²tsɿ⁰	杏儿 ɕiŋ³⁵ŋər⁰	橘子 tɕy³¹tsɿ⁰
雄县	李子 li⁴¹tsɿ⁰	杏儿 ɕier⁴¹	橘子 tɕy⁴⁴tsɿ⁰
安新	李子 li⁵³tsɿ⁰	杏儿 ɕiŋ²¹ŋər⁰	橘子 tɕy⁴⁵tsɿ⁰
满城	李子 li⁴²tsɿ⁰	杏儿 ɕiŋ²¹ər⁰	橘子 tɕy⁴⁵tsɿ⁰
阜平	李子 li²¹tsɿ⁰	杏儿 ɕiðr⁵³	橘子 tɕy²¹tsɿ⁰
定州	李子 li²¹¹tsɿ⁰	杏儿 ɕiŋ³⁵ŋər⁰	橘子 tɕy³³tsɿ⁰
无极	李子 li³⁵tsɿ⁰	杏 ɕiŋ⁴⁵¹	橘子 tɕy²¹³tsɿ⁰
辛集	李子 li³²²tsɿ⁰	杏儿 ɕiðr⁴¹	橘子 tɕy³³tsɿ⁰
衡水	李子 li²¹tsɿ⁰	杏 ɕiŋ³¹	橘子 tɕy²⁴tsɿ⁰
故城	李子 li²⁴tsɿ⁰	杏 ɕiŋ³¹	橘子 tɕy²¹tsɿ⁰
巨鹿	李子 li⁵⁵tsɿ⁰	杏 ɕiŋ²¹	橘子 tɕy³³tsɿ⁰
邢台	李子 li⁵³ə⁰	杏儿 ɕiər³¹	橘子 tɕy³⁴ə⁰
馆陶	李子 li⁴⁴tə⁰	杏 ɕiŋ²¹³	橘子 tɕy²⁴tə⁰
沧县	李子 li²³tsɿ⁰	杏儿 ɕiɤr⁴¹	橘子 tɕy⁵⁵tsɿ⁰
献县	李子 li²¹tsɿ⁰	杏儿 ɕiɤr³¹	橘子 tɕy³³tsɿ⁰
平泉	李子 li²¹tsɿ⁰	杏儿 ɕiðr⁵¹	橘子 tɕy³⁵tsɿ⁰
滦平	李子 li²¹tsə⁰	杏儿 ɕiðr⁵¹	橘子 tɕy³⁵tsə⁰
廊坊	李子 li²¹tsɿ⁰	杏儿 ɕiðr⁵¹	橘子 tɕy³⁵tsɿ⁰
魏县	李子 li³³tɛ⁰	杏 ɕiŋ³¹²	橘子 tɕy³³tɛ⁰
张北	李子 li⁵⁵tsə⁰	杏儿 ɕier²¹³	橘子 tɕyʔ³²tsə⁰

（续表）

	0163 李子	0164 杏	0165 橘子
万全	李子 li⁵⁵tsə⁰	杏儿 ɕier²¹³	橘子 tɕyəʔ⁴tsə⁰
涿鹿	李子 lei⁵⁵ə⁰	杏儿 ɕiə̃r³¹	橘子 tɕyʌ⁴³ə⁰
平山	李子 li⁵⁵tsʅ⁰	杏儿 ɕiɔr⁴²	橘子 tɕi²¹tsʅ⁰
鹿泉	李子 li³⁵tɤ⁰	杏儿 ɕiə̃r³¹²	橘子 tɕyɤ¹³tɤ⁰
赞皇	李子 li⁴⁵tsə⁰	杏儿 ɕiə̃r³¹²	橘子 tɕy²¹tsə⁰
沙河	豆李子 təu²¹li³³tə⁰	杏 ɕiəŋ²¹	橘子 tɕyəʔ⁴tə⁰
邯郸	李子 li⁵⁵tə⁰	杏儿 ɕiər²¹³	橘子 tɕyeʔ⁴təʔ⁰
涉县	李子 li⁵³ə⁰	杏儿 ɕiəur⁵⁵	橘子 tɕyəʔ³³lə⁰

	0166 柚子	0167 柿子	0168 石榴
兴隆	柚子 iou^{51}tsʅ^{0}	柿子 sʅ^{51}tsʅ^{0}	石榴儿 sʅ^{55}liour^{0}
北戴河	柚子 iou^{53}tʃʅ^{0}	柿子 ʃʅ^{53}tʃʅ^{0}	石榴儿 ʃʅ^{35}liour^{0}
昌黎	柚子 iou^{45}tsʅ^{0}	大柿子 ta^{42}tsʰʅ^{51}tsʅ^{0}	石榴儿 sʅ^{42}liour^{23}
乐亭	柚子 iou^{55}tsʅ^{0}	柿子 sʅ^{35}tsʅ^{0}	石榴儿 sʅ^{31}liour^{0}
蔚县	柚子 iəu^{31}tsʅ^{0}	大盖儿柿子 tɑ^{13}kɐr^{13}sʅ^{31}tsʅ^{0}	石榴 sʅ^{41}liəu^{0}
涞水	柚子 iou^{331}tsʅ^{0}	柿子 sʅ^{45}tsʅ^{0}	石榴 sʅ^{24}liou^{0}
霸州	柚子 iou^{45}tsʅ^{0}	柿子 sʅ^{45}tsʅ^{0}	石榴儿 sʅ^{53}liour^{0}
容城	柚子 iou^{52}tsʅ^{0}	柿子 sʅ^{35}tsʅ^{0}	石榴 sʅ^{21}liou^{0}
雄县	柚子 iou^{45}tsʅ^{0}	柿子 sʅ^{21}tsʅ^{0}	石榴儿 sʅ^{53}liour^{0}
安新	柚子 iou^{55}tsʅ^{0}	柿子 sʅ^{21}tsʅ^{0}	石榴果儿 sʅ^{33}lə^{0}kuor^{214}
满城	柚子 iou^{55}tsʅ^{0}	柿子 sʅ^{21}tsʅ^{0}	石榴 sʅ^{22}liou^{0}
阜平	柚子 iou^{24}tsʅ^{0}	柿子 sʅ^{24}tsʅ^{0}	石榴儿 sʅ^{53}liour^{0}
定州	柚子 iou^{35}tsʅ^{0}	柿子 sʅ^{35}tsʅ^{0}	石榴 sʅ^{42}liou^{0}
无极		柿子 sʅ^{325}tsʅ^{0}	石榴 sʅ^{31}liəu^{0}
辛集	柚子 iou^{42}tsʅ^{0}	柿子 sʅ^{42}tsʅ^{0}	石榴 sʅ^{35}liou^{0}
衡水	柚子 iəu^{53}tsʅ^{0}	柿子 sʅ^{53}tsʅ^{0}	石榴 ɕi^{24}liəu^{0}
故城	柚子 iou^{53}tsʅ^{0}	柿子 sʅ^{53}tsʅ^{0}	石榴 sʅ^{55}liou^{0}
巨鹿	柚子 iou^{53}tsʅ^{0}	柿子 sʅ^{53}tsʅ^{0}	石榴 ɕi^{53}liou^{0}
邢台	柚子 iou^{31}ə^{0}	柿子 sʅ^{31}ə^{0}	石榴 sʅ^{53}liou^{0}
馆陶	柚子 iəu^{21}tə^{0}	柿子 sʅ^{21}tə^{0}	石榴儿 sʅ^{52}liur^{0}
沧县	柚子 iou^{53}tsʅ^{0}	柿子 sʅ^{53}tsʅ^{0}	石榴 sʅ^{55}liou^{0}
献县	柚子 iou^{331}tsʅ^{0}	柿子 sʅ^{331}tsʅ^{0}	石榴 sʅ^{55}liou^{0}
平泉	柚子 iou^{51}tsʅ^{0}	柿子 sʅ^{51}tsʅ^{0}	石榴儿 sʅ^{35}liour^{0}
滦平	柚子 iou^{51}tsə^{0}	柿子 sʅ^{51}tsə^{0}	石榴儿 sʅ^{35}liour^{0}
廊坊	柚子 iou^{51}tsʅ^{0}	柿子 sʅ^{51}tsʅ^{0}	石榴 sʅ^{35}liou^{0}
魏县	柚子 iəu^{312}tɛ^{0}	柿子 sʅ^{312}tɛ^{0}	石榴 sʅ^{53}liəu^{312}
张北	柚子 iəu^{23}tsə^{0}	柿子 sʅ^{23}tsə^{0}	石榴 səʔ^{32}liou^{0}
万全	柚子 iou^{213}tsə^{0}	柿子 sʅ^{213}tsə^{0}	石榴 səʔ^{4}liou^{0}

(续表)

	0166 柚子	0167 柿子	0168 石榴
涿鹿	柚子 iəu³¹ə⁰	柿子 ʂʅ³¹ə⁰	石榴 ʂʌ⁴³liəu⁰
平山	柚子 iɐu⁵⁵tsʅ⁰	柿子 ʂʅ⁵⁵tsʅ⁰	石榴 ʂʅ⁴²liɐu⁰
鹿泉	柚子 iou³¹tɤ⁰	柿子 ʂʅ³¹tɤ⁰	石榴 ʂʅ⁵⁵liou⁰
赞皇	柚子 iəu⁵¹tsə⁰	柿子 ʂʅ⁵¹tsə⁰	石榴 ʂʅ⁵¹liəu⁰
沙河	柚子 iəu²¹tə⁰	柿子 ʂʅ²¹tə⁰	石榴 ʂʅ⁵¹liəu⁰
邯郸	柚子 iəu¹³tə⁰	柿子 ʂʅ¹³tə⁰	石榴 ʂəʔ⁵liəu⁰
涉县	柚子 iou⁵⁵ə⁰	柿子 ʂʅ⁵⁵ə⁰	石榴 səʔ³²liou⁰

	0169 枣	0170 栗子	0171 核桃
兴隆	枣儿 tsaur²¹³	栗子 li⁵¹tsʅ⁰	核桃 xə⁵⁵tʰau⁰
北戴河	枣儿 tʃaur²¹⁴	栗子 li⁵³tʃʅ⁰	核桃 xɤ³⁵tʰau⁰
昌黎	枣儿 tsaur²¹³	栗子 li⁴⁵tsʅ⁰	核桃 xɤ⁴²tʰou²³
乐亭	枣儿 tsaur³⁴	栗子 li⁵²tsʅ⁰	核桃 xə³¹tʰou⁰
蔚县	枣儿 tsʌɯ⁴⁴	栗子 li³¹tsʅ⁰	核桃 xɤ⁴¹tʰʌɯ⁰
涞水	枣儿 tsau³¹uər⁰	栗子 li³³¹tsʅ⁰	核桃 xɤ²⁴tʰau⁰
霸州	枣儿 tsaur²¹⁴	栗子 li⁴⁵tsʅ⁰	核桃 xɤ⁵³tʰau⁰
容城	枣儿 tsau⁵²uər⁰	栗子 li⁵²tsʅ⁰	核桃 xɤ²¹tʰou⁰
雄县	枣儿 tsaur²¹⁴	栗子 li⁴⁵tsʅ⁰	核桃 xɤ⁵³tʰau⁰
安新	枣儿 tsau⁵³wər⁰	栗子 li⁵⁵tsʅ⁰	核桃 xɤ³³tʰou⁰
满城	枣儿 tsau⁴²ər⁰	栗子 li⁵⁵tsʅ⁰	核桃 xɤ²²tʰou⁰
阜平	枣儿 tsɔr⁵⁵	栗子 li²⁴tsʅ⁰	核桃 xɤ⁵³tʰɔ⁰
定州	枣儿 tsau²¹¹uər⁰	栗子 li³⁵tsʅ⁰	核桃 xɤ⁴²tʰau⁰
无极	枣儿 tsɔr³⁵	栗子 li⁵³tsʅ⁰	核桃 xɤ³¹tʰɔ⁰
辛集	枣儿 tsaur³²⁴	栗子 li⁴²tsʅ⁰	核桃 xə³⁵tʰau⁰
衡水	枣儿 tʂaur⁵⁵	栗子 li⁵³tsʅ⁰	核桃 xɤ²⁴tʰau⁰
故城	枣儿 tsɔor⁵⁵	栗子 li⁵³tsʅ⁰	核桃 xɤ⁵⁵tʰɔo⁰
巨鹿	枣 tsau⁵⁵	栗子 li²¹tsʅ⁵⁵	核桃 xɤ⁵³tʰau⁰
邢台	枣儿 tsaur⁵⁵ 红枣儿 xuŋ⁵³tsaur⁵⁵ 大红枣儿 ta³¹xuŋ⁵³tsaur⁵⁵	栗子 li³¹ə⁰	核桃 xə⁵³tʰau⁰
馆陶	枣 tsao⁴⁴	栗子 li²¹tə⁰	核桃 xɤ⁵²tʰao⁰
沧县	枣儿 tsaur⁵⁵	栗子 li⁵³tsʅ⁰	核桃 xɤ⁵⁵tʰou⁰
献县	枣儿 tsɔr²¹⁴	栗子 li³³¹tsʅ⁰	核桃 xɤ⁵⁵tʰou⁰
平泉	枣儿 tsaur²¹⁴	栗子 li⁵¹tsʅ⁰	秋子 tɕʰiou⁵⁵tsʅ⁰ 核桃 xə³⁵tʰau⁰
滦平	枣儿 tsaur²¹⁴	栗子 li⁵¹tsə⁰	核桃 xə³⁵tʰau⁰
廊坊	枣儿 tsaur²¹⁴	栗子 li⁵¹tsʅ⁰	核桃 xɤ³⁵tʰau⁰
魏县	枣儿 tʂaur⁵⁵	栗子 li³³tɛ⁰	核桃 xɤ⁵³tʰau³¹²

(续表)

	0169 枣	0170 栗子	0171 核桃
张北	枣儿 tsɔr⁵⁵	栗子 liəʔ³²tsə⁰	核桃 xəʔ³tʰau⁴²
万全	枣儿 tsɔ⁵⁵ər⁰	栗子 liəʔ²²tsə⁰	核桃 xəʔ⁴tʰɔ⁴¹
涿鹿	枣儿 tsɔr⁴⁵	栗子 lei³¹ə⁰	核桃 xə⁴²tʰɔ⁰
平山	枣儿 tsɔr⁵⁵	栗子 li⁵⁵tsʅ⁰	核桃 xɤ⁴²tʰɔ⁰
鹿泉	枣儿 tsɔr³⁵	栗子 li³¹tɤ⁰	核桃 xɤ⁵⁵tʰɔ⁰
赞皇	枣儿 tsɔr⁴⁵	栗子 li⁵¹tsə⁰	核桃 xə⁵¹tʰɔ⁰
沙河	枣儿 tsaur³³	栗子 liəʔ⁴tə⁰	核桃 xɤ⁵¹tʰau⁰
邯郸	枣儿 tsaur⁵³	栗子 lieʔ⁴tʔ⁰	核桃 xʌʔ²⁵tʰau⁰
涉县	枣儿 tʂɐr⁵³	栗子 liəʔ³³lə⁰	核桃 xɐʔ³²tʰau⁰

	0172 银杏_{白果}	0173 甘蔗	0174 木耳
兴隆	银杏儿 in⁵⁵ɕiɤr⁵¹ 白果儿 pai⁵⁵kuor²¹³	甘蔗 kan⁵⁵tʂə⁰	木耳 mu⁵¹ər²¹³
北戴河	银杏儿 in³⁵ɕiɚr⁵¹	甘蔗 kan⁴⁴tʃɤ³⁵	木耳 mu⁵³ər²¹⁴
昌黎	银杏儿 in²⁴ɕiər⁴⁵³	甜根儿 tʰian⁴²kər²³ 甘蔗 kan⁴²tʂə⁰	木耳 mu⁴²ər²¹³
乐亭	银杏儿 iən³⁴ɕier⁵²	香港甜杆儿 ɕiaŋ³³kaŋ³⁴tʰien³¹kər⁰	木耳 mu⁵³ər³⁴
蔚县	银杏儿 iŋ⁴¹ɕiər³¹²	甘蔗 kã⁵³tsɤ⁰	木耳 mu³¹ər⁴⁴
涞水	银杏果儿 in⁴⁵ɕiŋ³¹kuɐr²⁴	甘蔗儿 kan³³tʂɐr⁰	木耳 mu³¹ər²⁴
霸州		甜甘蔗儿 tʰian⁴⁴kan²¹tʂɤr⁰	木耳 mu⁴¹ər²¹⁴
容城	银杏 in³⁵ɕiŋ⁵¹³	甘蔗 kan³¹tʂʅ⁰	木耳 mu⁵²ər⁰
雄县	银杏 in⁵³ɕiŋ⁴¹	甘茎 kãn⁴⁴tɕiŋ⁰	木耳 mu⁴¹ər²¹⁴
安新		甘蔗 kan⁴⁵tɕie⁰	木耳 mu⁵⁵ər⁰
满城	白果 pai⁴⁵kuo²¹³	洋甘蔗 iaŋ²²kan⁴⁵tʂɤ⁰	木耳 mu⁵⁵ər⁰
阜平	银杏儿 in²⁴ɕiãr⁵³	甘蔗 kæ³¹tʂɤ⁰	木耳 mu⁵³ər⁵⁵
定州	白果 pai²⁴kuo²⁴	甘蔗 kan³³tʂɤ⁰	木耳 mu³⁵ŋər⁰
无极		甜秫秸 tʰiãn³⁵ʂu³¹tɕie⁰①	木耳 mu⁵¹ər³⁵
辛集	银杏儿 iən³⁵ɕiãr⁴¹	甘蔗 kan³³tʂə⁰	木耳 mu⁴²lə³²⁴
衡水	银杏 in⁵³ɕiŋ³¹	甜棒 tʰian²⁴paŋ⁰ 甘蔗 kan³¹tɕie⁰	木耳 mu³¹l̩⁵⁵
故城	白果儿 pæ⁵³kuɤr⁵⁵	甘蔗 kæ²¹tʂɤ⁰	木耳 mu³¹ər⁵⁵
巨鹿	银杏 in⁵⁵ɕiŋ²¹	甜棒 tʰiẽ⁵³pã⁰	木耳 mu²¹əl̩⁵⁵
邢台	银杏儿 in⁵³ɕiər³¹	甜秫秸 tʰian³³ʂu⁵³tɕie⁰	木耳 mu³¹ər⁵⁵
馆陶	银杏 in⁴⁴ɕiŋ²¹	甜棒 tʰiæn⁴⁴paŋ²¹ 甘蔗 kæn²⁴tʂE⁰	木耳 mu²¹ər⁴³
沧县		甘蔗 kan⁴¹tʂʅ⁰	木耳 mu⁴¹ər⁵⁵
献县		甘蔗 kæ³³tɕye⁰	木耳 mu³³¹əʐ̩⁰
平泉	银杏 in³⁵ɕiŋ⁵¹	甘蔗 kan⁵⁵tʂə⁰	木耳 mu⁵³ər²¹⁴
滦平	银杏儿 in³⁵ɕiãr⁵¹	甘蔗 kan⁵⁵tʂə³⁵	木耳 mu⁵¹ər²¹⁴
廊坊	银杏儿 in³⁵ɕiãr⁵¹	甘蔗 kan⁵⁵tʂɤ⁰	木耳 mu⁵³ər²¹⁴

(续表)

	0172 银杏_{白果}	0173 甘蔗	0174 木耳
魏县	银杏 in^{53}ɕiŋ^{312}	甜圪档儿 t^{h}ian^{53}kɛ^{0}tɑr^{55}	木耳 mɛ^{33}əɭ^{55}
张北	银杏儿 iŋ^{42}ɕier^{213}	甜秆秆 t^{h}iæ^{42}kæ^{55}kæ^0	木耳 məʔ^{3}ər^{55}
万全	银杏儿 iəŋ^{41}ɕier^{213}	甜杆杆 t^{h}ian^{41}kan^{55}kan^0	木耳 muəʔ^{22}ər^{55}
涿鹿	银杏儿 iŋ^{52}ɕiə̃r^{31}	甜秆儿 t^{h}iæ^{52}kɐr^{45}	木耳 mu^{31}ər^{45}
平山	银杏 iŋ^{53}ɕiŋ^{42} 白果儿 pɛ^{53}kuər^{55}	甜棒 t^{h}iæ^{42}paŋ^0	木耳 mu^{31}ər^{55}
鹿泉	银杏儿 iɛ^{55}ɕiə̃r^{31}	甜甜棒 t^{h}iæ^{55}t^{h}iæ^{0}paŋ^{31}	木耳 mu^{31}ər^{35}
赞皇	银杏儿 in^{54}ɕiə̃r^{31}	甜甜 t^{h}iæ^{51}t^{h}iæ^0	木耳 mu^{312}ər^{45}
沙河	银杏儿 iən^{51}ɕiər^{24}	甘蔗 kã^{41}tʂə^{51}	木耳 məʔ^{2}ɭ^{33}
邯郸	银杏儿 in^{53}ɕiər^{21}	甜杆 t^{h}iæ^{53}kæ^{55}	木耳 məʔ^{2}ɭ^0
涉县	银杏 iən^{41}ɕiəŋ^{24}	甜杆 t^{h}iæ^{412}kæ^{53}	木耳 məʔ^{55}ɭ^0

---

① 本指本地产的一种较甜的黏高粱秆，甘蔗传入本地区后，亦用此称之。

	0175 蘑菇 野生的	0176 香菇	0177 稻子 指植物
兴隆	蘑菇 mo⁵⁵ku⁰	香菇 ɕiaŋ³⁵ku³⁵	稻子 tau⁵¹tsʅ⁰
北戴河	蘑菇 mɤ³⁵ku⁰	香菇 ɕiaŋ⁴⁴ku⁴⁴	水稻 ʃuei²¹tau⁵¹
昌黎	蘑菇 mɤ⁴²ku²³	香蘑 ɕiaŋ³⁴mɤ²¹³	稻子 tau²⁴tsʅ⁰
乐亭	蘑菇 mə³¹ku⁰	香菇 ɕiaŋ³³ku³¹	稻子 tau²¹²tsʅ⁰
蔚县	蘑菇 mɤ⁴¹ku⁰	香菇 ɕiɔ⁵³ku⁵³	稻子 tʌɯ³¹tsʅ⁰
涞水	蘑菇 muo²⁴ku⁰	香菇 ɕiaŋ⁵⁵ku³¹	稻子 tau⁴⁵tsʅ⁰
霸州	蘑菇 mo⁵³ku⁰	香菇 ɕiaŋ⁴⁵ku⁴⁵	稻子 tau⁴⁵tsʅ⁰
容城	蘑菇 mo²¹ku⁰	香菇 ɕiaŋ⁴⁴ku⁴³	稻子 tau³⁵tsʅ⁰
雄县	蘑菇 mo⁵³ku⁰	香菇 ɕiaŋ⁴⁵ku⁴⁵	稻子 tau²¹tsʅ⁰
安新	蘑菇 mo³³ku⁰	香菇 ɕiaŋ⁵³ku⁴⁵	稻子 tau²¹tsʅ⁰
满城	蘑菇 mo²²ku⁰	香菇 ɕiaŋ⁴⁵ku⁴⁵	稻子 tau²¹tsʅ⁰ 旱稻粳 xan⁵³tau⁵³tɕiŋ⁴⁵
阜平	蘑菇 muɤ⁵³ku⁰	香菇 ɕiaŋ³¹ku⁰	稻子 tɔ²⁴tsʅ⁰
定州	蘑菇 mo⁴²ku⁰	香菇 ɕiaŋ³³ku¹¹	稻子 tau³⁵tsʅ⁰
无极	蘑菇 muɤ³¹ku⁰		稻子 tɔ³²⁵tsʅ⁰
辛集	蘑菇 mə³⁵ku⁰	香菇 ɕiaŋ³⁵⁴ku³³	稻子 tau³²⁴tsʅ⁰
衡水	蘑菇 mo²⁴kəu⁰	香菇 ɕiaŋ²⁴ku²⁴	稻子 tau⁵³tsʅ⁰
故城	蘑菇 mɤ⁵⁵ku⁰	香菇 ɕiaŋ²⁴ku²⁴	稻子 tɔo⁵³tsʅ⁰
巨鹿	蘑菇 mo⁵³ku⁰	香菇 ɕiaŋ³³ku³³	稻子 tau⁵³tsʅ⁰
邢台	蘑菇 mə⁵³kou⁰	香菇 ɕiaŋ³⁴ku³⁴	稻子 tau³¹ɚ⁰
馆陶	蘑菇 mao⁵²ku⁰	香菇 ɕiaŋ²⁴ku²⁴	稻子 tɔo²¹tə⁰ 水稻 ʂuei⁴⁴tao²¹
沧县	蘑菇 mɤ⁵⁵ku⁰	香菇 ɕiaŋ²³ku²³	稻子 tau⁵³tsʅ⁰
献县	蘑菇 muo⁵⁵kou⁰	香菇 ɕiã⁵³ku³³	稻子 tɔ³³¹tsʅ⁰
平泉	蘑菇 mo³⁵ku⁰	香菇 ɕiaŋ⁵⁵ku⁵⁵	稻子 tau⁵¹tsʅ⁰
滦平	蘑菇 mo³⁵ku⁰	香菇 ɕiaŋ⁵⁵ku⁵⁵	稻子 tau⁵¹tsə⁰
廊坊	蘑菇 mɤ³⁵ku⁰	香菇 ɕiaŋ⁵⁵ku⁵⁵	稻子 tau⁵¹tsʅ⁰
魏县	蘑菇 mau⁵³ku³¹²	香菇 ɕiaŋ³³ku³³	稻子 tau³¹²tɛ⁰

(续表)

	0175 蘑菇_{野生的}	0176 香菇	0177 稻子_{指植物}
张北	蘑菇 mə⁴²ku⁰	香菇 ɕiɔ̃⁴²ku⁴²	稻子 tau²³tsə⁰
万全	蘑菇 mə⁴¹ku⁴¹	香菇 ɕiaŋ⁴¹ku⁴¹	稻子 tɔ²¹³tsə⁰
涿鹿	蘑菇 muə⁴²kuʌ⁰	蘑菇 muə⁴²kuʌ⁰	稻子 tɔ³¹ə⁰
平山	蘑菇菇 mɔ⁴²ku⁰ku⁰	香菇 ɕiaŋ⁴²ku⁰	稻子 tɔ⁵⁵tsʅ⁰
鹿泉	蘑菇 mo⁵⁵ku⁰	香菇 ɕiaŋ⁵⁵ku⁵⁵	稻子 tɔ³¹tɚ⁰
赞皇	蘑菇菇 mɔ⁵⁴ku⁵⁴ku⁰	香菇 ɕiaŋ⁵⁴ku⁰	稻子 tɔ⁵¹tsə⁰
沙河	蘑菇 muo⁵¹ku⁰	香菇 ɕiaŋ⁴¹ku⁰	稻子 tau²¹tə⁰
邯郸	蘑菇菇 mɑu⁵³kuəʔ²kuəʔ⁰	香菇 ɕiaŋ³¹ku³¹	稻子 tɑu¹³tə⁰
涉县	蘑菇 muə⁴¹ku⁰	香菇 ɕiã⁴¹ku⁰	稻子 tau⁵⁵ə⁰

	0178 稻谷 指子实（脱粒后是大米）	0179 稻草 脱粒后的	0180 大麦 指植物
兴隆	稻谷 tɑu⁵¹ku²¹³	稻草 tɑu⁵¹tsʰɑu²¹³	大麦 ta⁵³mai⁵¹
北戴河	稻子 tɑu⁵³tʃʅ⁰	稻草 tɑu⁵³tʃʰɑu²¹⁴	大麦 ta⁵³mai⁵¹
昌黎	稻谷 tɑu⁴²ku²¹³	稻草 tɑu⁴²tʂʰɑu²¹³	大麦 ta²⁴mai⁰
乐亭	稻壳子 tɑu⁵³kʰə³¹tsʅ⁰	稻草 tɑu⁵³tsʰɑu³⁴	大麦 ta²¹²mai⁰
蔚县	稻谷 tʌɯ³¹ku⁵³	稻草 tʌɯ³¹tsʰʌɯ⁰	大麦 tɑ³¹mei⁰
涞水	稻谷 tɑu⁴⁵tsʅ⁰	稻草 tɑu³¹tsʰɑu⁰	大麦 ta⁴⁵mai⁰
霸州			大麦 ta⁴⁵mai⁰
容城	稻谷 tɑu⁵²ku²¹³	稻草 tɑu⁵²tsʰɑu²¹³	大麦 ta³⁵mai⁰
雄县	谷 ku²¹⁴	稻草 tɑu⁴¹tsʰɑu²¹⁴	大麦 ta²¹mai⁰
安新	稻子 tɑu²¹tsʅ⁰	稻草 tɑu²¹tsʰɑu⁰	大麦 ta²¹mai⁰
满城	稻谷 tɑu⁵³ku²¹³	稻草 tɑu²¹tsʰɑu⁰	大麦 ta²¹mai⁰
阜平	稻子 tɔ²⁴tsʅ⁰	稻草 tɔ⁵³tsʰɔ⁰	大麦 ta⁵³mæ⁵³
定州	稻谷 tɑu³⁵ku⁰	稻草 tɑu³⁵tsʰɑu⁰	大麦 ta³⁵mai⁰
无极	稻子 tɔ⁵¹ku²¹³	稻草 tɔ⁵¹tsʰɔ³⁵	大麦 ta³²⁵mæ⁰
辛集	稻子 tɑu³²⁴tsʅ⁰	稻草 tɑu⁴²tsʰɑu³²⁴	大麦 tɑ³²⁴mai⁰
衡水	稻谷 tɑu³¹ku²⁴	稻草 tɑu³¹tsʰɑu⁵⁵	
故城	稻谷 tɔɔ³¹ku⁵⁵	稻草 tɔɔ³¹tsʰɔɔ⁵⁵	大麦 ta⁵³mæ⁰
巨鹿			草大麦 tsʰɑu⁵⁵ta²¹mai²¹
邢台	稻谷 tɑu³¹ku³⁴	稻草 tɑu³¹tsʰɑu⁵⁵ 秆草 kan⁵³tsʰɑu⁵⁵	大麦 ta³³mai³¹
馆陶	稻谷 tɑo²¹ku²⁴	稻草 tɑo²¹tsʰɑo⁴³	大麦 ta²⁴mai²¹
沧县		稻草 tɑu⁴¹tsʰɑu⁵⁵	大麦 ta⁵³mai⁰
献县	稻子 tɔ³³¹tsʅ⁰		大麦 ta³³¹mɛ⁰
平泉	稻谷 tɑu⁵³ku²¹⁴	稻草 tɑu⁵³tsʰɑu²¹⁴	大麦 ta⁵³mai⁵¹
滦平	稻子 tɑu⁵¹tsə⁰	稻草 tɑu⁵¹tsʰɑu²¹⁴	大麦 ta⁵¹mai⁵¹
廊坊	稻谷 tɑu⁵³ku²¹⁴	稻草 tɑu⁵³tsʰɑu²¹⁴	大麦 ta⁵³mai⁵¹ 春麦 tʂʰuən⁵⁵mai⁵¹
魏县	稻子 tɑu³¹²tɛ⁰	稻草 tɑu³¹²tʂʰɑu⁰	大麦 ta³¹²mɛ³³

（续表）

	0178 稻谷 指子实（脱粒后是大米）	0179 稻草 脱粒后的	0180 大麦 指植物
张北	稻谷 tau²³kuəʔ³²	稻草 tau²³tsʰau⁵⁵	大麦 ta²³miəʔ³²
万全	稻谷 tɔ²⁴kuəʔ²²	稻草 tɔ⁵⁴tsʰɔ⁵⁵	大麦 ta²⁴miəʔ²²
涿鹿	稻米 tɔ³¹mi⁰	稻草 tɔ³¹tsʰɔ⁰	大麦 ta³¹mɛ⁰
平山	稻子 tɔ⁵⁵tsɿ⁰	稻草 tɔ⁴²tsʰɔ⁵⁵	草麦 tsʰɔ⁵⁵mɛ⁰
鹿泉	稻谷 tɔ³¹ku¹³	稻草 tɔ³¹tsʰɔ³⁵	大麦 ta³⁵mɛ³¹
赞皇	稻子 tɔ⁵¹tsɔ⁰	稻草 tɔ³¹²tsʰɔ⁴⁵	大麦 ta²⁴mɛ³¹
沙河	稻谷 tau²¹kuəʔ⁴	稻草 tau²¹tsʰau³³	大麦 tɔ²¹miəʔ⁴
邯郸	稻子 tɑu¹³tə⁰	稻草 tɑu¹³tsʰɑu⁰	大麦 tɔ²⁴miʌʔ⁴³
涉县	稻子 tau⁵⁵ə⁰	稻草 tau⁵⁵tsʰau⁵⁵	大麦 tɔ⁵⁵mɐʔ⁰

	0181 小麦指植物	0182 麦秸脱粒后的	0183 谷子指植物（子实脱粒后是小米）
兴隆	麦子 mai⁵¹tsʅ⁰ 小麦 ɕiɑu²¹mai⁵¹	麦秸子 mai⁵¹tɕie³⁵tsʅ⁰ 麦秸秆儿 mai⁵¹tɕie³⁵kɐr⁰ 麦秸 mai⁵¹tɕie³⁵	谷子 ku²¹tsʅ⁰
北戴河	小麦 ɕiɑu²¹mai⁵¹	麦秸子 mai⁵³kai⁴⁴tʃʅ⁰	谷子 ku²¹tʃʅ⁰
昌黎	小麦 ɕiɑu²¹mai⁰	麦秸儿 mai⁴⁵tɕier⁰	谷子 ku²¹tsʅ⁰
乐亭	麦子 mai⁵⁵tsʅ⁰	麦花秸 mai⁵³xua³¹tɕie⁰	谷子 ku²¹¹tsʅ⁰
蔚县	小麦 ɕiʌɯ⁴⁴mei⁰	麦秸 mei³¹tɕiə⁵³	谷子 ku⁵³tsʅ⁰
涞水	麦子 mai³³¹tsʅ⁰	麦秸子 mai²⁴tɕie³¹tsʅ⁰	谷子 ku³¹tsʅ⁰
霸州	麦子 mai⁴⁵tsʅ⁰ 冬小麦 壮窝儿 tʂuɑŋ⁴¹uor⁴⁵ 春小麦	麦秸儿 mai⁴¹tɕier⁴⁵	谷 ku²¹⁴
容城	小麦 ɕiɑu²¹mai⁰	麦秸儿 mai⁵²tɕier⁴³	谷 ku²¹³
雄县	麦子 mai⁴⁵tsʅ⁰	麦秸儿 mai⁴¹tɕier⁴⁵	谷 ku²¹⁴
安新	麦子 mai⁵⁵tsʅ⁰	滑秸 xua³³tɕie⁰	谷子 ku⁵³tsʅ⁰
满城	梭子 suo⁴⁵tsʅ⁰ 麦子 mai⁵⁵tsʅ⁰	麦秸儿 mai⁵³tɕier⁴⁵ 花秸 xua²²tɕie⁰	谷 ku²¹³
阜平	小麦 ɕiɔ⁵⁵mæ⁵³	麦秸 mæ²⁴tɕie⁰	谷子 ku²¹tsʅ⁰
定州	小麦 siɑu²¹¹mai⁰	麦秸 mai³⁵tɕie⁰	谷子 ku³³tsʅ⁰
无极	麦子 mæ⁵³tsʅ⁰	麦秸琏儿 mæ⁵³tɕie⁰tʰiər²¹³	谷子 ku²¹³tsʅ⁰
辛集	麦子 mai⁴²tsʅ⁰	花秸 xa³⁵tɕie⁰	谷子 ku³³tsʅ⁰
衡水	麦子 mai⁵³tsʅ⁰	麦秸 mai⁵³tɕie⁰	谷子 ku³¹tsʅ⁰
故城	麦子 mæ⁵³tsʅ⁰ 小麦 ɕiɔ²⁴mæ⁰	麦 mæ⁵³tɕie⁰	谷子 ku²¹tsʅ⁰ 小米儿 ɕiɔ³¹miər⁵⁵
巨鹿	麦子 mai⁵³tsʅ⁰	麦秸 mai²¹tɕie³³	谷子 ku³³tsʅ⁰
邢台	麦子 mai³¹ə⁰	麦秸 mai³¹tɕie³⁴	谷子 ku³⁴ə⁰
馆陶	麦子 mai²⁴tə⁰	麦秸 mai²⁴tɕiɛ²⁴	谷子 ku²⁴tə⁰
沧县	麦子 mai⁵³tsʅ⁰	麦秸 mai⁴¹tɕiai²³	谷子 ku⁴¹tsʅ⁰
献县	麦子 mɛ³³¹tsʅ⁰	麦秸 mɛ³¹tɕie³³	谷子 ku³³tsʅ⁰
平泉	小麦 ɕiɑu²¹mai⁵¹	麦秸子 mai⁵³tɕie⁵⁵tsʅ⁰ 麦秆儿 mai⁵³kɐr²¹⁴ 麦秸 mai⁵³tɕie⁵⁵	谷子 ku²¹tsʅ⁰

（续表）

	0181 小麦 指植物	0182 麦秸 脱粒后的	0183 谷子 指植物（子实脱粒后是小米）
滦平	小麦 ɕiɑu²¹mai⁵¹	麦秸 mai⁵¹tɕie⁵⁵	谷子 ku²¹tsɿ⁰
廊坊	麦子 mai⁵¹tsɿ⁰ 小麦 ɕiɑu²¹mai⁵¹	花秸 xua⁵⁵tɕie⁵⁵	谷子 ku²¹tsɿ⁰
魏县	麦子 mɛ³³tɛ⁰	麦秸 mɛ³³tɕie⁰	谷子 ku³³tɛ⁰
张北	小麦 ɕiau⁵⁵miəʔ³²	麦秸 miəʔ³tɕiəʔ³²	谷子 kuə³²tsə⁰
万全	麦子 miəʔ²²tsə⁰	麦秸 miəʔ⁴⁴tɕiei⁴¹	谷子 kuə²²tsə⁰
涿鹿	小麦 ɕiɔ⁴⁵mɛ³¹	麦花秸 mɛ³¹xua⁰tɕie⁴⁴	谷子 kuʌ⁴³ə⁰
平山	麦子 mɛ²¹tsɿ⁰	麦秸 mɛ²¹tɕiə⁰	谷子 ku²¹tsɿ⁰
鹿泉	小麦 siɔ³⁵mɛ³¹	麦秸 mɛ³¹tɕiɤ⁵⁵	谷子 kuo¹³tɤ⁰
赞皇	麦子 mɛ⁵¹tsə⁰	麦秸 mɛ³¹²tɕie⁵⁴	谷子 ku²¹tsə⁰
沙河	麦子 miəʔ²⁴tə⁰	麦秸 miəʔ²⁴tɕie⁰	谷子 kuəʔ²⁴tə⁰
邯郸	麦子 miʌʔ²⁴təʔ⁰	麦秸 miʌʔ²⁴tɕie⁰	谷子 kuəʔ²⁴təʔ⁰
涉县	麦子 miə⁵⁵lə⁰	麦秸 miə⁵⁵tɕiə⁴¹	谷 kuəʔ³²

	0184 高粱_指植物_	0185 玉米_指成株的植物_	0186 棉花_指植物_
兴隆	高粱 kau³⁵liaŋ⁰	棒子 paŋ⁵¹tsʅ⁰ 玉米 y⁵¹mi²¹³	棉花 mian⁵⁵xuɑ⁰
北戴河	高粱 kau⁴⁴liaŋ⁰	苞米儿 pau⁴⁴miər²¹⁴	棉花 mian³⁵xuɑ⁰
昌黎	高粱 kau⁴³liaŋ⁰	苞儿米 paur³⁴mi²¹³	棉花 ȵiau⁴²xuo²³
乐亭	高粱 kau³¹liaŋ⁰	苞米儿 pau³³miər³⁴	棉花 niau³¹xuɑ⁰
蔚县	高粱 kʌɯ⁵³liɔ⁰	玉米 y³¹mi⁴⁴ 棒子 pɔ³¹tsʅ⁰ 玉蜀黍 y³¹su⁵³su⁰	棉花 miã⁴¹xuɑ⁰
涞水	高粱 kau³³liaŋ⁰	棒子 paŋ⁴⁵tsʅ⁰	棉花 mian²⁴xuɑ⁰
霸州	高粱 kau⁴⁵liaŋ⁰	棒子 paŋ⁴⁵tsʅ⁰	棉花 mian⁵³xuɑ⁰
容城	高粱 kau³¹liŋ⁰	棒子 paŋ³⁵tʂʅ⁰	棉花 mian²¹xuo⁰
雄县	高粱 kau⁴⁵liaŋ⁰	棒子 paŋ²¹tsʅ⁰	棉花 miã⁵³xuɑ⁰
安新	高粱 kau⁴⁵liaŋ⁰	棒子 paŋ²¹tsʅ⁰	棉花 mian³³xuo⁰
满城	高粱 kau⁴⁵liaŋ⁰	棒子 paŋ²¹tsʅ⁰	棉花 mian²²xuɑ⁰
阜平	高粱 kɔ³¹liaŋ⁰	黍棒儿 ʂu²⁴pãr⁵³	棉花 miæ⁵³xuɑ⁰
定州	高粱 kau³³liaŋ⁰	棒棒儿 paŋ³⁵paŋ⁰ŋər⁰	棉花 miau⁴²xuə⁰
无极	高粱 kɔ³¹liaŋ⁰	棒子 paŋ³²⁵tsʅ⁰	棉花 mian³¹xuɤ⁰
辛集	高粱 kau³³liaŋ⁰	玉黍 y³²⁴ʂu⁰ 棒子 paŋ³²⁴tsʅ⁰	棉花 mian³⁵xɑ⁰
衡水	高粱 kau²¹liaŋ⁰	棒子 paŋ⁵³tsʅ⁰	棉花 miaŋ²⁴xuɑ⁰
故城	高粱 kɔo²⁴liaŋ⁰	棒子 paŋ⁵³tsʅ⁰ 玉米 y³¹mi⁵⁵	棉花 miæ̃⁵⁵xuɑ⁰/ȵiaŋ⁵⁵xuɑ⁰
巨鹿	高粱 kau³³liaŋ⁰	棒子 pã⁵³tsʅ⁰ 玉蜀黍 y²¹ɕy⁵⁵ɕy⁰	花 xuɑ³³
邢台	高粱 kauŋ³⁴liaŋ⁰	棒子 paŋ³¹ɔ⁰	棉花 mian⁵³xuɑ³⁴
馆陶	高粱 kao²⁴liaŋ⁰	棒子 paŋ²¹tə⁰	棉花 miæn⁵²xuɑ⁰
沧县	高粱 kau²³liaŋ⁰	棒子 paŋ⁵³tsʅ⁰	棉花 mian⁵⁵xuo⁰
献县	高粱 kɔ³³liã⁵³	棒子 pã³³¹tsʅ⁰	棉花 miæ̃⁵⁵xuɑ⁰

(续表)

	0184 高粱 指植物	0185 玉米 指成株的植物	0186 棉花 指植物
平泉	高粱 kau⁵⁵liaŋ³⁵	棒子 paŋ⁵¹tsʅ⁰ 苞米 pau⁵⁵mi²¹⁴ 玉米 y⁵³mi²¹⁴	棉花 mian³⁵xuɑ⁵⁵
滦平	高粱 kau⁵⁵liaŋ³⁵	棒子 paŋ⁵¹tsə⁰ 玉米 y⁵¹mi²¹⁴	棉花 mian³⁵xuɑ⁵⁵
廊坊	高粱 kau⁵⁵liaŋ³⁵	棒子 paŋ⁵¹tsʅ⁰	棉花 miɛn³⁵xuɑ⁵⁵
魏县	高粱 kau³³liaŋ⁰	玉黍 y³¹²ʂu³³	花 xuɑ³³
张北	高粱 kau⁴²liɔ̃⁰	玉米 y²³mi⁵⁵	棉花 miæ⁴²xuɑ⁰
万全	高粱 kɔ⁴¹liaŋ⁰	玉米 y⁴⁵mi⁵⁵	棉花 mian⁴¹xuɑ⁴¹
涿鹿	高粱 kɔ⁴²liã⁰	玉蜀黍 y²³ʂu⁴²ʂu⁰	棉花 miæ⁴²xuɑ⁰
平山	高粱 kɔ⁴²liaŋ⁰	玉蜀黍 i²⁴ʂu⁴²ʂu⁰	棉花 miæ⁴²xuɐ⁰
鹿泉	高粱 kɔ⁵⁵liaŋ⁰	棒子 paŋ³¹tʴ⁰ 玉蜀黍 y³¹ʂu³⁵ʂu⁰	棉花 miæ⁵⁵xuɑ⁰
赞皇	高粱 kɔ⁵⁴liaŋ⁰	玉茭 y³¹²tɕiɔ⁵⁴	棉花 miæ⁵¹xuɑ⁰
沙河	高粱 kau⁴¹liaŋ⁰	棒子 paŋ²¹tə⁰	棉花 miã⁵⁴xuɔ³¹
邯郸	高粱 kau³¹liaŋ⁰	玉黍 y⁵³ʂuə⁰	花 xɔ³¹
涉县	高粱 kau⁴¹liã⁰	玉黍 y⁵⁵su⁰	棉花 miæ⁴¹xuɑ⁰

	0187 油菜 油料作物，不是蔬菜	0188 芝麻	0189 向日葵 指植物
兴隆	油菜 iou⁵⁵tsʰai⁵¹	芝麻 tʂʅ⁵⁵ma⁰	向日葵 ɕiaŋ⁵³ʂʅ⁵¹kʰuei⁵⁵ 老爷儿转 lau²¹ier⁵⁵tʂuan⁵¹
北戴河	油菜 iou³⁵tʃʰai⁰	芝麻 tʃʅ⁴⁴ma⁰	向莲 ɕiaŋ⁵³lian³⁵
昌黎	油菜 iou²⁴tʂʰai⁰	芝麻 tʂʅ²⁴ma⁰	日头花儿 ʐʅ²¹tʰou⁰xuar⁴² 毛子嗑儿 mau²¹tsʅ⁰kʰɤr⁴⁵³①
乐亭	油菜 iou³⁴tsʰai⁵²	芝麻 tʂʅ³⁵mə⁰	转子莲 tʂuan⁵²tsʅ³⁴liɛn²¹²
蔚县	油菜 iəu⁴¹tsʰei³¹²	芝麻 tʂʅ⁵³ma⁰	葵花 kʰuei⁴¹xua⁰
涞水	油菜 iou²⁴tsʰai⁰	芝麻 tʂʅ⁴⁵muo⁰	望日莲 uaŋ³³¹ər⁰lian⁴⁵
霸州	油菜 iou⁵³tsʰai⁴¹	芝麻 tʂʅ²¹ma⁰	望日莲 uaŋ⁴¹tʂʅ⁰lian⁵³
容城	油菜 iou³⁵tsʰai⁰	芝麻 tʂʅ³¹mɤ⁰	大葵花 ta⁵²kʰuei³¹xua⁰
雄县	油菜 iou⁵³tsʰai⁰	芝麻 tʂʅ⁴⁴ma⁰	望儿望儿莲 uar⁴¹uar⁰liãn⁵³ 望日莲 uaŋ⁴¹ʐʅ⁰liãn⁵³
安新	油菜 iou⁴⁵tsʰai⁵¹	芝麻 tʂʅ⁴⁵mo⁰	望日莲 uaŋ⁵³ŋər⁰lian³¹
满城	油菜 iou²²tsʰai⁰	芝麻 tʂʅ⁴⁵ma⁰	望日莲 uaŋ⁵³ʐʅ⁰lian²²
阜平	油菜 iou²⁴tsʰæ⁵³	芝麻 tʂʅ³¹ma⁰	日头儿花儿 ʐʅ⁵³tʰour⁰xuar³¹
定州	油菜 iou⁴²tsʰai⁰	芝麻 tʂʅ³³ma⁰	望枝莲 uaŋ⁵³tʂʅ³³lian²¹³
无极	油菜 iəu³¹tsʰæ⁰	芝麻 tʂʅ³⁵ma⁰	望枝莲 uaŋ⁵¹tʂʅ³⁵liãn²¹³
辛集	油菜 iou³⁵tsʰai⁰	芝麻 tʂʅ³³ma⁰	望枝莲 uaŋ⁴¹tʂʅ³³lian³⁵⁴
衡水	油菜 iəu²⁴tsʰai⁰	芝麻 tʂʅ³¹ma⁰	望金莲 vaŋ³¹tɕin²⁴lian⁵³
故城	油菜 iou⁵⁵tsʰæ⁰	芝麻 tʂʅ²¹ma⁰	转向葵 tsuæ̃³¹ɕiaŋ³¹kʰuei⁵³ 向日葵 ɕiaŋ⁵³ʐʅ³¹kʰuei⁵³
巨鹿	蔓菁 mẽ⁵³tɕiŋ⁰	芝麻 tʂʅ³³ma⁰	望日莲 uã²¹i²¹liɛ̃⁴¹
邢台	油菜 iou⁵³tsʰai³¹	芝麻 tʂʅ³⁴ma⁰	葵花 kʰuei⁵³xua⁰
馆陶	油菜 iəu⁵²tsʰai⁰ 小菜 ɕiao⁴⁴tsʰai⁰	芝麻 tʂʅ²⁴ma⁰	葵花 kʰuei⁵²xua⁰
沧县	油菜 iou⁵⁵tsʰai⁰	芝麻 tʂʅ⁴¹mə⁰	转家莲 tʂuan²¹tɕia⁰lian⁵³
献县	油菜 iou⁵⁵tsʰɛ⁰	芝麻 tʂʅ³³ma⁰	望日莲 uã³¹ʐʅ³¹liæ̃⁵³
平泉	油菜 iou³⁵tsʰai⁵¹	芝麻 tʂʅ⁵⁵ma⁰	老爷儿转 lau²¹ier³⁵tʂuan⁵¹ 向日葵 ɕiaŋ⁵³ʐʅ⁵³kʰuei³⁵

（续表）

	0187 油菜 油料作物，不是蔬菜	0188 芝麻	0189 向日葵 指植物
滦平	油菜 iou³⁵tsʰai⁵¹	芝麻 tʂʅ⁵⁵ma⁰	老爷儿转 lɑu²¹ier⁵⁵tʂuan⁵¹ 向日葵 ɕiɑŋ⁵¹zʅ⁵¹kʰuei³⁵
廊坊	油菜 iou³⁵tsʰai⁵¹	芝麻 tʂʅ⁵⁵ma⁰	转莲 tʂuan⁵³lien³⁵
魏县	菜籽 tsʰai³¹²tsʅ⁰	芝麻 tʂʅ³³mə⁰	万籽葵 uan³¹²tsʅ⁰kʰuei⁵³ 葵花 kʰuei⁵³xuɑ⁰
张北	油菜 iəu⁴²tsʰai²¹³	芝麻 tʂʅ⁴²ma⁰	朝阳花 tsʰau⁴⁴iɑ̃⁴²xua⁴²
万全	油菜 iou⁴¹tsʰɛi²¹³	芝麻 tʂʅ⁴¹ma⁰	葵花 kʰuei⁴¹xua⁴¹ 朝阳花 tsʰɔ⁴¹iaŋ⁴¹xua⁴¹
涿鹿	油菜 iəu⁴²tsʰɛ⁰	芝麻 tʂʅ⁴²ma⁰	葵花 kʰuei⁴²xua⁰ 朝阳花 tʂɔ¹¹³iɑ̃⁵²xua⁴⁴
平山	油菜 iɐu⁴²tsʰɛ⁰	芝麻 tʂʅ⁵⁵ma⁰	日头花 zʅ⁵⁵tʰɐu⁵³xua³¹
鹿泉	油菜 iou⁵⁵tsʰɛ³¹	芝麻 tʂʅ⁵⁵ma⁰	向日葵 ɕiɑŋ³⁵zʅ³¹kʰuei⁵⁵
赞皇	油菜 iəu⁵¹tsʰɛ⁰	芝麻 tʂʅ⁵⁴ma⁰	葵花儿 kʰuei⁵⁴xuar⁵⁴
沙河	小菜 siau³³tsʰai²¹	芝麻 tʂʅ⁴¹mɔ⁰	葵花 kʰuei⁵¹xuɔ⁰
邯郸	小菜 siɑu⁵⁵tsʰai²¹	芝麻 tʂʅ³¹mə⁰	葵花 kʰuəi⁵³ɔ⁰
涉县	油菜 iou⁴¹tsʰai²⁴	芝麻 tʂʅ⁵⁵mɐʔ⁰	向日葵 ɕiɑ̃⁵⁵i⁵⁵kʰuəi⁰

---

① 实指瓜子。

	0190 蚕豆	0191 豌豆	0192 花生 指果实，注意婉称
兴隆	蚕豆 tsʰan⁵⁵tou⁵¹	豌豆 uan³⁵tou⁵¹	花生仁儿 xuɑ³⁵ʂəŋ³⁵zər⁵⁵ 落生仁儿 lau⁵¹ʂəŋ⁰zər⁵⁵ 花生果儿 xuɑ³⁵ʂəŋ³⁵kuor²¹³①
北戴河	蚕豆 tʃʰan³⁵tou⁵¹	豌豆 uan⁴⁴tou⁵¹	花生 xua⁴⁴ʃəŋ⁴⁴
昌黎	蚕豆 tsʰan²¹³tou⁰	豌豆 uan²¹³tou⁰	落花生 lau⁴²xua⁰ʂəŋ⁴²
乐亭	蚕豆 tsʰan³⁴tou⁵²	豌豆 uan³⁵tou⁵¹	落花生 lau⁵³xua³³ʂəŋ³¹
蔚县	大豆 tɑ³¹təu⁰	豌豆 vã⁵³təu⁰	花生 xua⁵³səŋ⁵³ 带壳的 花生米 xua⁵³səŋ⁵³mi⁴⁴ 不带壳的 花生豆儿 xua⁵³səŋ⁵³təur³¹² 不带壳的
涞水	蚕豆 tsʰan²⁴tou⁰	豌豆 uan⁴⁵tou⁰	花生 xua⁵⁵ʂəŋ³¹
霸州	蚕豆 tsʰan⁴⁴tou⁴¹	豌豆 uan⁵³tou⁰	仁果儿 zəŋ⁴⁴kuor²¹⁴ 带壳的 仁果仁儿 zəŋ⁴⁴kuo⁵³zər⁵³ 不带壳的 仁果豆儿 zəŋ⁴⁴kuo²⁴tour⁴¹ 不带壳的
容城	蚕豆 tsʰan³⁵tou⁰	豌豆 uan³⁵tou⁰	花生 xua⁴⁴ʂəŋ⁴³
雄县	蚕豆 tsʰãn⁵³tou⁰	豌豆 uãn⁴⁵tou⁰	仁果儿 zəŋ⁵³kuor²¹⁴ 带壳的 仁果仁儿 zəŋ⁵³kuo²¹zər⁵³ 不带壳的 仁果豆儿 zəŋ⁵³kuo²⁴tour⁴¹ 不带壳的
安新	大乌豆 tɑ⁵⁵u²¹tou⁵¹	豌豆 uan²¹tou⁵¹	仁果儿 zəŋ⁴⁵kuor²¹⁴ 花生 xua⁵³səŋ⁴⁵
满城	蚕豆 tsʰan²²tou⁰	豌豆 uan²¹tou⁰	花生 xua⁴⁵ʂəŋ⁴⁵
阜平	蚕豆 tsʰæ²⁴tou⁵³	豌豆 uæ³¹tou⁰	花生 xua⁵⁵ʂəŋ³¹
定州	蚕豆 tsʰan⁴²tou⁰	豌豆 uan²¹¹tou⁰	长果 tʂʰaŋ²⁴kuo²⁴
无极	蚕豆 tsʰãn³¹tou⁰	豌豆 uãn³⁵təu⁰	长果儿 tʂʰaŋ³¹kuɤr³⁵
辛集	蚕豆 tsʰan³⁵tou⁰	豌豆 uan³³tou⁰	仁果儿 zəŋ³⁵kuər³²⁴
衡水	蚕豆 tsʰan²⁴təu⁰	豌豆儿 van⁵⁵təur³¹	长果儿 tʂʰaŋ⁵³kuor⁵⁵
故城	蚕豆 tsʰæ̃⁵⁵tou⁰ 面蚕豆 miæ̃³¹tsʰæ̃⁵⁵tou⁰	豌豆 væ̃²¹tou⁰	长果儿 tʂʰaŋ⁵³kuɤr⁵⁵ 花生 xua²⁴səŋ²⁴
巨鹿	蚕豆 tsʰan⁵⁵tou²¹	豌豆 uan³³tou²¹	落生 luo²¹ʂəŋ³³
邢台	蚕豆 tsʰan⁵³tou⁰	豌豆 van⁵⁵tou⁰	长果 tʂʰaŋ⁵³kuo⁰
馆陶	蚕豆 tsʰæn⁵²təu⁰	豌豆 uæn⁵²təu⁰	长果儿 tʂʰɑŋ⁵²kuor⁴⁴

（续表）

	0190 蚕豆	0191 豌豆	0192 花生 指果实，注意婉称
沧县	乌豆 u⁵⁵tou⁴¹		落生 lɑu⁴¹sən²³
献县	面乌豆 miæ̃³¹u³³tou³¹		长果儿 tʂʰɑ̃⁵³kuor³³
平泉	蚕豆 tsʰan³⁵tou⁵¹	豌豆 uan⁵⁵tou⁵¹	花生 xuɑ⁵⁵ʂəŋ⁵⁵
滦平	蚕豆 tsʰan³⁵tou⁵¹	豌豆 uan⁵⁵tou⁵¹	花生 xuɑ⁵⁵ʂəŋ⁵⁵
廊坊	蚕豆 tsʰan³⁵tou⁵¹	豌豆 uan⁵⁵tou⁵¹	花生 xuɑ⁵⁵ʂəŋ⁵⁵
魏县	蚕豆 tʂʰan⁵³təu³¹²	豌豆 uan⁵⁵təu³¹²	[落花]生儿 la⁵³zər³³
张北	大豆 ta²³təu²¹³	豌豆 væ̃⁴²təu²¹³	花生 xuɑ⁴²sən⁴²
万全	大豆 ta²⁴tou²¹³	豌豆 van⁴¹tou²¹³	花生 xuɑ⁴¹sən⁴¹
涿鹿	大豆 ta³¹təu⁰	豌豆 uæ̃⁴²təu⁰	花生 xuɑ⁴⁴sən⁴²
平山	大豆 ta²⁴təu⁴²	豌豆 uæ̃⁵⁵təu⁴²	长虫果儿 tʂʰɑŋ⁴²tʂʰoŋ⁰kuər⁵⁵
鹿泉	蚕豆 tsʰæ̃⁵⁵tou³¹	豌豆 uæ̃⁵⁵tou³¹	长长果儿 tʂʰɑŋ⁵⁵tʂʰɑŋ⁰kuor³⁵
赞皇	蚕豆 tsʰæ̃⁵¹təu⁰	豌豆 uæ̃⁴⁵təu³¹	长果儿 tʂʰɑŋ³¹²kuɤr⁴⁵
沙河	蚕豆 tsʰɑ̃⁵¹təu²¹	豌豆 uɑ̃⁴¹təu²¹	长果 tʂʰɑŋ²¹kuo³³
邯郸	蚕豆 tsʰæ̃⁵⁵təu²¹	豌豆 væ̃⁵⁵təu²¹	[落花]生 lɔ¹³ʂən³¹
涉县	蚕豆 tsʰæ⁴¹tou²⁴	豌豆 væ̃⁴¹tou²⁴	花生 xuɑ⁴¹sən⁰ 落花生儿 lɒ⁴¹xuɒ⁴¹ʂər⁴¹

---

① 还有"花生 xuɑ³⁵ʂəŋ³⁵"的说法。

	0193 黄豆	0194 绿豆	0195 豇豆 长条形的
兴隆	大豆 ta⁵³tou⁵¹ 黄豆 xuaŋ⁵⁵tou⁵¹	绿小豆 luei⁵¹ɕiau²¹tou⁵¹ 绿豆 luei⁵³tou⁵¹	长豆角儿 tʂʰaŋ⁵⁵tou⁵¹tɕiaur²¹³ 豇豆 tɕiaŋ³⁵tou⁵¹
北戴河	大豆儿 ta⁵³tour⁵¹	绿豆 ly⁵³tou⁵¹	豇豆 tɕiaŋ⁴⁴tou⁵¹
昌黎	黄豆 xuaŋ⁴²tou²³	绿豆 ly⁴⁵tou⁰	豇豆 tɕiaŋ²¹³tou⁰
乐亭	黄豆 xuaŋ³¹tou⁰	绿豆 ly⁵⁵tou⁰	豇豆 tɕiaŋ³⁵tou⁵²
蔚县	黄豆 xɔ⁴¹təu⁰	绿豆 ly³¹təu⁰	豇豆 tɕi⁵³təu⁰
涞水	黄豆 xuaŋ²⁴tou⁰	绿豆 ly³³¹tou⁰	长豆角儿 tʂʰaŋ⁴⁵tou³¹tɕiau³¹uər⁰
霸州	黄豆 xuaŋ⁵³tou⁰	绿豆 ly⁴⁵tou⁰	菜豆角儿 tsʰai⁴⁵tou⁴¹tɕiaur²¹⁴ 长豆角儿 tʂʰaŋ⁵³tou⁴¹tɕiaur²¹⁴
容城	黄豆 xuaŋ²¹tou⁰	绿豆 ly⁵²tou⁰	豇豆 tɕiaŋ³⁵tou⁰
雄县	黄豆 xuaŋ⁵³tou⁰	绿豆 ly⁴⁵tou⁰	菜豆角儿 tsʰai⁴¹tou⁴¹tɕiaur²¹⁴ 长豆角儿 tʂʰaŋ⁵³tou⁴¹tɕiaur²¹⁴ 十八豆 ʂʅ⁵³pa⁴⁵tou⁴¹
安新	黄豆 xuaŋ³³tou⁰	绿豆 ly⁵⁵tou⁰	菜豆角儿 tsʰai⁵³tou⁵⁵tɕiaur²¹⁴
满城	黄豆 xuaŋ²²tou⁰	绿豆 ly⁵⁵tou⁰	豇豆 tɕiaŋ²¹tou⁰
阜平	黄豆 xuaŋ⁵³tou⁰	绿豆 ly²⁴tou⁰	长豆角儿 tʂʰaŋ⁵⁵tou⁵³tɕiɔr²⁴
定州	黄豆 xuaŋ⁴²tou⁰	绿豆 ly³⁵tou⁰	豇豆 kaŋ²¹¹tou⁰
无极	黄豆 xuaŋ³¹təu⁰	绿豆 ly⁵³təu⁰	
辛集	黄豆 xuaŋ³⁵tou⁰	绿豆 ly⁴²tou⁰	豇豆 tɕiaŋ³³tou⁰
衡水	黄豆儿 xuaŋ²⁴təur⁰	绿豆 ly⁵³təu⁰	豆角儿 təu³¹tɕiaur²⁴
故城	黄豆 xuaŋ⁵⁵tou⁰ 豆子 tou⁵³tsʅ⁰	绿豆 ly⁵³tou⁰	长豆角儿 tʂʰaŋ⁵³tou³¹tɕiɔr⁵⁵ 豇豆 tɕiaŋ²¹tou⁰
巨鹿	黄豆 xuaŋ⁵⁵tou²¹	绿豆 ly⁵³tou⁰	豇豆 tɕiaŋ³³tou²¹
邢台	黄豆 xuaŋ⁵³tou⁰	绿豆 ly³¹tou⁰	豇豆 tɕiaŋ³⁴tou⁰
馆陶	黄豆 xuaŋ⁵²təu⁰ 大豆 ta²⁴təu²¹	绿豆 ly²¹təu⁰	豇豆 tɕiaŋ⁵²təu⁰
沧县	黄豆 xuaŋ⁵⁵tou⁰	绿豆 ly⁵³tou⁰	长豆角儿 tʂʰaŋ⁵³tou⁴¹tɕiaur²³
献县	黄豆 xuã⁵⁵tou⁰	绿豆 ly³³¹tou⁰	豆角儿 tou³¹tɕiɔr³³
平泉	大豆 ta⁵³tou⁵¹ 黄豆 xuaŋ³⁵tou⁵¹	绿豆 ly⁵³tou⁵¹	家雀儿豆 tɕia⁵⁵tɕʰiaur²¹tou⁵¹ 豇豆 tɕiaŋ⁵⁵tou⁵¹

(续表)

	0193 黄豆	0194 绿豆	0195 豇豆长条形的
滦平	大豆 ta⁵¹tou⁵¹ 黄豆 xuaŋ³⁵tou⁵¹	绿豆 ly⁵¹tou⁵¹	豇豆 tɕiaŋ⁵⁵tou⁵¹
廊坊	黄豆 xuaŋ³⁵tou⁵¹ 大豆 ta⁵³tou⁵¹	绿豆 ly⁵³tou⁵¹	十八豆 ʂʅ³⁵pa⁵⁵tou⁵¹ 长豆角儿 tʂʰaŋ³⁵tou⁵³tɕiaur²¹⁴
魏县	白豆 pai⁵³təu³¹²	绿豆 lyɛ⁵³təu³¹²	豇豆 tɕiaŋ⁵⁵təu³¹²
张北	黄豆 xuɔ̃⁴²təu²¹³	绿豆 luəʔ³təu²¹³	红豆 xuŋ⁴²təu²¹³ 红豆子 xuŋ⁴²təu²³tsə⁰ 豇豆 tɕiɔ̃⁴²təu²¹³
万全	黄豆 xuə⁴¹tou²¹³	绿豆 ləʔ²²tou²¹³	豇豆 tɕiaŋ⁴¹tou²¹³
涿鹿	黄豆 xuã⁴²təu⁰	绿豆 luei³¹təu⁰	豇豆 tɕiã⁴²təu⁰
平山	豆儿 tər⁴² 黄豆 xuaŋ⁴²tɐu⁰	绿豆 li²⁴tɐu⁴²	豇豆 tɕiaŋ⁵³tɐu⁴²
鹿泉	黄豆 xuaŋ⁵⁵tou⁰	绿豆 ly³¹tou⁰	豇豆 tɕiaŋ⁵⁵tou⁰
赞皇	黄豆 xuaŋ⁵¹təu³¹	绿豆 ly⁵¹təu⁰	豇豆 tɕiaŋ⁵⁴təu⁰
沙河	黄豆 xuaŋ⁵¹təu²¹	绿豆 lyəʔ⁴təu²¹	豇豆 tɕiaŋ⁴¹təu²¹
邯郸	黄豆 xuaŋ⁵³təu²¹	绿豆 lyɛʔ⁵təu²¹	豇豆 tɕiaŋ⁵⁵təu²¹
涉县	黄豆 xuã⁴¹tou²⁴	绿豆 ly⁵³tou⁰	豇豆 tɕiã⁴¹tou²⁴

	0196 大白菜 东北~	0197 包心菜 卷心菜，圆白菜，球形的	0198 菠菜
兴隆	白菜 pai⁵⁵tsʰai⁵¹ 大白菜 ta⁵¹pai⁵⁵tsʰai⁵¹	疙瘩白 ka³⁵ta⁰pai⁵⁵ 甘蓝 kan³⁵lan⁵⁵ 包心儿菜 pɑu³⁵ɕiər³⁵tsʰai⁵¹	菠菜 po³⁵tsʰai⁵¹
北戴河	大白菜 ta⁵³pai³⁵tʃʰai⁵¹	洋白菜 iɑŋ³⁵pai³⁵tʃʰai⁰	菠菜 pɤ³⁵tʃʰai⁰
昌黎	大白菜 ta⁴³pai⁴²tʂʰai²³	大头菜 ta⁴²tʰou²⁴tʂʰai⁴⁵³	菠菜 pɤ⁴²tsʰai¹
乐亭	白菜 pai³¹tsʰai⁰	大头菜 ta⁵³tʰou³⁴tsʰai⁵²	菠菜 pə³¹tsʰai⁰
蔚县	大白菜 ta¹³pei⁴¹tsʰεi⁰ 白菜 pei⁴¹tsʰεi⁰	茼茼白 xuei⁴¹xuei⁰pei⁴¹ 圆白菜 yã¹³pei⁴¹tsʰεi⁰ 包心菜 pʌɯ⁵³ɕiŋ⁵³tsʰεi³¹²	菠菜 pɤ⁵³tsʰεi⁰
涞水	白菜 pai²⁴tsʰai⁰	洋白菜 iɑŋ⁴⁵pai²⁴tsʰai⁰	菠菜 puo⁴⁵tsʰai⁰
霸州	白菜 pai⁴⁴tsʰai⁴¹	洋白菜 iɑŋ⁴⁴pai⁴⁴tsʰai⁴¹ 圆白菜 yan⁴⁴pai⁴⁴tsʰai⁴¹	青菜 tɕʰiŋ⁵³tsʰai⁰① 菠菜 po⁴⁵tsʰai⁴¹②
容城	大白菜 ta⁵²pai²¹tsʰai⁰	洋白菜 iɑŋ⁴⁴pai²¹tsʰai⁰	青菜 tɕʰiŋ³⁵tsʰai⁰
雄县	白菜 pai⁵³tsʰai⁰	洋白菜 iɑŋ⁵³pai⁵³tsʰai⁴¹	青菜 tɕʰiŋ²¹tsʰai⁰③ 菠菜 po⁴⁵tsʰai⁴¹④
安新	白菜 pai³³tsʰai⁰	圆白菜 yan⁴⁵pai³³tsʰai⁰ 洋白菜 iɑŋ⁴⁵pai³¹tsʰai⁰	青菜 tɕʰiŋ²¹tsʰai⁰
满城	白菜 pai²²tsʰai⁰	洋白菜 iɑŋ²²pai²²tsʰai⁰	青菜 tɕʰiŋ²¹tsʰai⁰
阜平	白菜 pæ⁵³tsʰæ⁰	茴子白 xuei⁵³tsɿ⁰pæ²⁴	菠菜 puɤ²¹tsʰæ⁰
定州	大白菜 ta⁵³pai⁴²tsʰai⁰	洋白菜 iɑŋ²¹³pai⁴²tsʰai⁰	青菜 tsʰiŋ²¹¹tsʰai⁰
无极	大白菜 ta⁵¹pæ³¹tsʰæ⁰	茴子白 xuəi³¹tsɿ⁰pæ²¹³	青菜 tsʰiŋ³⁵tsʰæ⁰
辛集	白菜 pai³⁵tsʰai⁰	洋白菜 iɑŋ³⁵⁴pai³⁵tsʰai⁰	青菜 tsʰiŋ³⁵tsʰai⁴¹
衡水	白菜 pɑi²⁴tsʰɑi³¹	洋白菜 iɑŋ⁵³pai²⁴tsʰai³¹	菠菜 po³¹tsʰɑi⁰
故城	大白菜 ta³¹pæ⁵⁵tsʰæ⁰ 白菜 pæ⁵⁵tsʰæ⁰	大头菜 ta⁵³tʰou⁰tsʰæ³¹ 圆白菜 yæ̃⁵³pæ⁵⁵tsʰæ⁰ 卷心菜 tɕyæ̃³¹ɕiẽ⁰tsʰæ³¹	菠菜 pɤ²⁴tsʰæ⁰
巨鹿	大白菜 ta²¹pai⁵⁵tsʰai²¹	圆白菜 yẽ⁴¹pai⁵⁵tsʰai²¹	菠菜 po³³tʃʰai²¹
邢台	大白菜 ta³¹pai⁵³tʂʰai³¹	洋白菜 iɑŋ³³pai⁵³tsʰai³¹	菠菜 pə³⁴tsʰai³¹
馆陶	白菜 pai⁵²tsʰai⁰	卷心菜 tɕyæn⁴⁴ɕin²⁴tsʰai²¹ 卷心儿菜 tɕyæn⁴⁴siər²⁴tsʰai²¹	菠菜 po²⁴tsʰai⁰

(续表)

	0196 大白菜 东北~	0197 包心菜 卷心菜，圆白菜，球形的	0198 菠菜
沧县	白菜 pai⁵⁵tsʰai⁰	圆菜 yan⁵³tsʰai⁴¹	菠菜 pɤ²³tsʰai⁴¹
献县	白菜 pɛ⁵⁵tsʰɛ⁰	圆白菜 yæ⁵³pɛ⁵⁵tsʰɛ⁰	菠菜 puo³³tsʰɛ⁰
平泉	大白菜 ta⁵³pai³⁵tsʰai⁵¹	疙瘩白 ka⁵⁵ta⁰pai³⁵ 圆白菜 yan³⁵pai³⁵tsʰai⁵¹ 包心菜 pɑu⁵⁵ɕin⁵⁵tsʰai⁵¹	菠菜 po⁵⁵tsʰai⁵¹
滦平	大白菜 ta⁵¹pai³⁵tsʰai⁵¹	疙瘩白 ka⁵⁵ta⁰pai³⁵ 圆白菜 yan³⁵pai³⁵tsʰai⁵¹ 包心菜 pɑu⁵⁵ɕin⁵⁵tsʰai⁵¹	菠菜 po⁵⁵tsʰai⁵¹
廊坊	白菜 pai³⁵tsʰai⁵¹	圆白菜 yan³⁵pai³⁵tsʰai⁵¹	菠菜 pɤ³⁵tsʰai⁵¹ 青菜 tɕʰiŋ⁵⁵tsʰai⁵¹
魏县	白菜 pai⁵³tʂʰai³¹²	包心菜 pɑu³³ɕin³³tʂʰai³¹²	菠菜 pə³³tʂʰai³¹²
张北	大白菜 ta²³pai⁴²tsʰai²¹³	疙瘩白 kəʔ³ta⁰pai⁴²	菠菜 pə⁴²tsʰai²¹³
万全	大白菜 ta²¹³pei⁴¹tsʰɛi²¹³	包心菜 pɔ⁴¹ɕiən⁴¹tsʰɛi²¹³	菠菜 pə⁴¹tsʰɛi²¹³
涿鹿	长白菜 tʂʰã¹¹³pɛ⁵²tsʰɛ³¹ 大白菜 ta²³pɛ⁴²tsʰɛ³¹	圆白菜 yæ¹¹³pɛ⁵²tsʰɛ³¹	菠菜 puə⁴²tsʰɛ³¹
平山	白菜 pɛ⁴²tsʰɛ⁰	苘子白 xuæi⁴²tsɿ⁰pɛ³¹	青菜 tsʰiŋ⁴²tsʰɛ⁰
鹿泉	大白菜 ta³¹pɛ⁵⁵tsʰɛ³¹	洋白菜 iaŋ⁵⁵pɛ⁵⁵tsʰɛ³¹	菠菜 po⁵⁵tsʰɛ³¹
赞皇	白菜 pɛ⁵¹tsʰɛ⁰	苘苘白 xuei⁵¹xuei⁰pɛ⁵⁴	菠菜 puə⁵⁴tsʰɛ³¹
沙河	白菜 pai⁵¹tsʰai²¹ 大白菜 tɔ²¹pai⁵¹tsʰai²¹	苘子白 xuei⁴¹tɤ²¹pai⁵¹	青菜 tsʰiəŋ⁴¹tsʰai²¹
邯郸	白菜 pai⁵³tsʰai²¹ 黄菜 xuɑŋ²⁴tsʰai²¹	洋白菜 iaŋ²⁴pai⁵³tsʰai²¹	青菜 tsʰiŋ⁵⁵tsʰai²¹
涉县	白菜 pɐʔ⁵⁵tsʰai⁰	苘苘白 xuəi⁴¹xuəi²⁴pɐʔ³²	青菜 tɕʰiəŋ⁵⁵tsʰai⁰

---

①③ 春天成熟的。
②④ 冬天成熟的。

	0199 芹菜	0200 莴笋	0201 韭菜
兴隆	芹菜 tɕʰin⁵⁵tsʰai⁵¹	莴笋 uo³⁵suan²¹³ 生笋 ʂəŋ³⁵suan²¹³	韭菜 tɕiou²¹tsʰai⁵¹
北戴河	芹菜 tɕʰin³⁵tʃʰai⁰	莱笋 tʃʰai⁵³ʃuan²¹⁴	韭菜 tɕiou²¹tʃʰai⁰
昌黎	芹菜 tɕʰin⁴²tʂʰai²³	莱笋 tsʰai⁴²suan²¹³	韭菜 tɕiou²¹tʂʰai⁰
乐亭	芹菜 tɕʰiən³¹tsʰai⁰	莱笋 tsʰai⁵³suan³⁴	韭菜 tɕiou²¹¹tsʰai⁵²
蔚县	芹菜 tɕʰiŋ⁴¹tsʰɛi⁰	莴笋 vɤ⁵³suŋ⁴⁴	韭菜 tɕiəu⁴⁴tsʰɛi⁰
涞水	芹菜 tɕʰin²⁴tsʰai⁰	莴浇⁼笋 uo³³tɕiɑu⁰suan²⁴	韭菜 tɕiou²⁴tsʰai⁰
霸州	芹菜 tɕʰin⁵³tsʰai⁰	笋 suan²¹⁴ 莴笋 uo⁴⁵suan²¹⁴	韭菜 tɕiou²¹tsʰai⁰
容城	芹菜 tɕʰin³⁵tsʰai⁰	莴笋 uo⁴⁴suan²¹³	韭菜 tɕiou²¹tsʰai⁰
雄县	芹菜 tɕʰin⁵³tsʰai⁰	莴笋 uo⁴⁵suan²¹⁴	韭菜 tɕiou²¹tsʰai⁰
安新	芹菜 tɕʰin³³tsʰai⁰	莴笋 uo⁴⁵suan⁰	韭菜 tɕiou²¹tsʰai⁰
满城	芹菜 tɕʰin²²tsʰai⁰	莴笋 uo⁴⁵suan²¹³	韭菜 tɕiou²¹tsʰai⁰
阜平	芹菜 tɕʰiŋ⁵³tsʰæ⁰	莴笋 uɤ²⁴soŋ⁵⁵	韭菜 tɕiou⁵⁵tsʰæ⁵³
定州	芹菜 tɕʰin⁴²tsʰai⁰	莴笋 uo³³syn²⁴	韭菜 tɕiou²¹¹tsʰai⁰
无极	芹菜 tɕʰien³¹tsʰæ⁰	莴笋 uɤ³¹suen³⁵	韭菜 tɕiəu³⁵tsʰæ⁰
辛集	芹菜 tɕʰiən³⁵tsʰai⁰	莴笋 uə³³suan³²⁴	韭菜 tɕiou²⁴tsʰai⁴¹
衡水	芹菜 tɕʰin²⁴tsʰɑi⁰	莴笋 uo³¹ɕyn⁵⁵	韭菜 tɕiəu⁵⁵tsʰɑi⁰
故城	芹菜 tɕʰiẽ⁵⁵tsʰæ⁰	莴苣 vɤ²¹tɕy⁰	韭菜 tɕiou⁵⁵tsʰæ⁰
巨鹿	芹菜 tɕʰin⁵⁵tsʰai²¹	莴笋 uo³³suan⁵⁵	韭菜 tɕiou⁵⁵tsʰai²¹
邢台	芹菜 tɕʰin⁵³tsʰai³¹	笋 suan⁵⁵	韭菜 tɕiou⁵⁵tsʰai³¹
馆陶	芹菜 tɕʰin⁵²tsʰai⁰	莴苣 uo²⁴tɕy⁰	韭菜 tɕiəu⁴⁴tsʰai⁰
沧县	芹菜 tɕʰiən⁵³tsʰai⁴¹	莴笋 uo⁴¹suan²³	韭菜 tɕiou²³tsʰai⁴¹
献县	芹菜 tɕʰin⁵⁵tsʰɛ⁰		韭菜 tɕiou²⁴tsʰɛ⁰
平泉	芹菜 tɕʰin³⁵tsʰai⁵¹	莴笋 uo⁵⁵suan²¹⁴	韭菜 tɕiou²¹tsʰai⁵¹
滦平	芹菜 tɕʰin³⁵tsʰai⁵¹	莴笋 uo⁵⁵suan²¹⁴	韭菜 tɕiou²¹tsʰai⁵¹
廊坊	芹菜 tɕʰin³⁵tsʰai⁰	莴笋 uo⁵⁵suan²¹⁴	韭菜 tɕiou²¹tsʰai⁵¹
魏县	芹菜 tɕʰin⁵³tʂʰai³¹²	笋 ɕyn⁵⁵	韭菜 tɕiəu⁵⁵tʂʰai³¹²

（续表）

	0199 芹菜	0200 莴笋	0201 韭菜
张北	芹菜 tɕʰiŋ⁴²tsʰai²¹³	莴笋 uə⁴²suŋ⁵⁵	韭菜 tɕiəu⁵⁵tsʰai²¹³
万全	芹菜 tɕʰiən⁴¹tsʰɛi²¹³	莴笋 və⁴⁴suŋ⁵⁵	韭菜 tɕiou⁴⁴tsʰɛi²¹³
涿鹿	芹菜 tɕʰiŋ⁵²tsʰɛ³¹	生菜杆儿 səŋ⁴⁴tsʰɛ³¹kɚ⁴⁵	韭菜 tɕiəu⁴⁵tsʰɛ³¹
平山	芹菜 tɕʰyŋ⁴²tsʰɛ⁰	莴笋 uə³¹soŋ⁵⁵	韭菜 tɕiɐu⁵⁵tsʰɛ⁰
鹿泉	芹菜 tɕʰiē⁵⁵tsʰɛ³¹	莴笋 uo⁵⁵suẽ³⁵	韭菜 tɕiou³⁵tsʰɛ³¹
赞皇	芹菜 tɕʰin⁵¹tsʰɛ⁰	莴笋 uə⁵⁴suan⁴⁵	韭菜 tɕiəu⁴⁵tsʰɛ³¹
沙河	芹菜 tɕʰiən⁵¹tsʰai²¹	莴笋 uo⁴¹syən³³	韭菜 tɕiəu³³tsʰai²¹
邯郸	芹菜 tɕʰin⁵³tsʰai²¹	莴笋 uə³³syn⁵⁵	韭菜 tɕiəu⁵⁵tsʰai²¹
涉县	芹菜 tɕʰiən⁴¹²tsʰai²⁴	莴笋 uə⁵⁵ɕyəŋ⁰	韭菜 tɕiou⁵³tsʰai²⁴

	0202 香菜芫荽	0203 葱	0204 蒜
兴隆	芫荽 ian⁵⁵suei⁰ 香菜 ɕiaŋ³⁵tsʰai⁵¹	葱 tsʰoŋ³⁵	蒜 suan⁵¹
北戴河	香菜 ɕiaŋ⁴⁴tʃʰai⁰	葱 tʃʰuŋ⁴⁴	蒜 ʃuan⁵¹
昌黎	香菜 ɕiaŋ²¹³tʂʰai⁰	葱 tʂʰuŋ⁴²	蒜 suan⁴⁵³
乐亭	香菜 ɕiaŋ³¹tsʰai⁵²	葱 tsʰuŋ³¹	蒜 suan⁵²
蔚县	芫荽 iã⁴¹ɕy⁰ 香菜 ɕiɔ⁵³tsʰei³¹²	葱 tsʰuŋ⁵³	蒜 suã³¹²
涞水	香菜儿 ɕiaŋ⁴⁵tsʰɐr⁰	葱 tsʰoŋ³¹	大蒜 ta³¹suan³¹⁴
霸州	香菜 ɕiaŋ⁴⁵tsʰai⁴¹ 芫荽 ian⁵³suei⁰	葱 tsʰuŋ⁴⁵	蒜 suan⁴¹
容城	芫荽 ian²¹suei⁰	葱 tsʰuŋ⁴³	蒜 suan⁵¹³
雄县	香菜 ɕiaŋ⁴⁵tsʰai⁴¹ 芫荽 iã⁵³suei⁰ 老人多用	葱 tsʰuŋ⁴⁵	蒜 suã⁴¹
安新	芫荽 ian³³suei⁰ 香菜 ɕiaŋ⁴⁵tsʰai⁵¹	葱 tsʰuŋ⁴⁵	蒜 suan⁵¹
满城	芫荽 ian²²suei⁰	葱 tsʰuŋ⁴⁵	蒜 suan⁵¹²
阜平	芫荽 iæ⁵³suei⁰	葱 tsʰoŋ³¹	蒜 suã⁵³
定州	芫荽 ian⁴²suei⁰	葱 tsʰuŋ³³	蒜 suan⁵¹
无极	芫荽 iã³¹suəi⁰	葱 tsʰuŋ³¹	蒜 suã⁵¹
辛集	芫荽 yan³⁵suei⁰	葱 tsʰoŋ³³	蒜 suan⁴¹
衡水	芫荽 ian²⁴suei⁰	葱 tʂʰuŋ²⁴	蒜 suɑn³¹
故城	芫荽 iæ⁵⁵suei⁰	葱 tsʰuŋ²⁴	蒜 suæ³¹
巨鹿	芫荽 yan⁵³suei⁰	葱 tsʰoŋ³³	蒜 suẽ²¹
邢台	芫荽 ian⁵³suei⁰	葱 tsʰuŋ³⁴ 大葱 ta³¹tsʰuŋ³⁴	蒜 suan³¹ 大蒜 ta³³suan³¹
馆陶	芫荽 iæn⁵²suei⁰ 香菜 ɕiaŋ²⁴tsʰai⁰	葱 tsʰuŋ²⁴	蒜 suæn²¹³ 大蒜 ta²⁴suæn⁰
沧县	芫荽菜 ian⁵⁵ɕi⁰tsʰai⁴¹	葱 tsʰoŋ²³	蒜 suan⁴¹
献县	芫荽 iæ⁵⁵suei⁰ 香菜 ɕiã³³tsʰɛ³¹	葱 tsʰoŋ³³	蒜 suæ³¹

（续表）

	0202 香菜 芫荽	0203 葱	0204 蒜
平泉	芫荽 yan³⁵suei⁰ 香菜 ɕiaŋ⁵⁵tsʰai⁵¹	葱 tsʰuŋ⁵⁵	大蒜 ta⁵³suan⁵¹ 蒜 suan⁵¹
滦平	香菜 ɕiaŋ⁵⁵tsʰai⁵¹ 芫荽 ian³⁵suei⁰	葱 tsʰuŋ⁵⁵	大蒜 ta⁵¹suan⁵¹ 蒜 suan⁵¹
廊坊	香菜 ɕiaŋ⁵⁵tsʰai⁵¹ 芫荽 iɛn³⁵suei⁰ 晒干的	葱 tsʰuŋ⁵⁵	蒜 suan⁵¹
魏县	芫荽 ian⁵³tʂʰuəi³¹²	葱 tʂʰuŋ³³	蒜 ʂuan³¹²
张北	芫荽 iæ̃⁴²suei⁰	葱 tsʰuŋ⁴²	蒜 suæ̃²¹³
万全	芫荽 yan⁴¹ɕy⁰	葱 tsʰuəŋ⁴¹	蒜 suan²¹³
涿鹿	芫荽 yæ̃⁴²ɕyʌ⁰	葱 tsʰuŋ⁴²	蒜 suæ̃³¹
平山	芫荽 yæ̃⁴²sæi⁰	葱 tsʰoŋ³¹	蒜 suæ̃⁴²
鹿泉	芫荽 iæ̃⁵⁵suei⁰	葱 tsʰuŋ⁵⁵	蒜 suæ̃³¹²
赞皇	芫荽 iæ̃⁵¹suei⁰	葱 tsʰuŋ⁵⁴	蒜 suæ̃³¹²
沙河	芫荽 iã⁵¹tsʰuei⁰	葱 tsʰoŋ⁴¹	蒜 suã²¹
邯郸	芫荽 iæ̃⁵³suei⁰	葱 tsʰuŋ³¹	蒜 suæ̃²¹³
涉县	芫荽 iæ̃⁴¹suəi²⁴	葱 tsʰəŋ⁴¹	蒜 suæ̃⁵⁵

	0205 姜	0206 洋葱	0207 辣椒 统称
兴隆	姜 tɕiaŋ³⁵	葱头 tsʰoŋ³⁵tʰou⁵⁵ 洋葱 iaŋ⁵⁵tsʰoŋ³⁵	辣椒 la⁵¹tɕiau³⁵
北戴河	姜 tɕiaŋ⁴⁴	洋葱 iaŋ³⁵tʂʰuŋ⁴⁴	辣椒 la⁵³tɕiau⁴⁴
昌黎	姜 tɕiaŋ⁴²	洋葱 iaŋ³⁴tʂʰuŋ⁴²	辣椒 la⁴⁵tɕiau⁰
乐亭	姜 tɕiaŋ³¹	洋葱 iaŋ³⁴tsʰuŋ³¹	辣椒 la³⁴tɕiau³¹
蔚县	姜 tɕiɔ⁵³	葱头 tsʰuŋ⁵³tʰəu⁴¹	辣椒 la³¹tɕiʌɯ⁴⁴
涞水	姜 tɕiaŋ³¹	葱头 tsʰoŋ⁵⁵tʰou⁴⁵	辣椒 la³¹tɕiau³¹
霸州	姜 tɕiaŋ⁴⁵	葱头 tsʰuŋ⁴⁵tʰou⁵³	秦椒 tɕʰin⁴⁴tɕiau⁴⁵
容城	姜 tɕiaŋ⁴³	葱头 tsʰuŋ⁴⁴tʰou³⁵	辣椒 la⁵²tɕiau⁴³
雄县	姜 tɕiaŋ⁴⁵	葱头 tsʰuŋ⁴⁵tʰou⁵³	秦椒 tɕʰin⁵³tɕiau⁴⁵
安新	姜 tɕiaŋ⁴⁵	葱头 tsʰuŋ⁴⁵tʰou³¹	秦椒 tɕʰin⁵³tɕiau⁴⁵
满城	姜 tɕiaŋ⁴⁵	洋葱 iaŋ⁴⁵tsʰuŋ⁴⁵ 葱头 tsʰuŋ⁴⁵tʰou²²	辣椒 la⁵³tɕiau⁴⁵ 秦椒 tɕʰin²²tɕiau⁰
阜平	姜 tɕiaŋ³¹	葱头 tsʰoŋ⁵⁵tʰou²⁴	辣椒儿 la²⁴tɕiɔr³¹
定州	姜 tɕiaŋ³³	洋葱 iaŋ²⁴tsʰuŋ³³	辣椒儿 la³⁵tɕiau⁰uər⁰
无极	姜 tɕiaŋ³¹	洋葱头 iaŋ²¹³tsʰuŋ³³tʰəu²¹³	辣椒儿 la³¹tɕiɔr⁰
辛集	姜 tɕiaŋ³³	葱头 tsʰoŋ³³tʰou³⁵⁴	秦椒 tsʰiən³³tɕiau⁰
衡水	姜 tɕiaŋ²⁴	葱头 tʂʰuŋ²⁴tʰəu⁵³	辣子 la⁵³tsɿ⁰
故城	姜 tɕiaŋ²⁴	葱头 tsʰuŋ²⁴tʰou⁵³ 洋葱 iaŋ⁵³tsʰuŋ²⁴	辣椒 la³¹tɕiɔɔ²⁴
巨鹿	姜 tɕiaŋ³³	洋葱 iã⁴¹tsʰoŋ³³	辣子 la⁵³tsɿ⁰
邢台	姜 tɕiaŋ³⁴ 老姜 lau⁴³tɕiaŋ³⁴	葱头 tsʰuŋ³⁴tʰou⁵³	辣椒 la³¹tɕiau³⁴
馆陶	姜 tɕiaŋ²⁴ 生姜 ʂəŋ²⁴tɕiaŋ²⁴ 鲜姜 siæn²⁴tɕiaŋ²⁴	洋葱 iaŋ⁵³tsʰuŋ²⁴	辣椒 la²¹tsiao²⁴
沧县	姜 tɕiaŋ²³	葱头 tsʰoŋ²³tʰou⁵³	辣子 la⁵³tsɿ⁰
献县	姜 tɕiã³³	葱头 tsʰoŋ³³tʰou⁵³	辣椒 la³¹tɕiɔ³³
平泉	姜 tɕiaŋ⁵⁵	葱头 tsʰuŋ⁵⁵tʰou³⁵ 洋葱 iaŋ³⁵tsʰuŋ⁵⁵	辣椒 la⁵¹tɕiau⁵⁵

（续表）

	0205 姜	0206 洋葱	0207 辣椒 统称
滦平	姜 tɕiaŋ⁵⁵	葱头 tsʰuŋ⁵⁵tʰou³⁵	辣椒 la⁵¹tɕiɑu⁵⁵
廊坊	姜 tɕiaŋ⁵⁵	葱头 tsʰuŋ⁵⁵tʰou³⁵ 洋葱 iaŋ³⁵tsʰuŋ⁵⁵	辣子 la⁵¹tsʅ⁰
魏县	姜 tɕiaŋ³³	葱头 tʂʰuŋ³³tʰəu⁵³	辣子 lɤ³³tɛ⁰
张北	姜 tɕiɔ̃⁴²	葱头 tsʰuŋ⁴⁴tʰəu⁴²	辣椒儿 ləʔ³tɕiɔr⁵⁵
万全	姜 tɕiaŋ⁴¹	葱头 tsʰuəŋ⁴¹tʰou⁰	辣角角 lʌʔ²²tɕiəʔ²²tɕiəʔ⁰
涿鹿	姜 tɕiã⁴⁴	葱头 tsʰuŋ⁴²tʰəu⁴²	辣胡椒 la²³xu⁵²tɕiɑu⁴²
平山	姜 tɕiaŋ³¹	葱头 tsʰoŋ⁵³tʰɐu³¹	辣椒儿 la³¹tɕiɔr⁵⁵
鹿泉	姜 tɕiaŋ⁵⁵	葱头 tsʰuŋ⁵⁵tʰou⁵⁵	辣椒儿 la³¹tɕiɔr¹³
赞皇	姜 tɕiaŋ⁵⁴	葱头 tsʰuŋ⁵⁴tʰəu⁰	辣子 la²¹tsə⁰
沙河	姜 tɕiaŋ⁴¹	洋葱 iaŋ⁵⁴tsʰoŋ³¹	辣子 ləʔ⁴tə⁰
邯郸	姜 tɕiaŋ³¹	洋葱 iaŋ²⁴tsʰuŋ³¹	辣椒 lʌʔ²tsiɑu⁰
涉县	姜 tɕiã⁴¹	洋葱 iã⁴¹tsʰuəŋ³¹ 葱头 tsʰuəŋ⁴¹tʰou⁰	辣子 lɒ⁵⁵lə⁰

	0208 茄子 统称	0209 西红柿	0210 萝卜 统称
兴隆	茄菜 tɕʰie⁵⁵tsʰai⁰ 茄子 tɕʰie⁵⁵tsʅ⁰	洋柿子 iaŋ⁵⁵ʂʅ⁵¹tsʅ⁰ 西红柿 ɕi³⁵xoŋ⁵⁵ʂʅ⁵¹	萝卜 luo⁵⁵pə⁰
北戴河	茄子 tɕʰie³⁵tʂʅ⁰	火柿子 xuo²¹ʂʅ⁵³tʂʅ⁰	萝卜 luo³⁵pai⁰
昌黎	茄子 tɕʰie⁴²tsʅ²³	西红柿 ɕi³⁴xuŋ⁰ʂʅ⁴⁵³	萝卜 luo⁴²pu²³
乐亭	茄子 tɕʰie³¹tsʅ⁰	洋柿子 iaŋ³⁴ʂʅ³⁵tsʅ⁰	萝卜 luə³¹pu⁰
蔚县	茄子 tɕʰiə⁴¹tsʅ⁰	西红柿 ɕi⁵³xuŋ⁴¹sʅ³¹² 柿子 sʅ³¹tsʅ⁰	萝卜 luɤ⁴¹pei⁰
涞水	茄子 tɕʰie²⁴tsʅ⁰	西红柿 ɕi⁵⁵xoŋ⁴⁵ʂʅ³¹⁴	萝卜 luo²⁴pai⁰
霸州	茄子 tɕʰie⁵³tsʅ⁰	西红柿 ɕi⁴⁴xuŋ⁴⁴ʂʅ⁴¹ 火柿子 xuo²¹ʂʅ⁴⁵tsʅ⁰ 洋柿子 iaŋ⁴⁴ʂʅ⁴⁵tsʅ⁰	萝卜 luo⁵³pʰai⁰
容城	茄子 tɕʰie²¹tsʅ⁰	西红柿 ɕi⁴⁴xuŋ⁴⁴ʂʅ⁵¹³	萝卜 luo²¹pei⁰
雄县	茄子 tɕʰie⁵³tsʅ⁰	西红柿 ɕi⁴⁵xuŋ⁵³ʂʅ⁴¹	萝卜 luo⁵³pʰai⁰
安新	茄子 tɕʰie³³tsʅ⁰	西红柿 ɕi⁵³xuŋ⁴⁵ʂʅ⁵¹	萝卜 luo³³pʰei⁰
满城	茄子 tɕʰie²²tsʅ⁰	洋柿子 iaŋ²²ʂʅ²¹tsʅ⁰ 西红柿 ɕi⁴⁵xuŋ²²ʂʅ⁵¹²	萝卜 luo²²pei⁰
阜平	茄子 tɕʰie⁵³tsʅ⁰	西红柿 ɕi³¹xoŋ⁵⁵ʂʅ⁵³	萝卜 luɤ⁵³pei⁰
定州	茄子 tɕʰie⁴²tsʅ⁰	西红柿 si³³xuŋ²⁴ʂʅ⁵¹	萝卜 luo⁴²pei⁰
无极	茄子 tɕʰie³¹tsʅ⁰	西红柿 si³³xuŋ³¹ʂʅ⁵¹	萝卜 luɤ³¹pəi⁰
辛集	茄子 tɕʰie³⁵tsʅ⁰	西红柿 si³³xoŋ³⁵ʂʅ⁴¹	萝卜 luə³⁵pei⁰
衡水	茄子 tɕʰie²⁴tsʅ⁰	西红柿 ɕi²⁴xuŋ⁵³ʂʅ³¹	萝卜 luo²⁴pei⁰
故城	茄子 tɕʰie⁵⁵tsʅ⁰	西红柿 ɕi²⁴xuŋ⁵⁵ʂʅ³¹	萝卜 luɤ⁵⁵pei⁰
巨鹿	茄子 tɕʰie⁵³tsʅ⁰	西红柿 ɕi³³xoŋ⁴¹ʂʅ⁴¹	萝卜 luo⁵³pu⁰
邢台	茄子 tɕʰieŋ⁵³ʂʅ⁰	洋柿子 iaŋ⁵³ʂʅ³¹ə⁰	萝卜 luo⁵³pu⁰
馆陶	茄子 tɕʰiɛ⁵²tə⁰	西红柿 si⁴⁴xuŋ⁴⁴ʂʅ²¹/si⁴⁴kuŋ²⁴ʂʅ³¹ 洋柿子 iaŋ⁴⁴ʂʅ²¹tə⁰	萝卜 luo⁵²pei⁰
沧县	茄子 tɕʰie⁵⁵tsʅ⁰	西红柿 ɕi²³xoŋ⁵³ʂʅ⁴¹ 火柿子 xuo⁵⁵ʂʅ⁵³tsʅ⁰	萝卜 luo⁵⁵pei⁰
献县	茄子 tɕʰie⁵⁵tsʅ⁰	西红柿 ɕi³³xoŋ⁵³ʂʅ³¹	萝卜 luo⁵⁵pei⁰

（续表）

	0208 茄子 统称	0209 西红柿	0210 萝卜 统称
平泉	茄子 tɕʰie³⁵tsʅ⁰	柿子 ʂʅ⁵¹tsʅ⁰ 洋柿子 iaŋ³⁵ʂʅ⁵¹tsʅ⁰ 西红柿 ɕi⁵⁵xuŋ³⁵ʂʅ⁵¹	萝卜 luo³⁵pei⁰
滦平	茄子 tɕʰie³⁵tsə⁰	柿子 ʂʅ⁵¹tsə⁰ 西红柿 ɕi⁵⁵xuŋ³⁵ʂʅ⁵¹	萝卜 luo³⁵po⁰
廊坊	茄子 tɕʰie³⁵tsʅ⁰	西红柿 ɕi⁵⁵xuŋ³⁵ʂʅ⁵¹	萝卜 luo³⁵pɤ⁰
魏县	茄子 tɕʰie⁵³tɛ⁰	洋柿子 iɑŋ⁵³ʂʅ³¹²tɛ⁰ 西红柿 ɕi³³xuŋ⁵³ʂʅ³¹²	萝卜 luə⁵³pəi³¹²
张北	茄子 tɕʰie⁴²tsə⁰	西红柿 ɕi⁴²xuŋ⁴²ʂʅ²¹³	萝卜 luə⁴²pei⁰
万全	茄子 tɕʰiei⁴¹tsə⁰	西红柿 ɕi⁴¹xuəŋ⁴¹ʂʅ²¹³	萝卜 luə⁴¹pei⁰
涿鹿	茄子 tɕʰie⁴²ə⁰	西红柿 ɕi⁴⁴xuŋ⁵²ʂʅ³¹	萝卜 luə⁴²pei⁰
平山	茄子 tɕʰiə⁴²tsʅ⁰	西红柿 si⁵³xoŋ⁵³ʂʅ⁴²	萝卜 luə⁴²pæi⁰
鹿泉	茄子 tɕʰiɤ⁵⁵tɤ⁰	西红柿 si⁵⁵xuŋ⁵⁵ʂʅ³¹	萝卜 luo⁵⁵pei⁰
赞皇	茄子 tɕʰie⁵¹tsə⁰	西红柿 si⁵⁴xuŋ⁵⁴ʂʅ³¹	萝卜 luə⁵¹pei⁰
沙河	茄子 tɕʰie⁵¹tə⁰	西红柿 si⁴¹xoŋ⁵¹ʂʅ²¹	萝卜 luo⁵¹pu⁰
邯郸	茄子 tɕʰie⁵³tə⁰	西红柿 si⁵⁵uŋ⁵³ʂʅ²¹	萝卜 luə⁵³pu⁰
涉县	茄子 tɕʰiə⁴¹lə⁰	洋柿子 iã⁴¹ʂʅ²⁴ə⁰	萝卜 luə⁴¹pu⁰

	0211 胡萝卜	0212 黄瓜	0213 丝瓜无棱的
兴隆	胡萝卜 xu⁵⁵luo⁵⁵pə⁰	黄瓜 xuaŋ⁵⁵kua³⁵	丝瓜 sɿ³⁵kua³⁵
北戴河	胡萝卜 xu³⁵luo⁰pu²¹⁴	黄瓜 xuaŋ³⁵kua⁰	丝瓜 ʃʅ⁴⁴kua⁰
昌黎	胡萝卜儿 xu³⁴luo⁰pər⁴⁵³	黄瓜 xuaŋ⁴²kua²³	丝瓜 sɿ⁴³kua⁰
乐亭	胡萝卜 xu³¹lu³³pu³⁴	黄瓜 xuaŋ³¹kua⁰	丝瓜 sɿ³¹kua⁰
蔚县	红萝卜 xuŋ⁴¹luɤ⁴¹pei⁰	黄瓜 xɔ⁴¹kua⁰	丝瓜 sɿ⁵³kua⁰
涞水	胡萝卜 xu⁴⁵luo²⁴pai⁰	黄瓜 xuaŋ²⁴kua⁰	丝瓜 sɿ⁴⁵kua⁰
霸州	胡萝卜 xu⁵³luo⁰pʰai⁰	黄瓜 xuaŋ⁵³kua⁰	丝瓜 sɿ²¹kua⁰
容城	胡萝卜 xu²¹luo⁰pei⁰	黄瓜 xuaŋ²¹kuo⁰	丝瓜 sɿ³¹kuo⁰
雄县	胡萝卜 xu⁵³luo⁰pʰai⁰	黄瓜 xuaŋ⁵³kua⁰	丝瓜 sɿ⁴⁴kua⁰
安新	胡萝卜 xu³³luo⁰pʰei⁰	黄瓜 xuaŋ³³kuo⁰	丝瓜 sɿ⁵³kua⁰
满城	胡萝卜 xu²²luo²²pei⁰	黄瓜 xuaŋ²²kua⁰	丝瓜 sɿ⁴⁵kuo⁰
阜平	胡萝卜 xu⁵⁵luɤ⁵³pei⁰	黄瓜 xuaŋ⁵³kua⁰	丝瓜 sɿ³¹kua⁰
定州	胡萝卜 xu⁴²luo²¹pei⁰	黄瓜 xuaŋ⁴²kua⁰	丝瓜 sɿ³³kuə⁰
无极	胡萝卜 xu³¹luɤ⁰pəi⁰	黄瓜 xuaŋ³¹kua⁰	丝瓜 sɿ³¹kua⁰
辛集	胡萝卜 xu³⁵⁴luə³⁵pei⁰	黄瓜 xuaŋ³⁵ka⁰	丝瓜 sɿ³³ka⁰
衡水	胡萝卜 xu²⁴luo³¹pei⁰	黄瓜 xuaŋ²⁴kua⁰	丝瓜 sɿ³¹kua⁰
故城	胡萝卜 xu⁵⁵luɤ⁰pei⁰	黄瓜 xuaŋ⁵⁵kua⁰	丝瓜 sɿ²¹kua⁰
巨鹿	胡萝卜 xu⁴¹luo⁵³pu⁰	黄瓜 xuã⁵³kua⁰	丝瓜 sɿ³³kua⁰
邢台	红萝卜 xuŋ⁵³luo⁵³pu⁰	黄瓜 xuaŋ⁵³kua⁰	丝瓜 sɿ³⁴kua⁰
馆陶	胡萝卜 xu⁴⁴luo⁴⁴pei⁰	黄瓜 xuaŋ⁵²kua⁰	丝瓜儿 sɿ²⁴kuar⁰
沧县	胡萝卜 xu⁵⁵luo⁰pei⁰	黄瓜 xuaŋ⁵⁵kuo⁰	丝瓜 sɿ⁴¹kua⁰
献县	胡萝卜 xu⁵⁵luo⁰pei³³	黄瓜 xuã⁵⁵kua⁰	丝瓜 sɿ³³kua⁰
平泉	胡萝卜 xu³⁵luo³⁵pei⁰	黄瓜 xuaŋ³⁵kua⁵⁵	丝瓜 sɿ⁵⁵kua⁵⁵
滦平	胡萝卜 xu³⁵luo³⁵po⁰	黄瓜 xuaŋ³⁵kua⁰	丝瓜 sɿ⁵⁵kua⁰
廊坊	胡萝卜 xu³⁵luo³⁵pɤ⁰	黄瓜 xuaŋ³⁵kua⁵⁵	丝瓜 sɿ⁵⁵kua⁰
魏县	红萝卜 xuŋ⁵³luə⁵³pəi³¹²	黄瓜 xuaŋ⁵³kuə³¹²	丝瓜子 sɿ³³kuə³³tɕ⁰
张北	胡萝卜 xu⁴²luə⁴²pei⁰	黄瓜 xuã⁴²kua⁰	丝瓜 sɿ⁴²kua⁰
万全	胡萝卜 xuə⁴¹luə⁴¹pei⁰	黄瓜 xuə⁴¹kua⁴¹	丝瓜 sɿ⁴¹kua⁴¹

（续表）

	0211 胡萝卜	0212 黄瓜	0213 丝瓜 无棱的
涿鹿	红萝卜 xuŋ¹¹³luə⁵²pei⁰	黄瓜 xuã⁴²kua⁰	丝瓜 sʅ⁴²kua⁰
平山	胡萝卜 xu⁵³luə⁴²pæi⁰	黄瓜 xuaŋ⁴²kua⁰	丝瓜儿 sʅ⁴²kuɐr⁰
鹿泉	胡萝卜 xu⁵⁵luo⁵⁵pei⁰	黄瓜 xuaŋ⁵⁵kua⁰	丝瓜 sʅ⁵⁵kua⁰
赞皇	胡萝卜 xu⁵⁴luə⁵¹pei⁰	黄瓜 xuaŋ⁵¹kua⁰	丝瓜 sʅ⁵⁴kua⁰
沙河	红萝卜 xoŋ⁵¹lau⁵¹pu⁰	黄瓜 xuaŋ⁵¹kuɔ⁰	丝瓜子 sʅ⁴¹kuɔ⁰tə⁰
邯郸	红萝卜 xuŋ⁵³luə⁵³pu⁰	黄瓜 xuɑŋ⁵³kuəʔ⁰	丝瓜子 sʅ³¹kuʌʔ²¹təʔ⁰
涉县	红萝卜 xuəŋ⁴¹luə³¹pu⁰	黄瓜 xuã⁴¹kuɒ⁰	丝瓜 sʅ⁵⁵kuɒ⁰

	0214 南瓜扁圆形或梨形，成熟时赤褐色	0215 荸荠	0216 红薯统称
兴隆	倭瓜 uo³⁵kuɑ³⁵ 南瓜 nan⁵⁵kuɑ³⁵	荸荠 pi⁵⁵tɕʰi⁵⁵	白薯 pai⁵⁵ʂu²¹³ 红薯 xoŋ⁵⁵ʂu²¹³
北戴河	南瓜 nan³⁵kuɑ⁰		白薯 pai³⁵ʃu²¹⁴
昌黎	南瓜 nan⁴²kuɑ⁰		白薯 pai³⁴ʂu²¹³
乐亭	倭瓜 uə³¹kuɑ⁰	荸荠 pi³¹tɕʰi⁰	白薯 pai³⁴ʂu³⁴
蔚县	冬瓜 tuŋ⁵³kuɑ⁰		红薯 xuŋ⁴¹su⁴⁴
涞水	南瓜 nan⁴⁵kuɑ⁰	荸荠 pʰi²⁴ɕi⁰	白薯 pai⁴⁵ʂu²⁴
霸州	倭瓜 uo⁴⁵kuɑ⁰	荸荠 pʰi⁵³ɕi⁰	山药 ʂan⁴⁵iɑu⁴¹
容城	南瓜 nan³¹kuo⁰	荸荠 pʰi²¹ɕi⁰	山药 ʂan³⁵iɑu⁰
雄县	北瓜 pei⁴¹kuɑ⁰	荸荠 pʰi⁵³ɕie⁰	山药 sãn⁴⁵iɑu⁰/ʂãn⁴⁵iɑu⁰
安新	南瓜 nan³³kuɑ⁰	荸荠 pʰi³³ɕi⁰	山药 san⁴⁵iɑu⁰
满城	倭瓜 uo⁴⁵kuo⁰	荸荠 pʰi²²tɕʰi⁰	山药 ʂai²¹iɑu⁰
阜平	南瓜 næ̃⁵³kuɑ⁰	荸荠 pi⁵³tɕʰi⁰	山药 ʂæ̃³¹iɔ⁰
定州	南瓜 nan⁴²kuə⁰	荸荠 pi⁴²tsʰi⁰	山药 ʂai²¹¹iɑu⁰
无极	南瓜 nãn³¹kuɑ⁰	荸荠 pi³¹tsʰi⁰	山药 ʂæ³⁵iəu⁰
辛集	南瓜 nan³⁵kɑ⁰		山药 ʂan³⁵iɑu⁴¹
衡水	北瓜 pei³¹kuɑ⁰	荸荠 pi²⁴tɕʰi⁰	山药 sɑn²¹iɑu⁰
故城	南瓜 næ̃⁵⁵kuɑ⁰	荸荠 pi⁵⁵tɕʰi⁰ 马蹄儿 ma²⁴tʰiər⁵³	山药 sæ²⁴iɔ⁰
巨鹿	北瓜 pei³³kuɑ⁰	荸荠 pi⁵⁵tɕʰi²¹	山药 ʂan³³iɑu²¹
邢台	南瓜 nan⁵³kuɑ⁰ 北瓜 pei³⁴kuɑ⁰	荸荠 pʰi⁵³tʰi³¹	红山药 xuŋ⁵³san³⁴iɑu⁰
馆陶	白南瓜 pai⁵²næn⁵²kuɑ⁰	荸荠 pi⁵²tɕʰi⁰	红薯 xuŋ⁵²ʂu⁰ 地瓜 ti²¹kuɑ²⁴
沧县	南瓜 nan⁵³kuɑ²³	荸荠 pi⁵⁵tɕʰi⁰	山芋 san²³y⁴¹ 红薯 xoŋ⁴¹ʂu⁵⁵
献县	南瓜 næ̃⁵⁵kuɑ⁰	荸荠 pi⁵⁵tɕʰi⁰	山药 ʂæ̃³³iɔ⁰
平泉	倭瓜 uo⁵⁵kuɑ⁵⁵ 面瓜 mian⁵³kuɑ⁵⁵ 南瓜 nan³⁵kuɑ⁵⁵	荸荠 pi³⁵tɕʰi⁰	红薯 xuŋ³⁵ʂu²¹⁴

（续表）

	0214 南瓜 扁圆形或梨形，成熟时赤褐色	0215 荸荠	0216 红薯 统称
滦平	倭瓜 uo⁵⁵kuɑ⁰ 南瓜 nan³⁵kuɑ⁰	荸荠 pi³⁵tɕʰi⁰	红薯 xuŋ³⁵ʂu²¹⁴ 地瓜 ti⁵¹kuɑ⁵⁵
廊坊	倭瓜 uo⁵⁵kua⁰ 南瓜 ŋan³⁵kua⁰	甜荸荠 tʰiɛn³⁵pʰi³⁵tɕi⁰	白薯 pai³⁵ʂu²¹⁴
魏县	南瓜 nan⁵³kuə⁰	荸荠 pi⁵³tɕʰi³¹²	红薯 xuŋ⁵³ʂu³¹²
张北	南瓜 næ⁴²kua⁰	马蹄儿 ma⁵⁵tʰiər⁴²	红薯 xuŋ⁴²su⁵⁵
万全	南瓜 nan⁴¹kua⁴¹		红薯 xuəŋ⁴⁴su⁵⁵
涿鹿	看⁼瓜 kʰæ³¹kua⁰ 倭瓜 uə⁴⁴kua⁰		红白薯 xuŋ⁴²pɛ⁵²ʂu⁴⁵
平山	南瓜 næ⁴²kua⁰ 北瓜 pæi²¹kua⁰	荸荠 pi⁴²tsʰi⁰	山药 ʂæ̃⁴²iɔ⁰
鹿泉	南瓜 næ⁵⁵kua⁰	荸荠 pi⁵⁵tsʰi⁰	山药 ʂæ̃⁵⁵iɔ⁰
赞皇	南瓜 næ⁵¹kua⁰		山药 ʂæ̃⁴⁵iɔ⁰
沙河	北瓜 piəʔ⁴kuɔ⁰	荸荠 pi⁵¹ti⁰	红薯 xoŋ⁵¹ɹu⁰
邯郸	北瓜 pieʔ²kɔ⁰	荸荠 pi⁵⁵tsʰi⁰	红薯 xuŋ⁵³su⁰
涉县	南瓜 næ⁴¹kuɒ⁰	荸荠 piəʔ⁵⁵tɕʰi⁰	红薯 xuəŋ⁴⁴su⁵³

	0217 马铃薯	0218 芋头	0219 山药圆柱形的
兴隆	土豆儿 tʰu²¹tour⁵¹ 山药蛋 ʂan³⁵iɑu⁰tan⁵¹ 马铃薯 ma²¹liŋ⁵⁵ʂu²¹³	芋头 y⁵¹tʰou⁰	山药 ʂan³⁵iɑu⁵¹
北戴河	土豆儿 tʰu²¹tour⁵¹	芋头 y⁵³tʰou⁰	山药 ʃan⁴⁴iɑu⁵¹
昌黎	土豆儿 tʰu²⁴tour²⁴	芋头 y⁴⁵tʰou⁰	山药 san²¹³iɑu⁰
乐亭	土豆儿 tʰu³³tour⁵²	芋头 y⁵⁵tʰou⁰	山药 ʂan³⁵iɑu⁰
蔚县	山药 sã⁵³iʌɯ⁰ 山药蛋 sã⁵³iʌɯ⁰tã³¹² 山药蛋子 sã⁵³iʌɯ⁰tã³¹tsʅ⁰	芋头 y⁵³tʰəu⁰	洋山药 iɔ⁴¹sã⁵³iʌɯ⁰
涞水	土豆儿 tʰu²⁴tou⁴⁵uɚ⁰	芋头 y³³¹tʰou⁰	山药 ʂan⁴⁵iɑu⁰
霸州	土豆儿 tʰu²⁴tour⁴¹	芋头 y⁴⁵tʰou⁰	菜山药 tsʰai⁴¹ʂan⁴⁵iɑu⁴¹
容城	土豆儿 tʰu²¹tou³⁵uɚ⁰	芋头 y⁵²tʰou⁰	麻山药 ma⁴⁴ʂan³⁵iɑu⁰
雄县	土豆儿 tʰu²⁴tour⁴¹	芋头 y⁴⁵tʰou⁰	麻山药 ma⁵³sãn⁴⁵iɑu⁰
安新	土豆儿 tʰu⁴⁵tou²¹wɚ⁰	芋头 y⁵⁵tʰou⁰	菜山药 tsʰai⁵¹san⁴⁵iɑu⁰
满城	土豆儿 tʰu²¹³tou²¹ɚ⁰	芋头 y⁵⁵tʰou⁰	麻山药 ma²²ʂai²¹iɑu⁰
阜平	山药蛋 sæ²⁴iɔ⁵³tæ⁵³	芋头 y⁵³tʰou⁰	菜山药 tsʰæ²⁴sæ³¹iɔ⁰
定州	山药蛋 ʂai²¹¹iɑu⁰tan⁵¹	芋头 y⁵³tʰou⁰	白山药 pai²⁴ʂai²¹¹iɑu⁰
无极	山药蛋 ʂæ³⁵iəu⁰tãn⁴⁵¹		线儿山药 siɚ⁵¹ʂæ³⁵iəu⁰
辛集	土豆儿 tʰu²⁴tour⁴¹	芋头 y⁴²tʰou⁰	白山药 pai³⁵⁴ʂan³⁵iɑu⁴¹
衡水	土豆儿 tʰu⁵⁵təur³¹	芋头 y²⁴tʰəu⁰	山药 san²¹iɑu⁰
故城	土豆儿 tʰu⁵⁵tour³¹	芋头 y⁵³tʰou⁰	山药 sæ²⁴iɔ⁰
巨鹿	山药蛋 ʂan³³iɑu⁵⁵tɛ²¹	芋头 y⁵³tʰou⁰	麻山药 ma⁴¹ʂan³³iɑu²¹
邢台	土豆儿 tʰu⁵⁵tour³¹ 山药蛋 ʂan³⁴iɑu⁰tan³¹	芋头 y³¹tʰou⁰	白山药 pai⁵³ʂan³⁴iɑu⁰
馆陶	土豆儿 tʰu⁴⁴təur²¹	芋头儿 y²¹tʰəur⁵²	山药 ʂæn⁵²yo⁰
沧县	土豆儿 tʰu⁵⁵tour⁴¹	芋头 y⁵³tʰou⁰	山药 san²³iɑu⁴¹
献县	土豆儿 tʰu²⁴tour³¹		白山药 pe⁵³sæ³³iɔ³¹
平泉	土豆儿 tʰu²¹tour⁵¹ 山药 ʂan⁵⁵iɑu⁰ 马铃薯 ma²¹liŋ³⁵ʂu²¹⁴	芋头 y⁵¹tʰou⁰	山药 ʂan⁵⁵iɑu⁵¹

(续表)

	0217 马铃薯	0218 芋头	0219 山药圆柱形的
滦平	土豆儿 tʰu²¹tour⁵¹ 山药 ʂai⁵⁵iɑu⁰ 马铃薯 ma²¹liŋ³⁵ʂu²¹⁴	芋头 y⁵¹tʰou⁰	山药 ʂan⁵⁵iɑu⁵¹
廊坊	土豆儿 tʰu²¹tour⁵¹	芋头 y⁵¹tʰou⁰	山药 ʂan⁵⁵iɑu⁰
魏县	土豆儿 tʰu⁵⁵təur³¹² 山药蛋 ʂan³³yə⁰tan³¹²	芋头 y⁵³tʰəu⁰	山药 ʂan³³yə⁰
张北	山药 sæ⁴²iəʔ³²	芋头 y⁴²tʰəu⁰	山药 sæ⁴²iəʔ³²
万全	山芋 san⁴¹y⁴¹	芋头 y⁵⁵tʰou⁰	
涿鹿	山药 sæ⁴⁴iɔ³¹	芋头 y³¹tʰou⁰	长山药 tʂʰɑ̃⁵²sæ⁴⁴iɔ³¹
平山	山药蛋 ʂæ⁴²iə⁰tæ⁴²	芋头 i⁴²tʰəu⁰	白山药 pe⁵³ʂæ⁴²iə⁰
鹿泉	土豆儿 tʰu³⁵tour³¹ 山药蛋 ʂæ⁵⁵iɔ⁰tæ³¹	芋头 y³¹tʰou⁰	白山药 pe⁵⁵ʂæ⁵⁵iɔ⁰
赞皇	茴茴蛋 xuei⁵¹xuei⁰tæ³¹	芋头 y⁵¹tʰəu⁰	麻山药 ma⁵⁴ʂæ⁵⁴iɔ⁰
沙河	土豆儿 tʰu³³təur²¹		山药 ʂɑ̃⁴¹iɔʔ²
邯郸	土豆儿 tʰu⁵⁵təur²¹ 山药蛋 ʂæ³³iɛ⁵⁵tæ²¹	芋头 y²¹tʰəu⁰	山药 ʂæ³¹iɛ⁰
涉县	山药蛋子 sæ⁴¹iə⁰tæ⁵⁵lə⁰ 土豆儿 tʰu⁵³təur²⁴	芋头 y⁵⁵tʰou⁰	长山药 tsʰɑ̃⁴¹sæ⁰yɐʔ⁰

	0220 藕	0221 老虎	0222 猴子
兴隆	莲藕 lian⁵⁵ou²¹³ 藕 nou²¹³	老虎 lau³⁵xu²¹³	猴儿 xour⁵⁵ 猴子 xou⁵⁵tsʅ⁰
北戴河	藕 ou²¹⁴	老虎 lau³⁵xu²¹⁴	猴儿 xour³⁵
昌黎	藕 ou²¹³	老虎 lau²⁴xu⁰/lau²⁴xu²¹³	猴儿 xour²¹³ 猴子 xou⁴²tsʅ²³
乐亭	藕 ŋou³⁴	老虎 lau³³xu³⁴	猴儿 xour²¹²
蔚县	藕 nəu⁴⁴	老虎 lʌɯ⁵³xu⁰	猴儿 xəur⁴¹
涞水	藕 nou²⁴	老虎 lau⁴⁵xu⁰	猴儿 xou²⁴uər⁰
霸州	藕 nou²¹⁴	老虎 lau²⁴xu²¹⁴	猴儿 xour⁵³
容城	藕 nou²¹³	老虎 lau³¹xu⁰	猴儿 xou²¹uər⁰
雄县	藕 nou²¹⁴	老虎 lau⁴⁵xu⁰	猴儿 xour⁵³
安新	藕 nou²¹⁴	老虎 lau⁴⁵xu⁰	猴儿 xou³³wər⁰
满城	藕 nou²¹³	老虎 lau⁴⁵xu⁰	猴儿 xou²²ər⁰
阜平	藕 ŋou⁵⁵	老虎 lɔ⁵³xu⁰	猴子 xou⁵³tsʅ⁰
定州	藕 ŋou²⁴	老虎 lau³³xu²⁴	猴儿 xou⁴²uər⁰
无极	藕 ŋəu³⁵	老虎 lɔ³¹xu³⁵	猴子 xəu³¹tsʅ⁰
辛集	藕 ŋou³²⁴	老虎 lau³⁵xu³⁴	猴儿 xour³⁵⁴
衡水	藕 ŋəu⁵⁵	老虎 lau⁵³xu⁰	猴儿 xəur⁵³
故城	藕 ŋou⁵⁵	老虎 lɔo³¹xu⁵⁵	猴子 xou⁵⁵tsʅ⁰ 猴儿 xour⁵³
巨鹿	藕 ŋou⁵⁵	老虎 lau⁴¹xu⁵⁵	猴儿 xour⁴¹
邢台	莲藕 lian⁵³ŋou⁵⁵	老虎 lau⁵³xu⁵⁵	猴子 xou⁵³ə⁰
馆陶	藕 ɣəu⁴⁴	老虎 lao⁵²xu⁰	猴子 xəu⁵²tə⁰ 猴儿 xəur⁵²
沧县	藕 ŋou⁵⁵	老虎 lau⁴¹xu⁵⁵	猴儿 xour⁵³
献县	藕 nou²¹⁴	老虎 lɔ²⁴xu²¹⁴	猴儿 xour⁵³
平泉	藕 nou²¹⁴/ou²¹⁴	老虎 lau³⁵xu²¹⁴	猴子 xou³⁵tsʅ⁰
滦平	藕 nou²¹⁴/ŋou²¹⁴/ou²¹⁴	老虎 lau³⁵xu²¹⁴	猴子 xou³⁵tsə⁰

（续表）

	0220 藕	0221 老虎	0222 猴子
廊坊	藕 ŋou²¹⁴/ou²¹⁴	老虎 lɑu³⁵xu²¹⁴	猴儿 xour³⁵ 猴子 xou³⁵tsʅ⁰
魏县	藕 əu⁵⁵	老虎 lɑu⁵⁵u³¹²	猴儿 xəur⁵³
张北	藕 ŋəu⁵⁵	老虎 lau⁴²xu⁵⁵	猴子 xəu⁴²tsə⁰
万全	藕 ou⁵⁵	老虎 lɔ⁵⁵xu²¹³	猴儿 xou⁴¹ər⁰
涿鹿	藕 ŋəu⁴⁵	老虎 lɔ⁵⁵xuə⁰	猴儿 xəur⁴²
平山	藕 ŋɐu⁵⁵	老虎 lɔ⁴²xu⁰	猴儿 xər⁵³
鹿泉	藕 ŋou³⁵	老虎 lɔ⁵⁵xu⁰	猴儿 xour⁵⁵
赞皇	藕 ŋəu⁴⁵	老虎 lɔ⁴⁵xu⁰	猴儿 xəur³²
沙河	藕 ŋəu³³	老虎 lau⁵¹u⁰	猴儿 xəur⁵¹
邯郸	藕 ŋəu⁵⁵	老虎 lau⁵³u⁰	猴儿 xəur⁵³
涉县	藕 ŋou⁵³	老虎 lau⁴¹²xu⁵³	猴儿 xəurex⁴¹²

	0223 蛇统称	0224 老鼠家里的	0225 蝙蝠
兴隆	长虫 tsʰaŋ⁵⁵tʂʰoŋ⁰ 蛇 ʂə⁵⁵	耗子 xɑu⁵¹tsʅ⁰ 老鼠 lɑu³⁵ʂu²¹³	檐蝙蝠儿 yan³⁵pʰi⁵³xur⁰ 蝙蝠儿 pʰian³⁵fur⁵⁵
北戴河	长虫 tʂʰaŋ³⁵tʂʰuŋ⁰	耗子 xɑu⁵³tʃʅ⁰	檐蝙蝠儿 yan³⁵pʰie⁵¹xur⁰
昌黎	长虫 tsʰaŋ²¹³tʂʰuŋ⁰	耗子 xɑu⁴⁵tsʅ⁰	檐蝙蝠儿 ian²⁴pie⁴²xur⁰
乐亭	长虫 tsʰaŋ³¹tʂʰuŋ⁰	耗子 xɑu⁵⁵tsʅ⁰	瞎蝙蝠 ɕia³³pien³¹fu⁰
蔚县	蟒羔子 mɑ⁴⁴kʌɯ⁵³tsʅ⁰	耗子 xʌɯ³¹tsʅ⁰	檐蝙蝠 yə¹³piə⁴¹fəŋ⁰
涞水	长虫 tʂʰaŋ³³tʂʰoŋ⁰	耗子 xɑu³³¹tsʅ⁰	檐蝙蝠儿 ian³¹pian³³fuᵘuər⁰
霸州	长虫 tʂʰaŋ⁵³tʂʰuŋ⁰	老鼠 lɑu⁴¹ʂu⁰ 耗子 xɑu⁴⁵tsʅ⁰	檐蝙蝠儿 ian⁴⁵pian⁰fur²¹⁴
容城	长虫 tʂʰaŋ³¹tʂʰuŋ⁰	老鼠 lɑu⁵²ʂu⁰	檐蝙蝠 ian²¹pian⁵²fu⁰
雄县	长虫 tʂʰaŋ⁵³tʂʰuŋ⁰	老鼠 lɑu⁴¹ʂu⁰ 耗子 xɑu⁴⁵tsʅ⁰	檐蝙蝠儿 iãn⁵³piãn⁰fur²¹⁴
安新	长虫 tʂʰaŋ⁴⁵tʂʰuŋ⁰	老鼠 lɑu⁵³ʂu⁰	檐蝙蝠 ian⁵³pian⁴⁵fu²¹⁴
满城	长虫 tʂʰaŋ⁴⁵tʂʰuŋ⁰	老鼠 lɑu⁴²ʂu⁰	绵⁼绵⁼蝠儿 mian⁴⁵mian⁴⁵xuər²¹³
阜平	长虫 tʂʰaŋ²¹tʂʰoŋ⁰	老鼠 lɔ²¹ʂu⁰	檐蝙蝠儿 iɛ⁵⁵pʰiɔ³¹fər⁵⁵
定州	长虫 tʂʰaŋ⁴²tʂʰuŋ⁰	老鼠 lɑu²¹ʂu⁰	檐蝙蝠 iɛ⁵³pɐr³³xu²⁴
无极	长虫 tsʰaŋ²¹³tʂʰuŋ⁰	老鼠 lɔ³⁵ʂu⁰	绵⁼绵⁼蝠 miãn³¹miãn⁰xu⁰
辛集	长虫 tʂʰaŋ³³tʂʰoŋ⁰	老鼠 lɑu³²²ʂu⁰	檐蝙蝠儿 ian³⁵⁴pie³⁵xur³³
衡水	长虫 tʂʰaŋ⁵³tʂʰuŋ⁰	老鼠 lɑu²¹ɕy⁰	檐蝙蝠儿 ian²⁴pian⁰xur²⁴
故城	蛇 ʂa⁵³ 长虫 tʂʰaŋ⁵⁵tʂʰuŋ⁰ 小龙 ɕiɔ²⁴luŋ⁵³	老鼠 lɔɔ²⁴ʂu⁰	夜么蝠儿 iɛ³¹ma⁰xur²⁴ 檐蝙蝠儿 iæ̃⁵³pæ⁰xur⁵⁵
巨鹿	长虫 tʂʰã⁴¹ɕoŋ⁴¹	老鼠 lɑu⁵⁵ɕy⁰	檐蝙蝠儿 ia⁵³pa⁰xur³³
邢台	长虫 tʂʰaŋ⁵³tʂʰuŋ⁰	耗子 xɑu³¹ə⁰	檐蝙儿蝠 ian⁵¹pɐr³⁴xu⁰
馆陶	长虫 tʂʰaŋ⁵²tʂʰuŋ⁰	老鼠 lɑo⁴⁴ʂu⁰	夜蝠子 iɛ²¹xu²⁴tə⁰ 瞎面蝠儿 ɕia²⁴miæn²¹xur²⁴
沧县	长虫 tʂʰaŋ⁵⁵tʂʰuŋ⁰	老鼠 lɑu²³ʂu⁰	檐蝙蝠 ian⁵³pɤ⁰xu⁰
献县	长虫 tʂʰã²¹tʂʰoŋ⁰	老鼠 lɔ²¹ʂu⁰	檐蝙蝠儿 iæ⁵⁵pɛ⁰xur⁰

（续表）

	0223 蛇统称	0224 老鼠家里的	0225 蝙蝠
平泉	长虫 tʂʰaŋ³⁵tʂʰuŋ⁰ 蛇 ʂə³⁵	耗子 xau⁵¹tsʅ⁰ 老鼠 lau³⁵ʂu²¹⁴	檐蝙蝠儿 ian³⁵mian⁰xur²¹⁴ 蝙蝠 pian⁵⁵fu³⁵
滦平	长虫 tʂʰaŋ³⁵tʂʰuŋ⁰ 蛇 ʂə³⁵	耗子 xau⁵¹tsə⁰ 老鼠 lau³⁵ʂu²¹⁴	檐蝙蝠儿 ian⁵¹pian⁵⁵xur²¹⁴ 蝙蝠 pian⁵⁵fu³⁵
廊坊	长虫 tʂʰaŋ³⁵tʂʰuŋ⁰ 蛇 ʂɤ³⁵	耗子 xau⁵¹tsʅ⁰	檐蝙蝠儿 iɛn⁵³pʰi³⁵xur²¹⁴ 檐么蝠儿 iɛn⁵¹mɤ⁰xur²¹⁴
魏县	长虫 tʂʰaŋ⁵³tʂuŋ³¹²	老鼠 lau⁵⁵ʂu³¹²	夜么蝠儿 iɛ³¹²miɛ³³fur³³
张北	长虫 tsʰɔ̃⁴²tʂʰuŋ⁰	耗子 xau²³tsə⁰	夜么蝠儿 iɛ²³mi⁴⁴fer⁴²
万全	蛇 tsʰə⁴¹	耗子 xɔ²¹³tsə⁰	檐蝙蝠儿 ian²¹³pian⁵⁵fu⁰ər⁰
涿鹿	蛇 ʂə⁴²	耗子 xɔ³¹ə⁰	檐蝙蝠 iɛ³¹piæ̃xu⁰
平山	长虫 tʂaŋ⁴²tʂʰoŋ⁰	老鼠 lɔ⁵⁵ʂu⁰	夜蝙蝠儿 iə⁵⁵pʰiə³¹xuɚ⁵⁵
鹿泉	长虫 tʂaŋ⁵⁵tʂʰuŋ⁰	老鼠 lɔ³⁵ʂuo⁰	夜蝙蝠儿 iɤ³⁵piæ³¹xur¹³
赞皇	长虫 tʂaŋ⁵¹tʂʰuŋ⁰	老鼠 lɔ⁴⁵ʂu⁰	夜蝙蝠儿 iɔ³¹piæ⁰xuɚ²⁴
沙河	长虫 tʂaŋ⁵¹tʂʰoŋ⁰	老鼠 lau³³ɻu⁰	夜蝙蝠 iə？²piə？²xu³³
邯郸	长虫 tʂaŋ⁵³tsuŋ⁰	老鼠 lau⁵⁵ʂu⁰	夜蝙蝠 yɛ²¹piæ⁰xu⁵⁵
涉县	蛇 sə⁴¹²	老鼠 lau⁵³su⁰	夜蝙蝠 iə⁵⁵piɛ？³²xu⁰

	0226 鸟儿 飞鸟，统称	0227 麻雀	0228 喜鹊
兴隆	雀儿 tɕʰiaur²¹³ 鸟儿 ɲiaur²¹³	家雀儿 tɕia³⁵tɕʰiaur²¹³ 麻雀 ma⁵⁵tɕʰyɛ⁵¹	喜鹊 ɕi²¹tɕʰyɛ⁵¹ / tɕʰi²¹tɕʰiau⁰
北戴河	雀儿 tɕʰiaur²¹⁴	大家子 ta⁵³tɕia⁴⁴tʂʅ⁰ 家雀儿 tɕia⁴⁴tɕʰiaur²¹⁴	喜鹊 tɕʰi²¹tɕʰiau⁰
昌黎	雀儿 tɕʰiaur²¹³	家雀儿 tɕia³⁴tɕʰiaur²¹³	喜鹊 tɕʰi²¹tɕʰiau⁰
乐亭	雀儿 tɕʰiaur³⁴	家雀儿 tɕia³¹tɕʰiaur⁰	喜鹊 ɕi³⁴tɕʰiau⁰
蔚县	雀儿 tɕʰiʌɯɯ⁴⁴	家雀儿 tɕia⁵³tɕʰiʌɯɯ⁴⁴	喜鹊子 ɕiə⁵³tɕʰiʌɯɯ⁴⁴tsʅ⁰
涞水	鸟儿 ɲiau³¹uər⁰	老家 lau²⁴tɕia³¹	喜鹊 ɕi²⁴tɕʰiɔ⁰
霸州	鸟儿 ɲiaur²¹⁴	老家 lau²¹tɕia⁵³	喜鹊 ɕi⁴¹tɕʰiau⁰
容城	鸟儿 ɲiau⁵²uər⁰	老家 lau²¹tɕia⁴³	喜鹊 ɕi²¹tɕʰiau⁰
雄县	鸟儿 ɲiaur²¹⁴	大老家 ta⁴⁵lau⁰tɕia⁴⁵	喜鹊 ɕi²¹tɕʰiau⁰
安新	鸟儿 ɲiau⁵³wər⁰	大老家 ta⁵³lau²¹tɕia⁴⁵	喜鹊 ɕi²¹tɕʰiau⁰
满城	鸟儿 ɲiau⁴²ər⁰	大老家 ta⁵³lau²¹tɕia⁴⁵ 老家 lau²¹tɕia⁴⁵ 雀雀雀 tɕʰyɛ⁵³tɕʰyɛ⁵³tɕʰiau²¹³	麻野鹊 ma²²iɛ⁰tɕʰiau²¹³
阜平	鸟儿 ɲiɔr⁵⁵	家雀儿 tɕia³¹tɕʰiɔr⁰	野鹊 iɛ²⁴tɕʰiɔ⁰
定州	鸟儿 ɲiau²¹¹uər⁰	家雀儿 tɕia³³tsʰiau²¹¹uər⁰	麻尾鹊 ma³³i¹¹tsʰiau²⁴
无极	鸟儿 ɲiɔr³⁵	大老喳 ta⁵³la⁰tʂa⁵¹	麻野鹊 ma³¹iɛ⁰tsʰiɔ³⁵
辛集	鸟儿 ɲiaur³²⁴	大老喳儿 ta⁴¹lau³⁵⁴tʂar³³	喜鹊 ɕi²⁴tɕʰyɛ⁴¹
衡水	鸟儿 ɲiaur⁵⁵	大雀儿 ta⁵³tɕʰiaur⁰	喜鹊 ɕi⁵⁵tɕʰyɛ³¹
故城	鸟儿 ɲiɔr⁵⁵	小小儿 ɕiɔ²⁴ɕiɔr⁰	喜鹊 ɕi⁵⁵tɕʰyɛ⁰ 喜鹊 ɕi⁵⁵tɕʰiɔ⁰
巨鹿	鸟儿 ɲiaur⁵⁵	老喳儿 lau⁵⁵tʂaur²¹	麻野鹊 ma⁴¹iɛ⁵⁵tɕʰiau²¹
邢台	鸟儿 ɲiaur⁵⁵	家雀儿 tɕia³⁴tɕʰiaur⁵⁵	喜鹊 ɕi⁵⁵tɕʰyɛ³¹ 麻野鹊儿 ma⁵⁵iɛ⁵³tsʰiaur⁵⁵
馆陶	鸟儿 ɲiɔr⁴⁴	小小雀儿 siɔ²¹siɔ⁴⁴tʂʰuor⁰	喜鹊儿 ɕi⁴⁴tsʰuor⁰
沧县	鸟儿 ɲiaur⁵⁵	家雀儿 tɕia⁴¹tɕʰiaur⁵⁵	喜鹊 ɕi²³tɕʰiau⁰
献县	鸟儿 ɲiɔr²¹⁴	大家 ta³¹tɕia³³	野鹊 iɛ²¹tɕʰiɔ⁰

（续表）

	0226 鸟儿_{飞鸟，统称}	0227 麻雀	0228 喜鹊
平泉	鸟儿 niaur²¹⁴	家雀子 tɕia⁵⁵tɕʰiau²¹tsɿ⁰ 家雀儿 tɕia⁵⁵tɕʰiaur²¹⁴ 麻雀 ma³⁵tɕʰyɛ⁵¹	喜鹊 tɕʰi²¹tɕʰiau⁰/ɕi²¹tɕʰyɛ⁵¹
滦平	鸟儿 niaur²¹⁴	家雀儿 tɕia⁵⁵tɕʰiaur²¹⁴ 麻雀 ma³⁵tɕʰyɛ⁵¹	喜鹊 ɕi²¹tɕʰyɛ⁵¹
廊坊	鸟儿 niaur²¹⁴	家雀儿 tɕia⁵⁵tɕʰiaur²¹⁴ 老家 lau²¹tɕia⁵⁵ 老家贼 lau²¹tɕia⁵⁵tsei³⁵	喜鹊 ɕi²¹tɕʰyɛ⁵¹
魏县	鸟儿 niaur⁵⁵	小虫儿 ɕiau⁵⁵tʂʰuɤr³¹²	麻嘎子 ma⁵³ka⁵³tə⁰
张北	雀儿 tɕʰyer⁵⁵	家雀儿 tɕia⁴²tɕʰyer⁵⁵ 家巴子 tɕia⁴⁴pa⁴²tsə⁰	喜鹊鹊 ɕi⁵⁵tɕʰyəʔ³²tɕʰyəʔ⁰
万全	雀儿 tɕʰyəʔ²²ər⁰	大老家 ta²¹³lɔ⁵⁵tɕia⁰ 家巴子 tɕia⁴¹pʌɤ²²tsə⁰ 家老大 tɕia⁴¹lɔ²⁴ta²¹³	喜鹊鹊 ɕi⁴⁴tɕʰiəʔ²²tɕʰiəʔ⁰
涿鹿	雀儿 tɕʰiɚ⁴⁵	家雀子 tɕia⁴⁴tɕʰiɔ⁵⁵ə⁰	喜鹊子 ɕi⁴⁵tɕʰiɔ³¹ə⁰
平山	雀儿 tsʰiər⁵⁵ 鸟儿 niər⁵⁵	雀儿 tsʰiər⁵⁵ 家雀儿 tɕia⁴²tsʰiər⁰	野鹊 iə⁵⁵tsʰiə⁴²
鹿泉	鸟儿 niər³⁵	家雀儿 tɕia⁵⁵tsʰiər⁰	喜鹊 ɕi³⁵tɕʰyɤ³¹
赞皇	鸟儿 niər⁴⁵	家雀儿 tɕia⁵⁴tsʰiər⁰	麻野鹊 ma⁵⁴iɛ⁴⁵tsiɔ³¹
沙河	雀儿 tɕʰiaur⁵¹	小种⁼儿 siau³¹tʂuər³³	麻野鹊儿 mɔ⁵¹i³³tɕʰiaur⁰
邯郸	鸟儿 niaur⁵³	小虫子 siau⁵³tʂʰuŋ⁰tə⁰	麻野鹊儿 mɔ⁵³iɛ⁵⁵tsʰiaur²¹
涉县	鸟儿 niɐr⁵³	小虫子 ɕiau⁵³tsʰuəŋ²⁴ə⁰	野鹊子 iə⁵³tɕʰiau²⁴ə⁰

	0229 乌鸦	0230 鸽子	0231 翅膀 鸟的，统称
兴隆	老鸹 lau²¹kua⁰ 乌鸦 u³⁵ia³⁵	鸽子 kə³⁵tsʅ⁰	翅膀 tʂʰʅ⁵¹paŋ²¹³
北戴河	老鸹 lau²¹kuo⁰	鸽子 kɤ⁴⁴tʃʅ⁰	膀子 paŋ²¹tʃʅ⁰
昌黎	老鸹 lau²⁴kuo⁰	鸽子 kɤ⁴³tsʅ⁰	翅膀儿 tsʰʅ⁴²paɹ²¹³
乐亭	老鸹 lau³¹kuə⁰	鸽子 kə³¹tsʅ⁰	膀儿 paɹ³⁴
蔚县	老鸹 lʌɯ⁴⁴vɑ⁰	鸽子 kɤ⁵³tsʅ⁰	翅膀 tsʰʅ³¹pɔ⁰ 翅子 tsʰʅ³¹tsʅ⁰
涞水	老鸹 lau²⁴kuo⁰	鸽子 kɤ³³tsʅ⁰	翅膀儿 tʂʰʅ³¹paŋ²⁴ŋər⁰
霸州	老鸹 lau⁴¹kua⁰	鸽子 kɤ²¹tsʅ⁰	翅膀 tʂʰʅ⁴⁵paŋ⁰ 翅膀儿 tʂʰʅ⁴¹paɹ²¹⁴
容城	老鸹 lau²¹kuo⁰	鸽子 kɤ³¹tsʅ⁰	翅膀 tʂʰʅ⁵²paŋ⁰
雄县	老鸹 lau²¹kua⁰	鸽子 kɤ⁴⁴tsʅ⁰	翅膀 tsʰʅ⁴⁵paŋ⁰ 翅儿 tsʰər⁴¹
安新	老公ʔlau²¹kuŋ⁴⁵	鸽子 kɤ⁵³tsʅ⁰	翅膀 tsʰʅ⁵⁵paŋ⁰
满城	老鸹 lau²¹kuo⁰	鸽子 kɤ⁴⁵tsʅ⁰	翅膀 tʂʰʅ⁵³paŋ²¹³
阜平	老鸹 lɔ²⁴kua⁰	鸽子 kɤ³¹tsʅ⁰	翅膊浪 tʂʰʅ²⁴pu⁰laŋ⁰
定州	老鸹 lau²¹¹kuə⁰	鸽子 kɤ³³tsʅ⁰	翅膀 tʂʰʅ³⁵paŋ⁰
无极	老鸹 lɔ³⁵kua⁰	鸽子 kɤ³¹tsʅ⁰	翅膀 tʂʰʅ⁵³paŋ⁰
辛集	老鸹 lau²⁴ka⁴¹	鹁鸽 pu³⁵kau⁰	翅儿 tʂʰər⁴¹
衡水	老鸹 lau²¹kua⁰	鹁鸽 pu²⁴kau⁰	翅膀儿 tʂʰʅ⁵³paɹ⁰
故城	乌鸦 vu²⁴ia²⁴ 老鸹 lɔo²¹kua⁰	鸽子 kɤ²¹tsʅ⁰ 鹁鸽 pu⁵⁵kɤ⁰	翅膀 tsʰʅ⁵³paŋ⁰
巨鹿	老鸹 lau⁵⁵kua²¹	哺鸽儿 pʰu⁵⁵kɤɹ²¹	翅儿 tʂʰər²¹
邢台	老鸹 lau⁵⁵kua⁰	鸽子 kə³⁴ə⁰	翅膀 tʂʰʅ³¹paŋ⁰ 翅儿 tʂʰər³¹
馆陶	黑老鸹 xei²¹lao⁴⁴ua⁰	飞 #²fei²²tɕyn⁰	翅膀 tʂʰʅ²¹paŋ⁰
沧县	老鸹 lau²³kuo⁰	鹁鸽 pɤ⁵⁵ku⁰	翅膊浪子 tʂʰʅ⁵³pa⁰laŋ²³tsʅ⁰
献县	老鸹 lɔ²¹kua⁰	鸽子 kɤ³³tsʅ⁰	翅膀儿 tʂʰʅ³³¹pʌr⁰
平泉	老鸹 lau²¹kua⁰ 乌鸦 u⁵⁵ia⁵⁵	鸽子 kə⁵⁵tsʅ⁰	翅膀 tʂʰʅ⁵³paŋ²¹⁴

(续表)

	0229 乌鸦	0230 鸽子	0231 翅膀 鸟的，统称
滦平	老鸹 lau²¹kua⁰ 乌鸦 u⁵⁵ia⁵⁵	鸽子 kə⁵⁵tsə⁰	翅膀 tʂʰʅ⁵¹paŋ²¹⁴
廊坊	老鸹 lau²¹kuo⁰	鸽子 kɤ⁵⁵tsʅ⁰	翅膀儿 tʂʰʅ⁵³pãr²¹⁴
魏县	老鸹 lau⁵⁵uɑ³¹²	云鸡 yn⁵³tɕi³³	翅膀 tʂʰʅ³¹²faŋ⁰
张北	黑老鸹 xəʔ³lau⁵⁵ua⁴²	喽＝喽 ⁼ləu⁴²ləu⁰	翅翅 tʂʰʅ²³tʂʰʅ⁰
万全	黑老鸹 xəʔ²²lɔ⁴⁴va⁴¹	喽＝喽 ⁼lou⁴¹lou⁰	翅膊 tʂʅ²¹³pʰə⁰
涿鹿	黑老鸹 xʌ⁴³lɔ⁵⁵ua⁰	喽＝喽 ⁼ləu⁴²ləu⁰	翅膀 tʂʅ³¹pã⁰
平山	老鸹 lɔ⁵⁵kua⁰	鸽儿 kər²⁴	翅膊浪 tʂʅ⁵⁵pu⁰laŋ⁰
鹿泉	老鸹 lɔ³⁵kua⁰	鸽子 kʌ¹³tɤ⁰	翅膀 tʂʅ³¹paŋ³⁵
赞皇	黑老鸹 xei²⁴lɔ⁴⁵kua⁰	鸽子 kə²¹tsə⁰	翅膀 tʂʰʅ⁵¹paŋ⁰
沙河	老鸹儿 lau³³kuar⁰	鸽子 kəʔ⁴tə⁰	翅膀 tʂʰʅ²¹paŋ³³
邯郸	黑老鸹 xʌʔ²lau⁵⁵xɔ⁰	鸽子 kʌʔ⁴tə⁰	翅膀 tʂʰʅ¹³paŋ⁰
涉县	黑老鸹 xɐʔ³²lau⁵³vɒ²⁴	鸽子 kɐʔ³³lə⁰	翅膀 tʂʰʅ⁵⁵pã⁰

	0232 爪子 鸟的，统称	0233 尾巴	0234 窝 鸟的
兴隆	爪子 tʂua²¹tsʅ⁰	尾巴 i²¹pa⁰/uei²¹pa⁰	窝 uo⁵⁵
北戴河	爪子 tʃua²¹tʃʅ⁰	尾巴 i²¹pa⁰	窝儿 uɚr⁴⁴
昌黎	爪子 tsua²¹tsʅ⁰	尾巴 i²¹pə⁰	窝 uo⁴²
乐亭	爪儿 tʂuar³⁴	尾巴 i²¹¹pə⁰	窝 uə³¹
蔚县	爪子 tsua⁴⁴tsʅ⁰	尾巴 i⁴⁴pa⁰	窝儿 vɤr⁵³
涞水	爪儿 tʂuɐr²⁴	尾巴 i³¹pa⁰	窝儿 uo³³ər⁰
霸州	爪子 tʂua⁴¹tsʅ⁰	尾巴 i⁴¹pa⁰	鸟儿窝儿 ȵiɑur²¹uor⁴⁵
容城	爪儿 tʂuɐr²¹³	尾巴 i⁵²pɤ⁰	窝儿 uər⁴³
雄县	爪子 tsua⁴¹tsʅ⁰	尾巴 i⁴¹pa⁰	鸟儿窝 ȵiɑur²¹uo⁴⁵
安新	爪子 tsua⁵³tsʅ⁰	尾巴 i⁵³po⁰	窝 uo⁴⁵
满城	爪子 tʂua⁴²tsʅ⁰	尾巴 i⁴²pa⁰	窝 uo⁴⁵
阜平	爪子 tʂua²¹tsʅ⁰	尾巴 i²¹pa⁰	窝儿 uɐr³¹
定州	爪子 tʂua²¹¹tsʅ⁰	尾巴 i²¹¹pa⁰	窝 uo³³
无极	爪子 tʂua³⁵tsʅ⁰	尾巴 i³⁵pa⁰	窝儿 uɤr³¹
辛集	爪儿 tʂɑr³²⁴	尾巴 i³²²pɑ⁰	窝儿 uər³³
衡水	爪子 tʂua²¹tsʅ⁰	尾巴 i²¹pa⁰	窝儿 vor²⁴
故城	爪子 tsua²⁴tsʅ⁰	尾巴 i²⁴pa⁰	窝儿 vɤr²⁴
巨鹿	爪儿 tʂua⁵⁵	尾巴儿 i⁵⁵pa⁰	窝儿 uor³³
邢台	爪 tʂau⁵⁵ 爪子 tʂua⁵⁵ə⁰	尾巴 i⁵⁵pa⁰	窝儿 vər³⁴
馆陶	爪子 tʂua⁴⁴tə⁰	尾巴儿 i⁴⁴par⁰	窝儿 uor²⁴
沧县	爪子 tsuɑ²³tsʅ⁰	尾巴 i²³pɑ⁰	窝儿 uor²³
献县	爪儿 tʂuʌr²¹⁴	尾巴 i²¹pa⁰	窝儿 uor³³
平泉	爪子 tʂua²¹tsʅ⁰	尾巴 i²¹pa⁰/uei²¹pa⁰	窝儿 uor⁵⁵
滦平	爪子 tʂuɑ²¹tsə⁰	尾巴 i²¹pa⁰/uei²¹pa⁰	窝儿 uor⁵⁵
廊坊	爪子 tʂua²¹tsʅ⁰	尾巴 i²¹pa⁰/uei²¹pa⁰	窝 uo⁵⁵
魏县	爪子 tʂua⁵³tɛ⁰	尾巴 i⁵⁵pə⁰	窝儿 uɤr³³
张北	爪 tsua⁵⁵	尾巴 i⁵⁵pa⁰	窝 uə⁴²

（续表）

	0232 爪子 鸟的，统称	0233 尾巴	0234 窝 鸟的
万全	爪 tsua^{55}	尾巴 i^{55}pa^0	窝 və^{41}
涿鹿	爪子 tsua^{55}a^0	尾巴 i^{55}pa^0	窝儿 uər^{42}
平山	爪子 tʂua^{55}tsʅ^0	尾巴 i^{55}pa^0	窝儿 uər^{42}
鹿泉	爪子 tʂuʌ^{13}tɤ^0	尾巴 i^{35}pa^0	窝儿 uor^{55}
赞皇	爪子 tʂua^{21}tsə^0	尾巴 i^{45}pa^0	窝儿 uər^{54}
沙河	爪子 tʂɔ^{33}tə^0	尾巴 i^{33}pɔ^0	窝儿 uar^{41}
邯郸	爪子 tʂɔ^{55}tə^0	尾巴 i^{53}pɔ^0	窝儿 uɤr^{31}
涉县	爪子 tsuɒ^{53}lə^0	尾巴 i^{53}pɒ^0	窝儿 ver^{41}

	0235 虫子 统称	0236 蝴蝶 统称	0237 蜻蜓 统称
兴隆	虫子 tʂʰoŋ⁵⁵tsɿ⁰	蝴蝶儿 xu⁵⁵tʰier²¹³ 蝴蝶 xu⁵⁵tie⁵⁵	蚂螂 ma³⁵liŋ⁰ 蜻蜓 tɕʰiŋ³⁵tʰiŋ⁵⁵
北戴河	虫子 tʂʰuŋ³⁵tʂʅ⁰	蝴蝶儿 xu³⁵tʰiɚr²¹⁴	蚂螂 ma⁴⁴liŋ⁰
昌黎	虫子 tsʰuŋ⁴²tsɿ²³	蝴蝶儿 xu⁴²tʰier²³	蚂螂 ma⁴³ləŋ⁰
乐亭	虫子 tʂʰuŋ³¹tsɿ⁰	花蝴蝶儿 xua³³xu³¹tʰier⁰	蚂螂 ma³¹ləŋ⁰
蔚县	虫子 tʂʰuŋ⁴¹tsɿ⁰ 牛牛 ɲiəu⁴¹ɲiəu⁰ 儿语	蝴蝶儿 xu⁴¹tier⁰ 蛾儿蛾儿 vɤr⁴¹vɤr⁰	水蜻儿 suei⁴⁴tɕʰiɚr⁵³
涞水	虫子 tʂʰoŋ²⁴tsɿ⁰	蝴蝶儿 xu⁴⁵tʰiəɚr²⁴	蚂螂 ma²⁴ləŋ⁰
霸州	虫子 tʂʰuŋ⁵³tsɿ⁰	蜂儿蜂儿 fɤr²¹fɤr⁰	蚂螂 ma⁵³ləŋ⁰
容城	虫子 tʂʰuŋ²¹tsɿ⁰	蝴蝶儿 xu²¹tʰiər⁰	蚂螂 ma²¹ləŋ⁰
雄县	虫子 tʂʰuŋ⁵³tsɿ⁰/tʂʰuŋ⁵³tsɿ⁰	蝴了蝶儿 xu⁵³lɤ⁰tʰier²¹⁴	蚂螂 ma⁵³ləŋ⁰
安新	虫子 tʂʰuŋ³³tsɿ⁰	蝴蝶儿 xu³³tʰier⁰	蚂螂 ma³³ləŋ⁰
满城	虫儿 tʂʰuŋ²²ŋər⁰	蝴蝶 xu²²tʰiɛ⁰	蚂螂 ma⁴⁵laŋ⁰
阜平	虫子 tʂʰoŋ⁵³tsɿ⁰	蝴蝶儿 xu⁵³tʰier⁰	蚂螂 ma⁵³laŋ⁰
定州	虫儿 tʂʰuŋ⁴²ŋər⁰	蝴蝶 xu⁴²tʰiɛ⁰	蚂螂 ma³³laŋ⁰
无极	虫儿 tʂʰuŋ³¹ɻ⁰	蝴蝶 xu³¹tʰiɛ⁰	蚂螂 ma³¹ləŋ⁰
辛集	虫儿 tʂʰuɚr³⁵⁴	蛾儿 uər³⁵⁴	蚂螂 ma³³laŋ⁰
衡水	虫儿 tʂʰuŋ²⁴tsɿ⁰	蛾儿 vor⁵³	蚂螂 ma²⁴laŋ⁰
故城	虫子 tʂʰuŋ⁵⁵tsɿ⁰	蛾儿 vɤr⁵³	蚂螂 ma²¹laŋ⁰
巨鹿	虫儿 tʂʰuor⁴¹	米"蛾 mi⁵⁵ŋɤ⁴¹	蚂螂 ma⁵³laŋ⁰
邢台	虫子 tʂʰuŋ⁵³ə⁰	蝴蝶儿 xu⁵³tier⁰	蚂螂 ma⁵⁵laŋ⁰
馆陶	虫子 tʂʰuŋ⁵²tə⁰	蝴蝶儿 xu⁵²tier⁵²	蜻蜓 tʰiŋ²²tʰiŋ⁰
沧县	虫子 tʂʰoŋ⁵⁵tsɿ⁰	蝴蝶儿 xu⁵⁵tʰiɤr⁰	蚂螂 mɑ⁵⁵ləŋ⁰
献县	虫子 tʂʰoŋ⁵⁵tsɿ⁰	蝴蝶 xu⁵⁵tʰiɛ⁰	蚂螂 ma⁵⁵ləŋ⁰
平泉	虫子 tʂʰuŋ³⁵tsɿ⁰	蝴蝶唠"唠"儿 xu³⁵tie⁰lau⁵¹lɑur⁰ 蝴蝶 xu³⁵tie³⁵	蚂螂 ma⁵⁵ləŋ⁰ 蜻蜓 tɕʰiŋ⁵⁵tʰiŋ³⁵
滦平	虫子 tʂʰuŋ³⁵tsə⁰	蝴蝶 xu³⁵tie³⁵	蚂螂 ma⁵⁵ləŋ⁰ 蜻蜓 tɕʰiŋ⁵⁵tʰiŋ³⁵

(续表)

	0235 虫子 统称	0236 蝴蝶 统称	0237 蜻蜓 统称
廊坊	虫子 tʂʰuŋ³⁵tsʅ⁰	蝴蝶 xu³⁵tiɛ³⁵ 花蜂儿 xua⁵⁵fãr⁵⁵	蚂螂 ma⁵⁵laŋ⁰
魏县	虫子 tʂʰuŋ⁵³tɛ⁰	蝴蝶儿 xu³³tiɤr⁵³	飞蜓 fəi³³tʰiŋ³³
张北	虫子 tʂʰuŋ⁴²tsə⁰	蝴蝶儿 xu⁴²tiɛr⁵⁵	蜻蜓 tɕʰiŋ⁴⁴tʰiŋ⁴²
万全	虫虫 tsʰuəŋ⁴¹tsʰuəŋ⁰	大花蛾儿 tan²⁴xua⁴¹ŋər⁰	水滋婆儿 suei⁴⁴tsʅ⁴¹pʰɛr⁴¹
涿鹿	虫子 tʂʰuŋ⁴²ə⁰	蝴蝶儿 xu⁴²tiɤr⁰	水蜻儿 suei⁴²tɕʰiə̃r⁴²
平山	牛牛儿 ȵiɐu⁴²ȵiɐr⁰	蛾儿 ŋɐr⁴²	蚂螂 ma⁴²laŋ⁰
鹿泉	虫子 tʂʰuŋ⁵⁵tɤ⁰	蝴蝶 xu⁵⁵tiɤ⁰	蚂螂 ma⁵⁵laŋ⁰
赞皇	虫子 tʂʰuŋ⁵¹tsə⁰	蝴蝶 xu⁵¹tiɛ⁰	蚂螂 ma³²laŋ⁰
沙河	虫子 tʂʰoŋ⁵¹tə⁰	蝴蝶儿 xu⁵¹tiɤr⁰	马蜂疙瘩儿 mɔ³³fəŋ⁰kəʔ²tər⁵¹
邯郸	虫子 tʂʰuŋ⁵³tə⁰	蝴蝶儿 xu²⁴tiɛr⁵³	水蜻蜓 ʂuəi⁵⁵tiŋ³¹tiŋ⁰
涉县	虫子 tsʰuəŋ⁴¹ə⁰	蛾儿 ŋər⁴¹²	水蛉蛉 suəi⁵³liəŋ⁰liəŋ⁰

	0238 蜜蜂	0239 蜂蜜	0240 知了 统称
兴隆	蜜蜂 mi⁵¹fəŋ³⁵	蜂蜜 fəŋ³⁵mi⁵¹	蝉 tsʰan⁵⁵ 知了 tʂʅ³⁵liɑu⁰
北戴河	蜜蜂 mi⁵³fəŋ⁰	蜂蜜 fəŋ⁴⁴mi⁵¹	知了儿 tɕi⁴⁴liaur²¹⁴
昌黎	蜜蜂儿 mi⁴⁵fɤr⁰	蜂蜜 fəŋ³⁴mi⁴⁵³	知了儿 tɕi²⁴liour⁰
乐亭	蜜蜂儿 mi³⁴fɤr³¹	蜂蜜 fəŋ³³mi⁵²	知了儿 tɕi³⁵liour⁰
蔚县	蜜蜂儿 mi³¹fər⁵³	蜜 mi³¹²	山知啦 sã⁵³tsʅ⁵³lɑ⁰
涞水	蜂儿 fəŋ³³ŋər⁰	蜂蜜 fəŋ⁵⁵mi³¹⁴	知了儿 tʂʅ⁴⁵liɑu⁰uər⁰
霸州	蜜蜂 mi⁴⁵fəŋ⁰	蜜 mi⁴¹	知了儿 tɕi²¹liaur⁰
容城	蜂儿 fəŋ³¹ŋər⁰	蜂蜜 fəŋ³⁵mi⁵¹³	知了儿 tɕi³¹liɑu⁰ər⁰
雄县	蜜蜂 mi⁴¹fəŋ⁴⁵	蜜 mi⁴¹	知了儿 tɕi⁴⁴liaur⁰
安新	蜜蜂 mi⁵³fəŋ⁴⁵	蜂蜜 fəŋ⁴⁵mi⁵¹	知了儿 tɕi⁴⁵liour⁰
满城	蜂儿 fəŋ⁴⁵ŋər⁰	蜂蜜 fəŋ⁴⁵mi⁵¹² 蜜 mi⁵¹²	知了儿 tɕi⁴⁵liɑu⁰ər⁰
阜平	蜜蜂儿 mi⁵³fər⁰	蜂儿蜜 fər²⁴mi⁵³	知了儿 tɕi³¹liɔr⁰
定州	蜜蜂儿 mi³⁵fəŋ⁰ŋər⁰	蜜 mi⁵¹	知了儿 tsi²¹¹liɑu⁰uər⁰
无极	蜜蜂儿 mi⁵³fər⁰	蜂蜜 fəŋ³¹mi⁵¹	知了儿 tsʅ³⁵ɲiɔr⁰
辛集	蜂 fəŋ³³	蜜 mi⁴¹	知了儿 tsi³³liaur⁰
衡水	蜜蜂 mi³¹fəŋ²⁴	蜜 mi³¹	知了儿 tɕi²⁴liaur⁰
故城	蜜蜂 mi³¹fəŋ²⁴	蜂蜜 fəŋ²⁴mi³¹	知了 tʂʅ⁵³lio⁰
巨鹿	蜜蜂 mi⁵³fəŋ⁰	蜂蜜 fəŋ³³mi²¹	知了儿 tɕi³³liaur²¹
邢台	蜜蜂儿 mi³¹fər³⁴ 蜜蜂 mi³¹fəŋ³⁴	蜜 mi³¹	知了儿 tɕi⁵³liaur⁰
馆陶	蜜蜂 mi²¹fəŋ⁰	蜂蜜 fəŋ²⁴mi²¹	知了 tsi²²liɑo⁰
沧县	蜜蜂 mi⁵³fəŋ⁰	蜂蜜 fəŋ²³mi⁴¹	知了儿 tɕi⁴¹liour⁰
献县	蜜蜂 mi³³¹fəŋ⁰	蜂蜜 fəŋ³³mi³¹	知了儿 tɕi³³lʌr⁰
平泉	蜜蜂 mi⁵³fəŋ⁵⁵	蜂蜜 fəŋ⁵⁵mi⁵¹	呜嘤哇儿 u⁵⁵iŋ⁵⁵uar⁵⁵ 蝉 tsʰan³⁵ 知了 tsʅ⁵⁵liɑu⁰

(续表)

	0238 蜜蜂	0239 蜂蜜	0240 知了 统称
滦平	蜜蜂儿 mi⁵¹fɚr⁵⁵	蜂蜜 fəŋ⁵⁵mi⁵¹	呜呜哇 miŋ³⁵miŋ³⁵uɑ⁵¹ 知了 tʂʅ⁵⁵liau²¹⁴ 蝉 tʂʰan³⁵
廊坊	蜜蜂 mi⁵¹fəŋ⁰ 蜜蜂儿 mi⁵³fɑ̃r⁵⁵	蜂蜜 fəŋ⁵⁵mi⁵¹	知了儿 tɕi⁵⁵liour⁰
魏县	蜜蜂子 mi³³fəŋ³³tɛ⁰	蜜 mi³³ 蜂蜜 fəŋ³³mi³³	马知了儿 ma⁵⁵tɕi³³liɑur³³
张北	蜜蜂儿 mi²³fer⁴²	蜂蜜 fəŋ⁴²mi²¹³	叫雨雨 tɕiau²³y⁴²y⁰
万全	蜜蜂儿 mi⁴¹fer⁴¹	蜜 miəʔ²²	知了 tʂʅ⁴¹liɔ²¹³
涿鹿	土儿蜂儿 tʰur⁴⁵fɚr⁴²	蜂儿蜜 fɚr⁴²miʌʔ⁴³	旱蚂蚱 xæ³¹ma⁰tsa⁰
平山	蜂儿 fɔr⁴²	蜂儿蜜 fɔr⁴²mi²⁴	知了 tsi²⁴li⁴²
鹿泉	蜜蜂 mi³¹fəŋ⁵⁵	蜂蜜 fəŋ⁵⁵mi³¹	知了儿 tsi⁵⁵liɔr⁰
赞皇	蜜蜂 mi⁵¹fəŋ⁰	蜜 mi³¹²	知了儿 tɕi⁴⁵luər⁰
沙河	蜜蜂 miəʔ⁴fəŋ⁰	蜂蜜 fəŋ⁴¹miəʔ²	知了儿 tʂʅ⁴¹liaur⁰
邯郸	蜂儿 fər³¹	蜜 mieʔ⁴³	知了儿 tɕi⁵⁵liɑur²¹
涉县	蜜蜂子 mi⁵³fəŋ⁴¹ə⁰	蜜 mi⁵⁵	知了子 tɕi⁴¹liau⁵³ə⁰

	0241 蚂蚁	0242 蚯蚓	0243 蚕
兴隆	蚂蚁 ma⁵⁵i²¹³	蚯蚓 tɕʰiou³⁵in²¹³	蚕 tsʰan⁵⁵
北戴河	蚂蚁 ma³⁵i⁰	地起⁼蚯 ti⁵³tɕʰi²¹tɕʰiou⁰	蚕 tʃʰan³⁵
昌黎	蚂蚁 ma²⁴i⁰	蛐车 ⁼tɕʰy²¹tʂʰə⁰	蚕儿 tsʰɚr²⁴
乐亭	蚂蚍蜉 ma³³piɛ³¹fu⁰	蛐柴 ⁼tɕʰy³⁴tʂʰai⁰	蚕儿 tsʰʰɚr²¹²
蔚县	蚂蚍蜂 mɑ⁴⁴piə⁴¹fəŋ⁰	蛐蛇 ⁼tɕʰy⁴⁴sɤ⁰	蚕 tsʰã⁴¹
涞水	蚍蜉 piɛ²⁴fu⁰	蛐柴 ⁼tɕʰy³¹tʂʰai⁰	蚕 tsʰan⁴⁵
霸州	蚍蜉 piɛ⁵³fu⁰	蛐柴 ⁼tɕʰy⁴¹tʂʰai⁰	蚕 tsʰan⁵³
容城	蚍蜉 piɛ²¹fu⁰	蛐柴 ⁼tɕʰy²¹tʂʰai⁰	蚕 tsʰan³⁵
雄县	蚍蜉 piɛ⁵³fu⁰	蛐蛇 ⁼tɕʰy⁴¹sɤ⁰	蚕 tsʰãn⁵³
安新	蚍蜉 piɛ³³fu⁰	蛐蟮 tɕʰy⁵³tʂʰan⁰	蚕 tsʰan³¹
满城	蚍蜉 piɛ²²xu⁰	蛐车 ⁼tɕʰy⁴²tʂʰɤ⁰	蚕 tsʰan²²
阜平	蚂蚍蜉 ma⁵⁵piɛ⁵³fu⁰	蛐蟮 tɕʰy²¹ʂæ⁰	蚕 tsʰæ²⁴
定州	蚍蜉 piɛ⁴²fu⁰	饸饹虫 xɤ⁵³lɑu⁰tʂʰuŋ²⁴	蚕 tsʰan²¹³
无极	米米蛘 mi³⁵mi⁰iaŋ⁰	蛐蟮 tɕʰy²¹³ʂæ⁰	鼓鼓茧儿 ku³⁵kuº tɕiɚr³⁵
辛集	米蛘 mi³²²iaŋ⁰	蚯蚓 tɕʰiou³⁵iən³²⁴	蚕 tsʰan³⁵⁴
衡水	米蛘 mi²¹iaŋ⁰	地蛆 ti³¹tɕʰy²⁴	蚕 tsʰɑn⁵³
故城	米蛘 mi²⁴iaŋ⁰	蚯蚓 tɕʰiou²¹iɛ⁰	蚕 tsʰæ⁵³
巨鹿	蚂蚁 ma⁵³i⁰	蛐蟮 tɕʰy³³sũɛ²¹	蚕 tsʰɛ⁴¹
邢台	蚂蚁 ma⁵³i⁰	蛐蟮 tɕʰy⁵⁵san³¹	蚕 tsʰan⁵³
馆陶	蚂蚁 ma⁵²i⁰	蚯蚓 tɕʰiəu²⁴in⁰	蚕 tsʰæn⁵²
沧县	米蛘 mi²³iaŋ⁰	蛐蟮 tɕʰy²³ʂan⁰	蚕儿 tsʰɚr⁵³
献县	米蛘 mi²¹iã⁰	蛐虫子 tɕʰy³³tʂʰoŋ⁰tsɿ⁰	蚕 tsʰæ⁵³
平泉	蚂蚁 ma³⁵i²¹⁴	蛐柴 ⁼tɕʰy²¹tʂʰa⁰ 蚯蚓 tɕʰiou⁵⁵in²¹⁴	蚕 tsʰan³⁵
滦平	蚂蚁 ma³⁵i²¹⁴	蛐虫 tɕʰy²¹tʂʰuŋ⁰ 蚯蚓 tɕʰiou⁵⁵in²¹⁴	蚕 tsʰan³⁵
廊坊	蚂蚁 ma³⁵i²¹⁴	地蛆 ti⁵³tɕʰy⁵⁵ 蛐柴 ⁼tɕʰy²¹tʂʰai⁰	蚕 tsʰan³⁵
魏县	蚂蚁 ma⁵³i³¹²	出⁼转 ⁼tʂʰuɛ⁵³tʂʰuan³¹²	蚕 tsʰan⁵³

(续表)

	0241 蚂蚁	0242 蚯蚓	0243 蚕
张北	蚂蚁 ma⁴²i⁵⁵	蚯蚓 tɕʰiəu⁴²iŋ⁵⁵	蚕 tsʰæ⁴²
万全	蚂蚁儿 ma⁴⁴i²¹³ər⁰	雪蚕 ɕyəʔ⁴⁴tsʰan⁴¹	蚕 tsʰan⁴¹
涿鹿	蚂蚁 ma⁴²i⁴⁵	蛐蟮 tɕʰyʌ⁴³ʂæ̃³¹	蚕儿 tsʰɐr⁴²
平山	蚍蜉 pʰi⁴²fəŋ⁰	蛐蟮 tɕʰi²⁴ʂæ⁴²	蚕儿 tsʰær⁵³
鹿泉	蚂蚁 ma⁵⁵i⁰	蛐蟮 tɕʰyɤ¹³ʂæ̃³¹	蚕 tsʰæ̃⁵⁵
赞皇	臊⁼蚁儿 so³¹yər⁰	出⁼蟮 tʂʰu²⁴ʂæ̃³¹	蚕 tsʰæ̃⁵⁴
沙河	蚂蚁 mɔ⁵¹i⁰	出⁼转⁼ tʂʰuəʔ²tʂuã⁰	蚕 tsʰã⁵¹
邯郸	蚂蚁 mɔ⁵³i⁰	出⁼蟮 tʂʰuəʔ²⁵tʂuæ̃²¹	蚕 tsʰæ̃⁵³
涉县	蚂蚁 mɒ⁵³i⁰	蛐蜒 iou⁴¹iæ⁰	蚕儿 tsʰɐr⁴¹²

	0244 蜘蛛会结网的	0245 蚊子统称	0246 苍蝇统称
兴隆	蛛蛛 tʂu⁵⁵tʂu⁰ 蜘蛛 tʂʅ⁵⁵tʂu³⁵	蚊子 uən⁵⁵tsʅ⁰	蝇子 iŋ⁵⁵tsʅ⁰ 苍蝇 tsʰaŋ³⁵iŋ⁰
北戴河	蛛蛛 tʃu³⁵tʃu⁰	蚊子 uən³⁵tʃʅ⁰	蝇子 iŋ³⁵tʃʅ⁰
昌黎	蛛蛛儿 tsu²¹³tsur⁰	蚊子 uən⁴²tsʅ²³	蝇子 iŋ⁴²tsʅ²³
乐亭	蛛蛛 tʂu³⁵tʂu⁰	蚊子 uən³¹tsʅ⁰	蝇子 iəŋ³¹tsʅ⁰
蔚县	蛛蛛 tsu⁵³tsu⁰	蚊子 məŋ⁴¹tsʅ⁰/vəŋ⁴¹tsʅ⁰	蝇子 iŋ⁴¹tsʅ⁰
涞水	蛛蛛 tʂu⁴⁵tʂu⁰	蚊子 uən²⁴tsʅ⁰	蝇子 iŋ²⁴tsʅ⁰
霸州	蛛蛛 tʂu²¹tʂu⁰	蚊子 uən⁵³tsʅ⁰	蝇子 iŋ⁵³tsʅ⁰
容城	蛛蛛 tʂu³¹tʂu⁰	蚊子 uən²¹tsʅ⁰	蝇子 iŋ²¹tsʅ⁰
雄县	蛛蛛 tʂu⁴⁴tʂu⁰	蚊子 uən⁵³tsʅ⁰	蝇子 iŋ⁵³tsʅ⁰
安新	蛛蛛 tʂu⁴⁵tʂu⁰	蚊子 uən³³tsʅ⁰	蝇子 iŋ³³tsʅ⁰
满城	蛛蛛 tʂu⁴⁵tʂu⁰	蚊子 uən²²tsʅ⁰	蝇子 iŋ²²tsʅ⁰
阜平	蛛蛛 tʂu³¹tʂu⁰	蚊子 məŋ²¹tsʅ⁰	蝇子 iŋ⁵³tsʅ⁰
定州	蛛蛛 tʂu³³tʂu⁰	蚊子 uən⁴²tsʅ⁰	蝇子 iŋ⁴²tsʅ⁰
无极	蛛蛛 tʂu³⁵tʂu⁰	蚊子 uen³¹tsʅ⁰	蝇子 iŋ³¹tsʅ⁰
辛集	蛛蛛 tʂu³³tʂu⁰	蚊子 uən³⁵tsʅ⁰	蝇子 iŋ³⁵tsʅ⁰
衡水	蛛蛛 tɕy³¹tɕy⁰	蚊子 vən²⁴tsʅ⁰	蝇子 iŋ²⁴tsʅ⁰
故城	蛛蛛 tʂʅ²¹tʂu⁰	蚊子 vẽ⁵⁵tsʅ⁰	蝇子 iŋ⁵⁵tsʅ⁰
巨鹿	蜘蛛 tʂʅ³³tʂu³³	蚊子 uən⁵³tsʅ⁰	蝇子 iŋ⁵³tsʅ⁰
邢台	蛛蛛 tʂu³⁴tʂu⁰	蚊子 vən⁵³ə⁰	蝇子 iŋ⁵³ə⁰
馆陶	蛛蛛 tʂu²⁴tʂu⁰	蚊子 un⁵²tə⁰	蝇子 iŋ⁵²tə⁰ 苍蝇 tsʰaŋ²⁴iŋ⁵²
沧县	蛛蛛 tʂu⁴¹tʂu⁰	蚊子 uən⁵⁵tsʅ⁰	苍蝇 tsʰaŋ⁴¹iŋ⁰
献县	蛛蛛 tʂu³³tʂu⁰	蚊子 uən⁵⁵tsʅ⁰	蝇子 iŋ⁵⁵tsʅ⁰
平泉	蜘蛛 tʂʅ⁵⁵tʂu⁵⁵	蚊子 uən³⁵tsʅ⁰	苍蝇 tsʰaŋ⁵⁵iŋ³⁵
滦平	蛛蛛 tʂu³⁵tʂu⁰ 蜘蛛 tʂʅ⁵⁵tʂu³⁵	蚊子 uən³⁵tsə⁰	苍蝇 tsʰaŋ⁵⁵iŋ⁰
廊坊	蛛蛛 tʂu³⁵tʂu⁰	蚊子 uən³⁵tsʅ⁰	蝇子 iŋ³⁵tsʅ⁰
魏县	蛛蛛 tʂu³³tʂu⁰	蚊子 uən⁵³tɛ⁰	蝇子 iŋ⁵³tɛ⁰

（续表）

	0244 蜘蛛会结网的	0245 蚊子统称	0246 苍蝇统称
张北	蛛蛛 tsu⁴²tsu⁰	蚊子 vəŋ⁴²tsə⁰	苍蝇 tsʰɔ̃⁴²iŋ⁰
万全	蜘蛛 tsʅ⁴¹tsu⁴¹	蚊子 vəŋ⁴¹tsə⁰	蝇子 i⁴¹tsə⁰
涿鹿	蛛蛛子 tʂu⁴²tʂu⁰ə⁰	蚊子 uəŋ⁴²ə⁰	蝇子 iŋ⁴²ə⁰
平山	蛛蛛 tʂu⁴²tʂu⁰	蚊子 uəŋ⁴²tsʅ⁰	蝇子 iŋ⁴²tsʅ⁰
鹿泉	蛛蛛儿 tʂu⁵⁵tʂur⁰	蚊子 uẽ⁵⁵tɤ⁰	蝇子 iŋ⁵⁵tɤ⁰
赞皇	蛛蛛 tʂu⁴⁵tʂu⁰	蚊子 uəŋ⁵¹tsə⁰	蝇子 iŋ⁵¹tsə⁰
沙河	蛛蛛 tʂu⁴¹tʂu⁰	蚊子 uəŋ⁵¹tə⁰	苍蝇 tsʰaŋ⁴¹iəŋ⁰ 蝇子 iəŋ⁵¹tə⁰
邯郸	蛛蛛 tʂu³¹tʂu⁰	蚊子 vəŋ⁵³tə⁰	蝇子 iŋ⁵³tə⁰
涉县	蜘蛛 tsʅ⁵⁵tsu⁰	蚊子 vəŋ⁴¹ə⁰	蝇子 iəŋ⁴¹ə⁰

	0247 跳蚤咬人的	0248 虱子	0249 鱼
兴隆	跳蚤 tʰiau⁵¹tsau⁰	虱子 ʂʅ³⁵tsʅ⁰	鱼 y⁵⁵
北戴河	狗蹦子 kou²¹pəŋ⁵³tʃʅ⁰	虱子 ʃ⁴⁴tʃʅ⁰	鱼 y³⁵
昌黎	狗蹦子 kou²¹pəŋ⁴⁵tsʅ⁰	虱子 sʅ⁴²tsʅ⁰	鱼 y²⁴
乐亭	狗蹦子 kou³³pəŋ⁵⁵tsʅ⁰	虱子 sʅ³¹tsʅ⁰	鱼 y²¹²
蔚县	跳蚤 tʰiɯ³¹tsʌɯ⁰	虱子 sʅ⁵³tsʅ⁰	鱼 y⁴¹
涞水	蹦蹦儿 pəŋ³¹pəŋ³³¹ŋər⁰	虱子 sʅ³³tsʅ⁰	鱼 y⁴⁵
霸州	虼蚤 kɤ⁴⁵tsʰau⁰	虱子 sʅ²¹tsʅ⁰	鱼 y⁵³
容城	虼蚤 kɤ⁵²tsʰau⁰	虱子 sʅ³¹tsʅ⁰	鱼 y³⁵
雄县	虼蚤 kɤ⁴⁵tsʰau⁰	虱子 sʅ⁴⁴tsʅ⁰	鱼 y⁵³
安新	虼蚤 kɤ⁵⁵tsʰau⁰	虱子 sʅ⁵³tsʅ⁰	鱼 y³¹
满城	跳蚤 tʰiau⁵³tsʰau²¹³	虱子 sʅ⁴⁵tsʅ⁰	鱼 y²²
阜平	狗蚤 kou²¹tsɔ⁰	虱子 sʅ²¹tsʅ⁰	鱼儿 yər²⁴
定州	狗蚤 kou²¹¹tsau⁰	虱子 sʅ³³tsʅ⁰	鱼鱼儿 y⁴²yər⁰
无极	狗蚤 kəu³⁵tsɔ⁰	虱子 sʅ²¹³tsʅ⁰	鱼 y²¹³
辛集	狗蚤 kou³²²tsʰau⁰	虱子 sʅ³³tsʅ⁰	鱼 y³⁵⁴
衡水	虼蚤 kɤ⁵³tsau⁰	虱子 sʅ³¹tsʅ⁰	鱼 y⁵³
故城	虼蚤 kɤ⁵³tsɔ⁰	虱子 sʅ²¹tsʅ⁰	鱼 y⁵³
巨鹿	虼蚤 kɤ³³tsau⁰	虱子 sʅ³³tsʅ⁰	鱼 y⁴¹
邢台	虼蚤 kə³⁴tsau⁵⁵	虱子 sʅ³⁴ə⁰	鱼 y⁵³
馆陶	虼蚤 kɤ²⁴tsao⁰	虱子 sʅ²⁴tə⁰	鱼 y⁵²
沧县	跳蚤 tʰiau⁵³tsʅ⁰	虱子 sʅ⁴¹tsʅ⁰	鱼 y⁵³
献县	虼蚤 kɤ³³¹tsʰɔ⁰	虱子 sʅ³³tsʅ⁰	鱼 y⁵³
平泉	跳蚤 tʰiau⁵¹tsau⁰	虱子 sʅ⁵⁵tsʅ⁰	鱼 y³⁵
滦平	跳蚤 tʰiau⁵¹tsau⁰	虱子 sʅ⁵⁵tsə⁰	鱼 y³⁵
廊坊	虼蚤 kɤ⁵¹tsʅ⁰ 虼跳蚤 kɤ⁵³tʰiau⁵¹tsʅ⁰	虱子 sʅ⁵⁵tsʅ⁰	鱼 y³⁵
魏县	虼蚤 ke³³tʂau⁰	虱子 sʅ³³tɛ⁰	鱼 y⁵³
张北	跳蚤 tʰiau²³tsau⁴²	虱子 səʔ³²tsə⁰	鱼 y⁴²

(续表)

	0247 跳蚤咬人的	0248 虱子	0249 鱼
万全	跳蚤 tʰiɔ²¹³tsɔ⁰	虱子 səʔ²²tsə⁰	鱼 y⁴¹
涿鹿	跳蚤 tʰiɔ³¹tsɔ⁰	虱子 sʌ⁴³a⁰	鱼儿 yər⁴²
平山	疙蚤 kɤ³¹tsɔ⁵⁵	虱子 ʂʅ²¹tsʅ⁰	鱼儿 yər⁵³
鹿泉	狗蚤 kou⁵⁵tsɔ⁰	虱子 ʂɤ¹³tɤ⁰	鱼儿 yər⁵⁵
赞皇	疙蚤 kə²¹tsɔ⁰	虱子 ʂʅ²¹tsə⁰	鱼儿 yər³²
沙河	疙蚤 kəʔ⁴tsau²⁴	虱子 ʂʅ⁴¹tə⁰	鱼 y⁵¹
邯郸	疙蚤 kəʔ²tsɑu⁰	虱子 səʔ⁴təʔ⁰	鱼 y⁵³
涉县	疙蚤 kəʔ⁵⁵tsau⁰	虱子 səʔ³³lə⁰	鱼儿 yər⁴¹²

	0250 鲤鱼	0251 鳙鱼 胖头鱼	0252 鲫鱼
兴隆	鲤鱼 li²¹y⁵⁵	胖头鱼 pʰaŋ⁵¹tʰou⁵⁵y⁵⁵ 胖头 pʰaŋ³⁵tʰou⁰	鲫瓜子 tɕi²¹kua³⁵tsʅ⁰ 鲫鱼 tɕi²¹y⁵⁵
北戴河	鲤子 li²¹tʂʅ⁰	胖头 pʰaŋ⁴⁴tʰou⁰	鲫瓜子 tɕy²¹kua⁴⁴tʂʅ⁰
昌黎	鲤鱼 li²¹y⁰	胖头 pʰaŋ⁴³tʰou⁰	鲫鱼 tɕi²¹y⁰
乐亭	鲤鱼 li²¹¹y⁰	胖头 pʰaŋ³¹tʰou⁰	鲫鱼 tɕi²¹¹y⁰
蔚县	鲤鱼 li⁴⁴y⁴¹		鲫鱼 tɕi⁵³y⁰ 半斤以上 鲫瓜子 tɕi⁵³kua⁵³tsʅ⁰ 半斤以下
涞水	鲤鱼 ly³¹y⁰	胖头鱼 pʰaŋ³¹tʰou⁴⁵y⁴⁵	鲫瓜片子 tɕi³³kuo⁰pʰian³³¹tsʅ⁰
霸州	红鱼 xuŋ⁵³y⁴⁴ 鲤鱼拐子 li⁴¹y⁰kuai⁴¹tsʅ⁰ 拐子 kuai⁴¹tsʅ⁰	胖头 pʰaŋ²¹tʰou⁰	鲫鱼瓜子 tɕi⁴⁵y⁰kua²¹tsʅ⁰ 鲫瓜子 tɕi⁴¹kua²¹tsʅ⁰
容城	鲤鱼 li⁵²y⁰	大头鱼 ta⁵²tʰou⁴⁴y³⁵	鲫瓜 tɕi⁵²kuo⁰
雄县	鲤鱼 ly⁴¹y⁰	胖头 pʰaŋ⁴⁴tʰou⁰ 白鲢 pai⁵³liãn⁵³ 花儿鲢 xuar⁴⁵liãn⁵³	鲫瓜儿 tɕy²¹kuar⁴⁵
安新	鲤鱼 ly⁵³ly⁰	花鲢 xua⁴⁵lian³¹	鲫瓜 tɕi⁵³kuo⁰
满城	鲤鱼 li⁴²y⁰	鲢鱼 lian²²y⁰	鲫瓜 tɕi⁴²kuo⁰
阜平	鲤鱼 li²¹y⁰	鳙鱼 ioŋ⁵⁵y²⁴	鲫瓜子鱼 tɕi⁵⁵kua³¹tsʅ⁰y²⁴
定州	鲤鱼 li²¹¹y²⁴	大头鱼 ta⁵³tʰou²⁴y²⁴	鲫鱼 tsi²⁴y²⁴
无极	鲤鱼 li³⁵y⁰		漂水涟＝子 pʰiɔ³¹ʂuəi³⁵liãn³¹tsʅ⁰
辛集	鲤鱼 li³⁵⁴y³⁵⁴	胖头儿鱼 pʰaŋ⁴²tʰour³⁵⁴y³⁵⁴	鲫鱼 tsi⁴²y³⁵⁴
衡水	鲤鱼 li²¹y⁰		鲫鱼 tɕi³¹y⁰
故城	鲤鱼 li²⁴y⁰	大头鱼 ta⁵³tʰou⁰y⁵³	鲫鱼 tɕi³¹y⁰
巨鹿	鲤鱼 li⁵⁵y⁴¹	大头龟儿 ta²¹tʰou⁴¹kuər³³	鲫鱼 tɕi³³y⁴¹
邢台	鲤鱼 li⁵⁵y⁰	大白鲢 ta³¹pai³³lian⁵³	鲫鱼 tsi³³y⁵³
馆陶	鲤鱼 li⁴⁴y⁰		鲫鱼 tsi²⁴y⁵²
沧县	鲤鱼 li²³y⁰	胖头 pʰaŋ⁵³tʰou⁰	鲫鱼 tɕi⁴¹y⁰
献县	鲤鱼 li²¹y⁰	胖头 pʰã³³tʰou⁰	鲫鱼 tɕi³³y⁰
平泉	鲤鱼 li²¹y³⁵	胖头鱼 pʰaŋ⁵⁵tʰou³⁵y³⁵	鲫鱼 tɕi²¹y³⁵

（续表）

	0250 鲤鱼	0251 鳙鱼_{胖头鱼}	0252 鲫鱼
滦平	鲤鱼 li²¹y³⁵	胖头 pʰɑŋ⁵⁵tʰou⁰ 胖头鱼 pʰɑŋ⁵¹tʰou³⁵y³⁵	鲫瓜子 tɕi⁵⁵kuɑ⁵⁵tsə⁰ 鲫鱼 tɕi²¹y³⁵
廊坊	鲤鱼 li²¹y³⁵ 拐子 kuai²¹tsɿ⁰	胖头 pʰɑŋ⁵³tʰou³⁵	鲫瓜 tɕy²¹kua⁵⁵
魏县	鲤鱼 li⁵⁵y⁰		鲫鱼片子 tɕi³³y⁵³pʰian³¹²tɛ⁰
张北	鲤鱼 li⁵⁵y⁴²	鲢鱼 liæ⁴²y⁴² 花鲢 xua⁴²liæ⁴²	鲫瓜子 tɕi²³kua⁴²tsə⁰
万全	鲤鱼 li⁴¹y⁴¹	胖头鱼 pʰɑŋ⁴¹tʰouy⁴¹	鲫鱼 tɕi⁴¹y⁴¹
涿鹿	鲤鱼 lei⁴⁵y⁵²	胖头鱼 pʰɑ̃³¹tʰəu⁰y⁴²	扁鲊 piæ⁴²tsa⁴⁵
平山	鲤鱼 li⁵⁵i³¹	胖头 pʰɑŋ⁵⁵tʰɐu⁰	木栅片 mu²⁴tʂa⁵⁵pʰiæ⁴²
鹿泉	鲤鱼 li³⁵y⁵⁵	胖头 pʰɑŋ³¹tʰou⁵⁵	鲫鱼 tsi¹³y⁵⁵
赞皇	鲤鱼 li⁴⁵y⁵⁴	花鲢 xua⁵⁴liæ⁵⁴	鲫瓜 tsi²¹kua⁰
沙河	鲤鱼 li³³y⁰		鲫鱼 tɕi⁵⁴y⁵¹
邯郸	鲤鱼 li⁵⁵y⁰		鲫疙瘩 tsieʔ²⁴kəʔ²tʌʔ³²
涉县	鲤鱼 li⁵³y⁰	胖头鱼 pʰɑ̃⁵⁵tʰou⁴¹y⁰	鲫鱼 tɕi⁵³y⁰

	0253 甲鱼	0254 鳞鱼的	0255 虾统称
兴隆	王八 uaŋ⁵⁵pa⁰ 甲鱼 tɕia²¹y⁵⁵	鳞 lin⁵⁵	虾 ɕia³⁵ 虾米 ɕia³⁵mi⁰
北戴河	王八 uaŋ³⁵pa⁰	鳞 lin³⁵	虾 ɕia⁴⁴
昌黎	王八 uaŋ⁴²pə²³	鳞 lin²⁴	虾 ɕia⁴²
乐亭	王八 uaŋ³¹pa⁰	鳞 liən²¹²	虾 ɕia³¹
蔚县	王八 vɔ⁴¹pa⁰	鱼甲 y⁴¹tɕia⁴⁴ 鳞 lin⁴¹	虾儿 ɕiar⁵³
涞水	王八 uaŋ²⁴pa⁰	鳞 lin⁴⁵	虾 ɕia³¹
霸州	王八 uaŋ⁵³pa⁰	鱼鳞 y⁴⁴lin⁵³ 鳞 lin⁵³	虾 ɕia⁴⁵
容城	王八 uaŋ²¹pɤ⁰	鳞 lin³⁵	虾米 ɕia³¹mi⁰
雄县	王八 uaŋ⁵³pa⁰	鱼鳞 y⁵³lin⁵³ 鳞 lin⁵³	虾 ɕia⁴⁵
安新	王八 uaŋ³³pa⁰ 鼋鱼 yan⁴⁵y³¹	鱼鳞 y⁴⁵lin³¹	虾 ɕia⁴⁵
满城	王八 uaŋ²²pa⁰	鳞 lin²²	虾 ɕia⁴⁵ 虾米 ɕia⁴⁵mi⁰
阜平	王八 uaŋ⁵³pa⁰	鳞 liŋ²⁴	虾儿 ɕiar³¹
定州	王八 uaŋ⁴²pa⁰	鳞 lin²⁴	虾 ɕia³³
无极	王八 uaŋ³¹pa⁰	鳞 lien²¹³	虾 ɕia³¹
辛集	王八 uaŋ³³pa⁰	鳞 liən³⁵⁴	虾 ɕia³³
衡水	王八 vaŋ²⁴pa⁰	鱼鳞 y⁵³lin⁵³	虾 ɕia²⁴
故城	王八 vaŋ⁵⁵pa⁰ 龟 kuei²⁴	鳞 liẽ⁵³	虾 ɕia²⁴
巨鹿	王八 uã⁵³pa⁰	鳞 lin⁴¹	虾 ɕia³³
邢台	王八 vaŋ⁵³pa⁰	鱼鳞 y³³lin⁵³ 鳞 lin⁵³	虾 ɕia³⁴
馆陶	王八 uaŋ⁵²pa⁰ 甲鱼 tɕia²⁴y⁵²	鳞 lin⁵²	虾 ɕia²⁴
沧县	王八 uaŋ⁵⁵pɑ⁰	鳞 liən⁵³	虾 ɕia²³

（续表）

	0253 甲鱼	0254 鳞鱼的	0255 虾统称
献县	王八 uã⁵⁵pa⁰	鳞 lin⁵³	虾 ɕia³³
平泉	乌龟 u⁵⁵kuei⁵⁵ 王八 uaŋ³⁵pa⁰ 甲鱼 tɕia²¹y³⁵	鳞 lin³⁵	虾 ɕia⁵⁵
滦平	鳖 piɛ²¹⁴ 王八 uaŋ³⁵pa⁰ 甲鱼 tɕia²¹y³⁵	鳞 lin³⁵	虾 ɕia⁵⁵
廊坊	甲鱼 tɕia²¹y³⁵ 王八 uaŋ³⁵pa⁰	鳞 lin³⁵	虾 ɕia⁵⁵
魏县	王八 uaŋ⁵³pə³¹² 乌龟 u³³kuəi³³	鳞 lin⁵³	虾 ɕia³³
张北	王八 vɑ̃⁴²pa⁰	鳞甲 liŋ⁴²tɕia⁵⁵	虾 ɕia⁴²
万全	王八 vaŋ⁴¹pʌʔ⁰	鳞 liəŋ⁴¹	虾 ɕia⁴¹
涿鹿	王八 uã⁴²pa⁰	鳞 liŋ⁴²	虾米 ɕia⁴²mi⁰
平山	王八 uaŋ⁴²pa⁰ 鳖 piə²⁴	鳞 liŋ³¹	虾米 ɕia⁴²mi⁰
鹿泉	王八 uaŋ⁵⁵pa⁰ 鳖 piʌ¹³	鳞 liẽ⁵⁵	虾 ɕia⁵⁵
赞皇	王八 uaŋ⁵¹pa⁰	鳞 lin⁵⁴	虾 ɕia⁵⁴
沙河	王八 uaŋ⁵¹pəʔ⁰	鱼鳞 y⁵⁴liən⁵¹	虾米 ɕiɔ⁴¹mi⁰
邯郸	老鳖 lau⁵⁵piʌʔ⁴³	鳞 lin⁵³	虾 ɕiɔ³¹
涉县	老鳖 lau⁵³piɛʔ³²	鱼鳞 y⁴¹liəŋ⁰	虾 ɕiɑ⁴¹

	0256 螃蟹统称	0257 青蛙统称	0258 癞蛤蟆表皮多疙瘩
兴隆	螃蟹 pʰaŋ⁵⁵ɕie⁰	蛤蟆 xə⁵⁵ma⁰ 青蛙 tɕʰiŋ³⁵ua³⁵	疥蛤蟆 tɕie⁵¹xə⁵⁵ma⁰ 蟾蜍 tʂʰan⁵⁵tʂʰu⁵⁵ 癞蛤蟆 lai⁵¹xa⁵⁵ma⁰
北戴河	螃蟹 pʰaŋ³⁵kʰai⁰	蛤蟆 xɤ³⁵mɤ⁰	老疥 lau²¹tɕie⁵¹
昌黎	螃蟹 pʰaŋ⁴²kʰə²³	蛤蟆 xɤ⁴²mə²³	老疥 lau²¹tɕie⁴⁵³
乐亭	螃蟹 pʰaŋ³¹kei⁰	蛤蟆 xə³¹mə⁰	疥瘩海子 tɕie⁵²ta⁰xai²¹¹tsʅ⁰
蔚县	螃蟹 pʰɔ⁴¹ɕiə⁰	疥蛤蟆 tɕie¹³xɤ⁴¹ma⁰	疥蛤蟆 tɕie¹³xɤ⁴¹ma⁰
涞水	螃蟹 pʰaŋ²⁴ɕie⁰	青蛙 tɕʰiŋ⁵⁵ua³¹	疥蛤蟆 tɕie³³¹xɤ⁰ma⁰
霸州	螃蟹 pʰaŋ⁵³ɕie⁰	蛤蟆 xa⁵³ma⁰	疥蟆蛤 tɕie⁴⁵ma⁰xa⁰ 癞蛤蟆 lai⁴¹xa⁵³ma⁰
容城	螃蟹 pʰaŋ²¹ɕie⁰	蛤蟆 xɤ²¹mɤ⁰	疥蛤蟆 tɕie⁵²xɤ²¹mɤ⁰
雄县	螃蟹 pʰaŋ⁵³ɕie⁰	蛤蟆 xɤ⁵³ma⁰	疥蟆蛤 tɕie⁴⁵ma⁰xɤ⁰
安新	螃蟹 pʰaŋ³³ɕie⁰	蛤蟆 xɤ³³mo⁰	疥毒子蛤蟆 tɕie⁵⁵tu⁰tsʅ⁰xɤ³³mo⁰
满城	螃蟹 pʰaŋ²²ɕie⁰	蛤蟆 xɤ²²ma⁰	疥蛤蟆 tɕie⁵³xɤ²²ma⁰
阜平	螃蟹 pʰaŋ⁵³ɕie⁰	蛤蟆 xɤ⁵³ma⁰	老疥毒 lɔ²⁴tɕie⁵⁵tu⁵³
定州	螃蟹 pʰaŋ⁴²ɕie⁰	蛤蟆 xɤ⁴²ma⁰	疥蛤蟆 tɕie³⁵xɤ³³ma⁰
无极	螃蟹 pʰaŋ³¹ɕia⁰	蛤蟆 xɤ³¹ma⁰	癞蛤蟆 læ³⁵xɤ⁰ma⁰
辛集	螃蟹 pʰaŋ³⁵ɕie⁰	蛤蟆 xə³⁵ma⁰ 三道儿 san³⁵tɑur⁴¹ 三道儿门儿 san³⁵tɑur⁴¹mər³⁵⁴	疥蛤蟆 tɕie⁴¹xə³⁵ma⁰
衡水	螃蟹 pʰaŋ²⁴ɕiɛ⁰	蛤蟆 xɤ²⁴ma⁰	气⁼蛤蟆 tɕʰi⁵³xɤ⁰ma⁰ 疥蛤蟆 tɕie⁵³xɤ⁰ma⁰
故城	螃蟹 pʰaŋ⁵⁵ɕie⁰	蛤蟆 xa⁵⁵ma⁰	癞蛤蟆 læ⁵³xa⁰ma⁰
巨鹿	螃蟹 pʰaŋ⁵⁵ɕie²¹	蛤蟆 xɤ⁵³ma⁰	疥毒蛤蟆 tɕie⁵³tu⁰xɤ⁵³ma⁰
邢台	螃蟹 pʰaŋ⁵³ɕiɛ⁰	蛤蟆 xə⁵³ma⁰	癞蛤蟆 lai³¹xə⁵³ma⁰ 疥毒蛤蟆 tɕie³¹tu⁰xə⁵³ma⁰ 老疥毒 lau⁵⁵tɕie³¹tu⁰
馆陶	螃蟹 pʰaŋ⁵²ɕiai⁰	青蛙 tɕʰiŋ²⁴ua²⁴ 蛤蟆 xɤ⁵²ma⁰	疥蛤蟆 tɕiai²¹xɤ⁵²ma⁰ 癞蛤蟆 lai²¹xɤ⁰ma⁰
沧县	螃蟹 pʰaŋ⁵⁵ɕiai⁰	豁⁼棱⁼鼓子 xuo⁴¹ləŋ⁰ku²³tsʅ⁰	疥蛤蟆 tɕiai⁵³xɑ⁰mɑ⁰

（续表）

	0256 螃蟹 统称	0257 青蛙 统称	0258 癞蛤蟆 表皮多疙瘩
献县	螃蟹 $p^h\tilde{a}^{55}\varepsilon i\tilde{a}^0$	蛤蟆 $x\gamma^{55}ma^0$	疥蛤蟆 $t\varepsilon i\varepsilon^{331}x\gamma^0 ma^0$
平泉	螃蟹 $p^ha\eta^{35}\varepsilon i\varepsilon^{51}$	青蛙 $t\varepsilon^h i\eta^{55}ua^{55}$	疥蛤蟆 $t\varepsilon i\varepsilon^{51}xu^0 ma^{214}$ 癞蛤蟆 $lai^{53}xa^{35}ma^0$
滦平	螃蟹 $p^ha\eta^{35}\varepsilon i\varepsilon^0$	青蛙 $t\varepsilon^h i\eta^{55}ua^{55}$	疥疤子 $t\varepsilon i\varepsilon^{51}pa^{55}ts\gamma^0$ 癞蛤蟆 $lai^{51}xa^{35}ma^0$
廊坊	螃蟹 $p^ha\eta^{35}\varepsilon i\varepsilon^0$	蛤蟆 $xa^{35}ma^0$ 青蛙 $t\varepsilon^h i\eta^{55}ua^{55}$	癞蛤蟆 $lai^{53}xa^{35}ma^0$ 疥疤子 $t\varepsilon i\varepsilon^{53}xa^{55}ts\gamma^0$ 疥了蛤子 $t\varepsilon i\varepsilon^{51}l\gamma^0xa^{55}ts\gamma^0$
魏县	螃蟹 $p^ha\eta^{53}\varepsilon i\varepsilon^{312}$	蛤蟆 $x\varepsilon^{53}ma^{312}$	疥蛤蟆 $t\varepsilon i\varepsilon^{312}x\varepsilon^{53}ma^{312}$
张北	螃蟹 $p^h\tilde{\mathrm{ɔ}}^{42}\varepsilon i\varepsilon^{213}$	青疥子 $t\varepsilon^h i\eta^{42}t\varepsilon i\varepsilon^{23}ts\mathrm{ə}^0$	疥蛤蟆 $t\varepsilon i\varepsilon^{23}x\mathrm{əʔ}^3ma^0$
万全	螃蟹 $p^ha\eta^{41}\varepsilon iei^0$	秦鸡 $t\varepsilon^h i\mathrm{ə}\eta^{41}t\varepsilon i^{41}$ 大的 水安子 $suei^{44}\eta an^{41}ts\mathrm{ə}^0$ 小的	疥蛤蟆 $t\varepsilon iei^{213}x\mathrm{ə}^{41}ma^0$
涿鹿	螃蟹 $p^h\tilde{a}^{42}\varepsilon i\varepsilon^0$	疥蛤蟆 $t\varepsilon i\varepsilon^{31}x\mathrm{ə}^{42}ma^0$	疥毒眼 $t\varepsilon i\varepsilon^{31}tu^0 i\tilde{æ}^{45}$
平山	螃蟹 $p^ha\eta^{42}t\varepsilon^h i\mathrm{ə}^0$	蛤蟆 $x\gamma^{42}ma^0$	疥蛤蟆 $t\varepsilon i\mathrm{ə}^{55}x\gamma^{53}ma^{42}$
鹿泉	螃蟹 $p^ha\eta^{55}\varepsilon i\Lambda^0$	蛤蟆 $x\gamma^{55}m\Lambda^0$	疥毒子蛤蟆 $t\varepsilon i\gamma^{31}tu^{13}ts\gamma^0 x\gamma^{55}m\Lambda^0$
赞皇	螃蟹 $p^ha\eta^{51}\varepsilon i\varepsilon^0$	蛤蟆 $x\gamma^{51}ma^0$	疥毒子 $t\varepsilon i\varepsilon^{31}tu^{31}ts\mathrm{ə}^0$
沙河	螃蟹 $p^ha\eta^{51}t\varepsilon i\varepsilon^{21}$	蛤蟆 $x\mathrm{əʔ}^4m\mathrm{ɔ}^0$	烂″蛤蟆 $l\tilde{a}^{21}x\mathrm{əʔ}^4m\mathrm{ɔ}^0$ 疥蛤蟆 $t\varepsilon i\varepsilon^{33}x\mathrm{əʔ}^4m\mathrm{ɔ}^0$
邯郸	螃蟹 $p^ha\eta^{53}\varepsilon i\varepsilon^{21}$	蛤蟆 $x\Lambda\mathrm{ʔ}^5m\mathrm{ɔ}^{21}$	疥蛤蟆 $t\varepsilon i\varepsilon^{13}x\Lambda\mathrm{ʔ}^0m\mathrm{ɔ}^0$
涉县	螃蟹 $p^h\tilde{a}^{41}\varepsilon i\mathrm{ə}^0$	青蛙 $t\varepsilon^h i\mathrm{ə}\eta^{41}v\mathrm{ɒ}^0$	疥蛤蟆 $t\varepsilon i\mathrm{ə}^{53}x\mathrm{ɐʔ}^{32}m\mathrm{ɒ}^0$

	0259 马	0260 驴	0261 骡
兴隆	马 ma²¹³	驴 luei⁵⁵/ly⁵⁵	骡子 luo⁵⁵tsʅ⁰
北戴河	马 ma²¹⁴	驴 ly³⁵	骡子 luo³⁵tʂʅ⁰
昌黎	马 ma²¹³	驴 ly²⁴	骡 luo²⁴
乐亭	马 ma³⁴	驴 ly²¹²	骡子 luə³¹tsʅ⁰
蔚县	马 ma⁴⁴	驴 ly⁴¹	骡子 luɤ⁴¹tsʅ⁰
涞水	马 ma²⁴	驴 ly⁴⁵	骡子 luo²⁴tsʅ⁰
霸州	马 ma²¹⁴	驴 ly⁵³	骡子 luo⁵³tsʅ⁰
容城	马 ma²¹³	驴 ly³⁵	骡子 luo²¹tsʅ⁰
雄县	马 ma²¹⁴	驴 ly⁵³	骡子 luo⁵³tsʅ⁰
安新	马 ma²¹⁴	毛驴 mɑu⁴⁵ly³¹	骡子 luo³³tsʅ⁰
满城	马 ma²¹³	驴 ly²²	骡子 luo²²tsʅ⁰
阜平	马 ma⁵⁵	驴 ly²⁴	骡子 luɤ⁵³tsʅ⁰
定州	马 ma²⁴	驴 ly²¹³	骡子 luo⁴²tsʅ⁰
无极	马 ma³⁵	驴 ly²¹³	骡子 luɤ³¹tsʅ⁰
辛集	马 mɑ³²⁴	驴 ly³⁵⁴	骡子 luə³⁵tsʅ⁰
衡水	马 ma⁵⁵	驴 ly⁵³	骡子 luo²⁴tsʅ⁰
故城	马 ma⁵⁵	驴 ly⁵³	骡子 luɤ⁵⁵tsʅ⁰
巨鹿	马 ma⁵⁵	驴 ly⁴¹	骡 luo⁴¹
邢台	马 ma⁵⁵	驴 ly⁵³	骡子 luo⁵³ɚ⁰
馆陶	马 ma⁴⁴	驴 ly⁵²	骡子 luo⁵²tə⁰
沧县	马 ma⁵⁵	驴 ly⁵³	骡子 luo⁵⁵tsʅ⁰
献县	马 ma²¹⁴	驴 ly⁵³	骡子 luo⁵⁵tsʅ⁰
平泉	马 ma²¹⁴	驴 ly³⁵	骡子 luo³⁵tsʅ⁰
滦平	马 ma²¹⁴	驴 ly³⁵	骡子 luo³⁵tsə⁰
廊坊	马 ma²¹⁴	驴 ly³⁵	骡子 luo³⁵tsʅ⁰
魏县	马 ma⁵⁵	驴 ly⁵³	骡子 luə⁵³tɛ⁰
张北	马 ma⁵⁵	驴 ly⁴²	骡 luə⁴²
万全	马 ma⁵⁵	毛驴 mɔ⁴¹ly⁴¹	骡子 lə⁴¹tsə⁰

（续表）

	0259 马	0260 驴	0261 骡
涿鹿	马 ma⁴⁵	驴 luei⁴² 毛驴 mɔ¹¹³luei⁵²	骡子 luə⁴²ə⁰
平山	马 ma⁵⁵	驴 li³¹	骡子 luə⁴²tsʅ⁰
鹿泉	马 ma³⁵	驴 ly⁵⁵	骡子 luo⁵⁵tɤ⁰
赞皇	马 ma⁴⁵	驴 ly⁵⁴	骡子 luə⁵¹tsə⁰
沙河	马 mɔ³³	驴 ly⁵¹	骡子 luo⁵¹tə⁰
邯郸	马 mɔ⁵⁵	驴 ly⁵³	骡子 luə⁵³tə⁰
涉县	马 mɒ⁵³	驴 ly⁴¹²	骡子 luə⁴¹lə⁰

	0262 牛	0263 公牛统称	0264 母牛统称
兴隆	牛 ȵiou⁵⁵	牤牛 mɑŋ³⁵ȵiou⁵⁵ 公牛 koŋ³⁵ȵiou⁵⁵	乳牛 zu²¹ȵiou⁵⁵ 母牛 mu²¹ȵiou⁵⁵
北戴河	牛 ȵiou³⁵	公牛 kuŋ⁴⁴ȵiou³⁵	母牛 mu²¹ȵiou³⁵
昌黎	牛 ȵiou²⁴	公牛 kuŋ³⁴ȵiou²¹³	母牛 mu²⁴ȵiou²⁴
乐亭	牛 niou²¹²	牤牛 mɑŋ³¹niou²¹²	乳牛 zu³¹niou²¹²
蔚县	牛 ȵiəu⁴¹	儿牛 ər⁴¹ȵiəu⁴¹	母牛 mu⁴⁴ȵiəu⁴¹
涞水	牛 ȵiou⁴⁵	牤牛 mɑŋ⁴⁵ȵiou⁰	乳牛 zu³¹ȵiou⁰
霸州	牛 ȵiou⁵³	犍子 tɕian²¹tsʅ⁰	牸牛 sʅ⁴⁵ȵiou⁰
容城	牛 niou³⁵	牤牛 mɑŋ⁴⁴niou³⁵	母牛 mu³⁵niou³⁵
雄县	牛 ȵiou⁵³	牤牛 mɑŋ⁴⁴ȵiou⁰	牸牛 tsʅ⁴⁵ȵiou⁰
安新	牛 niou³¹	公牛 kuŋ⁴⁵niou⁰	母牛 mu⁵³niou⁰
满城	牛 ȵiou²²	公牛 kuŋ⁴⁵ȵiou⁰ 犍子 tɕian⁵⁵tsʅ⁰	母牛 mu⁴²ȵiou⁰ 牸牛 tsʅ²¹ȵiou⁰
阜平	牛 niou²⁴	牤牛 mɑŋ⁵⁵niou²⁴	牸牛 tsʅ²⁴niou⁰
定州	牛 niou²⁴	公牛 kuŋ³³niou²⁴	母牛 mu²⁴niou²⁴
无极	牛 ȵiəu²¹³	蛋牛 tãn³⁵ȵiəu⁰	牸牛 tsʅ³⁵ȵiəu⁰
辛集	牛 ȵiou³⁵⁴	蛋牛儿 tan³²⁴ȵiour⁰ 犍牛儿 tɕian³³ȵiour⁰	牸牛儿 sʅ³²⁴ȵiour⁰
衡水	牛 ȵiəu⁵³	公牛 kuŋ³¹ȵiəu⁰	母牛 mu²¹ȵiəu⁰
故城	牛 ȵiou⁵³	犍子 tɕiæ̃⁵³tsʅ⁰	母牛 mu²⁴ȵiou⁵³
巨鹿	牛 ȵiou⁴¹	犍子 tɕian³³tsʅ⁰	牸牛 tsʅ⁴¹ȵiou⁴¹
邢台	牛 niou⁵³	公牛 kuŋ³⁴niou⁵³	母牛 mu⁵⁵niou⁵³
馆陶	牛 ȵiəu⁵²	毛牛 mɑo²⁴ȵiəu⁵² 公牛 kuŋ²⁴ȵiəu⁵²	牸牛 sʅ⁵²ȵiəu⁵² 母牛 mu⁴⁴ȵiəu⁰
沧县	牛 ȵiou⁵³	牤牛 mɑŋ⁵³niou⁵³	牸牛 sʅ⁵³niou⁵³
献县	牛 ȵiou⁵³	犍子 tɕiæ̃³³tsʅ⁰	牸牛 tsʅ³³¹ȵiou⁰
平泉	牛 niou³⁵	牤牛 mɑu⁵⁵niou³⁵ 公牛 kuŋ⁵⁵niou³⁵	乳牛 zu²¹niou³⁵ 母牛 mu²¹niou³⁵

（续表）

	0262 牛	0263 公牛 统称	0264 母牛 统称
滦平	牛 ȵiou³⁵	牤牛 maŋ⁵⁵ȵiou³⁵ 公牛 kuŋ⁵⁵ȵiou³⁵	乳牛 zu²¹ȵiou³⁵ 母牛 mu²¹ȵiou³⁵
廊坊	牛 ȵiou³⁵	牤牛 maŋ⁵⁵ȵiou³⁵	乳牛 zu²¹ȵiou³⁵
魏县	牛 ȵiəu⁵³	牤牛 maŋ³³ȵiəu⁵³	牸牛 sʅ⁵³ȵiəu⁵³
张北	牛 ȵiəu⁴²	牤牛 mɔ̃⁵⁵ȵiəu⁴²	牸牛 sʅ²³ȵiəu⁴²
万全	牛 ȵiou⁴¹	犍牛 tɕian⁴¹ȵiou⁰	牸牛 sʅ²⁴ȵiou⁴¹
涿鹿	牛 ȵiəu⁴²	公牛 kuŋ⁴²ȵiəu⁵²	奶牛 nɛ⁴⁵ȵiəu⁵²
平山	牛 ȵiɐu³¹	公牛 koŋ⁴²ȵiɐu⁰	母牛 mu⁵⁵ȵiɐu³¹
鹿泉	牛 ȵiou⁵⁵	公牛 kuŋ⁵⁵ȵiou⁵⁵	母牛 mu³⁵ȵiou⁵⁵
赞皇	牛 ȵiəu⁵⁴	公牛 kuŋ⁵⁴ȵiəu⁵⁴	母牛 mu⁴⁵ȵiəu⁵⁴
沙河	牛 niəu⁵¹	犍子 tɕiã⁴¹tə⁰	牸子 tsʅ³³tə⁰
邯郸	牛 niəu⁵³	犍子 tɕiæ̃³¹tə⁰	牸牛 sʅ²⁴niəu⁵³
涉县	牛 ȵiou⁴¹²	公牛 kuəŋ⁴¹ȵiou⁰ 牤子 mã⁴¹ə⁰	母牛 mu⁵³ȵiou⁴¹ 牸牛 tsʅ⁵⁵ȵiou⁰

	0265 放牛	0266 羊	0267 猪
兴隆	放牛 faŋ⁵¹ȵiou⁵⁵	羊 iaŋ⁵⁵	猪 tʂu³⁵
北戴河	放牛 faŋ⁵³ȵiou³⁵	羊 iaŋ³⁵	猪 tʃu⁴⁴
昌黎	放牛 faŋ⁴⁵ȵiou⁰	羊 iaŋ²⁴	猪 tʂu⁴²
乐亭	放牛 faŋ⁵³niou²¹²	羊 iaŋ²¹²	猪 tʂu³¹
蔚县	放牛 fɔ¹³ȵiəu⁴¹	羊 iɔ⁴¹	猪 tsu⁵³
涞水	放牛 faŋ³¹ȵiou⁴⁵	羊 iaŋ⁴⁵	猪 tʂu³¹
霸州	放牛 faŋ⁴¹ȵiou⁵³	羊 iaŋ⁵³	猪 tʂu⁴⁵
容城	放牛 faŋ⁵²niou³⁵	羊 iaŋ³⁵	猪 tʂu⁴³
雄县	放牛 faŋ⁴¹ȵiou⁵³	羊 iaŋ⁵³	猪 tʂu⁴⁵
安新	放牛 faŋ⁵³niou³¹	羊 iaŋ³¹	猪 tʂu⁴⁵
满城	放牛 faŋ⁵³ȵiou²²	羊 iaŋ²²	猪 tʂu⁴⁵
阜平	放牛 faŋ⁵³ȵiou²⁴	羊 iaŋ²⁴	猪 tʂu³¹
定州	放牛 faŋ⁵³ȵiou²¹³	羊 iaŋ²¹³	猪 tʂu³³
无极	放牛 faŋ⁵¹ȵiəu²¹³	羊 iaŋ²¹³	猪 tʂu³¹
辛集	放牛 faŋ⁴²ȵiou³⁵⁴	羊 iaŋ³⁵⁴	猪 tʂu³³
衡水	放牛 faŋ³¹ȵiəu⁵³	羊 iaŋ⁵³	猪 tɕy²⁴
故城	放牛 faŋ³¹ȵiou⁵³	羊 iaŋ⁵³	猪 tʂʅ²⁴
巨鹿	放牛 fã²¹niou⁴¹	羊 iã⁴¹	猪 tɕy³³
邢台	放牛 faŋ³¹niou⁵³	羊 iaŋ⁵³	猪 tʂu³⁴
馆陶	放牛 faŋ²¹ȵiəu⁵²	羊 iaŋ⁵²	猪 tʂu²⁴
沧县	放牛 faŋ⁴¹ȵiou⁵³	羊 iaŋ⁵³	猪 tʂu²³
献县	放牛 fã³¹niou⁵³	羊 iã⁵³	猪 tʂu³³
平泉	放牛 faŋ⁵³niou³⁵	羊 iaŋ³⁵	猪 tʂu⁵⁵
滦平	放牛 faŋ⁵¹ȵiou³⁵	羊 iaŋ³⁵	猪 tʂu⁵⁵
廊坊	放牛 faŋ⁵³niou³⁵①	羊 iaŋ³⁵	猪 tʂu⁵⁵
魏县	放牛 faŋ³¹²ȵiəu⁵³	羊 iaŋ⁵³	猪 tʂu³³
张北	放牛 fɔ̃²³ȵiəu⁴²	羊 iɔ̃⁴²	猪 tsu⁴²
万全	放牛 faŋ²⁴ȵiou⁴¹	羊 ia⁴¹	猪 tsu⁴¹

（续表）

	0265 放牛	0266 羊	0267 猪
涿鹿	放牛 fɑ̃²³n̪iəu⁵²	羊 iã⁴²	猪 tʂu⁴⁴
平山	放牛 fɑŋ²⁴n̪iɐu³¹	羊 iɑŋ³¹	猪 tʂu³¹
鹿泉	放牛 fɑŋ³¹n̪iou⁵⁵	羊 iɑŋ⁵⁵	猪 tʂʰu⁵⁵
赞皇	放牛 fɑŋ³¹²n̪iəu⁵⁴	羊 iɑŋ⁵⁴	猪 tʂu⁵⁴
沙河	放牛 fɑŋ²¹niəu⁵¹	羊 iɑŋ⁵¹	猪 tʂu⁴¹
邯郸	放牛 fɑŋ²¹³niəu⁵³	羊 iɑŋ⁵³	猪 tʂu³¹
涉县	放牛 fɑ̃⁵⁵n̪iou⁴¹	羊 iã⁴¹²	猪 tsu⁴¹

---

① "牛"声调升幅不明显。

	0268 种猪 配种用的公猪	0269 公猪 成年的，已阉的	0270 母猪 成年的，未阉的
兴隆	脬卵子 pʰau²¹lan⁵⁵tsʅ⁰ 种猪 tʂoŋ²¹tʂu³⁵	公猪 koŋ³⁵tʂu³⁵ 肥猪 fei⁵⁵tʂu³⁵ 生猪 ʂəŋ³⁵tʂu³⁵	老壳儿猪 lau²¹kʰɤr³⁵tʂu³⁵ 老壳儿 lau²¹kʰɤr³⁵ 母猪 mu²¹tʂu³⁵
北戴河	脬卵子 pʰau⁵³lan²¹tʃʅ⁰ 生猪 ʃəŋ⁴⁴tʃu⁴⁴ 种猪 tʃuŋ²¹tʃu⁴⁴	肥猪 fei³⁵tʃu⁴⁴	老壳郎 lau²¹kʰɤ⁴⁴laŋ⁰ 老母猪 lau³⁵mu²¹tʃu⁴⁴
昌黎	生猪 səŋ²¹³tʂu⁰	肥猪 fei⁴²tʂu²³	老壳猪 lau³⁴kʰɤ²¹³tʂu⁰
乐亭	脬了 ⁼pʰau²¹¹lə⁰	壳郎 kʰə³⁵laŋ⁰	老壳猪 lau³³kʰə³⁵tʂu⁰
蔚县	骚猪 sʌɯ⁵³tsu⁵³ 儿猪 ər⁴¹tsu⁵³ 公猪 kuŋ⁵³tsu⁵³	儿猪 ər⁴¹tsu⁵³ 公猪 kuŋ⁵³tsu⁵³	母猪 mu⁴⁴tsu⁵³
涞水	脬葫芦 pʰau³¹xu⁰lu²⁴	豵儿 tsəŋ³³¹ŋər⁰	豚子 tʰən²⁴tsʅ⁰
霸州	种猪 tʂuŋ²¹tʂu⁴⁵	壳郎 kʰɤ⁴¹laŋ⁰	母猪 mu⁴¹tʂu⁰
容城	儿猪 ər²¹tʂu⁰	豵儿 tsəŋ⁵²ər⁰	豚儿 tʰuər³⁵
雄县	种猪 tʂuŋ²¹tʂu⁴⁵	壳郎 kʰɤ⁴⁴lɤ⁰	母猪 mu⁴¹tʂu⁰
安新	种猪 tʂuŋ²¹tʂu⁴⁵	儿猪 ər³³tʂu⁰	母猪 mu⁵³tʂu⁰
满城	叫猪 tɕiau⁵⁵tʂu⁰	公猪 kuŋ⁴⁵tʂu⁰	母猪 mu⁴²tʂu⁰
阜平	交猪子 tɕiɔ³¹tʂu⁰tsʅ⁰	猪 tʂu³¹①	母猪 mu²¹tʂu⁰
定州	叫猪 tɕiau²¹¹tʂu⁰	豵儿 tsəŋ³⁵ŋər⁰	母猪 mu²¹¹tʂu⁰
无极	叫猪 tɕiɔ³⁵tʂu³¹	劁猪 tsʰiɔ³³tʂu³¹	母猪 mu³⁵tʂu³¹
辛集	种猪 tʂoŋ²⁴tʂu³³	豤猪 tɕiau⁴²tʂu⁰	老海⁼儿 lau³⁵xer³²⁴
衡水	种猪 tsuŋ²¹tɕy⁰	肥猪 fei²⁴tɕy⁰	母猪 mu²¹tɕy⁰
故城	叫猪 tɕiɔɔ⁵³tʂu⁰	猪 tʂʅ²⁴	猪 tʂʅ²⁴
巨鹿	豵猪 tsoŋ⁵³tɕy⁰	膘猪 piau³³tɕy³³	老海⁼膛 ⁼lau⁵⁵xai⁵⁵tʰã⁴¹
邢台	种猪 tʂuŋ⁴³tʂu³⁴	公猪 kuŋ³⁴tʂu³⁴	母猪 mu⁴³tʂu³⁴ 老海⁼猪 lau⁵⁵xai⁴³tʂu³⁴
馆陶	交猪 tɕyo²⁴tʂu⁰	牙猪 ia⁵²tʂu⁰	海⁼膛 ⁼xai⁴⁴tʰaŋ⁵² 老海⁼儿 lao⁵²xɐr⁴⁴
沧县	脬猪 pʰau⁴¹tʂu⁰	脬猪 pʰau⁴¹tʂu⁰	母猪 mu²³tʂu⁰
献县	交猪子 tɕiɔ³³tʂu⁰tsʅ⁰	脬猪 pʰɔ³³tʂu⁰	母猪 mu²¹tʂu⁰

（续表）

	0268 种猪 配种用的公猪	0269 公猪 成年的，已阉的	0270 母猪 成年的，未阉的
平泉	脬卵子 pʰau³⁵lan²¹tsʅ⁰ 种猪 tʂuŋ²¹tʂu⁵⁵	壳郎 kʰə⁵⁵laŋ⁰ 公猪 kuŋ⁵⁵tʂu⁵⁵	老母猪 lau³⁵mu²¹tʂu⁵⁵ 母猪 mu²¹tʂu⁵⁵
滦平	脬卵子 pʰau³⁵lan³⁵tsə⁰ 种猪 tʂuŋ²¹tʂu⁵⁵	豵儿 tsɚr⁵¹ 公猪 kuŋ⁵⁵tʂu⁵⁵	老母猪 lau³⁵mu²¹tʂu⁵⁵ 母猪 mu²¹tʂu⁵⁵
廊坊	跑猪 pʰau²¹tʂu⁵⁵	肥猪 fei³⁵tʂu⁵⁵	母猪 mu²¹tʂu⁵⁵
魏县	羯猪子 tɕiə³³tʂu³³tɛ⁰	公猪 kuŋ³³tʂu³³	海⁼膛 ⁼xai⁵⁵tʰaŋ⁰
张北	骚猪子 sau⁴⁴tsu⁴²tsə⁰	肉猪 zou²³tsu⁴² 肉猪子 zou²³tsu⁴²tsə⁰	大母猪 ta²³mu⁵⁵tsu⁴²
万全	羯猪子 tɕyəʔ⁴tsu⁴¹tsə⁰	肉猪子 zou²⁴tsu⁴¹tsə⁰	大母猪 ta²¹³mu⁵⁵tsu⁴¹
涿鹿	公猪 kuŋ⁴²tʂu⁴⁴ 臊猪 sɔ⁴²tʂu⁴⁴	肉猪 zou²³tʂu⁴²	母猪 mu⁴²tʂu⁴²
平山	羯猪儿 tɕiə³¹tʂuər⁵⁵	牙猪 ia⁴²tʂu⁰	老海 ⁼lɔ⁵⁵xɛ⁵⁵
鹿泉	种猪 tʂuŋ³⁵tʂu⁵⁵	公猪 kuŋ⁵⁵tʂu⁵⁵	母猪 mu³⁵tʂu⁵⁵ 老海⁼猪 lɔ⁵⁵xɛ³⁵tʂu⁵⁵
赞皇	种猪 tʂuŋ⁴⁵tʂu⁵⁴ 跑猪儿 pʰɔ⁴⁵tʂlur⁰	壳郎 kʰə⁵⁴ləu⁰	母猪 mu⁴⁵tʂu⁵⁴
沙河	种猪 tʂoŋ³³tʂu⁴¹ 猪种 tʂu⁴¹tʂoŋ³³	羯猪 tɕiəʔ⁴tʂu⁰	老海⁼膛 ⁼lau³³xai³³tʰaŋ⁵¹
邯郸	羯猪 tɕiʌʔ⁴tʂu³¹	膘猪 piau³¹tʂu³¹	海⁼膛 ⁼xai⁵⁵taŋ⁵³
涉县	种猪 tsuəŋ⁵³tsu⁴¹	公猪 kuəŋ⁴¹tsu⁰	母猪 mu⁵³tsu⁰

---

① 阉割后的猪不再分公母，一律称"猪"。

	0271 猪崽	0272 猪圈	0273 养猪
兴隆	小猪儿 ɕiau²¹tʂur³⁵ 奶瓜=儿 nai²¹kuar³⁵ 猪崽儿 tʂu³⁵tsɐr²¹³	猪圈 tʂu³⁵tɕyan⁵¹	养猪 iaŋ²¹tʂu³⁵
北戴河	猪羔子 tʃu⁴⁴kau⁴⁴tʃʅ⁰	猪圈 tʃu⁴⁴tɕyan⁵¹	养猪 iaŋ²¹tʃu⁴⁴
昌黎	猪秧子 tʂu³⁴iaŋ⁴³tsʅ⁰	猪圈 tʂu³⁴tɕyan²¹³	养猪 iaŋ²⁴tʂu⁴²
乐亭	小猪儿 ɕiau³⁴tʂur³¹	猪圈 tʂu³³tɕyen⁵²	照顾猪 tʂau⁵²ku⁰tʂu³¹
蔚县	小猪儿 ɕiʌɯ⁴⁴tsur⁵³	猪圈 tsu⁵³tɕyã³¹² 猪窝 tsu⁵³vɤ⁵³	养养 iɔ⁴⁴tsu⁵³
涞水	猪崽儿 tʂu⁵⁵tsɐr²⁴	猪圈 tʂu⁵⁵tɕyan³¹⁴	养猪 iaŋ²⁴tʂu³¹
霸州	小猪儿 ɕiau²¹tʂur⁴⁵ 小猪崽儿 ɕiau²¹tʂu⁴⁵tsɐr²¹⁴	猪圈 tʂu⁴⁵tɕyan⁴¹	养猪 iaŋ²¹tʂu⁴⁵
容城	小猪儿 ɕiau²¹tʂu³¹ər⁰	猪圈 tʂu³⁵tɕyan⁵¹³	养猪 iaŋ²¹tʂu⁴³
雄县	猪秧子 tʂu⁴⁵iaŋ⁴⁴tsʅ⁰ 小猪儿 ɕiau²¹tʂur⁴⁵ 小猪崽儿 ɕiau²¹tʂu⁴⁵tsɐr²¹⁴	猪圈 tʂu⁴⁵tɕyãn⁴¹	养猪 iaŋ²¹tʂu⁴⁵
安新	小猪儿 ɕiau²¹tʂu⁴⁵wər⁰	猪圈 tʂu⁴⁵tɕyan⁵¹	养猪 iaŋ²¹tʂu⁴⁵
满城	小猪儿 ɕiau²¹tʂu⁴⁵ər⁰	猪圈 tʂu⁴⁵tɕyan⁵¹²	养猪 iaŋ²¹tʂu⁴⁵
阜平	猪崽儿 tʂu²⁴tsɐr⁵⁵	猪圈 tʂu²⁴tɕyɐ̃⁵³	养猪 iaŋ⁵⁵tʂu³¹
定州	小猪儿 siau²⁴tʂu³³uər⁰	猪圈 tʂu²¹¹tɕyan⁰	养猪 iaŋ²⁴tʂu³³
无极	小猪 siɔ³⁵tʂu³¹	猪圈 tʂu³⁵tɕiãn⁰	养猪 iaŋ³⁵tʂu³¹
辛集	小猪儿 siau²⁴tʂur³³	猪圈 tʂu³⁵tɕyan⁰	喂猪 uei⁴¹tʂu³³
衡水	小猪儿 ɕiau⁵⁵tɕyər²⁴	猪圈 tɕy²⁴tɕyan³¹	养猪 iaŋ⁵⁵tɕy²⁴
故城	猪崽子 tʂu²¹tsæ²⁴tsʅ⁰	猪圈 tʂʅ²⁴tɕyɐ̃³¹	养猪 zaŋ³¹tʂʅ²⁴ 喂猪 vei³¹tʂʅ²⁴
巨鹿	猪秧儿 tɕy³³iɐr³³	猪圈 tɕy³³tɕyɐ̃²¹	喂猪 uei²¹tɕy³³
邢台	小猪儿 siau⁴³tʂur³⁴ 小猪崽儿 siau⁴³tʂu³⁴tsɐr⁵⁵	猪圈 tʂu³⁴tɕyan³¹	养猪 iaŋ⁴³tʂu³⁴
馆陶	猪崽儿 tʂu²⁴tsɐr⁴⁴ 崽儿猪 tsɐr⁴³tʂu²⁴ 小猪 siao⁴³tʂu²⁴	猪圈 tʂu²⁴tɕyæn²¹	养猪 iaŋ⁴³tʂu²⁴ 喂猪 uei²¹tʂu²⁴

（续表）

	0271 猪崽	0272 猪圈	0273 养猪
沧县	小猪儿 ɕiau⁵⁵tʂur²³	猪圈 tʂu²³tɕyan⁴¹	养猪 iaŋ⁵³tʂu²³
献县	小猪子 ɕiɔ²⁴tʂu³³tsʅ⁰	猪圈 tʂu³³tɕyæ³¹	养猪 iɑ̃²⁴tʂu³³
平泉	小嘎=嘎=ɕiau²¹ka⁵¹ka⁰ 小猪崽儿 ɕiau²¹tʂu⁵⁵tsɐr²¹⁴ 猪崽儿 tʂu⁵⁵tsɐr²¹⁴	猪圈 tʂu⁵⁵tɕyan⁵¹	养猪 iaŋ²¹tʂu⁵⁵
滦平	猪崽儿 tʂu⁵⁵tsɐr²¹⁴	猪圈 tʂu⁵⁵tɕyan⁵¹	养猪 iaŋ²¹tʂu⁵⁵
廊坊	小猪儿 ɕiau²¹tʂur⁵⁵ 小猪崽儿 ɕiau²¹tʂu⁵⁵tsɐr²¹⁴	猪圈 tʂu⁵⁵tɕyan⁵¹	养猪 iaŋ²¹tʂu⁵⁵
魏县	小猪子 ɕiau⁵⁵tʂu³³tɛ⁰	猪圈 tʂu³³tɕyan³¹²	养猪 iaŋ⁵³tʂu³³ 喂猪 uəi³¹²tʂu³³
张北	小猪子 ɕiau⁵⁵tsu⁴²tsə⁰	猪圈 tsu⁴²tɕyæ̃²¹³	养猪 iɔ̃⁵⁵tsu⁴²
万全	小猪猪 ɕiɔ⁴⁴tsu⁴¹tsu⁰	猪圈 tsu⁴¹tɕyan²¹³	养猪 iaŋ⁴⁴tsu⁴¹
涿鹿	小猪子 ɕiɔ⁴⁵tʂu⁴²ə⁰	猪圈 tʂu⁴⁴tɕyæ³¹	养猪 iɑ̃⁴²tʂu⁴²
平山	奶瓜=儿 nɛ⁵⁵kuɐr³¹	猪圈 tʂu⁵³tɕiæ̃⁴²	喂猪 uæi²⁴tʂu³¹
鹿泉	小猪儿 siɔ³⁵tʂur⁵⁵	猪圈 tʂu⁵⁵tɕyæ³¹	喂猪 uei³¹tʂu⁵⁵
赞皇	小猪儿 siɔ⁴⁵tʂlur⁵⁴	猪圈 tʂu⁵⁴tɕyæ³¹	喂猪 uei³¹²tʂu⁵⁴
沙河	小猪儿 siau³³tʂur⁰	猪圈 tʂu⁴¹tɕyã²¹	养猪 iaŋ³³tʂu⁰
邯郸	小猪子 siau⁵⁵tʂu³¹tə⁰	猪圈 tʂu⁵⁵tɕyæ²¹	喂猪 vəi²⁴tʂu³¹
涉县	小猪儿 ɕiau⁵³tʂur⁰	猪圈 tsu⁴¹tɕyæ̃²⁴	喂猪 vəi⁵⁵tsu⁰

	0274 猫	0275 公猫	0276 母猫
兴隆	猫 mau⁵⁵	公猫 koŋ³⁵mau⁵⁵	女猫 ȵy²¹mau⁵⁵ 母猫 mu²¹mau⁵⁵
北戴河	猫 mau³⁵	郎猫 laŋ³⁵mau³⁵	女猫 mi²¹mau³⁵
昌黎	猫 mau²⁴	郎猫 laŋ⁴³mau⁰	女猫 ȵy²⁴mau²⁴
乐亭	猫 mau²¹²	牙猫 ia³¹mau⁰	女猫 ny³⁴mau²¹²
蔚县	猫儿 mʌɯ⁴¹	郎猫儿 lɔ⁴¹mʌɯ⁴¹ 公猫儿 kuŋ⁵³mʌɯ⁴¹	女猫儿 mi⁵³mʌɯ⁴¹ 母猫儿 mu⁴⁴mʌɯ⁴¹
涞水	猫 mau³¹	儿猫 ər²⁴mau⁰	女猫 mi³¹mau⁰
霸州	猫 mau⁵³	郎猫 laŋ⁵³mau⁰	女猫 ȵy⁴¹mau⁰
容城	猫 mau³⁵	郎猫子 laŋ²¹mau⁰tsɿ⁰	小女猫儿 ɕiau²¹ni⁵²mau²¹uər⁰
雄县	猫 mau⁵³	郎猫 laŋ⁵³mau⁰	女猫 ȵy⁴¹mau⁰
安新	猫 mau³¹	郎猫 laŋ³³mau⁰	母猫 mu⁵³mau⁰
满城	猫 mau⁴⁵	郎猫子 laŋ²²mau⁴⁵tsɿ⁰	母猫 mu²¹mau²²
阜平	猫儿 mɔr²⁴	牙猫儿 ia⁵³mɔr⁰	女猫儿 mi⁵⁵mɔr²⁴
定州	猫儿 mau⁴²uər⁰	公猫儿 kuŋ³³mau⁴²uər⁰	母猫 mu²⁴mau⁴²uər⁰
无极	猫 mɔ²¹³	蛋猫 tãn³⁵mɔ⁰	女猫 mi³⁵mɔ⁰
辛集	猫 mau³⁵⁴	儿猫 lə³⁵⁴mau⁴²	女猫儿 ȵi³²²maur⁴²
衡水	猫 mau⁵³	儿猫蛋子 l̩²⁴mau⁰tan⁵³tsɿ⁰ 小儿猫儿 ɕiau⁵⁵l̩²⁴maur⁰	女猫儿 ȵy⁵⁵mau⁵³
故城	猫 mɔo⁵³	儿猫 ər⁵⁵mɔo⁰	女猫 mi²⁴mɔo⁰
巨鹿	猫 mau⁴¹	公猫 koŋ³³mau⁴¹	母猫 mu⁵⁵mau⁴¹
邢台	猫儿 maur⁵³	公猫 kuŋ³⁴mau⁵³	母猫 mu³³mau⁵³
馆陶	猫 mao⁵²	公猫 kuŋ²⁴mao⁵²	母猫 mu⁴⁴mao⁵² 女猫 ȵy⁴⁴mao⁵²①
沧县	猫 mau⁵³	郎猫 laŋ⁵⁵mau⁰	女猫 ly²³mau⁰
献县	猫 mɔ⁵³	郎猫 lã⁵⁵mɔ⁰	女猫 mi²¹mɔ⁰
平泉	猫 mau⁵⁵	公猫 kuŋ⁵⁵mau⁵⁵	母猫 mu²¹mau⁵⁵
滦平	猫 mau⁵⁵	郎猫 laŋ³⁵mau⁵⁵ 公猫 kuŋ⁵⁵mau⁵⁵	母猫 mu²¹mau⁵⁵

（续表）

	0274 猫	0275 公猫	0276 母猫
廊坊	猫 mau^{55}	郎猫 laŋ^{55}mau^{55}	女猫 ȵy^{21}mau^{55} 花猫 xua^{55}mau^{55}
魏县	猫 mɑu^{53}	男猫儿 nan^{53}mɑur^{53}	女猫儿 ȵy^{55}mɑur^{53}
张北	猫儿 mɔr^{42}	郎猫儿 lɔ̃^{42}mɔr^{42}	女猫儿 mi^{55}mɔr^{42}
万全	猫 mɔ^{41}	郎猫儿 la^{41}mɔ^{41}ər^{0}	女猫儿 ȵy^{44}mɔ^{41}ər^{0}
涿鹿	猫儿 mɔr^{42}	郎猫蛋 lã^{23}mɔ^{52}tæ̃^{31}	女猫儿 mi^{45}mɔr^{52}
平山	猫儿 mɔr^{31}	牙猫儿 ia^{42}mɔr^{0}	女猫儿 mi^{55}mɔr^{31}
鹿泉	猫儿 mɔr^{55}	公猫儿 kuŋ^{55}mɔr^{55}	母猫儿 mu^{35}mɔr^{55}
赞皇	猫儿 mɔr^{54}	牙猫儿 ia^{54}mɔr^{54}	女猫儿 mi^{45}mɔr^{54}
沙河	猫 mau^{51}	男猫儿 nã^{51}maur^{0}	女猫儿 ȵy^{33}maur^{0}
邯郸	猫 mɑu^{53}	男猫 næ̃^{53}mɑu^{53}	女猫 ȵy^{55}mɑu^{53}
涉县	猫 mau^{412}	儿猫 ɻ̍^{41}mau^{0}	女猫 ȵy^{53}mau^{41} 母猫 mu^{53}mau^{41}

---

① 昵称，女性多用。

	0277 狗统称	0278 公狗	0279 母狗
兴隆	狗 kou²¹³	牙狗 ia⁵⁵kou²¹³ 公狗 koŋ³⁵kou²¹³	草狗 tsʰɑu³⁵kou²¹³ 母狗 mu³⁵kou²¹³
北戴河	狗 kou²¹⁴	儿狗 ər³⁵kou²¹⁴	母狗 mu³⁵kou²¹⁴
昌黎	狗 kou²¹³	牙狗 ia⁴²kou²³	母狗 mu⁴²kou²³
乐亭	狗 kou³⁴	牙狗 ia³¹kou⁰	母狗 mu³¹kou⁰
蔚县	狗 kəu⁴⁴	儿狗 ər⁴¹kəu⁴⁴ 公狗 kuŋ⁵³kəu⁴⁴	母狗 mu⁵³kəu⁴⁴
涞水	狗 kou²⁴	儿狗 ər²⁴kou⁰	母狗 mu³¹kou⁰
霸州	狗 kou²¹⁴	牙狗 ia⁵³kou⁰	母狗 mu⁴¹kou⁰
容城	狗 kou²¹³	儿狗 ər²¹kou⁰	母狗 mu⁵²kou⁰
雄县	狗 kou²¹⁴	儿狗 ər⁵³kou⁰	母狗 mu⁴¹kou⁰
安新	狗 kou²¹⁴	儿狗 ər³³kou⁰	母狗 mu⁵³kou⁰
满城	狗 kou²¹³	儿狗 ər²²kou⁰	母狗 mu²¹kou⁰
阜平	狗 kou⁵⁵	牙狗 ia⁵³kou⁰	母狗 mu⁵³kou⁰
定州	狗 kou²⁴	公狗 kuŋ³³kou²⁴ 儿狗 ər²¹¹kou⁰	母狗 mu²⁴kou⁰
无极	狗 kəu³⁵	牙狗 iɑ³¹kəu⁰ 蛋狗 tãn³⁵kəu⁰	母狗 mu³⁵kəu⁰
辛集	狗 kou³²⁴	牙狗 iɑ³⁵kou⁰	母狗 mu³²²kou⁰
衡水	狗 kəu⁵⁵	牙狗 iɑ²⁴kəu⁰	母狗 mu²¹kəu⁰
故城	狗 kou⁵⁵	牙狗 ia⁵⁵kou⁰	母狗 mu²⁴kou⁰
巨鹿	狗 kou⁵⁵	牙狗 ia⁴¹kou⁵⁵	母狗 mu⁵⁵kou⁵⁵
邢台	狗 kou⁵⁵	公狗 kuŋ³⁴kou⁵⁵	草狗 mu⁵³kou⁵⁵
馆陶	狗 kəu⁴⁴	牙狗 ia⁵²kəu⁰	母狗 mu⁵²kəu⁴⁴
沧县	狗 kou⁵⁵	牙狗 ia⁵⁵kou⁰	母狗 mu²³kou⁰
献县	狗 kou²¹⁴	牙狗 ia⁵⁵kou⁰	母狗 mu²¹kou⁰
平泉	狗 kou²¹⁴	牙狗 ia³⁵kou²¹⁴ 公狗 kuŋ⁵⁵kou²¹⁴	母狗 mu³⁵kou²¹⁴

（续表）

	0277 狗 统称	0278 公狗	0279 母狗
滦平	狗 kou²¹⁴	牙狗 ia³⁵kou²¹⁴ 公狗 kuŋ⁵⁵kou²¹⁴	母狗 mu³⁵kou²¹⁴
廊坊	狗 kou²¹⁴	牙狗 ia³⁵kou²¹⁴	母狗 mu³⁵kou²¹⁴
魏县	狗 kəu⁵⁵	牙狗 ia⁵³kəu⁵⁵	母狗 mu⁵⁵kəu⁵⁵
张北	狗 kəu⁵⁵	公狗 kuŋ⁴²kəu⁵⁵	母狗 mu⁴²kəu⁵⁵
万全	狗儿 kou⁵⁵ər⁰	公狗儿 kuəŋ⁴¹kou²¹³ər⁰	母狗子 mu⁴⁴kou²¹³tsə⁰
涿鹿	狗 kəu⁴⁵	儿狗子 ər⁴²kəu⁵⁵ə⁰	母狗子 mu⁴²kəu⁵⁵ə⁰
平山	狗 kɐu⁵⁵	牙狗 ia⁴²kɐu⁰	母狗 mu⁵⁵kɐu⁰
鹿泉	狗 kou³⁵	公狗 kuŋ⁵⁵kou³⁵	母狗 mu⁵⁵kou⁰
赞皇	狗 kəu⁴⁵	牙狗 ia⁵⁴kəu⁴⁵	母狗 mu⁴⁵kəu⁰
沙河	狗 kəu³³	牙狗 iɔ⁵¹kəu³³	母狗 mu³¹kəu³³
邯郸	狗 kəu⁵⁵	牙狗 iɔ⁵³kəu⁰	母狗 mu⁵³kəu⁰
涉县	狗 kou⁵³	公狗 kuəŋ⁵⁵kou⁰	母狗 mu⁵³kou⁰

	0280 叫狗~	0281 兔子	0282 鸡
兴隆	叫唤 tɕiau⁵¹xuan⁰ 叫 tɕiau⁵¹	兔儿 tʰur⁵¹ 兔子 tʰu⁵¹tsʅ⁰	鸡 tɕi³⁵
北戴河	叫 tɕiau⁵¹	兔子 tʰu⁵³tʃʅ⁰	鸡 tɕi⁴⁴
昌黎	叫 tɕiau⁴⁵³	兔子 tʰu⁴⁵tsʅ⁰	鸡 tɕi⁴²
乐亭	叫 tɕiau⁵²	鼠儿 ʂur³⁴	鸡 tɕi³¹
蔚县	叫唤 tɕiʌu³¹xuã⁰	兔子 tʰu³¹tsʅ⁰	鸡儿 tɕiər⁵³
涞水	叫唤 tɕiau³³¹xuan⁰	兔儿 tʰu³³¹uər⁰	鸡儿 tɕi³³ər⁰
霸州	叫唤 tɕiau⁴⁵xuan⁰	兔子 tʰu⁴⁵tsʅ⁰	鸡 tɕi⁴⁵
容城	叫唤 tɕiau⁵²xuan⁰	兔子 tʰu⁵²tsʅ⁰	鸡 tɕi⁴³
雄县	叫唤 tɕiau⁴⁵xuã⁰	兔子 tʰu⁴⁵tsʅ⁰	鸡 tɕi⁴⁵
安新	叫唤 tɕiau⁵⁵xuan⁰	兔子 tʰu⁵⁵tsʅ⁰	鸡 tɕi⁴⁵
满城	叫 tɕiau⁵¹²	兔子 tʰu⁵⁵tsʅ⁰	鸡 tɕi⁴⁵
阜平	叫 tɕiɔ⁵³	兔子 tʰu²⁴tsʅ⁰	鸡儿 tɕiər³¹
定州	咬 iau²⁴ 叫唤 tɕiau³⁵xuan⁰	兔子 tʰu³⁵tsʅ⁰	鸡儿 tɕi³³iər⁰
无极	叫唤 tɕiɔ⁵³xuã⁰	兔子 tʰu⁵³tsʅ⁰	鸡 tɕi³¹
辛集	叫唤 tɕiau⁴²xuan⁰	兔子 tʰu⁴²tsʅ⁰	鸡 tɕi³³
衡水	叫唤 tɕiau⁵³xuan⁰	兔子 tʰu⁵³tsʅ⁰	鸡 tɕi²⁴
故城	叫 tɕiɔ³¹ 汪汪 vaŋ²¹vaŋ⁰	兔子 tʰu⁵³tsʅ⁰	鸡 tɕi²⁴
巨鹿	叫 tɕiau²¹	兔子 tʰu⁵³tsʅ⁰	鸡 tɕi³³
邢台	汪汪 vaŋ³⁴vaŋ⁰	兔子 tʰu³¹ə⁰	鸡 tɕi³⁴
馆陶	叫 tɕiao²¹³	兔子 tʰu²¹tə⁰	鸡 tɕi²⁴
沧县	叫唤 tɕiau⁵³xuaŋ⁰	兔子 tʰu⁵³tsʅ⁰	鸡 tɕi²³
献县	咬 iɔ²¹⁴	兔子 tʰu³³¹tsʅ⁰	鸡 tɕi³³
平泉	汪汪 uaŋ⁵¹uaŋ⁰ 叫 tɕiau⁵¹	猫子 mau⁵⁵tsʅ⁰ 兔子 tʰu⁵¹tsʅ⁰	鸡 tɕi⁵⁵

(续表)

	0280 叫~狗	0281 兔子	0282 鸡
滦平	叫 tɕiau⁵¹	猫子 mau⁵⁵tsə⁰ 兔猫子 tʰu⁵¹mau⁵⁵tsə⁰ 兔子 tʰu⁵¹tsə⁰	鸡 tɕi⁵⁵
廊坊	汪汪 uaŋ⁵⁵uaŋ⁰	兔子 tʰu⁵¹tsʅ⁰	鸡 tɕi⁵⁵
魏县	叫 tɕiau³¹²	兔子 tʰu³¹²tɛ⁰	鸡子 tɕi³³te⁰
张北	叫 tɕiau²¹³	兔子 tʰu²³tsə⁰	鸡 tɕi⁴²
万全	咬 niɔ⁵⁵	兔子 tʰu²¹³tsə⁰	鸡 tɕi⁴¹
涿鹿	叫唤 tɕiɔ³¹xuæ̃⁰	兔子 tʰu³¹ə⁰	鸡儿 tɕiər⁴⁴
平山	叫唤 tɕiɔ⁵⁵xuæ̃⁰	兔儿 tʰuər⁴²	鸡儿 tɕiər³¹
鹿泉	叫 tɕi³¹² 叫唤 tɕiɔ³¹xuæ̃⁰	兔子 tʰu³¹tɤ⁰	鸡儿 tɕiər⁵⁵
赞皇	叫唤 tɕiɔ⁵¹xuæ̃⁰	兔儿 tʰuər³¹²	鸡儿 tɕiər⁵⁴
沙河	叫唤 tɕiau²¹uã⁰	兔子 tʰu²¹tə⁰	鸡子 tɕi⁴¹tə⁰
邯郸	叫 tɕiau²¹³	兔子 tʰu¹³tə⁰	鸡子 tɕi³¹tə⁰
涉县	叫 tɕiau⁵⁵ 咬 iau⁵³	兔子 tʰu⁵⁵ə⁰	鸡子 tɕi⁴¹ə⁰

	0283 公鸡成年的，未阉的	0284 母鸡已下过蛋的	0285 叫公鸡~（即打鸣儿）
兴隆	公鸡 koŋ³⁵tɕi³⁵	草鸡 tsʰɑu²¹tɕi³⁵ 母鸡 mu²¹tɕi³⁵	打鸣儿 ta²¹miɤr⁵⁵
北戴河	公鸡 kuŋ⁴⁴tɕi⁴⁴	草鸡 tʃʰau²¹tɕi⁴⁴	打鸣儿 ta²¹miɚr³⁵
昌黎	公鸡 kuŋ²¹³tɕi⁰	草鸡 tsʰau²¹tɕi⁰	打鸣儿 ta²⁴mier²¹³
乐亭	公鸡 kuŋ³⁵tɕi⁰	草鸡 tsʰau²¹¹tɕi⁰	打鸣儿 ta³³mier²¹²
蔚县	公鸡 kuŋ⁵³tɕi⁰	草鸡 tsʰʌɯ⁴⁴tɕi⁰ 母鸡 mu⁴⁴tɕi⁰	叫 tɕiʌɯ³¹² 打鸣 ta⁴⁴miŋ⁴¹
涞水	公鸡 koŋ³³tɕi⁰	母鸡 mu³¹tɕi⁰	打鸣儿 ta²⁴miŋ²⁴ŋər⁰
霸州	公鸡 kuŋ²¹tɕi⁰	母鸡 mu⁴¹tɕi⁰ 草鸡 tsʰau⁴¹tɕi⁰	打鸣儿 ta²¹mier⁵³
容城	公鸡 kuŋ³¹tɕi⁰	母鸡 mu⁵²tɕi⁰	叫 tɕiau⁵¹³
雄县	公鸡 kuŋ⁴⁴tɕi⁰	母鸡 mu⁴¹tɕi⁰ 草鸡 tsʰau⁴¹tɕi⁰	打鸣儿 ta²¹mier⁵³
安新	公鸡 kuŋ⁴⁵tɕi⁰	草鸡 tsʰau⁵³tɕi⁰	打鸣儿 ta⁴⁵miŋ³³ŋər⁰
满城	公鸡 kuŋ⁴⁵tɕi⁰	母鸡 mu⁴²tɕi⁰	打鸣儿 ta²¹³miŋ²²ər⁰
阜平	公鸡 koŋ⁵⁵tɕi³¹	草鸡 tsʰɔ²¹tɕi⁰	打鸣儿 ta⁵⁵miɚr²⁴
定州	公鸡 kuŋ²¹¹tɕi⁰	草鸡 tsʰau²¹¹tɕi⁰	打鸣儿 ta²⁴miŋ⁴²ŋər⁰
无极	公鸡 kuŋ³⁵tɕi⁰	草鸡 tsʰɔ³⁵tɕi⁰	打鸣儿 ta³⁵miɚ̃r²¹³
辛集	公鸡 koŋ³³tɕi⁰	草鸡 tsʰau³²²tɕi⁰	打鸣儿 ta²⁴miɚ̃r³⁵⁴
衡水	公鸡 kuŋ³¹tɕi⁰	草鸡 tsʰau²¹tɕi⁰	打鸣儿 ta⁵⁵mier⁵³
故城	公鸡 kuŋ²¹tɕi⁰	母鸡 mu²⁴tɕi⁰	打鸣儿 ta²⁴miɤr⁵³
巨鹿	公鸡 koŋ³³tɕi³³	草鸡 tsʰau⁵⁵tɕi³³	叫 tɕiau²¹
邢台	公鸡 kuŋ³⁴tɕi³⁴ 打鸣儿鸡 ta⁵⁵miər⁵³tɕi³⁴	草鸡 tsʰau⁴³tɕi³⁴	打鸣儿 ta⁵⁵mier⁵³
馆陶	公鸡 kuŋ²⁴tɕi⁰ 打鸣儿鸡 ta⁴⁴miɚ̃r⁵²tɕi⁰	草鸡 tsʰao⁴⁴tɕi⁰	打鸣儿 ta⁴⁴miɚ̃r⁵² 叫 tɕiao²¹³
沧县	公鸡 koŋ⁴¹tɕi⁰	母鸡 mu²³tɕi⁰	打鸣儿 ta⁵⁵miɤr⁵³
献县	公鸡 koŋ³³tɕi⁰	草鸡 tsʰɔ²¹tɕi⁰	打鸣儿 ta²¹miɣr⁵³
平泉	公鸡 kuŋ⁵⁵tɕi⁵⁵	母鸡 mu²¹tɕi⁵⁵	打鸣儿 ta²¹miɚ̃r³⁵ 叫 tɕiau⁵¹

（续表）

	0283 公鸡 成年的，未阉的	0284 母鸡 已下过蛋的	0285 叫 公鸡~（即打鸣儿）
滦平	公鸡 kuŋ⁵⁵tɕi⁵⁵	母鸡 mu²¹tɕi⁵⁵	叫 tɕiɑu⁵¹
廊坊	公鸡 kuŋ⁵⁵tɕi⁵⁵	母鸡 mu²¹tɕi⁵⁵	打鸣儿 ta²¹miə̃r³⁵
魏县	公鸡 kuŋ³³tɕi⁰	草鸡 tʂʰau⁵⁵tɕi⁰	打鸣 ta⁵⁵miɤr⁵³
张北	公鸡 kuŋ⁴²tɕi⁴²	草鸡 tsʰau⁵⁵tɕi⁴²	叫明 tɕiau²³miŋ⁴²
万全	公鸡 kuəŋ⁴¹tɕi⁴¹	草鸡 tsʰɔ⁴⁴tɕi⁴¹	打鸣儿 ta⁴⁴mier⁴¹
涿鹿	公鸡 kuŋ⁴²tɕi⁰	草鸡 tsʰɔ⁵⁵tɕi⁰	叫明 tɕiɔ²³miŋ⁵²
平山	公鸡 koŋ⁴²tɕi⁰	草鸡 tsʰɔ⁵⁵tɕi⁰	叫明儿 tɕiə²⁴miəŋ³¹
鹿泉	公鸡 kuŋ⁵⁵tɕi⁵⁵	草鸡 tsʰɔ³⁵tɕi⁵⁵ 母鸡 mu³⁵tɕi⁵⁵	打鸣儿 ta³⁵miə̃r⁵⁵
赞皇	公鸡 kuŋ⁴⁵tɕi⁰	草鸡 tsʰɔ⁴⁵tɕi⁵⁴	叫明儿 tɕiɔ³¹²miə̃r⁵⁴
沙河	公鸡 koŋ⁴¹tɕi⁰	草鸡 tsʰau³³tɕi⁴¹	打鸣儿 tɔ³³miər⁵¹
邯郸	公鸡 kuŋ³¹tɕi³¹	草鸡 tsʰau⁵³tɕi⁰	打鸣儿 tɔ⁵⁵miər⁵³
涉县	公鸡 kuəŋ⁵⁵tɕi⁰ 打鸣儿鸡子 tɒ⁵³miəur²⁴tɕi⁴¹ə⁰	草鸡 tsʰau⁵³tɕi⁴¹ 母鸡 mu⁵³tɕi⁴¹	打鸣儿 tɒ⁵⁵miəur²⁴

	0286 下鸡~蛋	0287 孵~小鸡	0288 鸭
兴隆	下 ɕia⁵¹	孵 fu³⁵	鸭 ia³⁵
北戴河	下 ɕia⁵¹	孵 fu⁴⁴	鸭子 ia⁴⁴tʃʅ⁰
昌黎	下 ɕia²⁴	孵 fu⁴²	鸭 iɑ⁴²
乐亭	下 ɕia⁵²	孵 fu³¹	鸭子 ia³¹tsʅ⁰
蔚县	下 ɕia³¹²	孵 fu⁵³ 卧 vɤ³¹²	鸭子 iɑ⁵³tsʅ⁰
涞水	下 ɕia³¹⁴	孵 fu³¹	鸭子 ia³³tsʅ⁰
霸州	下 ɕia⁴¹	孵 fu⁴⁵	鸭子 ia²¹tsʅ⁰
容城	下 ɕia⁵¹³	孵 fu⁴³	鸭子 ia³¹tsʅ⁰
雄县	下 ɕia⁴¹	孵 fu⁴⁵	鸭子 ia⁴⁴tsʅ⁰
安新	下 ɕia⁵¹	孵 fu⁴⁵	鸭子 ia⁵³tsʅ⁰
满城	下 ɕia⁵¹²	孵 fu⁴⁵	鸭子 ia⁴⁵tsʅ⁰
阜平	下 ɕia⁵³	孵 fu³¹	鸭子 ia²¹tsʅ⁰
定州	下 ɕia⁵¹	孵 fu³³	鸭子 ia³³tsʅ⁰
无极	下 ɕia⁵¹	孵 fu³¹	鸭 ia²¹³
辛集	下 ɕia⁴¹	乍⁼窝 tsɑ⁴¹uə³³	鸭子 ia³³tsʅ⁰
衡水	下 ɕia³¹	乍⁼窝 tsa³¹uo²⁴ 抱窝 pɑu³¹uo²⁴	鸭子 iɑ³¹tsʅ⁰
故城	下 ɕia³¹	孵 fu⁵³ 抱 pɔo³¹	鸭子 ia²¹tsʅ⁰
巨鹿	下 ɕia²¹	暖 nuan⁵⁵	鸭子 ia³³tsʅ⁰
邢台	透⁼tʰou³¹ 下 ɕia³¹	孵 fu⁵³ 暖 nuan⁵⁵	鸭子 ia³⁴ə⁰
馆陶	㜺 fæn²¹³ 下 ɕia²¹³	抱 pu²¹³ 孵 fu⁵²	鸭子 ia²⁴tə⁰
沧县	下 ɕia⁴¹	孵 fu²³	鸭子 iɑ⁴¹tsʅ⁰
献县	下 ɕia³¹	孵 fu³³	鸭子 ia³³tsʅ⁰
平泉	下 ɕia⁵¹	孵 fu⁵⁵	鸭 ia⁵⁵
滦平	下 ɕia⁵¹	孵 fu³⁵	鸭 ia⁵⁵

（续表）

	0286 下 ~鸡~蛋	0287 孵 ~小鸡	0288 鸭
廊坊	下 ɕia⁵¹	孵 fu⁵⁵	鸭子 ia⁵⁵tsʅ⁰
魏县	媷蛋 fan³¹tan³¹²	暖 nuan⁵⁵	鸭子 ia³³tɛ⁰
张北	下 xia²¹³	孵 fu⁴² 抱 pau²¹³	鸭子 iəʔ³²tsə⁰
万全	下 ɕia²¹³	孵 fu⁴¹	鸭子 iəʔ²²tsə⁰
涿鹿	下 ɕia³¹	孵 fu⁴²	鸭子 iʌ⁴³a⁰
平山	下 ɕia⁴²	暖 nuæ̃⁵⁵	鸭子 ia²¹tsʅ⁰
鹿泉	下 ɕia³¹²	暖 nuæ̃³⁵	鸭子 iʌ¹³tʅ⁰
赞皇	透 ⁼tʰəu³¹²	暖 nuæ̃⁴⁵	鸭子 ia²¹tsə⁰
沙河	媷 fã²¹	抱 pu²¹	鸭子 iəʔ²tə⁰
邯郸	媷 fæ̃²¹³	抱 pu²¹³	鸭子 iəʔ³¹tə⁰
涉县	媷 fæ̃⁵⁵	暖 næ̃⁵³ 孵 fu⁴¹²	鸭子 iəʔ³³lə⁰

	0289 鹅	0290 㹇~公的猪	0291 㹇~母的猪
兴隆	鹅 nə⁵⁵/ə⁵⁵	劁 tɕʰiɑu³⁵	劁 tɕʰiɑu³⁵
北戴河	鹅 nɤ³⁵	劁 tɕʰiɑu⁴⁴	劁 tɕʰiɑu⁴⁴
昌黎	鹅 nɤ²⁴	劁 tɕʰiɑu⁴²	劁 tɕʰiɑu⁴²
乐亭	鹅 ŋə²¹²	劁 tɕʰiɑu³¹	劁 tɕʰiɑu³¹
蔚县	鹅 nɤ⁴¹	骟 sã³¹²	劁 tɕʰiʌɯ⁵³
涞水	鹅 ŋɤ⁴⁵	劁 tɕʰiɑu³¹	劁 tɕʰiɑu³¹
霸州	鹅 nɤ⁵³	劁 tɕʰiɑu⁴⁵	劁 tɕʰiɑu⁴⁵
容城	鹅 nuo³⁵	劁 tɕʰiɑu⁴³	劁 tɕʰiɑu⁴³
雄县	鹅 nɤ⁵³	劁 tɕʰiɑu⁴⁵	劁 tɕʰiɑu⁴⁵
安新	鹅 nɤ³¹	劁 tɕʰiɑu⁴⁵	劁 tɕʰiɑu⁴⁵
满城	鹅 nuo²²	劁 tɕʰiɑu⁴⁵	劁 tɕʰiɑu⁴⁵
阜平	鹅 ŋɤ²⁴	劁 tɕʰiɔ³¹	劁 tɕʰiɔ³¹
定州	鹅 ŋɤ²¹³	劁 tsʰiɑu³³	劁 tsʰiɑu³³
无极	鹅 ŋɤ²¹³	劁 tsʰiɔ³¹	骟 ʂãn⁵¹
辛集	鹅 ŋə³⁵⁴	劁 tsʰiɑu³³	劁 tsʰiɑu³³
衡水	鹅 ŋɤ⁵³	劁 tɕʰiɑu²⁴	劁 tɕʰiɑu²⁴
故城	鹅 ŋɤ⁵³	劁 tɕʰiɔo²⁴	劁 tɕʰiɔo²⁴
巨鹿	鹅 ŋɤ⁴¹	劁 tɕʰiɑu³³	劁 tɕʰiɑu³³
邢台	大鹅 ta³¹ŋə⁵³ 鹅 ŋə⁵3	劁 tsʰiau³⁴	劁 tsʰiau³⁴
馆陶	鹅 ɣɤ⁵²	劁 tsʰiɑo²⁴	劁 tsʰiɑo²⁴
沧县	鹅 ŋɤ⁵³	劁 tɕʰiɑu²³	劁 tɕʰiɑu²³
献县	鹅 nɤ⁵³/uo⁵³	劁 tɕʰiɔ³³	劁 tɕʰiɔ³³
平泉	鹅 nə³⁵/ə³⁵	劁 tɕʰiɑu⁵⁵	劁 tɕʰiɑu⁵⁵
滦平	鹅 nə³⁵/ŋə³⁵/ə³⁵	劁 tɕʰiɑu⁵⁵	劁 tɕʰiɑu⁵⁵
廊坊	鹅 nɤ³⁵/ɤ³⁵	劁 tɕʰiɑu⁵⁵	劁 tɕʰiɑu⁵⁵
魏县	鹅 ɤ⁵³	劁 tɕʰiɑu³³	劁 tɕʰiɑu³³
张北	鹅 ŋə⁴²	劁 tɕʰiau⁴²	劁 tɕʰiau⁴²

（续表）

	0289 鹅	0290 阉~公的猪	0291 阉~母的猪
万全	鹅 ə⁴¹	骟 san²¹³	劁 tɕʰiɔ⁴¹
涿鹿	鹅 ŋə⁴²	劁 tɕʰiɔ⁴⁴	劁 tɕʰiɔ⁴⁴
平山	鹅 ŋɤ³¹	劁 tsʰiə³¹	劁 tsʰiə³¹
鹿泉	鹅 ŋɤ⁵⁵	劁 tsʰiɔ⁵⁵	劁 tsʰiɔ⁵⁵
赞皇	鹅 ŋɤ⁵⁴	劁 tsʰiɔ⁵⁴	劁 tsʰiɔ⁵⁴
沙河	鹅 ŋɤ⁵¹	骟 ʂã²¹	劁 tsʰiɑu⁴¹
邯郸	鹅 ŋɤ⁵³	劁 tsʰiɑu³¹	劁 tsʰiɑu³¹
涉县	鹅 ŋə⁴¹²	劁 tɕʰiɑu⁴¹	劁 tɕʰiɑu⁴¹

	0292 阉~鸡	0293 喂~猪	0294 杀猪 统称，注意婉称
兴隆	骟 ʂan⁵¹	喂 uei⁵¹	宰猪 tsai²¹tʂu³⁵ 杀猪 ʂa³⁵tʂu³⁵
北戴河		喂 uei⁵¹	宰猪 tʃai²¹tʃu⁴⁴
昌黎		喂 uei⁴⁵³	宰猪 tsai²¹tʂu⁴²
乐亭	劁 tɕʰiɑu³¹	喂 uei⁵²	杀猪 ʂa³³tʂu³¹
蔚县		喂 vei³¹²	杀猪 sa⁵³tsu⁵³
涞水	劁 tɕʰiɑu³¹	喂 uei³¹⁴	宰猪 tsai²⁴tʂu³¹
霸州		喂 uei⁴¹	宰猪 tsai²¹tʂu⁴⁵
容城	劁 tɕʰiɑu⁴³	喂 uei⁵¹³	宰猪 tsai²¹tʂu⁴³
雄县		喂 uei⁴¹	宰猪 tsai²¹tʂu⁴⁵
安新		喂 uei⁵¹	宰猪 tsai²¹tʂu⁴⁵
满城		喂 uei⁵¹² 拽 ⁼tʂuai⁴⁵	钦 ⁼tɕʰin⁴⁵
阜平		喂 uei⁵³	杀猪 ʂa⁵⁵tʂu³¹
定州		喂 uei⁵¹	宰猪 tsai²⁴tʂu³³
无极		喂 uəi⁵¹	杀猪 ʂa³⁵tʂu³¹
辛集	铰鸡尖 tɕiɑu³²⁴tɕi³⁵⁴tsian³³ 指母鸡	喂 uei⁴¹	杀猪 ʂɑ³⁵⁴tʂu³³
衡水	割 kɤ²⁴	喂 vei³¹	宰猪 tsɑi⁵⁵tɕy²⁴
故城		喂 vei³¹	宰猪 tsæ³¹tʂu²⁴ 杀猪 sa²⁴tʂʅ²⁴
巨鹿		喂 uei²¹	剥猪 po³³tɕy³³
邢台		喂 vei³¹	杀猪 ʂa³⁴tʂu³⁴ 宰猪 tsai⁴³tʂu³⁴
馆陶		喂 uei²¹³	杀猪 ʂa²⁴tʂu²⁴
沧县		喂 uei⁴¹	宰猪 tsai⁵³tʂu²³
献县		喂 uei³¹	宰猪 tse²⁴tʂu³³
平泉		喂 uei⁵¹	宰猪 tsai²¹tʂu⁵⁵ 杀猪 ʂa⁵⁵tʂu⁵⁵

（续表）

	0292 阉~鸡	0293 喂~猪	0294 杀猪 统称，注意婉称
滦平		喂 uei⁵¹	宰猪 tsai²¹tʂu⁵⁵ 杀猪 ʂa⁵⁵tʂu⁵⁵
廊坊		喂 uei⁵¹	宰猪 tsai²¹tʂu⁵⁵
魏县		喂 uəi³¹²	杀猪 ʂɤ³³tʂu³³
张北		喂 vei²¹³	宰猪 tsai⁵⁵tʂu⁴²
万全	阉 ian⁴¹	喂 vei²¹³	宰猪儿 tsei⁴⁴tʂu⁴¹ər⁰
涿鹿		喂 uei³¹	宰猪 tsɛ⁴²tʂu⁴²
平山		喂 uæi⁴²	杀猪 ʂa²⁴tʂu³¹
鹿泉		喂 uei³¹²	杀猪 ʂʌ¹³tʂu⁵⁵
赞皇		喂 uei³¹²	杀猪 ʂa²¹tʂu⁵⁴
沙河		喂 uei²¹	杀猪 ʂəʔ⁴tʂu²¹
邯郸		喂 vəi²¹³	杀猪 ʂʌʔ⁴tʂu³¹
涉县	骟 sæ̃⁵⁵	喂 vei⁵⁵	杀猪 sɐʔ³²tsu⁰

	0295 杀~鱼	0296 村庄 一个~	0297 胡同 统称：一条~
兴隆	收拾 ʂou³⁵ʂʅ⁰ 杀 ʂa³⁵	村庄儿 tsʰuən³⁵tʂuãr³⁵ 村子 tsʰuən³⁵tsʅ⁰	胡同儿 xu⁵⁵tʰuor⁵¹
北戴河	破 pʰɤ⁵¹	庄儿 tʃuãr⁴⁴	胡同儿 xu³⁵tʰũr⁰
昌黎	破 pʰɤ⁴⁵³	村儿 tsʰuər⁴²	胡同儿 xu⁴²tʰuɤr²³/xu²⁴tʰuɤr⁴⁵³
乐亭	拾掇 ʂʅ³¹tou⁰	庄儿 tʂuar³¹	胡同儿 xu³³tʰuor⁵²
蔚县	拾掇 sʅ⁴¹tuɤ⁰	村儿 tsʰũr⁵³ 村子 tsʰuŋ⁵³tsʅ⁰	巷儿 xɔr³¹²
涞水	宰 tsai²⁴	村儿 tsʰuər³¹	胡同儿 xu²⁴tʰoŋ³³¹ŋər⁰
霸州	拾掇 ʂʅ⁵³tɑu⁰	村儿 tsʰuər⁴⁵	胡同儿 xu⁴⁴tʰuor⁴¹
容城	杀 ʂa⁴³	村儿 tsʰuər⁴³	胡同儿 xu⁴⁴tʰuŋ⁵²ŋər⁰
雄县	拾掇 ʂʅ⁵³tɤ⁰	村儿 tsʰuər⁴⁵	胡同儿 xu⁵³tʰuor⁴¹
安新	割 kɤ⁴⁵① 掐 tɕʰia⁴⁵②	村儿 tsʰuər⁴⁵	胡同儿 xu²¹tʰuŋ⁵⁵ŋər⁰
满城	刺 tsʰʅ⁵¹²	村儿 tsʰuər⁴⁵	胡同儿 xu²²tʰuŋ⁰ər⁰
阜平	杀 ʂa²⁴	村儿 tsʰuər³¹	胡同儿 xu⁵³tʰõr⁰
定州	宰 tsai²⁴	村儿 tsʰuər³³	胡同儿 xu⁵⁵tuŋ⁰ŋər⁰
无极	开剥儿 kʰæ³³pɔr³¹	村儿 tsʰuər³¹	过道儿 kuɤ⁵³tɔr⁰
辛集	杀 ʂa³³	村儿 tsʰuər³³	横=道儿 xoŋ³⁵tɑur⁴¹
衡水	掐 tɕʰiɑ²⁴	村儿 tsʰuər²⁴	过道儿 kuo⁵³tɑur⁰
故城	宰 tsæ⁵⁵	村儿 tsʰuər²⁴	胡同 xu⁵⁵tʰuŋ⁰ 横=道儿 xuŋ²⁴tɔor³¹
巨鹿	剥 po³³	村儿 tsʰuər³³	横=道儿 xoŋ⁵³tɑur⁰ 过道儿 kuo⁵³tɑur⁰
邢台	剥 pə³⁴ 开剥 kʰai³⁴pə⁰	村儿 tsʰuər³⁴	巷子 tɕiaŋ⁵⁵ə⁰
馆陶	宰 tsai⁴⁴ 杀 ʂa²⁴	村儿 tsʰuər²⁴	过道 kuo²¹tao⁰
沧县	杀 sa²³	村儿 tsʰuər²³ 庄儿 tsuʌr²³	伙巷 xuo⁵⁵ɕiaŋ⁴¹ 过道儿 kuo²³tɑur⁴¹

(续表)

	0295 杀~鱼	0296 村庄一个~	0297 胡同统称；一条~
献县	宰 tsɛ²¹⁴③ 掐 tɕʰia³³④	村儿 tsʰuəɹ³³	过道 kuo³³¹tɔ⁰
平泉	收拾 ʂou³⁵ʂʅ⁰ 杀 ʂa⁵⁵	村子 tsʰuən⁵⁵tsʅ⁰ 庄儿 tʂuãr⁵⁵ 村庄 tsʰuən⁵⁵tʂuaŋ⁵⁵	胡同儿 xu³⁵tʰũr⁵¹
滦平	收拾 ʂou⁵⁵ʂʅ⁰	村子 tsʰuən⁵⁵tsə⁰ 村庄 tsʰuən⁵⁵tʂuaŋ⁵⁵	胡同儿 xu³⁵tʰuõr⁵¹
廊坊	宰 tsai²¹⁴	村儿 tsʰuər⁵⁵	胡同儿 xu³⁵tʰuãr⁵¹
魏县	剥 pɔ³³	村儿 tʂʰuər³³	过道儿 kuɤ³¹²taur⁰
张北	收拾 sou⁴²saʔ³²	村儿 tsʰuər⁴² 庄 tsuɔ̃⁴²	黑＝埌＝子 xəʔ³lɔ̃²³tsə⁰
万全	拾掇 səʔ²⁴tuəʔ⁰	村儿 tsʰuɛr⁴¹	巷巷 xa²⁴xa⁰
涿鹿	宰 tsɛ⁴⁵	村上 tsʰuŋ⁴²ã⁰	巷子 xã³¹ə⁰
平山	剥 pɔ²⁴	村儿 tsʰuər³¹	胡道儿 xu⁵³tɔr³¹ 忽＝垄＝道儿 xu⁵⁵loŋ⁵⁵tɔr⁴²
鹿泉	剥 pʌ¹³	村儿 tsʰuər⁵⁵	巷道儿 tɕiaŋ³⁵tɔr³¹
赞皇	刺剥 tsʰʅ⁵¹pɔ⁰	村儿 tsʰuər⁵⁴	小巷 siɔ⁵⁵tɕiaŋ⁴⁵
沙河	治 tʂʰʅ³³	村儿 tsʰuər⁴¹	过道 kuo³³tau⁰
邯郸	剥 pʌʔ⁴³	村儿 tsʰuər³¹	过道 kuə¹³tau⁰
涉县	拾掇 səʔ⁵⁵tuəʔ⁰	村儿 tsʰuər⁴¹	圪巷＝子 kəʔ³²lã⁵⁵ə⁰

---

①③ 杀较大的鱼的动作。
②④ 杀较小的鱼的动作。

	0298 街道	0299 盖房子	0300 房子整座的，不包括院子
兴隆	街道 tɕiɛ³⁵tau⁵¹	盖房子 kai⁵¹faŋ⁵⁵tsʅ⁰	房子 faŋ⁵⁵tsʅ⁰
北戴河	街 kai⁴⁴	盖房 kai⁵³faŋ³⁵	房 faŋ³⁵
昌黎	街道 tɕie²⁴tau⁰	盖房子 kai⁴²faŋ⁴²tsʅ²³	房子 faŋ⁴²tsʅ²³
乐亭	街 kai³¹	盖房子 kai⁵³faŋ³¹tsʅ⁰	房 faŋ²¹²
蔚县	大街 ta³¹tɕiɛ⁵³	盖房 kei¹³fɔ⁴¹	房 fɔ⁴¹
涞水	街道儿 tɕiɛ⁵⁵tau⁴⁵uər⁰	盖房 kai³¹faŋ⁴⁵	房 faŋ⁴⁵
霸州	街 tɕiɛ⁴⁵	盖房 kai⁴¹faŋ⁵³	房 faŋ⁵³
容城	街道 tɕiɛ³⁵tau⁵¹³	盖房 kai⁵²faŋ³⁵	房子 faŋ²¹tsʅ⁰
雄县	街 tɕiɛ⁴⁵	盖房 kai⁴¹faŋ⁵³	房 faŋ⁵³
安新	大街 ta⁵³tɕiɛ⁴⁵	盖房 kai⁵³faŋ³¹	房 faŋ³¹
满城	街道儿 tɕiɛ⁴⁵tau⁵¹²ər⁰	盖房 kai⁵³faŋ²²	房 faŋ²²
阜平	街 tɕiɛ³¹	盖房子 kæ⁵³faŋ⁵³tsʅ⁰	房子 faŋ⁵³tsʅ⁰
定州	街道 tɕiɛ²¹¹tau⁰	盖房子 kai⁵³faŋ⁴²tsʅ⁰	房子 faŋ⁴²tsʅ⁰
无极	街道儿 tɕiɛ³¹tɔr⁵¹	盖房子 kæ⁵¹faŋ³¹tsʅ⁰	房子 faŋ³¹tsʅ⁰
辛集	车道 tʂʰə³³tau⁰	盖房 kai⁴²faŋ³⁵⁴	房子 faŋ³⁵tsʅ⁰
衡水	当街 taŋ²⁴tɕiɛ²⁴	盖房 kai³¹faŋ⁵³	房 faŋ⁵³
故城	路 lu³¹ 道儿 tɔor³¹	盖房子 kæ³¹faŋ⁵⁵tsʅ⁰	房子 faŋ⁵⁵tsʅ⁰
巨鹿	街 tɕiɛ³³	盖房子 kai²¹fã⁵³tsʅ⁰	房子 fã⁵³tsʅ⁰
邢台	街 tɕiɛ³⁴ 道 tau³¹	盖房子 kai³¹faŋ⁵³ə⁰	房子 faŋ⁵³ə⁰
馆陶	街 tɕiE²⁴	盖房子 kai²¹faŋ⁵²tə⁰	房子 faŋ⁵²tə⁰
沧县	街 tɕiai²³	盖房 kai⁴¹faŋ⁵³	房 faŋ⁵³
献县	街 tɕiɛ³³	盖房 kɛ³¹fã⁵³	房 fã⁵³
平泉	街道 tɕiɛ⁵⁵tau⁵¹	盖房子 kai⁵³faŋ³⁵tsʅ⁰	房子 faŋ³⁵tsʅ⁰
滦平	街道 tɕiɛ⁵⁵tau⁵¹	盖房子 kai⁵¹faŋ³⁵tsə⁰	房子 faŋ³⁵tsə⁰
廊坊	街 tɕiɛ⁵⁵	盖房 kai⁵³faŋ³⁵	房子 faŋ³⁵tsʅ⁰
魏县	大街 ta³¹²tɕiɛ³³	盖房子 kai³¹²faŋ⁵³tɛ⁰	房子 faŋ⁵³tɛ⁰

（续表）

	0298 街道	0299 盖房子	0300 房子整座的，不包括院子
张北	大街 ta²³tɕiɛ⁴²	盖房子 kai²³fɔ̃⁴²tsə⁰	房子 fɔ̃⁴²tsə⁰
万全	街 tɕiei⁴¹	盖房 kei²⁴fə⁴¹	房 fə⁴¹
涿鹿	大街 ta²³tɕiɛ⁴²	盖房 kɛ²³fã⁵²	房 fã⁴²
平山	街道 tɕiə⁵³tɔ⁴² 大街 ta²⁴tɕiə³¹	盖房子 kɛ²⁴faŋ⁴²tsʅ⁰	房子 faŋ⁴²tsʅ⁰
鹿泉	街道儿 tɕiɚ⁵⁵tɔɻ³¹	盖房子 kɛ³¹faŋ⁵⁵tɤ⁰	房子 faŋ⁵⁵tɤ⁰
赞皇	大街 ta³¹²tɕiɛ⁵⁴	盖房子 kɛ³¹²faŋ⁵¹tsə⁰	房子 faŋ⁵¹tsə⁰
沙河	大街 tɔ²⁴tɕiɛ⁴¹	盖房子 kai²¹faŋ⁵¹tə⁰	房子 faŋ⁵¹tə⁰
邯郸	大街 tɔ²⁴tɕiɛ³¹	盖房子 kai²⁴faŋ⁵³tə⁰	房子 faŋ⁵³tə⁰
涉县	街 tɕiɛ⁴¹	盖房子 kai⁵⁵fã⁴¹²ɔ⁰	房子 fã⁴¹²ɔ⁰

	0301 屋子 房子里分隔而成的，统称	0302 卧室	0303 茅屋 茅草等盖的
兴隆	屋子 u³⁵tsʅ⁰	卧室 uo⁵¹ʂʅ²¹³	草房 tsʰau²¹faŋ⁵⁵ 茅屋 mau⁵⁵u³⁵
北戴河	屋 u⁴⁴	屋儿 ur⁴⁴	
昌黎	屋子 u⁴³tsʅ⁰	睡觉的屋儿 suei⁴²tɕiau²⁴ti⁰ur⁴²	
乐亭	屋儿 ur³¹	里屋儿 li²¹¹ur⁰	草房 tsʰau³⁴faŋ²¹²
蔚县	房 fɔ⁴¹ 屋 vu⁵³	睡觉房 suei¹³tɕiɯ³¹fɔ⁴¹	草屋 tsʰʌɯ⁴⁴vu⁵³ 茅草屋 mʌɯ⁴¹tsʰʌɯ⁴⁴vu⁵³ 草房 tsʰʌɯ⁴⁴fɔ⁴¹
涞水	屋里 u³³li⁰	里屋 li³¹u⁰	草房 tsʰau²⁴faŋ⁴⁵
霸州	屋 u⁴⁵	睡觉的屋 ʂuei⁴¹tɕiau⁴⁵tɤ⁰u⁴⁵	草出头 tsʰau²¹tʂʰu⁴⁵tʰou⁵³
容城	屋子 u³¹tsʅ⁰	卧室 uo⁵²ʂʅ²¹³	棚子 pʰəŋ²¹tsʅ⁰
雄县	屋子 u⁴⁴tsʅ⁰	睡觉的屋子 suei⁴¹tɕiau²¹tɤ⁰u⁴⁴tsʅ⁰ 卧室 uo⁴¹ʂʅ²¹⁴	茅屋草舍 mau⁵³u⁴⁵tsʰau²⁴ʂɤ⁴¹
安新	屋子 u⁵³tsʅ⁰	里间儿屋 li²¹tɕiɚ⁰u⁴⁵	草房子 tsʰau⁴⁵faŋ³³tsʅ⁰
满城	屋儿 uər⁴⁵	里间屋儿 li²¹tɕian⁴⁵uər⁴⁵	柴火棚子 tʂʰai²²xuo⁰pʰəŋ²²tsʅ⁰
阜平	屋子 u²¹tsʅ⁰	里屋 li⁵⁵u²⁴ 卧屋 uɤ²⁴ʂʅ⁵³	茅草屋儿 mɔ⁵³tsʰɔ⁵⁵uər²⁴
定州	屋子 u³³tsʅ⁰	睡觉哩屋子 ʂuei⁵³tɕiau³⁵ti⁰u³³tsʅ⁰	草棚 tsʰau²¹¹pʰəŋ⁰
无极	屋子 u²¹³tsʅ⁰	里头屋 li³⁵tʰəu⁰u²¹³	
辛集	屋子 u³³tsʅ⁰	睡觉哩屋儿 ʂuei⁴²tɕiau³²⁴li⁰u³³	茅草房儿 mau³⁵tsʰau³²⁴far³⁵⁴
衡水	屋儿 vur²⁴	里屋儿 li²¹vur⁰	
故城	屋子 vu²¹tsʅ⁰	里屋 li²⁴vu⁰ 卧室 vɤ³¹ʂʅ²⁴	草房子 tsʰɔ²⁴faŋ⁵⁵tsʅ⁰
巨鹿	屋子 u³³tsʅ⁰	卧室 uo²¹ʂʅ³³	
邢台	屋子 u³⁴ə⁰	里间屋 li⁴³tɕian³⁴u³⁴	凉棚 liaŋ³¹pʰəŋ⁵³
馆陶	屋子 u²⁴tə⁰ 屋儿 ur²⁴	睡觉儿哩屋儿 ʂuei²⁴tɕiaor²¹li⁰ur⁰ 卧室 uo²¹ʂʅ²⁴	
沧县	屋儿 ur²³	里屋儿 li²³ur⁰	茅草屋儿 mau⁵⁵tsʰau⁰ur²³
献县	屋儿 ur³³	里间屋儿 li²¹tɕiæ⁰ur³³	

（续表）

	0301 屋子 房子里分隔而成的，统称	0302 卧室	0303 茅屋 茅草等盖的
平泉	屋子 u⁵⁵tsʅ⁰	卧室 uo⁵³ʂʅ⁵¹	茅草房 mau³⁵tsʰau²¹faŋ³⁵ 草房 tsʰau²¹faŋ³⁵ 茅屋 mau³⁵u⁵⁵
滦平	屋子 u⁵⁵tsə⁰	卧室 uo⁵³ʂʅ⁵¹	草房 tsʰau²¹faŋ³⁵
廊坊	屋子 u⁵⁵tsʅ⁰	卧室 uo⁵³ʂʅ⁵¹ 里屋儿 li²¹ur⁵⁵	茅草屋儿 mau³⁵tsʰau²¹ur⁵⁵
魏县	屋子 u³³tɛ⁰	里间屋儿 li⁵⁵tɕian⁰ur³³	茅草房 mau⁵³tʂʰau⁵⁵faŋ⁵³
张北	屋子 u⁴²tsə⁰	里屋 li⁵⁵u⁴²	小房房 ɕiau⁵⁵fɔ⁴²fɔ⁰
万全	哪下 ⁼na⁵⁵ɕia⁰	屋子 vu⁴¹tsə⁰	
涿鹿	屋子 u⁴²ə⁰	里头屋子 lei⁵⁵tʰəu⁰u⁴²ə⁰	草房 tsʰɔ⁴⁵fã⁵²
平山	屋子 u²¹tsʅ⁰	睡觉屋里 ʂæi⁴²tɕiɔ⁵⁵lɛ⁰u²¹lɛ⁰	茅草棚儿 mɔ⁵³tsʰɔ⁵⁵pʰɔr³¹
鹿泉	屋子 u¹³tɤ⁰	里间 li³⁵tɕiæ⁵⁵	茅草棚 mɔ⁵⁵tsʰɔ³⁵pʰəŋ⁵⁵
赞皇	屋子 u²¹tsə⁰	里间屋 li⁴⁵tɕiæ⁵⁴u²⁴	茅草棚儿 mɔ⁵⁴tsʰɔ⁴⁵pʰɚr⁵⁴
沙河	屋 u⁴¹	卧室 uo²⁴ʂʅ⁴¹	草庵子 tsʰau³³ŋã⁴¹tə⁰
邯郸	屋子 vəʔ²tə⁰	里间 li⁵³tɕiæ⁰	草棚子 tsʰau⁵⁵pʰəŋ⁵³tə⁰
涉县	屋儿 ur⁵⁵	里间 li⁵³tɕiæ⁴¹ 卧室 uə⁵⁵sə⁰	

	0304 厨房	0305 灶 统称	0306 锅 统称
兴隆	厨房 tʂʰu⁵⁵faŋ⁵⁵	灶火 tsau⁵¹xuo⁰	锅 kuo³⁵
北戴河	外地下 uai⁵³tie⁵³ɕie⁰	锅台 kuo⁴⁴tʰai³⁵	锅 kuo⁴⁴
昌黎	过道儿屋儿 kuo³²tauʴ⁴⁵uʴ⁴² 当屋儿 taŋ³⁴uʴ⁴² 厨房 tʂʰu³⁴faŋ²¹³	灶儿 tsauʴ⁴⁵³	锅 kuo⁴²
乐亭	伙房 xuə³⁴faŋ²¹²	锅台 kuə³³tʰai²¹²	锅 kuə³¹
蔚县	伙房 xuɤ⁴⁴fɔ⁴¹ 做饭的房 tsuɤ⁵³fã³¹tɤ⁰fɔ⁴¹	锅头 kuɤ⁵³tʰəu⁰	锅 kuɤ⁵³
涞水	做饭的地区儿 tsuo³¹fan⁴⁵ti⁰ti³¹tɕʰyər⁰	灶火 tsau³³¹xuo⁰	锅 kuo³¹
霸州	做饭的屋 tsou⁴¹fan⁴⁵tɤ⁰u⁴⁵ 凉灶 liaŋ⁵³tsau⁰① 小厨房儿 ɕiau²¹tʂʰu⁴⁴faʴ⁵³②	锅台 kuo⁴⁵tʰai⁵³	锅 kuo⁴⁵
容城	厨房 tʂʰu⁴⁴faŋ³⁵	灶台儿 tsau⁵²tʰɐr³⁵	锅 kuo⁴³
雄县	做饭的屋子 tsou⁴¹fã²¹tɤ⁰u⁴⁴tsɿ⁰ 凉灶 liaŋ⁵³tsau⁰③ 厨房 tʂʰu⁵³faŋ⁵³	灶 tsau⁴¹	锅 kuo⁴⁵
安新	做饭的屋 tsuo⁵³fan²¹ti⁰u⁴⁵	灶 tsau⁵¹	锅 kuo⁴⁵
满城	厨房 tʂʰu²²faŋ⁰	灶火 tsau⁵⁵xuo⁰	锅 kuo⁴⁵
阜平	伙房 xuɤ²⁴faŋ⁰	锅头 kuɤ³¹tʰou⁰	锅 kuɤ³¹
定州	伙房 xuo²⁴faŋ⁵³	灶火 tsau³⁵xuo⁰	锅 kuo³³
无极	伙房 xuɤ³⁵faŋ⁰	灶火坑 tsɔ⁵³xuɤ⁰tɕʰiŋ³¹	锅 kuɤ³¹
辛集	做饭哩屋儿 tsou⁴²fan³²⁴li⁰uʴ³³	锅台 kuə³³tʰai³⁵⁴ 灶火 tsau³²⁴xuə⁰	锅 kuə³³
衡水	伙房 xuo⁵⁵faŋ⁵³	灶火 tʂau⁵³xuo⁰	锅 kuo²⁴
故城	伙房 xuɤ²⁴faŋ⁵³	锅头 kuɤ²⁴tʰou⁵³	锅 kuɤ²⁴
巨鹿	做饭哩屋儿 tsuo²¹fɛ̃⁵³li⁰uʴ³³	锅头 kuo³³tʰou⁴¹	锅 kuo³³
邢台	做饭屋 tsu³³fan³¹u³⁴	灶儿 tsauʴ³¹ 灶火 tsau³¹xuo⁰	锅 kuo³⁴
馆陶	做饭哩屋儿 tsəu²⁴fæn²¹li⁰uʴ⁰ 厨房 tʂʰu⁵²faŋ⁵²	灶 tsao²¹³	锅 kuo²⁴

（续表）

	0304 厨房	0305 灶 统称	0306 锅 统称
沧县	厨房 tʂʰu⁵³faŋ⁵³	灶 tsɑu⁴¹	锅 kuo²³
献县	厨房 tʂʰu⁵³fã⁵³	灶筒 tsɔ³³¹tʰəŋ⁰	锅 kuo³³
平泉	饭房 fan⁵³faŋ³⁵ 厨房 tʂʰu³⁵faŋ³⁵	灶 tsɑu⁵¹	锅 kuo⁵⁵
滦平	厨房 tʂʰu³⁵faŋ³⁵	灶 tsɑu⁵¹	锅 kuo⁵⁵
廊坊	厨房 tʂʰu³⁵faŋ³⁵ 外屋儿地下 uai⁵³ur⁵⁵ti⁵¹ɕia⁰	灶 tsɑu⁵¹	锅 kuo⁵⁵
魏县	做饭屋儿 tsuɛ³³fan³¹²ur³³	灶 tsɑu³¹²	锅 kuə³³
张北	伙房 xuə⁵⁵fɔ⁴²	锅台 kuə⁴²tʰai⁴² 锅头 kuə⁴²tʰəu⁰	锅 kuə⁴²
万全	伙房 xuə⁴⁴fə⁴¹	灶火 tsɔ²¹³xuə⁰ 锅头 kuə⁴¹tʰou⁰	锅 kuə⁴¹
涿鹿	厨房 tʂʰu⁴²fã⁰	锅头 kuə⁴²tʰəu⁰	锅 kuə⁴⁴
平山	伙房 xuə⁵⁵faŋ³¹ 灶火坑里 tsɔ⁵⁵xuə⁰tɕʰiŋ⁴²le⁰	灶火 tsɔ⁵⁵xuə⁰ 锅头 kuə⁴²tʰəu⁰	锅 kuə³¹
鹿泉	厨房 tʂʰu⁵⁵faŋ⁰	灶儿 tsɔr³¹²	锅 kuo⁵⁵
赞皇	伙房 xuə⁴⁵faŋ⁰	炉子 lu⁵¹tsə⁰	锅 kuə⁵⁴
沙河	秒⁼子 tʂʰau²¹tə⁰	煤火台儿 mei⁵¹xuo³³tʰar⁵¹	锅 kuo⁴¹
邯郸	厨房 tʂʰu²⁴faŋ⁵³	灶儿 tsɑur²¹³	锅 kuə³¹
涉县	锅柴口儿 kuə⁵⁵tsʰəʔ⁰kʰəur⁵⁵ 锅上 kuə⁴¹lã²⁴	锅台 kuə⁵⁵tʰai⁰	锅 kuə⁴¹

---

①③ 农村里夏天做饭的屋子。
② 家属院儿里做饭的屋子。

	0307 饭锅煮饭的	0308 菜锅炒菜的	0309 厕所旧式的，统称
兴隆	饭锅 fan⁵¹kuo³⁵	菜锅 tsʰai⁵¹kuo³⁵	茅楼儿 mau⁵⁵lour⁵⁵ 茅厕 mau⁵⁵tsʰə⁵¹ 厕所 tsʰə⁵¹suo²¹³
北戴河	锅 kuo⁴⁴	大勺 ta⁵³ʃɑu³⁵	茅房 mau³⁵faŋ³⁵ 茅楼儿 mau³⁵lour³⁵
昌黎	饭锅 fan²⁴kuo⁰	菜锅 tsʰai⁴⁵kuo⁰	茅楼儿 mau³⁴lour²¹³
乐亭	饭锅 fan³⁴kuə³¹	菜锅 tsʰai⁵³kuə³¹	茅厕窖 mau³¹sʅ⁰tɕiau⁵²
蔚县	做饭的锅 tsuɤ⁵³fã³¹tɤ⁰kuɤ⁵³	烩菜的锅 xuei¹³tsʰei³¹tɤ⁰kuɤ⁵³	茅厕 mʌɯ⁴¹sʅ⁰
涞水	饭锅 fan³¹kuo³¹	炒勺 tʂʰau²⁴ʂau⁴⁵	茅房 mau⁴⁵faŋ⁴⁵
霸州	锅 kuo⁴⁵	锅 kuo⁴⁵	茅子 mau⁵³tsʅ⁰ 茅房 mau⁴⁴faŋ⁵³ 厕所 tsʰɤ⁴¹suo²¹⁴
容城	饭锅 fan⁵²kuo⁴³	菜锅 tsʰai⁵²kuo⁴³	茅子 mau²¹tsʅ⁰ 茅房 mau⁴⁴faŋ³⁵
雄县	锅 kuo⁴⁵	锅 kuo⁴⁵	茅厕 mau⁵³sa⁰ 茅房 mau⁵³faŋ⁵³ 厕所 tsʰɤ⁴¹suo²¹⁴
安新	筒子锅 tʰuŋ⁵³tsʅ⁰kuo⁴⁵	炒勺 tsʰau⁴⁵ʂau³¹	茅房 mau⁴⁵faŋ³¹ 茅子 mau³³tsʅ⁰
满城	饭锅 fan⁵³kuo⁴⁵	菜锅 tsʰai⁵³kuo⁴⁵	茅子 mau²²tsʅ⁰
阜平	饭锅 fã⁵³kuɤ³¹	炒锅 tʂʰɔ⁵⁵kuɤ³¹① 炒瓢 tʂʰɔ⁵⁵pʰiɔ²⁴②	茅子 mɔ⁵³tsʅ⁰
定州	做饭的锅 tsou⁵³fan³⁵ti⁰kuo³³	炒锅 tʂʰau²¹¹kuo⁰	茅子 mau⁴²tsʅ⁰
无极	饭锅 fãn⁵¹kuɤ³¹	炒瓢 tʂʰɔ³⁵pʰiɔ²¹³	茅子 mɔ³¹tsʅ⁰
辛集	做饭哩锅 tsou⁴²fan³²⁴li⁰kuə³³	炒菜锅 tsʰau²⁴tsʰai⁴¹kuə³³	茅子 mau³⁵tsʅ⁰
衡水	锅 kuo²⁴	罗锅儿 luo²⁴kuor⁰	茅子 mau²⁴tsʅ⁰ 茅房 mau⁵³faŋ⁵³
故城	饭锅 fã³¹kuɤ²⁴	炒菜锅 tsʰɔ⁵⁵tsʰæ³¹kuɤ²⁴	茅房 mɔ⁵³faŋ⁵³ 茅子 mɔ⁵⁵tsʅ⁰
巨鹿	锅 kuo³³	炒菜锅 tʂʰau⁵⁵tsʰai²¹kuo³³	茅子 mau⁵³tsʅ⁰

（续表）

	0307 饭锅煮饭的	0308 菜锅炒菜的	0309 厕所旧式的，统称
邢台	饭锅 fan³¹kuo³⁴ 汤锅 tʰaŋ³⁴kuo³⁴	炒菜锅 tʂʰau⁵⁵tʂʰai³¹kuo³⁴	茅子 mau⁵³ə⁰
馆陶	做饭锅 tsəu²⁴fæn²¹kuo²⁴	炒菜锅 tʂʰao⁴⁴tʂʰai²¹kuo²⁴	茅子 mao⁵²tə⁰
沧县	锅 kuo²³	炒勺 tsʰau⁵⁵ʂau⁵³	茅子 mau⁵⁵tsʅ⁰
献县	做饭的锅 tsou³¹fæ̃³³¹ti⁰kuo³³	炒勺 tʂʰɔ²¹ʂɔ⁵³	茅子 mɔ⁵⁵tsʅ⁰
平泉	饭锅 fan⁵³kuo⁵⁵	马勺 ma²¹ʂau³⁵ 炒勺 tʂʰau²¹ʂau³⁵	茅房 mau³⁵faŋ³⁵ 茅楼儿 mau³⁵lour³⁵ 厕所 tsʰə⁵¹suo²¹⁴
滦平	饭锅 fan⁵¹kuo⁵⁵	炒勺 tʂʰau²¹ʂau³⁵ 马勺 ma²¹ʂau³⁵	茅房 mau³⁵faŋ³⁵ 茅楼儿 mau³⁵lour³⁵ 厕所 tsʰə⁵¹suo²¹⁴
廊坊	锅 kuo⁵⁵	锅 kuo⁵⁵	厕所 tsʰɤ⁵³suo²¹⁴ 茅房 mau³⁵faŋ³⁵
魏县	做饭锅 tʂue³³fan³¹²kuə³³	炒菜锅 tʂʰau⁵⁵tʂʰai³¹²kuə³³	茅子 mau⁵³tɛ⁰
张北	饭锅 fæ̃²³kuə⁴²	菜锅 tsʰai²³kuə⁴²	茅厕 mau⁴²sʅ⁰
万全	铁锅 tʰiəʔ⁴⁴kuə⁴¹	铁锅 tʰiəʔ⁴⁴kuə⁴¹	茅厕 mɔ⁴¹sʅ²¹³
涿鹿	锅 kuə⁴⁴	锅 kuə⁴⁴	茅厕 mɔ⁴²sʅ⁰
平山	做饭的锅 tsu³¹fæ̃⁵⁵ti⁰kuə³¹	炒菜的锅 tʂʰɔ⁵⁵tʂʰɛ⁵⁵ti⁰kuə³¹	茅子 mɔ⁵³tsʅ0
鹿泉	锅 kuo⁵⁵	把把儿锅 pa³¹par³¹kuo⁵⁵	茅子 mɔ⁵⁵tɤ⁰
赞皇	饭锅 fæ̃³¹²kuə⁵⁴	炒瓢 tʂʰɔ⁴⁵pʰiɔ⁵⁴	茅子 mɔ⁵¹tsə⁰
沙河	做饭锅 tsuəʔ²fã³³kuo⁴¹	炒菜锅 tʂʰau³³tʂʰai²¹kuo⁴¹	茅子 mau⁵¹tə⁰
邯郸	饭锅 fæ̃²¹³kuə³¹	菜锅 tsʰai²¹³kuə³¹	茅子 mau⁵³tə⁰
涉县	饭锅 fæ̃⁵⁵kuə⁰	炒锅 tʂʰau⁵³kuə⁰ 炒瓢 tsʰau⁵³pʰiau⁴¹	高⁼阶⁼ kau⁴¹tɕiə⁰

---

① 两耳的炒锅。
② 单把的炒勺。

	0310 檩 左右方向的	0311 柱子	0312 大门
兴隆	檩 lin²¹³ 檩条子 lin²¹tʰiau⁵⁵tsʅ⁰	柱子 tʂu⁵¹tsʅ⁰	大门 ta⁵¹mən⁵⁵
北戴河	檩 lin²¹⁴	柱子 tʃu⁵³tʃʅ⁰	大门 ta⁵³mən³⁵
昌黎	檩 lin²¹³	柱儿 tʂur²⁴ 柱子 tsu⁴⁵tsʅ⁰	大门儿 ta⁴²mər²¹³
乐亭	檩 liən³⁴	柱子 tʂu³⁵tsʅ⁰	大门 ta⁵³mən²¹²
蔚县	檩条儿 liŋ⁴⁴tʰiʌɯr⁴¹	柱子 tʂu³¹tsʅ⁰	大门儿 ta³¹mə̃r⁴¹
涞水	檩 lin²⁴	柱子 tʂu²⁴tsʅ⁰	大门儿 ta³¹mər⁴⁵
霸州	檩 lin²¹⁴	柱子 tʂu⁴⁵tsʅ⁰	大门儿 ta⁴¹mər⁵³
容城	檩 lin²¹³	柱子 tʂu³⁵tsʅ⁰	大门 ta⁵²mər³⁵
雄县	檩 lin²¹⁴	柱子 tʂu⁴⁵tsʅ⁰	大门 ta⁴¹mən⁵³
安新	檩 lin²¹⁴	柱子 tʂu²¹tsʅ⁰	大门 ta⁵³mən³¹
满城	檩 lin²¹³	柱子 tʂu²¹tsʅ⁰	大门儿 ta⁵³mər²²
阜平	檩 liŋ⁵⁵	柱脚 tʂu²⁴tɕiɔ⁰	大门儿 ta²⁴mər⁵³
定州	檩条儿 lin²⁴tʰiau⁴²uər⁰	柱脚 tʂu³⁵tɕiau⁰	门口儿 mən²⁴kʰou²¹¹uər⁰
无极	檩条 lien³⁵tʰiɔ²¹³	柱子 tʂu³²⁵tsʅ⁰	大门 ta⁵¹men²¹³
辛集	檩条儿 lien²⁴tʰiaur³⁵⁴	柱脚 tʂu⁴²tɕiau⁰	大门儿 ta⁴²mər³⁵⁴ 梢门 ʂau³³mən⁰①
衡水	檩条儿 lin⁵³tʰiaur⁵³	柱子 tɕy⁵³tsʅ⁰	大梢门 ta³¹sau³¹mən⁰
故城	檩条 liẽ²⁴tʰiɔɔ⁵³	柱子 tʂʅ⁵³tsʅ⁰	大门儿 ta³¹mər⁵³
巨鹿	檩条儿 lin⁵⁵tʰiaur⁴¹	柱子 tɕy⁵³tsʅ⁰	大门 ta²¹mən⁴¹
邢台	檩条 lin³³tʰiau⁵³	柱子 tʂu³¹ə⁰	街门 tɕiɛ³⁴mən⁵³ 大门 ta³¹mən⁵³
馆陶	檩 lin⁴⁴ 檩条 lin⁴⁴tʰiaor⁵²	柱子 tʂu²¹tə⁰	大门儿 ta²¹mər⁵² 街门儿 tɕiɛ²⁴mər⁰
沧县	檩条儿 liən⁵⁵tʰiaur⁵³	柱子 tʂu⁵³tsʅ⁰	大门 ta⁴¹mən⁵³
献县	檩条儿 lin²¹tʰiɔr⁵³	柱子 tʂu³³¹tsʅ⁰	大门 ta³¹mən⁵³
平泉	檩子 lin²¹tsʅ⁰ 檩材 lin²¹tsʰai³⁵	柱脚子 tʂu⁵³tɕiau²¹tsʅ⁰ 柱子 tʂu⁵¹tsʅ⁰	大门 ta⁵³mən³⁵

（续表）

	0310 檩 左右方向的	0311 柱子	0312 大门
滦平	檩子 lin²¹tsə⁰	柱子 tʂu⁵¹tsə⁰	大门 ta⁵¹mən³⁵
廊坊	檩 lin²¹⁴	柱子 tʂu⁵¹tsɿ⁰	大门 ta⁵³mən³⁵
魏县	檩条儿 lin⁵⁵tʰiaur⁵³ 檩条子 lin⁵⁵tʰiau⁵³tɛ⁰	柱子 tʂu³¹²tɛ⁰	街门 tɕiɛ³³mər⁵³
张北	檩子 liŋ⁵⁵tsə⁰	柱子 tsu²³tsə⁰	大门 ta²³mən⁴²
万全	檩子 liəŋ⁵⁵tsə⁰	柱子 tsu²¹³tsə⁰	街门 tɕiei⁴¹məŋ⁴¹
涿鹿	檩 liŋ⁴⁵	柱子 tʂu³¹ə⁰	街门 tɕiɛ⁴⁴məŋ⁵²
平山	檩条儿 liŋ⁵⁵tʰiər³¹	柱脚 tʂu⁵⁵tɕiə⁰	大门儿 ta⁵⁵mər⁰
鹿泉	檩条儿 liẽ³⁵tʰiɔr⁵⁵	柱子 tʂu³¹tɤ⁰	大门儿 ta³¹mər⁵⁵
赞皇	檩条儿 lin⁴⁵tʰiɔr⁵⁴	柱子 tʂu⁵¹tsə⁰	大门儿 ta³¹²mər⁵⁴
沙河	檩条儿 liən³³tʰiaur⁵¹	柱子 tʂu²¹tə⁰	大门儿 tɔ²¹mər⁵¹
邯郸	檩条子 lin⁵⁵tʰiau⁵³tə⁰	柱子 tʂu²¹tə⁰	大门 tɔ¹³mən⁰
涉县	檩 liəŋ⁵³ 檩条子 liəŋ⁵³tʰiau⁴¹ə⁰	柱子 tsu⁵⁵ə⁰	大门 tɤ⁵⁵məŋ⁰ 大门儿 tɤ⁵⁵mər⁰

---

① 带门洞的大门。

	0313 门槛儿	0314 窗 旧式的	0315 梯子 可移动的
兴隆	门槛儿 mən⁵⁵kʰɐr²¹³	窗户 tʂʰuaŋ³⁵xu⁰	梯子 tʰi³⁵tsʅ⁰
北戴河	门槛子 mən³⁵kʰan²¹tʃʅ⁰	窗户 tʃʰuaŋ⁴⁴xu⁰	梯子 tʰi⁴⁴tʃʅ⁰
昌黎	门槛儿 mən³⁴kʰɐr²¹³	窗户 tsʰuaŋ⁴³xuo⁰	梯子 tʰi⁴²tsʅ⁰
乐亭	门槛子 mən³⁴kʰan²¹¹tsʅ⁰	窗户 tsʰuaŋ³¹xuə⁰	梯子 tʰi³¹tsʅ⁰
蔚县	门限儿 mən¹³ɕier⁴¹	窗子 tsʰɔ⁵³tsʅ⁰	梯子 tʰi⁵³tsʅ⁰
涞水	门槛儿 mən⁴⁵kʰɐr²⁴	窗户 tsʰuaŋ³³xuo⁰	梯子 tʰi³³tsʅ⁰
霸州	门槛儿 mən⁴⁴kʰɐr²¹⁴ 门限儿 mən⁴⁴ɕiɐr⁵³	窗户 tsʰuaŋ²¹xu⁰	梯子 tʰi²¹tsʅ⁰
容城	门限儿 mən⁴⁴ɕiɐr³⁵	窗户 tsʰuaŋ³¹xuo⁰	梯子 tʰi³¹tsʅ⁰
雄县	门槛儿 mən⁵³kʰɐr²¹⁴ 门限儿 mən⁵³ɕiɐr⁵³	窗户 tsʰuaŋ⁴⁴xu⁰	梯子 tʰi⁴⁴tsʅ⁰
安新	门限儿 mən⁴⁵ɕiɐr³¹	窗户 tsʰuaŋ⁴⁵xuo⁰	梯子 tʰi⁴⁵tsʅ⁰
满城	门限儿 mən⁴⁵ɕiɐr²²	窗户 tsʰuaŋ⁴⁵xu⁰	梯子 tʰi⁴⁵tsʅ⁰
阜平	门槛儿 mən⁵⁵tɕʰier²⁴	窗户 tsʰuaŋ³¹xuɤ⁰	梯子 tʰi³¹tsʅ⁰
定州	门限儿 mən²⁴ɕiɐr²⁴	窗户 tsʰuaŋ³³xu⁰	梯子 tʰi³³tsʅ⁰
无极	门拉槛儿 men³¹la⁰kʰɐr³⁵	窗户 tsʰuaŋ³¹xuɤ⁰	梯子 tʰi³¹tsʅ⁰
辛集	门限儿 mən³⁵ɕiɐr³⁴	窗户 tsʰuaŋ³³xu⁰	梯子 tʰi³³tsʅ⁰
衡水	门限儿 mən⁵³ɕiɐr⁵³	窗户 tsʰuaŋ³¹xuo⁰	梯子 tʰi³¹tsʅ⁰
故城	门槛儿 mẽ⁵³kʰɐr⁵⁵ 门限儿 mẽ⁵³ɕier⁵³	窗户 tsʰuaŋ²¹xu⁰	梯子 tʰi²¹tsʅ⁰
巨鹿	门限儿 mən⁴¹ɕiar⁴¹	窗户 tsʰuaŋ³³xu⁰	梯子 tʰi³³tsʅ⁰
邢台	门限 mən³³ɕian⁵³	窗户 tsʰuaŋ³⁴xu⁰	梯子 tʰi³⁴ə⁰
馆陶	门槛儿 men⁵²kʰɐr⁴⁴	窗户 tsʰuaŋ²⁴xu⁰ 窗子 tsʰuaŋ²⁴tə⁰	梯子 tʰi²⁴tə⁰
沧县	门限子 mən⁴¹ɕian⁵⁵tsʅ⁰	窗户 tsʰuaŋ⁴¹xu⁰	梯子 tʰi⁴¹tsʅ⁰
献县	门限子 mən³¹ɕiæ̃⁵⁵tsʅ⁰	窗户 tsʰuã³³xu⁰	梯子 tʰi³³tsʅ⁰
平泉	门槛儿 mən³⁵kʰɐr²¹⁴	窗子 tsʰuaŋ⁵⁵tsʅ⁰	梯子 tʰi⁵⁵tsʅ⁰
滦平	门槛儿 mən³⁵kʰɐr²¹⁴	窗 tsʰuaŋ⁵⁵	梯子 tʰi⁵⁵tsə⁰

（续表）

	0313 门槛儿	0314 窗 旧式的	0315 梯子 可移动的
廊坊	门槛子 mən³⁵kʰan²¹tsɿ⁰ 门槛儿 mən³⁵kʰɚr²¹⁴	窗户 tʂʰuɑŋ⁵⁵xu⁰	梯子 tʰi⁵⁵tsɿ⁰
魏县	门槛子 mən⁵³tɕʰiæ̃³¹²tɛ⁰	窗户 tʂʰuaŋ³³u⁰	梯子 tʰi³³tɛ⁰
张北	门限子 məŋ⁴²ɕiæ̃⁴²tsə⁰	窗户 tʂʰuɔ̃⁴²xu⁰	梯子 tʰi⁴²tsə⁰
万全	门限子 mən⁴¹ɕian²¹tsə⁰	窗子 tʂʰuə⁴¹tsə⁰	梯子 tʰi⁴¹tsə⁰
涿鹿	门限 məŋ¹¹³ɕiæ̃³¹	窗户 tʂʰuɑ̃⁴²xuə⁰	梯子 tʰi⁴²ə⁰
平山	门槛 məŋ⁴²tɕʰiæ̃⁰	窗户 tʂʰuaŋ⁴²xu⁰	梯子 tʰi⁴²tsɿ⁰
鹿泉	门槛 mẽ⁵⁵tɕʰiæ̃⁰	窗户 tʂʰuaŋ⁵⁵xu⁰	梯子 tʰi⁵⁵tʂ⁰
赞皇	门槛 mən⁵¹tɕʰiæ̃⁰	窗户 tʂʰuɑŋ⁵⁴xu⁰	梯子 tʰi⁵⁴tsə⁰
沙河	门槛儿 mən⁵⁴tɕʰiər⁵¹	窗户 tʂʰuaŋ⁴¹xu²¹	梯子 tʰi⁴¹tɛ⁰
邯郸	门槛子 mən²⁴tɕʰiæ̃⁵³tə⁰	窗户 tʂʰuaŋ³¹xuə⁰	梯子 tʰi³¹tə⁰
涉县	门槛子 mən⁴¹tɕʰiæ̃³¹lə⁰	窗阶 ⁼tʂʰuɑ̃⁴¹tɕiə⁰	梯子 tʰi⁵⁵ə⁰

	0316 扫帚统称	0317 扫地	0318 垃圾
兴隆	扫帚 sau⁵¹tʂou⁰ 笤帚 tʰiau⁵⁵tʂou⁰	扫地 sau²¹ti⁵¹	垃圾 la³⁵tɕi³⁵/la³⁵tɕi⁰
北戴河	笤帚 tʰiau³⁵tʃu⁰ 扫帚 ʃau⁵³tʃu⁰	扫地 tʃʰau²¹ti⁵¹	垃圾 la⁴⁴tɕi⁰
昌黎	扫帚 sau⁴⁵tʂu⁰	扫地 tsʰau²⁴ti²⁴	垃圾 la⁴³tɕi⁰
乐亭	扫帚 sau⁵⁵tʂu⁰	扫地 sau³³ti⁵²	垃圾 la³¹tɕi⁰
蔚县	扫帚 sʌɯ³¹tsʰu⁰	扫地 tsʰʌɯ⁴⁴ti³¹²	粪堆 fəŋ³¹tsuei⁵³①
涞水	扫帚 sau³³¹tʂu⁰ 大的 笤帚 tʰiau²⁴tʂu⁰ 小的	扫地 sau²⁴ti³¹⁴	垃圾 la³³tɕi⁰
霸州	扫帚 sau⁴⁵ʂu⁰	扫地 sau²⁴ti⁴¹	脏土 tsaŋ⁴⁵tʰu²¹⁴ 土 tʰu²¹⁴
容城	扫帚 sau⁵²tʂʰu⁰	扫地 sau³⁵ti⁵¹³	垃圾 la³¹tɕi⁰
雄县	扫帚 sau⁴⁵ʂu⁰	扫地 tʂʰau²⁴ti⁴¹	脏东西 tsaŋ⁴⁵tuŋ⁴⁴ɕi⁰
安新	扫帚 sau⁵⁵ʂu⁰	扫就地儿 tʂʰau²¹tɕiou⁵³tiər⁵¹	脏土 tsaŋ⁴⁵tʰu²¹⁴ 脏东西 tsaŋ⁵³tuŋ⁴⁵ɕi⁰ 垃圾 la⁵³tɕi⁴⁵
满城	扫帚 sau⁵⁵tʂu⁰	扫地 sau²¹ti⁵¹²	脏土 tsaŋ⁴⁵tʰu²¹³
阜平	扫帚 sɔ⁵⁵tʂʰu⁵³	扫地 tʂʰɔ⁵⁵ti⁵³	圪渣 kɤ⁵³tʂa⁰ 垃圾 la³¹tɕi⁰
定州	扫帚 sau²⁴tʂu⁰	扫地 tʂʰau³³ti⁵¹	脏东西儿 tsaŋ³³tuŋ¹¹ɕiər⁰ 破烂儿 pʰo⁵³lər⁵¹
无极	扫帚 sɔ⁵³tʂu⁰	扫地 sɔ³¹ti⁴⁵¹	废物 fəi⁵³u⁰
辛集	扫帚 sau⁴²tʂʰu⁰	扫当屋儿 sau³²⁴taŋ³⁵⁴ur³³ 扫当院儿 sau³²⁴taŋ³⁵yer⁴¹ 扫当街 sau³²⁴taŋ³⁵⁴tɕie³³	垃圾 la³³tɕi⁰
衡水	扫帚 sau⁵³tɕy⁰	扫地 tʂʰau⁵⁵ti³¹	烂七八糟的 lan³¹tɕʰi⁰pa²⁴tʂau³¹ti⁰
故城	扫帚 sɔo⁵³ʂu⁰	扫地 sɔo⁵⁵ti³¹	脏东西 tsaŋ²⁴tuŋ²¹ɕi⁰
巨鹿	扫帚 sau⁵³tɕy⁰	扫地 tʂʰau³³ti²¹	脏物件儿 tsaŋ³³u²¹tɕiar²¹
邢台	扫帚 sau⁵³tʂu³¹ 竹扫帚 tʂu³⁴sau⁵³tʂu³¹	扫地 sau⁵⁵ti³¹	垃圾 la³⁴tɕi⁰ 脏土 tsaŋ³⁴tʰu⁵⁵

（续表）

	0316 扫帚 统称	0317 扫地	0318 垃圾
馆陶	扫帚 sao²¹ʂu⁰	扫地 sao⁴⁴ti²¹	垃圾 la⁴⁴tɕi²⁴
沧县	扫帚 sau⁵³tʂʰu⁰	扫就地儿 tʂʰau⁵³tɕiou²³tiər⁴¹	破烂儿 pʰɤ²³lɐr⁴¹
献县	扫帚 sɔ³³¹tʂou⁰	扫地 tʂʰɔ²⁴ti³¹	垃圾 la⁵³tɕi³³
平泉	扫把 sau⁵¹pa⁰ 扫帚 sau⁵¹tʂou⁰	扫地 sau²¹ti⁵¹	垃圾 la⁵⁵tɕi⁵⁵
滦平	扫帚 sau⁵¹tʂou⁰	扫地 sau²¹ti⁵¹	垃圾 la⁵⁵tɕi⁵⁵
廊坊	扫帚 sau⁵¹tʂou⁰	扫地 sau²¹ti⁵¹	垃圾 la⁵⁵tɕi⁵⁵/la⁵⁵tɕi⁰
魏县	扫帚 ʂau³¹²ʂu⁰	扫地 ʂau⁵⁵ti³¹²	圪馕 kɛ³³naŋ⁵³
张北	扫帚 sau²³tsʰu⁴²	扫地 sau⁵⁵ti²¹³	脏土 tsɔ̃⁴²tʰu⁵⁵
万全	扫帚 sɔ²¹³tsu⁰	扫地 sɔ⁴⁴ti²¹³	乱七八糟 lan²⁴tɕiəʔ²²pʌʔ²²tsɔ⁰
涿鹿	扫帚 sɔ⁵⁵tʂʰuə⁰ 笤帚 tʰiɔ⁴²tʂʰuə⁰	扫地 sɔ⁴⁵ti³¹	废土 fei³¹tʰu⁴⁵
平山	扫帚 sɔ⁵⁵tʂɐu⁰	扫地 sɔ⁵⁵ti⁴²	脏东西儿 tsaŋ⁵³toŋ⁴²siər⁰
鹿泉	扫帚 sɔ³¹tʂʰuo⁰	扫地 sɔ³⁵ti³¹	脏东西儿 tsaŋ⁵⁵tuŋ⁵⁵siər⁰
赞皇	扫帚 sɔ⁴⁵tʂu⁰	扫地 sɔ⁴⁵ti³¹	脏东西儿 tsaŋ⁵⁴tuŋ⁵⁴sər⁰
沙河	扫帚 sau²¹tʂu⁰ 笤帚 tʰiau⁵¹tʂu⁰	扫地 sau³³ti²¹	扫地土 sau³³ti²¹tʰu³³
邯郸	扫帚 sau²¹tʂu⁰	扫地 sau⁵⁵ti²¹	扫地土 sau⁵⁵ti²¹tʰu⁵⁵
涉县	扫帚 sau⁵³tsu⁰	扫地 sau⁵³ti²⁴	圪脏子 kəʔ³²nã⁴¹ə⁰ 垃圾 lɒ⁴¹tɕiəʔ³²

---

① 该方言没有相当于"垃圾"的说法，"粪堆"指垃圾堆。

	0319 家具 统称	0320 东西 我的~	0321 炕 土、砖砌的，睡觉用
兴隆	家具 tɕia³⁵tɕy⁵¹	东西 toŋ³⁵ɕi⁰	炕 kʰaŋ⁵¹
北戴河	家具 tɕia⁴⁴tɕy⁵¹	东西 tuŋ⁴⁴ɕi⁰	炕 kʰaŋ⁵¹
昌黎	家具 tɕia²¹³tɕy⁰	东西 tuŋ²⁴ɕi⁰	炕 kʰaŋ⁴⁵³
乐亭	家具 tɕia³⁵tɕy⁰	东西 tuŋ³⁵ɕi⁰	炕 kʰaŋ⁵²
蔚县	家什 tɕia⁵³sʅ⁰ 家具 tɕia⁵³tɕy⁰	东西 tuŋ⁵³ɕi⁰	炕 kʰɔ³¹²
涞水	家具儿 tɕia⁵⁵tɕy²⁴ər⁰	东西儿 toŋ⁴⁵ɕiər⁰	炕 kʰaŋ³¹⁴
霸州	家具 tɕia⁴⁵tɕy⁰ 装修 tʂuaŋ²¹ɕiou⁰	东西 tuŋ²¹ɕi⁰	炕 kʰaŋ⁴¹
容城	家具 tɕia³⁵tɕy⁰	东西 tuŋ³¹ɕi⁰	炕 kʰaŋ⁵¹³
雄县	家具 tɕia⁴⁵tɕy⁰	东西 tuŋ⁴⁴ɕi⁰	土炕 tʰu²⁴kʰaŋ⁴¹ 炕 kʰaŋ⁴¹
安新	家具 tɕia⁴⁵tɕy⁵¹	东西 tuŋ⁴⁵ɕi⁰	炕 kʰaŋ⁵¹
满城	家具 tɕia⁴⁵tɕy⁰	东西 tuŋ⁴⁵ɕi⁰	炕 kʰaŋ⁵¹²
阜平	家装 tɕia⁵³tʂuaŋ⁰	东西儿 toŋ³¹ɕiər⁰	炕 kʰaŋ⁵³
定州	家什儿 tɕia²¹¹ʂər⁰	东西儿 tuŋ³³siər⁰	炕 kʰaŋ⁵¹
无极	家具 tɕia³¹tɕy⁵¹	东西儿 tuŋ³¹siər⁰	炕 kʰaŋ⁵¹
辛集	家具 tɕia³⁵tɕy⁴¹	东西儿 toŋ³³siər⁰	炕 kʰaŋ⁴¹
衡水	家什儿 tɕia²¹ʂər⁰	东西 tuŋ³¹ɕi⁰	炕 kʰaŋ³¹
故城	家具 tɕia²⁴tɕy⁰ 家什儿 tɕia²⁴ʂər⁰	东西 tuŋ²¹ɕi⁰	炕 kʰaŋ³¹
巨鹿	家具 tɕia³³tɕy²¹	物件儿 u³³tɕiar²¹	炕 kʰã²¹
邢台	家具 tɕia³⁴tɕy³¹	东西儿 tuŋ³⁴siər⁰	炕 kʰaŋ³¹
馆陶	家具 tɕia²⁴tɕy⁰	东西 tuŋ²⁴ɕi⁰ 物件儿 u²⁴tɕiɐr²¹	炕 kʰaŋ²¹³
沧县	家具 tɕia²³tɕy⁴¹ 家伙儿 ɕia²³xuor⁰	东西儿 toŋ⁴¹ɕiər⁰	炕 kʰaŋ⁴¹
献县	家具 tɕia³³tɕy³¹	么 muo³¹ 通用 么儿 muor³¹ 一般用作宾语 东西 toŋ³³ɕi⁰	炕 kʰã³¹

(续表)

	0319 家具 统称	0320 东西 我的~	0321 炕 土、砖砌的，睡觉用
平泉	家具 tɕia⁵⁵tɕy⁵¹	东西 tuŋ⁵⁵ɕi⁰	火炕 xuo²¹kʰaŋ⁵¹ 炕 kʰaŋ⁵¹
滦平	家具 tɕia⁵⁵tɕy⁰	东西 tuŋ⁵⁵ɕi⁰	炕 kʰaŋ⁵¹
廊坊	家具 tɕia⁵⁵tɕy⁰	东西 tuŋ⁵⁵ɕi⁰	炕 kʰaŋ⁵¹
魏县	家具 tɕia³³tɕy⁰	东西 tuŋ³³ɕi⁰	炕 kʰaŋ³¹²
张北	家具 tɕia⁴²tɕy²¹³	东西 tuŋ⁴²ɕi⁰	炕 kʰɔ̃²¹³
万全	家具 tɕia⁴¹tɕy⁰	东西 tuəŋ⁴¹ɕi⁰	炕 kʰa²¹³
涿鹿	家具 tɕia⁴²tɕy⁰	东西 tuŋ⁴²ɕi⁰	炕 kʰã³¹
平山	家具 tɕia⁴²tɕi⁰	东西儿 toŋ⁴²siər⁰	炕 kʰaŋ⁴²
鹿泉	家具 tɕia⁵⁵tɕy⁰	东西儿 tuŋ⁵⁵siər⁰	炕 kʰaŋ³¹²
赞皇	家具 tɕia⁵⁴tɕy⁰	东西儿 tuŋ⁵⁴sər⁰	土炕 tʰu⁴⁵kʰaŋ³¹
沙河	家具 tɕiɔ⁴¹tɕy²¹	东西儿 toŋ⁴¹siər⁰	炕 kʰaŋ²¹
邯郸	家具 tɕiɔ³¹tɕy⁰	东西儿 tuŋ³¹siər³¹	炕 kʰaŋ²¹³
涉县	家具 tɕiɒ⁴¹tɕy²⁴	东西 tuəŋ⁵⁵ɕi⁰ 东西儿 tuəŋ⁵⁵ɕiər⁰	炕 kʰã⁵⁵

	0322 床 木制的，睡觉用	0323 枕头	0324 被子
兴隆	床 tʂʰuaŋ⁵⁵	枕头 tʂən²¹tʰou⁰/ tʂən⁵¹tʰou⁰	被子 pei⁵¹tsʅ⁰ 被窝 pei⁵¹xuo⁰
北戴河	床 tʃʰuan³⁵	枕头 tʃən²¹tʰou⁰	被 pei⁵¹
昌黎	床 tsʰuaŋ²⁴	枕头 tsən²¹tʰou⁰	被 pei²⁴
乐亭	木头床 mu⁵²tʰəŋ⁰tʂʰuaŋ²¹²	枕头 tʂən²¹¹tʰou⁰	被 pei⁵²
蔚县	床 tsʰɔ⁴¹	枕头 tsəŋ⁴⁴tʰəu⁰	盖的 kei³¹ti⁰
涞水	床 tʂʰuaŋ⁴⁵	枕头 tʂən³³¹tʰou⁰	被窝 pei⁴⁵uo⁰
霸州	床铺 tʂʰuaŋ⁴⁴pʰu⁴¹	枕头 tʂən⁴⁵tʰou⁰ 枕头 tʂən⁴¹tʰou⁰	被 pei⁴¹
容城	床 tʂʰuaŋ³⁵	枕头 tʂən⁵²tʰou⁰	被子 pei³⁵tsʅ⁰
雄县	床铺 tsʰuaŋ⁵³pʰu⁴¹	枕头 tʂən⁴¹tʰou⁰	被子 pei²¹tsʅ⁰
安新	床 tʂʰuaŋ³¹	枕头 tʂən⁵⁵tʰou⁰	被子 pei²¹tsʅ⁰
满城	床 tʂʰuaŋ²²	枕头 tʂən¹tʰou⁰	被子 pei²¹tsʅ⁰
阜平	床 tsʰuaŋ²⁴	枕头 tsəŋ²⁴tʰou⁰	被子 pei²⁴tsʅ⁰
定州	床 tʂʰuaŋ²¹³	枕头 tʂən²¹¹tʰou⁰	被子 pei³⁵tsʅ⁰
无极	床 tʂʰuaŋ²¹³	枕头 tsən³⁵tʰəu⁰	被子 pəi³²⁵tsʅ⁰
辛集	床 tsʰuaŋ³⁵⁴	枕头 tʂən⁴²tʰou⁰/tʂən³²⁴tʰou⁰	被子 pei⁴²tsʅ⁰/pei³²⁴tsʅ⁰
衡水	床 tsʰuaŋ⁵³	枕头 tsən⁵³tʰəu⁰	被子 pei⁵³tsʅ⁰
故城	床 tsʰuaŋ⁵³	枕头 tʂẽ⁵³tʰou⁰	被子 pei⁵³tsʅ⁰
巨鹿	床 tʂʰuã⁴¹	枕头 tʂən⁵³tʰou⁰	盖的 kai⁵³ti⁰
邢台	床 tsʰuaŋ⁵³	枕头 tʂən⁵³tʰou⁰	盖的 kai³¹ti⁰
馆陶	床 tʂʰuaŋ⁵²	枕头 tsen²¹tʰəu⁰	盖哩 kai²¹li⁰ 被子 pei²¹tə⁰
沧县	床 tsʰuaŋ⁵³	枕头 tʂən²³tʰou⁰	棉被 mian⁵³pei⁴¹
献县	床 tʂʰuã⁵³	枕头 tʂən²¹tʰou⁰	被子 pei³³¹tsʅ⁰
平泉	床 tsʰuaŋ³⁵	枕头 tʂən²¹tʰou⁰	被火 ⁼pei⁵¹xu⁰ 被子 pei⁵¹tsʅ⁰
滦平	床 tsʰuaŋ³⁵	枕头 tʂən²¹tʰou⁰	被火 ⁼pei⁵¹xuo⁰ 被子 pei⁵¹tsə⁰

(续表)

	0322 床 木制的，睡觉用	0323 枕头	0324 被子
廊坊	床 tʂʰuaŋ³⁵	枕头 tʂən²¹tʰou⁰	被 pei⁵¹ 被子 pei⁵¹tsʅ⁰
魏县	床 tʂʰuɑŋ⁵³	枕头 tʂən³¹²tʰəu⁰	盖的 kai³¹²ti⁰
张北	床 tsʰuɔ̃⁴²	枕头 tsəŋ⁵⁵tʰəu⁰	被子 pei²³tsə⁰
万全	床 tʂʰuaŋ⁴¹	枕头 tʂəŋ²¹³tʰou⁰	盖物 kɛi²¹³vəʔ²²
涿鹿	床 tʂʰuã⁴²	枕头 tʂəŋ⁵⁵tʰəu⁰	盖服 ke³¹fʌ⁰
平山	床 tʂʰuaŋ³¹	枕头 tʂəŋ⁵⁵tʰɐu⁰	被子 pæi⁵⁵tsʅ⁰
鹿泉	床 tʂʰuaŋ⁵⁵	枕头 tʂẽ³⁵tʰou⁰	被子 pei³¹tɤ⁰
赞皇	床 tʂʰuaŋ⁵⁴	枕头 tʂən⁴⁵tʰəu⁰	被子 pei⁵¹tsə⁰
沙河	床 tʂʰuaŋ⁵¹	枕头 tʂən²¹tʰəu⁰	盖的 kai²¹ti⁰
邯郸	床 tʂʰuaŋ⁵³	枕头 tʂən²¹tʰəu⁰	盖的 kai²¹ti⁰
涉县	床 tsʰuã⁴¹²	枕头 tsəŋ⁵³tʰou⁰	盖的 kai⁵⁵ti⁰

	0325 棉絮	0326 床单	0327 褥子
兴隆	棉花 mian⁵⁵xuɑ⁰ 棉絮 mian⁵⁵ɕy⁵¹	床单儿 tʂʰuaŋ⁵⁵tɚ³⁵	褥子 zu⁵¹tsɿ⁰
北戴河	棉花 mian³⁵xuɑ⁰	炕单儿 kʰaŋ⁵³tɚ⁴⁴ 床单儿 tʂʰuaŋ³⁵tɚ⁴⁴	褥子 zu⁵³tʃɿ⁰
昌黎	被套 pei⁴²tʰɑu⁴⁵³	床单儿 tʂʰuaŋ²⁴tɚ⁴²	褥子 zu⁴⁵tsɿ⁰
乐亭	棉花套儿 niɑu³¹xuɑ⁰tʰɑur⁵²	褥单子 zu³⁴tan³¹tsɿ⁰	褥子 zu⁵²tsə⁰
蔚县	棉花 miã⁴¹xuɑ⁰	褥单子 zu¹³tã⁵³tsɿ⁰	褥子 zu³¹tsɿ⁰
涞水	棉花 miaŋ²⁴xuo⁰	床单儿 tʂʰuaŋ⁴⁵tɚ³¹	褥子 zu³³¹tsɿ⁰
霸州	棉花套儿 mian⁴⁴xuɑ⁰tʰɑur⁴¹ 不太旧的 棉花套子 mian⁴⁴xuɑ⁰tʰɑu⁴⁵tsɿ⁰ 旧的	床单儿 tʂʰuaŋ⁴⁴tɚ⁴⁵	褥子 zu⁴⁵tsɿ⁰
容城	棉花套儿 mian²¹xuɑ⁰tʰɑu⁵²uər⁰	床单儿 tʂʰuaŋ⁴⁴tɚ⁴³	褥子 zu⁵²tsɿ²³
雄县	棉花套儿 miãn⁵³xuɑ⁰tʰɑur⁴¹	床单儿 tʂʰuaŋ⁵³tɚ⁴⁵	褥子 zu⁴⁵tsɿ⁰
安新	棉花套子 mian³³xuo⁰tʰɑu⁵⁵tsɿ⁰	床单儿 tʂʰuaŋ⁵³tɚ⁴⁵	褥子 zu⁵⁵tsɿ⁰
满城	被套 pei⁵³tʰɑu⁵¹²	床单儿 tʂʰuaŋ⁴⁵tɚ⁴⁵	褥子 zu⁵⁵tsɿ⁰
阜平	棉花 miæ⁵³xuɑ⁰	床单儿 tʂʰuaŋ⁵⁵tɚ³¹	褥子 zu²⁴tsɿ⁰
定州	棉花瓜子 miɑu⁴²xuə⁰kua²¹¹tsɿ⁰ 未使用 棉花套子 miɑu⁴²xuə⁰tʰɑu³⁵tsɿ⁰①	床单儿 tʂʰuaŋ²⁴tɚ³³	褥子 zu³⁵tsɿ⁰
无极	棉絮 mian³⁵sy⁵¹	床单儿 tʂʰuaŋ³⁵tɚ³¹	褥子 lu⁵³tsɿ⁰
辛集	穰子 zaŋ³²²tsɿ⁰ 套子 tʰɑu⁴²tsɿ⁰	炕单儿 kʰaŋ⁴¹tɚ³³	褥子 lu⁴²tsɿ⁰
衡水	穰子 iaŋ²¹tsɿ⁰	床单儿 tʂʰuaŋ⁵³tɚ²⁴	褥子 y⁵³tsɿ⁰
故城	套子 tʰɔo⁵³tsɿ⁰	炕单儿 kʰaŋ³¹tɚ²⁴ 床单儿 tʂʰuaŋ⁵³tɚ²⁴	褥子 zʅ⁵³sɿ⁰
巨鹿	穰子 iaŋ⁵⁵tsɿ⁰	单子 tan³³tsɿ⁰	铺的 pʰu³³ti⁰
邢台	套子 tʰɑu³¹ə⁰	床单子 tʂʰuaŋ⁵³tan³⁴ə⁰	褥子 zu³¹ə⁰ 铺的 pʰu³⁴ti⁰
馆陶	穰子 iaŋ⁴⁴tə⁰	被单子 pei²¹tæn²⁴tə⁰ 被单儿 pei²¹tɚ²⁴ 床单儿 tʂʰuaŋ⁵³tɚ²⁴	铺哩 pʰu²⁴li⁰
沧县	棉花 mian⁵⁵xuɑ⁰	床单儿 tsʰuaŋ⁵³tɚ²³	褥子 y⁵³tsɿ⁰

（续表）

	0325 棉絮	0326 床单	0327 褥子
献县	穰子 iã²¹tsʅ⁰	床单儿 tʂʰuã⁵³tɚr³³	褥子 y³³¹tsʅ⁰/zu³³¹tsʅ⁰
平泉	棉絮 mian³⁵ɕy⁵¹	床单子 tʂʰuaŋ³⁵tan⁵⁵tsʅ⁰ 床单儿 tʂʰuaŋ³⁵tɚr⁵⁵	褥子 zu⁵¹tsʅ⁰
滦平	棉絮 mian³⁵ɕy⁵¹	床单儿 tʂʰuaŋ³⁵tɚr⁵⁵ 床单子 tʂʰuaŋ³⁵tan⁵⁵tsə⁰	褥子 zu⁵¹tsə⁰
廊坊	棉花穰子 miɛn³⁵xua⁰zɑŋ²¹tsʅ⁰	床单子 tʂʰuaŋ³⁵tan⁵⁵tsʅ⁰ 床单儿 tʂʰuaŋ³⁵tɚr⁵⁵	褥子 zu⁵¹tsʅ⁰
魏县	老套子 lɑu⁵⁵tʰau³¹²tɛ⁰	床单子 tʂʰuaŋ⁵³tan³³tɛ⁰	铺的 pʰu³³ti⁰
张北	棉花 miæ̃⁴²xua⁰	床单儿 tʂʰuɔ̃⁴²tɚr⁴²	褥子 zuəʔ³²tsə⁰
万全	棉花 mian⁴¹xua⁰	床单儿 tʂʰuan⁴¹tɚr⁴¹	褥子 zu²¹³tsə⁰
涿鹿	棉花 miæ̃⁴²xua⁰	褥单子 zu²³tæ̃⁴²ə⁰	褥子 zu³¹ə⁰
平山	棉花穰儿 miæ̃⁵⁵xua⁰zɚr⁵⁵	床单儿 tʂʰuan⁵³tær³¹	褥子 zɐu²¹tsʅ⁰
鹿泉	棉花 miæ̃⁵⁵xua⁰	床单子 tʂʰuaŋ⁵⁵tæ̃⁵⁵tɤ⁰ 床单儿 tʂʰuaŋ⁵⁵tɚr⁵⁵	褥子 zu³¹tɤ⁰
赞皇	棉花 miæ⁵¹xua⁰	床单儿 tʂʰuaŋ⁵⁴tɚr⁵⁴	褥子 zu⁵¹tsə⁰
沙河	棉花乳⁼子 miã⁵¹xuɔ⁰lu³³tə⁰	铺的单子 pʰu⁴¹ti⁰tã⁴¹tə⁰	铺的 pʰu⁴¹ti⁰
邯郸	套子 tʰau¹³tə⁰	单子 tæ̃³¹tə⁰	铺的 pʰu³¹ti⁰
涉县	套子 tʰau⁵⁵ə⁰	炕单子 kʰã⁵³tæ⁴¹lə⁰ 床单子 tʂʰuã⁴¹tæ³¹lə⁰	铺的 pʰu⁵⁵ti⁰

---

① 已用来做成被褥等。

	0328 席子	0329 蚊帐	0330 桌子 统称
兴隆	炕席 kʰaŋ⁵¹ɕi⁵⁵ 席子 ɕi⁵⁵tsʅ⁰	蚊帐子 uən⁵⁵tʂaŋ⁵¹tsʅ⁰ 蚊帐 uən⁵⁵tʂaŋ⁵¹	桌子 tʂuo³⁵tsʅ⁰
北戴河	炕席 kʰaŋ⁵³ɕi³⁵ 凉席 liaŋ³⁵ɕi³⁵	蚊帐子 uən³⁵tʃaŋ⁵³tʃʅ⁰	桌子 tʃuo⁴⁴tʃʅ⁰
昌黎	席子 ɕi⁴²tsʅ²³	蚊帐子 uən²⁴tʂaŋ⁴⁵tsʅ⁰	桌子 tʂuo⁴²tsʅ⁰
乐亭	炕席 kʰaŋ⁵³ɕi²¹²	蚊帐 uən³⁵tʂaŋ⁰	桌子 tʂuo³¹tsʅ⁰
蔚县	席 ɕi⁴¹	蚊帐 vəŋ⁴¹tsɔ³¹²	桌子 tsuɤ⁵³tsʅ⁰
涞水	席子 ɕi²⁴tsʅ⁰	蚊帐儿 uən⁴⁵tʂaŋ⁴⁵ŋər⁰	桌子 tʂuo³³tsʅ⁰
霸州	席 ɕi⁵³	蚊帐 uən⁴⁴tʂaŋ⁴¹	桌子 tʂuo²¹tsʅ⁰
容城	炕席 kʰaŋ⁵²ɕi³⁵	蚊帐 uən²¹tʂaŋ⁰	桌子 tʂuo³¹tsʅ⁰
雄县	炕席 kʰaŋ⁴¹ɕi⁵³	蚊帐 uən⁵³tʂaŋ⁰	桌子 tʂuo⁴⁴tsʅ⁰
安新	席 ɕi³¹	蚊帐 uən³³tʂaŋ⁰	桌子 tʂuo⁴⁵tsʅ⁰
满城	席 ɕi²²	蚊帐 uən⁴⁵tʂaŋ⁵¹²	桌子 tʂuo⁴⁵tsʅ⁰
阜平	席子 ɕi⁵³tsʅ⁰	蚊帐 uən⁵³tʂaŋ⁰	桌子 tʂuɤ²¹tsʅ⁰
定州	炕席 kʰaŋ⁵³si²⁴	蚊帐 uən²⁴tʂaŋ⁵¹	桌子 tʂuo³³tsʅ⁰
无极	席子 si³¹tsʅ⁰	蚊帐 uen³⁵tʂaŋ⁵¹	桌子 tʂuɤ²¹³tsʅ⁰
辛集	席 si³⁵⁴	蚊帐 uən³⁵tʂaŋ⁴¹	桌子 tʂuɑu³³tsʅ⁰
衡水	凉席 liaŋ⁵³ɕi⁵³	蚊帐 vəŋ²⁴tsaŋ⁰	桌子 tsuo³¹tsʅ⁰
故城	席子 ɕi⁵⁵tsʅ⁰	蚊帐 vẽ⁵⁵tʂaŋ⁰	桌子 tsuɤ²¹tsʅ⁰
巨鹿	席 ɕi⁴¹	蚊帐 uən⁵⁵tʂã²¹	桌子 tʂuo³³tsʅ⁰
邢台	席 si⁵³	蚊帐 vəŋ⁵³tʂaŋ³¹	桌子 tʂuo³⁴ə⁰
馆陶	席子 si⁵²tə⁰ 席 si⁵²	蚊帐 un⁵²tʂaŋ⁰	桌子 tʂuo²⁴tə⁰
沧县	席子 ɕi⁵⁵tsʅ⁰	蚊帐 uən⁵⁵tʂaŋ⁰	桌子 tsuo⁴¹tsʅ⁰
献县	席 ɕi⁵³	蚊帐 uən⁵⁵tʂã⁰	桌子 tʂuo³³tsʅ⁰
平泉	炕席 kʰaŋ⁵³ɕi³⁵ 席子 ɕi³⁵tsʅ⁰	蚊帐 uən³⁵tʂaŋ⁵¹	桌子 tʂuo⁵⁵tsʅ⁰
滦平	炕席 kʰaŋ⁵¹ɕi³⁵ 席子 ɕi³⁵tsə⁰	蚊帐 uən³⁵tʂaŋ⁵¹	桌子 tʂuo⁵⁵tsə⁰

(续表)

	0328 席子	0329 蚊帐	0330 桌子 统称
廊坊	席 ɕi³⁵	蚊帐 uən³⁵tʂaŋ⁰	桌子 tʂuo⁵⁵tsʅ⁰
魏县	席子 ɕi⁵³tɛ⁰	蚊帐 uən⁵³tʂaŋ³¹²	桌子 tʂuə³³tɛ⁰
张北	席子 ɕiəʔ³²tsə⁰		桌子 tsuəʔ³²tsə⁰
万全	席子 ɕiəʔ⁴tsə⁰	蚊帐 vəŋ⁴¹tsaŋ⁰	桌子 tsuəʔ⁴tsə⁰
涿鹿	炕席 kʰã³¹ɕi⁴²	蚊帐 uəŋ⁴²tʂã⁰	桌子 tsuʌ⁴³ə⁰
平山	席子 si⁴²tsʅ⁰	蚊帐 uəŋ⁴²tsaŋ⁰	桌子 tʂɔ²¹tsʅ⁰
鹿泉	席子 si⁵⁵tɤ⁰	蚊帐 uẽ⁵⁵tʂaŋ⁰	桌子 tʂuo¹³tɤ⁰
赞皇	席子 si⁵¹tsə⁰	蚊罩 uən⁵⁴tʂɔ³¹	桌子 tʂuə²¹tsə⁰
沙河	席 si⁵¹	蚊帐 uən⁵¹tʂaŋ²¹	桌子 tʂuəʔ⁴tə⁰
邯郸	席子 si⁵³tə⁰	蚊帐 vən⁵³tʂaŋ²¹	桌子 tʂuʌʔ⁴tə⁰
涉县	席子 ɕiəʔ³³lə⁰	蚊帐 vəŋ⁴¹tsã²⁴	桌子 tsuəʔ³³lə⁰

	0331 柜子 统称	0332 抽屉 桌子的	0333 案子 长条形的
兴隆	柜子 kuei⁵¹tsʅ⁰	抽屉 tʂʰou³⁵tʰi⁰	案板儿 nan⁵¹pɐr²¹³/ an⁵¹pɐr²¹³ 案子 nan⁵¹tsʅ⁰
北戴河	柜 kuei⁵¹	拉匣 la⁴⁴ɕia³⁵ 抽屉 tʃʰou⁴⁴tʰi⁰	案子 nan⁵³tʃʅ⁰
昌黎	柜 kuei²⁴	抽匣 tʂʰou³⁴ɕia²¹³	
乐亭	柜 kuei⁵²	抽匣儿 tʂʰou³³ɕiar²¹²	条儿案 tʰiaur³⁵ŋan⁵²
蔚县	柜子 kuei³¹tsʅ⁰	抽屉 tʂʰəu⁵³tʰi⁰	几案 tɕi⁵³nã⁰
涞水	柜子 kuei⁴⁵tsʅ⁰	抽屉儿 tʂʰou⁵⁵tʰi³¹iər⁰	案子 nan³³¹tsʅ⁰ 案板儿 nan³¹pɐr²⁴
霸州	柜 kuei⁴¹	抽屉 tʂʰou²¹tʰi⁰/tʂʰou⁴⁵tʰi⁴¹	条儿案 tʰiaur⁴⁴nan⁴¹
容城	板柜 pan³⁵kuei⁵¹³	抽头 tʂʰou³¹tʰou⁰	案子 nan⁵²tsʅ⁰
雄县	柜 kuei⁴¹	抽屉 tʂʰou⁴⁴tʰi⁰	条儿案 tʰiaur⁵³nãn⁴¹
安新	柜子 kuei²¹tsʅ⁰	抽闼 tʂʰou⁴⁵tʰa⁰	案子 nan⁵⁵tsʅ⁰
满城	柜 kuei⁵¹²	抽头 tʂʰou⁴⁵tʰou⁰	案子 nan⁵⁵tsʅ⁰ 案板 nan⁵³pan²¹³
阜平	柜子 kuei²⁴tsʅ⁰	抽屉 tʂʰou⁵³tʰi⁰	案子 ŋæ²⁴tsʅ⁰
定州	柜子 kuei³⁵tsʅ⁰	抽几 ⁼tʂʰou²¹¹tɕi⁰	条案 tʰiau²⁴ŋan⁵¹
无极	柜子 kuəi³²⁵tsʅ⁰	抽抽儿 tʂʰəu³⁵tʂʰəur⁰	条案 tʰiɔ³¹ŋãn⁵¹
辛集	柜 kuei⁴¹	抽抽 tʂʰou³³tʂʰou⁰	案子 ŋan⁴²tsʅ⁰
衡水	铺柜 pʰu³¹kuei³¹	抽抽 tʂʰəu³¹tʂʰəu⁰	切菜板儿 tɕʰie²⁴tsʰai³¹pɐr⁵⁵
故城	橱子 tʂʰʅ⁵⁵tsʅ⁰ 柜子 kuei⁵³tsʅ⁰	抽抽 tʂʰou²¹tʂʰou⁰	条几儿 tʰiɔ⁵³tɕiər²⁴
巨鹿	柜儿 kuər²¹	抽头 tʂʰou³³tʰou⁴¹	条几儿 tʰiau⁵³tɕiər⁰
邢台	柜子 kuei³¹ə⁰	抽抽儿 tʂʰou³⁴tʂʰour⁰	条几 tʰiau⁵³tɕi³⁴
馆陶	柜子 kuei²¹tə⁰	抽抽 tʂʰəu²²tʂʰəu⁰ 抽屉 tʂʰəu²²tʰi⁰	条几 tʰiɑ⁵²tɕi²⁴ 案子 ɣæn²¹tə⁰
沧县	柜子 kuei⁵³tsʅ⁰	抽屉 tʂʰou⁴¹tʰian⁰ 抽匣儿 tʂʰou²³ɕiʌr⁵³	案子 ŋan⁵³tsʅ⁰
献县		抽屉 tʂʰou³³tʰi³¹	案子 næ³³¹tsʅ⁰

(续表)

	0331 柜子 统称	0332 抽屉 桌子的	0333 案子 长条形的
平泉	柜 kuei^{51} 柜子 kuei^{51}tsʅ^0	抽匣儿 tʂʰou^{55}ɕiar^{35} 抽屉 tʂʰou^{55}tʰi^0	案子 an^{51}tsʅ^0
滦平	柜子 kuei^{51}tsə^0	抽堂儿 tʂʰou^{55}tʰãr^{35} 抽屉 tʂʰou^{55}tʰi^0	案子 an^{51}tsə^0
廊坊	柜子 kuei^{51}tsʅ^0	抽屉 tʂʰou^{55}tʰi^{51} 抽斗儿 tʂʰou^{55}tour^0	条案 tʰiɑu^{35}an^{51}
魏县	柜子 kuəi^{312}tɛ^0	抽斗 tʂʰəu^{33}təu^{55}	条几 tʰiɑu^{53}tɕi^{33}
张北	柜子 kuei^{23}tsə^0	抽屉 tʂʰəu^{42}tʰi^0	案子 ŋæ^{23}tsə^0
万全	柜 kuei^{213}	抽屉 tʂʰou^{41}tʰi^{213}	面板儿 mian^{45}per^{55} 大的 菜板儿 tsʰɛi^{45}per^{55} 小的
涿鹿	柜子 kuei^{31}ə^0 躺柜 tʰã^{45}kuei^{31}	抽屉 tʂʰəu^{42}tʰi^0	供桌 kuŋ^{31}tsuʌ^0
平山	柜 kuæi^{42}	抽抽 tʂʰɐu^{55}tʂʰɐu^0	条几 tʰiə^{42}tɕi^0
鹿泉	柜子 kuei^{31}tɤ^0	抽抽儿 tʂʰou^{55}tʂʰour^0	条几 tʰiɔ^{55}tɕʰi^0
赞皇	柜 kuei^{312}	抽抽 tʂʰəu^{45}tʂʰəu^0	条几 tʰiɔ^{51}tɕi^0
沙河	柜子 kuei^{21}tə^0	抽抽 tʂʰəu^{41}tʂʰəu^0	条几 tʰiɑu^{51}tɕi^0
邯郸	柜 kuəi^{213}	抽斗 tʂʰəu^{55}təu^0	条几 tʰiɑu^{53}tɕi^0
涉县	柜子 kuəi^{55}ə^0	斗子 tou^{53}ə^0	条几 tʰiau^{41}tɕi^0

	0334 椅子 统称	0335 凳子 统称	0336 马桶 有盖的
兴隆	椅子 i²¹tsʅ⁰	凳子 təŋ⁵¹tsʅ⁰	尿盆儿 suei³⁵pʰər⁵⁵/ȵiau⁵¹pʰər⁵⁵ 马桶 ma³⁵tʰoŋ²¹³
北戴河	椅子 i²¹tʃʅ⁰	凳子 təŋ⁵³tʃʅ⁰	坐便 tʃuo⁵³pian⁵¹
昌黎	椅子 i²¹tsʅ⁰	凳子 təŋ⁴⁵tsʅ⁰	坐便 tsuo⁴²pian⁴⁵³
乐亭	椅子 i²¹¹tsʅ⁰	凳子 təŋ⁵⁵tsʅ⁰	马桶 ma³³tʰuŋ³⁴
蔚县	椅子 i⁴⁴tsʅ⁰	板凳 pã⁴⁴təŋ⁰	
涞水	椅子 i³¹tsʅ⁰	凳子 təŋ³³¹tsʅ⁰	尿盆儿 ȵiau³¹pʰər⁴⁵① 坐便 tsuo³¹pian³¹⁴ 新式抽水马桶
霸州	椅子 i⁴¹tsʅ⁰	凳子 təŋ⁴⁵tsʅ⁰	
容城	椅子 i⁵²tsʅ⁰	凳子 təŋ⁵²tsʅ⁰	马桶 ma³⁵tʰuŋ²¹³
雄县	椅子 i⁴¹tsʅ⁰	凳子 təŋ⁴⁵tsʅ⁰	
安新	椅子 i⁵³tsʅ⁰	凳子 təŋ⁵⁵tsʅ⁰	尿盆子 ȵiau⁵³pʰən³³tsʅ⁰② 坐便 tsuo⁵³pian⁵¹ 新
满城	椅子 i⁴²tsʅ⁰	凳子 təŋ⁵⁵tsʅ⁰	
阜平	椅子 i²¹tsʅ⁰	凳子 təŋ²⁴tsʅ⁰	尿盆儿 ȵiɔ⁵³pʰər²⁴③ 尿甂儿 ȵiɔ²⁴tʂʰər⁵³④ 马桶 ma⁵⁵tʰoŋ⁵⁵ 指现代的坐便器
定州	椅子 i²¹¹tsʅ⁰	机子 u³⁵tsʅ⁰ 方的 板凳 pan²¹¹təŋ⁰ 长条形	夜壶 ie⁵³xu²⁴ 脚盆 tɕiau³³pʰən⁰ 无盖
无极	椅子 i³⁵tsʅ⁰	凳子 təŋ⁵³tsʅ⁰	脚盆 tɕiɔ²¹³pʰen⁰ 无盖
辛集	椅子 i³²²tsʅ⁰	机墩儿 u⁴¹tuər³³ 板床儿 pan³⁵⁴tʂʰuãr³⁵⁴	尿盆儿 ȵiau⁴²pʰər³⁵⁴
衡水	椅子 i²¹tsʅ⁰	座位儿 tsuo⁵³vər⁰	
故城	椅子 i²⁴tsʅ⁰	凳子 təŋ⁵³tsʅ⁰	马桶 ma³¹tʰuŋ⁵⁵ 抽水马桶
巨鹿	椅子 i⁵⁵tsʅ⁰	机子 u⁵³tsʅ⁰	坐便 tsuo³³piɛ̃²¹
邢台	椅子 i⁵⁵ə⁰	机子 u³¹ə⁰	茅罐 mau⁵³kuan³¹
馆陶	椅子 i⁴⁴tə⁰	凳子 təŋ²¹tə⁰	
沧县	椅子 i²³tsʅ⁰	凳子 təŋ⁵³tsʅ⁰	马桶 ma⁵³tʰoŋ⁵⁵⑤ 尿盆子 ȵiau⁴¹pʰən⁵⁵tsʅ⁰ 盆状便器 尿罐子 ȵiau⁴¹kuan⁴¹tsʅ⁰ 罐状便器

（续表）

	0334 椅子统称	0335 凳子统称	0336 马桶有盖的
献县	椅子 i²¹tsʅ⁰	凳子 təŋ³³¹tsʅ⁰	尿盆子 ȵiɔ³¹pʰən⁵⁵tsʅ⁰⑥ 尿盔子 ȵiɔ³¹kʰuei³³tsʅ⁰⑦ 坐便 tsuo³¹piæ̃³¹ 新式抽水马桶
平泉	椅子 i²¹tsʅ⁰	凳子 təŋ⁵¹tsʅ⁰	尿盆儿 ȵiɑu⁵³pʰər³⁵ 尿盔儿 ȵiɑu⁵³kʰuər⁵⁵ 马桶 ma³⁵tuŋ²¹⁴
滦平	椅子 i²¹tsə⁰	凳子 təŋ⁵¹tsə⁰	马桶 ma³⁵tʰuŋ²¹⁴
廊坊	椅子 i²¹tsʅ⁰	凳子 təŋ⁵¹tsʅ⁰	马桶 ma³⁵tʰuŋ²¹⁴
魏县	椅子 i⁵⁵tɛ⁰	凳子 təŋ³¹²tɛ⁰	坐便 tʂuə³¹pian³¹²
张北	椅子 i⁵⁵tsə⁰	板凳 pæ̃⁵⁵təŋ⁰ 凳子 təŋ²³tsə⁰	
万全	椅子 i⁵⁵tsə⁰	凳子 təŋ²¹³tsə⁰	尿桶 ȵiɔ⁴⁵tʰuən⁵⁵
涿鹿	椅 i⁵⁵ə⁰	板凳 pæ̃⁵⁵tʰəŋ⁰	尿罐 ȵiɔ²³kuæ̃³¹
平山	椅子 i⁵⁵tsʅ⁰	座儿 tsuər⁴²	
鹿泉	椅子 i³⁵tʅ⁰	板凳 pæ̃³⁵təŋ³¹	
赞皇	椅子 i⁴⁵tsə⁰	板凳 pæ̃⁴⁵təŋ³¹	尿桶 ȵiɔ³¹²tʰuŋ⁴⁵
沙河	椅子 i³³tə⁰	凳子 təŋ²¹tə⁰	茅罐 mau⁵¹kuã²¹
邯郸	椅子 i⁵⁵tə⁰	杌子 u¹³tə⁰	马桶 mɔ⁵³tʰuŋ⁵⁵
涉县	椅 i⁵³ə⁰	凳子 təŋ⁵⁵ə⁰	

---

① ③ ④ 小便器，本地无有盖马桶。
② 尿桶，无专用的大便器。
⑤ 较新，本地原无马桶。
⑥ 小便用，较浅。
⑦ 小便用，较深。

	0337 菜刀	0338 瓢舀水的	0339 缸
兴隆	菜刀 tsʰai⁵¹tau³⁵	水瓢 ʂuei²¹pʰiɑu⁵⁵ 瓢 pʰiɑu⁵⁵	水缸 ʂuei²¹kaŋ³⁵ 缸 kaŋ³⁵
北戴河	菜刀 tʃʰai⁵³tau⁴⁴	瓢 pʰiɑu³⁵ 水舀子 ʃuei³⁵iɑu²¹tʃʅ⁰	缸 kaŋ⁴⁴
昌黎	菜刀 tsʰai⁴⁵tau⁰	瓢 pʰiɑu²⁴	水缸 ʂuei²⁴kaŋ⁴²
乐亭	老菜刀 lau³³tsʰai⁵³tau³¹	水瓢 ʂuei³³pʰiɑu²¹²	缸 kaŋ³¹
蔚县	切菜刀 tɕʰiə⁵³tsʰɛi³¹tʌɯ⁵³ 刀 tʌɯ⁵³	水瓢 suei⁴⁴pʰiʌɯ⁴¹ 瓢 pʰiʌɯ⁴¹	瓮 vəŋ³¹²
涞水	菜刀 tsʰai³¹tau³¹	水舀子 ʂuei²⁴iɑu³¹tsʅ⁰	缸 kaŋ³¹
霸州	切菜刀 tɕʰie⁴⁵tsʰai⁴¹tau⁴⁵ 菜刀 tsʰai⁴¹tau⁴⁵ 刀 tau⁴⁵	瓢 pʰiɑu⁵³ 水瓢 ʂuei²¹pʰiɑu⁵³	缸 kaŋ⁴⁵
容城	菜刀 tsʰai⁵²tau⁴³	水舀子 ʂuei³⁵iɑu⁵²tsʅ⁰	瓮 uəŋ⁵¹³
雄县	菜刀 tsʰai⁴¹tau⁴⁵ 刀 tau⁴⁵ 切菜刀 tɕʰie⁴⁵tsʰai⁴¹tau⁴⁵	瓢 pʰiɑu⁵³ 水瓢 ʂuei²¹pʰiɑu⁵³	缸 kaŋ⁴⁵ 瓮 uəŋ⁴¹
安新	菜刀 tsʰai⁵³tau⁴⁵	瓢 pʰiɑu³¹	瓮 uəŋ⁵¹
满城	切菜刀 tɕʰie⁴⁵tsʰai⁵¹²tau⁴⁵	瓢 pʰiɑu²²	缸 kaŋ⁴⁵ 瓮 uəŋ⁵¹²
阜平	菜刀 tsʰæ⁵³tɔ⁰	瓢 pʰiɔ²⁴	瓮 uəŋ⁵³
定州	菜刀 tsʰai⁵³tau³³	瓢 pʰiɑu²⁴ 水舀子 ʂuei²⁴iɑu²¹¹tsʅ⁰	瓮 uəŋ⁵¹
无极	菜刀 tsʰæ⁵³tɔ³¹	瓢 pʰiɔ²¹³ 舀子 iɔ³⁵tsʅ⁰	缸 kaŋ³¹
辛集	切菜刀 tsʰie³⁵tsʰai⁴¹tau³³	舀子 iɑu³²²tsʅ⁰	瓮 uəŋ⁴¹
衡水	菜刀 tsʰai³¹tau²⁴	水舀子 suei⁵⁵iɑu²¹tsʅ⁰	瓮 vəŋ³¹
故城	菜刀 tʃʰæ³¹tɔo²⁴ 切菜刀 tɕʰie²⁴tsʰæ³¹tɔo²⁴	瓢 pʰiɔo⁵³	缸 kaŋ²⁴
巨鹿	刀 tau³³	瓢 pʰiɑu⁴¹	瓮 uəŋ²¹
邢台	刀 tau³⁴	瓢 pʰiɑu⁵³	瓮 vəŋ³¹

（续表）

	0337 菜刀	0338 瓢舀水的	0339 缸
馆陶	切菜刀 tsiɛ⁴⁴tsʰai²¹tao²⁴ 菜刀 tsʰai²¹tao²⁴	瓢 pʰiao⁵² 舀子 iao⁴⁴tə⁰	缸 kaŋ²⁴
沧县	菜刀 tsʰai⁴¹tau²³	瓢 pʰiau⁵³	缸 kaŋ²³
献县	切菜刀 tɕʰie³³tʂʰɛ³¹tɔ³³	瓢 pʰiɔ⁵³	瓮 uəŋ³¹
平泉	菜刀 tsʰai⁵³tau⁵⁵	干瓢 kan⁵⁵pʰiɑu³⁵ 水瓢 ʂuei²¹pʰiɑu³⁵ 瓢 pʰiɑu³⁵	缸 kaŋ⁵⁵
滦平	菜刀 tsʰai⁵¹tau⁵⁵	水瓢 ʂuei²¹pʰiɑu³⁵ 瓢 pʰiɑu³⁵	缸 kaŋ⁵⁵
廊坊	刀 tau⁵⁵	瓢 pʰiɑu³⁵	缸 kaŋ⁵⁵
魏县	切菜刀 tɕʰie³³tʂʰai³¹²tau³³	瓢 pʰiau⁵³	缸 kaŋ³³
张北	菜刀 tsʰai²³tau⁴²	瓢 pʰiau⁴²	瓮 vəŋ²¹³ 缸 kɔ̃⁴²
万全	菜刀 tsʰɛi²⁴tɔ⁴¹	瓢 pʰiɔ⁴¹	缸 ka⁴¹
涿鹿	切菜刀 tɕʰiʌ⁴³tʂʰɛ³¹tɔ⁴⁴	瓢 pʰiɔ⁴²	缸 kã⁴⁴
平山	切菜刀 tsʰiə²⁴tsʰɛ⁴²tɔ³¹	瓢 pʰiə³¹	瓮 uəŋ⁴²
鹿泉	刀 tɔ⁵⁵	瓢 pʰiɔ⁵⁵	瓮 uəŋ³¹²
赞皇	菜刀 tsʰɛ³¹²tɔ⁵⁴	瓢 pʰiɔ⁵⁴	瓮 uəŋ³¹²
沙河	切菜刀 tsʰiəʔ⁴tsʰai²¹tau⁴¹	瓢儿 pʰiaur⁵¹	缸 kaŋ⁴¹
邯郸	菜刀 tsʰai²⁴tau³¹	瓢 pʰiau⁵³	缸 kaŋ³¹
涉县	刀 tau⁴¹	马勺 mɒ⁵³səʔ⁰	缸 kã⁴¹

	0340 坛子 装酒的~	0341 瓶子 装酒的~	0342 盖子 杯子的~
兴隆	酒坛子 tɕiou²¹tʰan⁵⁵tsʅ⁰ 酒坛儿 tɕiou²¹tʰɚ⁵⁵ 坛子 tʰan⁵⁵tsʅ⁰	酒瓶子 tɕiou²¹pʰiŋ⁵⁵tsʅ⁰ 酒瓶儿 tɕiou²¹pʰiɤr⁵⁵ 瓶子 pʰiŋ⁵⁵tsʅ⁰	盖儿 kɚ⁵¹ 盖子 kai⁵¹tsʅ⁰
北戴河	坛子 tʰan³⁵tʃʅ⁰	洋棒子 iaŋ³⁵paŋ⁵³tʃʅ⁰ 酒瓶子 tɕiou²¹pʰiŋ³⁵tʃʅ⁰	盖儿 kɚ⁵¹
昌黎	坛子 tʰan⁴²tsʅ²³	瓶子 pʰiŋ⁴²tsʅ²³	盖儿 kɚ⁴⁵³
乐亭	坛子 tʰan³¹tsʅ⁰	瓶子 pʰiəŋ²¹²tsʅ⁰	盖儿 kɚ⁵²
蔚县	坛 tʰã⁴¹	瓶儿 pʰiɚr⁴¹ 瓶子 pʰiŋ⁴¹tsʅ⁰	盖儿 kɚ³¹²
涞水	坛子 tʰan²⁴tsʅ⁰	瓶子 pʰiŋ²⁴tsʅ⁰	盖儿 kɚ³¹⁴
霸州	坛 tʰan⁵³	瓶子 pʰiŋ⁵³tsʅ⁰	盖儿 kɚ⁴¹
容城	坛子 tʰan²¹tsʅ⁰	瓶子 pʰiŋ²¹tsʅ⁰	盖儿 kɚ⁵¹³
雄县	坛子 tʰãn⁵³tsʅ⁰ 坛 tʰãn⁵³	瓶子 pʰiŋ⁵³tsʅ⁰	盖儿 kɚ⁴¹
安新	坛子 tʰan³³tsʅ⁰	瓶子 pʰiŋ³³tsʅ⁰	盖儿 kɚ⁵¹
满城	坛子 tʰan²²tsʅ⁰	瓶子 pʰiŋ²²tsʅ⁰	盖儿 kɚ⁵¹²
阜平	坛子 tʰæ⁵³tsʅ⁰	瓶子 pʰiŋ⁵³tsʅ⁰	盖子 kæ²⁴tsʅ⁰
定州	坛子 tʰan⁴²tsʅ⁰	瓶子 pʰiŋ⁴²tsʅ⁰	盖儿 kɚ⁵¹
无极	坛子 tʰãn³¹tsʅ⁰	瓶子 pʰiŋ³¹tsʅ⁰	盖子 kæ⁵³tsʅ⁰
辛集	坛子 tʰan³⁵tsʅ⁰	瓶儿 pʰiɚr³⁵⁴	盖儿 kɚ⁴¹
衡水	坛子 tʰan²⁴tsʅ⁰	瓶子 pʰiŋ²⁴tsʅ⁰	盖儿 kɚ³¹
故城	坛子 tʰæ̃⁵⁵tsʅ⁰	瓶子 pʰiŋ⁵⁵tsʅ⁰	盖子 kæ⁵³tsʅ⁰ 盖儿 kɚ³¹
巨鹿	酒坛 tɕiou⁵⁵tʰɛ̃⁴¹	酒瓶儿 tɕiou⁵⁵pʰiɤr⁴¹	盖儿 kar²¹
邢台	罐子 kuan³¹ə⁰	钵儿 pər³¹	盖儿 kɚ³¹
馆陶	坛 tʰæn⁵² 酒坛 tsiəu⁴⁴tʰæn⁵²	酒瓶儿 tsiəu⁴⁴pʰiɚr⁵²	盖子 kai²¹tə⁰
沧县	坛子 tʰaŋ⁵⁵tsʅ⁰	瓶子 pʰiŋ⁵⁵tsʅ⁰	盖儿 kɚ⁴¹
献县	坛 tʰæ̃⁵³	瓶子 pʰiŋ⁵⁵tsʅ⁰	盖儿 kɚ³¹

（续表）

	0340 坛子 装酒的~	0341 瓶子 装酒的~	0342 盖子 杯子的~
平泉	坛子 tʰan³⁵tsɿ⁰	洋棒子 iaŋ³⁵paŋ⁵¹tsɿ⁰ 洋瓶子 iaŋ³⁵pʰiŋ³⁵tsɿ⁰ 瓶子 pʰiŋ³⁵tsɿ⁰	盖儿 kɐr⁵¹ 盖子 kai⁵¹tsɿ⁰
滦平	坛子 tʰan³⁵tsə⁰	瓶子 pʰiŋ³⁵tsə⁰	盖儿 kɐr⁵¹ 盖子 kai⁵¹tsə⁰
廊坊	坛子 tʰan³⁵tsɿ⁰	瓶儿 pʰiɤ̃r³⁵ 瓶子 pʰiŋ³⁵tsɿ⁰	盖儿 kɐr⁵¹
魏县	坛子 tʰan⁵³tɛ⁰	酒瓶儿 tɕiəu⁵⁵pʰiɤr⁵³	盖子 kai³¹²tɛ⁰
张北	坛子 tʰæ̃⁴²tsə⁰	瓶子 pʰiŋ⁴²tsə⁰	盖子 kai²³tsə⁰
万全	坛子 tʰan⁴¹tsə⁰	瓶子 pʰiəŋ⁴¹tsə⁰	盖子 kɛi²¹³tsə⁰
涿鹿	坛子 tʰæ̃⁴²ə⁰	瓶子 pʰiŋ⁴²ə⁰	盖儿 kɐr³¹
平山	坛坛儿 tʰæ̃⁴²tʰær⁰	瓶瓶儿 pʰiŋ⁴²pʰiər⁰	盖儿 kər⁴²
鹿泉	坛子 tʰæ̃⁵⁵tɤ⁰	瓶子 pʰiŋ⁵⁵tɤ⁰	盖儿 kɐr³¹²
赞皇	坛子 tʰæ̃⁵¹tsə⁰	瓶儿 pʰiɤ̃r³²	盖儿 kɐr³¹²
沙河	坛子 tʰã⁵¹tə⁰	瓶子 pʰiəŋ⁵¹tə⁰	盖儿 kar²⁴
邯郸	坛 tʰæ̃⁵³	酒瓶儿 tsiəu⁵⁵pʰiər⁵³	盖儿 kɐr²¹³
涉县	坛子 tʰæ̃⁴¹lə⁰	酒瓶子 tɕiou⁵³pʰiəŋ⁴¹ə⁰	盖子 kai⁵⁵ə⁰ 盖儿 kɐr⁵⁵

	0343 碗 统称	0344 筷子	0345 汤匙
兴隆	碗儿 ueɐ²¹³	筷子 kʰuai⁵¹tsʅ⁰	汤勺儿 tʰaŋ³⁵ʂaur⁵⁵ 汤匙儿 tʰaŋ³⁵tʂʰər⁵⁵
北戴河	碗 uan²¹⁴	筷子 kʰuai⁵³tʃʅ⁰	调羹 tʰiɑu³⁵kəŋ⁴⁴
昌黎	碗儿 ueɐ²¹³	筷子 kʰuai⁴⁵tsʅ⁰	调羹儿 tʰiɑu⁴³kuər⁰
乐亭	碗 uan³⁴	筷子 kʰuai⁵⁵tsʅ⁰	调羹儿 tʰiɑu³⁴kɤr³⁴
蔚县	碗 vã⁴⁴	筷子 kʰuɛi³¹tsʅ⁰	勺儿 sʌɯr⁴¹ 勺子 sʌɯr⁴¹tsʅ⁰
涞水	碗儿 ueɐ²⁴	筷子 kʰuai³³¹tsʅ⁰	汤勺儿 tʰaŋ⁵⁵ʂau²⁴uər⁰
霸州	碗 uan²¹⁴	筷子 kʰuai⁴⁵tsʅ⁰	小勺儿 ɕiɑu²¹ʂaur⁵³
容城	碗 uan²¹³	筷子 kʰuai⁵²tsʅ⁰	勺儿 ʂau²¹uər⁰
雄县	碗 uãn²¹⁴	筷子 kʰuai⁴⁵tsʅ⁰	小勺儿 ɕiɑu²¹ʂaur⁵³ 羹匙儿 kəŋ⁴⁵tʂʰər⁵³
安新	碗 uan²¹⁴	筷子 kʰuai⁵⁵tsʅ⁰	小勺儿 ɕiɑu⁴⁵ʂau³³wər⁰
满城	碗 uan²¹³	筷子 kʰuai⁵⁵tsʅ⁰	勺儿 ʂau²²ər⁰
阜平	碗 uæ⁵⁵	筷子 kʰuæ²⁴tsʅ⁰	勺儿 ʂɔr²⁴
定州	碗 uan²⁴	箸子 tʂu³⁵tsʅ⁰	小勺儿 siɑu²⁴ʂau⁴²uər⁰
无极	碗 uãn³⁵	箸子 tʂu³⁵tsʅ⁰	勺子 ʂɔ³¹tsʅ⁰
辛集	碗 uan³²⁴	筷子 kʰuai⁴²tsʅ⁰	勺子 ʂau³⁵tsʅ⁰
衡水	碗儿 ver⁵⁵	筷子 kʰuai⁵³tsʅ⁰	勺儿 ʂaur⁵³
故城	碗 væ⁵⁵	筷子 kʰuæ⁵³tsʅ⁰	勺子 ʂɔɔ⁵⁵tsʅ⁰
巨鹿	碗 uan⁵⁵	筷子 kʰuai⁵³tsʅ⁰	小勺儿 ɕiɑu⁵⁵ʂaur⁴¹
邢台	碗 van⁵⁵ 碗儿 ver⁵⁵	筷子 kʰuai³¹ə⁰	勺儿 ʂaur⁵³
馆陶	碗 uæn⁴⁴	筷子 kʰuai²¹tə⁰	汤勺儿 tʰaŋ²⁴ʂuor⁵² 小勺儿 siɑo⁴⁴ʂuor⁵²
沧县	碗 uan⁵⁵	筷子 kʰuai⁵³tsʅ⁰	小勺儿 ɕiɑu⁵⁵ʂaur⁵³
献县	碗 uæ²¹⁴	筷子 kʰuɛ³³¹tsʅ⁰	小勺儿 ɕiɔ²¹ʂɔr⁵³
平泉	碗 uan²¹⁴	筷子 kʰuai⁵¹tsʅ⁰	小勺儿 ɕiɑu²¹ʂaur³⁵ 羹匙儿 kəŋ⁵⁵tʂʰər³⁵ 汤匙儿 tʰaŋ⁵⁵tʂʰər³⁵

(续表)

	0343 碗_{统称}	0344 筷子	0345 汤匙
滦平	碗 uan²¹⁴	筷子 kʰuai⁵¹tsə⁰	小勺儿 ɕiau²¹ʂaur³⁵ 羹匙 kəŋ⁵⁵tʂʰʅ³⁵ 汤匙 tʰaŋ⁵⁵tʂʰʅ³⁵
廊坊	碗 uan²¹⁴	筷子 kʰuai⁵¹tsʅ⁰	小勺儿 ɕiau²¹ʂaur³⁵
魏县	碗 uan⁵⁵	筷子 kʰuai³¹²tɛ⁰	汤勺儿 tʰaŋ³³ʂuɤr⁵³
张北	碗 væ⁵⁵	筷子 kʰuai²³tsə⁰	小勺子 ɕiau⁵⁵sau⁴²tsə⁰
万全	碗 van⁵⁵	筷子 kʰuei²¹³tsə⁰	匙匙 sʅ⁴¹sʅ⁴¹
涿鹿	碗 uæ̃⁴⁵	筷子 kʰuɛ³¹ə⁰	勺子 ʂɤ⁴²ə⁰
平山	碗 uæ̃⁵⁵	筷儿 kʰuɐr⁴² 筷子 kʰuɛ⁵⁵tsʅ⁰	勺勺儿 ʂɤ⁴²ʂər⁰
鹿泉	碗 uæ̃³⁵	筷子 kʰuɛ³¹tɤ⁰	勺勺儿 ʂɤ⁵⁵ʂər⁰
赞皇	碗 uæ̃⁴⁵	筷子 kʰuɛ⁵¹tsə⁰	勺儿 ʂlɔr³²
沙河	碗 uã³³	筷子 kʰuai²¹tə⁰	羹匙儿 kən⁴¹tʂʰər⁰
邯郸	碗 væ⁵⁵	筷子 kʰuai¹³tə⁰	羹匙子 kəŋ³³tʂʰʅ⁵³tə⁰
涉县	碗 væ̃⁵³	筷子 kʰuai⁵⁵ə⁰	汤匙儿 tʰã⁴¹tʂʰər²⁴ 小匙儿 ɕiau⁵³tsʰər²⁴

	0346 柴火 统称	0347 火柴	0348 锁
兴隆	柴火 tʂʰai⁵⁵xuo⁰	洋火 iaŋ⁵⁵xuo²¹³ 取灯儿 tɕʰi²¹tɤɻ³⁵ 洋取灯儿 iaŋ⁵⁵tɕʰi²¹tɤɻ³⁵①	锁 suo²¹³
北戴河	柴火 tʃʰai³⁵xuo⁰	洋火 iaŋ³⁵xuo²¹⁴	锁头 ʃuo²¹tʰou⁰
昌黎	柴火 tsʰai⁴²xuo²³	洋火儿 iaŋ³⁴xuɤɻ²¹³	锁头 suo²¹tʰou⁰
乐亭	柴火 tʂʰai³¹xuə⁰	洋火儿 iaŋ³⁴xuor³⁴	锁头 suə²¹¹tʰou⁰
蔚县	柴火 tʂʰɛi⁴¹xua⁰	洋火 iɔ⁴¹xuɤ⁴⁴ 洋取灯儿 iɔ⁴¹tɕʰy⁴⁴tə̃r⁰	锁子 suɤ⁴⁴tsʅ⁰
涞水	柴火 tʂʰai²⁴xuo⁰	洋火 iaŋ⁴⁵xuo²⁴	锁 suo²⁴
霸州	柴火 tʂʰai⁵³xuo⁰	洋火 iaŋ⁴⁴xuo²¹⁴ 火柴 xuo²¹tʂʰai⁵³	锁 suo²¹⁴
容城	柴火 tʂʰai²¹xuo⁰	洋火 iaŋ⁴⁴xuo²¹³	锁 suo²¹³
雄县	柴火 tʂʰai⁵³xuo⁰	洋火 iaŋ⁵³xuo²¹⁴ 火柴 xuo²¹tʂʰai⁵³	锁 suo²¹⁴
安新	柴火 tʂʰai³³xuo⁰	洋火 iaŋ⁴⁵xuo²¹⁴	锁 suo²¹⁴
满城	柴火 tʂʰai²²xuo⁰	洋火 iaŋ⁴⁵xuo²¹³	锁 suo²¹³
阜平	柴火 tʂʰæ⁵³xuɤ⁰	洋火 iaŋ²⁴xuɤ⁵⁵	锁子 suɤ²⁴tsʅ⁰
定州	柴火 tʂʰai⁴²xuo⁰	洋火 iaŋ²⁴xuo²⁴ 取灯儿 tɕʰy²¹¹tʰəŋ²¹¹ŋər⁰	锁子 suo²¹¹tsʅ⁰
无极	柴火 tʂʰæ³¹xuɤ⁰	取灯儿 tsʰi³⁵tə̃r²¹³	锁子 suɤ³⁵tsʅ⁰
辛集	柴火 tʂʰai³⁵xuə⁰	取灯儿 tsʰi²⁴tə̃r³³	锁 suə³²⁴
衡水	柴火 tʂʰai²⁴xuo⁰	洋火儿 iaŋ⁵³xuor⁵⁵	锁 suo⁵⁵
故城	柴火 tʂʰæ⁵⁵xuɤ⁰	洋火儿 iaŋ⁵³xuɤɻ⁵⁵	锁 suɤ⁵⁵
巨鹿	柴火 tʂʰai⁵³xuo⁰	洋火儿 iã⁴¹xuor⁵⁵	锁 suo⁵⁵
邢台	柴火 tʂʰai⁵³xuo⁰	洋火儿 iaŋ⁵³xuor⁵⁵	锁 suo⁵⁵
馆陶	柴火 tʂʰai⁵²xuo⁰	洋火儿 iaŋ⁵²xuor⁴⁴	锁 suo⁴⁴
沧县	柴火 tsʰai⁵⁵xuo⁰	洋火儿 iaŋ⁴¹xuo⁵⁵	锁 suo⁵⁵
献县	柴火 tʂʰɛ⁵⁵xuo⁰	洋火儿 iã⁵³xuor²¹⁴	锁 suo²¹⁴
平泉	柴火 tʂʰai³⁵xuo⁰	洋火 iaŋ³⁵xuo²¹⁴ 火柴 xuo²¹tʂʰai³⁵	锁 suo²¹⁴

(续表)

	0346 柴火 统称	0347 火柴	0348 锁
滦平	柴火 tʂʰai³⁵xuo⁰	洋火 iaŋ³⁵xuo²¹⁴ 火柴 xuo²¹tʂʰai³⁵	锁 suo²¹⁴
廊坊	柴火 tʂʰai³⁵xuo⁰	火柴 xuo²¹tʂʰai³⁵ 洋火 iaŋ³⁵xuo²¹⁴	锁 suo²¹⁴
魏县	柴火 tʂʰai⁵³xuə⁰	洋火儿 iaŋ⁵³xuɤr⁵⁵	锁 ʂuə⁵⁵
张北	柴火 tʂʰai⁴²xuə⁵⁵	取灯子 tsʰy⁵⁵təŋ⁴²tsə⁰	锁子 suə⁵⁵tsə⁰
万全	烧柴 sɔ⁴¹tsʰei⁴¹	取灯子 tɕʰy⁴⁴təŋ⁴¹tsə⁰ 洋火 iaŋ⁴¹xuə⁰	锁子 suə⁵⁵tsə⁰
涿鹿	柴火 tsʰɛ⁴²xuə⁰	取灯儿 tɕʰy⁴³tə̃r⁴² 洋火 iã⁵²xuə⁴⁵	锁子 suə⁵⁵ə⁰
平山	柴火 tsʰɛ⁴²xuə⁰	取灯儿 tsʰi²¹tər⁰	锁子 suə⁵⁵tsɿ⁰
鹿泉	柴火 tsʰɛ⁵⁵xuo⁰	洋火 iaŋ⁵⁵xuo³⁵ 取灯儿 tsʰy¹³tə̃r⁵⁵	锁子 suo³⁵tɤ⁰
赞皇	柴火 tsʰɛ⁵¹xuə⁰	洋取灯儿 iaŋ⁵⁴tʰi²⁴tʰə̃r⁵⁴	锁子 suə⁴⁵tsə⁰
沙河	柴火 tsʰai⁵¹xuo⁰	取灯儿 tsʰi³³tər⁰	锁子 suo³³tə⁰
邯郸	柴火 tsʰai⁵³xuə⁰	取灯子 tsʰi⁵⁵təŋ³¹tə⁰	锁子 suə⁵⁵tə⁰
涉县	柴 tsʰai⁴¹²	取灯子 tɕʰyʔ³²təŋ⁴¹ə⁰	锁子 suə⁵³lə⁰

① 还有"火柴 xuo²¹tʂʰai⁵⁵"的说法。

	0349 钥匙	0350 暖水瓶	0351 脸盆
兴隆	钥匙 iɑu⁵¹ʂʅ⁰	暖水瓶 nuan³⁵ʂuei²¹pʰiŋ⁵⁵ 暖壶 nuan²¹xu⁵⁵ 热水瓶 zuo⁵¹ʂuei²¹pʰiŋ⁵⁵	洗脸盆儿 ɕi³⁵lian²¹pʰər⁵⁵ 脸盆 lian²¹pʰən⁵⁵
北戴河	钥匙 iɑu⁵³ʂʅ⁰	暖壶 nan²¹xu³⁵	洗脸盆儿 ɕi³⁵lian²¹pʰər³⁵
昌黎	钥锁 iɑu⁴⁵suo⁰	暖壶 naŋ²⁴xu²¹³	脸盆 lian²⁴pʰən²⁴
乐亭	钥匙 iɑu⁵⁵tʂʰei⁰	暖壶 nan³³xu²¹²	洗脸盆 ɕi³³liɛn³³pʰən²¹²
蔚县	钥匙 iʌɯ³¹ʂʅ⁰	暖壶 nã⁴⁴xu⁴¹	洗脸盆儿 ɕi⁵³liã⁴⁴pʰɚr⁴¹ 脸盆 liã⁴⁴pʰɚr⁴¹
涞水	钥匙 iɑu³³¹ʂʅ⁰	暖壶 nan²⁴xu⁴⁵	脸盆儿 lian²⁴pʰər⁴⁵
霸州	钥匙 iɑu⁴⁵ʂʅ⁰	暖壶 nan²¹xu⁵³	洗脸盆儿 ɕi²⁴lian²¹pʰər⁵³ 脸盆 lian²¹pʰən⁵³
容城	钥匙 iɑu⁵²ʂʅ⁰	暖壶 nan²¹xu³⁵	脸盆儿 lian²¹pʰər³⁵
雄县	钥匙 iɑu⁴⁵ʂʅ⁰	暖壶 nãn²¹xu⁵³	脸盆 liãn²¹pʰən⁵³ 洗脸盆 ɕi²⁴liãn²¹pʰən⁵³
安新	钥匙 iɑu⁵⁵ʂʅ⁰	暖壶 nan⁴⁵xu³¹	洗脸盆 ɕi⁴⁵lian⁴⁵pʰən³¹
满城	钥匙 iɑu⁵⁵ʂʅ⁰	暖壶 nuan³⁵xu²²	洗脸盆 ɕi³⁵lian²¹³pʰən²²
阜平	钥匙 iɔ²⁴ʂʅ⁰	暖壶 nɛ̃⁵⁵xu²⁴	洗脸盆儿 ɕi⁵⁵liɛ̃⁵⁵pʰər²⁴
定州	钥匙 iɑu³⁵ʂʅ⁰	暖壶 nan²⁴xu²⁴	洗脸盆子 si²⁴lian²⁴pʰən⁴²tsʅ⁰
无极	钥匙 iɔ⁵³ʂʅ⁰	暖壶 nuãn³⁵xu²¹³	脸盆儿 liãn³⁵pʰər²¹³
辛集	钥匙 iɑu⁴²ʂʅ⁰	暖壶 nuan²⁴xu³⁵⁴	洗脸盆儿 si³⁵lian³²⁴pʰər³⁵⁴
衡水	钥匙 iɑu⁵³ʂʅ⁰	暖壶 nuɑn⁵⁵xu⁵³	脸盆儿 liɑn⁵⁵pʰər⁵³
故城	钥匙 iɔɔ³¹ʂʅ⁰	暖壶 nuɛ̃²⁴xu⁵³	洗脸盆儿 ɕi³¹liɛ̃⁵⁵pʰər⁵³
巨鹿	钥匙儿 iɑu⁵³ʂər⁰	暖壶 nuan⁵⁵xu²¹	脸盆 lian⁵⁵pʰən⁴¹
邢台	钥匙 iɑu³¹ʂʅ⁰	暖壶 nuan⁵⁵xu⁰	脸盆儿 lian⁵⁵pʰər⁵³
馆陶	钥匙 yɛ²¹tʂʅ⁴⁴	暖瓶 nuæn⁴⁴pʰiŋ⁵²	洗脸盆子 si⁴⁴liæn⁴⁴pʰen⁵²tə⁰ 脸盆儿 liæn⁴⁴pʰər⁵²
沧县	钥匙 iɑu⁵³ʂʅ⁰	暖壶 nan⁵⁵xu⁵³	洗脸盆 ɕi⁴¹lian⁰pʰən⁵³
献县	钥匙 iɔ³³¹ʂʅ⁰	暖壶 nuæ̃²¹xu⁵³	洗脸盆 ɕi²⁴liɛ̃²¹pʰən⁵³
平泉	钥匙 iɑu⁵¹ʂʅ⁰	暖壶 nuan²¹xu³⁵ 暖水瓶 nuan³⁵ʂuei²¹pʰiŋ³⁵	洗脸盆儿 ɕi³⁵lian²¹pʰər³⁵ 脸盆儿 lian²¹pʰər³⁵

(续表)

	0349 钥匙	0350 暖水瓶	0351 脸盆
滦平	钥匙 iɑu⁵¹ʂʅ⁰	暖壶 nuan²¹xu³⁵ 暖水瓶 nuan³⁵ʂuei²¹pʰiŋ³⁵	脸盆儿 lian²¹pʰər³⁵
廊坊	钥匙 iɑu⁵¹ʂʅ⁰	暖壶 ŋuan²¹xu³⁵/ŋan²¹xu³⁵	洗脸盆儿 ɕi³⁵lien²¹pʰər³⁵ 脸盆儿 lien²¹pʰər³⁵
魏县	钥匙 yə³³ʂʅ⁰	暖壶 nan⁵⁵xu⁰	洗脸盆子 ɕi⁵⁵lian⁵⁵pʰən⁵³tɛ⁰
张北	钥匙 iau²³ʂʅ⁴²	暖壶 næ̃⁵⁵xu⁴²	洗脸盆 ɕi⁴²liæ̃⁵⁵pʰəŋ⁴²
万全	钥匙 iəʔ²²ʂʅ⁰	暖壶 nan⁴⁴xu⁴¹	洗脸盆 ɕi⁴⁴lian⁵⁵pʰəŋ⁰
涿鹿	钥匙 iɔ³¹ʂʅ⁰	暖壶 nuæ̃⁴⁵xu⁵²	洗脸盆 ɕi⁵³liæ̃⁴⁵pʰəŋ⁵²
平山	钥匙 iə²¹ʂʅ⁰	暖壶 nuæ̃⁵⁵xu³¹	洗脸盆儿 si⁵⁵liæ̃⁵⁵pʰər³¹
鹿泉	钥匙 iɔ¹³ʂɤ⁰	暖壶 nuæ̃³⁵xu⁵⁵	脸盆儿 liæ̃³⁵pʰər⁵⁵
赞皇	钥匙 iɔ⁵¹ʂʅ⁰	温壶 uən⁵⁴xu⁵⁴	脸盆儿 liæ̃⁴⁵pʰər⁵⁴
沙河	钥匙 iau²¹ʂʅ⁰	暖壶 nuã³³xu⁰	洗脸盆儿 si³¹liã³³pʰər⁵¹
邯郸	钥匙 iʌʔ²ʂʅ⁰	暖壶 nuæ̃⁵⁵xu⁵³	洗脸盆子 si⁵³liæ̃⁵⁵pʰən⁵³tə⁰
涉县	钥匙 yə⁵³ʂʅ⁰	暖壶 næ̃⁵³xu⁰	洗脸盆子 ɕi⁵³liæ̃⁰pʰəŋ²⁴ə⁰

	0352 洗脸水	0353 毛巾洗脸用	0354 手绢
兴隆	洗脸水 ɕi³⁵lian²¹ʂuei²¹³	手巾 ʂou²¹tɕin⁰ 毛巾 mau⁵⁵tɕin³⁵	手绢儿 ʂou²¹tɕyɐr⁵¹
北戴河	洗脸水 ɕi³⁵lian³⁵ʂuei²¹⁴	手巾 ʃou²¹tɕin⁰	手绢儿 ʃou²¹tɕyɐr⁵¹
昌黎	洗脸水 ɕi²⁴lian²⁴suei²¹³	手巾 sou²¹tɕin⁰	手绢儿 sou²¹tɕyɐr⁴⁵³
乐亭	洗脸水 ɕi³³lien³³ʂuei³⁴	手巾 ʂou²¹¹tɕiən⁰	小手巾儿 ɕiau³³ʂou²¹¹tɕiər⁰
蔚县	洗脸水 ɕi⁴⁴liã⁵³suei⁴⁴	手巾 səu⁴⁴tɕiŋ⁰	手绢儿 səu⁴⁴tɕyɐr³¹²
涞水	洗脸水 ɕi⁴⁵lian²⁴ʂuei²⁴	毛巾 mau⁴⁵tɕin³¹	手绢儿 ʂou²⁴tɕyɐr³¹⁴
霸州	洗脸水 ɕi²⁴lian²⁴ʂuei²¹⁴	手巾 ʂou⁴¹tɕin⁰	手绢儿 ʂou²⁴tɕyɐr⁴¹
容城	洗脸水 ɕi⁴⁴lian⁴⁴ʂuei²¹³	手缣 ʂou⁵²tɕian⁰	手绢儿 ʂou²¹tɕyɐr⁵¹³
雄县	洗脸水 ɕi²¹liã⁰suei²¹⁴	手巾 ʂou⁴¹tɕin⁰	手绢儿 ʂou²⁴tɕyɐr⁴¹
安新	洗脸水 ɕi⁴⁵lian⁴⁵ʂuei²¹⁴	手缣 ʂou⁵³tɕian⁰	手绢儿 ʂou²¹tɕyɐr⁵¹
满城	洗脸水 ɕi³⁵lian²¹³suei²¹³	手巾 ʂou⁴²tɕin⁰	手绢儿 ʂou²¹tɕyɐr⁵¹²
阜平	洗脸水 ɕi⁵⁵liæ̃⁵⁵ʂei⁵⁵	手巾 ʂou²¹tɕiŋ⁰	手绢儿 ʂou⁵⁵tɕyɐr⁵³
定州	洗脸水 si²⁴lian²⁴ʂuei²⁴	手巾 ʂou²¹¹tɕin⁰	小手巾儿 siau²⁴ʂou²¹¹tɕiər⁰
无极	洗脸水 si³⁵liã̃n³¹suəi³⁵	手巾 ʂəu³⁵tɕien⁰	小手帕子 siɔ³⁵ʂəu³⁵pʰa³¹tsʅ⁰
辛集	洗脸水 si³⁵lian³²⁴ʂuei³²⁴	手巾 ʂou²⁴tɕʰiən³³	小手巾儿 siau³²⁴ʂou³⁵tɕʰiər³⁴
衡水	洗脸水 ɕi⁵⁵lian⁵⁵suei⁵⁵	手巾 səu²¹tɕin⁰	手绢儿 səu⁵⁵tɕyɐr³¹
故城	洗脸水 ɕi³¹liæ̃⁵⁵suei⁵⁵	手巾 ʂou²⁴tɕiẽ⁰	手绢儿 ʂou⁵⁵tɕyɐr³¹
巨鹿	洗脸水 ɕi⁴¹lian⁵⁵suei⁵⁵	手巾 ʂou⁵⁵tɕin⁰	手绢儿 ʂou⁵⁵tɕyar²¹
邢台	洗脸水 si³³lian⁵³suei⁵⁵	手巾 ʂou⁵⁵tɕin⁰	手绢儿 ʂou⁵⁵tɕyɐr³¹
馆陶	洗脸水 si⁴⁴liæn⁴⁴suei⁴⁴	洗脸手巾 si⁴⁴liæn⁴⁴ʂəu⁴⁴tɕin⁰	手绢儿 ʂou⁴⁴tɕyɐr⁰
沧县	洗脸水 ɕi⁴¹lian⁰suei⁵⁵	手缣 ʂou²³tɕian⁰	手绢儿 ʂou⁵⁵tɕyɐr⁴¹
献县	洗脸水 ɕi²⁴liæ²⁴suei²¹⁴	手缣 ʂou²¹tɕiæ⁰	小手缣儿 ɕiɔ²⁴ʂou²¹tɕiər⁰
平泉	洗脸水 ɕi³⁵lian³⁵ʂuei²¹⁴	手巾 ʂou²¹tɕin⁰ 毛巾 mau³⁵tɕin⁵⁵	手绢儿 ʂou²¹tɕyɐr⁵¹
滦平	洗脸水 ɕi³⁵lian³⁵ʂuei²¹⁴	手巾 ʂou²¹tɕin⁰ 毛巾 mau³⁵tɕin⁵⁵	手绢儿 ʂou²¹tɕyɐr⁵¹
廊坊	洗脸水 ɕi³⁵lien³⁵ʂuei²¹⁴	手巾 ʂou²¹tɕin⁰ 毛巾 mau³⁵tɕin⁵⁵	手绢儿 ʂou²¹tɕyɐr⁵¹

（续表）

	0352 洗脸水	0353 毛巾_洗脸用_	0354 手绢
魏县	洗脸水 ɕi⁵⁵lian⁵⁵ʂuəi⁵⁵	手巾 ʂəu⁵⁵tɕin³¹²	小手巾儿 ɕiau⁵⁵ʂəu⁵⁵tɕiər³¹²
张北	洗脸水 ɕi⁴²liæ̃⁵⁵suei⁵⁵	手巾 səu⁵⁵tɕiŋ⁴²	手绢儿 səu⁵⁵tɕyer²¹³
万全	洗脸水 ɕi⁴⁴lian⁵⁵suei⁵⁵	手巾 sou⁴⁴tɕiəŋ⁴¹	手绢儿 sou⁴⁴tɕyer²¹³
涿鹿	洗脸水 ɕi⁵³liæ̃⁴⁵suei⁴⁵	手巾 ʂəu⁵⁵tɕin⁰	手绢 ʂəu⁴⁵tɕyæ³¹
平山	洗脸水 si⁵⁵liæ̃⁵⁵ʂæi⁵⁵	擦脸手巾 tsʰa³¹liæ̃⁵⁵ʂɐu⁵⁵tɕin³¹	小手巾儿 siə⁵⁵ʂɐu⁵⁵tɕiər³¹
鹿泉	洗脸水 si⁵⁵liæ̃³⁵ʂei³⁵	手巾 ʂou³⁵tɕiẽ⁰	小手巾儿 sio⁵⁵sou³⁵tɕiər⁰
赞皇	洗脸水 si⁵⁵liæ̃⁴⁵suei⁴⁵	手巾 ʂɔ⁴⁵tɕin⁰	小手巾儿 siɔ⁵⁵ʂəu⁴⁵tɕiər⁵⁴
沙河	洗脸水 si³¹liã³³suei³³	手巾 ʂəu³³tɕiən⁰	小手巾儿 siau³³ʂəu³³tɕiər⁰
邯郸	洗脸水 si⁵³liæ̃⁵³suəi⁵⁵	手巾 ʂəu⁵⁵tɕin⁰	小手巾儿 siau⁵³ʂəu⁵⁵tɕiər⁰
涉县	水 suəi⁵³	擦脸手巾 tsʰɐʔ³²liæ̃⁵³sou⁵³tɕiəŋ⁰	小手巾儿 ɕiau⁴¹sou⁵⁵tɕiər⁰

	0355 肥皂洗衣服用	0356 梳子旧式的，不是篦子	0357 缝衣针
兴隆	肥皂 fei⁵⁵tsɑu⁵¹ 胰子 i⁵⁵tsʅ⁰	拢梳子 loŋ²¹ʂu³⁵tsʅ⁰ 梳子 ʂu³⁵tsʅ⁰	针 tʂən³⁵ 缝衣针 fən⁵⁵i³⁵tʂən³⁵
北戴河	胰子 i³⁵tʂʅ⁰	拢子 luŋ²¹tʂʅ⁰	针 tʂən⁴⁴
昌黎	胰子 i⁴²tsʅ²³	拢梳 luŋ²¹su⁰	针 tsən⁴²
乐亭	胰子 i³¹tsʅ⁰	拢梳儿 luŋ²¹¹ʂur⁰	针 tʂən³¹
蔚县	胰子 i³¹tsʅ⁰	梳子 su⁵³tsʅ⁰ 拢子 luŋ⁴⁴tsʅ⁰	针 tsən⁵³
涞水	胰子 i²⁴tsʅ⁰	梳子 ʂu³³tsʅ⁰	针 tʂən³¹
霸州	胰子 i⁵³tsʅ⁰	拢子 luŋ⁴¹tsʅ⁰	针 tʂən⁴⁵
容城	胰子 i²¹tsʅ⁰	拢梳儿 luŋ⁵²ʂuər⁰	针 tʂən⁴³
雄县	胰子 i⁵³tsʅ⁰	拢梳子 luŋ⁴¹ʂu⁰tsʅ⁰ 拢子 luŋ⁴¹tsʅ⁰	针 tʂən⁴⁵
安新	胰子 i³³tsʅ⁰	拢梳 luŋ⁵³ʂu⁰	做活的针 tsuo⁵³xuo³³ti⁰tʂən⁴⁵
满城	胰子 i²²tsʅ⁰	椛梳 luŋ⁴²ʂu⁰	针 tʂən⁴⁵
阜平	胰子 i⁵³tsʅ⁰	梳子 ʂu³¹tsʅ⁰	针 tʂəŋ³¹
定州	胰子 i⁴²tsʅ⁰	拢子 luŋ²¹¹tsʅ⁰	针 tʂən³³
无极	胰子 i³¹tsʅ⁰	拢子 luŋ³⁵tsʅ⁰	针 tʂen³¹
辛集	胰子 i³⁵tsʅ⁰	拢子 loŋ³²²tsʅ⁰	针 tʂən³³
衡水	胰子 i²⁴tsʅ⁰	拢子 luŋ²¹tsʅ⁰	针 tʂən²⁴
故城	胰子 i⁵⁵tsʅ⁰	梳子 su²¹tsʅ⁰ 木梳 mu⁵³su⁰ 拢子 luŋ²⁴tsʅ⁰	针 tʂē²⁴
巨鹿	胰子 i⁵³tsʅ⁰	拢子 loŋ⁵⁵tsʅ⁰	针 tʂən³³
邢台	胰子 i⁵³ə⁰	木梳 mu³¹ʂu³⁴	针 tʂən³⁴
馆陶	胰子 i⁵²tə⁰	木梳 mu²¹su⁰	针 tʂən²⁴
沧县	胰子 i⁵⁵tsʅ⁰	拢子 loŋ²³tsʅ⁰	针 tʂən²³
献县	胰子 i⁵⁵tsʅ⁰	拢子 loŋ²¹tsʅ⁰	针 tʂən³³
平泉	洋胰子 iɑŋ³⁵i³⁵tsʅ⁰ 胰子 i³⁵tsʅ⁰ 肥皂 fei³⁵tsɑu⁵¹	拢梳 luŋ²¹ʂu⁰ 木梳 mu⁵¹ʂu⁰ 梳子 ʂu⁵⁵tsʅ⁰	针 tʂən⁵⁵ 缝衣针 fəŋ³⁵i⁵⁵tʂən⁵⁵

（续表）

	0355 肥皂 洗衣服用	0356 梳子 旧式的，不是篦子	0357 缝衣针
滦平	胰子 i³⁵tsə⁰ 肥皂 fei³⁵tsɑu⁵¹	木梳 mu⁵¹ʂu⁵⁵ 梳子 ʂu⁵⁵tsə⁰	针 tʂən⁵⁵ 缝衣针 fəŋ³⁵i⁵⁵tʂən⁵⁵
廊坊	肥皂 fei³⁵tsɑu⁵¹ 胰子 i³⁵tsʅ⁰	拢梳 luŋ²¹ʂu⁵⁵	针 tʂən⁵⁵
魏县	洗衣裳胰子 ɕi⁵⁵³³zaŋ⁰i⁵³tɛ⁰	木梳 mɛ³³ʂu⁰	针 tʂən³³
张北	胰子 i⁴²tsə⁰	梳子 su⁴²tsə⁰	针 tsən⁴²
万全	胰子 i⁴¹tsə⁰	梳子 su⁴¹tsə⁰	针 tsən⁴¹
涿鹿	胰子 i⁴²ə⁰	梳子 ʂu⁴²ə⁰	针 tʂən⁴⁴
平山	胰子 i⁴²tsʅ⁰	拢子 loŋ⁵⁵tsʅ⁰	针 tʂən³¹
鹿泉	胰子 i⁵⁵tɤ⁰	拢子 luŋ³⁵tɤ⁰	针 tʂə̃⁵⁵
赞皇	胰子 i⁵¹tsə⁰	拢子 luŋ⁴⁵tsə⁰	针 tʂən⁵⁴
沙河	胰子 i⁵¹tə⁰	木梳 mə⁵ʔ⁴ʂu⁰	针 tʂən⁴¹
邯郸	胰子 i⁵³tə⁰	木梳 mə²ʔ²ʂu⁰	针 tʂən³¹
涉县	胰子 i⁴¹²ə⁰	梳子 su⁴¹ə⁰	针 tsən⁴¹

	0358 剪子	0359 蜡烛	0360 手电筒
兴隆	剪子 tɕian²¹tsʅ⁰	蜡 la⁵¹ 蜡烛 la⁵¹tʂu³⁵	手电 ʂou²¹tian⁵¹ 手电棒儿 ʂou²¹tian⁵³paɻ⁵¹ 手电筒 ʂou²¹tian⁵¹tʰoŋ²¹³
北戴河	剪子 tɕian²¹tʃʅ⁰	洋蜡 iaŋ³⁵la⁵¹	电棒儿 tian⁵³p̃aɻ⁵¹
昌黎	剪子 tɕian²¹tsʅ⁰	洋蜡 iaŋ²⁴la⁰/iaŋ⁴³la⁰	电棒儿 tian⁴²paɻ²¹³
乐亭	剪子 tɕien²¹¹tsʅ⁰	洋蜡 iaŋ³⁴la⁵²	电棒儿 tiɛn⁵³paɻ⁵²
蔚县	剪子 tɕiã⁴⁴tsʅ⁰	蜡 la³¹²	手电 səu⁴⁴tiã³¹² 电棒儿 tiã¹³pəɻ³¹²
涞水	剪子 tɕian³¹tsʅ⁰	蜡 la³¹⁴	手电棒儿 ʂou²⁴tian³¹paŋ⁴⁵ŋəɻ⁰
霸州	剪子 tɕian⁴¹tsʅ⁰	蜡 la⁴¹	手电 ʂou²⁴tian⁴¹ 电把儿 tian⁴⁵paɻ⁴¹ 电把子 tian⁴¹pa⁴⁵tsʅ⁰
容城	剪子 tɕian⁵²tsʅ⁰	蜡 la⁵¹³	电棒儿 tian⁵²paŋ³⁵ŋəɻ⁰
雄县	剪子 tɕiãn⁴¹tsʅ⁰	蜡 la⁴¹	手电 ʂou²⁴tiãn⁴¹ 电棒儿 tiãn⁵³⁴paɻ⁴¹
安新	剪子 tɕian⁵³tsʅ⁰	洋蜡 iaŋ⁴⁵la⁵¹	电棒儿 tian⁵³paɻ⁵¹ 手电 ʂou²¹tian⁵¹
满城	剪子 tɕian⁴²tsʅ⁰	蜡 la⁵¹²	手电 ʂou²¹tian⁵¹²
阜平	剪子 tɕiæ²¹tsʅ⁰	蜡 la⁵³	手电 ʂou⁵⁵tiæ⁵³
定州	剪子 tɕian²¹¹tsʅ⁰	蜡 la⁵¹ 洋蜡 iaŋ²⁴la⁵¹	电棒儿 tian⁵³paŋ³⁵ŋəɻ⁰
无极	剪子 tsian³⁵tsʅ⁰	蜡 la⁵¹	电棒儿 tiãn⁴⁵¹p̃aɻ⁴⁵¹
辛集	剪子 tsian³²²tsʅ⁰	蜡 la⁴¹	电棒儿 tian⁴²paɻ⁴¹
衡水	剪子 tɕiɑn²¹tsʅ⁰	蜡 la⁵¹	电棒儿 tiɑn³¹paɻ³¹
故城	剪子 tɕiæ²⁴tsʅ⁰	蜡 la³¹	电把子 tiæ³¹pɑ⁵³tsʅ⁰
巨鹿	剪子 tɕian⁵⁵tsʅ⁰	蜡 la²¹	电棒儿 tian³³pɐɻ²¹
邢台	剪子 tsian⁵⁵ɚ⁰	蜡 la³¹	手电 ʂou⁵⁵tian³¹
馆陶	剪子 tsiæn⁴⁴tə⁰ 剪刀 tsiæn⁴³tao²⁴	蜡 la²¹³	电棒子 tiæn²⁴paŋ²¹tə⁰ 手电 ʂəu⁴⁴tiæn²¹
沧县	剪子 tɕian²³tsʅ⁰	蜡 la⁴¹	电把子 tian⁴¹pɑ⁵³tsʅ⁰

（续表）

	0358 剪子	0359 蜡烛	0360 手电筒
献县	剪子 tɕiæ²¹tsʅ⁰	蜡 la³¹	电棒子 tiæ³¹pɑ̃³³¹tsʅ⁰
平泉	剪子 tɕian²¹tsʅ⁰	蜡 la⁵¹ 蜡烛 la⁵¹tʂu³⁵	电棒儿 tian⁵³pãr⁵¹ 手电 ʂou²¹tian⁵¹ 手电筒 ʂou²¹tian⁵³tʰuŋ²¹⁴
滦平	剪子 tɕian²¹tsə⁰	蜡 la⁵¹ 蜡烛 la⁵¹tʂu³⁵	电棒儿 tian⁵³pãr⁵¹ 手电 ʂou²¹tian⁵¹tʰuŋ²¹⁴
廊坊	剪子 tɕien²¹tsʅ⁰	蜡 la⁵¹	电棒儿 tiɛn⁵³pãr⁵¹
魏县	剪子 tɕian⁵⁵tɛ⁰	蜡 lɤ³³	手电 ʂəu⁵⁵tian³¹² 电棒子 tian³¹paŋ³¹²tɛ⁰
张北	剪子 tɕiæ⁵⁵tsə⁰	洋蜡 iɔ̃⁴²lə ʔ³²	电棒 tiæ²³pɔ̃²¹³ 手电 səu⁵⁵tiæ²¹³
万全	剪子 tɕian⁵⁵tsə⁰	洋蜡 iaŋ⁴¹lʌʔ²²	手电 sou⁴⁴tian²¹³
涿鹿	剪子 tɕiæ⁵⁵a⁰	洋蜡 iɑ̃⁵²la³¹	电棒儿 tiæ²³pãr³¹
平山	剪子 tsiæ⁵⁵tsʅ⁰	蜡 la²⁴	电棒儿 tiæ²⁴pɐr⁴²
鹿泉	剪子 tsiæ³⁵tɤ⁰	蜡 la³¹²	电棒儿 tiæ³⁵pãr³¹
赞皇	剪子 tsiæ⁴⁵tsə⁰	蜡 la²⁴	电棒儿 tiæ²⁴pãr³¹
沙河	剪子 tsiɑ̃³³tə⁰	蜡 ləʔ²	电灯 tiɑ̃²⁴təŋ⁴¹
邯郸	剪子 tsiæ⁵⁵tə⁰	蜡 lʌʔ⁴³	手电 ʂəu⁵⁵tiæ²¹
涉县	剪子 tɕiæ⁵³lə⁰	蜡烛 lɐʔ³²tsuɔʔ²⁰/ lɒ⁵⁵tsuɔʔ⁰	电灯 tiæ⁵⁵təŋ⁰

	0361 雨伞 挡雨的，统称	0362 自行车	0363 衣服 统称
兴隆	雨伞 y³⁵san²¹³ 伞 san²¹³	洋车子 iaŋ⁵⁵tʂʰə³⁵tsɿ⁰ 自行车 tsɿ⁵¹ɕiŋ⁵⁵tʂʰə³⁵	衣裳 i³⁵ʂaŋ⁰ 衣服 i³⁵fu⁰
北戴河	雨伞 y³⁵ʃan²¹⁴	洋车子 iaŋ³⁵tʃʰɤ⁴⁴tʃʅ⁰	衣裳 i⁴⁴ʃaŋ⁰
昌黎	雨伞 y²⁴san²¹³	车子 tsʰɤ⁴³tsɿ⁰	衣裳 i²⁴səŋ⁰
乐亭	伞 san³⁴	车子 tʂʰə³¹tsɿ⁰	衣裳 i³⁵ʂəŋ⁰
蔚县	伞 sã⁴⁴	车子 tsʰɤ⁵³tsɿ⁰ 自行车儿 tsɿ¹³ɕin⁴¹tsʰɤr⁵³	衣裳 i⁴⁴sɔ⁰
涞水	伞 san²⁴	车子 tsʰɤ³³tsɿ⁰	衣裳 i⁴⁵ʂaŋ⁰
霸州	伞 san²¹⁴	洋车 iaŋ⁴⁴tʂʰɤ⁴⁵ 车子 tʂʰɤ²¹tsɿ⁰ 车 tʂʰɤ⁴⁵	衣裳 i²¹ʂaŋ⁰
容城	伞 san²¹³	车子 tʂʰɤ³¹tsɿ⁰	衣裳 i³¹ʂəŋ⁰
雄县	伞 sãn²¹⁴	车子 tʂʰɤ⁴⁴tsɿ⁰	衣裳 i⁴⁴ʂaŋ⁰
安新	伞 san²¹⁴	车子 tʂʰɤ⁴⁵tsɿ⁰	衣裳 i⁴⁵ʂaŋ⁰
满城	伞 san²¹³	车子 tʂʰɤ⁴⁵tsɿ⁰	衣裳 i⁴⁵ʂaŋ⁰
阜平	伞 sæ̃⁵⁵	车子 tʂʰɤ³¹tsɿ⁰	衣裳 i³¹ʂaŋ⁰
定州	伞 san²⁴	车子 tʂʰɤ³³tsɿ⁰	衣裳 i²¹¹ʂaŋ⁰
无极	伞 sãn³⁵	车子 tʂʰɤ³¹tsɿ⁰	衣裳 i³⁵ʂaŋ⁰
辛集	伞 san³²⁴	车子 tsʰə³³tsɿ⁰	衣裳 i³³ʂaŋ⁰
衡水	雨伞 y⁵⁵san⁵⁵	车子 tɕʰiɛ³¹tsɿ⁰	衣裳 i³¹ʂaŋ⁰
故城	伞 ʂæ̃⁵⁵	车子 tʂʰɤ²¹tsɿ⁰ 自行车 tsɿ³¹ɕin⁵³tʂʰɤ²⁴	衣裳 i²¹ʂaŋ⁰
巨鹿	伞 san⁵⁵	车子 tɕʰiɛ³³tsɿ⁰	衣裳 i³³ʂaŋ⁰
邢台	伞 san⁵⁵	车子 tʂʰə³⁴ə⁰	衣裳 i³⁴ʂaŋ⁰
馆陶	伞 sæn⁴⁴	车子 tʂʰE²⁴tə⁰ 洋车子 iaŋ⁵²tʂʰE²⁴tə⁰ 自行车 tsɿ²¹ɕin⁵²tʂʰE²⁴	衣裳 i²²ʂaŋ⁰
沧县	伞 san⁵⁵	车子 tʂʰɤ⁴¹tsɿ⁰	衣裳 i⁴¹ʂaŋ⁰
献县	雨伞 y²⁴sæ²¹⁴	车子 tʂʰə³³tsɿ⁰	衣裳 i³³ʂã⁰

（续表）

	0361 雨伞_{挡雨的，统称}	0362 自行车	0363 衣服_{统称}
平泉	伞 san²¹⁴ 雨伞 y³⁵san²¹⁴	洋车子 iaŋ³⁵tʂʰə⁵⁵tsʅ⁰ 自行车 tsʅ⁵³ɕin³⁵tʂʰə⁵⁵	衣裳 i⁵⁵ʂaŋ⁰ 衣服 i⁵⁵fu⁰
滦平	伞 san²¹⁴ 雨伞 y³⁵san²¹⁴	自行车 tsʅ⁵¹ɕin³⁵tʂʰə⁵⁵	衣裳 i⁵⁵ʂaŋ⁰ 衣服 i⁵⁵fu⁰
廊坊	伞 san²¹⁴	洋车 iaŋ³⁵tʂʰɤ⁵⁵	衣裳 i⁵⁵ʂaŋ⁰ 衣服 i⁵⁵fu⁰
魏县	伞 ʂan⁵⁵	洋车儿 iaŋ⁵³tʂʰɤr³³	衣裳 i³³zaŋ⁰
张北	雨伞 y⁴²sæ̃⁵⁵ 伞 sæ̃⁵⁵	自行车儿 tsʅ²³ɕin⁴²tʂʰɤr⁴² 洋车儿 iɔ̃⁴²tʂʰɤr⁴²	衣裳 i⁴²sɔ̃⁰
万全	伞 san⁵⁵	洋车子 iaŋ⁴¹tʂʰə⁴¹tsə⁰	衣裳 i⁴¹saŋ⁰
涿鹿	伞 sæ̃⁴⁵	洋车儿 iã⁵²tʂʰər⁴²	衣裳 i⁴²ʂã⁰
平山	伞 sæ̃⁵⁵	自行车儿 tsʅ⁵⁵tɕin⁵³tʂʰər³¹	衣裳 i⁴²saŋ⁰
鹿泉	伞 sæ̃³⁵	自行车儿 tsi³¹ɕin⁵⁵tʂʰɤr⁵⁵	衣裳 i⁵⁵ʂaŋ⁰
赞皇	伞 sæ̃⁴⁵	车子 tʂʰə⁵⁴tsə⁰	衣裳 i⁴⁵ʂaŋ⁰
沙河	雨伞 y³¹sã³³	洋车儿 iaŋ⁵¹tʂʰər⁰	[衣裳]iaŋ⁴¹
邯郸	伞 sæ̃⁵⁵	自行车儿 tsʅ²¹iŋ⁰tʂʰɤr³¹	衣裳 i³¹zaŋ⁰
涉县	伞 sæ̃⁵³	车子 tʂʰə⁴¹lə⁰	衣裳 i⁵⁵sã⁰

	0364 穿~衣服	0365 脱~衣服	0366 系~鞋带
兴隆	穿 tʂʰuan³⁵	脱 tʰuo³⁵	系 tɕi⁵¹
北戴河	穿 tʃʰuan⁴⁴	脱 tʰuo⁴⁴	系 tɕi⁵¹
昌黎	穿 tʂʰuan⁴²	脱 tʰuo⁴²	系 tɕi⁴⁵³
乐亭	穿 tʂʰuan³¹	脱 tʰuə³¹	系 tɕi⁵²
蔚县	穿 tsʰuã⁵³	脱 tʰuɤ⁵³	系 tɕiŋ³¹²
涞水	穿 tʂʰuan³¹	脱 tʰuo³¹	系 tɕi³¹⁴
霸州	穿 tʂʰuan⁴⁵	脱 tʰuo⁴⁵	系 tɕi⁴¹
容城	穿 tʂʰuan⁴³	脱 tʰuo⁴³	系 tɕi⁵¹³
雄县	穿 tʂʰuãn⁴⁵	脱 tʰuo⁴⁵	系 tɕi⁴¹
安新	穿 tʂʰuan⁴⁵	脱 tʰuo²¹⁴	系 tɕi⁵¹
满城	穿 tʂʰuan⁴⁵	脱 tʰuo⁴⁵	系 tɕi⁵¹²
阜平	穿 tʂʰuæ³¹	脱 tʰuɤ²⁴	绑 paŋ⁵⁵
定州	穿 tʂʰuan³³	脱 tʰuo³³	绑 paŋ²⁴ / 系 tɕi⁵¹
无极	穿 tʂʰuãn³¹	脱 tʰuɤ²¹³	系 tɕi⁵¹
辛集	穿上 tʂʰuan³³ʂaŋ⁰	脱唠 tʰuə³³lau⁰	系上 tɕi⁴²ʂaŋ⁰
衡水	穿 tʂʰuɑn²⁴	脱 tʰuo²⁴	系 tɕi³¹
故城	穿 tsʰuæ²⁴	脱 tʰuɤ²⁴	系 tɕi³¹
巨鹿	穿 tʂʰuan³³	脱 tʰuo³³	系 tɕi²¹
邢台	穿 tʂʰuan³⁴	脱 tʰuo³⁴	系 tɕi³¹
馆陶	穿 tʂʰuæn²⁴	脱 tʰuo²⁴	系 tɕi²¹³
沧县	穿 tʂʰuan²³	脱 tʰuo²³	系 tɕi⁴¹
献县	穿 tʂʰuæ³³	脱 tʰuo³³	系 tɕi³¹
平泉	穿 tʂʰuan⁵⁵	脱 tʰuo⁵⁵	系 tɕi⁵¹
滦平	穿 tʂʰuan⁵⁵	脱 tʰuo⁵⁵	系 tɕi⁵¹
廊坊	穿 tʂʰuan⁵⁵	脱 tʰuo⁵⁵	系 tɕi⁵¹
魏县	穿 tʂʰuan³³	脱 tʰuə³³	系 tɕi³¹²
张北	穿 tsʰuæ⁴²	脱 tʰuəʔ³²	系 tɕi²¹³

（续表）

	0364 穿~衣服	0365 脱~衣服	0366 系~鞋带
万全	穿 tsʰuan⁴¹	脱 tʰuʌʔ²²	系 tɕiəŋ²¹³ 挽 van⁵⁵
涿鹿	穿 tʂʰuæ̃⁴⁴	脱 tʰuʌʔ⁴³	系 tɕi³¹
平山	穿 tʂʰuæ̃³¹	脱 tʰuə²⁴	绑 paŋ⁵⁵
鹿泉	穿 tʂʰuæ̃⁵⁵	脱 tʰuʌ¹³	系 tɕi³¹² 绑 paŋ³⁵
赞皇	穿 tʂʰuæ̃⁵⁴	脱 tʰuə²⁴	绑 paŋ⁴⁵
沙河	穿 tʂʰuã⁴¹	脱 tʰuəʔ²	系 tɕi²¹
邯郸	穿 tʂʰuæ̃³¹	脱 tʰuʌʔ⁴³	系 tɕi²¹³
涉县	穿 tsʰuæ̃⁴¹	脱 tʰuɐʔ³²	系 tɕi⁵⁵ 结 tɕieʔ³²

	0367 衬衫	0368 背心 带两条杠的，内衣	0369 毛衣
兴隆	衬衣 tsʰən⁵¹i³⁵ 衬衫儿 tsʰən⁵¹ʂɤr³⁵	背心儿 pei³⁵ɕiər³⁵ 背架子 pei³⁵tɕia⁵¹tsʅ⁰	毛衣 mau⁵⁵i³⁵
北戴河	衬衣 tʃʰən⁵³i⁴⁴	背心儿 pei⁵³ɕiər⁴⁴	毛袄 mau³⁵nau²¹⁴
昌黎	袄 nau²¹³	背心儿 pei⁴⁵ɕiər⁰	毛衣 mau³⁴i⁴²
乐亭	衬衫儿 tsʰən³⁴ʂɤr³¹	背心儿 pei³⁴ɕiər³¹	毛衣 mau³⁴i³¹
蔚县	衬衣 tsʰəŋ³¹i⁰	二股筋背心儿 ər³¹ku⁰tɕiŋ⁵³pei³¹ɕiə̃r⁵³	毛衣 mʌɯ⁴¹i⁵³
涞水	衬衣儿 tsʰən³¹ʂɐr³¹	背心儿 pei³¹ɕiər³¹	毛衣 mau⁵⁵i³¹
霸州	衬衣 tsʰən⁴¹i⁴⁵	背心儿 pei⁴¹ɕiər⁴⁵	毛衣 mau⁴⁴i⁴⁵
容城	衬衫儿 tsʰən⁵²ʂɐr⁴³	背心儿 pei⁵²ɕiər⁴³	毛衣 mau⁴⁴i⁴³
雄县	衬衫儿 tsʰən⁴¹ʂɐr⁴⁵	背心儿 pei⁴¹ɕiər⁰	毛衣 mau⁵³i⁴⁵
安新	衬衣 tsʰən⁵³i⁴⁵	背心儿 pei⁵³ɕiər⁴⁵	毛衣 mau⁵³i⁴⁵
满城	衬衣儿 tsʰən⁵³iər⁴⁵	背心儿 pei⁵³ɕiər⁴⁵	毛衣 mau⁴⁵i⁴⁵
阜平	衬衫儿 tsʰəŋ⁵³ʂɐr⁰	背心儿 pei⁵³ɕiər⁰	毛衣 mɔ⁵⁵i³¹
定州	褂子 kua³⁵tsʅ⁰	背心儿 pei⁵³siər³³	毛衣 mau²⁴i³³
无极	衬衣儿 tsʰen⁵³iər³¹	背心儿 pəi⁵³siər³¹	毛衣 mɔ³⁵i³¹
辛集	小褂儿 siau³⁵kar⁴¹	两道儿襻儿哩背心儿 liaŋ²⁴taur⁴¹pʰɐr⁰li⁰pei⁴²siər³³	毛衣 mau³⁵⁴i³³
衡水	布衫儿 pu⁵³sɐr⁰	背心儿 pei³¹ɕiər²⁴	毛衣 mau⁵³i²⁴
故城	褂子 kua⁵³tsʅ⁰ 袄 ŋɔ⁵⁵	背心儿 pei³¹ɕiər²⁴	毛衣 mɔo⁵³i²⁴
巨鹿	汗褂儿 xɛ̃³³kuar²¹	背心儿 pei²¹ɕiər³³	毛衣 mau⁴¹i³³
邢台	布衫 pu³¹ʂan³⁴	挎篮儿背心儿 kʰua³¹lɐr⁵³pei³¹siər³⁴	毛衣 mau⁵³i³⁴
馆陶	衬衣 tsʰen²¹i²⁴ 衬衫儿 tsʰen²¹ʂɐr²⁴	背心儿 pei²¹siər²⁴	毛衣 mao⁵³i²⁴
沧县	衬衣 tsʰən⁴¹i²³	背心儿 pei⁴¹ɕiər²³	毛衣 mau⁵³i²³
献县	衬衣儿 tsʰən³¹iəʐ³³	背心儿 pei³¹ɕiəʐ³³	毛衣 mɔ⁵³i³³
平泉	衬衣 tsʰən⁵³i⁵⁵ 衬衫 tsʰən⁵³ʂan⁵⁵	背心儿 pei⁵⁵ɕiər⁵⁵ 两根筋儿背心儿 liaŋ²¹kən⁵⁵tɕiər⁵⁵pei⁵⁵ɕiər⁵⁵	毛衣 mau³⁵i⁵⁵

（续表）

	0367 衬衫	0368 背心 带两条杠的，内衣	0369 毛衣
滦平	衬衣 tṣʰən⁵¹i⁵⁵ 衬衫儿 tṣʰən⁵¹ʂɐr⁵⁵	背心儿 pei⁵⁵ɕiər⁵⁵	毛衣 mɑu³⁵i⁵⁵
廊坊	衬衣 tṣʰən⁵³i⁵⁵ 衬衫 tṣʰən⁵³ʂan⁵⁵	背心儿 pei⁵³ɕiər⁵⁵ 卡儿背心 kʰar²¹pei⁵³ɕiər⁵⁵	毛衣 mɑu³⁵i⁵⁵
魏县	汗褂子 xan³¹kuɑ³¹²tɛ⁰	汗褟子 xan³¹²tʰɤ³³tɛ⁰	毛衣 mɑu⁵³i³³
张北	衬衣 tṣʰən²³i⁴²	背心儿 pei²³ɕiər⁴²	毛衣 mɑu⁴²i⁴²
万全	布衫子 pu⁴⁴san⁴¹tsə⁰	背心儿 pei²⁴ɕiər⁴¹	毛衣 mɔ⁴¹i⁴¹
涿鹿	衬袄儿 tṣʰəŋ³¹ŋɔr⁴⁵	腰子 iɔ⁴²ə⁰	毛袄儿 mɔ⁵²ŋɔr⁴⁵
平山	衬衣儿 tṣʰəŋ²⁴iər³¹	背心儿 pæi²⁴siər³¹	毛衣 mɔ⁵³i³¹
鹿泉	衬衣儿 tṣʰẽ³¹iər⁵⁵	背心儿 pei³¹siər⁵⁵	毛衣 mɔ⁵⁵i⁵⁵
赞皇	衬衣儿 tṣʰən³¹²iər⁵⁴	背心儿 pei³¹²sər⁵⁴	毛衣 mɔ⁵⁴i⁵⁴
沙河	[布褂]子 puɑ²⁴tə⁰	挎篓系"儿汗褟儿 kʰuɔ²¹ləu³³ɕiər²¹xã³³tʰər⁰	毛衣 mɑu⁵⁴i³¹
邯郸	[布衫]子 puæ̃¹³tə⁰	背心儿 pəi²⁴siər³¹	毛衣 mɑu²⁴i³¹
涉县	衬衣 tṣʰəŋ⁵⁵i⁰	背心儿 pəi⁵⁵ɕiər⁰	毛衣 mɑu⁴¹i⁰

	0370 棉衣	0371 袖子	0372 口袋 衣服上的
兴隆	棉衣裳 mian⁵⁵i³⁵ʂaŋ⁰ 棉衣 mian⁵⁵i³⁵	袄袖儿 nɑu²¹ɕiour⁵¹ 袄袖子 nɑu²¹ɕiou⁵¹tsɿ⁰ 袖子 ɕiou⁵¹tsɿ⁰	口袋儿 kʰou²¹tɚ⁵¹ 衣兜儿 i³⁵tour³⁵
北戴河	棉袄 mian³⁵nɑu²¹⁴	袄袖儿 nɑu²¹ɕiour⁵¹	胯兜儿 kʰua⁵³tour⁴⁴
昌黎	棉衣 mian²⁴i⁴²	袖儿 ɕiour²⁴	褡裢儿 ta⁴³liər⁰ 兜儿 tour⁴²
乐亭	棉衣裳 miɛn³⁴i³⁵ʂəŋ⁰	袖儿 ɕiour⁵²	兜儿 tour³¹
蔚县	棉衣裳 miã⁴¹i⁴⁴sɔ⁰	袄袖子 nʌɯ⁴⁴ɕiəu³¹tsɿ⁰	腰谜"儿 iʌɯ⁵³miər⁴¹
涞水	棉袄 mian⁴⁵nɑu²⁴	袖儿 ɕiou⁴⁵uər⁰	兜兜儿 tou³³tou⁰uər⁰
霸州	棉袄 mian⁴⁴nɑu²¹⁴ 上衣 棉衣裳 mian⁴⁴i²¹ʂaŋ⁰ 统称	袄袖儿 nɑu²⁴ɕiour⁴¹ 袄袖子 nɑu²¹ɕiou⁴⁵tsɿ⁰	兜儿 tour⁴⁵
容城	棉衣 mian⁴⁴i⁴³	袖儿 ɕiou³⁵uər⁰	口袋儿 kʰou²¹tɚ⁰
雄县	棉衣裳 miãn⁵³i⁴⁴ʂaŋ⁰	袄袖子 nɑu²⁴ɕiou²¹tsɿ⁰ 袄袖儿 nɑu²⁴ɕiour⁴¹	口袋儿 kʰou²⁴tɚ⁴¹ 兜儿 tour⁴⁵
安新	棉衣裳 mian⁵³i⁴⁵ʂaŋ⁰	袖子 ɕiou²¹tsɿ⁰	兜儿 tou⁴⁵wər⁰ 上衣口袋 口袋儿 kʰou²¹tɚ⁰ 裤子口袋
满城	棉衣裳 mian²²i⁴⁵ʂaŋ⁰	袖子 ɕiou²¹tsɿ⁰	口袋儿 kʰou²¹tɚ⁰
阜平	棉袄 miæ⁵⁵ŋɔ⁵⁵	袖子 ɕiou²⁴tsɿ⁰	兜兜儿 tou³¹tour⁰
定州	棉衣裳 mian²⁴i²¹¹ʂaŋ⁰	袖子 siou³⁵tsɿ⁰	小布袋儿 siɑu³³pu³⁵tɚ⁰
无极	棉袄棉裤 miãn³¹ŋɔ³⁵miãn³⁵kʰu⁵¹	袖子 siəu³²⁵tsɿ⁰	布袋儿 pu⁵³tɚ⁰
辛集	棉衣裳 mian³⁵⁴i³³ʂaŋ⁰	袖子 siou³²⁴tsɿ⁰	兜兜 tou³³tou⁰
衡水	棉袄 mian⁵³ŋɑu⁵⁵ 棉裤 mian⁵³kʰu³¹	袄袖儿 ŋɑu⁵⁵ɕiəur³¹	兜儿 təur²⁴
故城	棉衣裳 miæ⁵⁵i²¹ʂaŋ⁰	袖子 ɕiou⁵³tsɿ⁰	兜儿 tour²⁴
巨鹿	棉衣裳 miɛ̃⁴¹i³³ʂaŋ⁰	袖儿 ɕiour²¹	布袋儿 pu²¹tar³³
邢台	棉衣裳 mian⁵³i³⁴ʂaŋ⁰	袖子 siou³¹ə⁰	布袋儿 pu³³tɚ³¹
馆陶	棉袄 miæn⁵²ɣao⁴⁴	袖子 siəu²¹tə⁰	袋儿 tɚ²¹³
沧县	棉衣裳 mian⁵⁵i⁰ʂaŋ⁰	袖儿 ɕiour⁴¹	口袋儿 kʰou⁵⁵tɚ⁴¹
献县	棉袄 miæ⁵³nɔ²¹⁴ 棉衣裳 miæ⁵⁵i⁰sã⁰	袖子 ɕiou³³¹tsɿ⁰	兜儿 tour³³

（续表）

	0370 棉衣	0371 袖子	0372 口袋 衣服上的
平泉	棉衣 mian³⁵i⁵⁵	袄袖子 nau²¹ɕiou⁵¹tsʅ⁰/ au²¹ɕiou⁵¹tsʅ⁰ 袖子 ɕiou⁵¹tsʅ⁰	小兜儿 ɕiau²¹tour⁵⁵ 口袋 kʰou²¹tai⁰
滦平	棉衣 mian³⁵i⁵⁵	袖子 ɕiou⁵¹tsə⁰	小兜儿 ɕiau²¹tour⁵⁵ 口袋儿 kʰou²¹tɐr⁰
廊坊	棉衣裳 mien³⁵i⁵⁵ʂaŋ⁰	袖子 ɕiou⁵¹tsʅ⁰	口袋儿 kʰou²¹tɐr⁵¹ 兜口儿 tou⁵⁵kʰour²¹⁴ 兜⁼²儿 tou⁵⁵mər⁵⁵
魏县	棉衣裳 mian⁵³i³³zaŋ⁰	袖子 ɕiəu³¹²tɛ⁰	布袋儿 pu³¹²tɐr⁵⁵
张北	棉衣裳 miæ⁴²i⁴²sɔ̃⁰	袖子 ɕiuei²³tsə⁰	腰谜⁼子 iɔ̃⁴²mi⁴²tsə⁰
万全	棉衣 mian⁴¹i⁴¹	袖子 ɕiou²¹³tsə⁰	腰谜⁼谜⁼iɔ⁴¹mi⁴¹mi²¹³
涿鹿	棉袄儿 miæ⁵²ŋɔr⁴⁵	袖子 ɕiəu³¹ə⁰	倒衩 tɔ³¹tsʰuã⁰
平山	棉衣裳 miæ⁵³i⁴²ʂaŋ⁰	袖子 siɐu⁵⁵tsʅ⁰	布袋儿 pu⁵⁵tiər⁰
鹿泉	棉衣裳 miæ⁵⁵i⁵⁵ʂaŋ⁰	袖子 siou³¹tʅ⁰	布袋儿 pu³¹tɐr⁰
赞皇	棉衣裳 miæ⁵⁴i⁵⁴ʂaŋ⁰	袖子 siɐu⁵¹tsə⁰	布袋儿 pu⁵¹tɐr⁰
沙河	棉[衣裳]miã⁵¹iaŋ⁰	袖子 siɐu²¹tə⁰	布袋儿 pu²¹tar²¹
邯郸	棉[衣裳]miæ²⁴iaŋ³¹	袖子 siɐu²¹tə⁰	布袋子 pu²⁴tai⁵³tə⁰
涉县	套袄儿 tʰau⁵⁵ŋɐr⁰	袖子 ɕiou⁵⁵ə⁰	口袋儿 kʰou⁵³tɐr²⁴

	0373 裤子	0374 短裤外穿的	0375 裤腿
兴隆	裤子 kʰu⁵¹tsʅ⁰	大裤衩儿 ta⁵³kʰu⁵¹tʂʰar²¹³ 短裤 tuan²¹kʰu⁵¹	裤腿儿 kʰu⁵¹tʰuər²¹³
北戴河	裤子 kʰu⁵³tʃʅ⁰	裤衩 kʰu⁵³tʃʰa²¹⁴	裤脚子 kʰu⁵³tɕiau²¹tʃʅ⁰
昌黎	裤子 kʰu⁴⁵tsʅ⁰	裤衩儿 kʰu⁴²tʂʰar²¹³	裤脚子 kʰu⁴²tɕiau²¹tsʅ⁰
乐亭	裤子 kʰu⁵⁵tsʅ⁰	裤衩儿 kʰu⁵³tʂʰar²¹²	裤腿儿 kʰu⁵³tʰuər³⁴
蔚县	裤子 kʰu³¹tsʅ⁰	半腿裤 pã³¹tʰuei⁴⁴kʰu³¹²	裤腿儿 kʰu³¹tʰuər⁴⁴
涞水	裤子 kʰu³³¹tsʅ⁰	裤衩儿 kʰu³¹tʂʰer²⁴	裤腿儿 kʰu³¹tʰuər²⁴
霸州	裤子 kʰu⁴⁵tsʅ⁰	大裤衩儿 ta⁴¹kʰu⁴¹tʂʰar²¹⁴ 裤衩子 kʰu⁴⁵tʂʰa⁴¹tsʅ⁰	裤腿儿 kʰu⁴¹tʰuər²¹⁴
容城	裤子 kʰu⁵²tsʅ⁰	裤衩儿 kʰu⁵²tʂʰer²¹³	裤腿儿 kʰu⁵²tʰuər²¹³
雄县	裤子 kʰu⁴⁵tsʅ⁰	大裤衩儿 ta⁴¹kʰu⁴¹tʂʰar²¹⁴ 裤衩子 kʰu⁴¹tʂʰa⁴¹tsʅ⁰	裤腿儿 kʰu⁴¹tʰuər²¹⁴
安新	裤子 kʰu⁵⁵tsʅ⁰	大裤衩子 ta⁵³kʰu⁵³tʂʰa⁵³tsʅ⁰	裤腿儿 kʰu⁵⁵tʰuər²¹⁴
满城	裤子 kʰu⁵⁵tsʅ⁰	裤衩儿 kʰu⁵³tʂʰer²¹³	裤腿儿 kʰu⁵³tʰər²¹³
阜平	裤子 kʰu²⁴tsʅ⁰	裤衩儿 kʰu⁵³tʂʰer²⁴	裤腿 kʰu⁵³tʰei⁵⁵
定州	裤子 kʰu³⁵tsʅ⁰	裤衩儿 kʰu⁵³tʂʰar²⁴	裤腿儿 kʰu⁵³tʰər²⁴
无极	裤子 kʰu⁵³tsʅ⁰	裤衩儿 kʰu⁵¹tʂʰar³⁵	裤腿 kʰu⁵¹tʰəi³⁵
辛集	裤子 kʰu⁴²tsʅ⁰	裤衩儿 kʰu⁴²tʂʰɑr³²⁴	裤腿儿 kʰu⁴²tʰər³²⁴
衡水	裤子 kʰu⁵³tsʅ⁰	裤衩儿 kʰu³¹tʂʰɑr⁵⁵	裤腿儿 kʰu³¹tʰuər⁵⁵
故城	裤子 kʰu⁵³tsʅ⁰	裤衩 kʰu³¹tsʰa⁵⁵	裤腿儿 kʰu³¹tʰuər⁵⁵
巨鹿	裤子 kʰu⁵³tsʅ⁰	裤衩儿 kʰu²¹tʂʰar⁵⁵	裤腿儿 kʰu²¹tʰuər⁵⁵
邢台	裤子 kʰu³¹ə⁰	裤衩儿 kʰu³¹tʂʰar⁵⁵	裤腿儿 kʰu³¹tʰuər⁵⁵
馆陶	裤子 kʰu²¹tə⁰	大裤衩子 ta²⁴kʰu²¹tʂʰa⁴⁴tə⁰	裤腿子 kʰu²¹tʰuei⁴⁴tə⁰
沧县	裤子 kʰu⁵³tsʅ⁰	裤衩儿 kʰu⁴¹tsʰʌr⁵⁵	裤腿儿 kʰu⁴¹tʰuər⁵⁵
献县	裤子 kʰu³³¹tsʅ⁰	裤衩儿 kʰu³¹tʂʰʌr³³	裤腿儿 kʰu³¹tʰuəʐ²¹⁴
平泉	裤子 kʰu⁵¹tsʅ⁰	裤衩儿 kʰu⁵³tʂʰar²¹⁴ 裤衩子 kʰu⁵³tʂʰa²¹tsʅ⁰ 短裤 tuan²¹kʰu⁵¹	裤腿子 kʰu⁵³tʰuei²¹tsʅ⁰ 裤腿儿 kʰu⁵³tʰuər²¹⁴
滦平	裤子 kʰu⁵¹tsə⁰	短裤 tuan²¹kʰu⁵¹	裤腿儿 kʰu⁵¹tʰuər²¹⁴

(续表)

	0373 裤子	0374 短裤 外穿的	0375 裤腿
廊坊	裤子 kʰu⁵¹tsɿ⁰	裤衩儿 kʰu⁵³tʂʰar²¹⁴ 裤衩子 kʰu⁵³tʂʰa²¹tsɿ⁰	裤腿儿 kʰu⁵³tʰuər²¹⁴
魏县	裤子 kʰu³¹²tɛ⁰	裤衩子 kʰu³¹²tʂʰa⁵⁵tɛ⁰	裤腿儿 kʰu³¹²tʰuər⁵⁵
张北	裤子 kʰu²³tsə⁰	大裤衩儿 ta²³kʰu²³tʂʰɛr⁵⁵	裤腿儿 kʰu²³tʰuɛr⁵⁵
万全	裤儿 kʰu²¹³ər⁰	半截裤 pan⁴⁴tɕiə⁴kʰu²¹³	裤腿 kʰu⁴⁵tʰuei⁵⁵
涿鹿	裤子 kʰu³¹ʅ⁰	裤衩儿 kʰu²³tʂʰar⁴³	裤腿儿 kʰu³¹tʰuər⁴⁵
平山	裤子 kʰu⁵⁵tsɿ⁰	裤衩儿 kʰu⁴²tʂʰuɐr²⁴	裤腿 kʰu⁴²tʰæi⁵⁵
鹿泉	裤子 kʰu³¹tʅ⁰	裤衩子 kʰu³¹tʂʰʌ¹³tʅ⁰	裤腿 kʰu³¹tʰei³⁵
赞皇	裤子 kʰu⁵¹tsə⁰	大裤衩儿 ta³¹²kʰu³¹tʂʰlar²⁴	裤腿儿 kʰu³¹²tʰuər⁴⁵
沙河	裤子 kʰu²¹tə⁰	裤衩儿 kʰu²¹tʂʰər²¹	裤腿儿 kʰu²¹tʰuər³³
邯郸	裤子 kʰu¹³tə⁰	裤衩子 kʰu²⁴tʂʰɔ³¹tə⁰	裤腿子 kʰu²¹tʰuei⁵⁵tə⁰
涉县	裤子 kʰu⁵⁵ə⁰	裤衩儿 kʰu⁵⁵tʂʰɐr⁰	裤腿 kʰu⁵⁵tʰuei⁵³ 裤腿子 kʰu⁵⁵tʰuəi⁵³ə⁰

	0376 帽子 统称	0377 鞋子	0378 袜子
兴隆	帽子 mɑu⁵¹tsʅ⁰	鞋 ɕie⁵⁵ 鞋子 ɕie⁵⁵tsʅ⁰	袜子 uɑ⁵¹tsʅ⁰
北戴河	帽子 mɑu⁵³tʃʅ⁰	鞋 ɕie³⁵	袜子 uɑ⁵³tʃʅ⁰
昌黎	帽子 mɑu²⁴tsʅ⁰	鞋 ɕie²⁴	袜子 uɑ⁴⁵tsʅ⁰
乐亭	帽子 mɑu²¹²tsʅ⁰	鞋 ɕie²¹²	袜子 uɑ⁵⁵tsʅ⁰
蔚县	帽子 mʌɯ³¹tsʅ⁰	鞋 ɕiə⁴¹	袜子 vɑ³¹tsʅ⁰
涞水	帽子 mɑu⁴⁵tsʅ⁰	鞋 ɕie⁴⁵	袜子 uɑ³³¹tsʅ⁰
霸州	帽子 mɑu⁴⁵tsʅ⁰	鞋 ɕie⁵³	袜子 uɑ⁴⁵tsʅ⁰
容城	帽子 mɑu³⁵tsʅ⁰	鞋 ɕie³⁵	袜子 uɑ⁵²tsʅ⁰
雄县	帽子 mɑu²¹tsʅ⁰	鞋 ɕie⁵³	袜子 uɑ⁴⁵tsʅ⁰
安新	帽子 mɑu²¹tsʅ⁰	鞋 ɕie³¹	袜子 uɑ⁵⁵tsʅ⁰
满城	帽子 mɑu²¹tsʅ⁰	鞋 ɕie²²	袜子 uɑ⁵⁵tsʅ⁰
阜平	帽子 mɔ²⁴tsʅ⁰	鞋 ɕie²⁴	袜子 uɑ²⁴tsʅ⁰
定州	帽子 mɑu³⁵tsʅ⁰	鞋 ɕie²¹³	袜子 uɑ³⁵tsʅ⁰
无极	帽子 mɔ³²⁵tsʅ⁰	鞋 ɕie²¹³	袜子 uɑ⁵³tsʅ⁰
辛集	帽 mɑu⁴¹	鞋子 ɕie³⁵tsʅ⁰	袜子 uɑ⁴²tsʅ⁰
衡水	帽子 mɑu⁵³tsʅ⁰	鞋 ɕie⁵³	袜子 vɑ⁵³tsʅ⁰
故城	帽子 mɔɔ⁵³tsʅ⁰	鞋 ɕiæ⁵³	袜子 vɑ⁵³tsʅ⁰
巨鹿	帽儿 mɑur²¹	鞋 ɕie⁴¹	袜儿 uar²¹
邢台	帽子 mau³¹ə⁰	鞋 ɕie⁵³	袜子 va³¹ə⁰
馆陶	帽子 mɑo²¹tə⁰	鞋 ɕiai⁵²	袜子 uɑ²¹tə⁰
沧县	帽子 mɑu⁵³tsʅ⁰	鞋 ɕiai⁵³	袜子 uɑ⁵³tsʅ⁰
献县	帽子 mɔ³³¹tsʅ⁰	鞋 ɕie⁵³	袜子 uɑ³³¹tsʅ⁰
平泉	帽子 mɑu⁵¹tsʅ⁰	鞋 ɕie³⁵ 鞋子 ɕie³⁵tsʅ⁰	袜子 uɑ⁵¹tsʅ⁰
滦平	帽子 mɑu⁵¹tsə⁰	鞋 ɕie³⁵	袜子 uɑ⁵¹tsə⁰
廊坊	帽子 mɑu⁵¹tsʅ⁰	鞋 ɕie³⁵	袜子 uɑ⁵¹tsʅ⁰
魏县	帽子 mɑu³¹²tɛ⁰	鞋 ɕie⁵³	袜子 uɑ³¹²tɛ⁰

（续表）

	0376 帽子_{统称}	0377 鞋子	0378 袜子
张北	帽子 mau²³tsə⁰	鞋子 ɕiɛ⁴²tsə⁰	袜子 vəʔ³²tsə⁰
万全	帽子 mɔ²¹³tsə⁰	鞋 ɕiei⁴¹	袜子 vʌʔ²²tsə⁰
涿鹿	帽子 mɔ³¹ə⁰	鞋 ɕiɛ⁴²	袜 ua³¹
平山	帽子 mɔ⁵⁵tsʅ⁰	鞋 ɕiə³¹	袜子 ua²¹tsʅ⁰
鹿泉	帽子 mɔ³¹tɤ⁰	鞋 ɕiɤ⁵⁵	袜子 ua³¹tɤ⁰
赞皇	帽子 mɔ⁵¹tsə⁰	鞋 ɕiɛ⁵⁴	袜子 ua⁵¹tsə⁰
沙河	帽子 mau²¹tə⁰	鞋 ɕiɛ⁵¹	袜子 uəʔ⁴tə⁰
邯郸	帽子 mɑu¹³tə⁰	鞋 ɕiɛ⁵³	袜子 vʌʔ⁴tə⁰
涉县	帽子 mau⁵⁵ə⁰	鞋 ɕiə⁴¹²	袜子 vɒ⁵⁵lə⁰

	0379 围巾	0380 围裙	0381 尿布
兴隆	围脖儿 uei⁵⁵por⁵⁵ 围巾 uei⁵⁵tɕin³⁵	掩裙 tʂan⁵¹tɕʰyn⁰ 围裙 uei⁵⁵tɕʰyn⁰	尿布儿 ȵiɑu⁵³pur⁵¹ 屎裤子 ʂʅ²¹tɕie⁵¹tsʅ⁰
北戴河	围脖儿 uei³⁵pər³⁵	围裙 uei³⁵tɕʰyn⁰	㞗㞗裤子 pa²¹pa⁰tɕie⁵³tʃʅ⁰
昌黎	围脖儿 uei³⁴pɤr²¹³	围裙 uei⁴²tɕʰyn²³	㞗㞗裤子 pa²¹pə⁰tɕie²⁴tsʅ⁰
乐亭	围巾 uei³⁴tɕiən³¹	围裙 uei³¹tɕʰyən⁰	裤子 tɕie³⁵tsʅ⁰
蔚县	围脖儿 vei⁴¹pɤr⁰	掩裙 tsã³¹tɕʰyŋ⁰	屎裤 ʂʅ⁴⁴tɕiɑ⁰ 屎裤布 ʂʅ⁴⁴tɕiɑ⁰pu³¹²
涞水	围巾 uei⁴⁵tɕin³¹	围裙 uei⁴⁵tɕʰyn⁴⁵	裤子 tɕie⁴⁵tsʅ⁰
霸州	围脖儿 uei⁴⁴por⁵³	围裙 uei⁵³tɕʰyn⁰	裤子 tɕie⁴⁵tsʅ⁰
容城	围脖儿 uei⁴⁴pər³⁵	围裙 uei³¹tɕʰyn⁰	裤子 tɕie³⁵tsʅ⁰
雄县	围脖儿 uei⁵³por⁵³	围裙 uei⁵³tɕʰyn⁰	裤子 tɕie²¹tsʅ⁰
安新	围脖儿 uei⁴⁵por⁳¹	围裙 uei³³tɕʰyn⁰	裤子 tɕie²¹tsʅ⁰
满城	围巾 uei⁴⁵tɕin⁴⁵ 头巾 tʰou⁴⁵tɕin⁴⁵ 围脖儿 uei⁴⁵po²²ər⁰	围裙 uei²²tɕʰyn⁰	裤子 tɕie²¹tsʅ⁰
阜平	围脖儿 uei⁵³pɐr⁰	围腰 uei⁵³iɔ⁰	裤子 tɕie²⁴tsʅ⁰
定州	围巾 uei²⁴tɕin³³	围腰 uei²⁴iɑu³³	裤子 tsie³⁵tsʅ⁰
无极	围巾 uəi³⁵tɕien³¹	围裙儿 uəi³⁵tɕʰyər²¹³	布裤 pu³¹tsie⁰
辛集	围脖儿 uei³⁵⁴pər³⁵⁴	围裙 uei³³tɕʰyən⁰	裤子 tsie³²⁴tsʅ⁰
衡水	围脖儿 vei⁵³por⁵³	包儿 pɑur²⁴	裤子 tɕie⁵³tsʅ⁰
故城	围脖儿 vei⁵³pɤr⁵³	围裙 vei⁵³tɕʰyẽ⁰	裤子 tɕie⁵³tsʅ⁰ 尿布 ȵiɔɔ²⁴pu³¹
巨鹿	围脖儿 uei⁴¹por⁴¹	围裙 uei⁵³tɕʰyən⁰	屎 ʂʅ⁵⁵pu²¹
邢台	头巾 tʰou⁵³tɕin³⁴ 围脖子 vei³³pə⁵³ə⁰	围裙儿 vei⁵³tɕʰyər⁰	屎布 ʂʅ⁵⁵pu³¹
馆陶	围巾 uei⁵³tɕin²⁴ 围脖儿 uei⁵²por⁵²①	围裙儿 uei⁵²tɕʰyər⁰ 家用 围裙 uei⁵²tɕʰyn⁰ 厨师专用	尿布儿 ȵiɑo²⁴pur²¹ 裤 tsiɛ²¹tə⁰
沧县	围脖儿 uei⁴¹pɤr⁵³	围裙 uei⁴¹tɕʰyən⁰	裤子 tɕie⁵³tsʅ⁰
献县	围巾 uei⁵³tɕin³³	围裙 uei²¹tɕʰyən⁰	裤子 tɕie³³¹tsʅ⁰

（续表）

	0379 围巾	0380 围裙	0381 尿布
平泉	围脖儿 uei³⁵por³⁵ 围巾 uei³⁵tɕin⁵⁵	围裙 uei³⁵tɕʰyn⁰	褯子 tɕiɛ⁵¹tsʅ⁰ 尿布 niɑu⁵³pu⁵¹
滦平	围脖儿 uei³⁵por³⁵ 围巾 uei³⁵tɕin⁵⁵	围裙 uei³⁵tɕʰyn⁰	褯子 tɕiɛ⁵¹tsə⁰ 尿布 ȵiɑu⁵¹pu⁵¹
廊坊	围巾 uei³⁵tɕin⁵⁵ 围脖儿 uei³⁵pɤr³⁵	围裙 uei³⁵tɕʰyn⁰	褯子 tɕiɛ⁵¹tsʅ⁰
魏县	围脖 uəi⁵³pə⁰	围裙 uəi⁵³tɕʰyn⁵³	褯子 tɕiɛ³¹²tɛ⁰
张北	头巾 tʰəu⁴⁴tɕin⁴²	围裙 vei⁴²tɕʰyŋ⁰ 围巾子 vei⁴²tɕiŋ⁴²tsə⁰ 遮巾子 tsə⁴²tɕiŋ⁴²tsə⁰	屎布 sʅ⁵⁵pu²¹³
万全	围巾 vei⁴¹tɕiəŋ⁴¹	围裙子 vei⁴¹tɕʰyəŋ⁴¹tsə⁰	屎布 sʅ⁴⁴pu²¹³
涿鹿	围脖儿 uei⁴⁵pɤr⁴² 围巾儿 uei⁵²tɕiɚr⁴²	围裙子 uei⁴²tɕʰyŋ⁴²ə⁰	屎褯 sʅ⁴⁵tɕiʌʔ⁴³
平山	围巾 uæi⁵³tɕiŋ³¹	围腰 uæi⁵³iə³¹	垫布 tiæ⁵⁵pu⁰
鹿泉	围脖儿 uei⁵⁵puor⁵⁵	围腰 uei⁵⁵iɔ⁰	屎布 sʅ³⁵pu³¹
赞皇	围巾 uei⁵⁴tɕin⁵⁴	围腰 uei⁵⁴iɔ⁵⁴	屎布 sʅ²¹pu³¹
沙河	围脖儿 uei⁵⁴puər⁵¹	围裙儿 uei⁵¹tɕʰyər⁰	屎布 sʅ³³pu²¹
邯郸	围巾 vəi²⁴tɕin³¹	围裙 vəi⁵³tɕʰyn⁰	屎布 sʅ⁵⁵pu²¹
涉县	围巾儿 vəi⁴¹tɕiər⁰ 围脖儿 vəi⁴¹pɐr²⁴	围裙 vəi⁴¹tɕʰyəŋ⁰	裤片子 kʰu⁵⁵pʰiæ²⁴lə⁰ 屎布 sʅ⁵³pu²⁴

---

① 专指男式围巾。

	0382 扣子	0383 扣~扣子	0384 戒指
兴隆	扣儿 kʰour⁵¹ 扣子 kʰou⁵¹tsʅ⁰	扣 kʰou⁵¹	戒指 tɕie⁵¹tsʅ⁰
北戴河	扣儿 kʰour⁵¹	系 tɕi⁵¹	镏子 liou⁴⁴tʂʅ⁰ 戒指 tɕie⁵³tʂʅ⁰
昌黎	扣儿 kʰour⁴⁵³	系 tɕi⁴⁵³	戒指 tɕie⁴⁵tsʅ⁰
乐亭	扣儿 kʰour⁵²	系 tɕi⁵²	手镏儿 ʂou³⁴liour³¹
蔚县	扣子 kʰəu³¹tsʅ⁰ 扣儿 kʰəur³¹²	扣 kʰəu³¹²	戒指儿 tɕiə³¹tsʅər⁰
涞水	扣儿 kʰou³³¹uər⁰	系 tɕi³¹⁴	戒指儿 tɕie³¹tʂər²⁴
霸州	扣儿 kʰour⁴¹	系 tɕi⁴¹	镏子 liou⁴⁵tʂʅ⁰ 戒指 tɕie⁴⁵tʂʅ
容城	扣儿 kʰou⁵²ər⁰	系 tɕi⁵¹³	戒指儿 tɕie⁵²tʂər⁰
雄县	扣子 kʰou⁴⁵tsʅ⁰ 扣儿 kʰour⁴¹	系 tɕi⁴¹	戒指儿 tɕie⁴⁵tʂər⁰ 镏子 liou⁴⁴tsʅ⁰
安新	扣子 kʰou⁵⁵tsʅ⁰ 通用 扣门儿 kʰou⁵³mər³¹ 中式纽扣	系 tɕi⁵¹	戒指儿 tɕie⁵⁵tsər⁰
满城	扣儿 kʰou⁵⁵ər⁰	系 tɕi⁵¹²	镏子 liou²¹tsʅ⁰ 戒指儿 tɕie⁵⁵tʂər⁰
阜平	扣子 kʰou²⁴tsʅ⁰	扣 kʰou⁵³	戒指儿 tɕie⁵³tʂər⁰
定州	扣儿 kʰou³⁵uər⁰	系 tɕi⁵¹	戒指儿 tɕie³⁵tʂər⁰
无极	扣儿 kʰəur⁵¹	系 tɕi⁵¹	镏子 liəu³⁵tsʅ⁰
辛集	扣儿 kʰour⁴¹	系 tɕi⁴¹	戒指 tɕie⁴²tʂʅ⁰ 镏子 liou⁴²tsʅ⁰
衡水	扣儿 kʰəur³¹	系 tɕi³¹	戒指儿 tɕie⁵³tsər⁰
故城	扣儿 kʰour³¹	系 tɕi³¹ 扣 kʰou³¹	戒箍儿 tɕie³¹kur²⁴ 戒指儿 tɕie⁵³tʂər⁰
巨鹿	扣儿 kʰour²¹	系 tɕi²¹	戒指儿 tɕie⁵³tʂər⁰
邢台	扣儿 kʰour³¹	系 tɕi³¹	戒指儿 tɕie³¹tʂər⁰ 镏子 liou³¹ə⁰
馆陶	扣儿 kʰəur²¹³ 扣子 kʰəu²¹tə⁰	系 tɕi²¹³	镏子 liəu²⁴tə⁰ 戒指儿 tɕiai²¹tʂər⁰

（续表）

	0382 扣子	0383 扣~扣子	0384 戒指
沧县	扣子 kʰou⁵³tsʅ⁰	系 tɕi⁴¹	戒指 tɕiɛ⁵³tsʅ⁰
献县	扣儿 kʰour³¹	系 tɕi³¹	戒指 tɕiɛ³³¹tsʅ⁰
平泉	扣儿 kʰour⁵¹ 扣子 kʰou⁵¹tsʅ⁰	系 tɕi⁵¹ 扣 kʰou⁵¹	金镏子 tɕin⁵⁵liou⁵⁵tsʅ⁰ 戒指 tɕiɛ⁵¹tsʅ⁰
滦平	纽扣儿 niou²¹kʰour⁵¹ 扣子 kʰou⁵¹tsə⁰	系 tɕi⁵¹ 扣 kʰou⁵¹	戒指 tɕiɛ⁵¹tsʅ⁰
廊坊	扣子 kʰou⁵¹tsʅ⁰ 扣儿 kʰour⁵¹	扣 kʰou⁵¹	戒指 tɕiɛ⁵¹tsʅ⁰
魏县	扣儿 kʰəur³¹²	系 tɕi³¹²	戒镏子 tɕiɛ³¹²liəu³³te⁰
张北	扣子 kʰou²³tsə⁰	系 tɕi²¹³	戒指儿 tɕiɛ²³tʂər⁵⁵
万全	扣子 kʰou²¹³tsə⁰	扣住扣子 kʰou²¹³tsu⁰kʰou²¹³tsə⁰	戒指子 tɕiei⁴⁵tsʅ⁵⁵tsə⁰
涿鹿	扣子 kʰəu³¹ə⁰	扣 kʰəu³¹	戒指儿 tɕiɛ³¹tsər⁰
平山	扣儿 kʰər⁴²	扣 kʰɐu⁴²	戒指儿 tɕiə⁵⁵tʂər⁰
鹿泉	扣儿 kʰour³¹²	扣 kʰou³¹²	戒指儿 tɕiɤ³¹tʂər⁰
赞皇	扣儿 kʰəur³¹²	扣 kʰəu³¹²	戒指儿 tɕiɛ⁵¹tʂʅər⁰
沙河	扣儿 kʰəur²⁴	系 tɕi²¹	戒指儿 tɕiɛ²¹tʂər⁰
邯郸	扣儿 kʰəur²¹³	系 tɕi²¹³	戒指 tɕiɛ²¹tsʅ⁰
涉县	扣子 kʰou⁵⁵ə⁰ 扣儿 kʰəur⁵⁵	扣 kʰou⁵⁵	戒指 tɕiə⁵⁵tsʅ⁰

	0385 手镯	0386 理发	0387 梳头
兴隆	镯子 tʂuo⁵⁵tsʅ⁰ 手镯 ʂou²¹tʂuo⁵⁵	推头 tʰuei³⁵tʰou⁵⁵ 理发 li²¹fa⁵¹	梳头 ʂu³⁵tʰou⁵⁵
北戴河	镯子 tʂuo³⁵tʃʅ⁰	剃头 tʰi⁵³tʰou³⁵	梳头 ʃu⁴⁴tʰou³⁵
昌黎	手镯 sou²⁴tʂuo²⁴	剃脑袋 tʰi⁴²nau²¹tei⁰	梳脑袋 su⁴³nau²¹tei⁰
乐亭	镯 tʂau²¹²	剪脑袋 tɕien³³nau²¹¹tai⁰	捯头发 tau³³tʰou³¹fa⁰
蔚县	镯儿 tsuɤr⁴¹	剃头 tʰi¹³tʰəu⁴¹	梳头 su⁵³tʰəu⁴¹ 拢头 luŋ⁴⁴tʰəu⁴¹
涞水	镯子 tʂuo²⁴tsʅ⁰	推头 tʰuei⁵⁵tʰou⁴⁵	梳头 ʂu⁵⁵tʰou⁴⁵
霸州	镯子 tʂuo⁵³tsʅ⁰	推头 tʰuei⁴⁵ tʰou⁵³ 理发 li²⁴fa²¹⁴	拢头发 luŋ²¹tʰou⁵³fa⁰① 梳头 ʂu⁴⁵tʰou⁵³②
容城	镯子 tʂuo²¹tsʅ⁰	推脑袋 tʰuei³⁵nau⁵²tei⁰	梳脑袋 ʂu³⁵nau⁵²tei⁰
雄县	镯子 tʂuo⁵³tsʅ⁰	推头 tʰuei⁴⁵tʰou⁵³ 理发 li²⁴fa²¹⁴	拢头发 luŋ²¹tʰou⁵³fa⁰③ 梳头 ʂu⁴⁵tʰou⁵³④
安新	镯子 tʂuo³³tsʅ⁰	推头 tʰuei⁴⁵tʰou³¹	拢头发 luŋ⁴⁵tʰou³³fa⁰
满城	镯子 tʂuo²²tsʅ⁰	推头 tʰei⁴⁵tʰou²² 推脑袋 tʰei⁴⁵nau⁴²tɛ⁰	梳脑袋 ʂu⁴⁵nau⁴²tɛ⁰
阜平	镯子 tʂuɤ⁵³tsʅ⁰	推脑袋 tʰei³¹nɔ²¹tæ⁰	梳头 ʂu⁵⁵tʰou²⁴
定州	镯子 tsuo⁴²tsʅ⁰	剃脑袋 tʰi⁵³nau²¹¹tʰei⁰ 铰头发 tɕiau²⁴tʰou⁴²fa⁰	拢脑袋 luŋ²⁴nau²¹¹tʰei⁰
无极	镯子 tʂuɤ³¹tsʅ⁰	推脑袋 tʰəi³¹nɔ³⁵tæ⁰ 形容男性 铰头发 tɕiɔ³⁵tʰəu³¹fa⁰ 形容女性	拢脑袋 luŋ³¹nɔ³⁵tæ⁰ 形容男性 梳头 ʂu³³tʰəu²¹³ 形容女性
辛集	镯子 tʂuə³⁵tsʅ⁰	推头 tʰei³³tʰou³⁵⁴	拢头发 loŋ³²⁴tʰou³⁵fa⁰
衡水	手镯儿 səu⁵⁵tsuor⁵³	推头 tʰuei²⁴tʰəu⁵³	拢头发 luŋ⁵⁵tʰəu²⁴fa⁰
故城	镯子 tʂuɤ⁵⁵tsʅ⁰	理发 li⁵⁵fa²⁴ 铰头 tɕiɔɔ²⁴tʰou⁵³ 剃头 tʰi³¹tʰou⁵³	梳头 su²⁴tʰou⁵³
巨鹿	镯子 tʂuo⁵³tsʅ⁰	推头 tʰuei³³tʰou⁴¹ 男 铰头 tɕiau⁵⁵tʰou⁴¹ 女	拢头 loŋ⁵⁵tʰou⁴¹
邢台	镯子 tʂuo⁵³ɚ⁰	剃头 tʰi³¹tʰou⁵³	梳头 ʂu³⁴tʰou⁵³ 拢头 luŋ⁵⁵tʰou⁵³
馆陶	手镯 ʂəu⁴⁴tsuo⁵²	剃头 tʰi²¹tʰəu⁵²	梳头 ʂu²⁴tʰəu⁵²

(续表)

	0385 手镯	0386 理发	0387 梳头
沧县	镯子 tsuo⁵⁵tsʅ⁰	推头 tʰuei²³tʰou⁵³	梳头 ʂu²³tʰou⁵³
献县	镯子 tsuo⁵⁵tsʅ⁰	推头 tʰuei³³tʰou⁵³	梳头 ʂu³³tʰou⁵³
平泉	镯子 tʂuo³⁵tsʅ⁰ 手镯 ʂou²¹tʂuo³⁵	剪头 tɕian²¹tʰou³⁵ 剃头 tʰi⁵³tʰou³⁵ 理发 li²¹fa⁵¹	拢头 luŋ²¹tʰou³⁵ 梳头 ʂu⁵⁵tʰou³⁵
滦平	镯子 tʂuo³⁵tsə⁰ 手镯 ʂou²¹tʂuo³⁵	推头 tʰuei⁵⁵tʰou³⁵ 剪头 tɕian²¹tʰou³⁵ 理发 li²¹fa⁵¹	梳头 ʂu⁵⁵tʰou³⁵
廊坊	镯子 tʂuo³⁵tsʅ⁰ 手镏子 ʂou²¹liou⁵⁵tsʅ⁰	理发 li²¹fa⁵¹ 推头 tʰuei⁵⁵tʰou³⁵ 剃头 tʰi⁵³tʰou³⁵	梳头 ʂu⁵⁵tʰou³⁵
魏县	手镯子 ʂəu⁵⁵tʂuə⁵³tɛ⁰	推头 tʰuə³³tʰəu⁵³	梳头 ʂu³³tʰəu⁵³
张北	镯子 tsuɑ⁴²tsə⁰ 手镯儿 səu⁵⁵tsuɚ⁴²	剃头 tʰi²³tʰəu⁴² 推头 tʰuei⁴²tʰəu⁴²	梳头 su⁴²tʰəu⁴²
万全	手镯 sou⁵⁵suɑʔ⁰	推头 tʰuei⁴¹tʰou⁴¹	梳头 su⁴¹tʰou⁴¹
涿鹿	手镯子 ʂəu⁴⁵tsuə⁴²ə⁰	剃头 tʰi²³tʰəu⁵²	梳头 su⁴⁴tʰəu⁵²
平山	镯子 tʂɒ⁴²tsʅ⁰	剃头 tʰi²⁴tʰɐu³¹	梳头子 ʂu⁵³tʰɐu⁴²tsʅ⁰
鹿泉	镯子 tʂuo⁵⁵tɤ⁰	剃头 tʰi³¹tʰou⁵⁵	拢头子 luŋ³⁵tʰou⁵⁵tɤ⁰
赞皇	手镯儿 ʂəu⁴⁵tʂl̩uər⁵⁴	推头 tʰuei⁵⁴tʰəu⁵⁴	梳头子 ʂu⁵⁴tʰəu³²tsə⁰
沙河	手镯儿 ʂəu³³tʂuər⁵¹	推头 tʰuei⁴¹tʰəu⁵¹	梳头 ʂu⁴¹tʰəu⁵¹
邯郸	镯子 tsuə⁵³tə⁰	推头 tʰuə⁵⁵tʰəu⁵³ 铰头 tɕiɑu⁵⁵tʰəu⁵³	梳头 ʂu⁵⁵tʰəu⁵³
涉县	手镯子 sou⁵³tsuəʔ³³lə⁰/ sou⁵³suɑʔ³³lə⁰	剃 #1 脑 tʰi⁵⁵təʔ⁰nau⁵³ 剃头 tʰi⁵⁵tʰou⁴¹	梳 #1 脑 su⁴¹təʔ⁰nau⁵³ 梳头 su⁴¹tʰou⁴¹

---

①③ 用梳子把头发理顺。
②④ 把头发梳起来。

	0388 米饭	0389 稀饭 用米熬的，统称	0390 面粉 麦子磨的，统称
兴隆	干饭 kan³⁵fan⁵¹ 米饭 mi²¹fan⁵¹	水饭 ʂuei²¹fan⁵¹ 稀饭 ɕi³⁵fan⁵¹	白面 pai⁵⁵mian⁵¹ 面粉 mian⁵¹fən²¹³
北戴河	干饭 kan³⁵fan⁰	粥 tʃou⁴⁴	白面 pai³⁵mian⁵¹
昌黎	干饭 kan²¹³fən⁰	粥 tsou⁴²	面 mian²⁴
乐亭	干饭 kan³⁵fən⁰	粥 tʂou³¹	白面 pai³⁴mien⁵²
蔚县	大米粥 ta³¹mi⁴⁴tsəu⁵³	稀粥 ɕi⁵³tsəu⁵³	白面 pei⁴¹miã³¹²
涞水	饭 fan³¹⁴	米粥 mi²⁴tʂou³¹	白面 pai²⁴mian⁰
霸州	干饭 kan⁴⁵fan⁴¹ 米饭 mi²⁴fan⁴¹	稀饭 ɕi⁴⁵fan⁴¹	白面 pai⁴⁴mian⁴¹
容城	米饭 mi³⁵fan⁵¹³	粥 tʂou⁴³	白面 pai²¹mian⁰
雄县	干饭 kãn⁴⁵fãn⁴¹ 米饭 mi²⁴fãn⁴¹	稀饭 ɕi⁴⁵fãn⁴¹	白面 pai⁵³miãn⁰
安新	米饭 mi²¹fan⁵¹	稀饭 ɕi⁴⁵fan⁵¹	白面 pai³³mian⁰
满城	干饭 kan²¹fan⁰	米汤 mi⁴²tʰɑŋ⁰ 米粥 mi²¹tʂou⁴⁵	白面 pai²²mian⁰ 面 mian⁵¹²
阜平	米饭 mi⁵⁵fæ̃⁵³	稀饭 ɕi²⁴fæ̃⁵³	白面 pæ⁵³miæ̃⁰
定州	干饭 kan²¹¹fan⁰ 指小米饭 米饭 mi²⁴fan⁵¹ 指大米饭	粥 tʂou³³	白面 pai⁴²mian⁰
无极	米饭 mi³¹fãn⁴⁵¹	稀饭 ɕi³¹fãn⁴⁵¹	面 miãn⁴⁵¹
辛集	干饭 kan³⁵fan⁴¹	稀饭 ɕi³⁵fan⁴¹	面 mian⁴¹
衡水	干饭 kan⁵⁵fan³¹	稀饭 ɕi²⁴fan³¹ 饭汤 fan³¹tʰɑŋ²⁴	白面 pai²⁴mian⁰
故城	米饭 mi⁵⁵fæ̃³¹ 大米饭 ta³¹mi⁵⁵fæ̃³¹	稀饭 ɕi²⁴fæ̃³¹	面 miæ̃³¹
巨鹿	米饭 mi⁵⁵fẽ²¹	米汤 mi⁵⁵tʰɑŋ³³	麦子面 mai⁵³tsɿ⁰miẽ²¹
邢台	大米饭 ta³¹mi⁵⁵fan³¹ 干饭 kan³⁴fan³¹ 大米干饭 ta³¹mi⁵⁵kan³⁴fan³¹	米汤 mi⁴³tʰɑŋ³⁴	白面 pai⁵³mian³¹ 麦子面 mai³¹ə⁰mian³¹
馆陶	大米饭 ta²¹mi⁴⁴fæn²¹	稀饭 ɕi²⁴fæn²¹	好面 xɑo⁴⁴miæn²¹
沧县	米饭 mi⁵⁵fan⁴¹	稀饭 ɕi²³fan⁴¹	面 mian⁴¹

(续表)

	0388 米饭	0389 稀饭用米熬的，统称	0390 面粉麦子磨的，统称
献县	米饭 mi²⁴fæ̃³¹	稀饭 ɕi³³fæ̃³¹	面 miæ̃³¹
平泉	干饭 kan⁵⁵fan⁵¹ 米饭 mi²¹fan⁵¹	粥 tʂou⁵⁵ 稀饭 ɕi⁵⁵fan⁵¹	白面 pai³⁵mian⁵¹ 面粉 mian⁵³fən²¹⁴
滦平	干饭 kan⁵⁵fan⁵¹ 米饭 mi²¹fan⁵¹	稀饭 ɕi⁵⁵fan⁵¹ 粥 tʂou⁵⁵	白面 pai³⁵mian⁵¹ 面粉 mian⁵¹fən²¹⁴
廊坊	米饭 mi²¹fan⁵¹	稀饭 ɕi⁵⁵fan⁵¹	白面 pai³⁵miɛn⁵¹
魏县	大米饭 ta³¹²mi⁵⁵fan³¹²	糊涂 xu⁵³tu⁰	白面 pai⁵³mian³¹²
张北	米饭 mi⁵⁵fæ̃²¹³	稀粥 ɕi⁴⁴tsəu⁴²	白面 pai⁴²miæ̃²¹³
万全	米饭 mi⁴⁴fan²¹³	稀粥 ɕi⁴¹tsou⁴¹	白面 pei⁴¹mian²¹³
涿鹿	米饭 mi⁴⁵fæ̃³¹	稀粥 ɕi⁴²tʂəu⁰	白面 pɛ⁵²miæ̃³¹
平山	米饭 mi⁵⁵fæ̃⁴²	稀米饭 ɕi⁵³mi⁵⁵fæ̃⁴²	白面 pɛ⁴²miæ̃⁰
鹿泉	米饭 mi³⁵fæ̃³¹	粥 tʂou⁵⁵	白面 pɛ⁵⁵miæ̃⁰
赞皇	蒸米饭 tʂəŋ⁵⁴mi⁴⁵fæ̃³¹	米粥儿 mi⁴⁵tʂləur²⁴	白面 pɛ⁵¹miæ̃⁰
沙河	米饭 mi³³fã²¹	米汤 mi³³tʰaŋ⁴¹	白面 pai⁵¹miã²¹
邯郸	大米饭 tɔ¹³mi⁵⁵fæ̃²¹	稀饭 ɕi⁵⁵fæ̃²¹	白面 piɛ⁵³miæ̃²¹
涉县	米饭 mi⁵³fæ̃⁰	米汤 mi⁵³tʰã⁴¹ 米汤儿 mi⁵³tʰɚ⁴¹	好面 xau⁵³miæ̃²⁴

	0391 面条 统称	0392 面儿 玉米~，辣椒~	0393 馒头 无馅的，统称
兴隆	面条儿 mian⁵¹tʰiɑur⁵⁵	面儿 mier⁵¹	馒头 man⁵⁵tʰou⁰
北戴河	面条儿 mian⁵³tʰiɑur³⁵	面儿 mier⁵¹	馒头 man³⁵tʰou⁰
昌黎	面条儿 mian⁴²tʰiɑur²⁴	面儿 mier²⁴	馒头 man⁴²tʰou²³
乐亭	面条儿 mien⁵³tʰiɑur²¹²	面儿 mier⁵²	馒头 man³¹tʰou⁰
蔚县	面条儿 miã¹³tʰiʌɯ⁴¹	面儿 mier³¹²	馒头 mã⁴¹tʰəu⁰
涞水	面条儿 mian³¹tʰiɑu²⁴uər⁰	面儿 mier³¹⁴	馒头 man²⁴tʰou⁰
霸州	汤 tʰaŋ⁴⁵ 面条儿 mian⁴¹tʰiɑur⁵³	面儿 mier⁴¹	包子 pɑu²¹tsɿ⁰ 馒头 man⁵³tʰou⁰
容城	面条儿 mian⁵²tʰiɑu²¹ər⁰	面儿 mier⁵¹³	馒头 man²¹tʰou⁰
雄县	汤 tʰaŋ⁴⁵ 面条儿 miãn⁴¹tʰiɑur⁵³	面儿 mier⁴¹	包子 pɑu⁴⁴tsɿ⁰ 馒头 mãn⁵³tʰou⁰
安新	面条儿 mian⁵³tʰiɑu³³wər⁰ 条子 tʰiɑu³³tsɿ⁰	面儿 mier⁵¹	饽饽 po⁴⁵po⁰
满城	面条儿 mian⁵³tʰiɑu²²ər⁰	面儿 mier⁵¹²	包子 pɑu⁴⁵tsɿ⁰
阜平	面条儿 miæ⁵³tʰiɔr²⁴	面儿 mier⁵³	馍馍 muɤ²⁴muɤ⁰
定州	面 mian⁵¹	面儿 mier⁵¹	馍馍 mo²¹¹mə⁰① 卷子 tɕyan²¹¹tsɿ⁰ 方形
无极	面条儿 miãn⁵¹tʰiɔr²¹³	面儿 mier⁴⁵¹	卷子 tɕyãn³⁵tsɿ⁰
辛集	面条儿 mian⁴²tʰiɑur³⁵⁴	面儿 mier⁴¹	卷子 tɕyan³²²tsɿ⁰
衡水	面条儿 mian³¹tʰiɑur⁵³	面儿 mier³¹	卷子 tɕyan²¹tsɿ⁰ 干粮 kan³¹liaŋ⁰
故城	面条儿 miæ³¹tʰiɔr⁵³	面儿 mier³¹	馍馍 mɤ⁵⁵mɤ⁰ 馒头 mæ⁵⁵tʰou⁰
巨鹿	面 miɛ̃²¹	面儿 miar²¹	馍馍 mo⁵³mo⁰
邢台	面 mian³¹	面儿 mier³¹	馍馍 mə⁵³mə⁰ 干的 kan³⁴ti⁰
馆陶	面条儿 miæn²¹³tʰiɑor⁵²	面儿 mier²¹³	馍馍 mo⁵²mo⁰ 馒头 mæn⁵²tʰəu⁰
沧县	面条儿 mian⁴¹tʰiɑur⁵³	面儿 mier⁴¹	馒头 man⁵⁵tʰou⁰
献县	面条儿 miæ³¹tʰiɔr⁵³	面儿 mier³¹	馒头 mæ⁵⁵tʰou⁰

(续表)

	0391 面条 统称	0392 面儿 玉米~，辣椒~	0393 馒头 无馅的，统称
平泉	面条子 mian⁵³tʰiɑu³⁵tsʅ⁰ 面条儿 mian⁵³tʰiɑur³⁵	面儿 mier⁵¹	干粮 kan⁵⁵liɑŋ⁰ 馒头 man³⁵tʰou⁰
滦平	面条儿 mian⁵¹tʰiɑur³⁵	面儿 mier⁵¹	馒头 man³⁵tʰou⁰
廊坊	面条儿 miɛn⁵³tʰiɑur³⁵	面儿 mier⁵¹	馒头 man³⁵tʰou⁰
魏县	面条子 mian³¹²tʰiɑu⁵³tɛ⁰	面儿 mier³¹²	馍馍 mu⁵⁵mə⁰
张北	面条儿 miæ̃²³tʰiɔr⁴²	面儿 mier²¹³	馒头 mæ̃⁴²tʰəu⁰
万全	面条儿 mian²⁴tʰiɔ⁴¹ər⁰	面 mian²¹³	馒头 man⁴¹tʰou⁰
涿鹿	面条儿 miæ̃²³tʰiɔr⁵²	面儿 mier³¹	馒头 mæ̃⁴²tʰəu⁰
平山	面条儿 miæ̃²⁴tʰiər⁴²	面儿 miær⁴²	卷子 tɕyæ̃⁵⁵tsʅ⁰
鹿泉	面条儿 miæ̃³¹tʰiɔr⁵⁵	面儿 mier³¹²	馒头 mæ̃⁵⁵tʰou⁰ 馍馍 mo⁵⁵mo⁰ 卷子 tɕyæ̃³⁵tʂʅ⁰
赞皇	馎饦儿 pa²⁴tʰuɤr⁵⁴	面儿 mier³¹²	馍馍 muə⁵¹muə⁰ 圆① 卷子 tɕyæ̃⁴⁵tsə⁰ 方
沙河	面条儿 miɑ̃²¹tʰiɑur⁵¹	面儿 miar²⁴	馍馍 muo⁵¹muo⁰
邯郸	面条儿 miæ̃²⁴tʰiɑur⁵³	面儿 mier²¹³	馍馍 muə³¹muə⁰
涉县	面条子 miæ̃⁵³tʰiau²⁴ə⁰	面 miæ̃⁵⁵	馍馍 məʔ⁵⁵məʔ⁰

---

① 圆形，上供、走亲可用。

	0394 包子	0395 饺子	0396 馄饨
兴隆	包子 pau³⁵tsʅ⁰	饺子 tɕiau²¹tsʅ⁰	云吞 yn⁵⁵tʰuən⁰ 馄饨 xuən⁵⁵tʰuən⁰
北戴河	包子 pau⁴⁴tʃʅ⁰	饺子 tɕiau²¹tʃʅ⁰	馄饨 xuən³⁵tuən⁰
昌黎	包子 pau⁴³tsʅ⁰	饺子 tɕiau²¹tsʅ⁰	馄饨 xuən²⁴tʰuən⁰
乐亭	包子 pau³¹tsʅ⁰	饺子 tɕiau²¹¹tsʅ⁰	馄饨 xuən³¹tʰuən⁰
蔚县	包子 pʌɯ⁵³tsʅ⁰	饺子 tɕiʌɯ⁴⁴tsʅ⁰	馄饨 xuŋ⁴¹tuŋ⁰
涞水	包子 pau³³tsʅ⁰	饺子 tɕiau³¹tsʅ⁰	馄饨 xuən²⁴tʰuən⁰
霸州	馅儿包子 ɕiɐr⁴¹pau²¹tsʅ⁰ 包子 pau²¹tsʅ⁰	饺子 tɕiau⁴¹tsʅ⁰	馄饨 xuən⁵³tʰuən⁰
容城	包子 pau³¹tsʅ⁰	饺子 tɕiau⁵²tsʅ⁰	馄饨 xuən²¹tʰuən⁰
雄县	馅儿包子 ɕiɐr⁴¹pau⁴⁴tsʅ⁰ 包子 pau⁴⁴tsʅ⁰	饺子 tɕiau⁴¹tsʅ⁰	馄饨 xuən⁵³tuən⁰
安新	包子 pau⁴⁵tsʅ⁰	饺子 tɕiau⁵³tsʅ⁰	馄饨 xuən³³tuən⁰
满城	馅儿包子 ɕiɐr⁵³pau⁴⁵tsʅ⁰	饺子 tɕiau⁴²tsʅ⁰	馄饨 xuən²²tʰuən⁰
阜平	包子 pɔ³¹tsʅ⁰	饺子 tɕiɔ²¹tsʅ⁰	馄饨 xoŋ²⁴toŋ⁰
定州	包子 pau³³tsʅ⁰	饺子 tɕiau²¹¹tsʅ⁰	馄饨 xuən⁴²tuən⁰
无极	包子 pɔ³¹tsʅ⁰	饺子 tɕiɔ²¹³tsʅ⁰	馄饨 xuen³¹tuen⁰
辛集	包子 pau³³tsʅ⁰	饺子 tɕiau³³tsʅ⁰	馄饨 xuən³⁵tuən⁰
衡水	包子 pau³¹tsʅ⁰	饺子 tɕiau³¹tsʅ⁰	馄饨 xun²⁴tun⁰
故城	包子 pɔo²¹tsʅ⁰	饺子 tɕiɔo²¹tsʅ⁰ 水饺儿 suei³¹tɕiɔor⁵⁵	馄饨 xuẽ⁵³tuẽ⁰
巨鹿	包儿 paur³³	饺子 tɕiau³³tsʅ⁰	馄饨 xuən⁵³tuən⁰
邢台	包子 pau³⁴ə⁰	饺子 tɕiau⁵⁵ə⁰	馄饨 xuən⁵³tuən⁰
馆陶	包子 pao²⁴tə⁰ 大包儿 ta²¹paor²⁴	包子 pao²⁴tə⁰ 小包儿 siao⁴⁴paor⁰① 水饺儿 ʂuei⁴³tɕiaor²⁴	馄饨 xun⁵²tun⁰
沧县	包子 pau⁴¹tsʅ⁰	饺子 tɕiau⁴¹tsʅ⁰	馄饨 xuən⁵⁵tuən⁰
献县	包子 pɔ³³tsʅ⁰	饺子 tɕiɔ³³tsʅ⁰	馄饨 xuən⁵⁵tuən⁰
平泉	包子 pau⁵⁵tsʅ⁰	饺子 tɕiau²¹tsʅ⁰	馄饨 xuən³⁵tuən⁰

（续表）

	0394 包子	0395 饺子	0396 馄饨
滦平	包子 pau⁵⁵tsə⁰	饺子 tɕiau²¹tsə⁰	馄饨 xuən³⁵tuən⁰
廊坊	包子 pau⁵⁵tsɿ⁰	饺子 tɕiau²¹tsɿ⁰ 扁食 pien²¹ʂɿ³⁵②	馄饨 xuən³⁵tuən⁰
魏县	包子 pau³³tɛ⁰	包子 pau³³tɛ⁰	馄饨 xuən⁵³tuən³¹²
张北	包子 pau⁴²tsə⁰	饺子 tɕiau⁵⁵tsə⁰	馄饨 xuŋ⁴²tuŋ⁰
万全	包子 pɔ⁴¹tsə⁰	饺子 tɕiɔ⁵⁵tsə⁰	馄饨 xuəŋ²¹³tuəŋ⁰
涿鹿	包子 pɔ⁴²ə⁰	饺子 tɕiɔ⁵⁵ə⁰	馄饨 xuŋ⁴²tuŋ⁰
平山	包子 pɔ⁴²tsɿ⁰	扁食 piæ̃⁵⁵ʂɿ³¹ 煮饺儿 tʂu⁵⁵tɕiɔr³¹ 包包儿 pɔ⁴²pɔr⁰	馄饨 xoŋ⁴²toŋ⁰
鹿泉	包子 pɔ⁵⁵tɤ⁰	饺子 tɕiɔ³⁵tɤ⁰ 包包儿 pɔ⁵⁵pɔr⁰	馄饨 xuẽ⁵⁵tuẽ⁰
赞皇	包子 pɔ⁵⁴tsə⁰	饺子 tɕiɔ⁴⁵tsə⁰	馄饨 xuən⁵¹tuən⁰
沙河	包子 pau⁴¹tə⁰	饺子 tɕiau³³tə⁰ 扁食 piã³³ʂɿ⁰③	馄饨 xuən⁵¹tuən⁰
邯郸	包子 pau³¹tə⁰	饺子 tɕiau⁵⁵tə⁰	馄饨 xun⁵³tun⁰
涉县	包子 pau⁴¹ə⁰	疙瘩 kəʔ³²tɐʔ³² 饺子 tɕiau⁵³ə⁰	馄饨 xuəŋ⁴¹tuəŋ²⁴

① 70 年代前多用。
② 已不用，"食"声调升幅不明显。
③ 老派说法，轻声音节实际读音弱化为 ɻ⁰。

	0397 馅儿	0398 油条 长条形的，旧称	0399 豆浆
兴隆	馅儿 ɕier⁵¹	油条 iou⁵⁵tʰiau⁵⁵	豆浆 tou⁵¹tɕiaŋ³⁵ 豆汁儿 tou⁵¹tʂər³⁵
北戴河	馅儿 ɕier⁵¹	油条 iou³⁵tʰiau³⁵	豆浆 tou⁵³tɕiaŋ⁴⁴
昌黎	馅儿 ɕier²⁴	香油馃子 ɕiaŋ³⁴iou⁰kuo²¹tsʅ⁰	浆子 tɕiaŋ⁴³tsʅ⁰
乐亭	馅儿 ɕier⁵²	香油馃子 ɕiaŋ³³iou³³kuə²¹¹tsʅ⁰	浆子 tɕiaŋ³¹tsʅ⁰
蔚县	馅儿 ɕiar³¹²	油条 iə¹³tʰiʌu⁴¹	豆浆儿 təu³¹tɕiɔr⁵³
涞水	馅儿 ɕier³¹⁴	油条 iou⁴⁵tʰiau⁴⁵	豆浆 tou³¹tɕiaŋ³¹
霸州	馅儿 ɕier⁴¹	油炸鬼 iou⁴⁴tʂa⁴⁴kuei²¹⁴	浆 tɕiaŋ⁴⁵
容城	馅儿 ɕier⁵¹³	油条 iou⁴⁴tʰiau³⁵	豆浆 tou⁵²tɕiaŋ⁴³
雄县	馅儿 ɕier⁴¹	油条 iou⁵³tʰiau⁵³ 馃子 kuo⁴¹tsʅ⁰	浆 tɕiaŋ⁴⁵ 豆浆 tou⁴¹tɕiaŋ⁴⁵
安新	馅儿 ɕier⁵¹	油条 iou⁴⁵tʰiau³¹	浆 tɕiaŋ⁴⁵
满城	馅儿 ɕier⁵¹²	馃子 kuo⁴²tsʅ⁰	豆浆 tou⁵³tɕiaŋ⁴⁵ 浆 tɕiaŋ⁴⁵
阜平	馅儿 ɕier⁵³	麻糖 ma⁵³tʰaŋ⁰	豆浆 tou⁵³tɕiaŋ⁰
定州	馅子 ɕian³⁵tsʅ⁰	麻糖 ma⁴²tʰaŋ⁰	豆浆 tou⁵³tsiaŋ³³
无极	馅儿 ɕier⁴⁵¹	馃子 kuɤ³⁵tsʅ⁰	汁汤 tʂʅ²¹³tʰaŋ⁰
辛集	馅儿 ɕier⁴¹	麻糖 ma³⁵tʰaŋ⁰	白汤 pai³⁵tʰaŋ⁰
衡水	馅儿 ɕier³¹	馃子 kuo²¹tsʅ⁰ 糖馃子 tʰaŋ⁵³kuo²¹tsʅ⁰	豆浆 təu³¹tɕiaŋ²⁴
故城	馅儿 ɕier³¹	馃子 kuɤ²⁴tsʅ⁰	豆浆 tou³¹tɕiaŋ²⁴
巨鹿	馅儿 ɕiar²¹	馃子 kuo⁵⁵tsʅ⁰ 麻糖 ma⁵³tʰaŋ⁰	豆浆 tou²¹tɕiaŋ³³
邢台	馅儿 ɕier³¹	麻糖 ma⁵³tʰaŋ⁰	豆浆 tou³¹tsiaŋ³⁴
馆陶	馅儿 ɕier²¹³	油条 iə⁵²tʰiao⁵²	豆浆 təu²¹tsiaŋ²⁴
沧县	馅儿 ɕier⁴¹	馃子 kuo²³tsʅ⁰	浆子 tɕiaŋ⁴¹tsʅ⁰
献县	馅儿 ɕier³¹	馃子 kuo²¹tsʅ⁰	豆浆 tou³¹tɕiã³³
平泉	馅儿 ɕier⁵¹	油条 iou³⁵tʰiau³⁵	豆汁儿 tou⁵³tʂər⁵⁵ 豆浆 tou⁵³tɕiaŋ⁵⁵

(续表)

	0397 馅儿	0398 油条 长条形的，旧称	0399 豆浆
滦平	馅儿 ɕiɚr⁵¹	油条 iou³⁵tʰiau³⁵	豆浆 tou⁵¹tɕiaŋ⁵⁵
廊坊	馅儿 ɕiɚr⁵¹	油条 iou³⁵tʰiau³⁵	浆子 tɕiaŋ⁵⁵tsʅ⁰ 豆浆 tou⁵³tɕiaŋ⁵⁵
魏县	馅儿 ɕiɚr³¹²	馃子 kuə⁵⁵tɛ⁰	豆浆 təu³¹²tɕiaŋ³³
张北	馅子 ɕiæ²³tsə⁰	油香 iuɛ⁴²ɕiɔ̃⁰	豆浆 tou²³tɕiɔ̃⁴²
万全	馅馅 ɕian²⁴ɕian⁰	油条 iou⁴¹tʰiɔ⁴¹	豆浆 tou²⁴tɕiaŋ⁴¹
涿鹿	馅儿 ɕiɚr³¹	油炸鬼 iəu⁴²tsa⁵²kuei⁴⁵	豆浆 tou²³tɕiɑ̃⁴²
平山	馅儿 ɕiæ̃r⁴²	油条 iɐu⁵³tʰiə³¹	豆浆 tɐu²⁴tsiaŋ³¹
鹿泉	馅儿 ɕiɚr³¹²	油条 iou⁵⁵tʰiɔ⁵⁵	豆浆 tou³¹tsiaŋ⁵⁵
赞皇	馅儿 ɕiɚr³¹²	馃子 kuə⁴⁵tsə⁰	豆浆 təu³¹²tsiaŋ⁵⁴
沙河	馅儿 ɕiar²⁴	油条 iəu⁵⁴tʰiau⁵¹①	豆浆 təu²¹tsiaŋ⁴¹
邯郸	馅儿 ɕiɚr²¹³	麻糖 mɔ⁵³tʰɑŋ⁰	豆浆 tou²⁴tsiaŋ³¹
涉县	馅儿 ɕiɚr⁵⁵	麻糖 mɒ⁴¹tʰã²⁴	豆浆 tou⁵⁵tɕiã⁴¹

---

① 长条形的油条，当地有"馃子 kuo³³tə⁰"一词，包括长条形和日字形的油炸物。

	0400 豆腐脑	0401 元宵 食品	0402 粽子
兴隆	豆腐脑儿 tou⁵¹fu⁰naur²¹³ 老豆腐 lau²¹tou⁵¹fu⁰	元宵 yan⁵⁵ɕiau³⁵	粽子 tsəŋ⁵¹tsɿ⁰
北戴河	豆腐脑儿 tou⁵³fu⁰naur²¹⁴	元宵 yan³⁵ɕiau⁰	粽子 tʃəŋ⁵³tʃɿ⁰
昌黎	豆腐脑儿 tou²⁴fu⁰naur²¹³	元宵 yan⁴³ɕiau⁰	粽子 tsəŋ⁴⁵tsɿ⁰
乐亭	豆腐脑儿 tou⁵²fu⁰naur³⁴	元宵 yɛn³¹ɕiau⁰	粽子 tsəŋ⁵⁵tsɿ⁰
蔚县	豆腐脑儿 təu³¹fu⁰nʌɯ⁴⁴	元宵 yã⁴¹ɕiʌɯ⁰	粽子 tsuŋ³¹tsɿ⁰
涞水	豆腐脑儿 tou⁴⁵fu⁰nau³¹uər²⁴	元宵 yan⁴⁵ɕiau⁰	粽子 tsoŋ³³¹tsɿ⁰
霸州	老豆腐 lau²¹tou⁴⁵fu⁰	元宵 yan⁵³ɕiau⁰	粽子 tʂuŋ⁴⁵tsɿ⁰
容城	豆腐脑儿 tou³⁵fu⁰nau⁵²ər⁰	元宵 yan³¹ɕiau⁰	粽子 tsuŋ⁵²tsɿ⁰
雄县	豆腐脑儿 tou²¹fu⁰naur²¹⁴	元宵 yãn⁵³ɕiau⁰	粽子 tsuŋ⁴⁵tsɿ⁰
安新	豆腐脑儿 tou²¹fu⁰nau⁵³wər⁰	元宵 yan⁵³ɕiau⁴⁵	粽子 tsuŋ⁵⁵tsɿ⁰
满城	豆腐脑儿 tou²¹fu⁰nau⁴²ər⁰	元宵 yan²²ɕiau⁰	粽子 tsuŋ⁵⁵tsɿ⁰
阜平	豆腐脑儿 tou⁵³fu⁰nɔr⁵⁵	元宵 yæ̃⁵⁵ɕiɔ³¹	粽子 tsoŋ²⁴tsɿ⁰
定州	老豆腐 lau³³tou³⁵fu⁰	甜丸子 tʰian²⁴uan⁴²tsɿ⁰①	粽子 tsuŋ³⁵tsɿ⁰
无极	豆腐脑儿 təu³⁵fu⁰nɔr³⁵	汤圆儿 tʰaŋ³³yɚr²¹³ 元宵 yãn²¹³siɔ⁰	粽子 tsuŋ⁵³tsɿ⁰
辛集	豆腐脑儿 tou⁴²fu⁰naur³²⁴	元宵 yan³⁵siau⁰	粽子 tsoŋ⁴²tsɿ⁰
衡水	老豆腐 lau⁵⁵təu⁵³fu⁰	元宵 yan⁵³ɕiau⁰	粽子 tsuŋ⁵³tsɿ⁰
故城	豆腐脑儿 tou⁵³fu⁰nɔor⁵⁵	元宵 yæ̃⁵³ɕiɔ²⁴	粽子 tsuŋ⁵³tsɿ⁰
巨鹿	豆腐脑儿 tou⁵³fu⁰naur⁵⁵	元宵 yẽ⁴¹ɕiau³³	粽子 tsoŋ⁵³tsɿ⁰
邢台	豆腐脑 tou³¹fu⁰nau⁵⁵	元宵 yan⁴³siau³⁴	粽子 tsuŋ³¹ə⁰
馆陶	老豆腐 lao⁴⁴təu²¹fu⁰② 豆腐脑儿 təu²¹fu⁰nɑor⁴⁴	元宵 yæn⁵²siao⁰	粽子 tsuŋ²¹tə⁰
沧县	老豆腐 lau⁵⁵tou⁵³fu⁰	元儿宵 yɚr⁵³ɕiau²³	粽子 tsoŋ⁵³tsɿ⁰
献县	豆腐脑儿 tou³³¹fu⁰nɔr²¹⁴	元宵 yæ̃⁵³ɕiɔ³³	粽子 tsoŋ³³¹tsɿ⁰
平泉	豆腐脑儿 tou⁵¹fu⁰naur²¹⁴	元宵 yan³⁵ɕiau⁵⁵	粽子 tsəŋ⁵¹tsɿ⁰/ tsuŋ⁵¹tsɿ⁰
滦平	豆腐脑儿 tou⁵¹fu⁰naur²¹⁴	元宵 yan³⁵ɕiau⁵⁵	粽子 tsəŋ⁵¹tsə⁰/ tsuŋ⁵¹tsə⁰
廊坊	老豆腐 lau²¹tou⁵¹fu⁰ 豆腐脑儿 tou⁵¹fu⁰ŋaur²¹⁴	元宵 yan³⁵ɕiau⁵⁵	粽子 tsuŋ⁵¹tsɿ⁰

（续表）

	0400 豆腐脑	0401 元宵_食品_	0402 粽子
魏县	豆腐脑儿 təu³¹²fu⁰nɑur⁵⁵	元宵 yan⁵³ɕiau⁰	粽子 tɕyŋ³¹²tɛ⁰
张北	老豆腐 lau⁵⁵təu²³fu⁰	元宵 yæ̃⁴²ɕiau⁰	粽子 tsuŋ²³tsə⁰
万全	豆腐脑儿 tou²¹³fu⁰nɔ⁵⁵ər⁰	元宵 yan⁴¹ɕiɔ⁴¹	粽子 tsuəŋ²¹³tsə⁰
涿鹿	老豆腐 lɔ⁴⁵təu³¹fuə⁰	元宵 yæ̃⁴²ɕiɔ⁰	粽子 tsuŋ³¹ə⁰
平山	豆腐脑儿 tɐu⁵⁵fu⁰nɔr⁵⁵	元宵 yæ̃⁵³siɔ³¹	粽子 tsoŋ⁵⁵tsɿ⁰
鹿泉	豆腐脑儿 tou³¹fo⁰nɔr³⁵	元宵 yæ̃⁵⁵siɔ⁰	粽子 tsuŋ³¹tɤ⁰
赞皇	豆腐脑儿 təu⁵¹fu⁰nɔr⁴⁵	元宵 yæ̃⁵⁴siɔ⁵⁴	粽子 tsuŋ⁵¹tsə⁰
沙河	豆末儿 təu²¹muər²¹	元宵 yã⁵¹siau⁰	粽子 tsoŋ²¹tə⁰
邯郸	豆腐脑儿 təu²¹u⁰nɑur⁵³	元宵 yæ̃⁵³siau⁰	粽子 tsuŋ²¹tə⁰
涉县	豆腐脑儿 tou⁵⁵fəʔ⁰nɐr⁵³	龙蛋儿 lyəŋ⁴¹tɐr²⁴	粽子 tɕyəŋ⁵⁵ə⁰

① 以前无现在的元宵，正月十五吃用黄米面儿包馅儿做的甜丸子，现在也做。
② 上世纪 80 年代前常用。

	0403 年糕 用黏性大的米或米粉做的	0404 点心 统称	0405 菜 吃饭时吃的，统称
兴隆	年糕 ɲian⁵⁵kɑu³⁵	点心 tian²¹ɕin⁰	菜 tsʰai⁵¹
北戴河	黏饽饽 ɲian³⁵pɤ³⁵pɤ⁰	点心 tian²¹ɕin⁰	菜 tʃʰai⁵¹
昌黎		点心 tian²¹ɕin⁰	菜 tsʰai⁴⁵³
乐亭	切糕 tɕʰie³¹kɑu⁰	点心 tien²¹¹ɕiən⁰	菜 tsʰai⁵²
蔚县	糕 kʌɯ⁵³	月饼 yə³¹piŋ⁰ 茶食 tsʰa¹³sʅ⁴¹	菜 tsʰei³¹²
涞水	年糕 ɲian⁵⁵kɑu³¹	点心 tian³¹ɕin⁰	菜 tsʰai³¹⁴
霸州	年糕 ɲian⁴⁴kɑu⁴⁵	点心 tian⁴¹ɕin⁰	菜 tsʰai⁴¹
容城	年糕 nian⁴⁴kɑu⁴³	点心 tian⁵²ɕin⁰	菜 tsʰai⁵¹³
雄县	年糕 ɲiã⁵³kɑu⁴⁵	点心 tian⁴¹ɕin⁰	菜 tsʰai⁴¹
安新	黏窝窝 nian⁵³uo⁴⁵uo⁰	点心 tian⁵³ɕin⁰	菜 tsʰai⁵¹
满城	糕 kɑu⁴⁵ 年糕 ɲian⁴⁵kɑu⁴⁵	点心 tian⁴²ɕin⁰	菜 tsʰai⁵¹²
阜平	年糕 ɲiæ̃⁵⁵kɔ³¹①	点心 tiæ̃²¹ɕiŋ⁰	菜 tsʰæ⁵³
定州	年糕 ɲian²⁴kɑu³³	点心 tian²¹¹sin⁰ 小馃子儿 siɑu²⁴kuo²¹¹tsər⁰②	菜 tsʰai⁵¹
无极	年糕 ɲiã³⁵kɔ³¹	点心 tiã³⁵sien⁰	菜 tsʰæ⁵¹
辛集	年火烧 ɲian³⁵⁴xuə³²²ʂɑu⁰	馃子 kuə³²²tsʅ⁰	菜 tsʰai⁴¹
衡水	年糕 ɲian⁵³kɑu²⁴	点心 tian²¹ɕin⁰	菜 tsʰai³¹
故城	年糕 ɲiæ̃⁵³kɔo²⁴	油馃 iou⁵³kuɤ⁰	菜 tsʰæ³¹
巨鹿	年糕 ɲiẽ⁴¹kɑu³³	点心 tian⁵⁵ɕin⁰	菜 tsʰai²¹
邢台	年糕 nian³⁵kɑu³⁴	馃子 kuo⁵⁵ə⁰ 点心 tian⁴³sin³⁴	菜 tsʰai³¹
馆陶	江米糕 tɕiaŋ²⁴mi⁴⁴kao²⁴	细馃子 si²¹kuo⁴⁴tə⁰ 点心 tiæn⁴⁴sin⁰	菜 tsʰai²¹³
沧县	年糕 ɲian⁵³kɑu²³	点心 tian²³ɕiən⁰	菜 tsʰai⁴¹
献县	年糕 ɲiæ̃⁵³kɔ³³	点心 tiæ̃²¹ɕin⁰	菜 tsʰɛ³¹
平泉	年糕 nian³⁵kɑu⁵⁵	馃子 kuo²¹tsʅ⁰ 点心 tian²¹ɕin⁰	菜 tsʰai⁵¹

（续表）

	0403 年糕_{用黏性大的米或米粉做的}	0404 点心_{统称}	0405 菜_{吃饭时吃的，统称}
滦平	年糕 n̠ian³⁵kɑu⁵⁵	馃子 kuo²¹tsə⁰ 点心 tian²¹ɕin⁰	菜 tsʰai⁵¹
廊坊	年糕 n̠iɛn³⁵kɑu⁵⁵	点心 tiɛn²¹ɕin⁵⁵③ 馃子 kuo²¹tsʅ⁰	菜 tsʰai⁵¹
魏县	年糕 n̠ian⁵³kɑu³³	糖馃子 tʰɑŋ⁵³kuə⁵⁵tɛ⁰ 细馃子 ɕi³¹²kuə⁵⁵tɛ⁰	菜 tʂʰai³¹²
张北	糕 kau⁴²	炉食 ləu⁴²səʔ³²	菜 tsʰai²¹³
万全	糕 kɔ⁴¹	点心 tian⁴⁴ɕiəŋ⁴¹	菜 tsʰɛi²¹³
涿鹿	糕 kɔ⁴⁴	点心 tiæ̃⁵⁵ɕiŋ⁰ 饼子 piŋ⁵⁵a⁰	菜 tsʰɛ³¹
平山	糕 kɔ³¹	点心 tiæ̃⁵⁵siŋ³¹	菜 tsʰɛ⁴²
鹿泉	糕 kɔ⁵⁵ 年糕 n̠iæ̃⁵⁵kɔ⁵⁵	点心 tiæ̃³⁵siẽ⁰ 炉食 lu⁵⁵sɤ⁰	菜 tsʰɛ³¹²
赞皇	糕 kɔ⁵⁴	点心 tiæ̃⁴⁵sin⁰	菜 tsʰɛ³¹²
沙河	年糕 n̠iã⁵¹kau⁰	点心 tiã³³siən⁰	菜 tsʰai²¹
邯郸		馃子 kuə⁵⁵tɛ⁰	菜 tsʰai²¹³
涉县	黏米面儿窝子 n̠iæ̃⁴¹mi⁵³miər²⁴uə⁴¹lə⁰	点心 tiæ̃⁵³ɕiəŋ⁰	菜 tsʰai⁵⁵

① 一般指用黏的小米粉做的蒸糕，蒸熟后分割成小块儿食用，也叫白糕。
② 只有老年人说。
③ "心"音强略弱。

	0406 干菜统称	0407 豆腐	0408 猪血 当菜的
兴隆	菜干儿 tsʰai⁵¹kɚr³⁵ 干菜 kan³⁵tsʰai⁵¹	豆腐 tou⁵¹fu⁰	猪血 tʂu³⁵ɕie²¹³ 血豆腐 ɕie²¹tou⁵¹fu⁰
北戴河	干菜 kan⁴⁴tʃʰai⁵¹	豆腐 tou⁵³fu⁰	猪血 tʂu⁴⁴ɕye²¹⁴
昌黎	干菜 kan²¹³tʂʰai⁰	豆腐 tou²⁴fu⁰	猪血 tʂu³⁴ɕye²¹³
乐亭	干菜 kan³⁵tsʰai⁵²	豆腐 tou²¹²fu⁰	猪血 tʂu³³ɕye³⁴
蔚县	干菜 kã⁵³tsʰɛi³¹²	豆腐 təu³¹fu⁰	猪血 tʂu⁵³ɕyə⁵³
涞水	干菜 kan⁵⁵tsʰai³¹⁴	豆腐 tou⁴⁵fu⁰	血豆腐 ɕie²⁴tou⁴⁵fu⁰
霸州	干菜 kan⁴⁵tsʰai⁴¹	豆腐 tou⁴⁵fu⁰	血豆腐 ɕie²¹tou⁴⁵fu⁰
容城	干菜 kan³⁵tsʰai⁰	豆腐 tou³⁵fu⁰	猪血 tʂu⁴⁴ɕie²¹³
雄县	干菜 kãn⁴⁵tsʰai⁴¹	豆腐 tou²¹fu⁰/tou⁴⁵fu⁰	红豆腐 xuŋ⁵³tou⁴⁵fu⁰
安新		豆腐 tou²¹fu⁰	猪血 tʂu⁴⁵ɕie²¹⁴
满城	干菜 kan⁴⁵tsʰai⁵¹²	豆腐 tou²¹fu⁰	血豆腐 ɕie²¹tou²¹fu⁰
阜平	干菜 kæ̃²⁴tsʰæ⁵³	豆腐 tou²⁴fu⁰	猪血 tʂu⁵⁵ɕie²⁴
定州	干菜 kan²¹¹tsʰai⁵¹	豆腐 tou³⁵fu⁰	血豆腐 ɕie²¹¹tou³⁵fu⁰
无极	干菜 kãn³¹tsʰæ⁵¹	豆腐 təu³⁵fu⁰	猪血 tʂu³³ɕie²¹³
辛集	干菜 kan³⁵tsʰai⁴¹	豆腐 tou³²⁴fu⁰	猪血 tʂu³³ɕie⁰
衡水	干菜 kɑn²⁴tsʰɑi³¹	豆腐 təu⁵³fu⁰	猪血 tɕy²⁴ɕie²⁴
故城	干菜 kæ̃²⁴tsʰæ³¹	豆腐 tou⁵³fu⁰	猪血 tʂʅ²⁴ɕie²⁴
巨鹿	干菜 kan³³tsʰai²¹	豆腐 tou⁵³fu⁰	猪血 tɕy³³ɕie³³
邢台	干白菜 kan³⁴pai⁵³tsʰai³¹	豆腐 tou³¹fu⁰	血豆腐 ɕie⁵⁵tou³¹fu⁰
馆陶	干菜 kæn²⁴tsʰai²¹	豆腐 təu²¹fu⁰	猪血 tʂu²⁴ɕiɛ²⁴
沧县	干菜 kan²³tsʰai⁴¹	豆腐 tou⁵³fu⁰	猪血 tʂu²³ɕie²³
献县	干菜 kæ³³tsʰɛ³¹	豆腐 tou³³¹fu⁰	血豆腐 ɕie³³tou⁵³fu⁰
平泉	干菜 kan⁵⁵tsʰai⁵¹	豆腐 tou⁵¹fu⁰	猪血 tʂu⁵⁵ɕie²¹⁴
滦平	干菜 kan⁵⁵tsʰai⁵¹	豆腐 tou⁵¹fu⁰	猪血 tʂu⁵⁵ɕie²¹⁴
廊坊	干菜 kan⁵⁵tsʰai⁵¹	豆腐 tou⁵¹fu⁰	血豆腐 ɕie²¹tou⁵¹fu⁰
魏县	干菜 kan³³tʂʰai³¹²	豆腐 təu³¹²u⁰	猪血 tʂu³³ɕie³³
张北	干菜 kæ⁴²tsʰai²¹³	豆腐 təu²³fu⁴²	猪血 tsu⁴²ɕyəʔ³²

（续表）

	0406 干菜 统称	0407 豆腐	0408 猪血 当菜的
万全	干菜 kan⁴¹tsʰɛi²¹³	豆腐 tou²¹³fu⁰	猪血 tsu⁴¹ɕyəʔ²²
涿鹿	干菜 kæ̃⁴²tsʰɛ³¹	豆腐 təu³¹fuə⁰	猪血 tʂu⁴⁴ɕyʌʔ⁴³
平山	干菜 kæ̃⁴²tsʰɛ⁰	豆腐 tɐu⁵⁵fu⁰	猪血 tʂu⁴²ɕiə²⁴
鹿泉	干菜 kæ̃⁵⁵tsʰɛ⁰	豆腐 tou³¹fo⁰	猪血 tʂu⁵⁵ɕiʌ¹³
赞皇	干菜 kæ̃⁵⁴tsʰɛ³¹	豆腐 təu⁵¹fu⁰	猪血 tʂu⁵⁴ɕiɐ²⁴
沙河	干菜 kã⁴¹tsʰai²¹	[豆腐]təu²⁴	血片儿 ɕiəʔ²⁴pʰiar²¹
邯郸	干菜 kæ̃⁵⁵tsʰai²¹	豆腐 təu¹³u⁰	猪血 tʂu³¹ɕiʌʔ²¹
涉县	干菜 kæ̃⁵⁵tsʰai⁰	豆腐 tou⁵⁵fu⁰/tou⁵⁵fəʔ⁰	猪血 tsu⁴¹ɕiəʔ³²

	0409 猪蹄当菜的	0410 猪舌头当菜的，注意婉称	0411 猪肝当菜的，注意婉称
兴隆	猪蹄儿 tʂu³⁵tʰiər⁵⁵ 猪蹄子 tʂu³⁵tʰi⁵⁵tsʅ⁰ 猪手 tʂu³⁵ʂou²¹³①	口条 kʰou²¹tʰiau⁵⁵ 猪舌头 tʂu³⁵ʂə⁵⁵tʰou⁰	猪肝儿 tʂu³⁵kɐr³⁵
北戴河	猪爪儿 tʃu⁴⁴tʃuɐr²¹⁴	猪舌头 tʃu⁴⁴ʂɤ³⁵tʰou⁰	猪肝儿 tʃu⁴⁴kɐr⁴⁴
昌黎	膀蹄爪儿 pʰaŋ²¹tʰie⁰tʂuar²¹³	猪舌头 tʂu³⁴ʂɤ⁴²tʰou⁰	猪肝儿 tʂu³⁴kɐr⁴²
乐亭	膀蹄爪儿 pʰaŋ³³tʰie⁰tʂuar³⁴	猪舌头 tʂu³³ʂə³¹tʰou⁰	猪肝儿 tʂu³³kɐr³¹
蔚县	猪蹄儿 tsu⁵³tʰiər⁴¹	猪舌头 tsu⁵³ʂɤ⁴¹tʰəu⁰	猪肝儿 tsu⁵³kɐr⁵³
涞水	猪蹄儿 tʂu⁵⁵tʰi²⁴iər⁰	猪口条 tʂu⁵⁵kʰou³¹tʰiau⁰	猪肝儿 tʂu⁵⁵kɐr³¹
霸州	猪爪儿 tʂu⁴⁵tʂuar²¹⁴	口条 kʰou²¹tʰiau⁵³	猪肝儿 tʂu⁴⁵kɐr⁴⁵
容城	肘爪子 tʂou²¹tʂua⁵²tsʅ⁰	猪口条 tʂu⁴⁴kʰou⁵²tʰiau⁰	猪肝儿 tʂu⁴⁴kɐr⁴³
雄县	猪蹄儿 tʂu⁴⁵tʰiər⁵³ 猪爪儿 tʂu⁴⁵tʂuar²¹⁴	口条 kʰou⁴¹tʰiau⁰	猪肝儿 tʂu⁴⁵kɐr⁴⁵
安新	猪爪儿 tʂu⁴⁵tʂuar²¹⁴	口条 kʰou⁵³tʰiau⁰	猪肝儿 tʂu⁵³kɐr⁴⁵
满城	猪蹄儿 tʂu⁴⁵tʰiər²²	猪舌头 tʂu⁴⁵ʂɤ²²tʰou⁰ 口条 kʰou⁴²tʰiau⁰	肝花 kan⁴⁵xuo⁰ 肝儿 kɐr⁴⁵
阜平	猪蹄儿 tʂu⁵⁵tʰiər²⁴	猪舌头 tʂu⁵⁵ʂɤ⁵³tʰou⁰	猪肝儿 tʂu⁵⁵kɐr³¹
定州	猪蹄子 tʂu³³tʰi⁴²tsʅ⁰	口条 kʰou²¹¹tʰiau⁰	肝花 kan³³xuə⁰
无极	猪蹄儿 tʂu³³tʰiər²¹³	猪舌根 tʂu³³ʂɤ³¹ken⁰	猪肝花 tʂu³³kãn³¹xua⁰
辛集	猪蹄儿 tʂu³³tʰiər³⁵⁴	猪舌头 tʂu³³ʂə³⁵tʰou⁰	肝花 kan³³xa⁰
衡水	猪蹄儿 tɕy²⁴tʰiər⁵³	口条 kʰəu²¹tʰiau⁰	肝花 kan³¹xuo⁰
故城	猪蹄儿 tʂʮ²⁴tʰiər⁵³ 猪手儿 tʂʮ²¹sour⁵⁵	口条儿 kʰou²⁴tʰiɔr⁵³	猪肝儿 tʂʮ²⁴kɐr²⁴
巨鹿	猪蹄儿 tɕy³³tʰiər⁴¹	猪舌头 tɕy³³ɕiɛ⁵³tʰou⁰	猪肝儿 tɕy³³kar³³
邢台	猪蹄儿 tʂu³⁴tʰiər⁵³	猪舌头 tʂu³⁴ʂə⁵³tʰou⁰	猪肝儿 tʂu³⁴kɐr³⁴ 肝花 kan³⁴xua⁰
馆陶	猪蹄儿 tʂu²⁴tʰiər⁵²	猪舌头 tʂu²⁴ʂɤ⁵²tʰəu⁰ 舌根儿 ʂɤ⁵³kɐr²⁴	猪肝儿 tʂu⁴³kɐr²⁴
沧县	猪蹄儿 tʂu²³tʰiər⁵³	口条儿 kʰou⁵⁵tʰiaur⁵³	肝花 kan⁴¹xuo⁰
献县	猪蹄儿 tʂu³³tʰiəʐ⁵³	口条儿 kʰou²¹tʰiɔr⁵³	猪肝 tʂu⁵³kæ̃³³

(续表)

	0409 猪蹄 当菜的	0410 猪舌头 当菜的,注意婉称	0411 猪肝 当菜的,注意婉称
平泉	猪蹄子 tʂu⁵⁵tʰi³⁵tsʅ⁰ 猪蹄儿 tʂu⁵⁵tʰiər³⁵	口条儿 kʰou²¹tʰiɑur³⁵ 猪舌头 tʂu⁵⁵sə³⁵tʰou⁰	猪肝儿 tʂu⁵⁵kɐr⁵⁵
滦平	猪蹄儿 tʂu⁵⁵tʰiər³⁵	口条儿 kʰou²¹tʰiɑur³⁵ 猪舌头 tʂu⁵⁵sə³⁵tʰou⁰	猪肝儿 tʂu⁵⁵kɐr⁵⁵
廊坊	猪蹄儿 tʂu⁵⁵tʰiər³⁵ 猪蹄子 tʂu⁵⁵tʰi³⁵tsʅ⁰	口条 kʰou²¹tʰiɑu³⁵	肝儿 kɐr⁵⁵ 猪肝儿 tʂu⁵⁵kɐr⁵⁵
魏县	猪蹄子 tʂu³³tʰi⁵³tɛ⁰	舌根儿 ʂɛ⁵³kɐr³³	猪肝儿 tʂu³³kɐr³³
张北	猪蹄子 tsu⁴²tʰi⁴²tsə⁰	猪舌头 tsu⁴²səʔ³tʰəu⁴²	猪肝儿 tsu⁴⁴kɐr⁴² 肝花 kæ⁴²xua⁰
万全	猪蹄 tsu⁴¹tʰi⁴¹	猪舌头 tsu⁴¹səʔ⁴tʰou⁰	猪肝儿 tsu⁴¹kɐr⁴¹
涿鹿	猪蹄子 tsu⁴⁴tʰi⁴²ə⁰	猪舌头 tsu⁴⁴sʅ⁴²tʰəu⁰	猪肝 tsu⁴²kæ⁴² 肝儿 kɐr⁴⁴
平山	猪蹄儿 tʂu⁵³tʰiər³¹	猪舌头 tʂu⁵⁵sɤ⁴²tʰɐu⁰	猪肝儿 tʂu⁵³kær³¹
鹿泉	猪蹄儿 tʂu⁵⁵tʰiər⁵⁵	猪舌头 tʂu⁵⁵sɤ⁵⁵tʰou⁰	猪肝儿 tʂu⁵⁵kɐr⁵⁵
赞皇	猪蹄儿 tʂu⁵⁴tʰər⁵⁴	猪舌头 tʂu⁵⁴sə⁵¹tʰou⁰	猪肝儿 tʂu⁵⁴kɐr⁵⁴
沙河	猪蹄儿 tʂu⁴¹tʰiər⁵¹	猪舌根儿 tʂu⁴¹sɤ⁵¹kər⁰	猪肝儿 tʂu⁴¹kar²¹
邯郸	猪肘子 tʂu³³tʂəu⁵⁵tə⁰	猪舌根儿 tʂu³³sɤ²⁴kər³¹	猪肝儿 tʂu³¹kɐr³¹
涉县	猪蹄子 tsu⁴¹tʰi⁴¹ə⁰	猪舌头 tsu⁴¹səʔ³²tʰou⁰	猪肝儿 tsu⁴¹kɐr⁴¹

---

① 还有"猪爪儿 tʂu³⁵tʂuar²¹³"的说法。

	0412 下水 猪牛羊的内脏	0413 鸡蛋	0414 松花蛋
兴隆	下水 ɕia⁵¹ʂuei⁰ 下货 ɕia⁵³xuo⁵¹	鸡蛋 tɕi³⁵tan⁵¹	松花儿蛋 soŋ³⁵xuɑr³⁵tan⁵¹
北戴河	下水 ɕia⁵³ʃuei⁰	鸡蛋 tɕi⁴⁴tan⁵¹	松花儿蛋 ʃuŋ⁴⁴xuɐr⁴⁴tan⁵¹
昌黎	下水 ɕia⁴⁵ʂuei⁰	鸡蛋 tɕi³⁴tan²⁴	松花儿蛋 suŋ⁴⁴xuɑr⁴⁴tan²⁴
乐亭	下水 ɕia⁵⁵ʂuei⁰	鸡蛋 tɕi³³tan⁵²	松花儿蛋 suŋ³³xuar³³tan⁵²
蔚县	下水 ɕia³¹suei⁰	鸡蛋 tɕi⁵³tã⁰ 鸡子儿 tɕi⁵³tsʅər⁴⁴	松花蛋 suŋ⁵³xuɑ⁵³tã³¹²
涞水	下水 ɕia³¹suei²⁴	鸡蛋 tɕi⁴⁵tan⁰	松花蛋儿 soŋ⁵⁵xua⁵⁵tɐr³¹⁴
霸州	下水 ɕia⁴⁵ʂuei⁰	鸡蛋 tɕi⁴⁵tan⁴¹ 白果 pai⁴⁴kuo²¹⁴ 鸡子儿 tɕi⁴⁵tsər²¹⁴	松花 suŋ⁴⁵xua⁴⁵ 松花蛋 suŋ⁴⁵xua⁴⁵tan⁴¹
容城	下水 ɕia⁵²ʂuei⁰	鸡蛋 tɕi³⁵tan⁵¹³	松花蛋 suŋ⁴⁴xua⁴⁴tan⁵¹³
雄县	下水 ɕia⁴⁵suei⁰	鸡蛋 tɕi⁴⁵tãn⁴¹ 鸡子儿 tɕi⁴⁵tsər²¹⁴	松花 suŋ⁴⁵xua⁴⁵
安新	下水 ɕia⁵⁵ʂuei²¹⁴	鸡子儿 tɕi⁴⁵tsər²¹⁴	松花 suŋ⁵³xua⁴⁵
满城	下水 ɕia²¹ʂuei⁰	鸡蛋 tɕi²¹tan⁰	松花蛋 suŋ⁴⁵xua⁴⁵tan⁵¹²
阜平	下水 ɕia⁵³ʂei⁵⁵	鸡蛋 tɕi³¹tã⁰	松花儿蛋 soŋ⁵⁵xuar³¹tæ̃⁵³
定州	下水 ɕia³⁵ʂuei⁰	鸡蛋 tɕi²¹¹tan⁰	松花蛋 suŋ³³xua³³tan⁵¹
无极	杂子 tsɑ³¹tsʅ⁰	鸡蛋 tɕi³⁵tãn⁰	松花蛋 suŋ³³xuɑ³³tãn⁵¹
辛集	杂碎 tsɑ³⁵suei⁴¹	鸡蛋 tɕi³⁵tan⁴¹	松花蛋 soŋ³⁵xɑ³³tan⁴¹
衡水	杂碎 tʂɑ²⁴suei⁰	鸡子儿 tɕi²⁴tsər⁵⁵	松花蛋 suŋ²⁴xuɑ²⁴tɑn³¹
故城	下水 ɕia⁵³suei⁰	鸡蛋 tɕi²⁴tæ̃³¹ 鸡子儿 tɕi²¹tsər⁰	皮蛋 pʰi⁵⁵tæ̃³¹ 松花儿蛋 suŋ²⁴xuar²⁴tæ̃³¹
巨鹿	杂碎 tsa⁵³suei⁰	鸡蛋 tɕi³³tɛ̃²¹	松花儿蛋 soŋ³³xuar³³tɛ̃²¹
邢台	下水 ɕia³¹ʂuei⁵⁵	鸡蛋 tɕi³⁴tan³¹	松花蛋 suŋ³⁴xua³⁴tan³¹
馆陶	下水 ɕia²¹ʂuei⁰	鸡子儿 tɕi²²tsər⁰ 鸡蛋 tɕi⁵²tæn⁰	变蛋 piæn²⁴tæn²¹① 松花蛋 suŋ⁴⁴xua⁴⁴tæn²¹
沧县	下水 ɕia⁵³ʂuei⁰	鸡蛋 tɕi²³tan⁴¹	松花儿蛋 soŋ²³xuʌr²³tan⁴¹
献县	下水 ɕia³³¹ʂuei⁰	鸡蛋 tɕi³³tæ̃³¹	松花儿蛋 soŋ⁵³xuʌr³³tæ̃³¹

（续表）

	0412 下水 猪牛羊的内脏	0413 鸡蛋	0414 松花蛋
平泉	下货 ɕia⁵³xuo⁵¹ 下水 ɕia⁵¹ʂuei⁰	鸡子儿 tɕi⁵⁵tsər²¹⁴ 白果 pai³⁵kuo²¹⁴ 鸡蛋 tɕi⁵⁵tan⁵¹	松花蛋 suŋ⁵⁵xua⁵⁵tan⁵¹
滦平	下货 ɕia⁵¹xuo⁵¹ 下水 ɕia⁵¹ʂuei⁰	鸡蛋 tɕi⁵⁵tan⁵¹ 白果 pai³⁵kuo²¹⁴	松花儿蛋 suŋ⁵⁵xuar⁵⁵tan⁵¹
廊坊	下水 ɕia⁵¹ʂuei⁰	鸡蛋 tɕi⁵⁵tan⁵¹ 鸡子儿 tɕi⁵⁵tsər²¹⁴	皮蛋 pʰi³⁵tan⁵¹ 松花蛋 suŋ⁵⁵xua⁵⁵tan⁵¹
魏县	下水 ɕia³¹²ʂuai⁰	鸡蛋 tɕi⁵³tan³¹²	松花蛋 suŋ³³xua³³tan³¹²
张北	下水 ɕia²³suei⁴²	鸡子儿 tɕi⁴²tsər⁵⁵ 鸡蛋 tɕi⁴²tæ̃²¹³	松花儿蛋 suŋ⁴⁴xuer⁴²tæ̃²¹³
万全	下水 ɕia²¹³suei⁰	鸡蛋 tɕi⁴¹tan²¹³	松花蛋 suaŋ⁴¹xua⁴¹tan²¹³
涿鹿	下水 ɕia³¹suei⁰	鸡蛋 tɕi⁴⁴tæ̃³¹ 鸡子儿 tɕi⁴²tsər⁴⁵	皮蛋 pʰi⁵²tæ̃³¹ 松花儿蛋 suŋ⁴⁴xuar⁴⁴tæ̃³¹
平山	下水 ɕia⁴²ʂæi⁵⁵	鸡蛋 tɕi⁵³tæ̃⁴²	松花蛋 soŋ⁵³xua⁵³tæ̃⁴²
鹿泉	下水 ɕia³¹ʂei⁰	鸡蛋 tɕi⁵⁵tæ̃³¹ 鸡子儿 tɕi⁵⁵tsər³⁵	松花蛋 suŋ⁵⁵xua⁵⁵tæ̃³¹
赞皇	下水 ɕia³¹²ʂuei⁴⁵	鸡蛋 tɕi⁵⁴tæ̃³¹	松花蛋 suŋ⁵⁴xua⁵⁴tæ̃³¹
沙河	下水 ɕiɔ²¹ʂuei³³	鸡蛋 tɕi⁴¹tã²¹	松花蛋 soŋ⁴¹xuɔ²¹tã²¹
邯郸	下水 ɕiɔ²¹ʂuəi⁰	鸡蛋 tɕi⁵⁵tæ̃²¹	松花蛋 suŋ³³xɔ⁵⁵tæ̃²¹
涉县	下水 ɕiɔ⁵⁵suəi⁰	鸡蛋 tɕi⁴¹tæ̃⁵⁵	松花蛋 ɕyəŋ⁴¹xuŋ⁰tæ̃⁵⁵

---

① 自己家做的。

	0415 猪油	0416 香油	0417 酱油
兴隆	猪油 tʂu³⁵iou⁵⁵ 大油 ta⁵¹iou⁵⁵ 荤油 xuən³⁵iou⁵⁵	香油 ɕiaŋ³⁵iou⁵⁵	酱油 tɕiaŋ⁵¹iou⁵⁵
北戴河	大油 ta⁵³iou³⁵ 荤油 xuən⁴⁴iou³⁵ 猪油 tʃu⁴⁴iou³⁵	香油 ɕiaŋ⁴⁴iou³⁵	青酱 tɕʰiŋ⁴⁴tɕiaŋ⁵¹ 酱油 tɕiaŋ⁵³iou³⁵
昌黎	荤油 xuən⁴²iou⁰ 大油 ta⁴⁵iou⁰	香油 ɕiaŋ⁴²iou⁰	青酱 tɕʰiŋ³⁴tɕiaŋ⁴⁵³ 酱油 tɕiaŋ⁴²iou²¹³
乐亭	荤油 xuən³³iou²¹²	香油 ɕiaŋ³¹iou²¹²	青酱 tɕʰiŋ³³tɕiaŋ⁵²
蔚县	猪油 tsu⁵³iəu⁴¹ 荤油 xuŋ⁵³iəu⁴¹ 板油 pã⁴⁴iəu⁴¹①	香油 ɕiɔ⁵³iəu⁴¹	酱油 tɕiɔ³¹iəu⁴¹
涞水	大油 ta³¹iou⁴⁵ 猪油 tʂu³³iou⁰	香油 ɕiaŋ⁵⁵iou⁴⁵	酱油 tɕiaŋ³¹iou⁴⁵
霸州	大油 ta⁴¹iou⁵³ 荤油 xuən⁴⁵iou⁵³ 猪油 tʂu⁴⁵iou⁵³	香油 ɕiaŋ⁴⁵iou⁵³	酱油 tɕiaŋ⁴¹iou⁵³
容城	大油 ta⁵²iou³⁵	香油 ɕiaŋ⁴⁴iou³⁵	青酱 tɕʰiŋ³⁵tɕiaŋ⁵¹³
雄县	大油 ta⁴¹iou⁵³ 腥油 ɕiŋ⁴⁵iou⁵³ 猪油 tʂu⁴⁵iou⁵³	香油 ɕiaŋ⁴⁵iou⁵³ 芝麻油 tʂʅ⁴⁵ma⁰iou⁵³	酱油 tɕiaŋ⁴¹iou⁵³
安新	大油 ta⁵³iou³¹ 猪油 tʂu⁴⁵iou³¹	香油 ɕiaŋ⁴⁵iou³¹	酱油 tɕiaŋ⁵³iou³¹
满城	板油 pan³⁵iou²² 水油 ʂuei³⁵iou²² 荤油 xuən⁴⁵iou²²	香油 ɕiaŋ⁴⁵iou²²	青酱 tɕʰiŋ⁴⁵tɕiaŋ⁵¹²
阜平	猪油 tʂu⁵⁵iou²⁴	香油 ɕiaŋ⁵⁵iou²⁴	酱油 tɕiaŋ⁵³iou²⁴
定州	大油 ta⁵³iou²¹³	香油 ɕiaŋ³³iou²¹³	酱油 tsiaŋ⁵³iou²¹³ 青酱 tsʰiŋ³³tsiaŋ⁵¹②
无极	花油 xuɑ³³iəu²¹³ 膘子油 piɔ³¹tsʅ⁰iəu²¹³	香油 ɕiaŋ³³iəu²¹³	酱油 tsiaŋ⁵¹iəu²¹³
辛集	腥油 siŋ³³iou⁰	香油 ɕiaŋ³³iou⁰	酱油 tsiaŋ⁴²iou³⁵⁴
衡水	板油 pan⁵⁵iəu⁵³	香油 ɕiaŋ²⁴iəu⁵³	酱油 tɕiaŋ³¹iəu⁵³

(续表)

	0415 猪油	0416 香油	0417 酱油
故城	大油 ta³¹iou⁵³ 板油 pæ²⁴iou⁵³ 花油 xua²⁴iou⁵³	香油 ɕiaŋ²⁴iou⁵³	酱油儿 tɕiaŋ³¹iour⁵³
巨鹿	猪腥油 tɕy³³ɕiŋ³³iou⁴¹	香油 ɕiaŋ³³iou⁴¹	酱油 tɕiã²¹iou⁴¹
邢台	腥油 siŋ³⁴iou⁵³	香油 ɕiaŋ³⁴iou⁵³	酱油 tsiaŋ³¹iou⁵³ 青酱 tsʰiŋ³⁴tsiaŋ³¹
馆陶	大油 ta²¹iəu⁵² 猪油 tʂu²⁴iəu⁵²	香油 ɕiaŋ²⁴iəu⁵²	酱油 tsiaŋ²¹iəu⁵² 酱 tsiaŋ²¹³
沧县	大油 ta⁴¹iou⁵³	香油 ɕiaŋ²³iou⁵³	酱油 tɕiaŋ⁴¹iou⁵³
献县	大油 ta³¹iou⁵³ 腥油 ɕiŋ³³iou⁵³	香油 ɕiã³³iou⁵³	青酱 tɕʰiŋ³³tɕiã³¹
平泉	猪油 tʂu⁵⁵iou³⁵	香油 ɕiaŋ⁵⁵iou³⁵	酱油 tɕiaŋ⁵³iou³⁵
滦平	大油 ta⁵¹iou³⁵ 猪油 tʂu⁵⁵iou³⁵	香油 ɕiaŋ⁵⁵iou³⁵	酱油 tɕiaŋ⁵¹iou³⁵
廊坊	猪油 tʂu⁵⁵iou³⁵ 泛称 大油 ta⁵³iou³⁵③	香油 ɕiaŋ⁵⁵iou³⁵	酱油 tɕiaŋ⁵³iou³⁵
魏县	腥油 ɕiŋ³³iəu⁵³	香油 ɕiaŋ³³iəu⁵³	青酱 tɕʰiŋ³³tɕiaŋ³¹²
张北	板儿油 pɐr⁵⁵iəu⁴² 大油 ta²³iəu⁴²	香油 ɕiɔ̃⁴²iəu⁰	酱油 tɕiɔ̃²³iəu⁴²
万全	板儿油 pɐr⁴⁴iou⁴¹	香油 ɕiaŋ⁴¹iou⁰	酱油 tɕiaŋ²⁴iou⁴¹
涿鹿	大油 ta²³iəu⁵² 板儿油 pɐr⁴⁵iəu⁵²	香油 ɕiã⁴²iəu⁰	酱油 tɕiã²³iəu⁵²
平山	腥油 siŋ⁵³iɐu³¹	香油 ɕiaŋ⁴²iɐu³¹	酱油 tsiaŋ²⁴iɐu³¹
鹿泉	腥油 siŋ⁵⁵iou⁰	香油 ɕiaŋ⁵⁵iou⁰	酱油 tsiaŋ³¹iou⁵⁵
赞皇	腥油 siŋ⁵⁴iɐu⁵⁴	香油 ɕiaŋ⁵⁴iɐu⁵⁴	酱油 tsiaŋ³¹²iɐu⁵⁴
沙河	猪油 tʂu⁴¹iəu⁵¹	香油 ɕiaŋ⁴¹iəu⁵¹	酱油 tsiaŋ²¹iəu⁵¹
邯郸	猪腥油 tʂu³¹siŋ⁵⁵iəu⁵³	小磨油儿 siau⁵⁵muə²¹iəur⁵³	青酱 tsʰiŋ⁵⁵tsiaŋ²¹
涉县	猪腥油 tsu⁴¹ɕiaŋ⁴¹iou⁰	香油 ɕiã⁴¹iou⁰	酱油儿 tɕiã⁵⁵iəur⁴¹²

① 未提炼的。
② 只老人说。
③ 特指好的猪油。

	0418 盐 名词	0419 醋 注意婉称	0420 香烟
兴隆	盐 ian^{55} 咸盐 ɕian^{55}ian^{55}	醋 tsʰu^{51}	香烟 ɕiaŋ^{35}ian^{35}
北戴河	咸盐 ɕian^{35}ian^{35}	醋 tʃʰu^{51}	洋烟 iaŋ^{35}ian^{44} 烟卷儿 ian^{44}tɕyɤr^{214}
昌黎	咸盐 ɕian^{34}ian^{213}	醋 tsʰu^{453}	烟卷儿 ian^{34}tɕyɤr^{213}
乐亭	咸盐 ɕien^{34}ien^{212}	醋 tsʰu^{52}	洋烟 iaŋ^{34}ien^{31}
蔚县	盐 iã^{41}	醋 tsʰu^{312}	烟 iã^{53}
涞水	盐 ian^{45}	醋 tsʰu^{314}	烟卷儿 ian^{55}tɕyɤr^{24}
霸州	盐 ian^{53}	醋 tsʰu^{41}	烟 ian^{45} 烟卷儿 ian^{45}tɕyɤr^{214}
容城	盐 ian^{35}	醋 tsʰu^{513}	烟卷儿 ian^{44}tɕyɤr^{213}
雄县	盐 iãn^{53}	醋 tsʰu^{41}	烟 iãn^{45} 烟卷儿 iãn^{45}tɕyɤr^{214}
安新	盐 ian^{31}	醋 tsʰu^{51}	烟卷儿 ian^{45}tɕyɤr^{214}
满城	盐 ian^{22}	醋 tsʰu^{512}	烟卷儿 ian^{45}tɕyɤr^{213}
阜平	盐 iæ^{24}	醋 tsʰu^{53}	烟卷儿 iæ^{24}tɕyɤr^{55}
定州	盐 ian^{213}	醋 tsʰu^{51} 酸的 suan^{33}ti^{0}	烟卷儿 ian^{33}tɕyɤr^{24}
无极	盐 iãn^{213}	醋 tsʰu^{51}	烟卷儿 iãn^{31}tɕyɤr^{35}
辛集	盐 ian^{354}	醋 tsʰu^{41}	烟 ian^{33}
衡水	盐 iɑn^{53}	醋 tsʰu^{31}	烟卷儿 iɑn^{31}tɕyɤr^{55}
故城	盐 iæ^{53}	醋 tsʰu^{31} 忌讳 tɕi^{53}xuei^{0}	烟卷儿 iæ^{21}tɕyɤr^{55}
巨鹿	盐 iɛ^{41}	醋 tsʰu^{21}	洋烟儿 iɑ^{41}iar^{33}
邢台	盐 ian^{53}	醋 tsʰu^{31}	烟 ian^{34}
馆陶	盐 iæn^{52}	忌讳 tɕi^{24}xuei^{0} 醋 tsʰu^{213}	烟卷儿 iæn^{24}tɕyɤr^{44} 烟 iæn^{24}
沧县	盐 ian^{53}	醋 tsʰu^{41} 通称 忌讳 tɕi^{53}xuei^{0} 婉称	烟卷儿 ian^{23}tɕyɤr^{55}

(续表)

	0418 盐 名词	0419 醋 注意婉称	0420 香烟
献县	盐 iæ⁵³	醋 tsʰu³¹ 通称 忌讳 tɕi³³¹xuei⁰ 婉称	烟卷儿 iæ³³tɕyɚr³³
平泉	咸盐 ɕian⁵⁵ian³⁵ 盐 ian³⁵	醋 tsʰu⁵¹	烟卷儿 ian⁵⁵tɕyɚr²¹⁴ 香烟 ɕian⁵⁵ian⁵⁵
滦平	咸盐 ɕian³⁵ian³⁵ 盐 ian³⁵	醋 tsʰu⁵¹	香烟 ɕiaŋ⁵⁵ian⁵⁵
廊坊	盐 ian³⁵	醋 tsʰu⁵¹	烟 ien⁵⁵ 烟卷儿 ien⁵⁵tɕyɚr²¹⁴
魏县	盐 ian⁵³	醋 tʂʰu³¹²	洋烟儿 iɑŋ⁵³iɚr³³
张北	咸盐 ɕiæ⁴²iæ⁴²	醋 tsʰu²¹³	烟卷儿 iæ⁴²tɕyɚr⁵⁵
万全	咸盐 ɕian⁴¹ian⁴¹	醋 tsʰu²¹³	烟卷儿 ian⁴⁴tɕyɚr⁵⁵
涿鹿	盐 iæ⁴²	醋 tsʰu³¹	烟卷儿 iæ⁴²tɕyɚr⁴⁵
平山	咸盐 ɕiæ⁵³iæ³¹	醋 tsʰu⁴²	烟儿 iær³¹
鹿泉	盐 iæ⁵⁵ 咸盐 ɕiæ⁵⁵iæ⁵⁵	醋 tsʰu³¹²	烟儿 iɚr⁵⁵
赞皇	盐 iæ⁵⁴	醋 tsʰu³¹²	烟卷儿 iæ⁵⁴tɕyɚr⁴⁵
沙河	盐 iã⁵¹	醋 tsʰu²¹	烟卷儿 iã⁴¹tɕyar³³
邯郸	盐 iæ⁵³	醋 tsʰu²¹³	烟 iæ³¹
涉县	盐 iæ⁴¹²	醋 tsʰu⁵⁵	烟 iæ⁴¹

	0421 旱烟	0422 白酒	0423 黄酒
兴隆	旱烟 xan⁵¹ian³⁵	白酒 pai⁵⁵tɕiou²¹³	黄酒 xuaŋ⁵⁵tɕiou²¹³
北戴河	旱烟 xan⁵³ian⁴⁴	白酒 pai³⁵tɕiou²¹⁴	黄酒 xuaŋ³⁵tɕiou²¹⁴
昌黎	旱烟 xan⁴⁵ian⁴²	白酒 pai⁴²tɕiou⁰	黄酒 xuaŋ⁴²tɕiou⁰
乐亭	旱烟 xan³⁴iɛn³¹	白酒 pai³⁴tɕiou³⁴	黄酒 xuaŋ³⁴tɕiou³⁴
蔚县	旱烟 xã³¹iã⁵³	白酒 pei⁴¹tɕiəu⁴⁴	黄酒 xɔ⁴¹tɕiəu⁴⁴
涞水	大烟 ta³¹ian⁰	白酒 pai⁴⁵tɕiou²⁴	黄酒 xuaŋ⁴⁵tɕiou⁰
霸州	大叶儿烟 ta⁴⁵iɛr⁴¹ian⁴⁵	白酒 pai⁴⁴tɕiou²¹⁴	料酒 liau⁴¹tɕiou²¹⁴
容城	旱烟 xan⁵²ian⁴³	白酒 pai⁴⁴tɕiou²¹³	黄酒 xuaŋ⁴⁴tɕiou²¹³
雄县	大叶儿烟 ta⁴¹iɛr⁴¹iãn⁴⁵	白酒 pai⁵³tɕiou²¹⁴	黄酒 xuaŋ⁴⁵tɕiou⁰
安新	旱烟 xan⁵³ian⁴⁵	白酒 pai⁴⁵tɕiou²¹⁴	黄酒 xuaŋ⁴⁵tɕiou²¹⁴
满城	旱烟 xan⁵³ian⁴⁵	酒 tɕiou²¹³ 烧酒 ʂau⁴⁵tɕiou⁰ 白酒 pai²²tɕiou⁰	黄酒 xuaŋ²²tɕiou⁰
阜平	大叶儿烟 ta²⁴iɛr⁵³iæ³¹	白酒 pæ²⁴tɕiou⁵⁵	黄酒 xuaŋ³¹tɕiou⁵⁵
定州	旱烟 xan⁵³ian³³	白酒 pai²⁴tsiou²⁴	黄酒 xuaŋ⁴²tsiou²⁴
无极	叶子烟 iɛ⁵³tsɿ⁰iãn³¹	白酒 pæ³¹tsiəu³⁵	黄酒 xuaŋ³¹tsiəu³⁵
辛集	烟叶儿 ian³⁵iɚ⁴¹	酒 tsiou³²⁴	
衡水	烟叶儿 ian²⁴iɛr³¹	白酒 pai⁵³tɕiəu⁵⁵	黄酒 xuaŋ⁵³tɕiəu⁵⁵
故城	旱烟 xæ³¹iæ²⁴	白酒 pæ⁵³tɕiou⁵⁵	料酒 liɔɔ³¹tɕiou⁵⁵ 黄酒 xuaŋ⁵³tɕiou⁵⁵
巨鹿	黄丝儿 xuã⁴¹sər³³	酒 tɕiou⁵⁵	黄酒 xuã⁴¹tɕiou⁵⁵
邢台	旱烟 xan³¹ian³⁴	白酒 pai⁵³tsiou⁵⁵ 酒 tsiou⁵⁵	黄酒 xuaŋ⁵³tsiou⁵⁵
馆陶	旱烟 xæn²¹iæn²⁴	白酒 pai⁵²tsiəu⁴⁴	黄酒 xuaŋ⁵²tsiəu⁴⁴
沧县	烟叶儿 ian²³iɤr⁴¹	白酒 pai⁵³tɕiou⁵⁵	黄酒 xuaŋ⁵³tɕiou⁵⁵
献县	大叶儿 ta³¹iɤr³¹ 旱烟 xæ³¹iæ³³	白酒 pɛ⁵³tɕiou²¹⁴	黄酒 xuã⁵³tɕiou²¹⁴
平泉	火烟 xuo²¹ian⁵⁵ 旱烟 xan⁵³ian⁵⁵	酒 tɕiou²¹⁴ 白酒 pai³⁵tɕiou²¹⁴	黄酒 xuaŋ³⁵tɕiou²¹⁴

（续表）

	0421 旱烟	0422 白酒	0423 黄酒
滦平	火烟 xuo²¹ian⁵⁵ 旱烟 xan⁵¹ian⁵⁵	白酒 pai³⁵tɕiou²¹⁴	黄酒 xuɑŋ³⁵tɕiou²¹⁴
廊坊	旱烟 xan⁵³iɛn⁵⁵	酒 tɕiou²¹⁴ 白酒 pai³⁵tɕiou²¹⁴	黄酒 xuɑŋ³⁵tɕiou²¹⁴
魏县	旱烟 xan³¹²ian³³	白酒 pai⁵³tɕiəu⁵⁵	黄酒 xuɑŋ⁵³tɕiəu⁵⁵
张北	旱烟儿 xæ²³iɛr⁴²	白酒 pai⁴²tɕiəu⁵⁵	黄酒 xuɑ̃⁴²tɕiəu⁵⁵
万全	烟锅子 ian⁴¹kuəʔ²²tsə⁰	白酒 pei⁵⁴tɕiou⁵⁵	黄酒 xuə⁵⁴tɕiou⁵⁵
涿鹿	烟叶 iæ⁴²ie³¹	烧酒 ʂɔ⁴²tɕiəu⁰ 白酒 pɛ⁵²tɕiəu⁴⁵	黄酒 xuɑ̃⁴²tɕiəu⁰
平山	旱烟 xæ²⁴iæ³¹	白酒 pɛ⁵³tsiəu⁵⁵	黄酒 xuɑŋ⁵³tsiəu⁵⁵
鹿泉	旱烟儿 xæ³¹iɛr⁵⁵	白酒 pɛ⁵⁵tsiou³⁵	黄酒 xuɑŋ⁵⁵tsiou⁰
赞皇	旱烟 xæ³¹²iæ⁵⁴	白酒 pɛ⁵⁴tsiəu⁴⁵	黄酒 xuɑŋ⁵¹tsiəu⁰
沙河	旱烟 xã²⁴iã⁴¹	白酒 pai⁵¹tsiəu³³	黄酒 xuɑŋ⁵¹tsiəu³³
邯郸	旱烟 xæ²⁴iæ³¹	白酒 pai⁵³tsiəu⁵⁵	黄酒 xuɑŋ⁵³tsiəu⁰
涉县	旱烟 xæ⁵⁵iæ⁴¹	白酒 pai⁴⁴tɕiou⁵³	黄酒 xuɑ̃⁴¹²tɕiou⁵³

	0424 江米酒 酒酿，醪糟	0425 茶叶	0426 沏~茶
兴隆		茶叶 tʂʰa⁵⁵iɛ⁵¹	沏 tɕʰi³⁵
北戴河	米酒 mi³⁵tɕiou²¹⁴	茶叶 tʃʰa³⁵iɛ⁵¹	沏 tɕʰi⁴⁴
昌黎		茶叶 tsʰa²¹³iɛ⁰	沏 tɕʰi⁴²
乐亭	江米酒 tɕiaŋ³¹mi⁰tɕiou³⁴	茶叶 tʂʰa³⁵iɛ⁵²	沏 tɕʰi³⁴
蔚县		茶叶 tsʰa⁴¹iə³¹²	泼 pʰɤ⁵³ 沏 tɕʰi⁵³
涞水	江米酒 tɕiaŋ⁵⁵mi²⁴tɕiou²⁴	茶叶 tʂʰa⁴⁵iɛ⁰	沏 tɕʰi³¹
霸州		茶叶 tsʰa⁴⁴iɛ⁴¹	沏 tɕʰi⁴⁵
容城	江米酒 tɕiaŋ³¹mi⁰tɕiou²¹³	茶叶 tʂʰa³⁵iɛ⁰	沏 tɕʰi⁴³
雄县		茶叶 tsʰa⁵³iɛ⁰	沏 tɕʰi⁴⁵
安新	米酒 mi⁴⁵tɕiou²¹⁴	叶子 iɛ⁵⁵tsʅ⁰ 茶叶 tʂʰa⁴⁵iɛ⁵¹	沏 tɕʰi²¹⁴
满城	醪糟 lau⁴⁵tsau⁰	茶叶 tʂʰa²²iɛ⁰	沏 tɕʰi⁴⁵
阜平	江米酒 tɕiaŋ³¹mi⁰tɕiou⁵⁵	茶叶 tʂʰa⁵³iɛ⁰	沏 tɕʰi²⁴
定州	米酒 mi²⁴tsiou²⁴	茶叶 tʂʰa⁴²iɛ⁰	沏 tsʰi³³
无极	江米酒 tɕiaŋ³¹mi⁰tsiəu³⁵	茶叶 tʂʰa³¹iɛ⁵¹	浸 tsʰien³¹
辛集		茶叶 tʂʰa³⁵iɛ⁴¹	浸 tsʰiən³³
衡水	米酒 mi⁵⁵tɕiəu⁵⁵	茶叶 tsʰa²⁴iɛ⁰	浸 tɕʰin²⁴
故城	米酒 mi³¹tɕiou⁵⁵	茶叶 tʂʰa⁵⁵iɛ⁰	沏 tɕʰi²⁴
巨鹿	江米酒 tɕiaŋ³³mi⁵⁵tɕiou⁵⁵	茶叶 tʂʰa⁵⁵iɛ²¹	泡 pʰau²¹
邢台	江米酒 tɕiaŋ³⁴mi⁵⁵tsiou⁵⁵	茶叶 tʂʰa⁵³iɛ³¹	沏 tsʰy³⁴ 泡 pʰau³¹
馆陶		茶叶 tʂʰa⁵²iɛ⁰ 茶 tʂʰa⁵²	泡 pʰao²¹³ 沏 tɕʰy²⁴
沧县	米酒 mi⁵³tɕiou⁵⁵	茶叶 tsʰa⁵⁵iɛ⁰	沏 tɕʰi²³
献县		茶叶 tsʰa⁵⁵iɛ⁰	沏 tɕʰi³³
平泉		茶叶 tsʰa³⁵iɛ⁵¹	泡 pʰau⁵¹ 沏 tɕʰi⁵⁵

(续表)

	0424 江米酒 酒酿, 醪糟	0425 茶叶	0426 沏 ~茶
滦平		茶叶 tṣʰa³⁵iɛ⁵¹	泡 pʰau⁵¹ 沏 tɕʰi⁵⁵
廊坊	米酒 mi³⁵tɕiou²¹⁴	茶 tṣʰa³⁵ 茶叶 tṣʰa³⁵iɛ⁰	泡 pʰau⁵¹ 沏 tɕʰi⁵⁵
魏县	江米酒 tɕiaŋ³³mi⁰tɕiəu⁵⁵	茶 tṣʰa⁵³	泼 pʰə³³
张北	江米酒 tɕiɔ̃⁴²mi⁰tɕiəu⁵⁵	茶叶 tsʰa⁴²iə ʔ³²	沏 tɕʰiəʔ³²
万全		茶叶 tsʰa⁴¹iʌʔ²²	沏 tɕʰiəʔ²²
涿鹿	江米酒 tɕiã⁴²mi⁰tɕiəu⁴⁵	茶叶 tsʰa⁵²iɛ³¹	沏 tɕʰiʌʔ⁴³
平山	江米酒 tɕiaŋ⁵³mi⁵⁵tsiɛu⁵⁵	茶叶 tṣʰa⁴²iə⁰	沏 tsʰi²⁴
鹿泉	江米酒 tɕiaŋ⁵⁵mi⁰tsiou⁰	茶叶 tṣʰa⁵⁵iɤ⁰	沏 tsʰiɤ¹³
赞皇	江米酒 tɕiaŋ⁵⁴mi⁴⁵tsiɛu⁴⁵	茶叶 tṣʰa⁵¹iɛ⁰	泡 pʰɔ³¹²
沙河		茶叶 tṣʰɔ⁵¹iɛ²¹	沏 tsʰiəʔ²
邯郸		茶叶 tṣʰɔ⁵³iʌʔ⁰	沏 tsʰʰyeʔ⁴³
涉县		茶叶 tsʰɒ⁴¹iə²⁴ 茶叶儿 tsʰɒ⁴¹iɤr²⁴	沏 tɕʰiəʔ³²

	0427 冰棍儿	0428 做饭 统称	0429 炒菜 统称，和做饭相对
兴隆	冰棍儿 piŋ³⁵kuər⁵¹	做饭 tsuo⁵³fan⁵¹/ tsou⁵³fan⁵¹	炒菜 tʂʰau²¹tsʰai⁵¹
北戴河	冰棍儿 piŋ⁴⁴kuər⁵¹	做饭 tʃou⁵³fan⁵¹	炒菜 tʃʰau²¹tʃʰai⁵¹
昌黎	冰棍儿 piŋ³⁴kuər⁴⁵³	做饭 tʂou⁴²fan²⁴	炒菜 tʂʰau²¹tʂʰai⁴⁵³
乐亭	冰棍儿 piəŋ³³kuər⁵²	做饭 tsou⁵³fan⁵²	炒菜 tʂʰau³³tsʰai⁵²
蔚县	冰棍儿 piŋ⁵³kũr³¹²	做饭 tsuɤ⁵³fã³¹²	做菜 tsuɤ⁵³tsʰɛi³¹²
涞水	冰棍儿 piŋ⁵⁵kuər³¹⁴	做饭 tsou³¹fan³¹⁴	炒菜 tʂʰau²⁴tsʰai³¹⁴
霸州	冰棍儿 piŋ⁴⁵kuər⁴¹	做饭 tsou⁴⁵fan⁴¹	炒菜 tʂʰau²⁴tsʰai⁴¹
容城	冰棍儿 piŋ³⁵kuər⁵¹³	做饭 tsou⁴⁴fan⁵¹³	炒菜 tʂʰau²¹tsʰai⁵¹³
雄县	冰棍儿 piŋ⁴⁵kuər⁴¹	做饭 tsou⁵³⁴fãn⁴¹/ tsuo⁴¹fãn⁴¹	炒菜 tʂʰau²⁴tsʰai⁴¹/tʂʰau²⁴tsʰai⁴¹
安新	冰棍儿 piŋ⁴⁵kuər⁵¹	弄饭 nəŋ⁵³fan⁵¹	炒菜 tʂʰau²¹tsʰai⁵¹
满城	冰棍儿 piŋ⁴⁵kuər⁵¹²	做饭 tsou⁵³fan⁵¹²	炒菜 tʂʰau²¹tsʰai⁵¹²
阜平	冰棍儿 piŋ²⁴kuər⁵³	做饭 tsuɤ⁵³fæ̃⁵³	炒菜 tʂʰɔ⁵⁵tsʰæ⁵³
定州	冰棍儿 piŋ³³kuər⁵¹	做饭 tsou⁵³fan⁵¹	炒菜 tʂʰau²⁴tsʰai⁵¹
无极	冰棍儿 piŋ³¹kuər⁵¹	做饭 tsəu⁵¹fãn⁴⁵¹	炒菜 tʂʰɔ³⁵tsʰæ⁵¹
辛集	冰棍儿 piŋ³⁵kuər⁴¹	做饭 tsou⁴²fan⁴¹	炒菜 tʂʰau²⁴tsʰai⁴¹
衡水	冰棍儿 piŋ²⁴kuər³¹	做饭 tsou³¹fɑn³¹	炒菜 tʂʰau⁵⁵tsʰai³¹
故城	冰棍儿 piŋ²⁴kuər³¹	做饭 tsou²⁴fæ̃³¹	炒菜 tʂʰɔo⁵⁵tsʰæ³¹ 做菜 tsuɤ²⁴tsʰæ³¹
巨鹿	冰棍儿 piŋ³³kuər²¹	做饭 tsou³³fɛ̃²¹	炒菜 tʂʰau⁵⁵tsʰai²¹
邢台	冰糕 piŋ³⁴kau³⁴	做饭 tsu³³fan³¹	炒菜 tʂʰau⁵⁵tsʰai³¹
馆陶	冰糕儿 piŋ⁴³kaor²⁴	做饭 tsəu²⁴fæn²¹	做菜 tsəu²⁴tsʰai²¹ 炒菜 tʂʰao⁴⁴tsʰai²¹
沧县	冰棍儿 piŋ²³kuər⁴¹	做饭 tsou²³fan⁴¹	熬菜 ŋau²³tsʰai⁴¹
献县	冰棍儿 piŋ³³kuəʐ̩³¹	做饭 tsou³¹fæ̃³¹	炒菜 tʂʰɔ²⁴tsʰɛ³¹
平泉	雪糕 ɕyɛ²¹kau⁵⁵ 冰棍儿 piŋ⁵⁵kuər⁵¹	做饭 tsuo⁵³fan⁵¹	炒菜 tʂʰau²¹tsʰai⁵¹
滦平	雪糕 ɕyɛ²¹kau⁵⁵ 冰棍儿 piŋ⁵⁵kuər⁵¹	做饭 tsuo⁵¹fan⁵¹	炒菜 tʂʰau²¹tsʰai⁵¹
廊坊	冰棍儿 piŋ⁵⁵kuər⁵¹	做饭 tsuo⁵³fan⁵¹/tsou⁵³fan⁵¹	炒菜 tʂʰau²¹tsʰai⁵¹

(续表)

	0427 冰棍儿	0428 做饭 统称	0429 炒菜 统称，和做饭相对
魏县	冰糕 piŋ³³kɑu³³	做饭 tʂue³³fan³¹²	炒菜 tʂʰɑu⁵⁵tʂʰai³¹²
张北	冰棍儿 piŋ⁴²kuɛr²¹³	做饭 tsuə²³fæ²¹³	炒菜 tsʰau⁵⁵tsʰai²¹³
万全	冰棍儿 piəŋ⁴¹kuər²¹³	做饭 tsuə²⁴fan²¹³	炒菜 tsʰɔ⁴⁴tsʰɛi²¹³
涿鹿	冰棍儿 piŋ⁴⁴kuə̃r³¹	做饭 tsəu²³fæ³¹	炒菜 tsʰɔ⁴⁵tsʰɛ³¹
平山	冰棍儿 piŋ⁵³kuər⁴²	做饭 tsu²⁴fæ⁴²	炒菜 tsʰɔ⁵⁵tsʰɛ⁴²
鹿泉	冰棍儿 piŋ⁵⁵kuər³¹	做饭 tsuo³⁵fæ³¹	炒菜 tsʰɔ³⁵tsʰɛ³¹
赞皇	冰棍儿 piŋ⁵⁴kuər³¹	做饭 tsu²⁴fæ³¹	炒菜 tsʰɔ⁴⁵tsʰɛ³¹
沙河	冰糕 piəŋ⁴¹kau²¹	做饭 tsuəʔ⁴fã²¹	炒菜 tʂʰau³³tsʰai²¹
邯郸	冰糕 piŋ²⁴kau³¹	做饭 tsuʌʔ⁵fæ²¹	炒菜 tʂʰau⁵⁵tsʰai²¹
涉县	冰棍儿 piəŋ⁴¹kuər²⁴ 冰糕 piəŋ⁴¹kau⁴¹	做饭 tsəʔ³²fæ⁵⁵	炒菜 tsʰau⁵³tsʰai²⁴

	0430 煮~带壳的鸡蛋	0431 煎~鸡蛋	0432 炸~油条
兴隆	煮 tʂu²¹³	煎 tɕian³⁵	炸 tʂa⁵⁵
北戴河	煮 tʃu²¹⁴	摊 tʰan⁴⁴ 煎 tɕian⁴⁴	炸 tʃa³⁵
昌黎	煮 tsu²¹³	煎 tɕian⁴²	炸 tsa²⁴
乐亭	煮 tsu³⁴	煎 tɕien³¹	炸 tsa²¹²
蔚县	煮 tsu⁴⁴	煎 tɕiã⁵³	炸 tsɑ⁴¹
涞水	煮 tsu²⁴	煎 tɕian³¹	炸 tsa⁴⁵
霸州	煮 tʂu²¹⁴	煎 tɕian⁴⁵	炸 tʂa⁵³
容城	煮 tʂu²¹³	煎 tɕian⁴³	炸 tʂa³⁵
雄县	煮 tʂu²¹⁴	煎 tɕiã⁴⁵	炸 tʂa⁵³
安新	煮 tʂu²¹⁴	煎 tɕian⁴⁵	炸 tsa³¹
满城	煮 tʂu²¹³	煎 tɕian⁴⁵	炸 tʂa²²
阜平	煮 tʂu⁵⁵	煎 tɕiæ̃³¹	炸 tʂa²⁴
定州	煮 tsu²⁴	煎 tsian³³	炸 tsa²⁴
无极	煮 tʂu³⁵	煎 tsiãn³¹	炸 tʂɑ²¹³
辛集	煮 tʂu³²⁴	煎 tsian³³	炸 tʂɑ³⁵⁴
衡水	煮 tɕy⁵⁵	煎 tɕiɑn²⁴	炸 tʂɑ⁵³
故城	煮 tʂʯ⁵⁵	煎 tɕiæ²⁴	炸 tsa⁵³
巨鹿	煮 tɕy⁵⁵	煎 tɕian³³	炸 tʂa⁴¹
邢台	煮 tʂu⁵⁵	煎 tsian³⁴	炸 tʂa⁵³
馆陶	煮 tsu⁴⁴	煎 tsiæn²⁴	炸 tʂa⁵²
沧县	煮 tʂu⁵⁵	煎 tɕian²³	炸 tsa⁵³
献县	煮 tʂu²¹⁴	煎 tɕiæ̃³³	炸 tʂa⁵³
平泉	煮 tʂu²¹⁴	煎 tɕian⁵⁵	炸 tʂa³⁵
滦平	煮 tʂu²¹⁴	煎 tɕian⁵⁵	炸 tʂa³⁵
廊坊	煮 tʂu²¹⁴	煎 tɕiɛn⁵⁵	炸 tʂa³⁵
魏县	煮 tʂu⁵⁵	煎 tɕian³³	炸 tʂa⁵³
张北	煮 tsu⁵⁵	煎 tɕiæ⁴²	炸 tsa⁴²

（续表）

	0430 煮~带壳的鸡蛋	0431 煎~鸡蛋	0432 炸~油条
万全	煮 tsu⁵⁵	煎 tɕian⁴¹	炸 tsʌʔ⁴
涿鹿	煮 tʂu⁴⁵	煎 tɕiæ̃⁴⁴	炸 tsa⁴²
平山	煮 tʂu⁵⁵	煎 tsiæ̃³¹	炸 tʂa³¹
鹿泉	煮 tʂu³⁵	煎 tsiæ̃⁵⁵	炸 tʂa⁵⁵
赞皇	煮 tʂu⁴⁵	煎 tsiæ̃⁵⁴	炸 tʂa⁵⁴
沙河	煮 tʂu³³	煎 tsiã⁴¹	炸 tʂɔ⁵¹
邯郸	煮 tʂu⁵⁵	煎 tsiæ̃³¹	炸 tʂɔ⁵³
涉县	煮 tsu⁵³	煎 tɕiæ̃⁴¹	炸 tsɐʔ³²

	0433 蒸~鱼	0434 揉~面做馒头等	0435 擀~面，~皮儿
兴隆	蒸 tṣəŋ³⁵	揉 zou⁵⁵	擀 kan²¹³
北戴河	蒸 tʃəŋ⁴⁴	搋 tʃʰuai⁴⁴	擀 kan²¹⁴
昌黎	蒸 tṣəŋ⁴²	揉 zou²⁴	擀 kan²¹³
乐亭	蒸 tṣəŋ³¹	揉 zou²¹²	擀 kan³⁴
蔚县	蒸 tṣəŋ⁵³	揉 zəu⁴¹	擀 kã⁴⁴
涞水	蒸 tṣəŋ³¹	搋 tṣʰuai³¹	擀 kan²⁴
霸州	蒸 tṣəŋ⁴⁵	揉 zou⁵³	擀 kan²¹⁴
容城	蒸 tṣəŋ⁴³	揉 zou³⁵	擀 kan²¹³
雄县	蒸 tṣəŋ⁴⁵	揉 zou⁵³	擀 kãn²¹⁴
安新	蒸 tṣəŋ⁴⁵	揉 zou³¹	擀 kan²¹⁴
满城	蒸 tṣəŋ⁴⁵	揉 zou²²	擀 kan²¹³
阜平	蒸 tṣəŋ³¹	搋 tṣʰæ³¹①	擀 kæ⁵⁵
定州	蒸 tṣəŋ³³	揉 zou²⁴	擀 kan²⁴
无极	蒸 tṣəŋ³¹	揉 zəu²¹³	擀 kãn³⁵
辛集	蒸 tsʰɿ³²⁴	跐 tsʰɿ³²⁴	擀 kan³²⁴
衡水	蒸 tṣəŋ²⁴	揉 iəu⁵³	擀 kɑn⁵⁵
故城	蒸 tṣəŋ²⁴	揉 iou⁵³	擀 kæ⁵⁵
巨鹿	蒸 tṣəŋ³³	揉 iou⁴¹	擀 kan⁵⁵
邢台	蒸 tṣəŋ³⁴	揉 zou⁵³	擀 kan⁵⁵
馆陶	蒸 tṣəŋ²⁴	揉 zəu⁵²	擀 kæn⁴⁴
沧县	蒸 tṣəŋ²³	揉 iou⁵³	擀 kan⁵⁵
献县	蒸 tṣəŋ³³	揉 iou⁵³	擀 kæ²¹⁴
平泉	蒸 tṣəŋ⁵⁵	搋 tṣʰuai⁵⁵ 揉 zou³⁵	擀 kan²¹⁴
滦平	蒸 tṣəŋ⁵⁵	搋 tṣʰuai⁵⁵ 揉 zou³⁵	擀 kan²¹⁴
廊坊	蒸 tṣəŋ⁵⁵	揉 zou³⁵	擀 kan²¹⁴
魏县	蒸 tṣəŋ³³	揉 zəu⁵³	擀 kan⁵⁵

(续表)

	0433 蒸~鱼	0434 揉~面做馒头等	0435 擀~面，~皮儿
张北	蒸 tsəŋ⁴²	揉 zou̯⁴²	擀 kæ̃⁵⁵
万全	蒸 tsəŋ⁴¹	揉 zou⁴¹	擀 kan⁵⁵
涿鹿	蒸 tsəŋ⁴⁴	揉 zou̯⁴²	擀 kæ̃⁴⁵
平山	蒸 tsəŋ³¹	揉 zou̯³¹	擀 kæ̃⁵⁵
鹿泉	蒸 tsəŋ⁵⁵	揉 zou̯⁵⁵	擀 kæ̃³⁵
赞皇	蒸 tsəŋ⁵⁴	揉 zou̯⁵⁴	擀 kæ̃⁴⁵
沙河	蒸 tsəŋ⁴¹	揉 zou̯⁵¹	擀 kã³³
邯郸	蒸 tsəŋ³¹	揉 zou̯⁵³	擀 kæ̃⁵⁵
涉县	蒸 tsəŋ⁴¹	揉 iou⁴¹²	擀 kæ̃⁵³

① 指揉的动作，与通常边揉边加面的动作不同。

	0436 吃早饭	0437 吃午饭	0438 吃晚饭
兴隆	吃早点 tʂʰʅ³⁵tsɑu³⁵tian²¹³ 吃早饭 tʂʰʅ³⁵tsɑu²¹fan⁵¹	吃晌午饭 tʂʰʅ³⁵ʂɑŋ²¹xuo⁰fan⁵¹ 吃午饭 tʂʰʅ³⁵u²¹fan⁵¹	吃后晌饭 tʂʰʅ³⁵xou⁵¹ʂɑŋ⁰fan⁵¹ 吃晚饭 tʂʰʅ³⁵uan²¹fan⁵¹
北戴河	吃早起来饭 tʃʰʅ⁴⁴tʃɑu³⁵tɕie²¹lai⁰fan⁵¹	吃晌午饭 tʃʰʅ⁴⁴ʃɑŋ²¹xuo⁰fan⁵¹	吃黑下饭 tʃʰʅ⁴⁴xei⁴⁴ɕie⁰fan⁵¹
昌黎	吃早下饭 tʂʰʅ³⁴tsɑu²¹ɕie⁰fan²⁴	吃晌午饭 tʂʰʅ³⁴ʂɑŋ²¹xuo⁰fan²⁴	吃黑价饭 tʂʰʅ³⁴xei⁴²tɕie⁰fan²⁴
乐亭	吃早下饭 tʂʰʅ³³tsɑu²¹¹ɕie⁰fan⁵²	吃晌午饭 tʂʰʅ³³ʂɑŋ²¹¹xuə⁰fan⁵²	吃后阴〃饭 tʂʰʅ³³xou³⁵iən⁰fan⁰
蔚县	吃早晨饭 tsʰʅ⁵³tsʌɯ⁴⁴tsʰəŋ⁰fã³¹²	吃晌午饭 tsʰʅ⁵³ʂɔ⁴⁴vã⁰fã³¹²	吃黑夜饭 tsʰʅ⁵³xɯ⁵³iə⁰fã³¹²
涞水	吃早起儿饭 tʂʰʅ⁵⁵tsɑu³¹tɕʰiər⁰fan³¹⁴	吃晌午饭 tʂʰʅ⁵⁵ʂɑŋ³¹xoux⁰fan⁰	吃黑价饭 tʂʰʅ⁵⁵xei³³tɕie⁰fan⁰
霸州	吃早晨儿饭 tʂʰʅ⁴⁵tsɑu²¹tʂʰər⁴⁴fan⁴¹ 吃早下饭 tʂʰʅ⁴⁵tsɑu⁴¹ɕia⁰fan⁴¹	吃晌午饭 tʂʰʅ⁴⁵ʂɑŋ⁴¹xu⁰fan⁴¹	吃后晌饭 tʂʰʅ⁴⁵xou⁴⁵ʂɑŋ⁰fan⁴¹
容城	吃早起饭 tʂʰʅ⁴⁴tsɑu²¹tɕi⁰fan⁵¹³	吃晌午饭 tʂʰʅ⁴⁴ʂɑŋ⁵²xuo⁰fan⁵¹³	吃黑价饭 tʂʰʅ⁴⁴xei⁴⁴tɕie⁰fan⁵¹³
雄县	吃早下饭 tʂʰʅ⁴⁵tsɑu⁴¹ɕia⁰fãn⁴¹	吃晌午饭 tʂʰʅ⁴⁵ʂɑŋ⁴¹xu⁰fãn⁴¹	吃后晌饭 tʂʰʅ⁴⁵xou⁰ʂɑŋ⁰fãn⁴¹
安新	吃早清儿饭 tʂʰʅ⁴⁵tsɑu²¹tɕʰiŋ⁴⁵ŋər⁰fan⁵¹	吃晌午饭 tʂʰʅ⁴⁵ʂɑ⁵³xuo⁰fan⁵¹	吃黑了饭 tʂʰʅ⁴⁵xei⁵³lə⁰fan⁵¹
满城	吃早清儿饭 tʂʰʅ⁴⁵tsɑu²¹tɕʰiŋ⁴⁵ər⁰fan⁵¹²	吃晌午饭 tʂʰʅ⁴⁵ʂɑŋ²¹xuo⁰fan⁵¹²	吃黑价饭 tʂʰʅ⁴⁵xei⁴⁵tɕie⁰fan⁵¹²
阜平	吃早上饭 tʂʰʅ²⁴tsɔ⁵⁵ʂəŋ⁰fæ̃⁵³	吃晌午饭 tʂʰʅ²⁴ʂɑŋ⁵³xuɤ⁰fæ̃⁵³	吃黑下饭 tʂʰʅ²⁴xei²¹ia⁰fæ̃⁵³
定州	吃早起饭 tʂʰʅ³³tsɑu²¹¹tɕi⁰fan⁵¹	吃晌午饭 tʂʰʅ³³ʂɑŋ²¹¹xu⁰fan⁵¹	吃黑价饭 tʂʰʅ³³xei²¹¹tɕie⁰fan⁵¹
无极	吃早晨饭 tʂʰʅ³¹tsɔ³⁵ʂen⁰fãn⁴⁵¹	吃晌午饭 tʂʰʅ³¹ʂɑŋ³⁵xuɤ⁰fãn⁴⁵¹	吃黑价饭 tʂʰʅ³⁵xəi²¹³tɕiɑ⁰fãn⁴⁵¹
辛集	吃早起饭 tʂʰʅ³³tsɑu³²²tɕʰiən⁰fan⁵¹	吃晌午饭 tʂʰʅ³³ʂɑŋ³⁵xuə³⁴fan⁴¹	吃黑价饭 tʂʰʅ³³xei³³tɕiɑ⁰fan⁴¹
衡水	吃早起饭 tɕʰi²⁴tsɑu²¹tɕʰin⁰fan³¹	吃晌午饭 tɕʰi²⁴ʂɑŋ²¹xuo⁰fan³¹	吃黑唠饭 tɕʰi²⁴xei³¹lɑu⁰fan³¹ 吃后晌饭 tɕʰi²⁴xuŋ⁵³xɑŋ⁰fan³¹
故城	吃早晨饭 tʂʰʅ²⁴tsɔ²⁴tʂʰẽ⁰fæ̃³¹	吃晌午饭 tʂʰʅ²⁴ʂɑŋ²⁴vu⁰fæ̃³¹	吃黑下饭 tʂʰʅ²⁴xei²¹xa⁰fæ̃³¹
巨鹿	吃早起饭 tɕʰi³³tsɑu⁵⁵tɕʰin⁰fẽ²¹	吃晌午饭 tɕʰi³³ʂɑŋ⁵⁵xu⁰fẽ²¹	吃黑价饭 tɕʰi³³xei³³tɕiɑ⁰fẽ²¹
邢台	吃前晌饭 tʂʰʅ³⁴tsʰian⁵³ʂɑŋ⁵⁵fan³¹	吃晌午饭 tʂʰʅ³⁴ʂɑŋ⁵⁵xu⁰fan³¹	吃后晌饭 tʂʰʅ³⁴xou³¹ʂɑŋ⁵⁵fan³¹
馆陶	吃清起来饭 tʂʰʅ²⁴tsʰiŋ²¹tɕʰi⁴⁴lai⁰fæn²¹	吃晌午饭 tʂʰʅ²⁴ʂɑŋ⁵²u⁰fæn²¹	吃黑夜饭 tʂʰʅ²⁴xei²⁴ia⁰fæn²¹
沧县	吃早晨饭 tʂʰʅ²³tsɑu²³tʂʰən⁰fan⁴¹	吃晌午饭 tʂʰʅ²³ʂɑŋ²³xuo⁰fan⁴¹	吃后晌饭 tʂʰʅ²³xoŋ⁵³xoŋ⁰fan⁴¹

(续表)

	0436 吃早饭	0437 吃午饭	0438 吃晚饭
献县	吃早起饭 tʂʰʅ³³tsɔ³³ɕi⁰fæ̃³¹	吃晌午饭 tʂʰʅ³³sã³³xuo⁰fæ̃³¹	吃后晌饭 tʂʰʅ³³xou⁵³xã⁰fæ̃³¹
平泉	吃早下饭 tʂʰʅ⁵⁵tsau²¹ɕin⁰fan⁵¹ 吃早饭 tʂʰʅ⁵⁵tsau²¹fan⁵¹	吃晌午饭 tʂʰʅ⁵⁵ṣaŋ²¹xuo⁰fan⁵¹ 吃午饭 tʂʰʅ⁵⁵u²¹fan⁵¹	吃后晌饭 tʂʰʅ⁵⁵xou⁵¹ṣaŋ⁰fan⁵¹ 吃晚饭 tʂʰʅ⁵⁵uan²¹fan⁵¹
滦平	吃早饭 tʂʰʅ⁵⁵tsau²¹fan⁵¹	吃晌午饭 tʂʰʅ⁵⁵ṣaŋ²¹xuo⁰fan⁵¹ 吃午饭 tʂʰʅ⁵⁵u²¹fan⁵¹	吃后晌饭 tʂʰʅ⁵⁵xou⁵¹ṣaŋ⁰fan⁵¹ 吃晚饭 tʂʰʅ⁵⁵uan²¹fan⁵¹
廊坊	吃早饭 tʂʰʅ⁵⁵tsau²¹fan⁵¹ 吃早晨饭 tʂʰʅ⁵⁵tsau²¹tʂʰən⁰fan⁵¹	吃午饭 tʂʰʅ⁵⁵u²¹fan⁵¹ 吃晌午饭 tʂʰʅ⁵⁵ṣaŋ²¹u⁰fan⁵¹	吃晚饭 tʂʰʅ⁵⁵uan²¹fan⁵¹ 吃后晌儿饭 tʂʰʅ⁵⁵xou⁵¹ṣãr⁰fan⁵¹
魏县	吃清早饭 tʂʰɛ³³tɕʰiŋ³¹²nau⁰fan³¹²	吃晌午饭 tʂʰɛ³³ṣaŋ⁵³u³¹fan³¹²	喝汤 xɤ³³tʰaŋ³³
张北	吃早起饭 tʂʰəʔ³²tsau⁴²tɕʰi⁰fæ̃²¹³	吃晌午饭 tʂʰəʔ³²sɔ̃⁵⁵xuə⁰fæ̃²¹³	吃后晌饭 tʂʰəʔ³²xəu²³sɔ̃⁰fæ̃²¹³
万全	吃早晨饭 tʂʰəʔ²²tsɔ⁵⁵tʂʰən⁰fan²¹³	吃晌午饭 tʂʰəʔ²²sa⁵⁵və⁰fan²¹³	吃后晌饭 tʂʰəʔ²²xou²¹³sa⁰fan²¹³
涿鹿	吃早起饭 tʂʰʌ⁴³tsɔ⁵⁵tɕʰi⁰fæ̃³¹	吃晌午饭 tʂʰʌ⁴³sã⁵⁵xuə⁰fæ̃³¹	吃黑夜饭 tʂʰʌ⁴³xei⁴⁴iɛ³¹fæ̃³¹
平山	吃早上饭 tʂʰʅ²⁴tsɔ⁵⁵ṣəŋ⁰fæ̃⁴²	吃响午饭 tʂʰʅ²⁴ṣaŋ⁵⁵xu⁰fæ̃⁴²	吃黑夜饭 tʂʰʅ²⁴xæi²¹ia⁰fæ̃⁴²
鹿泉	吃早上饭 tʂʰɤ¹³tsɔ³⁵aŋ⁰fæ̃³¹	吃响午饭 tʂʰɤ¹³ṣaŋ⁵⁵xu⁰fæ̃³¹	吃黑夜饭 tʂʰɤ¹³xei¹³iɤ⁰fæ̃³¹
赞皇	吃早上饭 tʂʰʅ²⁴tsɔ⁴⁵ṣəŋ⁰fæ̃³¹	吃晌午饭 tʂʰʅ²⁴ṣaŋ⁴⁵xu⁰fæ̃³¹	吃黑夜饭 tʂʰʅ²⁴xei²¹ia⁰fæ̃³¹
沙河	吃抢 ⁼[起来]饭 tʂʰəʔ⁴tsʰiaŋ³³tɕʰiɛ⁴¹fã²¹	吃晌午饭 tʂʰəʔ⁴ṣaŋ⁵¹u²¹fã²¹	吃[后晌]饭 tʂʰəʔ⁴xuaŋ²¹fã²¹
邯郸	吃清早饭 tʂʰəʔ²tsʰin³³nau⁵⁵fæ̃²¹	吃晌午饭 tʂʰəʔ⁴ṣaŋ⁵³u⁰fæ̃²¹	吃[后晌]饭 tʂʰəʔ⁵xuaŋ²⁴fæ̃²¹
涉县	吃清早饭 tʂʰəʔ³²tɕʰiəŋ⁴¹tsau⁵³fæ̃⁵⁵	吃晌午饭 tʂʰəʔ³²sã⁵³u⁰fæ̃⁵⁵	吃黑来饭 tʂʰəʔ³²xɐʔlai⁰fæ̃⁵⁵

	0439 吃~饭	0440 喝~酒	0441 喝~茶
兴隆	吃 tʂʰʅ³⁵	喝 xə³⁵	喝 xə³⁵
北戴河	吃 tʃʰʅ⁴⁴	喝 xɤ⁴⁴	喝 xɤ⁴⁴
昌黎	吃 tʂʰʅ⁴²	喝 xɤ⁴²	喝 xɤ⁴²
乐亭	吃 tʂʰʅ³¹	喝 xuə³¹	喝 xuə³¹
蔚县	吃 tʂʰʅ⁵³	喝 xɤ⁵³/xuɤ⁵³	喝 xɤ⁵³/xuɤ⁵³
涞水	吃 tʂʰʅ³¹	喝 xɤ³¹	喝 xɤ³¹
霸州	吃 tʂʰʅ⁴⁵	喝 xɤ⁴⁵	喝 xɤ⁴⁵
容城	吃 tʂʰʅ⁴³	喝 xɤ⁴³	喝 xɤ⁴³
雄县	吃 tʂʰʅ⁴⁵	喝 xɤ⁴⁵	喝 xɤ⁴⁵
安新	吃 tʂʰʅ⁴⁵	喝 xɤ⁴⁵	喝 xɤ⁴⁵
满城	吃 tʂʰʅ⁴⁵	喝 xɤ⁴⁵	喝 xɤ⁴⁵
阜平	吃 tʂʰʅ²⁴	喝 xɤ²⁴	喝 xɤ²⁴
定州	吃 tʂʰʅ³³	喝 xɤ³³	喝 xɤ³³
无极	吃 tʂʰʅ²¹³	喝 xɤ²¹³	喝 xɤ²¹³
辛集	吃 tʂʰʅ³³	喝 xə³³	喝 xə³³
衡水	吃 tɕʰi²⁴	喝 xɤ²⁴	喝 xɤ²⁴
故城	吃 tʂʰʅ²⁴	喝 xɤ²⁴	喝 xɤ²⁴
巨鹿	吃 tɕʰi³³	喝 xɤ³³	喝 xɤ³³
邢台	吃 tʂʰʅ³⁴	喝 xə³⁴	喝 xə³⁴
馆陶	吃 tʂʰʅ²⁴	喝 xɤ²⁴	喝 xɤ²⁴
沧县	吃 tʂʰʅ²³	喝 xɤ²³	喝 xɤ²³
献县	吃 tʂʰʅ³³	喝 xɤ³³	喝 xɤ³³
平泉	吃 tʂʰʅ⁵⁵	喝 xə⁵⁵	喝 xə⁵⁵
滦平	吃 tʂʰʅ⁵⁵	喝 xə⁵⁵	喝 xə⁵⁵
廊坊	吃 tʂʰʅ⁵⁵	喝 xɤ⁵⁵	喝 xɤ⁵⁵
魏县	吃 tʂʰʅ³³	喝 xɤ³³	喝 xɤ³³
张北	吃 tsʰəʔ³²	喝 xəʔ³²	喝 xəʔ³²
万全	吃 tsʰəʔ²²	喝 xʌʔ²²	喝 xʌʔ²²

（续表）

	0439 吃~饭	0440 喝~酒	0441 喝~茶
涿鹿	吃 tʂʰʌʔ⁴³	喝 xʌʔ⁴³	喝 xʌʔ⁴³
平山	吃 tʂʰʅ²⁴	喝 xuə²⁴	喝 xuə²⁴
鹿泉	吃 tʂʰɤ¹³	喝 xʌ¹³	喝 xʌ¹³
赞皇	吃 tʂʰʅ²⁴	喝 xə²⁴	喝 xə²⁴
沙河	吃 tʂʰəʔ²	喝 xəʔ²	喝 xəʔ²
邯郸	吃 tʂʰəʔ⁴³	喝 xʌʔ⁴³	喝 xʌʔ⁴³
涉县	吃 tsʰəʔ³²	喝 ɑxʔ³²	喝 ɑxʔ³²

	0442 抽~烟	0443 盛~饭	0444 夹 用筷子~菜
兴隆	抽 tʂʰou³⁵	盛 tʂʰəŋ⁵⁵	夹 tɕia³⁵
北戴河	抽 tʃʰou⁴⁴	盛 tʃʰəŋ³⁵	夹 tɕia⁴⁴
昌黎	抽 tʂʰou⁴²	盛 tʂʰəŋ²⁴	夹 tɕia⁴²
乐亭	抽 tʂʰou³¹	盛 tʂʰəŋ²¹²	夹 tɕia³¹
蔚县	吃 tsʰʅ⁵³ 抽 tsʰəu⁵³ 吸 ɕi⁵³	搲 va⁴⁴ 盛 tsʰəŋ⁴¹	夹 tɕia⁵³
涞水	抽 tʂʰou³¹	盛 tʂʰəŋ⁴⁵	夹 tɕia³¹
霸州	抽 tʂʰou⁴⁵	盛 tʂʰəŋ⁵³	夹 tɕia⁴⁵
容城	抽 tʂʰou⁴³	盛 tʂʰəŋ³⁵	夹 tɕia⁴³
雄县	抽 tʂʰou⁴⁵	盛 tʂʰəŋ⁵³	夹 tɕia⁴⁵
安新	抽 tʂʰou²¹⁴	盛 tʂʰəŋ³¹	夹 tɕia⁴⁵
满城	抽 tʂʰou⁴⁵	盛 tʂʰəŋ²²	夹 tɕia⁴⁵
阜平	抽 tʂʰou³¹	盛 tʂʰəŋ²⁴	夹 tɕia²⁴
定州	抽 tʂʰou³³	盛 tʂʰəŋ²⁴	搛 tɕian³³
无极	吸 ɕi²¹³	盛 tʂʰəŋ²¹³	搛 tɕiã²¹³
辛集	抽 tʂʰou³³	盛 tʂʰəŋ³⁵⁴	夹 tɕiɑ³³
衡水	抽 tʂʰəu²⁴	舀 iɑu⁵⁵	夹 tɕia²⁴
故城	抽 tʂʰou²⁴ 吸 ɕi³¹	盛 tʂʰəŋ⁵³ 舀 iɔ⁵⁵	搛 tɕiæ²⁴
巨鹿	抽 tʂʰou³³	舀 iɑu⁵⁵	抄 tʂʰau³³
邢台	吸 ɕi³⁴ 抽 tʂʰou³⁴	舀 iɑu⁵⁵ 盛 tʂʰəŋ⁵³	夹 tɕia³⁴
馆陶	吸 ɕi²⁴ 抽 tʂʰəu²⁴	盛 tʂʰəŋ⁵²	扪 tao²⁴
沧县	抽 tʂʰou²³	盛 tʂʰəŋ⁵³	夹 tɕia²³ 通称 掎着 tɕi⁵³tʂə⁰ 敬语
献县	抽 tʂʰou³³	盛 tʂʰəŋ⁵³	夹 tɕia³³
平泉	抽 tʂʰou⁵⁵	盛 tʂʰəŋ³⁵	夹 tɕia⁵⁵

（续表）

	0442 抽~烟	0443 盛~饭	0444 夹 用筷子~菜
滦平	抽 tʂʰou⁵⁵	盛 tsʰəŋ³⁵	夹 tɕia⁵⁵/tɕia³⁵
廊坊	抽 tsʰou⁵⁵	盛 tsʰəŋ³⁵	夹 tɕia⁵⁵/tɕia³⁵
魏县	吸 ɕi³³	盛 tʂʰəŋ⁵³	扚 tɑu³³ 夹 tɕia³³
张北	抽 tsʰəu⁴²	舀 iau⁵⁵ 盛 tsʰəŋ⁴²	夹 tɕia⁴²
万全	抽 tsʰou⁴¹	铲 tsʰan⁵⁵	搛 tɕian⁴¹
涿鹿	抽 tsʰəu⁴⁴	盛 tsʰəŋ⁴²	掎 tɕi⁴⁴
平山	吸 ɕi²⁴	盛 tsʰəŋ³¹	夹 tɕia²⁴
鹿泉	吸 ɕiɤ¹³ 抽 tsʰou¹³	盛 tsʰəŋ⁵⁵	夹 tɕiʌ¹³
赞皇	吸 ɕi²⁴	舀 iɔ⁵⁴	夹 tɕia²⁴
沙河	吸 ɕiəʔ²	舀 iau³³	掎 tɕi⁵¹
邯郸	吸 ɕieʔ⁴³	舀 iau⁵⁵	掎 tɕi³¹
涉县	吸 ɕiəʔ³²	着 tsã⁵⁵	掎 tɕi⁴¹

	0445 斟~酒	0446 渴口~	0447 饿肚子~
兴隆	倒 tau⁵¹	渴 kʰə²¹³	饿 nə⁵¹
北戴河	满 man²¹⁴ 倒 tau⁵¹	渴 kʰɤ²¹⁴	饿 uo⁵¹
昌黎	倒 tau⁴⁵³	渴 kʰə²¹³	饿 nɤ²⁴
乐亭	倒 tau⁵²	渴 kʰə³⁴	饿 ŋə⁵²
蔚县	倒 tʌɯ³¹² 斟 tsəŋ⁵³	渴 kʰɤ⁵³	饿 vɤ³¹²/nɤ³¹² 饥 tɕi⁵³ 肚里~
涞水	倒 tau³¹⁴	渴 kʰɤ²⁴	饿 nɤ³¹⁴
霸州	斟 tʂən⁴⁵	渴 kʰɤ²¹⁴	饿 uo⁴¹
容城	倒 tau⁵¹³	渴 kʰɤ²¹³	饿 uo⁵¹³
雄县	斟 tʂən⁴⁵	渴 kʰɤ²¹⁴	饿 uo⁴¹
安新	倒 tau⁵¹	渴 kʰɤ²¹⁴	饿 uo⁵¹
满城	倒 tau⁵¹²	渴 kʰɤ²¹³	饿 nuo⁵¹²
阜平	倒 tɔ⁵³	渴 kʰɤ²⁴	饿 ŋɤ⁵³
定州	倒 tau⁵¹	渴 kʰɤ³³	饥 tɕi³³
无极	倒 tɔ⁵¹	渴 kʰɤ²¹³	饥 tɕi³¹
辛集	倒 tau⁴¹	渴 kʰə³³	饥俩 tɕi³³liɑ⁰
衡水	倒 tau³¹	渴 kʰɤ²⁴	饿 vo³¹
故城	倒 tɔo³¹ 斟 tʂe̞²⁴	渴 kʰɤ²⁴	饿 vɤ³¹
巨鹿	倒 tau²¹	渴 kʰɤ³³	饿 ŋɤ²¹
邢台	倒 tau³¹	渴 kʰə³⁴	饿 ŋə³¹ 饿哩慌 ŋə³¹li⁰xuaŋ³⁴
馆陶	漫 ˭mæn²¹³ 倒 tao²¹³	渴 kʰɤ²⁴	饿 ɣɤ²¹³
沧县	斟 tʂən²³ 倒 tau⁴¹	渴 kʰɤ²³	饿 uo⁴¹
献县	斟 tʂən³³ 倒 tɔ³¹	渴 kʰɤ³³	饿 uo³¹

（续表）

	0445 斟~酒	0446 渴口~	0447 饿肚子~
平泉	倒 tɑu⁵¹ 斟 tʂən⁵⁵	渴 kʰə²¹⁴	饿 nə⁵¹/ə⁵¹
滦平	倒 tɑu⁵¹ 满 man²¹⁴	渴 kʰə²¹⁴	饿 nə⁵¹/ŋə⁵¹/ə⁵¹
廊坊	倒 tɑu⁵¹ 斟 tʂən⁵⁵	渴 kʰɤ²¹⁴	饿 ŋɤ⁵¹/uo⁵¹/ɤ⁵¹
魏县	漫 ⁼man³¹²	渴 kʰɤ³³	饥 tɕi³³
张北	倒 tau²¹³	渴 kʰəʔ³²	饿 ŋə²¹³
万全	倒 tɔ²¹³	渴 kʰʌʔ²²	饿 ŋə²¹³
涿鹿	斟 tʂəŋ⁴⁴ 倒 tɔ³¹	渴 kʰʌʔ⁴³	饿 ŋə³¹
平山	倒 tɔ⁴²	渴 kʰə²⁴	饿 ŋɤ⁴²
鹿泉	倒 tɔ³¹²	渴 kʰʌ¹³	饥 tɕi⁵⁵
赞皇	倒 tɔ³¹²	渴 kʰə²⁴	饿 ŋə³¹²
沙河	倒 tau²¹	干 kã⁴¹	饿 ŋɤ²¹
邯郸	满 mæ⁵³	渴 kʰʌʔ⁴³	饿 ŋɤ²¹³
涉县	倒 tau⁵⁵	干 kæ̃⁴¹	饿 ŋə⁵⁵

	0448 噇 吃饭~着了	0449 头 人的，统称	0450 头发
兴隆	噇 iɛ³⁵	脑袋 nɑu²¹tai⁰ 头 tʰou⁵⁵	头发 tʰou⁵⁵fa⁰
北戴河	噇 iɛ⁴⁴	脑袋 nɑu²¹tei⁰	头发 tʰou³⁵fa⁰
昌黎	噇 iɛ²⁴	脑袋 nɑu²¹tai⁰ 头 tʰou²⁴	头发 tʰou⁴²fə²³
乐亭	噇 iɛ³⁴	脑袋 nɑu²¹¹tai⁰	头发 tʰou³¹fə⁰
蔚县	噇 iə⁵³	头 tʰəu⁴¹ 脑袋 nʌɯ⁴⁴tɛi⁰	头发 tʰəu⁴¹fa⁰
涞水	噇 iɛ³¹	脑袋 nɑu³¹tai⁰	头发 tʰou²⁴fa⁰
霸州	噇 iɛ⁴⁵	脑袋 nɑu⁴¹tai⁰ 脑袋瓜子 nɑu⁴¹tai⁰kua²¹tsʅ⁰	头发 tʰou⁵³fa⁰
容城	噇 iɛ⁴³	脑袋 nɑu⁵²tei⁰	头发 tʰou²¹fɤ⁰
雄县	噇 iɛ⁴⁵	脑袋 nɑu⁴¹tai⁰ 脑袋瓜儿 nɑu⁴¹tai⁰kuar⁴⁵ 脑袋瓜子 nɑu⁴¹tai⁰kua⁴⁴tsʅ⁰	头发 tʰou⁵³fa⁰
安新	噇 iɛ²¹⁴	脑袋 nɑu⁵³tei⁰	头发 tʰou³³fa⁰
满城	噇 iɛ⁴⁵	脑袋 nɑu⁴²tai⁰	头发 tʰou²²fa⁰
阜平	噇 iɛ²⁴	脑袋 nɔ²¹tæ⁰	头发 tʰou⁵³fa⁰
定州	噇 iɛ³³	脑袋 nɑu²¹¹tʰei⁰ 头 tʰou²⁴	头发 tʰou⁴²fa⁰
无极	噇 iɛ²¹³	脑袋 nɔ³⁵tæ⁰	头发 tʰəu³¹fa⁰
辛集	噇 iɛ³³	脑袋 nɑu³²²tai⁰	头发 tʰou³⁵fa⁰
衡水	噇 iɛ²⁴	脑袋 nɑu²¹tai⁰	头发 tʰəu²⁴fɑ⁰
故城	噇 iɛ²⁴	头 tʰou⁵³ 脑袋 nɔɔ²⁴tæ⁰	头发 tʰou⁵⁵fa⁰
巨鹿	噇 iɛ³³	脑袋 nɑu⁵⁵tai⁰	头发 tʰou⁴¹fa²¹
邢台	噇 iɛ³⁴ 噇哩慌 iɛ³⁴li⁰xuaŋ³⁴	头 tʰou⁵³ 脑袋 nau⁵⁵tai⁰	毛尾 mau⁵³i⁰
馆陶	噇 iɛ²⁴	头 tʰəu⁵² 脑袋 nɑo⁴⁴tai⁰ 脑瓜子 nɑo⁴⁴kua²⁴tə⁰	头发 tʰəu⁵²fa⁰

(续表)

	0448 噎 吃饭~着了	0449 头 人的，统称	0450 头发
沧县	噎 iɛ²³	脑袋 nɑu²³tɛ⁰	头发 tʰou⁵⁵fɑ⁰
献县	噎 iɛ³³	脑袋 nɔ²¹tɛ⁰	头发 tʰou⁵⁵fɑ⁰
平泉	噎 iɛ⁵⁵	脑袋 nɑu²¹tai⁰ 脑瓜子 nɑu²¹kuɑ⁵⁵tsʅ⁰ 头 tʰou³⁵	头发 tʰou³⁵fɑ⁰
滦平	噎 iɛ⁵⁵	脑袋 nɑu²¹tai⁰ 脑瓜子 nɑu²¹kuɑ⁵⁵tsə⁰ 头 tʰou³⁵	头发 tʰou³⁵fɑ⁰
廊坊	噎 iɛ⁵⁵	脑袋 ŋɑu²¹tai⁰ 头 tʰou³⁵	头发 tʰou³⁵fɑ⁰
魏县	噎 iɛ³³	头 tʰəu⁵³	头发 tʰəu⁵³uɑ⁰
张北	噎 iəʔ³²	脑袋 nau⁵⁵tai⁰	头发 tʰəu⁴²fə⁰
万全	噎 iʌʔ²²	脑袋 nɔ⁴⁴tɛi²¹³	头发 tʰou⁴¹fʌʔ²²
涿鹿	噎 iʌʔ⁴³	头 tʰəu⁴² 脑瓜子 nɔ⁴⁵kuɑ⁴²a⁰	头发 tʰəu⁴²fʌ⁰
平山	噎 iə²⁴	头子 tʰɐu⁴²tsʅ⁰	头发 tʰɐu⁴²fɑ⁰
鹿泉	噎 iʌ¹³	头子 tʰou⁵⁵tɚ⁰	头发 tʰou⁵⁵fɑ⁰
赞皇	噎 iɛ²⁴	脑袋 nɔ⁴⁵tɛ⁰	头发 tʰəu⁵¹fɑ⁰
沙河	噎 iəʔ²	头 tʰəu⁵¹	毛尾 mau⁵¹i⁰
邯郸	噎 iʌʔ⁴³	头 tʰəu⁵³	头发 tʰəu⁵³məʔ⁰ 毛尾 mau⁵³i⁰
涉县	噎 iaiʔ³²	#1 脑 təʔ³²nau⁵³	头发 tʰou⁴¹xuɑ⁰

	0451 辫子	0452 旋	0453 额头
兴隆	辫子 piɑn⁵¹tsʅ⁰	顶 tiŋ²¹³ 旋儿 ɕyɐr⁵¹	脑门儿 nɑu²¹mər⁵⁵ 额头 ə⁵⁵tʰou⁵⁵
北戴河	辫儿 piɐr⁵¹	顶 tiŋ²¹⁴	脑门儿 nɑu²¹mər³⁵
昌黎	辫儿 piɐr²⁴ 辫子 piɑn²⁴tsʅ⁰	顶 tiŋ²¹³	奔儿颅 pər²⁴lou⁰
乐亭	辫子 piɛn³⁵tsʅ⁰	旋儿 ɕyɐr⁵²	凶脸门子 ɕiən³¹liɛn³³mən³¹tsʅ⁰
蔚县	辫子 piã³¹tsʅ⁰	旋儿 ɕyɐr³¹²	额脑板子 ȵiə³¹nʌɯ⁰pã⁴⁴tsʅ⁰ 额脑板儿 ȵiə³¹nʌɯ⁰pɐr⁴⁴ 额脑瓜子 ȵiə³¹nʌɯ⁰kuɑ⁵³tsʅ⁰
涞水	辫子 piɑn⁴⁵tsʅ⁰	圈儿 tɕʰyɐr³¹	门⁼楼⁼儿 mər³³lou⁰uər⁰
霸州	辫子 piɑn⁴⁵tsʅ⁰	旋儿 tɕʰyɐr⁵³	脑门儿 nɑu²¹mər⁵³ 页了盖儿 iɛ⁴¹lɤ⁰kɐr⁴¹ 页了盖子 iɛ⁴¹lɤ⁰kai⁴⁵tsʅ⁰
容城	辫子 piɑn³⁵tsʅ⁰	旋 tɕʰyan³⁵	门⁼儿楼⁼头 mər²¹lou⁰tʰou³⁵
雄县	辫子 piãn²¹tsʅ⁰	旋 tɕʰyãn⁵³	脑门儿 nɑu²¹mər⁵³ 页了盖儿 iɛ²¹lɤ⁰kɐr⁴¹ 页了盖子 iɛ²¹lɤ⁰kai⁴⁵tsʅ⁰
安新	辫子 piɑn²¹tsʅ⁰	旋 tɕʰyan³¹	门⁼儿楼⁼头 mər³³lo⁰tʰou³¹
满城	辫子 piɑn²¹tsʅ⁰	旋儿 tɕʰiɐr²²	门⁼楼⁼头儿 mən²²lou⁰tʰou²²ər⁰
阜平	辫子 piæ̃²⁴tsʅ⁰	旋 tsʰuæ̃²⁴	门⁼楼⁼盖儿 məŋ²¹lou⁰kɐr⁵³ 页了门儿 iɛ²¹lə⁰mər²⁴
定州	辫子 piɑn⁵³tsʅ⁰	旋 tsʰuan²¹³	页楼⁼盖儿 iɛ³⁵lou⁰kɐr⁵¹
无极	辫子 piãn³²⁵tsʅ⁰	旋儿 tsʰiɐr²¹³	页拉盖儿 iɛ²¹³la⁰kɐr⁵¹
辛集	辫子 piɑn³²⁴tsʅ⁰	旋儿 tsʰiɐr³⁵⁴	页拉盖儿 iɛ⁴²la⁰kɐr⁴¹
衡水	辫子 piɑn⁵³tsʅ⁰	旋儿 ɕuɐr³¹	页拉盖儿 iɛ⁵³la⁰kɐr³¹
故城	辫子 piæ̃⁵³tsʅ⁰	旋儿 ɕyɐr⁵³	门⁼头 mẽ⁵³tʰou⁵³ 页拉盖儿 iɛ⁵³la⁰kɐr³¹
巨鹿	辫子 piẽ⁵³tsʅ⁰	旋儿 ɕyar⁴¹	眉头儿 mei⁴¹tʰour⁴¹
邢台	辫子 piɑn³¹ə⁰	旋 suan⁵⁵	页灵盖儿 i³¹liŋ⁵³kɐr³¹ 额头 ŋə⁵³tʰou⁰
馆陶	辫子 piæn²¹tə⁰	旋儿 suɐr⁵²	眉头儿 mei⁵²tʰəur⁵²

（续表）

	0451 辫子	0452 旋	0453 额头
沧县	辫子 piɑn⁵³tsɿ⁰	旋儿 ɕyɛr⁴¹	页了盖 iɛ²³lə⁰kai⁴¹
献县	辫子 piæ̃³³¹tsɿ⁰	旋儿 ɕyɛr²¹⁴	页了盖 iɛ²¹lə⁰kɛ³¹
平泉	小辫儿 ɕiɑu²¹piɛr⁵¹ 辫子 piɑn⁵¹tsɿ⁰	旋儿 ɕyɛr³⁵	奔儿颅 pər⁵⁵lou⁰ 脑瓜门 nɑu²¹kuɑ⁵⁵mən³⁵ 额头 ə³⁵tʰou³⁵
滦平	辫子 piɑn⁵¹tsə⁰	旋儿 ɕyɛr³⁵	脑门儿 nɑu²¹mər³⁵ 页灵盖儿 iɛ⁵¹liŋ³⁵kər⁵¹ 额头 ə³⁵tʰou⁰
廊坊	辫子 piɛn⁵¹tsɿ⁰	顶 tiŋ²¹⁴ 穴儿 ɕyɛr³⁵	脑门儿 nɑu²¹mər³⁵ 脑门子 nɑu²¹mən³⁵tsɿ⁰
魏县	辫子 piɑn³¹²tɛ⁰	旋 tɕʰyan⁵³	眉头子 mɛi⁵³tʰəu⁵³tɛ⁰
张北	辫子 piæ̃²³tsə⁰	旋儿 ɕyɛr²¹³	奔儿头 pər⁴²tʰəu⁴² 榔榔头 põ⁴²lõ⁰tʰəu⁴² 眉颅骨 mi⁴²lə⁰ku⁴²
万全	辫子 piɑn²¹³tsə⁰	旋子 tɕʰyan⁴¹tsə⁰	眉棱骨 mi⁵⁵liəŋ⁴¹kuə⁰
涿鹿	辫子 piæ̃³¹ə⁰	旋窝儿 ɕyæ̃³¹uɤr⁰	囟门上 ɕin²³mən⁴²ɑ̃⁰
平山	辫子 piæ̃⁵⁵tsɿ⁰	旋 tsʰuæ̃³¹	页留盖儿 iɐ²⁴liɐu⁵³kər⁴²
鹿泉	辫子 piæ̃³¹tɤ⁰	旋 tsʰuæ̃⁵⁵	页留盖儿 iɤ³¹liou⁰kər³¹
赞皇	辫子 piæ̃⁵¹tsə⁰	旋 tsʰuæ̃⁵⁴	脑巴盖儿 nɔ⁴⁵pa⁰kər³¹
沙河	辫子 piã²¹tə⁰	旋 tsʰyã⁵¹	月亮盖儿 yəʔ²⁴liaŋ²¹kar²¹
邯郸	辫子 piæ̃²¹tə⁰	旋 tsʰyæ̃⁵³	眉头 mɛi²⁴tʰəu⁵³
涉县	辫子 piæ̃⁵⁵lə⁰	旋儿 ɕyɛr⁵⁵	囟脸门子 ɕi⁴¹liæ̃⁵³məŋ²⁴ə⁰

303

	0454 相貌	0455 脸洗~	0456 眼睛
兴隆	长相 tʂaŋ²¹ɕiaŋ⁵¹ 面相 mian⁵³ɕiaŋ⁵¹ 相貌 ɕiaŋ⁵³mau⁵¹	脸 lian²¹³	眼 ian²¹³ 眼睛 ian²¹tɕiŋ⁰
北戴河	长相儿 tʃaŋ²¹ɕiãr⁵¹	脸 lian²¹⁴	眼睛 ian²¹tɕiŋ⁰
昌黎	模样儿 mu²⁴iar⁰	脸 lian²¹³	眼睛 ian²¹tɕiŋ⁰
乐亭	模样儿 mu³⁵iar⁵²	脸 liɛn³⁴	眼睛 iɛn²¹¹tɕiəŋ⁰
蔚县	长相 tsɔ⁴⁴ɕiɔ⁰	脸 liã⁴⁴	眼 iã⁴⁴
涞水	样儿 iaŋ⁴⁵ŋər⁰	脸 lian²⁴	眼睛 ian³¹tɕiŋ⁰
霸州	长相 tʂaŋ²¹ɕiaŋ⁰	脸 lian²¹⁴	眼 ian²¹⁴
容城	长相 tʂaŋ²¹ɕiaŋ⁰	脸盘儿 lian²¹pʰɐr³⁵	眼 ian²¹³
雄县	长相 tʂaŋ²¹ɕiaŋ⁰	脸 liãn²¹⁴	眼 iãn²¹⁴
安新	长相 tʂaŋ²¹ɕiaŋ⁵¹	脸 lian²¹⁴	眼 ian²¹⁴
满城	长相儿 tʂaŋ²¹ɕiaŋ⁰ŋər⁰ 模样儿 mu²²iaŋ⁰ŋər⁰	脸 lian²¹³	眼 ian²¹³
阜平	长相 tʂaŋ⁵⁵ɕiaŋ⁵³	脸 liæ̃⁵⁵	眼 iæ̃⁵⁵
定州	长相儿 tʂaŋ²¹¹ɕiaŋ⁰ŋər⁰ 模样儿 mu⁴²iaŋ⁰ŋər⁰	脸 lian²⁴	眼 ian²⁴
无极	模样 mu³¹iaŋ⁰	脸 liãn³⁵	眼 iãn³⁵
辛集	模样儿 mu³⁵iãr⁴¹	脸 lian³²⁴	眼 ian³²⁴
衡水	面相 mian³¹ɕiaŋ³¹	脸 lian⁵⁵	眼 ian⁵⁵
故城	模样儿 mu⁵⁵iar⁰	脸 liæ̃⁵⁵	眼 iæ̃⁵⁵
巨鹿	排面儿 pʰai⁵⁵miar²¹	脸 lian⁵⁵	眼儿 iar⁵⁵
邢台	模样儿 mu⁵³iar³¹	脸 lian⁵⁵	眼 ian⁵⁵
馆陶	相貌 siaŋ²⁴mao²¹ 长相 tʂaŋ⁴⁴siaŋ²¹	脸 liæn⁴⁴	眼 iæn⁴⁴
沧县	模样 mu⁵⁵iaŋ⁰	脸 lian⁵⁵	眼 ian⁵⁵
献县	长相儿 tʂã²⁴ɕiʌr³¹	脸 liæ̃²¹⁴	眼 iæ̃²¹⁴
平泉	长相 tʂaŋ²¹ɕiaŋ⁵¹ 相貌 ɕiaŋ⁵³mau⁵¹	脸 lian²¹⁴	眼睛 ian²¹tɕiŋ⁰

（续表）

	0454 相貌	0455 脸~洗~	0456 眼睛
滦平	长相 tʂaŋ²¹ɕiaŋ⁵¹ 模样儿 mu³⁵iɑ̃r⁰ 相貌 ɕiaŋ⁵³mau⁵¹	脸 lian²¹⁴	眼睛 ian²¹tɕiŋ⁰
廊坊	长相 tʂaŋ²¹ɕiaŋ⁰	脸 liɛn²¹⁴	眼 iɛn²¹⁴ 眼睛 iɛn²¹tɕiŋ⁰
魏县	脸模儿 lian⁵⁵mɤr³¹²	脸 lian⁵⁵	眼 ian⁵⁵
张北	长相 tsɔ̃⁵⁵ɕiɔ̃²¹³	脸 liæ̃⁵⁵	眼 iæ̃⁵⁵ 眼睛 iæ̃⁵⁵tsiŋ⁴²
万全	脸面 lian⁴⁴mian²¹³	脸 lian⁵⁵	眼 ian⁵⁵
涿鹿	模样儿 mu⁴²iɑ̃r⁰	脸 liæ̃⁴⁵	眼 iæ̃⁴⁵
平山	模样儿 mu⁴²iɛr⁰ 长相 tʂaŋ⁵⁵siaŋ⁴²	脸 liæ̃⁵⁵	眼 iæ̃⁵⁵
鹿泉	模样儿 mu⁵⁵iɑ̃r³¹ 长相儿 tʂaŋ³⁵siɑ̃r³¹	脸 liæ̃³⁵	眼睛 iæ̃³⁵tsiŋ⁰
赞皇	模样儿 muə⁵⁴iɑ̃r³¹	脸 liæ̃⁴⁵	眼 iæ̃⁴⁵
沙河	长相 tʂaŋ³³siaŋ²¹	脸 liã³³	眼 iã³³
邯郸	面相 miæ̃⁵³siaŋ²¹	脸 liæ̃⁵⁵	眼 iæ̃⁵⁵
涉县	模样儿 mi⁴¹iɛr⁰	脸 liæ̃⁵³	眼 iæ̃⁵³

	0457 眼珠 统称	0458 眼泪 哭的时候流出来的	0459 眉毛
兴隆	珠儿 tʂur³⁵ 眼珠子 ian²¹tʂu³⁵tsɿ⁰	眼泪 ian²¹lei⁵¹	眉毛 mei⁵⁵mɑu⁰
北戴河	眼珠子 ian²¹tʃu⁴⁴tʃʅ⁰	眼泪 ian²¹lei⁵¹	眼眉 ian²¹mei³⁵
昌黎	眼珠儿 ian²⁴tʂur⁴² 眼珠子 ian²⁴tsu⁴³tsɿ⁰	眼泪儿 ian²⁴lər²⁴	眼眉 ian²⁴mei²⁴
乐亭	眼珠儿 iɛn³⁴tʂur³¹	眼泪儿 iɛn³³lər⁵²	眼眉 iɛn³³mei²¹²
蔚县	眼睛蛋子 iã⁴⁴tɕiŋ⁰tã³¹tsɿ⁰ 眼睛仁 iã⁴⁴tɕiŋ⁰zəŋ⁴¹	眼泪 iã⁴⁴lei³¹² 泪 lei³¹² 眼尿水子 iã⁴⁴ȵiʌɯ³¹suei⁴⁴tsɿ⁰①	眉 mi⁴¹
涞水	眼珠儿 ian⁴⁵tʂu³³uər⁰	眼泪 ian²⁴lei³¹⁴	眼眉 ian²⁴mei⁴⁵
霸州	眼珠儿 ian²¹tʂur⁴⁵ 眼珠子 ian²⁴tʂu²¹tsɿ⁰	眼泪儿 ian²⁴lər⁴¹	眼眉 ian²¹mei⁵³
容城	眼珠儿 ian²¹tʂu³¹ər⁰	泪珠儿 lei⁵²tʂu³¹ər⁰	眉毛 mei²¹mɑu⁰
雄县	眼珠儿 iãn²¹tʂur⁴⁵ 眼珠子 iãn²⁴tʂu⁴⁴tsɿ⁰	眼泪儿 iãn²⁴lər⁴¹	眼眉 iãn²¹mei⁵³
安新	眼珠儿 ian²¹tʂu⁴⁵wər⁰	眼泪 ian²¹lei⁵¹	眼眉 ian⁴⁵mei³¹
满城	眼珠儿 ian²¹tʂu⁴⁵ər⁰	眼泪儿 ian²¹lər⁵¹²	眼眉 ian³⁵mei²²
阜平	眼睛珠儿 iæ̃⁵⁵tɕiŋ⁵⁵tʂuər³¹	泪 lei⁵³	眼眉 iæ̃⁵⁵mei²⁴
定州	眼珠儿 ian²⁴tʂu³³uər⁰	眼泪 ian²⁴lei⁵¹	眼眉 ian²⁴mei²¹³
无极	眼珠子 iãn³⁵tʂu³¹tsɿ⁰	眼泪 iãn³¹ləi⁴⁵¹	眼眉 iãn³⁵məi²¹³
辛集	眼珠儿 ian²⁴tʂur³³	泪 lei⁴¹	眼眉 ian²⁴mei³⁵⁴
衡水	眼珠儿 ian⁵⁵tɕyər²⁴	眼泪 ian⁵⁵luei³¹	眼眉 iɑn⁵⁵mei⁵³
故城	眼珠子 iæ̃⁵⁵tʂʅ²¹tsɿ⁰	眼泪 iæ̃⁵⁵lei³¹	眼眉 iæ̃²⁴mei⁵³ 眉毛 mei⁵³mɔo⁵³
巨鹿	眼珠子 ian⁵⁵tɕy³³ tsɿ⁰	泪 luei²¹	眼眉 ian⁵⁵mei⁴¹
邢台	眼珠子 ian⁴³tʂu³⁴ə⁰	泪 luei³¹	眉 mei⁵³ 眼眉 ian⁵⁵mei⁵³ 眉毛 mei⁵³mau⁰
馆陶	眼珠子 iæn⁴⁴tʂu²⁴tə⁰	泪 luei²¹³	眉 mei⁵²
沧县	眼珠子 ian⁵⁵tʂu⁴¹tsɿ⁰	眼泪 ian⁵⁵lei⁴¹	眼眉 ian⁵⁵mei⁵³

(续表)

	0457 眼珠 统称	0458 眼泪 哭的时候流出来的	0459 眉毛
献县	眼珠儿 iæ²⁴tʂur³³ 眼珠子 iæ²⁴tʂu³³tsʅ⁰	泪儿 ləz̩³¹	眼眉 iæ²¹mei⁵³
平泉	眼珠子 ian²¹tʂu⁵⁵tsʅ⁰ 眼珠儿 ian²¹tʂur⁵⁵	眼泪 ian²¹lei⁵¹	眼眉 ian²¹mei³⁵ 眉毛 mei³⁵mɑu³⁵
滦平	眼珠儿 ian²¹tʂur⁵⁵	眼泪 ian²¹lei⁵¹	眉毛 mei³⁵mɑu⁰
廊坊	眼珠子 iɛn²¹tʂu⁵⁵tsʅ⁰	眼泪儿 iɛn²¹lər⁵¹ 眼泪 iɛn²¹lei⁵¹	眼眉 iɛn²¹mei³⁵ 眉毛 mei³⁵mɑu⁰
魏县	眼珠子 ian⁵⁵tʂu³³tɛ⁰	泪 luəi³¹²	眉毛 məi⁵³mɑu⁵³
张北	眼睛仁儿 iæ⁵⁵tsiŋ⁴²zər⁴² 眼珠子 iæ⁵⁵tsu⁴²tsə⁰	泪 lei²¹³	眉毛 mi⁴²mau⁰
万全	眼球儿 ian⁴⁴tɕʰiou⁴¹ər⁰	泪 lei²¹³	眉 mi⁴¹
涿鹿	眼睛珠子 iæ⁵⁵tɕiŋ⁰tʂu⁴²ə⁰	眼泪 iæ⁴⁵lei³¹	眉毛 mei⁴²mɔ⁰ 眉 mei⁴²
平山	眼睛仁儿 iæ⁵⁵tsiŋ³¹zər⁵³	泪 læi⁴²	眉 mæi³¹
鹿泉	眼珠子 iæ³⁵tʂu⁵⁵tɤ⁰	泪 lei³¹²	眉毛 mei⁵⁵mɔ⁰
赞皇	眼珠儿 iæ⁴⁵tʂʅur⁵⁴	泪 lei³¹²	眉 mən⁵⁴
沙河	眼睛珠 iã³³tsiəŋ⁰tʂu⁴¹	泪 luei²¹	眉毛 mei⁵¹mɑu⁰
邯郸	眼珠子 iæ⁵⁵tʂu³¹tə⁰	泪 luəi²¹³	眉 məi⁵³
涉县	眼睛蛋子 iæ⁵³tɕiəŋ⁴¹tæ⁵⁵lə⁰	泪 luəi⁵⁵	眉毛 məi⁴¹mau⁰

---

① 骂人话。

	0460 耳朵	0461 鼻子	0462 鼻涕 统称
兴隆	耳朵 ər²¹tuo⁰	鼻子 pi⁵⁵tsʅ⁰	脓带 nəŋ⁵⁵tai⁰ 鼻涕 pi⁵⁵tʰi⁰
北戴河	耳朵 ər²¹tʰou⁰	鼻子 pi³⁵tʃʅ⁰	脓带 nəŋ³⁵tai⁰
昌黎	耳朵 ər²¹tʰou⁰	鼻子 pi⁴²tsʅ²³	脓带 nəŋ⁴²tei²³
乐亭	耳朵 ər²¹¹tou⁰	鼻子 pi³¹tsʅ⁰	脓带 nəŋ³¹tei⁰
蔚县	耳朵 ər⁴⁴tuɤ⁰	鼻子 pi⁴¹tsʅ⁰	脓带 nəŋ⁴¹tei⁰
涞水	耳朵 ər³¹tuo⁰	鼻子 pi²⁴tsʅ⁰	脓带 nəŋ²⁴tai⁰
霸州	耳朵 ər⁴¹tuo⁰/ər⁴¹tʰuo⁰	鼻子 pi⁵³tsʅ⁰	脓带 nəŋ⁵³tai⁰
容城	耳朵 ər⁵²tou⁰	鼻子 pi²¹tsʅ⁰	脓带 nəŋ²¹tai⁰
雄县	耳朵 ər⁴¹tɑu⁰	鼻子 pi⁵³tsʅ⁰	脓带 nəŋ⁵³tai⁰
安新	耳朵 ər⁵³tɑu⁰	鼻子 pi³³tsʅ⁰	脓带 nəŋ³³tɛ⁰
满城	耳朵 ər⁴²tɑu⁰	鼻子 pi²²tsʅ⁰	脓带 nəŋ²²tai⁰
阜平	耳朵 ər²¹tuɤ⁰	鼻子 pi⁵³tsʅ⁰	脓带 nəŋ⁵³tæ⁰
定州	耳朵 ər²¹¹tuo⁰	鼻子 pi⁴²tsʅ⁰	脓带 nəŋ⁴²tʰai⁰
无极	耳朵 ər³⁵tɔ⁰	鼻子 pi³¹tsʅ⁰	脓带 nəŋ³¹tæ⁰
辛集	耳朵 lə³²²tɑu⁰	鼻子 pi³⁵tsʅ⁰	鼻子 pi³⁵tsʅ⁰
衡水	耳朵 lʅ²¹tɑu⁰	鼻子 pi²⁴tsʅ⁰	鼻子 pi²⁴tsʅ⁰
故城	耳朵 ər²⁴tuɤ⁰	鼻子 pi⁵⁵tsʅ⁰	鼻涕 pi⁵⁵tiŋ⁰
巨鹿	耳朵 əʅ⁵⁵tuo⁰	鼻子 pi⁵³tsʅ⁰	鼻子 pi⁵³tsʅ⁰
邢台	耳朵 ər⁵⁵tuo⁰	鼻子 pi⁵³ə⁰	鼻子 pi⁵³ə⁰
馆陶	耳朵儿 ər⁴⁴tuor⁰	鼻子 pi⁵²tə⁰	鼻子 pi⁵²tə⁰
沧县	耳朵 ər²³tɔ⁰	鼻子 pi⁵⁵tsʅ⁰	鼻子 pi⁵⁵tsʅ⁰
献县	耳朵 əʐ̩²¹tɔ⁰	鼻子 pi⁵⁵tsʅ⁰	鼻子 pi⁵⁵tsʅ⁰
平泉	耳朵 ər²¹tuo⁰	鼻子 pi³⁵tsʅ⁰	脓带 nəŋ³⁵tai⁰ 鼻涕 pi³⁵tʰi⁰
滦平	耳朵 ər²¹tuo⁰	鼻子 pi³⁵tsə⁰	鼻涕 pi³⁵tʰi⁰
廊坊	耳朵 ər²¹tuo⁰	鼻子 pi³⁵tsʅ⁰	鼻涕 pi³⁵tʰi0 脓带 ŋəŋ³⁵tai⁰
魏县	耳朵 əʅ⁵⁵təu⁰	鼻子 pi⁵³tɛ⁰	鼻子 pi⁵³tɛ⁰

（续表）

	0460 耳朵	0461 鼻子	0462 鼻涕 统称
张北	耳朵 ər⁵⁵tuə⁰	鼻子 piəʔ³²tsə⁰	脓带 nəŋ⁴²tai⁰
万全	耳朵 ər⁵⁵tuə⁰	鼻子 pi⁴¹tsə⁰	鼻涕 pi⁴¹tʰi²¹³
涿鹿	耳朵 ər⁵⁵tuə⁰	鼻子 piŋ³¹ɑ̃⁰	脓带 nəŋ⁴²tɛ⁰
平山	耳朵 ər⁵⁵tuə⁰	鼻子 pi⁴²tsʅ⁰	脓带 noŋ⁴²tɛ⁰
鹿泉	耳朵 ər³⁵tuo⁰	鼻子 pi⁵⁵tʅ⁰	脓带 nəŋ⁵⁵tɛ⁰
赞皇	耳朵 ər⁴⁵tuə⁰	鼻子 pi⁵¹tsə⁰	鼻子 pi⁵¹tsə⁰
沙河	耳朵 ʅ³³tuo⁰	鼻子 pi⁵¹tə⁰	鼻子 pi⁵¹tə⁰
邯郸	耳朵 ʅ⁵⁵tuə⁰	鼻子 pi⁵³tə⁰	鼻子 pi⁵³tə⁰
涉县	耳根子 ʅ⁵³kəŋ⁴¹ə⁰	鼻子 piəʔ³³lə⁰	鼻子 piəʔ³³lə⁰

	0463 擤~鼻涕	0464 嘴巴 人的，统称	0465 嘴唇
兴隆	擤 ɕiŋ²¹³	嘴巴 tsuei²¹pa⁰	嘴唇 tsuei²¹tʂʰuən⁵⁵
北戴河	擤 ɕiŋ²¹⁴	嘴巴子 tʃuei²¹pa⁵³tʃʅ⁰	嘴唇 tʃuei²¹tʃʰuən³⁵
昌黎	擤 ɕiŋ²¹³	嘴巴子 tsuei²¹pa³⁴tsʅ⁰	嘴唇 tsuei²⁴ʂən²⁴
乐亭	擤 ɕiəŋ³⁴	嘴 tsuei³⁴	嘴唇 tsuei³³ʂən²¹²
蔚县	擤 ɕiŋ⁴⁴	嘴 tsuei⁴⁴	嘴唇儿 tsuei⁴⁴tsʰũr⁴¹
涞水	擤 ɕiŋ²⁴	嘴 tsuei²⁴	嘴唇 tsuei²⁴tʂʰuən⁴⁵
霸州	擤 ɕiŋ²¹⁴	嘴 tsuei²¹⁴	嘴唇儿 tsuei²¹tʂʰuər⁵³ 嘴头子 tsuei²¹tʰou⁵³tsʅ⁰ 嘴头儿 tsuei²¹tʰour⁵³
容城	擤 ɕiŋ²¹³	嘴 tsuei²¹³	嘴唇儿 tsuei²¹tʂʰuər³⁵
雄县	擤 ɕiŋ²¹⁴	嘴 tsuei²¹⁴	嘴唇儿 tsuei²¹tʂʰuər⁵³ 嘴头子 tsuei²¹tʰou⁵³tsʅ⁰ 嘴头儿 tsuei²¹tʰour⁵³
安新	擤 ɕiŋ²¹⁴	嘴 tsuei²¹⁴	嘴头儿 tsuei⁴⁵tʰou³³wər⁰
满城	擤 ɕiŋ²¹³	嘴 tsuei²¹³	嘴唇 tsuei³⁵tʂʰuən²²
阜平	擤 ɕiŋ⁵⁵	嘴 tsei⁵⁵	嘴唇儿 tsei⁵⁵tʂʰuər²⁴
定州	擤 siŋ²⁴	嘴 tsuei²⁴	嘴唇儿 tsuei²⁴tɕʰyər²¹³
无极	擤 ɕiŋ³⁵	嘴 tsuəi³⁵	嘴唇儿 tsuəi³⁵tʂʰuər²¹³
辛集	擤 ɕiŋ³²⁴	嘴 tsuei³²⁴	嘴唇儿 tsuei²⁴tʂʰuər³⁵⁴
衡水	擤 ɕiŋ⁵⁵	嘴 tʂuei⁵⁵	嘴唇 tʂuei⁵⁵tɕʰyn⁵³
故城	擤 ɕiŋ⁵⁵	嘴 tsuei⁵⁵	嘴唇 tsuei²⁴tsʰuẽ⁵³
巨鹿	擤 ɕiŋ⁵⁵	嘴 tsuei⁵⁵	嘴唇儿 tsuei⁵⁵tsʰuər⁴¹
邢台	擤 siŋ⁵⁵	嘴 tsuei⁵⁵	嘴唇儿 tsuei⁵⁵tsʰuər⁵³
馆陶	擤 siŋ⁴⁴	嘴 tsuei⁴⁴	嘴唇儿 tsuei⁴⁴tsʰuər⁵²
沧县	擤 ɕiŋ⁵⁵	嘴 tsuei⁵⁵	嘴唇 tsuei⁵⁵tʂʰuən⁵³
献县	擤 ɕiŋ²¹⁴	嘴 tsuei²¹⁴	嘴唇 tsuei²¹tʂʰuən⁵³/tsuei²¹tʂʰuən⁵³
平泉	擤 ɕiŋ²¹⁴	嘴 tsuei²¹⁴ 嘴巴 tsuei²¹pa⁰	嘴唇 tsuei²¹tʂʰuən³⁵
滦平	擤 ɕiŋ²¹⁴	嘴 tsuei²¹⁴	嘴唇 tsuei²¹tʂʰuən³⁵

（续表）

	0463 擤~鼻涕	0464 嘴巴 人的，统称	0465 嘴唇
廊坊	擤 ɕiŋ²¹⁴	嘴 tsuei²¹⁴	嘴唇 tsuei²¹tʂʰuən³⁵ 嘴片子 tsuei²¹pʰien⁵¹tsʅ⁰
魏县	擤 ɕiŋ⁵⁵	嘴 tʂuəi⁵⁵	嘴片子 tʂuəi⁵⁵pʰian³¹²tɛ⁰
张北	擤 ɕiŋ⁵⁵	嘴 tsuei⁵⁵	嘴唇子 tsuei⁵⁵tʂʰuŋ⁴²tsə⁰
万全	洗 ɕi⁵⁵	嘴 tsuei⁵⁵	嘴唇子 tsuei⁴⁴tʂʰuən²¹³tsə⁰
涿鹿	擤 ɕiŋ⁴⁵	嘴 tsuei⁴⁵	嘴唇上 tsuei⁴⁵tʂʰuŋ⁴²ɑ̃⁰
平山	擤 ɕiŋ⁵⁵	嘴 tsæi⁵⁵	嘴唇儿 tsæi⁵⁵tʂʰuər³¹
鹿泉	擤 ɕiŋ³⁵	嘴 tsuei³⁵	嘴唇儿 tsuei³⁵tʂʰuər⁵⁵
赞皇	擤 siŋ⁴⁵	嘴 tsuei⁴⁵	嘴唇 tsuei⁴⁵tʂʰuən⁵⁴
沙河	擤 siəŋ³³	嘴 tsuei³³	嘴片儿 tsuei³³pʰiar²⁴
邯郸	擤 siŋ⁵⁵	嘴 tsuəi⁵⁵	嘴片子 tsuəi⁵⁵pʰiæ²¹tə⁰
涉县	擤 ɕiəŋ⁵³	嘴 tsuəi⁵³	嘴唇片子 tsuəi⁵³tɕiəŋ⁴¹pʰiæ²⁴lə⁰

	0466 口水~流出来	0467 舌头	0468 牙齿
兴隆	哈喇子 xa⁵⁵la⁵⁵tsʅ⁰ 口水 kʰou³⁵ʂuei²¹³	舌头 ʂɤ⁵⁵tʰou⁰	牙齿 ia⁵⁵tʂʰʅ²¹³
北戴河	哈子 xan⁴⁴tʃʅ⁰	舌头 ʃɤ³⁵tʰou⁰	牙 ia³⁵
昌黎	哈喇子 xa³⁴la⁴²tsʅ⁰	舌头 sɤ⁴²tʰou²³	牙 ia²⁴
乐亭	稀涎 ɕi³¹ɕien⁰	舌头 ʂɤ³¹tʰou⁰	牙 ia²¹²
蔚县	哈喇水 xã⁵³lã⁰suei⁰	舌头 sɤ⁴¹tʰəu⁰	牙 ia⁴¹
涞水	哈喇喇子 xa³³la⁰la³³tsʅ⁰	舌头 sɤ²⁴tʰou⁰	牙 ia⁴⁵
霸州	哈喇子 xa⁴⁴la⁴⁵tsʅ⁰	舌头 sɤ⁵³tʰou⁰	牙 ia⁵³
容城	哈喇子 xa⁴⁴la²¹tsʅ⁰ 流水喇喇 liou³⁵ʂuei²¹la⁰la⁰	舌头 sɤ²¹tʰou⁰	牙 ia³⁵
雄县	哈喇子 xa⁵³la⁵³tsʅ⁰	舌头 sɤ⁵³tʰou⁰	牙 ia⁵³
安新	水喇喇 ʂuei⁵³la⁰la⁰ 口水 kʰou⁴⁵ʂuei⁰	舌头 sɤ³³tʰou⁰	牙 ia³¹
满城	哈喇喇 xa⁴⁵la⁴⁵la⁰	舌头 sɤ²²tʰou⁰	牙 ia²²
阜平	哈喇水 xæ⁵⁵la⁰ʂei⁵⁵	舌头 sɤ⁵³tʰou⁰	牙 ia²⁴
定州	哈喇喇 xan³³la³³la⁰	舌头 sɤ⁴²tʰou⁰	牙 ia²¹³
无极	哈喇喇 xɤ³¹lɑ⁰lɑ³¹	舌头 sɤ³¹tʰəu⁰	牙 iɑ²¹³
辛集	哈喇喇 xɑ³³lɑ³³lɑ⁰	舌头 sə³⁵tʰou⁰	牙 iɑ³⁵⁴
衡水	哈喇子 xɑ²⁴la⁵³tsʅ⁰	舌头 ɕie²⁴tʰəu⁰	牙 iɑ⁵³
故城	哈喇子 xɑ²⁴la⁵⁵tsʅ⁰	舌头 sɤ²⁴tʰou⁰	牙 iɑ⁵³
巨鹿	哈喇喇 xɤ⁵⁵la⁵⁵la³³	舌头 ɕie⁵³tʰou⁰	牙 iɑ⁴¹
邢台	哈喇喇 xə³³la³¹la⁰	舌头 sə⁵³tʰou⁰	牙 iɑ⁵³
馆陶	口水 kʰəu⁵²ʂuei⁰	舌头 ʂᴇ⁵²tʰəu⁰/sɤ⁵²tʰəu⁰	牙 iɑ⁵²
沧县	涎涎 ɕie⁵⁵ɕie⁰ 哈喇子 xɑ²³la⁵⁵tsʅ⁰	舌头 sɤ⁵⁵tʰou⁰	牙 iɑ⁵³
献县	水喇喇 ʂuei²¹la⁵³la³³	舌头 sɚ⁵⁵tʰou⁰	牙 iɑ⁵³
平泉	哈喇子 xa⁵⁵la⁵¹tsʅ⁰ 口水 kʰou³⁵ʂuei²¹⁴	舌头 sə³⁵tʰou⁰	牙 ia³⁵ 牙齿 ia³⁵tʂʰʅ²¹⁴

（续表）

	0466 口水~流出来	0467 舌头	0468 牙齿
滦平	哈喇子 xa⁵⁵la³⁵tsə⁰ 口水 kʰou³⁵ʂuei²¹⁴	舌头 ʂə³⁵tʰou⁰	牙 ia³⁵ 牙齿 ia³⁵tʂʰʅ²¹⁴
廊坊	哈喇子 xa⁵⁵la³⁵tsʅ⁰	舌头 ʂɤ³⁵tʰou⁰	牙 ia³⁵
魏县	嘴水 tʂuəi⁵³ʂuəi³¹²	舌头 ʂʅ⁵³tʰəu³¹²	牙 ia⁵³
张北	哈喇水 xa⁴⁴la⁰suei⁰ 哈喇子 xa⁴⁴la⁰tsə⁰	舌头 səʔ³²tʰəu⁰	牙 ia⁴²
万全	哈水 xan²¹³suei⁰	舌头 səʔ⁴tʰou⁰	牙 ia⁴¹
涿鹿	哈喇水 xæ⁴²la⁰suei⁰	舌头 ʂʅ⁴²tʰəu⁰	牙 ia⁴²
平山	哈喇水 xa⁵⁵la⁰ʂæi⁵⁵	舌头 ʂɤ⁴²tʰa⁰	牙 ia³¹
鹿泉	哈喇水 xʌ¹³la⁰ʂei³⁵	舌头 ʂɤ⁵⁵tʰou⁰	牙 ia⁵⁵
赞皇	哈喇喇 xə⁵⁴la⁵⁴la⁰	舌头 ʂə⁵¹tʰəu⁰	牙 ia⁵⁴
沙河	哈水 xã⁵¹suei⁰	舌头 ʂɤ⁵¹tʰəu⁰	牙 iɔ⁵¹
邯郸	哈水 xæ³¹suəi⁰	舌头 ʂɤ⁵³tʰəu⁰	牙 iɔ⁵³
涉县	哈水 xæ⁴¹suəi⁰	舌头 sɤʔ³²tʰou⁰	牙 iɔ⁴¹²

	0469 下巴	0470 胡子嘴周围的	0471 脖子
兴隆	下巴颏子 ɕia^{51}pa^{0}k^{h}ə^{35}tsʅ^0 下巴 ɕia^{51}pa^0	胡子 xu^{55}tsʅ^0 胡须 xu^{55}ɕy^{35}	脖子 po^{55}tsʅ^0 脖颈儿 po^{55}kɤɹ^{213}
北戴河	下巴颏儿 ɕia^{53}pa^{0}k^{h}ər^{35}	胡子 xu^{35}tʃʅ^0	脖子 pɤ^{35}tʃʅ^0
昌黎	下巴 ɕia^{213}pə^0	胡子 xu^{42}tsʅ^{23}	脖子 pɤ^{42}tsʅ^{23}
乐亭	下巴 ɕia^{212}pa^0	胡子 xu^{31}tsʅ^0	脖子 pə^{31}tsʅ^0
蔚县	下巴子 ɕia^{31}pa^{0}tsʅ^0	胡采=xu^{41}ts^{h}ei^0	脖子 pɤ^{41}tsʅ^0
涞水	下巴子 ɕia^{45}pa^{0}k^{h}ɤ^{31}tsʅ^0	胡子 xu^{24}tsʅ^0	脖子 puo^{24}tsʅ^0
霸州	下巴颏儿 ɕia^{45}pa^{0}k^{h}ɤr^{45} 下巴颏子 ɕia^{45}pa^{0}k^{h}ɤ^{21}tsʅ^0	胡子 xu^{53}tsʅ^0	脖子 po^{53}tsʅ^0
容城	下巴颏儿 ɕia^{35}pa^{0}k^{h}er^{43}	胡子 xu^{21}tsʅ^0	脖子 po^{21}tsʅ^0
雄县	下巴 ɕia^{21}pa^0 下巴颏儿 ɕia^{21}pa^{0}k^{h}ɤr^{45} 下巴颏子 ɕia^{21}pa^{0}k^{h}ɤ^{44}tsʅ^0	胡子 xu^{53}tsʅ^0	脖子 po^{53}tsʅ^0
安新	下巴 ɕia^{21}po^0	胡子 xu^{33}tsʅ^0	脖子 po^{33}tsʅ^0
满城	下巴 ɕia^{21}pa^0	胡子 xu^{22}tsʅ^0	脖子 po^{22}tsʅ^0
阜平	下巴颏儿 ɕia^{53}pa^{0}k^{h}er^{24}	胡采=xu^{53}ts^{h}æ^0	脖子 puɤ^{53}tsʅ^0
定州	下巴颏儿 ɕia^{35}pa^{0}k^{h}er^0	胡采=xu^{42}ts^{h}ai^0	脖子 po^{42}tsʅ^0
无极	下巴颏儿 ɕia^{53}pa^{0}k^{h}ɤr^{31}	胡采=xu^{31}ts^{h}æ^0	脖子 puɤ^{31}tsʅ^0
辛集	下巴颏儿 ɕia^{42}pɑ^{0}k^{h}ər^{33}	胡子 xu^{35}tsʅ^0	脖子 pə^{35}tsʅ^0
衡水	嘴巴儿 tʂuei^{55}pɑr^{31}	胡子 xu^{24}tsʅ^0	脖子 po^{24}tsʅ^0
故城	嘴巴子 tsuei^{24}pa^{53}tsʅ^0	胡子 xu^{55}tsʅ^0	脖子 pɤ^{55}tsʅ^0
巨鹿	下巴颏儿 ɕia^{53}pa^{0}k^{h}ɤr^{33}	胡儿 xur^{41}	脖儿 por^{41}
邢台	下巴颏儿 ɕia^{31}pa^{0}k^{h}ɤr^{34}	胡子 xu^{53}ə^0 胡茬儿 xu^{33}tʂ^{h}ar^{53} 胡采=xu^{53}ts^{h}ai^0	脖子 pə^{53}ə^0 脖儿颈子 pər^{53}kəŋ^{55}ə^0
馆陶	下巴颏儿 ɕia^{21}pa^{0}k^{h}ɤr^{24} 下巴儿颏子 ɕia^{21}par^{0}k^{h}ɤ^{24}tə^0	胡子 xu^{52}tə^0	脖子 po^{52}tə^0
沧县	下巴颏子 ɕia^{53}pɑ^{0}k^{h}ɤ^{41}tsʅ^0	胡子 xu^{55}tsʅ^0	脖子 pɤ^{55}tsʅ^0
献县	嘴巴子 tsuei^{21}pa^{53}tsʅ^0	胡子 xu^{55}tsʅ^0	脖子 puo^{55}tsʅ^0

（续表）

	0469 下巴	0470 胡子嘴周围的	0471 脖子
平泉	下巴颏子 ɕia⁵¹pa⁰kʰə⁵⁵tsʅ⁰ 下巴 ɕia⁵¹pa⁰	胡子 xu³⁵tsʅ⁰	脖颈子 po³⁵kəŋ²¹tsʅ⁰ 脖子 po³⁵tsʅ⁰
滦平	下巴颏子 ɕia⁵¹pa⁰kʰə⁵⁵tsə⁰ 下巴 ɕia⁵¹pa⁰	胡子 xu³⁵tsə⁰	脖颈子 po³⁵kəŋ²¹tsə⁰ 脖子 po³⁵tsə⁰
廊坊	下巴颏儿 ɕia⁵¹pa⁰kʰɤr⁵⁵ 下巴颏子 ɕia⁵¹pa⁰kʰɤ⁵⁵tsʅ⁰	胡子 xu³⁵tsʅ⁰	脖儿 pɤr³⁵ 脖子 pɤ³⁵tsʅ⁰
魏县	嘴巴胡子 tʂuəi⁵⁵pa⁰xu⁵³tɛ⁰ 嘴巴颏子 tʂuəi⁵⁵pa⁰kʰɤ³³tɛ⁰	胡子 xu⁵³tɛ⁰	脖子 pə⁵³tɛ⁰ 脖儿颈 pə⁵³əl̩³¹²kəŋ⁵⁵
张北	下巴颏儿 ɕia²³pa⁰kʰɛr⁴²	胡子 xu⁴²tsə⁰ 胡采 ⁼xu⁴²tsʰai⁴²	脖子 pə⁴²tsə⁰ 脖颈子 pə⁴²kəŋ⁵⁵tsə⁰
万全	下颏子 ɕia²⁴kʰə⁴¹tsə⁰	胡采 ⁼xu⁴¹tsʰɛi⁰	脖子 pə⁴¹tsə⁰
涿鹿	下巴颏 ɕia³¹pa⁰kʰʌ⁰	胡采 ⁼xu⁴²tsʰɛ⁰	脖子 puə⁴²ə⁰
平山	下巴颏儿 ɕia⁵⁵pa⁰kʰər²⁴	胡采 ⁼xu⁴²tsʰɛ⁰	脖子 pə⁴²tsʅ⁰
鹿泉	下巴颏儿 ɕia³¹pa⁰kʰɤr¹³	胡采 ⁼xu⁵⁵tsʰɛ⁰	脖子 po⁵⁵tɤ⁰
赞皇	下巴颏儿 ɕia⁵¹pa⁰kʰɤr²⁴	胡采 ⁼ xu⁵¹tsʰɛ⁰	脖子 puə⁵¹tsə⁰
沙河	下巴颏儿 ɕiɔ²¹pɔ⁰kʰər⁰	胡子 xu⁵¹tə⁰	脖子 puo⁵¹tə⁰
邯郸	嘴巴骨子 tsuəi⁵³mɔ⁵⁵ku³¹tə⁰	胡子 xu⁵³tə⁰	脖子 puə⁵³tə⁰
涉县	下巴子 ɕiɒ⁵⁵pɐʔ³²lə⁰	胡子 xu⁴¹ə⁰	脖子 pɐʔ³³lə⁰

	0472 喉咙	0473 肩膀	0474 胳膊
兴隆	嗓子眼儿 saŋ²¹tsʅ⁰ier²¹³ 喉咙 xou⁵⁵loŋ⁰	肩膀子 tɕian⁵⁵paŋ²¹tsʅ⁰ 肩膀儿 tɕian⁵⁵pãr²¹³	胳膊 kə³⁵pə⁰
北戴河	嗓子 saŋ²¹tʃʅ⁰	肩膀儿 tɕian⁴⁴pãr²¹⁴	胳膊 kɤ⁴⁴pɤ⁰
昌黎	气声管儿 tɕʰi⁴⁵ʂəŋ⁰kuɐr²¹³	肩膀儿 tɕian³⁴par²¹³	胳臂 kɤ⁴³pei⁰
乐亭	嗓窠眼儿 saŋ³³kʰə³³iɐr³⁴	肩膀 tɕiɛn³¹pə⁰	胳臂 kə³¹pei⁰
蔚县	嗓子 sɔ⁴⁴tsʅ⁰	肩膀儿 tɕiã⁵³pɔr⁴⁴ 膀子 pɔ⁴⁴tsʅ⁰	胳膊 kɤ⁵³pɤ⁰
涞水	嗓子 saŋ³¹tsʅ⁰	肩 tɕian³¹	胳臂 kɤ³³pei⁰
霸州	嗓子眼儿 saŋ⁴¹tsʅ⁰ier²¹⁴	肩膀儿 tɕian⁴⁵par²¹⁴ 肩膀子 tɕian⁴⁵paŋ⁴¹tsʅ⁰	胳臂 kɤ²¹pʰai⁰
容城	嗓子眼儿 saŋ⁵²tsʅ⁰ier²¹³	膀扇子 paŋ²¹ʂan⁵²tsʅ⁰	胳臂 kɤ³¹pei⁰
雄县	嗓子眼儿 saŋ⁴¹tsʅ⁰ier²¹⁴	肩膀儿 tɕiãn⁴⁵par²¹⁴	胳臂 kɤ⁴⁴pʰai⁰
安新	嗓子眼儿 saŋ⁵³tsʅ⁰ier²¹⁴	肩膀儿 tɕian⁴⁵paŋ⁵³ŋər⁰	胳臂 kɤ⁵³pʰei⁰
满城	嗓子眼儿 saŋ⁴²tsʅ⁰ier²¹³	肩膀 tɕian⁴⁵pa⁰	胳臂 kɤ⁴⁵pai⁰
阜平	嗓子 saŋ²¹tsʅ⁰	肩膀 tɕiæ³¹paŋ⁰	胳膊 kɤ²¹pɔ⁰
定州	嗓子 saŋ²¹¹tsʅ⁰	肩膀头儿 tɕian³³paŋ⁰tʰou⁴²uər⁰	胳膊 kɤ³³pau⁰
无极	嗓子眼儿 saŋ³⁵tsʅ⁰ier³⁵	肩膀 tɕiãn³¹paŋ⁰	胳膊 kɤ²¹³pɔ⁰
辛集	嗓咳眼儿 saŋ³²²kʰə⁰ier³²⁴ 嗓子 saŋ³²²tsʅ⁰	肩么头儿 tɕian³³mə⁰tʰour³⁵⁴	胳膊 kə³³pʰɑ⁰
衡水	嗓子眼儿 saŋ²¹tsʅ⁰ier⁵⁵	膀子 paŋ²¹tsʅ⁰	胳膊 kɤ³¹pʰɑ⁰
故城	嗓子 saŋ²⁴tsʅ⁰	肩膀 tɕiæ²¹paŋ⁰	胳膊 kɤ²¹pɤ⁰
巨鹿	嗓子 saŋ⁵⁵tsʅ⁰	膀子 paŋ⁵⁵tsʅ⁰	胳膊 kɤ³³pu⁰
邢台	嗓子 saŋ⁵⁵ə⁰ 嗓子眼儿 saŋ⁵⁵ə⁰ier⁵⁵	肩膀头儿子 tɕian³⁴paŋ⁵⁵tʰour⁵³ə⁰ 肩膀子 tɕian³⁴paŋ⁵⁵ə⁰	胳膊 kə³⁴pau⁰
馆陶	嗓子 saŋ⁴⁴tə⁰ 喉咙 xəu⁵²luŋ⁰	肩 tsiæn²⁴ 肩膀 tsiæn²⁴paŋ⁴⁴	胳膊 kɤ²⁴po⁰
沧县	嗓子 saŋ²³tsʅ⁰	肩膀头儿 tɕian⁴¹paŋ⁰tʰour⁵³	胳臂 kɤ⁴¹pʰɛ⁰
献县	嗓子眼儿 sã²¹tsʅ⁰iɐr²¹⁴	膀子 pã²¹tsʅ⁰	胳臂 kɤ³³pʰɛ⁰
平泉	嗓子 saŋ²¹tsʅ⁰ 喉咙 xou³⁵luŋ³⁵	肩膀 tɕian⁵⁵paŋ²¹⁴	胳膊 kə⁵⁵po⁰

（续表）

	0472 喉咙	0473 肩膀	0474 胳膊
滦平	嗓子 saŋ²¹tsə⁰ 喉咙 xou³⁵luŋ³⁵	肩膀 tɕian⁵⁵paŋ²¹⁴	胳膊 kə⁵⁵po⁰
廊坊	嗓子 saŋ²¹tsʅ⁰	肩膀儿 tɕien⁵⁵pãr²¹⁴	胳膊 kɤ⁵⁵pɤ⁰
魏县	嗓户＝眼子 ʂaŋ⁵⁵xuºian⁵⁵tɛ⁰	膀子 paŋ⁵⁵tɛ⁰	胳膊 kɛ⁵³pə³¹²
张北	嗓子 sɔ̃⁵⁵tsə⁰	肩膀 tɕiæ⁴²pɔ̃⁵⁵	胳膊 kəʔ³pəʔ³²
万全	嗓子 sa⁵⁵tsə⁰	肩膊 tɕian⁴¹pə²¹³	胳膊 kə⁴¹pa⁰
涿鹿	嗓子 sã⁵⁵ə⁰	肩膀 tɕiæ⁴²pã⁴²	胳膊 kʌʔ⁴³pʌ⁰
平山	嗓子 saŋ⁵⁵tsʅ⁰	肩膀头儿 tɕiæ⁵⁵pa⁵⁵tʰər³¹	胳膊 kɤ²¹po⁰
鹿泉	嗓子 saŋ³⁵tɤ⁰	肩膀头儿 tɕiæ⁵⁵pa⁰tʰour⁵⁵	胳膊 kɤ²¹po⁰
赞皇	嗓子 saŋ⁴⁵tsə⁰	肩膀 tɕiæ⁵⁴pa⁰	胳膊 kə²¹po⁰
沙河	嗓子 saŋ³³tə⁰	肩膀头儿 tɕiã⁴¹paŋ³³tʰour⁵¹	胳膊 kəʔ⁴pəʔ²
邯郸	嗓子 saŋ⁵⁵tə⁰	膀子 paŋ⁵⁵tə⁰	胳膊 kʌʔ⁰pʌʔ⁰
涉县	嗓子 sã⁵³ə⁰	肩膀 tɕiæ⁴¹pã⁰	胳膊 kəʔ³²pɐʔ⁰

	0475 手 方言指（打✓）：只指手；包括臂：他的～摔断了	0476 左手	0477 右手
兴隆	手 ʂou²¹³①	左手 tsuo³⁵ʂou²¹³	右手 iou⁵¹ʂou²¹³
北戴河	手 ʃou²¹⁴	左手 tʃuo³⁵ʃou²¹⁴	右手 iou⁵³ʃou²¹⁴
昌黎	手 ʂou²¹³	左手 tsuo²⁴ʂou²¹³	正手 tʂəŋ⁴⁵ʂou⁰ 右手 iou⁴⁵ʂou⁰
乐亭	手 ʂou³⁴	左手 tsuə³⁴ʂou³⁴	正手 tʂəŋ⁵³ʂou³⁴
蔚县	手 səu⁴⁴	左手 tsuɤ⁵³səu⁴⁴	右手 iəu³¹səu⁴⁴
涞水	手 ʂou²⁴	左手 tsuo⁴⁵ʂou⁰	右手 iou³¹ʂou²⁴
霸州	手 ʂou²¹⁴	左手 tsuo²⁴ʂou²¹⁴	右手 iou⁴¹ʂou²¹⁴ 正手 tʂəŋ⁴¹ʂou²¹⁴
容城	手 ʂou²¹³	左手 tsuo³⁵ʂou²¹³ 左撇列 ₌tsuo⁵²pʰiɛ⁴⁴liɛ⁵¹³	正手 tʂəŋ⁵²ʂou²¹³
雄县	手 ʂou²¹⁴	左手 tsuo²⁴ʂou²¹⁴	右手 iou⁴¹ʂou²¹⁴ 正手 tʂəŋ⁴¹ʂou²¹⁴
安新	手 ʂou²¹³	左手 tsuo²¹ʂou⁰	右手 iou⁵⁵ʂou⁰
满城	手 ʂou²¹³①	左手 tsuo²¹ʂou⁰	右手 iou⁵³ʂou²¹³
阜平	手 ʂou⁵⁵	左手 tsuɤ⁵³ʂou⁵⁵	右手 iou⁵³ʂou⁵⁵
定州	手 ʂou²⁴	左手 tsuo²⁴ʂou²⁴	右手 iou⁵³ʂou²⁴
无极	手 səu³⁵	左手 tsuɤ³⁵səu³⁵	右手 iəu⁵¹səu³⁵
辛集	手 ʂou³²⁴	左手 tsuə³⁵ʂou³²⁴	右手 zou⁴¹ʂou³⁴
衡水	手 səu⁵⁵	左手 tsuo⁵⁵səu⁵⁵	右手 iəu³¹səu⁵⁵
故城	手 ʂou⁵⁵	左手 tsuɤ³¹ʂou⁵⁵	右手 iou³¹ʂou⁵⁵
巨鹿	手 ʂou⁵⁵	左手 tsuo⁴¹ʂou⁵⁵	右手 iou²¹ʂou⁵⁵
邢台	手 ʂou⁵⁵①	左手 tsuo⁵³ʂou⁵⁵	右手 iou³¹ʂou⁵⁵
馆陶	手 ʂəu⁴⁴	左手 tsuo⁵²ʂəu⁴⁴	右手 iəu²¹ʂəu⁴³
沧县	手 ʂou⁵⁵	左手 tsuo⁵³ʂou⁵⁵	右手 iou⁴¹ʂou⁵⁵
献县	手 ʂou²¹⁴	左手 tsuo²⁴ʂou²¹⁴	右手 iou³¹ʂou²¹⁴
平泉	手 ʂou²¹⁴	左手 tsuo³⁵ʂou²¹⁴	右手 iou⁵³ʂou²¹⁴
滦平	手 ʂou²¹⁴	左手 tsuo³⁵ʂou²¹⁴	右手 iou⁵¹ʂou²¹⁴
廊坊	手 ʂou²¹⁴	左手 tsuo³⁵ʂou²¹⁴	右手 iou⁵¹ʂou²¹⁴

(续表)

	0475 手 方言指（打✓）：只指手；包括臂；他的~摔断了	0476 左手	0477 右手
魏县	手 ṣəu⁵⁵	左手 tʂuə³¹²ṣəu⁵⁵	顺手 ṣuən³¹²ṣəu⁵⁵
张北	手 ṣəu⁵⁵	左手 tsuə⁴²səu⁵⁵	右手 iəu²³səu⁵⁵
万全	手 sou⁵⁵	左手 tsuə⁵⁴sou⁵⁵	右手 iou⁴⁵sou⁵⁵
涿鹿	手 ṣəu⁴⁵	左手 tsuə⁴²ṣəu⁴⁵	右手 iəu³¹ṣəu⁴⁵
平山	手 ṣɐu⁵⁵	左手 tsuə⁵⁵ṣɐu⁰	右手 iɐu⁴²ṣɐu⁵⁵
鹿泉	手 ṣou³⁵	左手 tsuo⁵⁵sou³⁵	右手 iou³¹sou³⁵
赞皇	手 ṣəu⁴⁵	左手 tsuə⁵⁴ṣəu⁴⁵	右手 iəu³¹²ṣəu⁴⁵
沙河	手 ṣəu³³	左手 tsuo⁴¹ṣəu⁰	右手 iəu²¹ṣəu⁰ 顺手 ṣuən²¹ṣəu⁰
邯郸	手 ṣəu⁵⁵	左手 tsuə⁵³ṣəu⁰	顺手 ṣun²¹ṣəu⁰
涉县	手 sou⁵³	左手 tsuə⁴¹²sou⁵³	右手 iou⁵⁵sou⁰

---

① 各点均只指手，不包括臂。

	0478 拳头	0479 手指	0480 大拇指
兴隆	拳头 tɕʰyan⁵⁵tʰou⁰	手指 ʂou³⁵tʂʅ²¹³	大拇指 ta⁵¹mu³⁵tʂʅ²¹³ 大拇哥 ta⁵¹mu²¹kɤ³⁵
北戴河	拳头 tɕʰyan³⁵tʰou⁰	手指头 ʃou²¹tʃʅ⁴⁴tʰou⁰	大拇指 ta⁵³mu³⁵tʃʅ²¹⁴
昌黎	拳头 tɕʰyan⁴²tʰou²³	手指 sou²⁴tsʅ²¹³	大拇手指头 ta²⁴mə⁰sou²⁴tsʅ²¹tʰou⁰
乐亭	拳头 tɕʰyɛn³¹tʰou⁰	手指头 ʂou³³tʂʅ²¹¹tʰou⁰	大拇手指头 ta³⁵mu⁰ʂou³³tʂʅ²¹¹tʰou⁰
蔚县	拳头 tɕʰyã⁴¹tʰəu⁰	指头 tsʅ⁴⁴tʰəu⁰	大拇哥 ta³¹mɤ⁰kɤ⁵³ 大拇指头 ta³¹mu⁰tsʅ⁴⁴tʰəu⁰
涞水	拳头 tɕʰyan²⁴tʰou⁰	手指头 ʂou⁴⁵tʂʅ³¹tʰou⁰	大拇哥 ta³¹mai⁰kɤ³¹
霸州	拳头 tɕʰyan⁵³tʰou⁰ 持子 tʂʰʅ⁵³tsʅ⁰	手指头 ʂou²⁴tʂʅ⁴¹tʰou⁰	大拇哥 ta⁴⁵mu⁰kɤ⁴⁵
容城	拳头 tɕʰyan²¹tʰou⁰	手指头 ʂou³⁵tʂʅ⁵²tʰou⁰	大拇指 ta³⁵mu⁰tʂʅ²¹³
雄县	拳头 tɕʰyãn⁵³tʰou⁰ 持⁼子 tʂʰʅ⁵³tsʅ⁰	手指头 ʂou²⁴tʂʅ⁴¹tʰou⁰	大拇哥 ta²¹mu⁰kɤ⁴⁵ 大拇指 ta²¹mu⁰tʂʅ²¹⁴
安新	拳头 tɕʰyan³³tʰou⁰ 通称 撇子 pʰie⁵³tsʅ⁰①	手指头 ʂou²¹tʂʅ⁵³tʰou⁰	大拇指头 ta²¹mu⁰tʂʅ⁵³tʰou⁰
满城	拳头 tɕʰyan²²tʰou⁰	手指头 ʂou²¹³tʂʅ⁴²tʰou⁰	大拇指头 ta²¹mai⁰tʂʅ⁴²tʰou⁰
阜平	拳头 tɕʰyæ⁵³tʰou⁰	手指头 ʂou⁵⁵tʂʅ²¹tʰou⁰	大拇指头 ta⁵⁵ma⁵⁵tʂʅ²¹tʰou⁰
定州	拳头 tɕʰyan⁴²tʰou⁰	手指头 ʂou²⁴tʂʅ³³tʰou⁰	大拇手指头 ta⁵³ma⁰ʂou³³tʂʅ²¹¹tʰou⁰
无极	拳头 tɕʰyãn³¹tʰəu⁰	手指头 ʂəu³⁵tʂʅ²¹³tʰəu⁰	大手指头 ta⁵¹ʂou³⁵tʂʅ²¹³tʰəu⁰
辛集	拳头 tɕʰyan³⁵tʰou⁰	手指头 ʂou³⁵tʂʅ³²²tʰou⁰	大手指头 ta⁴¹ʂou³⁵tʂʅ³²²tʰou⁰
衡水	拳头 tɕʰyan²⁴tʰəu⁰	手指头 ʂəu⁵⁵tʂʅ³¹tʰəu⁰	大拇哥 tɑ⁵³mu⁰kɤ²⁴
故城	拳头 tɕʰyæ⁵⁵tʰou⁰ 拳 tɕʰyæ⁵³	手指头 ʂəu⁵⁵tʂʅ²¹tʰou⁰	大拇手指头 ta⁵³ma⁰ʂou⁵⁵tʂʅ²¹tʰou⁰
巨鹿	拳头儿 tɕʰyɛ⁴¹tʰour⁴¹	手指头儿 ʂou⁵⁵tʂʅ³³tʰour⁴¹	大拇指 ta²¹ma⁵⁵tʂʅ³³
邢台	拳头 tɕʰyan⁵³tʰou⁰	手指头儿 ʂou⁵³tʂʅ⁵⁵tʰour⁰	大拇指头 ta³¹ma⁰tʂʅ⁵⁵tʰou⁰
馆陶	拳 tɕʰyæn⁵² 拳头 tɕʰyæn⁵²tʰəu⁰	手指头儿 ʂəu⁴⁴tʂʅ²⁴tʰəur⁰ 手指 ʂəu⁴³tʂʅ²⁴	大拇指 ta²¹mu⁴⁴tʂʅ⁰
沧县	拳头 tɕʰyan⁵⁵tʰou⁰	手指头 ʂou⁵⁵tʂʅ⁴¹tʰou⁰	大拇哥 ta⁵³mu⁰kɤ²³
献县	撇子 pʰie²¹tsʅ⁰	手指头 ʂou²⁴tʂʅ³³tʰou⁰	大拇手指头 ta³³¹mə⁰ʂou²⁴tʂʅ³³tʰou⁰

（续表）

	0478 拳头	0479 手指	0480 大拇指
平泉	拳头 tɕʰyan³⁵tʰou⁰	手指头 ʂou²¹tʂʅ³⁵tʰou⁰ 手指 ʂou³⁵tʂʅ²¹⁴	大拇哥 ta⁵³mu²¹kɤ⁵⁵ 大拇指 ta⁵³mu³⁵tʂʅ²¹⁴
滦平	拳头 tɕʰyan³⁵tʰou⁰	手指头 ʂou³⁵tʂʅ²¹tʰou⁰ 手指 ʂou³⁵tʂʅ²¹⁴	大拇哥 ta⁵¹mu²¹kɤ⁵⁵ 大拇指 ta⁵¹mu³⁵tʂʅ²¹⁴
廊坊	拳头 tɕʰyan³⁵tʰou⁰	手指头 ʂou³⁵tʂʅ²¹tʰou⁰	大拇哥 ta⁵¹mu⁰kɤ⁵⁵
魏县	拳锤子 tɕʰyan⁵³tʂʰuəi⁵³tɛ⁰	手指头儿 ʂəu⁵⁵tʂʅ⁰təur³¹²	大拇指头 ta³¹²mə⁰tʂʅ⁵⁵təu³¹²
张北	拳头 tɕʰyæ̃⁴²tʰəu⁰	指头儿 tʂʅ⁵⁵tʰuɐr²¹³	大拇哥儿 ta²³mə⁰kɐr⁴²
万全	拳头 tɕʰyan⁴¹tʰou⁰	指头儿 tʂʅ⁵⁵tʰou⁰ər⁴¹	大拇哥儿 ta⁴⁵ma⁵⁵kɐr⁴¹
涿鹿	拳头 tɕʰyæ̃⁴²tʰəu⁰	指头 tsʌ⁴³tʰəu⁰	大拇哥 ta³¹mu⁰kə⁴⁴
平山	拳头 tɕʰyæ̃⁴²tʰɐu⁰	手指头儿 ʂɐu⁵⁵tʂʅ²¹tʰər⁰	大拇指头 ta⁵⁵məŋ⁰tʂʅ²¹tʰɐu⁰
鹿泉	咕⁼锤 ku⁵⁵tʂʰuei⁰	手指头 ʂou³⁵tʂʅ¹³tʰou⁰	大拇指 ta³¹mu³⁵tʂʅ¹³
赞皇	拳头 tɕʰyæ⁵¹tʰəu⁰	指头 tʂʅ²¹tʰəu⁰	大拇指头儿 ta³¹mu⁰tʂʅ²¹tʰəur⁰
沙河	拳头 tɕʰyã⁵⁴tʰəu⁵¹	手指头 ʂou³³tʂʅ²¹tʰəu⁰	大拇指头 tɤ²¹mɤ³³tʂʅ²¹tʰəu⁰
邯郸	拳锤子 tɕʰyæ³¹tʂʰuəi⁵³tə⁰	手指头 ʂəu⁵⁵tsəʔ⁵təu⁰	大拇指头 tɤ¹³mu⁵⁵tʂəʔ⁵təu⁰
涉县	拳头 tɕʰyæ⁴¹tʰou²⁴	指头 tsəʔ⁵⁵tʰou⁰	大拇指头 tɤ⁵⁵mɐʔ³²tsəʔ⁰tʰou⁰

---

① 给你一~子。

	0481 食指	0482 中指	0483 无名指
兴隆	食指 ʂʅ⁵⁵tʂʅ²¹³	中指 tʂoŋ³⁵tʂʅ²¹³	无名指 u⁵⁵miŋ⁵⁵tʂʅ²¹³
北戴河	二手指头 ər⁵³ʃou²¹tʃʅ⁴⁴tʰou⁰	中指 tʃuŋ⁴⁴tʃʅ²¹⁴	无名指 u³⁵miŋ³⁵tʃʅ²¹⁴
昌黎	二拇手指头 ər²⁴mə⁰sou²⁴tsʅ²¹tʰou⁰	中指 tʂuŋ⁴²tʂʅ⁰	无名指 u²⁴miŋ²⁴tʂʅ²¹³
乐亭	食指 ʂʅ³¹tʂʅ³⁴	中指 tʂuŋ³¹tʂʅ³⁴	无名指 u³³miəŋ³¹tʂʅ³⁴
蔚县	二拇弟 ər³¹mu⁰ti³¹² 二拇指头 ər³¹mu⁰tsʅ⁴⁴tʰəu⁰	三拇指头 sã⁵³mu⁰tsʅ⁴⁴tʰəu⁰ 中拇指头 tsuŋ⁵³mu⁰tsʅ⁴⁴tʰəu⁰	四拇指头 sʅ³¹mu⁰tsʅ⁴⁴tʰəu⁰
涞水	二拇王 ər⁴⁵mai³¹uaŋ⁴⁵	中指 tʂoŋ⁵⁵tʂʅ²⁴	无名指 u⁴⁵miŋ⁴⁵tʂʅ²⁴
霸州	二拇指 ər⁴⁵mu⁰tʂʅ²¹⁴	中指 tʂuŋ⁴⁵tʂʅ²¹⁴	无名指 u⁴⁴miŋ⁵³tʂʅ²¹⁴
容城	食指 ʂʅ⁴⁴tʂʅ²¹³	中指 tʂuŋ⁴⁴tʂʅ²¹³	小手丫巴儿 ɕiau³⁵ʂou²¹ia³¹pɚ⁰
雄县	食指 ʂʅ⁵³tʂʅ²¹⁴	中指 tʂuŋ⁴⁵tʂʅ²¹⁴	无名指 u⁵³miŋ⁵³tʂʅ²¹⁴
安新	二拇指头 ər²¹mu⁰tsʅ⁵³tʰou⁰	三拇指头 san⁴⁵mu⁰tsʅ⁵³tʰou⁰	四拇指头 sʅ⁵⁵mu⁰tsʅ⁵³tʰou⁰
满城	二拇指头 ər²¹mai⁰tsʅ⁴²tʰou⁰	中指 tʂuŋ⁴⁵tʂʅ²¹³	无名指 u⁴⁵miŋ²²tʂʅ²¹³
阜平	二拇指头 ər²⁴ma⁵⁵tsʅ²¹tʰou⁰	中指 tʂoŋ³¹tʂʅ⁰	无名指 u²⁴miŋ⁵³tʂʅ²⁴
定州	二拇手指头 ər³⁵ma⁰ʂou³³tʂʅ²¹¹tʰou⁰	三拇手指头 san²¹¹ma⁰ʂou³³tʂʅ²¹¹tʰou⁰	四拇手指头 sʅ³⁵ma⁰ʂou³³tʂʅ²¹¹tʰou⁰
无极	食指 ʂʅ³⁵tʂʅ²¹³	中指 tʂuŋ³³tʂʅ²¹³	无名指 u³¹miŋ³⁵tʂʅ²¹³
辛集	二手指头 lə⁴¹ʂou³⁵tʂʅ³²²tʰou⁰	三手指头 san³³ʂou³⁵tʂʅ³²²tʰou⁰	四手指头 sʅ⁴¹ʂou³⁵tʂʅ³²²tʰou⁰
衡水	食指 ɕi³¹tsʅ²⁴	中指 tʂuŋ²⁴tʂʅ²⁴	无名指 vu⁵³miŋ⁵³tsʅ²⁴
故城	二拇手指头 ər⁵³ma⁰ʂou⁵⁵tsʅ²¹tʰou⁰	中指 tsuŋ²⁴tsʅ²⁴ 三拇手指头 sæ²¹ma⁰ʂou⁵⁵tsʅ²¹tʰou⁰	四拇手指头 sʅ⁵³ma⁰ʂou⁵⁵tsʅ²¹tʰou⁰
巨鹿	二拇指 əl²¹ma⁵⁵tsʅ³³	中指 tʂoŋ³³tʂʅ³³	四拇指 sʅ²¹ma⁵⁵tsʅ³³
邢台	二拇指头 ər³¹ma⁰tsʅ⁵⁵tʰou⁰	三拇指头 san³⁴ma⁰tsʅ⁵⁵tʰou⁰	
馆陶	食指 ʂʅ⁵²tʂʅ⁰ 二拇指头儿 ər²¹mu⁴⁴tsʅ²⁴tʰəur⁰	中指 tʂuŋ⁰tʂʅ⁰	二小指头儿 ər²¹siao⁴⁴tsʅ²¹tʰəur⁰ 无名指 u⁵²miŋ⁵²tsʅ⁰
沧县	食指 ʂʅ⁵³tsʅ²³	中指 tsoŋ²³tsʅ²³	无名指 u⁵⁵miŋ⁵³tsʅ²³
献县	二拇手指头 əẓ³³¹mə⁰ʂou²⁴tsʅ³³tʰou⁰	中指 tʂoŋ³³tʂʅ³³	
平泉	食指 ʂʅ³⁵tʂʅ²¹⁴	中指 tʂuŋ⁵⁵tʂʅ²¹⁴	无名指 u³⁵miŋ³⁵tʂʅ²¹⁴

(续表)

	0481 食指	0482 中指	0483 无名指
滦平	食指 ʂɻ³⁵tʂɻ²¹⁴	中指 tʂuŋ⁵⁵tʂɻ²¹⁴	无名指 u³⁵miŋ³⁵tʂɻ²¹⁴
廊坊	二拇指 ər⁵¹mu⁰tʂɻ²¹⁴ 食指 ʂɻ³⁵tʂɻ²¹⁴	中指 tʂun⁵⁵tʂɻ²¹⁴	无名指 u³⁵miŋ³⁵tʂɻ²¹
魏县	二拇指头 əl̩³¹²mə⁰tʂɻ⁵⁵təu³¹²	三手指头 ʂan³³ʂəu⁵⁵tʂɻ⁰təu³¹² 中指 tʂɻ³³tʂɻ⁵⁵	
张北	二拇哥儿 ər²³mə⁰kɛr⁴²	中拇哥儿 tsun⁴²mə⁰kɛr⁴²	四拇哥儿 sɻ²³mə⁰kɛr⁴²
万全	二拇哥儿 ər⁴⁵ma⁵⁵kɛɻ⁴¹	中指 tsuəŋ⁴⁴tʂɻ⁵⁵	四拇哥儿 sɻ⁴⁵ma⁵⁵kɛɻ⁴¹
涿鹿	二拇哥 ər³¹mu⁰kə⁴⁴	中拇哥 tsuŋ⁴²mu⁰kə⁴⁴	四拇哥 sɻ³¹mu⁰kə⁴⁴
平山	二拇指头 ər⁵⁵mən⁰tʂɻ²¹tʰɐu⁰	中指 tʂoŋ⁴²tʂɻ⁰	无名指 u⁵⁵miŋ⁵³tʂɻ⁵⁵
鹿泉	食指 ʂɻ⁵⁵tʂɻ¹³	中指 tʂuŋ⁵⁵tʂɻ¹³	无名指 u³⁵miŋ⁵⁵tʂɻ¹³
赞皇	食指 ʂɻ²¹tʂɻ²⁴	中指 tʂuŋ⁵⁴tʂɻ²⁴	无名指 u⁴⁵miŋ⁵⁴tʂɻ²⁴
沙河	二拇指头 l̩²¹mɔ³³tʂɻ²¹tʰəu⁰	中指 tʂoŋ⁴¹tʂɻ⁰	
邯郸	二拇指头 l̩¹³mu⁵⁵tsəʔ⁵təu⁰	中指 tʂuŋ³¹tʂɻ⁰	无名指 u²⁴miŋ⁵³tʂɻ⁰
涉县	二拇指头 l̩⁵⁵mɐʔ³²tsəʔ⁰tʰou⁰	中指 tsuɐŋ⁴¹tsɻ⁰	四拇指头 sɻ⁵⁵mɐʔ³²tsəʔ⁰tʰou⁰

	0484 小拇指	0485 指甲	0486 腿
兴隆	小拇指 ɕiau²¹mu³⁵tʂʅ²¹³	指甲 tʂʅ³⁵tɕia⁰	腿 tʰuei²¹³
北戴河	小手指头 ɕiau³⁵ʂou²¹tʃʅ⁴⁴tʰou⁰	手指盖儿 ʂou²¹tʃʅ⁴⁴kɐr⁵¹	腿 tʰuei²¹⁴
昌黎	小拇手指头儿 ɕiau²⁴mə⁰ʂou²⁴tʂʅ²¹tʰour⁰	指甲 tɕi⁴³tɕian⁰	腿 tʰuei²¹³
乐亭	小拇手指头 ɕiau²¹¹mu⁰ʂou³³tʂʅ²¹¹tʰou⁰	手指甲 ʂou³⁴tɕi³¹tɕiən⁰	腿 tʰuei³⁴
蔚县	小拇指头 ɕiʌɯ⁴⁴mɤ⁰tʂʅ⁴⁴tʰəu⁰ 小拇指 ɕiʌɯ⁴⁴mu⁰tʂʅ⁵³	指甲 tʂʅ⁵³tɕia⁰	腿 tʰuei⁴⁴
涞水	小五指 ɕiau⁴⁵u⁴⁵tʂʅ²⁴	指甲 tʂʅ³¹tɕie⁰	腿 tʰuei²⁴
霸州	小拇哥儿 ɕiau⁴¹mu⁰kɤr⁴⁵	指了盖儿 tʂʅ⁴¹lɤ⁰kɐr⁴¹	腿 tʰuei²¹⁴
容城	小手指头儿 ɕiau³⁵ʂou³⁵tʂʅ⁵²tʰour⁰	指甲 tʂʅ³¹tɕie⁰	腿 tʰuei²¹³
雄县	小拇指 ɕiau⁴¹mu⁰tʂʅ²¹⁴	指甲 tʂʅ⁴⁴tɕia⁰/ tʂʅ⁴¹tɕia⁰	腿 tʰuei²¹⁴
安新	小拇指头儿 ɕiau²¹mu⁰tʂʅ⁵³tʰour⁰	指拇盖儿 tʂʅ²¹mu⁰kɐr⁵¹	腿 tʰuei²¹⁴
满城	小手指头儿 ɕiau²¹³ʂou³⁵tʂʅ⁴²tʰou⁰ər⁰	指甲 tʂʅ⁴²tɕia⁰	腿 tʰei²¹³
阜平	小拇儿指头 ɕiɔ⁵⁵mar⁵³tʂʅ²¹tʰou⁰	指甲 tʂʅ²¹tɕʰia⁰	腿 tʰei⁵⁵
定州	小拇手指头儿 siau²⁴mə⁰ʂou³³tʂʅ²¹¹tʰou⁰uər⁰	指甲 tʂʅ²¹¹tɕiɛ⁰	腿 tʰei²⁴
无极	小手指头儿 siɔ³⁵ʂəu³⁵tʂʅ²¹³tʰəur⁰	指甲 tʂʅ²¹³tɕia⁰	腿 tʰəi³⁵
辛集	小手指头儿 siau³²⁴ʂou³⁵tʂʅ³²²tʰour⁰	指甲 tʂʅ³²²tɕia⁰	腿 tʰei³²⁴
衡水	小拇指 ɕiau⁵⁵mu⁰tʂʅ²⁴	指甲 tʂʅ³¹tɕia⁰	腿 tʰuei⁵⁵
故城	小拇手指头 ɕiɔ²⁴mə⁰ʂou⁵⁵tʂʅ²¹tʰou⁰	指甲 tʂʅ²¹tɕia⁰	腿 tʰuei⁵⁵
巨鹿	小拇指 ɕiau⁵⁵ma⁵⁵tʂʅ³³	指甲 tʂʅ³³tɕia⁰	腿 tʰuei⁵⁵
邢台	小拇指头儿 siau⁵³ma⁰tʂʅ⁵⁵tʰour⁰	指甲盖儿 tʂʅ⁵⁵tɕia⁰kɐr³¹	腿 tʰuei⁵⁵
馆陶	小指头儿 siɑo⁴⁴tʂʅ²¹tʰəur⁰	指甲 tʂʅ²⁴ia⁰	腿 tʰuei⁴⁴/ tʰei⁴⁴
沧县	小拇指 ɕiau²³mu⁰tʂʅ²³	指甲盖儿 tʂʅ²³tɕia⁰kɐr⁴¹ 指盖子 tʂʅ²³kai⁵³tʂʅ⁰	腿 tʰuei⁵⁵
献县	小拇手指头 ɕiɔ²¹mə⁰ʂou²⁴tʂʅ³³tʰou⁰	指甲盖儿 tʂʅ³³tɕia⁰kɐr³¹	腿 tʰuei²¹⁴
平泉	小拇哥儿 ɕiau³⁵mu²¹kɤr⁵⁵ 小拇指 ɕiau²¹mu³⁵tʂʅ²¹⁴	指甲盖儿 tʂʅ⁵⁵tɕia⁰kɐr⁵¹ 指甲 tʂʅ⁵⁵tɕia⁰	腿 tʰuei²¹⁴
滦平	小拇哥儿 ɕiau³⁵mu²¹kər⁵⁵ 小拇指 ɕiau²¹mu³⁵tʂʅ²¹⁴	指甲盖儿 tʂʅ³⁵tɕia²¹kɐr⁵¹ 指甲 tʂʅ³⁵tɕia²¹⁴	腿 tʰuei²¹⁴

（续表）

	0484 小拇指	0485 指甲	0486 腿
廊坊	小拇指 ɕiau²¹mu³⁵tʂʅ²¹⁴ 小拇哥儿 ɕiau³⁵mu⁰kɤr⁵⁵	指甲 tʂʅ⁵⁵tɕia⁰	腿 tʰuei²¹⁴
魏县	小拇指头 ɕiau⁵⁵mə⁰tʂʅ⁵⁵təu³¹²	手指甲 ʂəu⁵⁵tʂʅ⁵⁵tɕia⁰	腿 tʰuəi⁵⁵
张北	小拇哥儿 ɕiau⁵⁵mə⁰ker⁴²	指甲 tʂʅ⁵⁵tɕia⁰	腿 tʰuei⁵⁵
万全	小拇哥儿 ɕiɔ⁵⁴ma⁵⁵ker⁴¹	指甲 tʂʅ⁴⁴tɕʰiʌʔ²²	腿 tʰuei⁵⁵
涿鹿	小拇哥儿 ɕiɔ⁵⁵mu⁰kɤr⁴⁴	甲甲 tɕiʌʔ⁴³tɕiʌ⁰	腿 tʰuei⁴⁵
平山	小拇指头儿 siə⁵⁵məŋ⁰tʂʅ²¹tʰər⁰	指甲 tʂʅ³¹tɕʰia⁵⁵	腿 tʰæi⁵⁵
鹿泉	小拇指 siɔ³⁵mu³⁵tʂʅ¹³	指甲 tʂɤ¹³tɕʰia⁰	腿 tʰei³⁵
赞皇	小拇指头儿 siɔ⁴⁵mu⁰tʂʅ²¹tʰur⁰	指甲 tʂʅ²¹tɕʰia⁰	腿 tʰei⁴⁵
沙河	小拇指头 siau³³mɔ³³tʂʅ²¹tʰəu⁰	指甲 tʂəʔ²⁴tɕiəʔ²	腿 tʰuei³³
邯郸	小拇指头 siau⁵³mu⁰tʂəʔ²⁵təu⁰	指甲 tʂəʔ²⁴tɕiʌʔ⁰	腿 tʰuəi⁵⁵
涉县	小拇指头儿 ɕiau⁵³mɐʔ³²tsəʔ⁰tʰəur⁰	指甲 tsəʔ³²tɕiəʔ⁰	腿 tʰuəi⁵³

	0487 脚 方言指(打√)：只指脚；包括小腿；包括小腿和大腿；他的~压断了	0488 膝盖 指部位	0489 背 名词
兴隆	脚 tɕiau²¹³①	膊棱⁼盖儿 po⁵⁵ləŋ⁰kɚ⁵¹ 膝盖 ɕi³⁵kai⁵¹	后脊梁 xou⁵¹tɕi²¹liaŋ⁰ 背 pei⁵¹
北戴河	脚 tɕiau²¹⁴	膊棱⁼盖儿 pɤ⁴⁴ləŋ⁴⁴kɚ⁵¹	[脊梁]骨 tɕiŋ⁴⁴ku²¹⁴ 后[脊梁]骨 xou⁵³tɕiŋ⁴⁴ku²¹⁴
昌黎	脚 tɕiau²¹³	胳了瓣儿 kɤ³⁴lə⁰pɚ⁴⁵³	脊梁骨 tɕiŋ²⁴nəŋ⁰ku²¹³
乐亭	脚 tɕiau³⁴	膊了盖儿 pə³¹lə⁰kɚ⁵²	脊梁骨 tɕi³³niaŋ³³ku³⁴
蔚县	脚 tɕiʌɯ⁵³	胳膝盖儿 kɯ⁵³tɕʰi⁰kɚ³¹² 胳膝 kɯ⁵³tɕʰi⁰	后背 xəu¹³pei³¹²
涞水	脚 tɕiau²⁴	烧饼盖儿 ʂau³³piŋ⁰kɚ³¹⁴	脊梁 tɕi³¹n̩iaŋ⁰
霸州	脚 tɕiau²¹⁴	胳了瓣儿 kɤ⁴¹lɤ⁰pɚ⁴¹	后脊梁 xou⁴⁵tɕi⁴¹iaŋ⁰
容城	脚 tɕiau²¹³	胳了瓣儿 kɤ⁴⁴lɤ⁰pɚ⁵¹³	后脊梁 xou⁴⁴tɕi²¹niaŋ⁰
雄县	脚 tɕiau²¹⁴	胳了瓣儿 kɤ²¹lɤ⁰pɚ⁴¹	后脊梁 xou⁴¹tɕi⁴¹n̩iaŋ⁰
安新	脚 tɕiau²¹⁴	胳了瓣儿 kɤ²¹lə⁰pɚ⁵¹	后脊梁 xou⁵³tɕi⁵³niaŋ⁰
满城	脚 tɕiau²¹³	胳拉瓣儿 kɤ²¹la⁰pɚ⁵¹²	脊梁 tɕi⁴²n̩iaŋ⁰
阜平	脚板子 tɕiɔ⁵⁵pæ²¹tsɿ⁰	胳膝盖儿 kʰɤ²¹ɕi⁰kɚ⁵³ 膊唠盖儿 pu⁵³lɔ⁰kɚ⁵³	背 pei⁵³
定州	脚 tɕiau³³	膊腿盖儿 po³³tʰei⁰kɚ⁵¹	脊梁 tɕi²¹¹n̩iaŋ⁰
无极	脚 tɕiɔ²¹³	腿膊拉盖儿 tʰəi³⁵pu⁰la⁰kɚ⁵¹	脊梁背儿 tsi²¹³n̩iaŋ⁰pɚ⁵¹
辛集	脚 tɕiau³³	胳唠瓣儿 kə³⁵lau⁰pɚ⁴¹	脊梁 tsi³²²n̩iaŋ⁰
衡水	脚 tɕiau²⁴	胳拉瓣儿 kɤ³¹la⁰pɚ³¹	后脊梁 xəu³¹tɕi³¹n̩iaŋ⁰
故城	脚 tɕiɔɔ²⁴	胳拉瓣儿 kɤ²¹la⁰pɚ³¹	脊梁 tɕi²¹n̩iaŋ⁰
巨鹿	脚 tɕiau³³	膊膝盖儿 po³³tɕʰi³³kaɚ²¹	脊梁 tɕi³³n̩iã⁴¹
邢台	脚 tɕiau³⁴	膊膝盖儿 pʰu³¹tsʰi⁰kɚ³¹	脊梁 tsi⁵⁵liaŋ⁰
馆陶	脚 tɕyo²⁴	膝盖儿 tsʰi²⁴kɚ⁰ 膝压⁼盖儿 tsʰi²⁴ia⁰kɚ⁰	脊梁 tsi²⁴n̩iaŋ⁰ 后背 xəu²⁴pei²¹
沧县	脚丫子 tɕiau²³ia⁴¹tsɿ⁰	膊了儿 pɤ²³lə⁰kɚ⁴¹	后脊梁 xou²³tɕi⁴¹iaŋ⁰
献县	脚 tɕiɔ³³	胳了瓣 kɤ²¹lə⁰pe³¹	后脊梁 xou³¹tɕi³³n̩iã⁰
平泉	脚 tɕiau²¹⁴	膊棱⁼盖儿 po³⁵ləŋ⁰kɚ⁵¹ 膝盖 ɕi⁵⁵kai⁵¹	背 pei⁵¹

（续表）

	0487 脚 方言指（打√）：只指脚；包括小腿；包括小腿和大腿；他的~压断了	0488 膝盖 指部位	0489 背 名词
滦平	脚 tɕiau²¹⁴	膊棱⁼盖儿 po⁵⁵lən⁰kɐr⁵¹ 膝盖 ɕi⁵⁵kai⁵¹	背 pei⁵¹
廊坊	脚 tɕiau²¹⁴ 脚丫子 tɕiau²¹ia⁵⁵tsʅ⁰	膊了盖儿 pɤ⁵⁵lɤ⁰kɐr⁵¹	后脊颈 xou⁵¹tɕi²¹tɕiŋ⁰ 后背 xou⁵¹pei⁵¹
魏县	脚 tɕyə³³	胳唠瓣儿 kɛ³³lau³³pɐr³¹² 掰⁼拉盖儿 pɛ³³la³³kɐr³¹²	脊梁 tsʅ⁵⁵liaŋ³¹²
张北	脚 tɕiau⁵⁵	胳膝 kəʔ³tɕʰiəʔ³²	脊背 tsəʔ³pei²¹³
万全	脚板子 tɕiəʔ²²pan⁵⁵tsə⁰	胳膝跪 kə⁴¹tʰi⁴¹kʰuei⁰	脊背 tɕi²⁴pei²¹³
涿鹿	脚板 tɕiɛ⁴³pæ⁴⁵	胳膝 kʌʔ⁴³tɕʰi⁰	背 pei³¹
平山	脚 tɕiə²⁴	胳膝盖儿 kʰɤ²¹tsʰi⁰kɐr⁴²	脊梁 tsi²¹n̠iaŋ⁰
鹿泉	脚 tɕyɤ¹³	胳顶盖儿 kɤ²¹tiŋ³⁵kɐr³¹	脊梁 tsi³⁵n̠iaŋ⁰
赞皇	脚 tɕiɔ²⁴	胳膝盖儿 kʰə²¹tsʰi⁰kɐr³¹	脊梁 tsi²¹n̠iaŋ⁰
沙河	脚 tɕiəʔ²	胳顶盖儿 kəʔ²tiəŋ³³kar²¹	脊梁 tsiə²⁴liaŋ⁰
邯郸	脚 tɕiʌʔ⁴³	膊鲁⁼盖儿 pəʔ²lu⁵⁵kɐr²¹	脊梁 tsəʔ²liaŋ⁰
涉县	脚 tɕiɐʔ³²	胳膝盖儿 kəʔ³²ɕiəʔ³²kɐr⁵³ 膊擦⁼盖儿 pəʔ³²luə⁵⁵kɐr⁵³	脊梁 tɕiəʔ³³liã⁰

---

① 各点均只指脚，不包括小腿和大腿。

	0490 肚子腹部	0491 肚脐	0492 乳房女性的
兴隆	肚子 tu⁵¹tsʅ⁰ 小肚子 ɕiɑu²¹tu⁵¹tsʅ⁰	肚脐儿 tu⁵¹tɕʰiər⁵⁵ 肚脐子 tu⁵¹tɕʰi⁵⁵tsʅ⁰	妈儿妈儿 mar³⁵mar⁰ 乳房 zu²¹faŋ⁵⁵
北戴河	肚子 tu⁵³tʃʅ⁰	肚脐儿 tu⁵³tɕʰiər³⁵	妈头儿 ma⁴⁴tʰour³⁵
昌黎	肚子 tu²⁴tsʅ⁰	肚脐儿 tu⁴²tɕʰiər²¹³	妈妈 ma⁴²ma⁰
乐亭	肚子 tu³⁵tsʅ⁰	肚脐儿 tu⁵³tɕʰiər²¹²	妈妈 ma³¹ma⁰
蔚县	肚子 tu³¹tsʅ⁰	肚脖脐儿 tu³¹mu⁰tɕʰiər⁴¹	妈妈 mɑ⁵³mɑ⁰
涞水	肚子 tu⁴⁵tsʅ⁰	肚脐眼儿 tu³¹tɕʰi⁴⁵iɐr²⁴	妈妈儿 ma³³mɐr⁰
霸州	肚子 tu⁴⁵tsʅ⁰	肚脐儿 tu⁴¹tɕʰiər⁵³ 肚脐眼儿 tu⁴¹tɕʰi⁴⁴iɐr²¹⁴	馋⁼儿馋⁼儿 tʂʰɐr⁵³tʂʰɐr⁰ 馋⁼儿 tsʰɐr⁵³ 奶 nai²¹⁴
容城	肚子 tu³⁵tsʅ⁰	肚脐眼儿 tu⁵²tɕʰi⁴⁴iɐr²¹³ 鼻脐 pʰi²¹tɕʰi⁰	妈妈 ma³¹ma⁰
雄县	肚子 tu²¹tsʅ⁰	肚脐儿 tu⁴¹tɕʰiər⁵³ 肚脐眼儿 tu⁴¹tɕʰi⁵³iɐr²¹⁴	妈妈 ma⁴⁴ma⁰
安新	肚子 tu²¹tsʅ⁰	鼻脐 pʰi³³ɕi⁰	妈妈 ma⁴⁵ma⁰
满城	肚子 tu²¹tsʅ⁰	鼻脐 pi²²ɕi⁰	妈妈 ma⁴⁵ma⁰
阜平	肚子 tu²⁴tsʅ⁰	肚鼻脐 tu⁵³pi⁵³tɕʰi⁰	摘⁼摘⁼ tʂæ³¹tʂæ⁰
定州	小肚子 siɑu³³tu³⁵tsʅ⁰	肚鼻脐 tu⁵³pi⁴²si⁰	妈妈 ma³³ma⁰
无极	肚子 tu³²⁵tsʅ⁰	鼻脐 pi³¹tsʰi⁰	嘴嘴 tsəi³⁵tsəi⁰
辛集	肚子 tu³²⁴tsʅ⁰	肚鼻脐 tu⁴²pi³⁵tsʰi⁰	奶 nai³²⁴
衡水	肚子 tu⁵³tsʅ⁰	鼻脐 pi²⁴tɕʰi⁰	妈妈 mei²⁴mei⁰
故城	肚子 tu⁵³tsʅ⁰	肚脐眼儿 tu⁵³tɕʰi⁰iɐr⁵⁵	妈妈 ma²⁴ma⁰
巨鹿	肚子 tu⁵³tsʅ⁰	肚脐眼儿 tu⁵³tɕʰi⁰iar⁵⁵	包包 pɑu³³pɑu⁰
邢台	肚子 tu³¹ə⁰	肚脖脐眼儿 tu³¹pu⁰tsʰi³³iɐr⁵⁵ 肚脖脐儿 tu³¹pu⁰tsʰiər⁵³	包包 pau³⁴pau⁰
馆陶	肚子 tu²¹tə⁰	肚末脐儿 tu²¹mo⁰tɕʰiər⁵²	妈儿妈儿 mar²⁴mar⁰ 妈妈 mei²⁴mei⁰
沧县	肚子 tu⁵³tsʅ⁰	肚脐儿 tu⁴¹tɕʰiər⁵³	妈妈 mɑ²³mɑ⁰
献县	肚子 tu³³¹tsʅ⁰	肚脐儿 tu³¹tɕʰiəz̩⁵³	妈妈 ma³³ma⁰

（续表）

	0490 肚子腹部	0491 肚脐	0492 乳房女性的
平泉	肚瓜子 tu⁵³kua⁵⁵tsʅ⁰ 肚子 tu⁵³tsʅ⁰	肚脐眼儿 tu⁵³tɕʰi³⁵iɐr²¹⁴ 肚脐儿 tu⁵³tɕʰiər³⁵	妈儿妈儿 mar⁵⁵mar⁰ 咂咂 tsa⁵⁵tsa⁰ 乳房 zu²¹faŋ³⁵
滦平	肚子 tu⁵¹tsə⁰	肚脐儿 tu⁵¹tɕʰiər³⁵	咂咂儿 tsa⁵⁵tsɐr⁰ 乳房 zu²¹faŋ³⁵
廊坊	肚子 tu⁵¹tsʅ⁰	肚脐眼儿 tu⁵³tɕʰi³⁵iɐr²¹⁴ 肚脐儿 tu⁵³tɕʰiər³⁵	咂儿 tsar⁵⁵ 妈妈 mei⁵⁵mei⁰
魏县	肚 tu³¹²	肚么脐 tu³¹²mə⁰tɕʰi⁵³	妈妈 mai⁵³mai³¹²
张北	小肚子 ɕiau⁵⁵tu²³tsə⁰	肚脖脐儿 tu²³pə⁰tɕʰiər⁴²	妈妈 ma⁴²ma⁰
万全	肚子 tu²¹³tsə⁰	肚脖脐 tu²¹³pə⁴¹tɕʰi⁰	妈妈 ma⁴¹ma⁰
涿鹿	肚 tu³¹	肚脖脐子 tu³¹muə⁰tɕʰi⁴²ə⁰	妈妈 ma⁴²ma⁰
平山	肚子 tu⁵⁵tsʅ⁰	肚鼻脐 tu²⁴pi⁴²tsʰi⁰	奶儿 nɪər⁵⁵
鹿泉	肚子 tu³¹tɤ⁰	肚脖脐 tu³¹mo⁰tsʰi⁵⁵ 肚脐眼儿 tu³¹tsʰi⁵⁵iɐr³⁵	奶 ne³⁵ 饥˭饥 ˭tɕi⁵⁵tɕi⁰
赞皇	肚子 tu⁵¹tsə⁰	肚脖脐儿 tu⁵¹mən⁰tsʰiər⁵⁴	奶 ne⁴⁵
沙河	肚子 tu²¹tə⁰	肚脖脐 tu²¹puo⁵⁴tsʰi⁵¹	妈妈 mã⁵¹mã⁰
邯郸	肚 tu²¹³	肚脖脐 tu²¹pəʔ⁴tsʰi⁵³	妈妈 məi⁵⁵məi⁰
涉县	肚 tu⁵⁵	肚脖脐 tu⁵⁵pəʔ³²tɕi⁰	妈妈 məi⁵³məi⁰

	0493 屁股	0494 肛门	0495 阴茎成人的
兴隆	屁股蛋子 pʰi⁵¹ku⁰tan⁵¹tsʅ⁰ 屁股 pʰi⁵¹ku⁰	屁眼儿 pʰi⁵¹iɚ²¹³ 肛门 kaŋ³⁵mən⁵⁵	鸡巴 tɕi³⁵pa⁰
北戴河	屁股 pʰie⁵³xuo⁰	屁眼子 pʰi⁵³ian²¹tʂʅ⁰	膫子 liau³⁵tʂʅ⁰
昌黎	屁股 pʰie⁴⁵xu⁰	屁股眼儿 pʰie⁴²xu⁰iɚ²¹³	得ᵄ儿 təɹ⁴² 鸡巴 tɕi⁴³pa⁰
乐亭	屁股 pʰie⁵⁵xu⁰	屁眼儿 pʰie⁵³iɚ³⁴	得ᵄ儿 təɹ³¹
蔚县	屁股 pʰi³¹ku⁰ 屁股蛋子 pʰi³¹ku⁰tã³¹tsʅ⁰	屁股眼子 pʰi³¹ku⁰iã⁴⁴tsʅ⁰	屎 tɕʰiəu⁴¹
涞水	屁股蛋儿 pʰi³³¹xu⁰tɚr³¹⁴	屁股眼儿 pʰi³³¹xu⁰iɚr²⁴	老尖儿 lau²⁴tɕiɚr³¹
霸州	屁股 pʰi⁴⁵xu⁰	屁股眼儿 pʰi⁴⁵xu⁰iɚr²¹⁴	鸡巴 tɕi²¹pa⁰
容城	屁股 pʰiou⁵²xu⁰	屁股眼儿 pʰiou⁵²xu⁰iɚr²¹³	小鸡巴儿 ɕiau²¹tɕi⁴⁴pɚr⁰
雄县	屁股 pʰi⁴⁵xu⁰ 腚 tiŋ⁴¹	屁股眼儿 pʰi⁴⁵xu⁰iɚr²¹⁴	鸡巴 tɕi⁴⁴pa⁰ 雀儿 tɕʰiauɹ²¹⁴
安新	屁股 pʰi⁵⁵xuo⁰	屁股眼儿 pʰi⁵⁵xuo⁰iɚr²¹⁴	鸡巴 tɕi⁴⁵po⁰
满城	屁股 pʰi⁵⁵xu⁰	屁股眼儿 pʰi⁵⁵xu⁰iɚr²¹³	鸡巴 tɕi⁴⁵pa⁰
阜平	屁股 pʰi²⁴xu⁰	屁股眼儿 pʰi⁵³xu⁰iɚr⁵⁵	雀儿 tɕʰiɚr⁵⁵
定州	屁股 pʰi³⁵xu⁰	屁股眼儿 pʰi³⁵xu⁰iɚr²⁴	雀儿 tɕʰiau²¹³uɚr⁰
无极	屁股 pʰi⁵³xu⁰	屁股眼儿 pʰi⁵³xu⁰iɚr³⁵	把儿把儿 paɹ⁵³paɹ⁰
辛集	屁股 pʰi⁴²xu⁰	屁股眼儿 pʰi⁴²xu⁰iɚr³²⁴	鸡巴 tɕi³³pa⁰
衡水	屁股 pʰi⁵³xu⁰	屁股眼儿 pʰi⁵³xu⁰iɚr⁵⁵	雀子 tɕʰiau³¹tsʅ⁰
故城	腚 tiŋ³¹ 腚瓜子 tiŋ³¹kua²⁴tsʅ⁰	腚眼儿 tiŋ³¹iɚr⁵⁵	鸡巴 tɕi²¹pa⁰
巨鹿	腚 tiŋ²¹	腚眼儿 tiŋ²¹iaɹ⁵⁵	巴儿 paɹ³³
邢台	屁股 pʰi³¹kou⁰	屁股眼儿 pʰi³¹kou⁰iɚr⁵⁵	鸡巴 tɕi³⁴pa⁰
馆陶	腚 tiŋ²¹³ 屁股 pʰi²¹ku⁰	腚眼子 tiŋ²¹iæn⁴⁴tə⁰ 腚眼儿 tiŋ²¹iɚr⁴⁴	鸽子 kɤ²⁴tə⁰ 鸡巴 tɕi²⁴pa⁰
沧县	屁股 pʰi⁵³ku⁰	腚眼子 tiŋ⁴¹ian²³tsʅ⁰	鸡巴 tɕi⁴¹pa⁰
献县	屁股 pʰi³³¹kʰu⁰	腚眼子 tiŋ³¹iæ²¹tsʅ⁰	小鸡子 ɕiɔ²⁴tɕi³³tsʅ⁰

（续表）

	0493 屁股	0494 肛门	0495 阴茎 成人的
平泉	屁股蛋子 pʰi⁵¹ku⁰tan⁵¹tsʅ⁰ 屁股 pʰi⁵¹ku⁰	屁眼儿 pʰi⁵³iɚ²¹⁴ 屁股眼儿 pʰi⁵³ku⁰iɚ²¹⁴ 肛门 kɑŋ⁵⁵mən³⁵	臊子 liɑu³⁵tsʅ⁰ 鸡巴 tɕi⁵⁵pa⁰ 阴茎 in⁵⁵tɕiŋ⁵¹
滦平	屁股 pʰi⁵¹ku⁰	屁眼子 pʰi⁵¹iɑn²¹tsə⁰ 肛门 kɑŋ⁵⁵mən³⁵	鸡巴 tɕi⁵⁵pa⁰ 阴茎 in⁵⁵tɕiŋ⁵¹
廊坊	屁股 pʰi⁵¹ku⁰	屁眼儿 pʰi⁵³iɚ²¹⁴	鸡巴 tɕi⁵⁵pa⁰
魏县	屁股蛋子 pʰi³¹²ku⁰tan³¹²tɛ⁰	屁股眼儿 pʰi³¹²ku⁰iɚ⁵⁵	鸽子 kɤ³³tɛ⁰
张北	屁股 pʰi²³ku⁰	屁股眼儿 pʰi²³ku⁰iɚ⁵⁵	鸡巴 tɕi⁴²pa⁰ 尿头子 tɕʰiəu⁴²tʰəu⁴²tsə⁰
万全	屎蛋子 tu²⁴tan²¹³tsə⁰	屁股眼儿 pʰi²⁴ku⁰iɚ⁵⁵	鸡巴 tɕi⁴¹pa⁰
涿鹿	屁股 pʰi³¹kuʌ⁰	屁股眼 pʰi³¹kuʌ⁰iæ⁴⁵	鸡鸡子 tɕi⁴²tɕi⁰ə⁰ 尿头子 tɕʰiəu⁴²tʰəu⁰ə⁰
平山	屁股 pʰi⁵⁵xu⁰	屁股眼儿 pʰi⁵⁵xu⁰iæɚ⁵⁵	鸡巴儿 tɕi⁴²pɚ⁰
鹿泉	屁股 pʰi³¹xuo⁰	屁股眼儿 pʰi³¹xuo⁰iɚ³⁵	雀子 tsʰiɔ³⁵tɤ⁰ 鸡巴子 tɕi⁵⁵pa⁰tɤ⁰
赞皇	屁股 pʰi⁵¹xu⁰	屁股眼儿 pʰi⁵¹xu⁰iɚ⁴⁵	巴儿 paɚ³¹²
沙河	屁沟 pʰi²¹kəu⁰	屁沟眼子 pʰi²¹kəu⁰iã³³tə⁰	鸡巴 tɕi⁴¹p⁰
邯郸	屎子 tuə⁴tə⁰	屁股眼儿 pʰi²¹ku³³iɚ⁵³	鸡巴 tɕi³¹pʌʔ⁰
涉县	屁股 pʰiəʔ⁵⁵kuəʔ⁰	屁门眼子 pʰi⁵⁵məŋ⁴¹iæ⁵³lə⁰	小鸡子 ɕiɑu⁵³tɕi⁴¹ə⁰

	0496 女阴 成人的	0497 肏 动词	0498 精液
兴隆	屄 pi³⁵	肏 tsʰɑu⁵¹	尿 soŋ⁵⁵ 精液 tɕiŋ³⁵ie⁵¹
北戴河	屄 pi⁴⁴	肏 tʃʰɑu⁵¹	精虫 tɕiŋ⁴⁴tʃʰuŋ³⁵
昌黎	屄 pi⁴²	肏 tʂʰɑu⁴⁵³	精液 tɕiŋ³⁴ie⁴⁵³
乐亭	屄 pi³¹	肏 tsʰɑu⁵²	尿 suŋ²¹²
蔚县	屄 pi⁵³	肏 tsʰʌɯ³¹²	尿 suŋ⁴¹
涞水	屄 pi³¹	肏 tsʰɑu³¹⁴	尿 soŋ⁴⁵
霸州	屄 pi⁴⁵	肏 tsʰɑu⁴¹	尿 suŋ⁵³
容城	屄 pi⁴³	肏 tsʰɑu⁵¹³	尿 suŋ³⁵
雄县	屄 pi⁴⁵	肏 tsʰɑu⁴¹	尿 ɕyŋ⁵³
安新	屄 pi⁴⁵	肏 tsʰɑu⁵¹	尿 suŋ³¹
满城	屄 pi⁴⁵	肏 tsʰɑu⁵¹²	尿 suŋ²²
阜平	屄 pi³¹	肏 tsʰɔ⁵³	尿 soŋ²⁴
定州	屄 pi³³	肏 tsʰɑu⁵¹	尿 suŋ²⁴
无极	屄 pi³¹	肏 tsʰɔ⁵¹	尿 suŋ²¹³
辛集	屄 pi³³	肏 tsʰɑu⁴¹	尿 soŋ³⁵⁴
衡水	屄 pi²⁴	肏 tsʰɑu³¹	尿 ɕyŋ⁵³
故城	屄 pi²⁴	肏 tsʰɔ³¹	尿 ɕyŋ⁵³
巨鹿	屄 pi³³	肏 tsʰɑu³³	尿 ɕioŋ⁴¹
邢台	屄 pi³⁴	肏 tsʰɑu³¹	尿 suŋ⁵³
馆陶	屄 pi²⁴ 水道 ʂuei⁴⁴tɑo⁰	肏 tsʰɑo²¹³ 日 zʅ²¹³ 弄 nən²¹³	尿 ɕyŋ⁵²
沧县	屄 pi²³	肏 tsʰɑu⁴¹	尿 soŋ⁵³
献县	屄 pi³³	肏 tsʰɔ³¹	尿 soŋ⁵³ 精子 tɕiŋ³³tsʅ⁰
平泉	屄 pi⁵⁵ 阴道 in⁵⁵tɑu⁵¹ 女阴 ny²¹in⁵⁵	肏 tsʰɑu⁵¹	尿 ɕyŋ³⁵ 精液 tɕiŋ⁵⁵ie⁵¹

(续表)

	0496 女阴 成人的	0497 肏 动词	0498 精液
滦平	屄 pi⁵⁵ 女阴 ȵy²¹in⁵⁵	肏 tsʰɑu⁵¹	精液 tɕiŋ⁵⁵iɛ⁵¹
廊坊	屄 pi⁵⁵	肏 tsʰɑu⁵¹	屎 suŋ³⁵
魏县	屄 pi³³	日 ʐɻ³³ 肏 tʂʰɑu³¹² 弄 nəŋ³¹²	屎 ɕyŋ⁵³
张北	屄 pi⁴²	透 ⁼tʰəu²¹³	屎 suŋ⁴²
万全	屄 pi⁴¹	透 ⁼tsʰou²¹³	屎 suəŋ⁴¹
涿鹿	屄 pi⁴⁴	肏 tsʰɔ³¹ 闹 nɔ³¹	屎 suŋ⁴²
平山	屄 pi³¹ 劈 ⁼子 pʰi²¹tsɻ⁰	肏 tsʰɔ⁴²	屎 soŋ³¹
鹿泉	屄 pi⁵⁵	肏 tsʰɔ³¹²	屎 suŋ⁵⁵
赞皇	屄 pi⁵⁴	肏 tsʰɔ³¹²	精 tsiŋ⁵⁴
沙河	屄 pi⁴¹	肏 tsʰɑu²¹	屎水 soŋ²¹ʂuei³³
邯郸	屄 pi³¹	日 zəʔ⁴³ 肏 tsʰɑu²¹³	屎 ɕyŋ⁵³
涉县	屄 pi⁴¹	肏 tsʰɑu⁵⁵	屎 ɕyəŋ⁴¹²

	0499 来月经(注意婉称)	0500 拉屎	0501 撒尿
兴隆	来月经 lai⁵⁵ye⁵¹tɕin³⁵	拉屎 la³⁵ʂʅ²¹³	撒尿 sa³⁵ȵiau⁵¹
北戴河	来例假 lai³⁵li⁵³tɕia⁵¹ 来事儿 lai³⁵ʂər⁵¹	拉㞎㞎 la⁴⁴pa²¹pa⁰	尿尿 ȵiau⁵³ȵiau⁵¹
昌黎	来事儿咧 lai³⁴ʂər⁴⁵lie⁰ 到月儿咧 tau⁴²yer⁴⁵lie⁰	拉㞎㞎 la³⁴pa²¹pa⁰	尿尿 ȵiau⁴²ȵiau²⁴
乐亭	来事儿咧 lai³³ʂər³⁵lie⁰	拉屎 la³³ʂʅ³⁴	尿尿 niau⁵³niau⁵²
蔚县	替换身子 tʰi³¹xuã⁰sən⁵³tsʅ⁰ 来身子 lei⁴¹sən⁵³tsʅ⁰ 来月经 lei⁴¹yə³¹tɕin⁰	㞎㞎 vɤ⁵³pa⁴⁴pa⁰ 㞎 vɤ⁵³	尿尿 ȵiʌɯ¹³ȵiʌɯ³¹² 解手儿 tɕiə⁵³səur⁴⁴
涞水	来例假 lai⁴⁵li³¹tɕia³¹⁴	拉屎 la⁵⁵ʂʅ²⁴	尿尿 ȵiau³¹ȵiau³¹⁴
霸州	来例假 lai⁴⁴li⁴¹tɕia⁴¹ 来月经 lai⁴⁴ye⁴¹tɕin⁰ 来客 lai⁴⁴tɕʰiɛ²¹⁴	拉屎 la⁴⁵ʂʅ²¹⁴ 解大手儿 tɕiɛ²⁴ta⁴¹ʂour²¹⁴	尿尿 ȵiau⁴¹suei⁴⁵ 解小手儿 tɕiɛ²¹ɕiau²¹ʂour²¹⁴①
容城	例假 li⁴⁴tɕia²¹³	拉屎 la⁴⁴ʂʅ²¹³	尿尿 niau⁵²suei⁴³
雄县	来例假 lai⁵³li⁴⁵tɕia⁴¹ 来月经 lai⁵³ye⁴¹tɕin⁰ 来事儿 lai⁵³sər⁴¹	拉屎 la⁴⁵ʂʅ²¹⁴ 解大手儿 tɕiɛ²⁴ta⁴¹ʂour²¹⁴②	尿尿 ȵiau⁴¹suei⁴⁵ 解小手儿 tɕiɛ²¹ɕiau⁰ʂour²¹⁴③
安新	身上带着呢 ʂən⁴⁵ʂaŋ⁰tai⁵⁵tʂɤ⁰ni⁰ 来例假 lai⁴⁵li⁵³tɕia⁵¹	拉屎 la⁴⁵ʂʅ²¹⁴	尿尿 ȵiau⁵³niau⁵¹
满城	来例假咧 lai²²li⁵³tɕia⁵¹²lie⁰	拉屎 la⁴⁵ʂʅ²¹³	尿泡 ȵiau⁵³pʰau⁴⁵
阜平	有唠月经 iou²¹lɔ⁰ye⁵³tɕin⁰ 来唠例假 læ⁵³lɔ⁰li²⁴tɕia⁵³	拉屎 la⁵³ʂʅ⁵⁵	尿泡 ȵiɔ⁵³pʰɔ³¹
定州	身上来俩 ʂən²¹¹ʂaŋ⁰lai⁴²lia⁰	拉屎 la³³ʂʅ²⁴	尿泡 ȵiau⁵¹pʰau³³
无极	来身上 læ³¹ʂen³⁵ʂaŋ⁰	拉屎 lɑ³¹ʂʅ³⁵	尿泡 ȵiɔ⁵¹pʰɔ²¹³
辛集	身上来俩 ʂən³³ʂaŋ⁰lai³⁵lia⁰	拉屎 la³³ʂʅ³²⁴	尿泡 ȵiau⁴¹pʰau³³
衡水	来例假 lai⁵³li³¹tɕia³¹	拉㞎㞎 la³¹pa²¹pa⁰	尿泡 ȵiau³¹pʰau²⁴
故城	来身上啦 læ⁵³sẽ²¹xaŋ⁰la⁰	解大手儿 tɕiæ⁵⁵ta³¹ʂour⁵⁵ 拉屎 la²¹ʂʅ⁵⁵ 拉㞎㞎 la²¹pa²⁴pa⁰	尿泡 ȵiɔ³¹pʰɔ²⁴ 解小手 tɕiɛ²⁴ɕiɔ³¹ʂour⁵⁵
巨鹿	例假 li³³tɕia²¹	㞎㞎 ŋɤ³³pa³³pa⁰	尿泡 ȵiau²¹pʰau³³
邢台	身上来兰 ʂən³⁴ʂaŋ³¹lai⁵³lan⁰	㞎 ə³⁴	尿啦 niau³¹la⁰

(续表)

	0499 来月经注意婉称	0500 拉屎	0501 撒尿
馆陶	来例假 lai⁵²liɛ²⁴tɕia²¹ 来啦 lai⁵²la⁰	屙 ɣɤ²⁴ 屙屎 ɣɤ²⁴ʂʅ⁴⁴ 解大手 tɕiɛ⁴⁴ta²¹ʂəu⁰	尿泡 ȵiao²¹pʰao²⁴ 尿 ȵiao²¹³ 解小手 tɕiɛ⁴⁴siao⁵²ʂəu⁰
沧县	来血分 lai⁵³ɕyɛ²³fən⁰	拉屎 la²³ʂʅ⁵⁵	尿尿 ȵiɑu²³ȵiɑu⁴¹
献县	来例假 lɛ⁵³li³¹tɕia³¹ 身上来兰 ʂən³³xɑ̃⁰lɛ⁵⁵læ̃⁰	拉屎 la³³ʂʅ³³	尿尿 ȵiɔ³¹ȵiɔ³¹
平泉	来例假 lai³⁵li⁵³tɕia⁵¹ 来月经 lai³⁵yɛ⁵³tɕiŋ⁵⁵	解大手儿 tɕiɛ⁵⁵ta⁵³ʂour²¹⁴ 拉屎 la⁵⁵ʂʅ²¹⁴	尿尿 ȵiɑu⁵³ȵiɑu⁵¹ 解小手儿 tɕiɛ⁵⁵ɕiɑu³⁵ʂour²¹⁴ 撒尿 sa⁵⁵ȵiɑu⁵¹
滦平	来例假 lai³⁵li⁵³tɕia⁵¹ 来月经 lai³⁵yɛ⁵¹tɕiŋ⁰	解大手儿 tɕiɛ²¹ta⁵¹ʂour²¹⁴ 拉屎 la⁵⁵ʂʅ²¹⁴	解小手儿 tɕiɛ²¹ɕiɑu³⁵ʂour²¹⁴ 小便 ɕiɑu²¹pian⁵¹ 撒尿 sa⁵⁵ȵiɑu⁵¹
廊坊	来例假 lai³⁵li⁵³tɕia⁵¹	拉屎 la⁵⁵ʂʅ²¹⁴	尿尿 ȵiɑu⁵³suei⁵⁵
魏县	来例假 lai⁵³li³¹tɕia³¹²	屙 ɣ³³	尿 ȵiɑu³¹²
张北	来身上了 lai⁴⁴sən⁴²sɔ²³lə⁰	拉屎 la⁴²ʂʅ⁵⁵	尿尿 ȵiɑu²³ȵiɑu²¹³
万全	来唠身上的嘞 lei⁴¹lɔ⁰sən²¹³a²¹³tə⁰lɛi⁰	屙屎 ŋə⁴⁴ʂʅ⁵⁵	尿尿 ȵiɔ²⁴ȵiɔ²¹³
涿鹿	来身上啦 lɛ⁴²sən⁴²sɑ̃⁰la⁰	屙屎 ŋə⁴²ʂʅ⁴⁵	尿尿 ȵiɔ²³ȵiɔ³¹
平山	身上来兰 ʂən⁴²ɑŋ⁰lɛ⁴²læ̃⁰	拉屎 la³¹ʂʅ⁵⁵	尿尿 ȵiə²⁴ȵiə⁴²
鹿泉	身上来兰 ʂẽ⁵⁵ɤ⁰lɛ⁵⁵læ̃⁰	拉屄屄 lʌ²¹pa⁵⁵pa⁰	尿尿 ȵiɔ³⁵ȵiɔ³¹
赞皇	来月经 lɛ⁵⁴yɛ³¹²tɕiŋ⁵⁴	拉屄屄 la²⁴pa⁵⁴pa⁰	尿尿 ȵiɔ²⁴ȵiɔ³¹
沙河	有啦 iəu³³la⁰	屙屎 ŋɤ⁴¹ʂʅ³³	尿尿 ȵiɑu²¹ȵiɑu²¹
邯郸	来兰 lai⁵³læ̃⁰ 有兰 iəu⁵⁵læ̃⁰	屙屎 ŋɤ³³ʂʅ⁵⁵	尿尿 ȵiɑu⁵³ȵiɑu²¹
涉县	来兰红兰 lai⁴¹æ̃⁰xuəŋ⁴¹²æ̃⁰	屙 ŋə⁴¹	尿 ȵiɑu⁵⁵

---

①②③ 委婉语。

	0502 放屁	0503 相当于"他妈的"的口头禅	0504 病了
兴隆	放屁 faŋ⁵³pʰi⁵¹	他妈的 tʰa⁵⁵ma³⁵tə⁰ 他娘的 tʰa⁵⁵niaŋ⁵⁵tə⁰	病了 piŋ⁵¹lə⁰ 有病了 iou²¹piŋ⁵¹lə⁰
北戴河	放屁 faŋ⁵³pʰi⁵¹	他妈的 tʰa⁴⁴ma⁰ti⁰	有病了 iou²¹piŋ⁵³lə⁰
昌黎	放屁 faŋ⁴²pʰi⁴⁵³	他妈的 tʰa³⁴ma⁴²tei⁰	病咧 piŋ²¹³lie⁰
乐亭	放屁 faŋ⁵³pʰi⁵²	妈了个屄的 ma³³lə⁰kə⁰pi³¹ti⁰	有病咧 iou³³piəŋ³⁵lie⁰
蔚县	放屁 fɔ¹³pʰi³¹²	日你娘的 zʅ³¹n̻i⁰n̻iɔ⁴¹tɤ⁰	难受了 nã⁴¹səu³¹lɤ⁰ 不好了 pu⁵³xʌɯ⁰lɤ⁰ 害不好了 xɛi³¹pu⁵³xʌɯ⁰lɤ⁰
涞水	放屁 faŋ³¹pʰi³¹⁴	他妈的 tʰa⁵⁵ma³³ti⁰	不得劲儿 pu³¹tei²⁴tɕiər³¹⁴
霸州	放屁 faŋ⁴¹pʰi⁴¹	他妈了个屄的 tʰa²⁴ma⁴⁵lɤ⁰kɤ⁰pi²¹tɤ⁰	病了 piŋ⁴⁵lɤ⁰
容城	放屁 faŋ⁴⁴pʰi⁵¹³	妈了个屄的 ma⁴⁴lɤ⁰kɤ⁰pi⁴⁴ti⁰	病咧 piŋ³⁵lie⁰
雄县	放屁 faŋ⁵³⁴pʰi⁴¹	他妈了个屄的 tʰa²⁴ma⁴⁴lɤ⁰kɤ⁰pi⁴⁴tɤ⁰ 他妈的 tʰa²⁴ma⁴⁴tɤ⁰	病了 piŋ²¹lɤ⁰
安新	放屁 faŋ⁵³pʰi⁵¹	他妈的 tʰa⁴⁵ma⁴⁵ti⁰	病嘞 piŋ²¹lə⁰
满城	放屁 faŋ⁵³pʰi⁵¹²	妈的 ma²²ti⁰	病咧 piŋ²¹lie⁰
阜平	放屁 faŋ⁵³pʰi⁵³	娘了屄 niã²⁴lə⁰pi³¹	病兰 piŋ²⁴læ⁰
定州	放屁 faŋ⁵³pʰi⁵¹	他妈的 tʰa³³ma²¹¹ti⁰	病俩 piŋ³⁵lia⁰
无极	放屁 faŋ⁵¹pʰi⁵¹	真你娘哩 tṣən³¹n̻i³¹n̻ia³⁵li⁰	病俩 piŋ³²⁵lia⁰
辛集	放屁 faŋ⁴²pʰi⁴¹	他娘哩 tʰa³³n̻iaŋ³⁵li⁰	病俩 piŋ⁴²lia⁰ 不得劲儿 pu³⁵tei³³tɕiər⁴¹
衡水	放屁 faŋ³¹pʰi³¹	他娘的 tʰa⁵⁵n̻iaŋ²⁴ti⁰	不得劲儿 pu²⁴tei²⁴tɕiər³¹
故城	放屁 faŋ²⁴pʰi³¹	他娘的 tʰa⁵⁵n̻iaŋ⁵⁵ti⁰	病了 piŋ⁵³liɔ⁰ 不得劲儿 pu³¹tei²⁴tɕiɣr³¹
巨鹿	放屁 faŋ³³pʰi²¹	他娘的腚哩 ta³³n̻iaŋ⁵³tə⁰tiŋ⁵³li⁰	病嘞 piŋ⁵³lɛ⁰
邢台	放屁 faŋ³³pʰi³¹	婊子养哩 piau⁵⁵ə⁰tsiaŋ⁵⁵li⁰ 他奶奶哩 tʰa³⁴nai⁵⁵nai⁰li⁰	难受嘞 nan⁵³ṣou³¹lei⁰ 不得劲儿 pu³¹tei⁵⁵tɕiər³¹lei⁰ 不待动嘞 pu³¹tai⁵⁵tuŋ³¹lei⁰
馆陶	放屁 faŋ²⁴pʰi²¹	妈啦个屄 ma²⁴la⁰kɤ⁰pi	病啦 piŋ²¹la⁰
沧县	放屁 faŋ²³pʰi⁴¹	㽞你丫⁼的 tsʰau⁴¹n̻i²³ia⁴¹ti⁰	病了 piŋ⁵³lə⁰
献县	放屁 fã³¹pʰi³¹	他妈的 tʰa³³ma³³ti⁰	病了 piŋ³³¹lə⁰

（续表）

	0502 放屁	0503 相当于"他妈的"的口头禅	0504 病了
平泉	放屁 faŋ⁵³pʰi⁵¹	他娘的 tʰa⁵⁵niaŋ³⁵tə⁰ 他妈的 tʰa⁵⁵ma⁵⁵tə⁰	闹包=特=儿 nɑu⁵³pɑu⁵⁵tʰər⁵¹ 病了 piŋ⁵¹lə⁰
滦平	放屁 faŋ⁵¹pʰi⁵¹	他娘的 tʰa⁵⁵niaŋ³⁵tei⁰ 他妈的 tʰa⁵⁵ma⁵⁵tei⁰	病了 piŋ⁵¹lə⁰
廊坊	放屁 faŋ⁵³pʰi⁵¹	他妈的 tʰa⁵⁵ma⁵⁵tɤ⁰ 妈的 ma⁵⁵tɤ⁰	病了 piŋ⁵¹lɤ⁰
魏县	放屁 faŋ³¹pʰi³¹² 出虚恭 tʂʰue³³ɕy³³kuŋ³³	他娘个屄嘞 tʰɤ⁵⁵niaŋ⁵³kɤ⁰pi³³lɛ⁰	有病兰 iəu⁵⁵piŋ³¹²lan⁰ 病兰 piŋ³¹²lan⁰
张北	放屁 fɔ²³pʰi²¹³	他娘的 tʰa⁴⁴ɲiɔ̃⁴²tə⁰	难受 næ⁴²səu⁰ 病了 piŋ²³lə⁰
万全	放屁 fɔ²⁴pʰi²¹³	你娘的 ɲi⁴¹ɲia⁴¹tə⁰	难受嘞 nan⁴¹sou²¹³lə⁰ 病嘞 piəŋ²¹³lɛi⁰
涿鹿	放屁 fã²³pʰi³¹	他娘的 tʰa⁴⁴ɲiɑ̃⁴²tə⁰	病啦 piŋ³¹la⁰
平山	放屁 faŋ²⁴pʰi⁴²	你娘[那个]屄 ɲi²⁴niaŋ³¹ɲiə⁴²pi³¹	有病兰 iʊe⁵⁵piŋ⁵⁵læ⁰
鹿泉	放屁 faŋ³⁵pʰi³¹	去你娘嘞 tɕʰy³¹ɲi³⁵niaŋ⁵⁵lɛ⁰	病兰 piŋ³¹læ⁰
赞皇	放屁 faŋ²⁴pʰi³¹	你妈屄 ɲi⁴⁵ma⁵⁴pi⁵⁴	病兰 piŋ⁵¹læ⁰
沙河	放屁 faŋ²¹pʰi²¹	娘的个屄 niaŋ⁵¹tɤ⁰kɤ⁰pi⁰	病啦 piəŋ²¹la⁰
邯郸	放屁 faŋ⁵³pʰi²¹	奶奶嘞 nai⁵⁵nai⁰lǝi⁰	有病兰 iəu⁵⁵piŋ²¹læ⁰ 病兰 piŋ²¹læ⁰
涉县	放屁 fã⁵³pʰi²⁴	攘他娘嘞 nã⁵³tʰə⁰niau⁵⁵lǝi⁰	病兰 piəŋ⁵⁵æ̃⁰

337

	0505 着凉	0506 咳嗽	0507 发烧
兴隆	着凉 tṣau³⁵liaŋ⁵⁵ 着凉儿了 tṣau³⁵liãr⁵⁵lə⁰	咳嗽 kʰə⁵⁵sou⁰	发烧 fa³⁵ʂau³⁵
北戴河	着凉 tʃau⁴⁴liaŋ³⁵	咳嗽 kʰɤ³⁵ʃɤ⁰	发烧 fa⁴⁴ʃau⁴⁴
昌黎	着凉 tsau⁴³liaŋ⁰	咳嗽 kʰɤ²⁴ʂə⁰	发烧 fa³⁴sau⁴²
乐亭	着凉 tṣau³³liaŋ²¹²	咳嗽 kʰə³⁵sə⁰	发烧 fa³³ʂau³¹
蔚县	着凉 tsʌɯ⁴¹liɔ⁴¹	咳嗽 kʰɤ⁴¹səu⁰	高烧 kʌɯ⁵³sʌɯ⁵³
涞水	着了凉了 tṣau²⁴lɤ⁰liaŋ²⁴lɤ⁰	咳嗽 kʰɤ⁴⁵sɔ⁰	发烧 fa⁵⁵ʂau³¹
霸州	着凉 tṣau⁴⁴liaŋ⁵³	咳嗽 kʰɤ⁵³sou⁰	发烧 fa⁴⁵ʂau⁴⁵
容城	着凉 tṣau⁴⁴liaŋ³⁵	咳嗽 kʰɤ³⁵sɤ⁰	发烧 fa⁴⁴ʂau⁴³
雄县	着凉 tṣau⁵³liaŋ⁵³	咳嗽 kʰɤ²¹sau⁰	发烧 fa⁴⁵ʂau⁴⁵
安新	冻着 tuŋ⁵⁵tʂɤ⁰	咳嗽 kʰɤ²¹suo⁰	发烧 fa²¹ʂau⁴⁵
满城	着冷 tsau⁴⁵ləŋ²¹³	咳嗽 kʰɤ²¹sau⁰	发烧 fa⁴⁵ʂau⁴⁵
阜平	着凉 tṣɔ⁵⁵liaŋ²⁴	咳嗽 kʰɤ²¹sou⁰	发烧 fa⁵⁵ʂɔ³¹
定州	着凉 tṣau²⁴liaŋ²¹³	咳嗽 kʰɤ²¹sou⁰	发烧 fa³³ʂau¹¹
无极	着凉 tʂɔ³⁵liaŋ²¹³	咳嗽 kʰɤ³⁵səu⁰	发烧 fa³⁵ʂɔ³¹
辛集	着俩凉儿俩 tṣau³⁵lia⁰liãr³⁵lia⁰ 冻着俩 toŋ⁴²tṣau⁰lia⁰	咳嗽 kʰə³⁵sou⁰	发烧 fa³⁵⁴ʂau³³
衡水	冻着唻 tuŋ⁵³tsau⁰lian⁰ 着凉 tsau⁵³liaŋ⁵³	咳嗽 kʰɤ³¹suo⁰	发烧 fa²⁴sau²⁴
故城	冻着 tuŋ⁵³tʂuɤ⁰ 着凉 tṣɔɔ⁵³liaŋ⁵³ 受凉 ʂou³¹liaŋ⁵³	咳嗽 kʰɤ²⁴suɤ⁰	发烧 fa²⁴ʂɔɔ²⁴
巨鹿	冻着 toŋ²¹tʂau⁴¹	咳嗽 kʰɤ⁵³sou⁰	烧哩慌 ʂau³³li⁰xuaŋ⁰
邢台	着凉 tṣau³³liaŋ⁵³	咳嗽 kʰə⁵³sou³¹	发烧 fa³⁴ʂau³⁴
馆陶	着凉 tṣuo⁵²liaŋ⁵²	咳嗽 kʰɤ⁵²səu⁰	发烧 fa²⁴ʂao²⁴ 发烫 fa²⁴tʰaŋ²¹
沧县	冻着 toŋ⁵³tʂə⁰	咳嗽 kʰɤ⁴¹suo⁰	发烧 fa²³ʂau²³
献县	冻着 toŋ³³¹tʂɔ⁰	咳嗽 kʰɤ³³sɔ⁰	发烧 fa⁵³ʂɔ³³
平泉	着凉儿 tṣau³⁵liãr³⁵	咳嗽 kʰə³⁵sou⁰	发烧 fa⁵⁵ʂau⁵⁵

（续表）

	0505 着凉	0506 咳嗽	0507 发烧
滦平	着凉儿 tṣau⁵⁵liãr³⁵	咳嗽 kʰə³⁵sou⁰	发烧 fa⁵⁵ṣau⁵⁵
廊坊	着凉 tṣau³⁵liaŋ³⁵ 受凉 ṣou⁵³liaŋ³⁵	咳嗽 kʰɤ³⁵sou⁰	发烧 fa⁵⁵ṣau⁵⁵
魏县	受凉兰 ṣəu³¹²liaŋ⁵³lan⁰ 冻的兰 tuŋ³¹²tɛ⁰lan⁰	咳嗽 kʰɛ³³ṣəu³¹²	发烧 fa³³ṣau³³
张北	受凉 səu²³liɔ̃⁴²	咳嗽 kʰə⁴²səu²¹³	高烧 kau⁴⁴sau⁴²
万全	着唠凉嘞 tsɔ⁴¹lɔ⁰liɑ⁴¹lɛi⁰	咳嗽 kʰə⁴¹sou²¹³	烧得慌了 sɔ⁴¹tə⁰xuə⁴¹lə⁰
涿鹿	着凉 tṣɔ¹¹³liã⁵²	咳嗽 kʰə⁴³səu⁰	发烧 fʌ⁴³ṣɔ⁴² 烧乎 ṣɔ⁴⁴xuə⁰
平山	着凉 tṣɤ⁵³liaŋ³¹	咳嗽 kʰə²¹səu⁰	身上烫 ṣəŋ⁴²aŋ⁰tʰaŋ⁴²
鹿泉	着凉 tṣɔ⁵⁵liaŋ⁵⁵	咳嗽 kʰʌ¹³sou⁰	发烧 fʌ²¹ṣɔ⁵⁵
赞皇	着凉 tṣɔ⁵⁴liaŋ⁵⁴	咳嗽 kʰə²¹səu⁰	发烧 fa²¹ṣɔ⁵⁴
沙河	凉着啦 liaŋ⁵⁴tṣuo⁵¹la⁰	咳嗽 kʰəʔ⁴təu⁰	发烧 fəʔ⁴ṣau²¹
邯郸	凉的兰 liaŋ⁵³tə⁰læ̃⁰	咳嗽 kʰʌʔ⁵təu⁰	烧 ṣau³¹
涉县	着凉 tsɛʔ³²liã⁴¹	咳 kʰɐʔ³²	发烧 fɐʔ³²sau⁴¹

	0508 发抖	0509 肚子疼	0510 拉肚子
兴隆	哆嗦 tuo³⁵suo⁰ 发抖 fa³⁵tou²¹³	肚子疼 tu⁵¹tsʅ⁰tʰəŋ⁵⁵	闹肚子 nau⁵³tu⁵¹tsʅ⁰ 拉稀 la³⁵ɕi³⁵ 拉肚子 la³⁵tu⁵¹tsʅ⁰
北戴河	哆嗦 tuo⁴⁴ʃuo⁰	肚子疼 tu⁵³tʃʅ⁰tʰəŋ³⁵	闹肚子 nau⁵³tu⁵³tʃʅ⁰ 坏肚子 xuai⁵³tu⁵³tʃʅ⁰ 拉肚子 la⁴⁴tu⁵³tʃʅ⁰
昌黎	哆嗦 tuo⁴²suo⁰	肚子疼 tu²⁴tsʅ⁰tʰəŋ⁰	闹肚子 nau⁴⁵tu²⁴tsʅ⁰
乐亭	打冷颤 ta³³lən³⁵tʂan⁰	肚子疼 tu³⁵tsʅ⁰tʰəŋ²¹²	拉稀 la³³ɕi³¹
蔚县	发颤 fa⁵³tsʰã³¹²	肚子疼 tu³¹tsʅ⁰tʰəŋ⁴¹	跑肚 pʰʌɯ⁴⁴tu³¹² 拉稀 la⁵³ɕi⁵³ 拉肚子 la⁵³tu³¹tsʅ⁰
涞水	哆嗦 tuo³³suo⁰	肚子疼 tu⁴⁵tsʅ⁰tʰəŋ⁰	闹肚子 nau³¹tu⁴⁵tsʅ⁰
霸州	哆嗦 tuo²¹suo⁰	肚子疼 tu⁴⁵tsʅ⁰tʰəŋ⁵³	闹肚子 nau⁴¹tu⁴⁵tsʅ⁰ 拉稀 la⁴⁵ɕi⁴⁵ 蹿稀 tsʰuan⁴⁵ɕi⁴⁵
容城	发抖 fa⁴⁴tou²¹³	肚子疼 tu³⁵tsʅ⁰tʰəŋ³⁵	拉肚子 la⁴⁴tu³⁵tsʅ⁰
雄县	哆嗦 tuo⁴⁴suo⁰	肚子疼 tu²¹tsʅ⁰tʰəŋ⁵³	拉肚子 la⁴⁵tu²¹tsʅ⁰ 跑肚 pʰau²⁴tu⁴¹ 拉稀 la⁴⁵ɕi⁴⁵
安新	抖搂 tou²¹lo⁰	肚子疼 tu²¹tsʅ⁰tʰəŋ³¹	闹肚子 nau⁵⁵tu²¹tsʅ⁰
满城	激身 tɕi⁴⁵ʂən⁰	肚子疼 tu²¹tsʅ⁰tʰəŋ²²	拉稀 la⁴⁵ɕi⁴⁵
阜平	打颤 ta⁵⁵tʂʰæ⁵³	肚子疼 tu⁵³tsʅ⁰tʰəŋ²⁴	跑肚 pʰɔ⁵⁵tu⁵³
定州	哆哆 tuo³³tuo⁰ 哆嗦 tuo³³suə⁰	肚子疼 tu³⁵tsʅ⁰tʰəŋ²⁴	拉肚子 la³³tu³⁵tsʅ⁰ 跑肚 pʰau²⁴tu⁵¹
无极	哆嗦 tuɤ²¹³suɤ⁰	肚里疼 tu³²⁵li⁰tʰəŋ²¹³	蹿稀 tsʰuãn³³ɕi³¹
辛集	哆嗦 tuə³³suə⁰	肚子疼 tu³²⁴tsʅ⁰tʰəŋ³⁵⁴	闹肚子 nau⁴¹tu³²⁴tsʅ⁰ 跑肚 pʰau²⁴tu⁴¹
衡水	发抖嗖 fa³¹təu²¹səu⁰	肚子疼 tu⁵³tsʅ⁰tʰəŋ⁵³	拉薄屎 la³¹pau⁵³sʅ⁵⁵ 闹肚子 nau⁴¹tu⁵³tsʅ⁰
故城	打哆嗦 ta⁵⁵tuɤ²¹suɤ⁰ 打抖搂 ta⁵⁵tou²⁴lou⁰ 打嘚嘚 ta⁵⁵tei²¹tei⁰	肚子疼 tu⁵³tsʅ⁰tʰəŋ⁵³	拉肚子 la²⁴tu⁵³tsʅ⁰ 闹肚子 nɔɔ³¹tu⁵³tsʅ⁰ 跑茅子 pʰɔɔ⁵⁵mɔɔ⁵⁵tsʅ⁰

(续表)

	0508 发抖	0509 肚子疼	0510 拉肚子
巨鹿	颤颤 tʂʰan³³tʂʰan⁰	肚子疼 tu⁵³tsʅ⁰tʰəŋ⁴¹	跑茅子 pʰɑu⁵⁵mɑu⁵³tsʅ⁰
邢台	哆嗦 tuo³⁴suo⁰	肚子疼 tu³¹ə⁰tʰəŋ⁵³	跑茅子 pʰɑu⁵⁵mɑu⁵³ə⁰
馆陶	打哆嗦 ta⁴⁴tuo²⁴suo⁴⁴ 打颤 ta⁴⁴tʂʰæn²¹³	肚子疼 tu²¹tə⁰tʰəŋ⁵²	跑茅子 pʰɑo⁴⁴mɑo⁵²tə⁰ 拉肚子 la⁴⁴tu²¹tə⁰ 拉稀 la²⁴ɕi²⁴
沧县	哆嗦 tuo⁴¹suo⁰	肚子疼 tu⁵³tsʅ⁰tʰəŋ⁵³	闹肚子 nɑu⁴¹tu⁵³tsʅ⁰
献县	抖搂 tou²¹lou⁰	肚子疼 tu³³¹tsʅ⁰tʰəŋ⁵³	闹肚子 nɔ³¹tu³³¹tsʅ⁰
平泉	哆嗦 tuo⁵⁵suo⁰ 发抖 fa⁵⁵tou²¹⁴	肚子疼 tu⁵¹tsʅ⁰tʰəŋ³⁵	坏肚子 xuai⁵³tu⁵¹tsʅ⁰ 拉稀 la⁵⁵ɕi⁵⁵ 拉肚子 la⁵⁵tu⁵¹tsʅ⁰
滦平	哆嗦 tuo⁵⁵suo⁰ 发抖 fa⁵⁵tou²¹⁴	肚子疼 tu⁵¹tsə⁰tʰəŋ³⁵	拉稀 la⁵⁵ɕi⁵⁵ 拉肚子 la⁵⁵tu⁵¹tsə⁰
廊坊	打哆嗦 ta²¹tuo⁵⁵sɤ⁰ 打牙 ta²¹ia³⁵	肚子疼 tu⁵¹tsʅ⁰tʰəŋ³⁵	拉稀 la⁵⁵ɕi⁵⁵
魏县	打哆哆 ta⁵⁵tɤ³³tɤ⁰	肚疼 tu³¹²tʰəŋ⁵³	拉稀 lɤ³³ɕi³³ 跑肚 pʰɑu⁵⁵tu³¹²
张北	抖擞 təu⁵⁵səu⁰	肚子疼 tu²³tsə⁰tʰəŋ⁴²	跑肚 pʰɑu⁵⁵tu²¹³
万全	抖擞 tou⁵⁵sou⁰	肚疼了 tu²⁴tʰəŋ⁴¹lə⁰	跑肚了 pʰɔ⁴⁴tu²¹³lə⁰ 拉稀了 lʌʔ²²ɕi⁴¹lə⁰
涿鹿	打颤 ta⁴⁵tʂæ³¹	肚疼 tu³¹tʰəŋ⁵²	跑肚 pʰɔ⁴⁵tu³¹ 拉稀 la⁴²ɕi⁴²
平山	踢⁼擞 tʰi²⁴suɛ⁰	肚里疼 tu⁵⁵lɛ⁰tʰəŋ³¹	跑茅子 pʰɔ⁵⁵mɔ⁴²tsʅ⁰
鹿泉	抖擞 tɤ³¹sou⁰	肚子疼 tu³¹tɤ⁰tʰəŋ⁵⁵	跑茅子 pʰɔ³⁵mɔ⁵⁵tɤ⁰
赞皇	踢⁼擞 ti²⁴səu⁰	肚子疼 tu³¹tsə⁰tʰəŋ⁵⁴	闹肚子 nɔ³¹²tu³¹tsə⁰ 跑茅子 pʰɔ⁴⁵mɔ³²tsə⁰
沙河	打颤儿 tɔ³³tʂʰɑr²⁴	肚疼 tu²¹tʰəŋ⁵¹	跑茅子 pʰɑu³³mɑu⁵¹tə⁰
邯郸	打颤儿 tɔ⁵⁵tʂɐr²¹	肚疼 tu²⁴tʰəŋ⁵³	跑茅子 pʰɑu⁵⁵mɑu⁵³tə⁰
涉县	嗦嗦 suɔʔ³²suɔʔ⁰	肚疼 tu⁵⁵tʰəŋ⁴¹	跑肚 pʰɑu⁵³tu²⁴

	0511 患疟疾	0512 中暑	0513 肿
兴隆	发疟子 fa³⁵iɑu⁵¹tsɿ⁰ 打摆子 ta³⁵pai²¹tsɿ⁰ 患疟疾 xuɑn⁵³ȵyɛ⁵¹tɕi⁰	中暑 tʂoŋ⁵¹ʂu²¹³	肿 tʂoŋ²¹³
北戴河	发疟子 fa⁴⁴iɑu⁵³tʃʅ⁰	中暑 tʃuŋ⁵³ʃu²¹⁴	肿 tʃuŋ²¹⁴
昌黎		中暑 tʂuŋ⁴²ʂu²¹³	肿 tʂuŋ²¹³
乐亭	发疟子 fa³³iɑu⁵⁵tsɿ⁰	中暑 tʂuŋ⁵³ʂu³⁴	肿 tʂuŋ³⁴
蔚县	得疟疾 tɤ⁴¹yə³¹tɕi⁰	受暑 səu³¹su⁴⁴ 中暑 tsuŋ³¹su⁴⁴	膀 pʰɔ⁵³
涞水	发疟子 fa⁵⁵iɑu⁴⁵tsɿ⁰	中暑 tʂoŋ³¹ʂu²⁴	膀 pʰɑŋ³¹
霸州	发疟子 fa⁴⁵iɑu⁴⁵tsɿ⁰	霍乱儿 xuo⁴¹lɚ⁰ 中暑 tʂuŋ⁴¹ʂu²¹⁴	肿 tʂuŋ²¹⁴ 一般的肿 膀 pʰɑŋ⁴⁵ 浮肿，水肿
容城	得伤寒 tei²¹ʂɑŋ⁴⁴xɑn³⁵	中暑 tʂuŋ⁵²ʂu²¹³	肿 tʂuŋ²¹³
雄县	打摆子 ta²⁴pai⁴¹tsɿ⁰ 发疟子 fa⁴⁵iɑu⁴⁵tsɿ⁰	霍乱儿 xuo⁴¹luɐr⁰ 中暑 tsuŋ⁴¹ʂu²¹⁴	肿 tsuŋ²¹⁴ 膀 pʰɑŋ⁴⁵ 水肿
安新	发疟子 fa²¹iɑu⁵⁵tsɿ⁰	霍乱儿嘞 xuo⁵³lɤr⁰lɛ⁰	肿 tʂuŋ²¹⁴
满城	发疟子 fa⁴⁵iɑu²¹tsɿ⁰	火龙儿 xuo⁴²luŋ⁰ŋɚ⁰	膀 pʰɑŋ⁴⁵
阜平	发摆子 fa⁵⁵pæ²¹tsɿ⁰	热霍乱子 zɤ⁵³xu⁰læ²¹tsɿ⁰	膀 pʰɑŋ⁵³
定州	发疟子 fa³³iɑu³⁵tsɿ⁰	热着俩 zɤ³⁵tʂɑu⁰lia⁰	膀 pʰɑŋ³³
无极	拉痢 la³¹li⁵¹	热着俩 zɤ⁵¹tʂɔ⁰lia⁰	肿 tʂuŋ³⁵
辛集	发疟子 fa³³iɑu⁴²tsɿ⁰	火龙儿 xuəu²⁴luɚr³⁵⁴	膀 pʰɑŋ³³
衡水	发疟子 fa²⁴iɑu⁵³tsɿ⁰	火龙嗹 xuo²¹luŋ⁰liɑn⁰	膀 pʰɑŋ²⁴
故城	发疟子 fa²⁴iɔo⁵³tsɿ⁰	热着 zɤ⁵³tʂɔo⁰	肿 tsuŋ⁵⁵
巨鹿	发疟子 fa³³iɑu⁵³tsɿ⁰	中暑 tʂoŋ²¹ɕy⁵⁵	肿 tʂoŋ⁵⁵
邢台	发疟子嘞 fa³⁴iɑu³¹ə⁰lei⁰	热着兰 zə³¹tʂau⁰lan⁰	膀 pʰɑŋ³⁴
馆陶	得痢疾 tɛ²⁴li²¹tɕi⁰	中暑 tʂuŋ²¹ʂu⁴⁴ 热着啦 zɛ²⁴tʂuo⁵²la⁰	胀 tʂɑŋ²¹³ 肿 tʂuŋ⁴⁴
沧县	发疟子 fa²³iɑu⁵³tsɿ⁰	中暑 tsoŋ⁴¹ʂu⁵⁵	肿 tsoŋ⁵⁵
献县	发疟子 fa³³iɔ⁵³tsɿ⁰	热火儿着兰 zuo³¹xuor²¹tʂɔ⁰læ⁰	肿了 tʂoŋ²¹⁴lə⁰

(续表)

	0511 患疟疾	0512 中暑	0513 肿
平泉	发疟子 fa⁵⁵iɑu⁵¹tsɿ⁰ 打摆子 ta³⁵pai²¹tsɿ⁰ 闹疟疾 nɑu⁵³n̩yɛ⁵¹tɕi⁰	中暑 tʂuŋ⁵³ʂu²¹⁴	膀 pʰɑŋ⁵⁵ 肿 tʂuŋ²¹⁴
滦平	发疟子 fa⁵⁵iɑu⁵¹tsə⁰ 打摆子 ta³⁵pai²¹tsə⁰ 患疟疾 xuan⁵¹n̩yɛ⁵¹tɕi⁰	中暑 tʂuŋ⁵¹ʂu²¹⁴	肿 tʂuŋ²¹⁴
廊坊	打摆子 ta³⁵pai²¹tsɿ⁰ 发疟子 fa⁵⁵iɑu⁵¹tsɿ⁰	中暑 tʂuŋ⁵³ʂu²¹⁴	肿 tʂuŋ²¹⁴
魏县	发疟子 fə³³yə³³tɛ⁰ 打摆子 ta⁵⁵pai⁵⁵tɛ⁰	热着兰 zɛ³³tʂuə⁵³lan⁰	肿 tʂuŋ⁵⁵
张北	得伤寒 təʔ³sã⁴²xæ̃⁰	中暑 tsuŋ²³su⁵⁵	膀 pʰɔ̃⁴²
万全	牙⁼个⁼卡⁼子 ia⁴¹kə⁰tɕʰia⁴¹tsə⁰	中唠暑嘞 tsuəŋ²¹³lo⁰su⁵⁵lei⁰	肿 tsuəŋ⁵⁵
涿鹿	打摆子 ta⁵³pɛ⁵⁵ə⁰	中暑 tsuŋ³¹su⁴⁵	膀 pʰɑ̃⁴⁴
平山	发摆子 fa²⁴pɛ⁵⁵tsɿ⁰	热着兰 zɤ²¹tʂɤ⁰læ̃⁰	膀 pʰɑŋ³¹
鹿泉	发摆子 fʌ²¹pɛ³⁵tɤ⁰	热着兰 zɤ³¹tʂo⁵⁵læ̃⁰	膀 pʰɑŋ⁵⁵
赞皇	发摆子 fa²⁴pɛ⁴⁵tsə⁰	中暑 tsuŋ³¹²ʂu⁴⁵	膀 pʰɑŋ⁵⁴
沙河	发疟子 fəʔ⁴iəʔ²tə⁰	中暑 tsoŋ²¹su³³	肿 tsoŋ³³
邯郸	发疟子 fʌʔ⁴iʌʔ³tə⁰	热的兰 zʌʔ⁴təʔ⁰læ̃⁰	肿 tʂuŋ⁵⁵
涉县	打摆子 tɑ⁴¹pai⁵³ə⁰	中暑 tsuəŋ⁵⁵su⁵³	肿 tsuəŋ⁵³

	0514 化脓	0515 疤好了的	0516 癣
兴隆	化脓 xuɑ⁵¹nəŋ⁵⁵	疤痢 pa³⁵la⁰ 疤 pa³⁵	癣 ɕyan²¹³
北戴河	化脓 xuɑ⁵³nəŋ³⁵	疤痢 pa³⁵lə⁰	癣 ɕyan²¹⁴
昌黎	化脓 xuɑ⁴²nəŋ²⁴	疤痢 pa²⁴lə⁰	癣 ɕian²¹³
乐亭	化脓 xuɑ⁵³nəŋ²¹²	疤痢 pa³⁵la⁰	癣 ɕien³⁴
蔚县	化脓 xuɑ¹³nəŋ⁴¹	疤 pa⁵³	癣 ɕiã⁴⁴
涞水	化脓 xuɑ³¹nəŋ⁴⁵	疤痢 pa³¹la⁰	癣 ɕyan²⁴
霸州	窝脓 uo⁴⁵nəŋ⁵³ 窝脓儿 uo⁴⁵nɤɹ⁵³	疤痢 pa²¹la⁰	癣 ɕyan²¹⁴
容城	化脓 xuɑ⁵²nəŋ³⁵	疤痢 pa³¹la⁰	癣 ɕyan²¹³
雄县	化脓 xuɑ⁴¹nəŋ⁵³ 窝脓 uo⁴⁵nəŋ⁵³	疤痢 pa⁴⁴la⁰ 伤疤 ʂɑn⁴⁵pa⁴⁵	癣 ɕyãn²¹⁴
安新	窝了脓嘞 uo⁴⁵lə⁰nəŋ³³lɛ⁰	疤痢 pa⁴⁵lə⁰	癣 ɕyan²¹⁴
满城	调脓 tʰiɑu⁴⁵nəŋ²²	疤痢 pa⁴⁵la⁰	癣 ɕyan²¹³
阜平	溃脓 xuei⁵³nəŋ²⁴	疤痢 pa³¹la⁰	癣 ɕiæ̃⁵⁵
定州	化脓 xuɑ⁵³nəŋ²¹³	疤痢 pa³³la⁰	癣 sian²⁴
无极	发俩 fɑ²¹³liɑ⁰	疤痢 pa³¹lɑ⁰	癣 suãn³⁵
辛集	流脓 liou³⁵⁴noŋ³⁵⁴	疤痢 pa³³la⁰	癣 suan³²⁴
衡水	化唠脓嗹 xuɑ⁵³lɑu⁰nuŋ²⁴liɑn⁰	疤痢 pa³¹la⁰	癣 suɑn⁵⁵
故城	溃脓 xuei³¹nuŋ⁵³ 化脓 xuɑ³¹nuŋ⁵³	疤痢 pa²¹la⁰	癣 ɕyæ̃⁵⁵
巨鹿	化脓 xuɑ²¹noŋ⁴¹	疤痢 pa³³la⁰	癣 suan⁵⁵
邢台	化脓 xuɑ³¹nuŋ⁵³	疤痢 pa³⁴la⁰	癣 sian⁵⁵
馆陶	化脓 xuɑ²¹nuŋ⁵²	疤儿 par²⁴ 疤痢 pa²⁴la⁰	癣 suæn⁴⁴
沧县	套脓 tʰɑu⁵³nəŋ⁰	疤痢 pa⁴¹la⁰	癣 ɕyan⁵⁵
献县	套兰 tʰɔ³³¹læ⁰	疤痢 pa³³la⁰	癣 ɕyæ̃²¹⁴
平泉	恶发 nɑu⁵⁵fa⁰ 化脓 xuɑ⁵³nuŋ³⁵	疤痢 pa⁵⁵la⁰ 疤 pa⁵⁵	癣 ɕyan²¹⁴

(续表)

	0514 化脓	0515 疤 好了的	0516 癣
滦平	化脓 xuɑ⁵¹nəŋ³⁵/ xuɑ⁵¹nuŋ³⁵	疤瘌 pa⁵⁵la⁰ 疤 pa⁵⁵	癣 ɕyan²¹⁴
廊坊	化脓 xua⁵³ŋəŋ³⁵ 窝脓 uo⁵⁵nəŋ³⁵	疤 pa⁵⁵ 疤瘌 pa⁵⁵la⁰	癣 ɕyan²¹⁴
魏县	溃脓 xuəi³¹²nuŋ⁵³ 化脓 xuɑ³¹²nuŋ⁵³	疤瘌 pa³³la⁰	癣 ɕyan⁵⁵
张北	化脓 xua²³nəŋ⁴²	疤 pa⁴²	癣 ɕiæ̃⁵⁵
万全	溃脓 xuei²⁴nəŋ⁴¹	疤 pa⁴¹	癣 ɕian⁵⁵
涿鹿	化脓 xua²³nəŋ⁵²	疤 pa⁴⁴	癣 ɕiæ̃⁴⁵
平山	化脓 xua²⁴noŋ³¹ 溃脓 xuæi²⁴noŋ³¹	疤 pa³¹	癣 siæ̃⁵⁵
鹿泉	化脓 xua³¹nəŋ⁵⁵	疤 pa⁵⁵	癣 siæ̃³⁵
赞皇	化脓 xua³¹²nuŋ⁵⁴	疤 pa⁵⁴	癣 siæ̃⁴⁵
沙河	溃脓 xuei²¹noŋ⁵¹	疤 pɒ⁴¹	癣 syã³³
邯郸	溃脓 xuəi²⁴nuŋ⁵³	疤 pɒ³¹	癣 syæ̃⁵⁵
涉县	化脓 xuɒ⁵⁵nuəŋ⁴¹	疤 pɒ⁴¹	癣 ɕyæ̃⁵³

	0517 痣 凸起的	0518 疙瘩 蚊子咬后形成的	0519 狐臭
兴隆	痣 tṣʅ⁵¹	疙瘩 ka³⁵ta⁰/ kə³⁵ta⁰	臭胳肢窝 tṣʰou⁵¹ka²¹tṣʅ⁰uo⁵⁵ 狐臭 xu⁵⁵tṣʰou⁵¹
北戴河	痦子 u⁵³tʃʅ⁰	包 pau⁴⁴	臭胳肢窝 tʃʰou⁵³ka²¹tʃʅ⁴⁴uo⁴⁴
昌黎	痦子 u²⁴tsʅ⁰	疙瘩 ka⁴²ta⁰	臭胳肢窝 tsʰou⁴²ka²¹tsʅ⁰uo⁴²
乐亭	痦子 u³⁵tsʅ⁰	疙瘩 ka³¹ta⁰	臭胳肢窝儿 tṣʰou⁵³ka³⁴tṣʅ⁰uər³¹
蔚县	痣 tsʅ³¹²	疙瘩 kɤ⁵³ta⁰ 颗=儿 kʰɤr⁴⁴	臭筒子 tsʰəu³¹tʰuŋ⁴⁴tsʅ⁰
涞水	痦子 u⁴⁵tsʅ⁰	疙瘩 kɤ³³ta⁰	臭胳肢窝 tsʰou³¹ka³³tsʅ⁰uo³¹
霸州	痦子 u⁴⁵tsʅ⁰	疙瘩 ka²¹ta⁰	臭胳肢窝 tsʰou⁴¹ka⁴¹tsʅ⁰uo⁴⁵
容城	瘊子 xou²¹tsʅ⁰	疙瘩 ka³¹tɤ⁰	臭胳肢窝 tsʰou⁵²kɤ³⁵tsɤ⁰uo⁴³
雄县	痦子 u⁴⁵tsʅ⁰	疙瘩 kɤ⁴⁴ta⁰/ka⁴⁴ta⁰	臭胳肢窝 tsʰou⁴¹ka⁴¹tsʅ⁰uo⁴⁵
安新	痦子 u⁵⁵tsʅ⁰	疙瘩 ka⁵³tɤ⁰	臭胳肢窝 tsʰou⁵⁵ka⁵³tsʅ⁰uo⁴⁵
满城	痹 tɕi⁵¹²	疙瘩 kɤ⁴⁵ta⁰	臭胳肢窝 tsʰou⁵³kɤ²¹tsʅ⁰uo⁴⁵
阜平	黑雀子 xei²⁴tɕʰiɔ²⁴tsʅ⁰	疙瘩 kɤ²¹ta⁰	狐臭 xu⁵³tsʰou⁰
定州	痦子 u³⁵tsʅ⁰	疙瘩 kɤ³³ta⁰	狐臭 xu²⁴tsʰou⁵¹
无极	痦子 u⁵³tsʅ⁰	疙瘩 kɤ²¹³ta⁰	漏胳膊窝儿 ləu⁵¹kɤ²¹³pɔ⁰uər³¹
辛集	痦子 u⁴²tsʅ⁰	疙瘩 kə³³ta⁰	臭胳肘窝儿 tsʰou⁴¹kə³³tsou⁰uər³³
衡水	瘊儿 xəur⁵³	包 pau²⁴	臭胳肢窝 tsʰəu³¹kɤ³¹tsa⁰vo²⁴
故城	痣 tsʅ³¹ 瘊儿 xour⁵³	疙瘩 kɤ²¹ta⁰	胳肢窝臭 ka²¹tsʰa⁰vɤ²⁴tsʰou³¹
巨鹿	痹 tɕi²¹	疙瘩 kɤ³³ta⁰	狐臭 xu⁴¹tsʰou²¹
邢台	痦子 u³¹ə⁰	疙瘩 kə³⁴ta⁰	狐臭 xu⁵³tsʰou³¹
馆陶	痣 tsʅ²¹³	疙瘩 kɤ²⁴ta⁰	狐臭 xu⁵²tsʰəu⁰ 腋臭 iɛ²⁴tsʰəu²¹
沧县	痦子 u⁵³tsʅ⁰	疙瘩 ka⁴¹ta⁰	臭胳肢窝 tsʰou⁴¹ka⁵⁵tsʅ⁰uo²³
献县	痦子 u³³¹tsʅ⁰ 痣 tsʅ³¹	疙瘩 ka³³ta⁰	臭胳肢窝 tsʰou³¹ka²¹tsa⁰uo³³
平泉	痦子 u⁵¹tsʅ⁰ 痣 tsʅ⁵¹	疙瘩 ka⁵⁵ta⁰/ kə⁵⁵ta⁰	臭胳肢窝 tsʰou⁵³ka²¹tsʅ⁰uo⁵⁵ 狐臭 xu³⁵ɕiou⁵¹

（续表）

	0517 痣 凸起的	0518 疙瘩 蚊子咬后形成的	0519 狐臭
滦平	痣 tʂʅ⁵¹	疙瘩 ka⁵⁵taɣ⁰/ kə⁵⁵ta⁰	臭胳肢窝 tʂʰou⁵¹ka⁵⁵tʂʅ⁰uo⁵⁵ 狐臭 xu³⁵tʂʰou⁵¹
廊坊	痣 tʂʅ⁵¹ 瘊子 xou³⁵tsʅ⁰	疙瘩 ka⁵⁵taɣ⁰/ kɣ⁵⁵tɣ⁰	臭胳肢窝 tʂʰou⁵³ka⁵⁵tʂʅ⁰uo⁵⁵
魏县	瘊子 xəu⁵³tɛ⁰	疙瘩子 kɛ³³tɣ³³tɛ⁰	狐臭 xuɛ⁵³tʂʰəu³¹²
张北	瘊子 xəu⁴²tsə⁰	疙瘩 kəʔ³²ta⁰	臭筒子 tʂʰəu²³tʰuŋ⁵⁵tsə⁰
万全	黑点子 xəʔ²²tian⁵⁵tsə⁰	疙瘩 kə⁵⁵ta⁰	臭眼子 tʂʰou⁴⁵ian⁵⁵tsə⁰
涿鹿	黑雀子 xʌʔ⁴³tɕʰi⁰ə⁰	疙瘩 kʌʔ⁴³tʌ⁰	臭筒子 tʂʰəu²³tʰuŋ⁵⁵ə⁰
平山	痦 tɕi⁴²	疙瘩 kɣ²¹ta⁰	狐臭 xu⁴²tʂʰɐu⁰
鹿泉	黑雀儿 xei¹³tsʰiɔr³¹	疙瘩 kɣ¹³ta⁰	狐臭 xu⁵⁵tʂʰou³¹
赞皇	痣 tʂʅ³¹²	疙瘩 kə²¹ta⁰	狐臭 xu⁵⁴tʂʰəu³¹
沙河	肉瘊儿 zəu²¹xəur⁵¹	疙瘩 kəʔ⁴tɐʔ⁰	脓臭 iɛ²¹tʂʰəu²¹
邯郸	瘊儿 xəur⁵³	疙瘩 kəʔ⁴tʌʔ³²	狐臭 xuəʔ⁵tʂʰəu²¹
涉县	痣 tʂʅ⁵⁵	疙瘩子 kəʔ³²tɐʔ³³lə⁰	狐臭 xuəʔ⁵⁵tsʰou⁰

	0520 看病	0521 诊脉	0522 针灸
兴隆	瞧病 tɕʰiɑu⁵⁵piŋ⁵¹ 看病 kʰan⁵³piŋ⁵¹	号脉 xɑu⁵³mai⁵¹ 摸脉 mo³⁵mai⁵¹ 诊脉 tʂən²¹mai⁵¹	扎针 tʂa³⁵tʂən³⁵ 针灸 tʂən³⁵tɕiou³⁵
北戴河	瞧病 tɕʰiɑu³⁵piŋ⁵¹	号脉 xɑu⁵³mai⁵¹	针灸 tʃən⁴⁴tɕiou⁴⁴
昌黎	看病 kʰan⁴²piŋ²⁴	瞧脉 tɕʰiɑu²⁴mai⁴⁵³ 把脉 pa²¹mai⁴⁵³	旱针 xan²⁴tʂən⁴²
乐亭	看病 kʰan⁵³piəŋ⁵²	号脉 xɑu⁵³mai⁵²	扎针 tʂa³³tʂən³¹
蔚县	看病 kʰã¹³piŋ³¹²	号脉 xʌɯ¹³mei³¹²	扎针 tsa⁵³tsəŋ⁵³
涞水	瞧病 tɕʰiɑu⁴⁵piŋ³¹⁴	号脉 xɑu³¹mai³¹⁴	针灸 tʂən⁵⁵tɕiou²⁴
霸州	看病 kʰan⁴⁵piŋ⁴¹	号脉 xɑu⁴⁵mai⁴¹	扎针 tʂa⁴⁵tʂən⁴⁵
容城	看病 kʰan⁴⁴piŋ⁵¹³	号脉 xɑu⁴⁴mai⁵¹³	针灸 tʂən⁴⁴tɕiou⁴³
雄县	看病 kʰãn⁴⁵piŋ⁴¹	号脉 xɑu⁴¹mai⁴¹ 摸脉 mɑu⁴⁵mai⁴¹ 把脉 pa²⁴mai⁴¹	针灸 tʂən⁴⁵tɕiou⁴⁵
安新	瞧病 tɕʰiɑu⁴⁵piŋ⁵¹	号脉 xɑu⁵³mai⁵¹	扎针 tsa²¹tʂən⁴⁵
满城	瞧病 tɕʰiɑu⁴⁵piŋ⁵¹²	号脉 xɑu⁵³mai⁵¹²	扎针 tʂa⁴⁵tʂən⁴⁵
阜平	看病 kʰæ̃⁵³piŋ⁵³	号脉 xɔ⁵³mæ⁵³	扎针 tʂa⁵⁵tʂən³¹
定州	看病 kʰan⁵³piŋ⁵¹	号脉 xɑu⁵³mai⁵¹	扎针 tʂa³³tʂən¹¹
无极	看病儿 kʰãn⁵¹pĩər⁴⁵¹	断脉 tuãn⁵¹mæ⁵¹	针灸 tʂen³³tɕiəu³¹
辛集	看病 kʰan⁴²piŋ⁴¹	号脉 xɑu⁴²mai⁴¹	行针 ɕiŋ³⁵⁴tʂən³³
衡水	看病 kʰan³¹piŋ³¹	号脉 xɑu³¹mai³¹	扎旱针 tʂa²⁴xan³¹tʂən²⁴
故城	瞧病 tɕʰiɔɔ⁵³piŋ³¹ 看病 kʰæ̃²⁴piŋ³¹	号脉 xɔɔ²⁴mæ³¹	针灸 tʂẽ²⁴tɕiou²⁴
巨鹿	看病 kʰɛ̃³³piŋ²¹	号脉 xɑu³³mai²¹	扎针 tʂa³³tʂən³³
邢台	看病 kʰan³³piŋ³¹ 找大夫 tʂɑu⁵⁵tai³¹fu⁰	号脉 xɑu³³mai³¹	行针 ɕiŋ⁵³tʂən³⁴
馆陶	看病 kʰæn²⁴piŋ²¹	把脉 pa⁴⁴mai²¹ 摸脉 mo²⁴mai²¹	扎扎针儿 tʂa²⁴tʂa⁰tʂər²⁴ 扎针 tʂa²⁴tʂen²⁴
沧县	看病 kʰan²³piŋ⁴¹	号脉 xɑu²³mai⁴¹	针灸 tʂən²³tɕiou²³

（续表）

	0520 看病	0521 诊脉	0522 针灸
献县	看病 kʰæ̃³¹piŋ³¹	号脉儿 xɔ³¹mɐr³¹	扎针 tʂa⁵³tʂən³³ 针灸 tʂən³³tɕiou³³
平泉	瞧病 tɕʰiɑu³⁵piŋ⁵¹ 找先生 tʂɑu²¹ɕian⁵⁵ʂəŋ⁰ 看病 kʰan⁵³piŋ⁵¹	号脉 xɑu⁵³mai⁵¹ 诊脉 tʂən²¹mai⁵¹	扎针 tʂa⁵⁵tʂən⁵⁵ 针灸 tʂən⁵⁵tɕiou⁵⁵
滦平	看病 kʰan⁵¹piŋ⁵¹	号脉 xɑu⁵¹mai⁵¹ 诊脉 tʂən²¹mai⁵¹	扎针 tʂa⁵⁵tʂən⁵⁵ 针灸 tʂən⁵⁵tɕiou²¹⁴
廊坊	瞧病 tɕʰiɑu³⁵piŋ⁵¹	号脉 xɑu⁵³mai⁵¹	扎针 tʂa⁵⁵tʂən⁵⁵
魏县	瞧病 tɕʰiɑu⁵³piŋ³¹²	号脉 xɑu³¹²mɛ³³ 品脉 pʰin⁵⁵mɛ³³	扎旱针 tʂɤ³³xan³¹²tʂən³³
张北	看病 kʰæ̃²³piŋ²¹³ 瞧病 tɕʰiɑu⁴²piŋ²¹³	号脉 xɑu²³miəʔ³²	扎针 tʂəʔ³tʂən⁴²
万全	看病 kʰan²⁴piəŋ²¹³	号脉 xɔ²⁴miəʔ²²	扎针 tʂʌʔ²²tʂən⁴¹
涿鹿	瞧病 tɕʰiɔ⁵²piŋ³¹	号脉 xɔ²³mɛ³¹	扎针 tʂʌʔ⁴³tʂən⁴²
平山	看病 kʰæ̃²⁴piŋ⁴²	把脉 pa⁵⁵mɛ²⁴	扎针 tʂa²⁴tʂən³¹
鹿泉	看病 kʰæ̃³⁵piŋ³¹	号脉 xɔ³⁵mɛ³¹	扎针 tʂʌ¹³tʂɛ̃⁵⁵
赞皇	看病 kʰæ̃²⁴piŋ³¹	号脉 xɔ²⁴mɛ³¹	扎针 tʂa²¹tʂən⁵⁴
沙河	看病 kʰã²¹piəŋ²¹	号脉 xɑu²¹miəʔ²	扎行针 tʂəʔ²⁴ɕiəŋ⁵¹tʂən⁰
邯郸	瞧病 tsʰiɑu⁵³piŋ²¹	号脉 xɑu²⁴miʌʔ⁴³	针 tʂən³¹
涉县	瞧病 tɕʰiɑu⁴¹piəŋ²⁴	号脉儿 xɑu⁵³mɐr²⁴	针灸 tʂən⁴¹tɕiou⁰

	0523 打针	0524 打吊针	0525 吃药 统称
兴隆	打针 ta²¹tʂən³⁵	输液 ʂu³⁵iɛ⁵¹ 打吊瓶 ta²¹tiɑu⁵¹pʰiŋ⁵⁵ 打吊针 ta²¹tiɑu⁵¹tʂən³⁵	吃药 tʂʰʅ³⁵iɑu⁵¹
北戴河	打针 ta²¹tʃən⁴⁴	输液 ʃu⁴⁴iɛ⁵¹	吃药 tʃʰʅ⁴⁴iɑu⁵¹
昌黎	打针儿 ta²⁴tʂər⁴²	输液 su³⁴iɛ⁴⁵³ 打吊瓶 ta²⁴tiɑu⁴²pʰiŋ²⁴	吃药 tʂʰʅ³⁴iɑu⁴⁵³
乐亭	打药针儿 ta³³iɑu⁵³tʂər³¹	输液 ʂu³³iɛ⁵²	吃药 tʂʰʅ³³iɑu⁵²
蔚县	打针儿 ta¹³tsə̃r⁵³	输液 su⁵³iə⁵³	吃药 tʂʰʅ⁵³iʌɯ³¹² 喝药 xɤ⁵³iʌɯ³¹²
涞水	打针 ta²⁴tʂən³¹	输液 ʂu⁵⁵iɛ³¹⁴	喝药 xɤ⁵⁵iɑu³¹⁴
霸州	打针儿 ta²¹tʂər⁴⁵	输液 ʂu⁴¹iɛ⁴¹	吃药 tʂʰʅ⁴⁵iɑu⁴¹
容城	打针 ta²¹tʂən⁴³	输液 ʂu³⁵iɛ⁵¹³	吃药 tʂʰʅ³⁵iɑu⁵¹³
雄县	打针儿 ta²¹tʂər⁴⁵	输液 ʂu⁴⁵iɛ⁴¹	吃药 tʂʰʅ⁴⁵iɑu⁴¹
安新	打针 ta²¹tʂən⁴⁵	输液 ʂu⁵³iɛ⁵¹	吃药 tʂʰʅ⁴⁵iɑu⁵¹
满城	打针儿 ta²¹tʂər⁴⁵	输液 ʂu⁴⁵iɛ⁵¹²	吃药 tʂʰʅ⁴⁵iɑu⁵¹²
阜平	打针 ta⁵⁵tʂəŋ³¹	输液 ʂu²⁴iɛ⁵³	吃药 tʂʰʅ⁵⁵iɔ⁵³
定州	打针 ta²⁴tʂən³³	输液 ʂu³³iɛ⁵¹	吃药 tʂʰʅ³³iɑu⁵¹
无极	打针 ta³⁵tʂen³¹	输水 ʂu³¹ʂuəi³⁵	吃药 tʂʰʅ³⁵iɔ⁵¹
辛集	打针 ta²⁴tʂən³³	输液 ʂu³⁵iɛ⁴¹	吃药 tʂʰʅ³⁵iɑu⁴¹
衡水	打针 ta⁵⁵tsən²⁴	输液 ɕy²⁴iɛ²⁴	吃药 tɕʰi²⁴iɑu³¹
故城	打针 ta³¹tʂẽ²⁴ 扎针 tsa²⁴tʂẽ²⁴	输液 ʂʅ²⁴iɛ²⁴ 打吊针 ta⁵⁵tiɔ³¹tʂẽ²⁴	吃药 tʂʰʅ²⁴iɔ³¹
巨鹿	打针 ta⁵⁵tʂən³³	输液 ʂu³³iɛ³³	喝药 xɤ³³iɑu²¹
邢台	打针 ta⁴³tʂən³⁴	输液 ʂu³⁴iɛ³¹	吃药 tʂʰʅ³⁴iɑu³¹
馆陶	打针 ta⁴³tʂen²⁴	打吊针 ta⁴⁴tiɑo²¹tʂen²⁴ 输液 ʃu⁴³iɛ²⁴	吃药 tʂʰʅ²⁴yo²¹
沧县	打针 ta⁵⁵tʂən²³	输液 ʂu²³iɛ²³	吃药 tʂʰʅ²³iɑu⁴¹
献县	打针 ta²⁴tʂən³³	输液 ʂu³¹iɛ³¹	吃药 tʂʰʅ³³iɔ³¹
平泉	打针 ta²¹tʂən⁵⁵	输液 ʂu⁵⁵iɛ⁵¹ 打吊针 ta²¹tiɑu⁵³tʂən⁵⁵	喝药 xə⁵⁵iɑu⁵¹ 吃药 tʂʰʅ⁵⁵iɑu⁵¹

（续表）

	0523 打针	0524 打吊针	0525 吃药 统称
滦平	打针 ta²¹tʂən⁵⁵	输液 ʂu⁵⁵iɛ⁵¹ 打吊针 ta²¹tiɑu⁵¹tʂən⁵⁵	吃药 tʂʰʅ⁵⁵iɑu⁵¹
廊坊	打针儿 ta²¹tʂər⁵⁵	输液 ʂu⁵⁵iɛ⁵¹	吃药 tʂʰʅ⁵⁵iɑu⁵¹
魏县	打针 ta⁵⁵tʂən³³	输液 ʂu³³iɛ³¹² 打吊针 ta⁵⁵tiɑu³¹²tʂən³³	喝药 xɤ³³yə³³
张北	打针 ta⁵⁵tʂən⁴²	输液 ʂu⁴²iɛ²¹³	吃药 tʂʰəʔ³iəʔ³²
万全	打针 ta⁴⁴tʂən⁴¹	输液 ʂu⁴¹iə²¹³	喝药 xʌʔ²²iəʔ²²
涿鹿	打针儿 ta⁴²tʂə̃r⁴²	输液 ʂu⁴⁴iɛ³¹	吃药 tʂʰʌʔ⁴³iɔ³¹
平山	打针 ta⁵⁵tʂəŋ³¹	输液 ʂu⁴²iə²⁴	吃药 tʂʰʅ³¹iə²⁴
鹿泉	打针 ta³⁵tʂẽ⁵⁵	输液 ʂu⁵⁵iɤ³¹	吃药 tʂʰɤ¹³iɔ³¹
赞皇	打针 ta⁴⁵tʂən⁵⁴	输液 ʂu⁵⁴iɛ³¹	吃药 tʂʰʅ²⁴iɔ³¹
沙河	打针 tɔ³³tʂən⁴¹	输液 ʂu⁴¹iɛ²¹	吃药 tʂʰəʔ²⁴iəʔ²
邯郸	打针 tɔ⁵⁵tʂən³¹	打吊针 tɔ²⁴tiɑu²⁴tʂən³¹	吃药 tʂʰəʔ³iʌʔ³²
涉县	打针 tɒ⁵³tʂəŋ⁴¹	输液 su⁴¹iə²⁴	吃药 tʂʰəʔ³²yə⁵⁵

	0526 汤药	0527 病轻了	0528 说媒
兴隆	汤药 tʰaŋ³⁵iau⁵¹ 草药 tsʰau²¹iau⁵¹ 中药 tʂoŋ³⁵iau⁵¹	好点儿了 xau⁵⁵tiɚ²¹lə⁰ 见轻了 tɕian⁵¹tɕʰiŋ³⁵lə⁰ 病轻了 piŋ⁵¹tɕʰiŋ³⁵lə⁰	保媒 pau²¹mei⁵⁵ 说媒 ʂuo³⁵mei⁵⁵
北戴河	汤药 tʰaŋ⁴⁴iau⁵¹	好点儿了 xau³⁵tiɚ²¹lə⁰	保媒 pau²¹mei³⁵
昌黎	汤药 tʰan²¹³iau⁰	病好些儿咧 piŋ²⁴xau²¹ɕiɚ⁰lie⁰	说媒 ʂuo³⁴mei²¹³
乐亭	汤药 tʰan³¹iau⁵²	病好多咧 piən⁵³xau³³tuə³¹lie⁰	保媒 pau³³mei²¹²
蔚县	汤药 tʰɔ⁵³iʌɯ³¹²	病好点儿了 piŋ³¹xʌɯ⁴⁴tiɐɹ⁰lɤ⁰	说媒 suɤ⁵³mei⁴¹
涞水	中药 tʂoŋ⁵⁵iau³¹⁴	好点儿了 xau⁴⁵tiɚ³¹lɤ⁰	说媒 ʂuo⁵⁵mei⁴⁵
霸州	汤药 tʰaŋ⁴⁵iau⁴¹	病好点儿了 piŋ⁴¹xau²⁴tiɚ⁴¹lɤ⁰ 病见好了 piŋ⁴¹tɕian⁴¹xau⁴¹lɤ⁰	说媒 ʂuo⁴⁵mei⁵³ 介绍对象 tɕie⁴¹ʂau⁰tuei⁴⁵ɕiaŋ⁴¹
容城	草药 tsʰau²¹iau⁵¹³	好点儿咧 xau²¹tiɐɹ⁰lie⁰	说媳妇儿 ʂuo⁴⁴ɕi⁵²fɚ⁰ 说媒 ʂuo⁴⁴mei³⁵
雄县	汤药 tʰaŋ⁴⁵iau⁴¹	病轻了 piŋ⁴¹tɕʰiŋ⁴⁴lɤ⁰ 病见了轻了 piŋ⁴¹tɕian⁴⁵lɤ⁰tɕʰiŋ⁴⁴lɤ⁰ 病好点儿了 piŋ⁴¹xau²⁴tiɐɹ⁴¹lɤ⁰	说媒 ʂuo⁴⁵mei⁵³ 介绍对象 tɕie⁴¹ʂau⁰tuei⁴⁵ɕiaŋ⁴¹
安新	草药 tsʰau²¹iau⁵¹	好多嘞 xau²¹tuo⁴⁵lɛ⁰	说媒 ʂuo⁴⁵mei³¹
满城	汤药 tʰaŋ⁴⁵iau⁰	病轻咧 piŋ⁵³tɕʰi⁴⁵lie⁰	说媒 ʂuo⁴⁵mei²²
阜平	汤药 tʰaŋ³¹io⁰	病好点儿兰 piŋ⁵³xɔ⁵³tiɚ⁰læ⁰	跑媒 pʰɔ⁵⁵mei²⁴
定州	汤药 tʰaŋ³³iau⁵¹ 中药 tʂuŋ³³iau⁵¹	病见轻俩 piŋ⁵¹tɕian⁵³tɕʰiŋ³³lia⁰	说媒 ʂuo³³mei²¹³ 介绍对象 tɕie⁵³ʂau⁰tei⁵³siaŋ⁵¹
无极	汤药 tʰaŋ³¹io⁰	病好点儿俩 piŋ⁵¹xɔ³⁵tiɚ⁰lia⁰	说媒 ʂuɤ³⁵məi²¹³
辛集	中药 tʂoŋ³⁵iau⁴¹	见轻 tɕian⁴¹tɕʰiŋ³³	说媒 ʂuə³⁵⁴mei³⁵⁴ 说媳妇儿 ʂuə³³si³⁵fɚ⁰ 说婆家 ʂuə³³pʰə³⁵tɕia⁰
衡水	中药 tʂuŋ²⁴iau³¹	好点儿嗹 xau⁵⁵tiɚ²¹lian⁰ 见轻 tɕian³¹tɕʰiŋ²⁴	说媳妇儿 ɕye³¹ɕi²¹fɚ⁰ 说婆家 ɕye²⁴pʰo²⁴kɤ⁰ 介绍对象 tɕie³¹ʂau⁰tuei³¹ɕiaŋ³¹
故城	中药 tsuŋ²⁴ioo³¹	病见轻 piŋ³¹tɕiæ³¹tɕʰiŋ²⁴	说媒 ʂuɤ²⁴mei⁵³ 介绍对象 tɕie³¹ʂɔo⁰tuei²⁴ɕiaŋ³¹
巨鹿	汤药 tʰaŋ³³iau²¹	病轻嘞 piŋ²¹tɕʰiŋ³³lɛ⁰	说媒 ɕye³³mei⁴¹
邢台	中药 tʂuŋ³⁴iau³¹	见轻兰 tɕian³¹tɕʰiŋ³⁴lan⁰	说婆子 ʂuo³⁴pʰə⁵³ə⁰

（续表）

	0526 汤药	0527 病轻了	0528 说媒
馆陶	汤药 tʰɑŋ²⁴yo²¹ 草药 tsʰɑo⁴⁴yo²¹	病轻啦 piŋ²¹tɕʰiŋ²⁴la⁰ 病见好儿啦 piŋ²⁴tɕiæn²¹xɑo⁴⁴la⁰	说媒 ʂuE²⁴mei⁵²
沧县	汤药 tʰɑŋ²³iɑu⁴¹	好点儿了 xɑu⁵⁵tiɚ²³lə⁰	说媒 ʂuo²³mei⁵³
献县	汤药 tʰã³³iɔ³¹	病轻兰 piŋ³¹tɕʰiŋ³³læ⁰	说个媳妇儿 ʂuo³³kɤ⁰ɕi³³fəʐ⁰ 说个婆家 ʂuo³³kɤ⁰pʰuo⁵⁵tɕia⁰
平泉	汤药 tʰɑŋ⁵⁵iɑu⁵¹ 中药 tʂuŋ⁵⁵iɑu⁵¹	好点儿了 xɑu³⁵tiɚ²¹lə⁰ 病轻了 piŋ⁵³tɕʰiŋ⁵⁵lə⁰	保媒 pɑu²¹mei³⁵ 当媒人 tɑŋ⁵⁵mei³⁵zən⁰ 说媒 ʂuo⁵⁵mei³⁵
滦平	汤药 tʰɑŋ⁵⁵iɑu⁵¹ 中药 tʂuŋ⁵⁵iɑu⁵¹	好点儿了 xɑu³⁵tiɚ²¹lə⁰ 见好 tɕian⁵¹xɑu²¹⁴ 病轻了 piŋ⁵¹tɕʰiŋ⁵⁵lə⁰	保媒 pɑu²¹mei³⁵ 当媒人 tɑŋ⁵⁵mei³⁵zən⁰ 说媒 ʂuo⁵⁵mei³⁵
廊坊	大药 ta⁵³iɑu⁵¹	病好点儿了 piŋ⁵³xɑu³⁵tiɚ²¹lɤ⁰	介绍对象 tɕie⁵¹ʂɑu⁰tuei⁵³ɕiɑŋ⁵¹ 说媒 ʂuo⁵⁵mei³⁵
魏县	汤药 tʰɑŋ³³yə³³	病见轻兰 piŋ³¹²tɕian³¹²tɕʰiŋ³³lan⁰	说媒 ʂuE³³məi⁵³
张北	汤药 tʰɔ⁴²iəʔ³²	快好了 kʰuai²³xɑu⁵⁵lə⁰	说媒 suəʔ³mei⁴²
万全	中药 tsuəŋ⁴¹iəʔ²²	可以的嘞 kʰə⁴⁴i⁵³tə⁰lei⁰	说媒 suəʔ⁴⁴mei⁴¹
涿鹿	中药 tsuŋ⁴⁴iɔ³¹	病可以啦 piŋ³¹kʰə⁵³i⁵⁵la⁰	说媒 suʌʔ⁴³mei⁵²
平山	汤药 tʰɑŋ⁴²iɔ⁰	病儿轻兰 piɔɹ²⁴tɕʰiŋ⁴²læ⁰	保媒 pɔ⁵⁵mæi³¹
鹿泉	汤药 tʰɑŋ⁵⁵iɔ³¹	病轻兰 piŋ³¹tɕʰiŋ⁵⁵læ⁰	说媒 ʂuo¹³mei⁵⁵
赞皇	中药 tʂuŋ⁵⁴iɔ³¹	病轻兰 piŋ³¹tɕʰiŋ⁵⁴læ⁰	说媳妇儿 ʂuə²⁴si²¹fəɹ⁰ 说婆家 ʂuə²⁴pʰuə⁵¹tɕia⁰
沙河	药 iəʔ²	病见轻啦 piaŋ²¹tɕiã²¹tɕʰiəŋ⁴¹la⁰	说媒 ʂuəʔ²mei⁵¹
邯郸	汤药 tʰɑŋ³¹iʌʔ²¹	轻兰 tɕʰiŋ³¹læ⁰	说媒 suʌʔ⁴məi⁵³
涉县	草药 tsʰau⁵³yə²⁴	可以啦 kʰə⁴¹i⁵³ɐ⁰	提亲 tʰi⁴¹tɕʰiəŋ³¹

353

	0529 媒人	0530 相亲	0531 订婚
兴隆	媒婆 mei^{55}pʰo^{55} 媒人 mei^{55}zən^{0}	看人儿 kʰan^{51}zər^{55} 相亲 ɕiaŋ^{35}tɕʰin^{35} 相对象 ɕiaŋ^{35}tuei^{53}ɕiaŋ^{51}	订婚 tiŋ^{51}xuən^{35} 订亲 tiŋ^{51}tɕʰin^{35}
北戴河	媒人 mei^{35}zən^{35}	相亲 ɕiaŋ^{44}tɕʰin^{44}	押婚 ia^{44}xuən^{44} 订婚 tiŋ^{53}xuən^{44}
昌黎	媒人 mei^{42}zən^{23}	相对象儿 ɕiaŋ^{34}tuei^{42}ɕiar^{453} 相亲 ɕiaŋ^{34}tɕʰin^{42}	订婚 tiŋ^{45}xuən^{42}
乐亭	媒人 mei^{31}zən^{0}	相对象儿 ɕiaŋ^{33}tuei^{53}ɕiar^{52}	订婚 tiəŋ^{34}xuən^{31}
蔚县	媒人 mei^{41}zəŋ^{0} 媒婆儿 mei^{41}pʰɤr^{0} 媒婆子 mei^{41}pʰɤ^{0}tsʅ^{0}	相 ɕio^{53}	订亲 tiŋ^{31}tɕʰiŋ^{53} 订婚 tiŋ^{31}xuŋ^{53}
涞水	介绍人 tɕie^{31}ʂau^{31}zən^{45}	相亲 ɕiaŋ^{55}tɕʰin^{31}	小登记儿 ɕiau^{24}təŋ^{45}tɕiər^{0}
霸州	媒人 mei^{53}zən^{0}	相 ɕiaŋ^{45}	订婚 tiŋ^{41}xuən^{45}
容城	媒人 mei^{21}zən^{0}	见面儿 tɕian^{44}miɐr^{513}	订婚 tiŋ^{52}xuən^{43}
雄县	媒人 mei^{53}zən^{0}	相亲 ɕiaŋ^{45}tɕʰin^{45}	订婚 tiŋ^{41}xuən^{45}
安新	媒人 mei^{33}zən^{0}	相 ɕiaŋ^{45}	订婚 tiŋ^{53}xuən^{45}
满城	媒人 mei^{22}zən^{0}	见面儿 tɕian^{53}miɐr^{512}	订婚 tiŋ^{53}xuən^{45}
阜平	介绍人 tɕie^{55}ʂɔ^{55}zən^{24}	相看 ɕiaŋ^{31}kʰæ^{0}	订婚 tiŋ^{53}xoŋ^{31}
定州	媒人 mei^{42}zən^{0}	相亲 siaŋ^{33}tsʰin^{11}	订婚 tiŋ^{53}xuən^{33}
无极	媒人 məi^{31}zen^{0}	见面儿 tɕiãn^{51}miɐr^{451}	订婚 tiŋ^{51}xuen^{31}
辛集	说媒哩 ʂuə^{354}mei^{354}li^{0} 媒人 mei^{35}zən^{0}	见面儿 tɕian^{42}miɐr^{41}	订亲 tiŋ^{41}tsʰiən^{33}
衡水	媒人 mei^{24}in^{0} 媒人婆儿 mei^{24}in^{0}pʰor^{53}	见面儿 tɕian^{31}miɐr^{31}	看好日 kʰan^{31}xau^{21}i^{0}
故城	媒人 mei^{55}zẽ^{0}	见面儿 tɕiæ̃^{24}miɐr^{31} 相亲 ɕiaŋ^{24}tɕʰiẽ^{24}	订婚 tiŋ^{31}xuẽ^{24}
巨鹿	媒人 mei^{53}in^{0}	见面儿 tɕian^{33}miar^{21}	传小书儿 tʂʰuẽ^{41}ɕiau^{55}ɕyər^{33}
邢台	媒人 mei^{53}zən^{0}	见面儿 tɕian^{33}miɐr^{31}	订亲 tiŋ^{53}tsʰin^{34}
馆陶	媒人 mei^{52}zən^{0}	见面儿 tɕiæn^{24}miɐr^{21}	大见面儿 ta^{21}tɕiæn^{24}miɐr^{21} 订亲 tiŋ^{21}tsʰin^{24}

(续表)

	0529 媒人	0530 相亲	0531 订婚
沧县	媒人 mei⁵⁵zən⁰	相亲 ɕiaŋ²³tɕʰiən²³	订婚 tiŋ⁴¹xuən²³
献县	媒人 mei⁵⁵zən⁰	相对象 ɕiã³³tuei³¹ɕiã³¹	订亲 tiŋ³¹tɕʰin³³ 订婚 tiŋ³¹xuən³³
平泉	介绍人 tɕie⁵³ʂau⁵¹zən³⁵ 媒人 mei³⁵zən⁰	相对象 ɕiaŋ⁵⁵tuei⁵³ɕiaŋ⁵¹ 相亲 ɕiaŋ⁵⁵tɕʰin⁵⁵	订亲 tiŋ⁵³tɕʰin⁵⁵ 订婚 tiŋ⁵³xuən⁵⁵
滦平	介绍人儿 tɕie⁵¹ʂau⁵¹zər³⁵ 媒人 mei³⁵zən⁰	相亲 ɕiaŋ⁵⁵tɕʰin⁵⁵	订亲 tiŋ⁵¹tɕʰin⁵⁵ 订婚 tiŋ⁵¹xuən⁵⁵
廊坊	介绍人 tɕie⁵¹ʂau⁰zən³⁵ 媒人 mei³⁵zən⁰ 媒婆儿 mei³⁵pʰɤr³⁵	相亲 ɕiaŋ⁵⁵tɕʰin⁵⁵	订婚 tiŋ⁵³xuən⁵⁵
魏县	媒人 məi⁵³zən⁵³ 媒婆儿 məi⁵³pʰɤr⁵³	见面儿 tɕian³¹miɐr³¹²	订亲 tiŋ³¹²tɕʰin³³ 订婚 tiŋ³¹²xuən³³
张北	媒人 mei⁴⁴zən⁴² 媒婆儿 mei⁴⁴pʰɤr⁴²	相亲 ɕiã⁴⁴tɕʰiŋ⁴² 见面 tɕian²³miæ²¹³ 相人 ɕiã⁴⁴zən⁴²	押小订儿 ia⁴²ɕiau⁵⁵tier²¹³ 订婚 tiŋ²³xuŋ⁴²
万全	媒人 mei⁴¹zən⁴¹	相亲 ɕia⁴¹tɕʰiəŋ⁴¹	订婚 tiəŋ²⁴xuəŋ⁴¹
涿鹿	媒婆儿 mei⁴²pʰuɤr⁰	相亲 ɕiã⁴²tɕʰiŋ⁴² 相家 ɕiã⁴²tɕia⁴²	订婚 tiŋ²³xuŋ⁴²
平山	媒人 mæi⁴²zəŋ⁰	见面儿 tɕiæ²⁴miær⁴²	订婚 tiŋ²⁴xoŋ³¹
鹿泉	媒人 mei⁵⁵zẽ⁰	相亲 siaŋ⁵⁵tsʰiẽ⁵⁵	订婚 tiŋ³¹xuẽ⁵⁵
赞皇	媒人 mən⁵¹zən⁰	见面儿 tɕiæ²⁴miɐr³¹	订亲 tiŋ³¹²tsʰin⁵⁴
沙河	媒人 mei⁵¹zən⁰	见面儿 tɕiã²¹miɐr²⁴	订亲 tiəŋ²¹tsʰiən⁴¹
邯郸	媒人 məi⁵³zən⁰	见面儿 tɕiæ⁵³miɐr²¹	订亲 tiŋ²⁴tsʰin³¹
涉县	媒人 məi⁴¹iəŋ⁰	见面儿 tɕiæ⁵³miɐr²⁴	订婚 tiəŋ⁵⁵xuəŋ⁴¹

	0532 嫁妆	0533 结婚统称	0534 娶妻子男子~，动宾
兴隆	嫁妆 tɕia⁵¹tʂuaŋ⁰ 赔送 pʰei⁵⁵soŋ⁰	成婚 tʂʰən⁵⁵xuən³⁵ 结婚 tɕie³⁵xuən³⁵ 成亲 tʂʰən⁵⁵tɕʰin³⁵	娶媳妇儿 tɕʰy³⁵ɕi²¹fər⁰
北戴河	嫁妆 tɕia⁵³tʃuaŋ⁰	结婚 tɕie²¹xuən⁴⁴	娶媳妇儿 tɕʰy³⁵ɕi²¹fər⁰
昌黎	嫁妆 tɕia⁴⁵tʂuaŋ⁰	结婚 tɕie²⁴xuən⁴²/ tɕie²¹xuən⁴²	娶媳妇儿 tɕʰy²⁴ɕi²¹fər⁰
乐亭	嫁妆 tɕia⁵⁵tʂuaŋ⁰	办喜事儿 pan⁵³ɕi³⁵ʂər⁵²	娶媳妇儿 tɕʰy³³ɕi²¹¹fər⁰
蔚县	陪嫁妆 pʰei⁴¹tɕia³¹tsɔ⁰	结婚 tɕie⁵³xuŋ⁵³	娶媳妇儿 tɕʰy⁴⁴ɕi⁵³fur⁰ 娶老婆 tɕʰy⁴⁴lʌɯ⁴⁴pʰɤ⁰ 续弦
涞水	陪送 pʰei²⁴soŋ⁰	结婚 tɕie⁵⁵xuən³¹	娶媳妇儿 tɕʰy²⁴ɕi²⁴fər⁰
霸州	嫁妆 tɕia⁴⁵tʂuaŋ⁰ 陪送 pʰei⁵³suŋ⁰	结婚 tɕie⁴⁵xuən⁴⁵	寻媳妇儿 ɕin⁴⁴ɕi⁴¹fər⁰ 娶媳妇儿 tɕʰy²⁴ɕi⁴¹fər⁰
容城	嫁妆 tɕia⁵²tʂuaŋ⁰	结婚 tɕie⁴⁴xuən⁴³	娶媳妇儿 tɕʰy³⁵ɕi⁵²fər⁰
雄县	嫁妆 tɕia⁴⁵tʂuaŋ⁰ 陪送 pʰei⁵³suŋ⁰	结婚 tɕie⁴⁵xuən⁴⁵	寻媳妇儿 ɕin⁵³ɕi⁴¹fər⁰ 娶媳妇儿 tɕʰy²⁴ɕi⁴¹fər⁰
安新	嫁妆 tɕia⁵⁵tʂuaŋ⁰	结婚 tɕie²¹xuən⁴⁵	娶媳妇儿 tɕʰy²¹ɕi⁵³fər⁰
满城	陪送 pʰei²²suŋ⁰	结婚 tɕie²¹xuən⁴⁵	娶媳妇儿 tɕʰy²¹ɕi⁴²fu²¹ər⁰
阜平	陪送 pʰei⁵⁵soŋ⁵³	结婚 tɕie⁵⁵xoŋ³¹	娶媳妇儿 tɕʰy⁵⁵ɕi²¹fər⁰
定州	陪送 pʰei⁴²suŋ⁰ 嫁妆 tɕia³⁵tʂuaŋ⁰	结婚 tɕie³³xuən¹¹ 成家 tʂʰən²⁴tɕia³³	娶媳妇儿 tɕʰy²⁴si²¹¹fuər⁰
无极	嫁妆 tɕia⁵³tʂuaŋ⁰	结婚 tɕie³⁵xuen³¹	娶媳妇儿 tsʰy³⁵si²¹³fər⁰
辛集	陪送 pʰei³⁵soŋ⁰	娶媳妇儿 tsʰy³²⁴si³⁵fər⁰ 过事儿 kuə⁴²ʂər⁴¹	娶媳妇儿 tsʰy³²⁴si³⁵fər⁰
衡水	陪送 pʰei²⁴suŋ⁰	结婚 tɕie²⁴xun²⁴	娶媳妇儿 tɕʰy⁵⁵ɕi²¹fər⁰
故城	嫁妆 tɕia⁵³tsuaŋ⁰ 陪送 pʰei⁵⁵suŋ⁰	结婚 tɕie²⁴xuẽ²⁴ 成家 tʂʰən⁵³tɕia²⁴	娶媳妇儿 tɕʰy⁵⁵ɕi²¹fur⁰
巨鹿	陪送 pʰei⁵³soŋ⁰	过事儿 kuo³³ʂər²¹	娶媳妇儿 tɕʰy⁵⁵ɕi⁵⁵fər²¹
邢台	陪嫁 pʰei⁵³tɕia³¹ 陪送 pʰei⁵³suŋ³¹ 嫁妆 tɕia³¹tʂuaŋ³⁴	过事儿 kuo³³ʂər³¹	娶媳妇子 tsʰy⁴³si³⁴fu³¹ə⁰
馆陶	陪送 pʰei⁵²suŋ⁰ 嫁妆 tɕia²¹tʂuaŋ²⁴	结婚 tɕiɛ²⁴xun²⁴ 成家 tʂʰən⁵³tɕia²⁴	娶媳妇 tɕʰy⁴⁴ɕi⁵²fu²¹

(续表)

	0532 嫁妆	0533 结婚 统称	0534 娶妻子 男子~，动宾
沧县	嫁妆 tɕia⁵³tʂuaŋ⁰	结婚 tɕiɛ²³xuən²³	娶媳妇儿 tɕʰy⁵⁵ɕi⁴¹fur⁰
献县	嫁妆 tɕia³³¹tʂuã⁰	结婚 tɕiɛ⁵³xuən³³	娶媳妇儿 tɕʰy²⁴ɕi³³fəz̩⁰
平泉	陪送 pʰei³⁵suŋ⁰ 嫁妆 tɕia⁵¹tʂuaŋ⁰	成家了 tʂʰəŋ³⁵tɕia⁵⁵lə⁰ 结婚 tɕiɛ³⁵xuən⁵⁵	说媳妇儿 ʂuo⁵⁵ɕi³⁵fər⁰ 娶媳妇儿 tɕʰy²¹ɕi³⁵fər⁰
滦平	嫁妆 tɕia⁵¹tʂuaŋ⁰	结婚 tɕiɛ³⁵xuən⁵⁵	娶媳妇儿 tɕʰy³⁵ɕi²¹fər⁰ 娶妻子 tɕʰy²¹tɕʰi⁵⁵tsʅ²¹⁴
廊坊	嫁妆 tɕia⁵¹tʂuaŋ⁰	结婚 tɕiɛ⁵⁵xuən⁵⁵/tɕiɛ³⁵xuən⁵⁵	娶媳妇儿 tɕʰy²¹ɕi³⁵fur⁰
魏县	嫁妆 tɕia³¹²tʂuaŋ⁰	过喜事儿 kuə³¹²ɕi³¹ʂər³¹² 结婚 tɕiɛ³³xuən³³	娶[媳妇儿]tɕʰy⁵⁵ɕiəur⁵³
张北	陪嫁 pʰei⁴²tɕia²¹³	办事儿 pæ²³ʂər²¹³	娶媳妇儿 tɕʰy⁵⁵ɕiəʔ³fɚ²¹³
万全	嫁妆 tɕia²⁴tsuə⁴¹	典礼 tian⁵⁴li⁵⁵	接新媳妇儿 tɕiəʔ²²ɕiəŋ⁴¹ɕiəʔ²²fuʔər⁰
涿鹿	陪嫁 pʰei⁵²tɕia³¹ 嫁妆 tɕia³¹tsuã⁰	结婚 tɕiʌʔ⁴³xuŋ⁴²	娶媳妇儿 tɕʰy⁴⁵ɕiʌ⁴³fər³¹
平山	陪房 pʰæi⁴²faŋ⁰	结婚 tɕiɛ⁵⁵xoŋ³¹	娶媳妇儿 tsʰi⁵⁵si²¹fər⁰
鹿泉	嫁妆 tɕia³¹tʂuaŋ⁵⁵	结婚 tɕiʌ¹³xuẽ⁵⁵	娶媳妇儿 tsʰy³⁵si¹³fur⁰
赞皇	嫁妆 tɕia³¹²tʂuaŋ⁵⁴	结婚 tɕiɛ²¹xuən⁵⁴	娶媳妇儿 tsʰy⁴⁵si²¹fər⁰
沙河	嫁妆 tɕiɔ²⁴tʂuaŋ⁴¹	过事儿 kuo²¹ʂər²⁴	寻[媳妇]子 siən⁵¹siəu⁵¹tə⁰
邯郸	嫁妆 tɕiɔ²¹tʂuaŋ⁰	过喜事儿 kuə¹³ɕi⁵⁵ʂər²¹	娶[媳妇]子 tsʰy²⁴siəu⁵³tə⁰
涉县	嫁妆 tɕiɒ⁵⁵tsuã⁰	结婚 tɕiɛʔ³²xuəŋ⁴¹①	娶媳妇子 tɕʰy⁵³ɕiəʔ³²fəʔ⁰lə⁰

---

① 专指领结婚证。

	0535 出嫁 女子~	0536 拜堂	0537 新郎
兴隆	出阁 tʂʰu³⁵kə⁵⁵ 出门子 tʂʰu³⁵mən⁵⁵tsɿ⁰ 出嫁 tʂʰu³⁵tɕia⁵¹	拜堂 pai⁵¹tʰaŋ⁵⁵	新郎倌儿 ɕin³⁵laŋ⁵⁵kuɐr³⁵ 新郎 ɕin³⁵laŋ⁵⁵
北戴河	出门子 tʂʰu⁴⁴mən³⁵tʂɿ⁰	拜堂 pai⁵³tʰaŋ³⁵	新郎 ɕin⁴⁴laŋ³⁵
昌黎	做媳妇儿 tsou⁴²ɕi²¹fər⁰	拜堂 pai⁴²tʰaŋ²¹³	新郎 ɕin³⁴laŋ²¹³
乐亭	做媳妇儿 tsou⁵³ɕi²¹¹fər⁰	拜天地 pai⁵³tʰien³⁵ti⁵²	新姑爷 ɕiən³³kuɜ¹ie⁰
蔚县	出聘 tʂʰu⁵³pʰiŋ³¹² 寻主儿 ɕin⁴¹tsur⁴⁴	拜天地 pei¹³tʰiã⁵³ti⁰ 拜堂 pei¹³tʰɔ⁴¹	新女婿 ɕin⁵³n̠y⁴⁴ɕy⁰
涞水	聘 pʰiŋ³¹⁴	拜堂 pai³¹tʰaŋ⁴⁵	新郎倌儿 ɕin⁵⁵laŋ⁴⁵kuɐr³¹
霸州	出聘 tʂʰu⁴⁵pʰiŋ⁴¹ 出阁 tʂʰu⁴⁵kɤ²¹⁴	拜堂 pai⁴¹tʰaŋ⁵³	新姑爷 ɕin⁴⁵ku⁴⁵ie⁰
容城	聘闺女 pʰiŋ⁵²kuei⁴³ni⁰	拜堂 pai⁵²tʰaŋ³⁵	新女婿 ɕin³⁵n̠y⁵²ɕy⁰
雄县	出聘 tʂʰu⁴⁵pʰiŋ⁴¹	拜堂 pai⁴¹tʰaŋ⁵³	新姑爷 ɕin⁴⁵ku⁴⁵ie⁰ 新郎 ɕin⁴⁵laŋ⁵³ 新郎倌儿 ɕin⁴⁵laŋ⁵³kuɐr⁴⁵
安新	出聘 tʂʰu²¹pʰiŋ⁵¹	拜天地 pai⁵³tʰian⁴⁵ti⁵¹	新郎 ɕin⁴⁵laŋ³¹
满城	聘闺女 pʰiŋ⁵³kuei⁴⁵n̠y⁰	拜堂 pai⁵³tʰaŋ²²	新姑爷 ɕin⁴⁵ku⁴⁵ie⁰
阜平	找唠婆家 tʂɔ²⁴lɔ⁰pʰuɤ⁵⁵tɕia³¹	拜堂 pæ⁵³tʰaŋ²⁴	新郎倌儿 ɕin³¹laŋ⁵³kuɐr⁰
定州	出阁 tʂʰu³³kɤ²¹³	拜堂 pai⁵³tʰaŋ²¹³	新女婿 sin³³n̠y²¹¹sy⁰ 新郎倌儿 sin³³laŋ²⁴kuɐr³³
无极	出阁 tʂʰu³⁵kɤ²¹³	拜天地 pæ⁵¹tʰiãn³⁵ti⁰	新女婿 sien³¹n̠y³⁵sy⁰
辛集	娶闺女 tsʰy³²⁴kuei³³n̠i⁰	上拜 ʂaŋ⁴²pai⁴¹	新郎倌儿 sin³³laŋ³⁵⁴kuɐr³³
衡水	聘闺女 pʰin³¹kuei³¹n̠i⁰	拜天地 pai³¹tʰian²⁴ti³¹	新郎倌儿 ɕin²⁴laŋ⁵³kuɐr²⁴
故城	出门儿 tʂʰuɿ²⁴mər⁵³	拜天地 pæ³¹tʰiæ²⁴ti³¹ 典礼 tiæ̃³¹li⁵⁵ 成亲 tʂʰəŋ⁵³tɕʰiɛ²⁴	新郎倌儿 ɕiɛ²⁴laŋ⁵³kuɐr²⁴
巨鹿	娶 tɕʰy⁵⁵	拜天地 pai²¹tʰian³³ti²¹	新女婿 ɕin³³n̠y⁵⁵ɕy²¹
邢台	过事儿 kuo³³ʂər³¹ 娶兰 tsʰy⁵⁵lan⁰ 嫁兰 tɕia³¹lan⁰	拜堂 pai³¹tʰaŋ⁵³	新女婿儿 sin³⁴ny⁵⁵syər³¹

（续表）

	0535 出嫁_女子~_	0536 拜堂	0537 新郎
馆陶	出门儿 tʂʰu²⁴mər⁵² 出嫁 tʂʰu²⁴tɕia²¹	拜堂 pai²¹tʰɑŋ⁵²	新郎 sin²⁴lɑŋ⁵²
沧县	做媳妇儿 tsou⁴¹ɕi⁴¹fur⁰	典礼 tian⁵⁵li⁵⁵①	新郎倌儿 ɕiən²³lɑŋ⁵³kuɐr²³
献县	娶 tɕʰy²¹⁴		新郎倌儿 ɕin³³lã⁵³kuɐr³³
平泉	出门子 tʂʰu⁵⁵mən³⁵tsʅ⁰ 聘闺女 pʰin⁵³kuei⁵⁵ny⁰ 出嫁 tʂʰu⁵⁵tɕia⁵¹	成亲 tʂʰəŋ³⁵tɕʰin⁵⁵ 拜堂 pai⁵³tʰɑŋ³⁵	新郎倌儿 ɕin⁵⁵lɑŋ³⁵kuɐr⁵⁵ 新郎 ɕin⁵⁵lɑŋ³⁵
滦平	出门子 tʂʰu⁵⁵mən³⁵tsə⁰ 聘姑娘 pʰin⁵¹ku⁵⁵n̠iaŋ⁰ 出嫁 tʂʰu⁵⁵tɕia⁵¹	拜堂 pai⁵¹tʰɑŋ³⁵	新郎倌儿 ɕin⁵⁵lɑŋ³⁵kuɐr⁵⁵ 新郎 ɕin⁵⁵lɑŋ³⁵
廊坊	聘闺女 pʰin⁵³kuei⁵⁵n̠y⁰ 出阁 tʂʰu⁵⁵kɤ³⁵	拜堂 pai⁵³tʰɑŋ³⁵	新郎倌儿 ɕin⁵⁵lɑŋ³⁵kuɐr⁵⁵ 新郎 ɕin⁵⁵lɑŋ³⁵
魏县	出门子 tʂʰue³³mən⁵³tɛ⁰	拜天地 pai³¹²tʰian³³ti⁰	新女婿 ɕin³³n̠y⁵⁵y⁰
张北	聘闺女 pʰiŋ²³kuei⁴²n̠y⁰	拜天地 pai²³tʰiæ⁴²ti⁰	新女婿 ɕin⁴²n̠y⁵⁵ɕy⁰
万全	嫁闺女 tɕia²¹³kuei⁴¹n̠y⁰	拜堂 pei²⁴tʰɑŋ⁴¹	新女婿 ɕiən⁴¹n̠y⁵⁵ɕy⁰
涿鹿	聘闺女 pʰiŋ²³kuei⁴²n̠y⁰	拜天地 pɛ³¹tʰiæ⁴²ti⁰	新郎倌儿 ɕin⁴⁴lã⁵²kuɐr⁴⁴
平山	做媳妇儿 tsu²⁴si²¹fər⁰		新女婿 sin⁵³n̠i⁵⁵si⁴²
鹿泉	出嫁 tʂʰu¹³tɕia³¹	拜天地 pɛ³¹tʰiæ⁵⁵ti³¹	新女婿 siẽ⁵⁵n̠y³⁵sy⁰
赞皇	出嫁 tʂʰu²⁴tɕia³¹ 送闺女 suŋ³¹²kuei⁵⁴ny⁰		新女婿 sin⁵⁴n̠y⁴⁵sy⁰
沙河	出门儿 tʂʰuəʔ²mər⁵¹	拜天地 pai²¹tʰiã⁴¹ti²¹	新女婿 siən⁴¹n̠y³³sy²¹
邯郸	出嫁 tʂʰuəʔ⁵tɕiɔ²¹	拜天地 pai¹³tʰiæ⁵⁵ti²¹	新女婿 sin³³ny⁵⁵sy²¹
涉县	出世 ⁼tsʰuəʔ²tʰiæ⁴¹ti²⁴	拜天地 pai⁵⁵tʰiæ⁴¹ti²⁴	新郎 ɕiəŋ⁴¹lã⁰ 新女婿 ɕiəŋ⁴¹n̠y⁵³ɕyəʔ⁰

① 当代无旧式拜堂仪式。

	0538 新娘子	0539 孕妇	0540 怀孕
兴隆	新娘 ɕin³⁵n̠iaŋ⁵⁵ 新媳妇儿 ɕin³⁵ɕi²¹fər⁰ 新娘子 ɕin³⁵n̠iaŋ⁵⁵tsɹ⁰	怀孕的 xuai⁵⁵yn⁵¹tə⁰ 孕妇 yn⁵³fu⁵¹	有喜 iou³⁵ɕi²¹³ 怀孕 xuai⁵⁵yn⁵¹
北戴河	新媳妇儿 ɕin⁴⁴ɕi²¹fər⁰	大肚子的 ta⁵³tu⁵³tʂʅ⁰ti⁰	揣孩子 tʂʰuai⁴⁴xai³⁵tʂʅ⁰ 有孩子 iou²¹xai³⁵tʂʅ⁰
昌黎	新媳妇儿 ɕin³⁴ɕi²¹fər⁰ 新娘子 ɕin³⁴n̠iaŋ⁴²tsɹ²³	大肚子 ta⁴⁴tu²⁴tsɹ⁰ 孕妇 yn⁴²fu⁴⁵³	揣孩子 tsʰuai³⁴xai⁴²tsɹ²³
乐亭	新媳妇儿 ɕiən³³ɕi²¹¹fər⁰	揣孩子的 tʂʰuai³³xai³¹tsɹ⁰ti⁰	有咧 iou²¹lie⁰
蔚县	新媳妇儿 ɕiŋ⁵³ɕi⁵³fur⁰	怀孩子的 xuei¹³xei⁴¹tsɹ⁰ti⁰	怀孩子 xuei¹³xei⁴¹tsɹ⁰
涞水	新娘 ɕin⁵⁵n̠iaŋ⁴⁵	大肚儿的 ta³¹tu⁴⁵uər⁰ti⁰ 孕妇 yn³¹fu³¹⁴	怀孕 xuai⁴⁵yn³¹⁴
霸州	新媳妇儿 ɕin⁴⁵ɕi⁴¹fər⁰	带身子儿的 tai⁴¹ʂən²¹tsər⁰tɤ⁰	有了 iou⁴¹lɤ⁰ 带身子儿 tai⁴¹ʂən²¹tsər⁰ 有喜 iou²⁴ɕi²¹⁴
容城	新媳妇儿 ɕin³⁵ɕi⁵²fər⁰	孕妇 yn⁴⁴fu⁵¹³	有咧 iou⁵²lie⁰ 怀上咧 xuai²¹ʂaŋ⁰lie⁰
雄县	新媳妇儿 ɕin⁴⁵ɕi⁴¹fər⁰ 新娘子 ɕin⁴⁵n̠iaŋ⁵³tsɹ⁰	怀了孕的 xuai⁵³lɤ⁰yn⁴⁵tɤ⁰ 孕妇 yn⁵³⁴fu⁴¹ 带身子儿 tai⁴¹ʂən²¹tsər⁰tɤ⁰	怀孕 xuai⁵³yn⁴¹ 有喜 iou²⁴ɕi²¹⁴ 有了 iou⁴¹lɤ⁰
安新	新媳妇儿 ɕin⁴⁵ɕi⁵³fər⁰	孕妇 yn⁵³fu⁵¹	怀上嘞 xuai³³ʂaŋ⁰le⁰ 怀孕 xuai⁴⁵yn⁵¹
满城	新媳妇儿 ɕin⁴⁵ɕi⁴²fu²¹ər⁰	孕妇 yn⁵³fu⁵¹²	有咧 iou⁴²lie⁰ 怀上咧 xuai²²ʂaŋ⁰lie⁰
阜平	新媳妇儿 ɕiŋ⁵⁵ɕi²¹fər⁰	孕妇 ioŋ⁵³fu⁵³	有兰 iou²¹læ⁰
定州	新媳妇儿 sin³³si²¹¹fuər⁰	怀唠孩子的 xuai³³lau⁰xai⁴²tsɹ⁰ti⁰	有俩 iou²¹¹lia⁰ 有啦喜俩 iou²¹¹lia⁰ɕi²¹¹lia⁰
无极	新媳妇儿 sien³³si²¹³fər⁰	孕妇 yen⁵¹fu³¹	怀上俩 xuæ³¹ʂaŋ⁰lia⁰
辛集	新媳妇儿 siən³³si³⁵fər⁴¹	怀着身 xuai³⁵tʂau⁰ʂən³³	有俩 iou³²²lia⁰
衡水	新媳妇儿 ɕin³¹ɕi²¹fər⁰		有唓 iəu²¹lian⁰ 有唠动星儿唓 iəu²¹lau⁰tuŋ⁵³ɕier⁰lian⁰

(续表)

	0538 新娘子	0539 孕妇	0540 怀孕
故城	新媳妇儿 ɕiẽ²⁴ɕi²¹fur⁰	双身子 ʂuaŋ²⁴ʂẽ²¹tsʅ⁰ 大肚子 ta³¹tu⁵³tsʅ⁰ 孕妇 yẽ²⁴fu³¹	有喜 iou³¹ɕi⁵⁵ 怀上 xuæ⁵⁵ʂaŋ⁰ 怀孕 xuæ⁵⁵yẽ³¹
巨鹿	新媳妇儿 ɕin³³ɕi⁵⁵fər²¹	孕妇 yən³³fu²¹	有喜 iou⁴¹ɕi⁵⁵
邢台	新媳妇儿 sin³⁴si³⁴fər⁰	大肚子 ta³³tu³¹ə⁰	有啦 iou⁵⁵la⁰
馆陶	新媳妇 sin²⁴si⁵²fu⁰	怀孕哩 xuai²⁴yn²¹li⁰ 孕妇 yn²¹fu²⁴	有喜啦 iəu⁵²ɕi⁴⁴la⁰
沧县	新娘子 ɕiən²³n̠iaŋ⁵⁵tsʅ⁰	孕妇 yən²³fu⁴¹	有了 iou²³lə⁰
献县	新媳妇儿 ɕin⁵³ɕi³³fəz̩⁰	孕妇 yən³¹fu³¹	有兰 iou²¹læ⁰
平泉	新媳妇儿 ɕin⁵⁵ɕi³⁵fər⁰ 新娘子 ɕin⁵⁵niaŋ³⁵tsʅ⁰	带大肚子 tai⁵³ta⁵³tu⁵¹tsʅ⁰ 孕妇 yn⁵³fu⁵¹	有喜 iou³⁵ɕi²¹⁴ 怀孕 xuai³⁵yn⁵¹
滦平	新媳妇儿 ɕin⁵⁵ɕi²¹fər⁰ 新娘子 ɕin⁵⁵n̠iaŋ³⁵tsə⁰	孕妇 yn⁵¹fu⁵¹	怀孕 xuai³⁵yn⁵¹
廊坊	新媳妇儿 ɕin⁵⁵ɕi³⁵fur⁰ 新娘子 ɕin⁵⁵n̠iaŋ³⁵tsʅ⁰	孕妇 yn⁵³fu⁵¹ 重身子 tʂuŋ⁵³ʂən⁵⁵tsʅ⁰	怀孕 xuai³⁵yn⁵¹
魏县	新[媳妇儿]ɕin³³ɕiəur⁵³	怀孩子嘞 xuai⁵³xai⁵³tə⁰lɛ⁰	怀孩子 xuai⁵³xai⁵³tə⁰
张北	新媳妇儿 ɕiŋ⁴²ɕiəʔ³fɛr²¹³	大肚老婆 ta²³tu²¹³lau⁵⁵pʰə⁴²	有了 iəu⁵⁵lə⁰ 双身子 suã⁴²sən⁴²tsə⁰
万全	新媳妇儿 ɕiŋ⁴¹ɕiəʔ²²fu⁰ər⁰	大肚老婆 ta²⁴tu²¹³lɔ⁵⁵pʰə⁰	有嘞 iou⁵⁵lei⁰
涿鹿	新媳妇儿 ɕiŋ⁴⁴ɕiʌ⁴³fər³¹	孕妇 yŋ²³fu³¹	重身啦 tsʰuŋ⁵²ʂəŋ⁴²la⁰
平山	新媳妇儿 sin⁵³si²¹fər⁰		有兰 iɐu⁵⁵læ⁰
鹿泉	新媳妇儿 siẽ⁵⁵si¹³fur⁰	孕妇 yẽ³⁵fu³¹	怀孩子 xuɛ⁵⁵xɛ⁵⁵tɤ⁰
赞皇	新媳妇儿 sin⁵⁴si²¹fər⁰	孕妇 yn³¹²fu³¹	怀孩子 xuɛ⁵⁴xɛ³²tsə⁰
沙河	新[媳妇]儿 siən⁴¹siəu⁵¹fur⁰	怀孩子娘们 xuai⁵¹xai⁵¹tə⁰nie⁵¹mən⁰	有喜 iəu³¹ɕi³³
邯郸	新[媳妇]子 sin⁵⁵siəu⁵³tə⁰	怀孩子嘞 xuai²⁴xai⁵³tə⁰lei⁰	怀孩子 xuai²⁴xai⁵³tə⁰
涉县	新娘 ɕiəŋ⁴¹n̠iã⁰ 新媳妇子 ɕiəŋ⁴¹ɕiəʔ³²fəʔ⁰lə⁰	双了身子嘞 suã⁴¹ə⁰səŋ⁴¹ə⁰lei⁰	[双了]身子 suã⁴¹səŋ⁴¹ə⁰

	0541 害喜 妊娠反应	0542 分娩	0543 流产
兴隆	觉病儿 tɕiau²¹piɤr⁵¹ 犯小病儿 fan⁵¹ɕiau²¹piɤr⁵¹ 害喜 xai⁵¹ɕi²¹³	生孩子 ʂəŋ³⁵xai⁵⁵tsɿ⁰ 分娩 fən³⁵mian²¹³	小产了 ɕiau⁵⁵tʂʰan²¹lə⁰ 小月了 ɕiau²¹yɛ⁵¹lə⁰ 流产 liou⁵⁵tʂʰan²¹³
北戴河	害孩子 xai⁵³xai³⁵tʂʅ⁰	生孩子 ʂəŋ⁴⁴xai³⁵tʂʅ⁰	小月儿 ɕiau²¹yər⁵¹
昌黎	害孩子 xai⁴³xai⁴²tsɿ²³	生孩子 sən³⁴xai⁴²tsɿ²³ 生小孩儿 sən³⁴ɕiau³⁴xɐr²¹³	流产 liou³⁴tʂʰan²¹³
乐亭	害孩子 xai⁵³xai³¹tsɿ⁰	养活孩子 iaŋ³³xuə⁰xai³¹tsɿ⁰	孩子掉咧 xai³¹tsɿ⁰tiau³⁵lie⁰
蔚县	害孩子 xɛi¹³xɛi⁴¹tsɿ⁰	生孩子 sən⁵³xɛi⁴¹tsɿ⁰	小月 ɕiʌɯ⁴⁴yə⁰
涞水	口酸 kʰou²⁴suan³¹	生 ʂəŋ³¹	小产 ɕiau⁴⁵tʂʰan²⁴
霸州	闹口 nau⁴¹kʰou²¹⁴ 闹病儿 nau⁴¹piɐr⁴¹	生孩子 ʂəŋ⁴⁵xai⁵³tsɿ⁰	掉了 tiau⁴⁵lɤ⁰ 小产 ɕiau²⁴tʂʰan²¹⁴
容城	闹小孩儿病呢 nau⁵²ɕiau²¹xɐr⁴⁴piŋ³⁵niɛ⁰	养活咧 iaŋ⁵²xuo⁰lie⁰	小月咧 ɕiau²¹yɛ⁰lie⁰
雄县	闹小病儿 nau⁴¹ɕiau²⁴piɐr⁴¹	养活孩子 iaŋ⁴¹xuo⁰xai⁵³tsɿ⁰	小产 ɕiau²⁴tʂʰãn²¹⁴ 小月 ɕiau²¹i⁰
安新	闹口 nau⁵⁵kʰou²¹⁴	生 sən⁴⁵	小月 ɕiau²¹yɛ⁵¹
满城	害口 xai⁵³kʰou²¹³	生孩子 ʂəŋ⁴⁵xai²²tsɿ⁰	小月咧 ɕiau²¹yɛ⁰lie⁰
阜平	害孩子 xæ⁵³xæ⁵³tsɿ⁰	生 ʂəŋ³¹	流产 liou⁵⁵tʂʰæ⁵⁵
定州	害口 xai⁵³kʰou²⁴	生孩子 ʂəŋ³³xai⁴²tsɿ⁰	小产 siau²¹¹tʂʰan⁰
无极	生病 ʂəŋ³¹piŋ⁴⁵¹	见面儿 tɕiãn⁵¹miɐr⁴⁵¹	小产 siɔ³⁵tʂʰãn³⁵
辛集	小病儿不好俩 siau³⁵piɔ̃r⁴¹pu⁴²xau³²⁴lia⁰	生孩子 ʂəŋ³³xai³⁵tsɿ⁰	小产 siau³⁵tʂʰan³²⁴
衡水	闹口 nau³¹kʰəu⁵⁵	添嗛 tʰian³¹lian⁰	掉嗛 tiau⁵³lian⁰ 刮嗛 kua³¹lian⁰
故城	闹口 nɔŋ³¹kʰəu⁵⁵ 口不好 kʰou⁵⁵pu³¹xɔ⁵⁵	生啦 sən²¹la⁰	小产 ɕiɔ³¹tʂʰæ⁵⁵
巨鹿	不好孩子哩 pu²¹xau⁵⁵xai⁴¹tsɿ⁰li⁰	养活孩子 iaŋ⁵⁵xuo⁴¹xai⁴¹tsɿ⁰	小月 ɕiau⁵⁵yɛ²¹
邢台	害口 xai³¹kʰou⁵⁵	生孩子 ʂəŋ³⁴xai⁵³ə⁰	小产 siau⁵³tʂʰan⁵⁵
馆陶	害口 xai²¹kʰəu⁴³	生孩子 ʂəŋ²⁴xai⁵²tə⁰	小产 siao⁵²tʂʰæn⁴⁴
沧县	生喜病 səŋ²³ɕi⁵⁵piŋ⁴¹	生 səŋ²³	小产 ɕiau⁵³tʂʰan⁰

(续表)

	0541 害喜 妊娠反应	0542 分娩	0543 流产
献县		生 ʂəŋ³³	小月 ɕiɔ²⁴ye³¹ 小产 ɕiɔ²⁴tʂʰæ²¹⁴
平泉	闹小病儿 nau⁵³ɕiau²¹piɚr⁵¹ 害喜 xai⁵³ɕi²¹⁴	生孩子 ʂəŋ⁵⁵xai³⁵tsʅ⁰ 分娩 fən⁵⁵mian²¹⁴	小月了 ɕiau²¹ye⁵¹lə⁰ 小产了 ɕiau³⁵tʂʰan²¹lə⁰ 流产 liou³⁵tʂan²¹⁴
滦平	闹小病儿 nau⁵¹ɕiau²¹piɚr⁵¹ 害喜 xai⁵¹ɕi²¹⁴	生小孩儿 ʂəŋ⁵⁵ɕiau²¹xɛr³⁵	小产 ɕiau³⁵tʂʰan²¹⁴ 流产 liou³⁵tʂan²¹⁴
廊坊	闹病儿 ŋɑu⁵³piɚ̃r⁵¹	生孩子 ʂəŋ⁵⁵xai³⁵tsʅ⁰	小产 ɕiau³⁵tʂʰan²¹⁴ 小月儿 ɕiau²¹yɛr⁵¹
魏县	嫌饭 ɕian⁵³fan³¹²	生孩子 ʂəŋ³³xai⁵³tɛ⁰	掉兰 tiau³¹²lan⁰ 小产 ɕiau⁵⁵tʂʰan⁵⁵
张北	害口 xai²³kʰəu⁵⁵	生小孩儿 səŋ⁴²ɕiau⁵⁵xɛr⁴² 生孩子 səŋ⁴²xai⁴²tsə⁰	小月 ɕiau⁵⁵yəʔ³² 小产 ɕiau⁴²tʂʰæ̃⁵⁵
万全	害口 xɛi⁴⁵kʰou⁵⁵	养孩儿 ia⁴⁴xɛr⁴¹	掉了孩儿嘞 tiʌʔ²²lɔ⁰xɛr⁴¹lɛi⁰
涿鹿	害孩子 xɛ³¹xɛ⁴²ə⁰	养孩子 iɑ̃⁴⁵xɛɛ⁰	跌啦 tiʌʔ⁴³la⁰ 流啦 liəu⁴²la⁰
平山		生孩子 ʂəŋ⁵³xɛ⁴²tsʅ⁰	小月 siɔ⁵⁵yɤ⁰
鹿泉	害孩子 xɛ³¹xɛ⁵⁵tɤ⁰	生孩子 ʂəŋ⁵⁵xɛ⁵⁵tɤ⁰	小月儿 siɔ³⁵yɤr³¹
赞皇	害孩子 xɛ³¹²xɛ⁵¹tsə⁰	生孩子 ʂəŋ⁵⁴xɛ⁵¹tsə⁰	掉兰 tiɔ⁵¹læ̃⁰
沙河	害孩子 xai²¹xai⁵¹tə⁰	生孩子 ʂəŋ⁴¹xai⁵¹tə⁰	小产 siau³¹tʂʰã³³
邯郸	有兰 iəu⁵⁵læ̃⁰	生孩子 ʂəŋ⁵⁵xai⁵³tə⁰	掉兰 tiau²¹læ̃⁰ 小产 siau⁵³tʂʰæ̃⁵⁵
涉县	发孩子 fʌʔ³²xai⁴¹ə⁰	生兰 səŋ⁴¹æ̃⁰	小产 ɕiau⁴¹²tʂʰæ̃⁵³

	0544 双胞胎	0545 坐月子	0546 吃奶
兴隆	双棒儿 ʂuaŋ⁵¹pãr⁰ 双胞胎 ʂuaŋ³⁵pau³⁵tʰai³⁵	猫月子 mau³⁵yɛ⁵¹tsʅ⁰ 坐月子 tsuo⁵³yɛ⁵¹tsʅ⁰	吃奶 tʂʰʅ³⁵nai²¹³
北戴河	双棒郎儿 ʂuaŋ⁵³paŋ⁰lɑ̃r²¹⁴	待月子 tai⁵³yɛ⁵³tʃʅ⁰	吃妈头儿 tʃʅ⁴⁴ma⁴⁴tʰour³⁵
昌黎	双破⁼拉⁼儿 ʂuaŋ⁴²pʰə⁰lar²¹³	猫月子 mau⁴³yɛ⁰tsʅ⁰ 坐月子 tsuo⁴⁵yɛ⁰tsʅ⁰	吃妈妈 tʂʰʅ³⁴ma⁴²ma⁰
乐亭	一对双双儿 i³⁵tuei⁵²ʂuaŋ⁵⁵ʂuar⁰	猫月子 mau³³yɛ⁵⁵tsʅ⁰	吃妈妈 tʂʰʅ³³ma³¹ma⁰
蔚县	撞生儿 tsɔ³¹sə̃r⁰	坐月子 tsuɤ¹³yə³¹tsʅ⁰	吃妈妈 tsʰʅ⁵³ma⁵³ma⁰ 吃奶 tsʰʅ⁵³nɛi⁴⁴
涞水	双生儿 ʂuaŋ⁵⁵ʂəŋ⁴⁵ŋər⁰	占了房了 tʂan³¹lɤ⁰faŋ⁴⁵lɤ⁰	嘬奶 tsuo⁵⁵nai²⁴
霸州	双胎 ʂuaŋ⁴⁵tʰai⁴⁵ 双胞胎 ʂuaŋ⁴⁵pau⁴⁵tʰai⁴⁵	坐月子 tsuo⁴¹yɛ⁴⁵tsʅ⁰	吃馋⁼儿 tʂʰʅ⁴⁵tʂʰer⁵³ 吃奶 tʂʰʅ⁴⁵nai²¹⁴
容城	一对儿 i³⁵tuər⁵¹³	坐月子 tsuo⁴⁴yɛ⁵²tsʅ²³	吃奶 tʂʰʅ⁴⁴nai²¹³
雄县	一对儿 i⁴⁵tuər⁴¹ 双棒儿 suaŋ⁴⁵par⁴¹	坐月子 tsuo⁴¹yɛ⁴⁵tsʅ⁰	吃妈妈 tʂʰʅ⁴⁵ma⁴⁴ma⁰
安新	一对儿 i²¹tuər⁵¹	坐月子 tsuo⁵³yɛ⁵⁵tsʅ⁰	吃妈妈 tʂʰʅ²¹ma⁴⁵ma⁰
满城	双双儿 suaŋ⁵³suaŋ⁰ər⁰	坐月子 tsuo⁵³yɛ⁵³tsʅ⁰	吃妈妈 tʂʰʅ⁴⁵ma⁴⁵ma⁰
阜平	一对子 i³¹tei²⁴tsʅ⁰	坐月子 tsuɤ⁵³yɛ²⁴tsʅ⁰	吃奶 tʂʰʅ³¹næ⁵⁵
定州	对儿双双儿 tuər⁵³suaŋ²⁴suaŋ⁰ŋər⁰	坐月子 tsuo⁵³yɛ³⁵tsʅ⁰	吃妈妈 tʂʰʅ²⁴ma²¹¹ma⁰
无极	双儿双儿 suãr⁵³suãr⁰	坐月子 tsuɤ⁵¹yɛ⁵³tsʅ⁰	吃嘴嘴 tʂʰʅ³¹tsəi³⁵tsəi⁰
辛集	双生儿 suaŋ³⁵⁴sə̃r³³ 一对儿 i³⁵tər⁴¹	上炕俩 ʂaŋ⁴²kʰaŋ³²⁴liɑ⁰	吃奶 tʂʰʅ³³nai³²⁴
衡水	双生儿 suaŋ⁵³sɤr⁰	养月子 iaŋ⁵⁵yɛ⁵³tsʅ⁰	吃妈妈 tɕʰi³¹mei²⁴mei⁰
故城	双棒儿 suaŋ⁵³pɐr⁰	坐月子 tsuɤ³¹yɛ⁵³tsʅ⁰	吃奶 tʂʰʅ²¹næ⁵⁵
巨鹿	双生儿 suã⁵³sɤr⁰	坐月子 tsuo²¹yɛ⁵³tsʅ⁰	吃包包 tɕʰi³³pau³³pau⁰
邢台	双生儿 suaŋ³¹sər³⁴	坐月子 tsuo³³yɛ³¹ə⁰	吃包包 tʂʰʅ³⁴pau³⁴pau⁰
馆陶	一对儿双生儿 i⁴⁴tuər⁴⁴suaŋ²¹sɤr⁴⁴	坐月子 tsuo²⁴yɛ²¹tə⁰	吃奶 tʂʰʅ²²nai⁴⁴
沧县	双子 suaŋ⁴¹tsə⁰	养活孩子 iaŋ²³xuo⁰xai⁵⁵tsʅ⁰	吃妈妈 tʂʰʅ²³ma²³ma⁰
献县	一对儿 i³³tuəʐ³¹	坐月子 tsuo³¹yɛ³³¹tsʅ⁰	吃妈妈 tʂʰʅ⁵³ma³³ma⁰

（续表）

	0544 双胞胎	0545 坐月子	0546 吃奶
平泉	双棒儿 ṣuaŋ⁵³pãr⁵¹ 双棒儿郎儿 ṣuaŋ⁵³pãr⁵³lãr²¹⁴ 双胞胎 ṣuaŋ⁵⁵pau⁵⁵tʰai⁵⁵	坐月子 tsuo⁵³yɛ⁵¹tsʅ⁰	吃妈儿妈儿 tsʰʅ⁵⁵mar⁵⁵mar⁰ 吃奶 tsʰʅ⁵⁵nai²¹⁴
滦平	双棒儿 ṣuaŋ⁵¹pãr⁵¹ 双胞胎 ṣuaŋ⁵⁵pau⁵⁵tʰai⁵⁵	坐月子 tsuo⁵¹yɛ⁵¹tsə⁰	吃咂儿 tsʰʅ⁵⁵tsar⁵⁵ 吃奶 tsʰʅ⁵⁵nai²¹⁴
廊坊	双儿双儿 ṣuãr⁵¹ṣuãr⁰	坐月子 tsuo⁵³yɛ⁵¹tsʅ⁰	吃奶 tsʰʅ⁵⁵nai²¹⁴ 吃咂儿 tsʰʅ⁵⁵tsar⁵⁵ 吃妈妈 tsʰʅ⁵⁵mei⁵⁵mei⁰
魏县	双生儿 ṣuaŋ³¹²ṣɤr³³	待月子 tai³¹²yɛ³³tɛ⁰	吃妈妈 tsʰɛ³³mai⁵³mai³¹² 吃奶 tsʰɛ³³nai⁵⁵
张北	撞生子 tsuɔ²³səŋ⁴²tsə⁰	坐月子 tsuə²³yəʔ³²tsə⁰	吃妈妈 tsʰəʔ³ma⁴²ma⁰
万全	一肚俩 iəʔ²²tu²¹³lia⁵⁵	坐月子 tsuə²¹³yəʔ²²tsə⁰	吃妈妈 tsʰəʔ⁴⁴ma⁴¹ma⁰
涿鹿	撞生 tsuã³¹səŋ⁰	坐月 tsuə²³yʌ³¹	吃妈妈 tsʰʌʔ⁴³ma⁴²ma⁰
平山	双生子 ṣuaŋ⁵³səŋ⁴²tsʅ⁰	坐月子 tsuə⁴²yɤ²¹tsʅ⁰	吃奶儿 tsʰʅ³¹ȵiər⁵⁵
鹿泉	双生儿 ṣuaŋ⁵⁵ṣə̃r⁵⁵	坐月子 tsuo³¹yɤ³¹tɤ⁰	吃奶 tsʰɤ²¹nɛ³⁵
赞皇	双生儿 ṣuaŋ⁵⁴sl̩ə̃r⁰	坐月子 tsuə³¹²yɛ⁵¹tsə⁰	吃奶 tsʰʅ²¹nɛ⁴⁵
沙河	双生子 ṣuaŋ⁴¹səŋ²¹tə⁰	坐月子 tsuo²¹yəʔ²tə⁰	吃怀 tsʰəʔ²xuai⁵¹
邯郸	双生子 ṣuaŋ³¹əŋ³¹tə⁰	坐月子 tsuə²⁴yʌʔ²⁴tə⁰	吃奶 tsʰəʔ²nai⁵⁵
涉县	双生子 suã⁴¹səŋ⁴¹ə⁰	坐月子 tsuə⁵³yə²⁴lə⁰	吃奶 tsʰəʔ⁵⁵nai⁰

	0547 断奶	0548 满月	0549 生日 统称
兴隆	忌奶 tɕi⁵¹nai²¹³ 断奶 tuan⁵¹nai²¹³	满月儿 man²¹yɛr⁵¹ 满月 man²¹yɛ⁵¹	生日 ʂəŋ³⁵ʐʅ⁵¹
北戴河	忌奶 tɕi⁵³nai²¹⁴	满月 man²¹yɛ⁵¹	生日 ʃəŋ⁴⁴ʐʅ⁰
昌黎	摘妈妈 tsai³⁴ma⁴²ma⁰	满月 mai²¹yɛ⁰	生日 ʂəŋ⁴²ʐʅ⁰
乐亭	断奶儿 tuan⁵³nɐr³⁴	满月 man²¹¹yɛ⁰	生日 ʂəŋ³¹ʐʅ⁰
蔚县	戒妈妈 tɕiə⁵³mɑ⁵³mɑ⁰ 戒奶 tɕiə⁵³nɛi⁴⁴ 断奶 tuã³¹nɛi⁴⁴	满月 mã⁴⁴yə⁰	生日 səŋ⁵³ʐʅ⁰
涞水	忌奶 tɕi³¹nai²⁴	满月 man³¹yɛ⁰	生日 ʂəŋ³³ʐʅ⁰
霸州	摘奶 tʂai⁴⁵nai²¹⁴ 掐奶 tɕʰia⁴⁵nai²¹⁴	满月 man⁴¹yɛ⁰	生日 ʂəŋ⁵³ʐʅ⁰
容城	掐奶 tɕʰia⁴⁴nai²¹³	满月 man²¹yɛ⁰	生日 ʂəŋ³¹ʐʅ⁰
雄县	掐奶 tɕʰia⁴⁵nai²¹⁴	满月 mãn⁴¹yɛ⁰	生日 səŋ⁴⁴ʐʅ⁰
安新	掐奶 tɕʰia⁴⁵nai²¹⁴ 断奶 tuan⁵⁵nai²¹⁴	满月 man²¹yɛ⁵¹	生日 səŋ⁴⁵ʐʅ⁰
满城	摘奶 tʂai⁴⁵nai²¹³	满月 man²¹yɛ⁰	生日 ʂəŋ⁴⁵ʐʅ⁰
阜平	戒奶 tɕiɛ⁵³næ⁵⁵	满月 mæ̃²¹yɛ⁰	生日 ʂəŋ³¹ʐʅ⁰
定州	断奶 tuan⁵³nai²⁴	满月 man²¹¹yɛ⁰	生日 ʂəŋ³³ʐʅ⁰
无极	断嘴头儿 tuã⁵¹tsuəi³⁵tʰəur²¹³	满月 mãn³⁵yɛ⁰	生日 ʂəŋ³¹ʐʅ⁰
辛集	断奶 tuan⁴²nai³²⁴	满月 man³²⁴yɛ⁴¹	生日 ʂəŋ³³ʐʅ⁰
衡水	断奶 tuan³¹nɑi⁵⁵	满月 mɑn²¹yɛ⁰	生日 səŋ³¹i⁰
故城	掐奶 tɕʰia²⁴næ⁵⁵	满月 mæ̃²⁴yɛ⁰	生日 səŋ²¹ʐʅ⁰
巨鹿	戒怀 tɕiɛ²¹xuai⁴¹	满月 man⁵⁵yɛ²¹	生日 ʂəŋ³³i²¹
邢台	断奶 tuan³¹nai⁵⁵	满月 man⁵⁵yɛ³¹	生日 ʂəŋ³⁴i⁰
馆陶	断奶 tuæn²¹nai⁴³	满月 mæn⁴⁴yE⁰	生儿 ʂɤr²⁴
沧县	掐奶 tɕʰiɑ²³nai⁵⁵	满月 man²³yɛ⁰	生日 səŋ⁴¹ʐʅ⁰
献县	掐奶 tɕʰia³³nɛ³³	满月 mæ̃²¹yɛ⁰	生日 ʂəŋ³³ʐʅ⁰
平泉	摘奶 tsai³⁵nai²¹⁴ 断奶 tuan⁵³nai²¹⁴	出满月 tʂʰu⁵⁵man²¹yɛ⁵¹ 满月 man²¹yɛ⁵¹	生日 ʂəŋ⁵⁵ʐʅ⁰

(续表)

	0547 断奶	0548 满月	0549 生日 统称
滦平	摘奶 tʂai³⁵nai²¹⁴ 断奶 tuan⁵¹nai²¹⁴	满月 man²¹yɛ⁵¹	生日 ʂəŋ⁵⁵ʐʅ⁰
廊坊	断奶 tuan⁵³ȵai²¹⁴	满月 man²¹yɛ⁵¹	生日 ʂəŋ⁵⁵ʐʅ⁰
魏县	断怀 tuan³¹²xuai⁵³ 断奶 tuan³¹²nai⁵⁵	满月 man⁵⁵yɛ³¹²	生儿 ʂɤr³³
张北	揞妈妈 tɕʰia⁴²ma⁴²ma⁰	满月 mæ̃⁵⁵yəʔ³²	过生儿 kuə²³sɐr⁴²
万全	戒妈妈 tɕiei²⁴ma⁴¹ma⁰	满月 man⁴⁴yəʔ²²	过[生日]儿 kuə²⁴səʔ⁴ər⁰
涿鹿	摘妈妈 tsʌʔ⁴³ma⁴²ma⁰	满月 mæ̃⁵⁵yʌ⁰	生日 ʂəŋ⁴²ʐʅ⁰
平山	断奶儿 tuæ⁴²ȵiər⁵⁵	满月 mæ̃⁵⁵yɤ⁰	生日 ʂəŋ⁴²ʐʅ⁰
鹿泉	断奶 tuæ³¹nɛ³⁵	满月 mæ̃³⁵yɤ³¹	生日 ʂəŋ⁵⁵ʐʅ⁰
赞皇	断奶 tuæ³¹²nɛ⁴⁵	满月 mæ̃⁴⁵yɛ²⁴	生日 ʂəŋ⁵⁴ʐʅ⁰
沙河	断奶 tuã²¹nai³³ 断怀 tuã²¹xuai⁵¹	满月 mã³³yəʔ²	[生日]儿 ʂər⁴¹
邯郸	断奶 tuæ²¹nai⁰	满月 mæ⁵³yʌʔ⁰	生儿 ʂər³¹
涉县	断奶 tuæ⁵⁵nai⁵³	满月 mæ⁵³yɐʔ²⁴	生日 səŋ⁵⁵i⁰

	0550 做寿	0551 死统称	0552 死婉称，最常用的几种，指老人：他~了
兴隆	祝寿 tʂu⁵³ʂou⁵¹ 做寿 tsuo⁵³ʂou⁵¹	死 sʅ²¹³	老了 lau²¹lə⁰ 归西了 kuei³⁵ɕi³⁵lə⁰ 老人了 lau²¹zən⁵⁵lə⁰①
北戴河	做寿 tʃuo⁵³ʃou⁵¹	死 ʃʅ²¹⁴	走了 tʃou²¹lə⁰ 享福去了 ɕiaŋ³⁵fu⁵¹tɕhi⁴⁴lə⁰
昌黎	做寿 tʂou⁴²ʂou⁴⁵³	死 sʅ²¹³	老 lau²¹³ 走 tsou²¹³ 过去 kuo⁴⁵tɕhi⁰
乐亭	过寿 kuə⁵³ʂou⁵²	死 sʅ³⁴	过去咧 kuə⁵⁵tɕhi⁰lie⁰
蔚县	过寿 kuɤ¹³səu³¹²	死 sʅ⁴⁴	过世 kuɤ¹³sʅ³¹² 走 tsəu⁴⁴
涞水	过寿 kuo³¹ʂou³¹⁴	死 sʅ²⁴	走了 tsəu³¹lɤ⁰
霸州	做寿 tsou⁴¹ʂou⁴¹	死 sʅ²¹⁴	走 tsou²¹⁴ 老 lau²¹⁴ 过去 kuo⁴⁵tɕhi⁰
容城	过生日 kuo⁵²ʂəŋ³¹ʐʅ⁰	死 sʅ²¹³	没咧 mu²¹lie⁰
雄县	过寿 kuo⁴⁵ʂou⁴¹	死 sʅ²¹⁴	过去 kuo⁴⁵tɕhi⁰ 走 tsou²¹⁴ 没 mu⁵³
安新	过寿 kuo⁵³ʂou⁵¹	死 sʅ²¹⁴	老了人嘞 lau²¹lə⁰zən³³lɛ⁰ 过去嘞 kuo⁵⁵tɕhi⁰lɛ⁰ 没嘞 mei³³lɛ⁰
满城	做寿 tsuo⁵³ʂou⁵¹²	死 sʅ²¹³	老咧 lau⁴²liɛ⁰ 没咧 mei²²liɛ⁰ 走咧 tsou⁴²liɛ⁰
阜平	过寿 kuɤ²⁴ʂou⁵³	死 sʅ⁵⁵	没兰 mu²¹læ⁰ 老兰 lɔ²¹læ⁰
定州	做寿 tsou⁵³ʂou⁵¹	死 sʅ²⁴	过世 kuo⁵³sʅ⁵¹ 没俩他俩 mo⁴²liaºthaa³³lia⁰
无极	庆寿 tɕhiŋ⁵¹ʂou⁵¹	死 sʅ³⁵	没俩 mu³¹lia⁰
辛集	过生日 kuə⁴¹ʂəŋ³³ʐʅ⁰	死 sʅ³²⁴	老俩 lau³²²lia⁰ 没俩 mə³⁵lia⁰
衡水	做寿 tsuo³¹ʂəu³¹ 过生日 kuo³¹ʂəŋ³¹i⁰	没嗹 mei²⁴lian⁰ 走嗹 tsəu²¹lian⁰	老嗹 lau²¹lian⁰
故城	做寿 tsuo²⁴ʂou³¹	死 sʅ⁵⁵	老啦 lɔ²⁴la⁰ 没啦 mei⁵⁵la⁰ 过世啦 kuɤ³¹sʅ⁵³la⁰
巨鹿	过生日 kuo²¹ʂəŋ³³i²¹	死 sʅ⁵⁵	老 lau⁵⁵
邢台	过生日 kuo³¹ʂəŋ³⁴i⁰ 过寿 kuo³³ʂou³¹	死 sʅ⁵⁵	不在兰 pu³³tsai³¹lan⁰ 老兰 lau⁵⁵lan⁰ 走兰 tsou⁵⁵lan⁰

(续表)

	0550 做寿	0551 死统称	0552 死婉称，最常用的几种，指老人：他~了
馆陶	做寿 tsəu²⁴ʂəu²¹ 过寿 kuo²⁴ʂəu²¹	死 sʅ⁴⁴	老啦 lɑo⁴⁴la⁰ 走啦 tsəu⁴⁴la⁰
沧县	做寿 tsuo²³sou⁴¹	死 sʅ⁵⁵	没了 mu⁵⁵lə⁰ 老人了 lau²³zən⁵⁵lə⁰ 过去了 kɤ⁵³tɕhi⁰lə⁰
献县	过寿 kuo³¹ʂou³¹	死 sʅ²¹⁴	没兰 mei⁵⁵læ⁰ 走兰 tsou²¹læ⁰
平泉	祝寿 tsu⁵³sou⁵¹ 过生日 kuo⁵³ʂəŋ⁵⁵ʐʅ⁰ 做寿 tsuo⁵³sou⁵¹	死 sʅ²¹⁴	老了 lau²¹lə⁰ 老人了 lau²¹zən³⁵lə⁰ 走了 tsou²¹lə⁰
滦平	做寿 tsuo⁵¹sou⁵¹	死 sʅ²¹⁴	去世 tɕhy⁵¹sʅ⁵¹ 过世 kuo⁵¹sʅ⁵¹ 没了 mei³⁵lə⁰
廊坊	做寿 tsuo⁵³sou⁵¹	死 sʅ²¹⁴	老 lau²¹⁴ 走 tsou²¹⁴ 没 mei³⁵
魏县	过生儿 kuə³¹²ʂɤr³³ 做寿 tʂuɛ⁵³ʂəu³¹²	死 sʅ⁵⁵	老兰 lɑu⁵⁵lan⁰ 断气儿兰 tuan³¹tɕhiər³¹²lan⁰ 没兰 me³³lan⁰
张北	过寿 kuə²³sou²¹³	走了 tsəu⁵⁵lə⁰	走了 tsəu⁵⁵lə⁰ 老死了 lau⁵⁵sʅ⁰lə⁰
万全	过寿 kuə²⁴sou²¹³	死 sʅ⁵⁵	走嘞 tsou⁵⁵lei⁰
涿鹿	过寿 kuə²³ʂəu³¹	死 sʅ⁴⁵	老啦 lɔ⁵⁵la⁰
平山	做寿 tsu²⁴ʂɐu⁴²	死 sʅ⁵⁵	没兰 mu²¹læ⁰
鹿泉	过生日 kuo³¹ʂəŋ⁵⁵ʐʅ⁰	死 sʅ³⁵	去世 tɕhy³¹²sʅ³¹ 走兰 tsou³⁵læ⁰
赞皇	过生日 kuə³¹²ʂəŋ⁵⁴ʐʅ⁰	死 sʅ⁴⁵	没兰 muə⁵⁴læ⁰
沙河	过生儿 kuo²⁴ʂər⁴¹	死 sʅ³³	不在啦 pəʔ²tsai²¹la⁰ 走啦 tsəu³³la⁰
邯郸	过生儿 kuə²⁴ʂər³¹	死 sʅ⁵⁵	老兰 lɑu⁵⁵læ⁰ 走兰 tsəu⁵⁵læ⁰
涉县	做寿 tsəʔ³²sou⁵⁵	死 sʅ⁵³	不在啦 pəʔ³²tsai⁵⁵ɐ⁰ 没兰 məʔ⁵⁵læ⁰ 走啦 tsou⁵³ɐ⁰

---

① 还有"走了 tsou²¹lə⁰"的说法。

	0553 自杀	0554 咽气	0555 入殓
兴隆	寻短见 ɕyn⁵⁵tuan²¹tɕian⁵¹ 自杀 tsɿ⁵¹ʂa³⁵	断气 tuan⁵³tɕʰi⁵¹ 咽气 ian⁵³tɕʰi⁵¹	入殓 zu⁵³lian⁵¹
北戴河	自杀 tʂʮ⁵³ʃa⁴⁴	断气儿 tuan⁵³tɕʰiər⁵¹	入殓 zu⁵³lian⁵¹
昌黎	寻死 ɕyn³⁴sɿ²¹³	咽气儿 ian⁴²tɕʰiər⁴⁵³	入殓 zu⁴²lian²⁴
乐亭	寻死 ɕiən³⁴sɿ³⁴	咽气 iɐn⁵³tɕʰi⁵²	入殓 zu⁵³liɛn⁵²
蔚县	自杀 tsɿ³¹sɑ⁵³	咽气 iã¹³tɕʰi³¹²	入殓 zu¹³liã³¹²
涞水	寻死了 ɕin⁴⁵sɿ³¹lɤ⁰	咽气 ian³¹tɕʰiər³¹⁴	入殓 zu³¹lian³¹⁴
霸州	自尽 tsɿ⁴⁵tɕin⁴¹①	咽气 ian⁴⁵tɕʰi⁴¹ 倒头 tɑu²¹tʰou⁵³	入殓 zu⁴⁵lian⁴¹
容城	自杀 tsɿ⁵²ʂa⁴³	咽气 ian⁴⁴tɕʰi⁵¹³	入棺 zu⁵²kuan⁴³
雄县	自尽 tsɿ⁴⁵tɕin⁴¹②	咽气 iãn⁵³⁴tɕʰi⁴¹ 倒头 tɑu²¹tʰou⁵³	入殓 zu⁵³⁴liãn⁴¹
安新	自杀 tsɿ⁵³ʂa⁴⁵	咽气 ian⁵³tɕʰi⁵¹	入殓 zu⁵³lian⁵¹ 入棺 zu⁵³kuan⁴⁵
满城	寻死儿 ɕy²²sɿ²¹³ər⁰	咽气 ian⁵³tɕʰi⁵¹²	入殓 zu⁵³lian⁵¹²
阜平	自寻短见 tsɿ⁵³ɕioŋ⁵⁵tuæ̃⁵⁵tɕiæ̃⁵³	断气 tuæ²⁴tɕʰi⁵³	入殓 zu²⁴liæ̃⁵³
定州	自尽 tsɿ⁵³tsin⁵¹	咽气儿 ian⁵³tɕʰiər⁵¹	入殓 zu⁵³lian⁵¹
无极	自杀 tsɿ⁵¹ʂa²¹³	断气儿 tuãn⁵¹tɕʰiər⁵¹	入殓 zu⁵¹liãn⁴⁵¹
辛集	自杀 tsɿ⁴¹ʂa³³	断气儿 tuan⁴²tɕʰiər⁴¹	入殓 lu⁴²lian⁴¹
衡水	自杀 tsɿ³¹sa²⁴	咽气儿 iɑn³¹tɕʰiər³¹	入殓 y³¹lian³¹
故城	自尽 tsɿ²⁴tɕiɛ³¹	断气 tuæ²⁴tɕʰi³¹	装棺 tsuɑŋ²⁴kuæ̃²⁴ 入棺 zʮ³¹kuæ̃²⁴ 入殓 zʮ²⁴liæ̃³¹
巨鹿	自杀 tsɿ²¹ʂa³³	断气儿 tuan³³tɕʰiər²¹	入殓 y³³liɛ̃²¹
邢台	自杀 tsɿ³¹ʂa³⁴	断气儿 tuan³³tɕʰiər³¹ 咽气儿 ian³³tɕʰiər³¹	入殓 zu³³lian³¹
馆陶	自杀 tsɿ²¹ʂa²⁴	咽气儿 iæn²⁴tɕʰiər²¹	入殓 lu²⁴liæn²¹
沧县	自杀 tsɿ⁴¹sɑ²³	咽气儿 ian²³tɕʰiər⁴¹	入殓 y²³lian⁴¹
献县	寻短见 ɕyən⁵³tuæ²⁴tɕiæ̃³¹	咽气儿 iæ³¹tɕʰiəʐ³¹	入殓 zu³¹liæ̃³¹

	0553 自杀	0554 咽气	0555 入殓
平泉	寻短见 ɕyn³⁵tuan²¹tɕian⁵¹ 自杀 tsʅ⁵³ʂa⁵⁵	死了 sʅ²¹lə⁰ 咽气 ian⁵³tɕʰi⁵¹	入殓 zu⁵³lian⁵¹
滦平	寻短见 ɕyn³⁵tuan²¹tɕian⁵¹ 自尽 tsʅ⁵¹tɕin⁵¹ 自杀 tsʅ⁵¹ʂa⁵⁵	断气 tuan⁵¹tɕʰi⁵¹ 咽气 ian⁵¹tɕʰi⁵¹	入殓 zu⁵¹lian⁵¹
廊坊	自杀 tsʅ⁵³ʂa⁵⁵	咽气 iɛn⁵³tɕʰi⁵¹	入殓 zu⁵³liɛn⁵¹
魏县	想不开兰 ɕiɑŋ⁵⁵pɛ⁰kʰai³³lan⁰	断气儿 tuan³¹tɕʰiər³¹²	盛殓 tʂʰəŋ⁵³ɕian³¹²
张北	自杀 tsʅ²³sɑʔ³²	没气 məʔ³tɕʰi²¹³	入殓 zuəʔ³liæ²¹³
万全	自杀 tsʅ²⁴sʌʔ²²	咽气 ian²⁴tɕʰi²¹³	入殓 zuə²²lian²¹³
涿鹿	自杀 tsʅ²³sʌʔ⁴³	咽气 iæ²³tɕʰi³¹	装棺材 tsuɑ⁴⁴kuæ⁴²tsʰɛ⁰
平山	寻死 sin⁵³sʅ⁵⁵	断气儿 tuæ²⁴tɕʰiər⁴²	入殓 zu²⁴liæ⁴²
鹿泉	自死 tsʅ³¹sʅ³⁵	断气儿 tuæ³⁵tɕʰiər³¹	入殓 zu¹³liæ³¹
赞皇	[自家] 死兰 tsia⁵⁴sʅ⁴⁵læ⁰	断气儿 tuæ²⁴tɕʰiər³¹	入殓 zu²⁴liæ³¹
沙河	寻短见 syən⁵¹tuã³³tɕiã²¹	断气儿 tuã²¹tɕʰiər²⁴	盛殓 tʂʰəŋ⁵¹iã⁰
邯郸	自杀 tsʅ²⁴sʌʔ⁴³	咽气儿 iæ⁵³tɕʰiər²¹ 断气儿 tuæ⁵³tɕʰiər²¹	入殓 luəʔ⁵liæ²¹ 盛殓 tʂʰəŋ⁵³liæ²¹
涉县	寻短 ɕyəŋ⁴¹²tuæ⁵³	下气儿 ɕin⁵³tɕʰiər²⁴ 咽气儿 iæ⁵⁵tɕʰiər²⁴	入殓 yʔ³²liæ⁵⁵

---

①② 口语无统称，这是书面说法。

	0556 棺材	0557 出殡	0558 灵位
兴隆	棺材 kuan³⁵tsʰai⁵⁵ 寿材 ʂou⁵¹tsʰai⁵⁵	出殡 tʂʰu³⁵pin⁵¹	灵位 liŋ⁵⁵uei⁵¹
北戴河	寿材 ʃou⁵³tʃʰai⁰ 棺材 kuan⁴⁴tʃʰai⁰	出灵 tʃʰu⁴⁴liŋ³⁵	灵位 liŋ³⁵uei⁵¹
昌黎	棺材 kuan⁴³tʂʰai⁰	出灵 tʂʰu³⁴liŋ²⁴	灵牌儿 liŋ³⁴pʰɐr²¹³ 祖宗板儿 tʂu²¹tsuŋ³⁴pɐr²¹³
乐亭	棺子 kuan³¹tsɿ⁰	发送 fa²¹¹suŋ⁵²	牌位儿 pʰai⁵⁴uər⁵²
蔚县	棺材 kuã⁵³tsʰɛi⁰ 寿材 sǝu¹³tsʰɛi⁴¹	出丧 tsʰu⁵³sɔ⁵³	牌位儿 pʰɛi⁴¹vər³¹²
涞水	材 tsʰai⁴⁵	出殡 tʂʰu⁵⁵pin³¹⁴	牌位 pʰai⁴⁵uei³¹⁴
霸州	棺材 kuan²¹tsʰai⁰ 材 tsʰai⁵³ 寿木 ʂou⁴⁵mu⁴¹①	出殡 tʂʰu⁴⁵pin⁴¹	灵位 liŋ⁴⁴uei⁴¹
容城	棺材 kuan³¹tsʰai⁰	发送人 fa³⁵suŋ⁵²zǝn³⁵	灵牌儿 liŋ⁴⁴pʰɐr³⁵
雄县	棺材 kuã⁴⁴tsʰai⁰ 材 tsʰai⁵³ 寿木 ʂou⁵³⁴mu⁴¹	出殡 tʂʰu⁴⁵pin⁴¹ 发丧 fa⁴⁵sɑŋ⁴⁵	灵位 liŋ⁵³uei⁴¹
安新	棺材 kuan⁴⁵tsʰai⁰ 寿木 ʂou⁵³mu⁵¹ 材 tsʰai³¹	出殡 tʂʰu²¹pin⁵¹ 抬出去 tʰai³³tʂʰu⁰tɕʰi⁰	
满城	棺材 kuan⁴⁵tsʰai⁰ 材 tsʰai²²	出殡 tʂʰu⁴⁵pin⁵¹²	灵位 liŋ⁴⁵uei⁵¹²
阜平	棺材 kuã³¹tsʰæ⁰	出灵 tʂʰu⁵⁵liŋ²⁴	牌位 pʰæ²⁴uei⁵³
定州	棺材 kuan³³tsʰai⁰	出殡 tʂʰu³³pin⁵¹	名堂 miŋ⁴²tʰɑŋ⁰ 牌位 pʰai²¹³uei⁰
无极	棺子 kuã³¹tsɿ⁰	出殡 tʂʰu³⁵pien⁵¹	牌位 pʰæ³¹uəi⁵¹
辛集	材 tsʰai³⁵⁴	出灵 tʂʰu³³liŋ³⁵⁴	牌位 pʰai³⁵uei⁴¹
衡水	棺材 kuan³¹tsʰai⁰ 寿材 ʂou³¹tsʰai⁵³	出殡 tɕʰy²⁴pin³¹ 发丧 fa²⁴sɑŋ²⁴	牌位儿 pʰai²⁴vər⁰ 楼子 lǝu²⁴tsɿ⁰
故城	棺材 kuã²¹tsʰæ⁰ 寿木 ʂou²⁴mu³¹	出殡 tʂʰʮ²⁴piẽ³¹	牌位 pʰæ⁵⁵vei⁰
巨鹿	材 tsʰai⁴¹	起灵 tɕʰi⁵⁵liŋ⁴¹	牌位儿 pʰai⁵⁵uər²¹

(续表)

	0556 棺材	0557 出殡	0558 灵位
邢台	斗子 tou⁵⁵ᵊ⁰ 朳 xuo³¹	出殡 tʂʰu³⁴pin³¹	牌位儿 pʰai⁵³vər³¹
馆陶	朳 xuo²¹³ 棺材 kuæn²⁴tsʰai⁰	出殡 tʂʰu²⁴pin²¹ 发丧 fa²⁴saŋ²⁴	牌位儿 pʰai⁵³uər²¹
沧县	棺材 kuan⁴¹tsʰai⁰ 材 tsʰai⁵³	出殡 tʂʰu²³piən⁴¹	灵牌 liŋ⁴¹pʰai⁵³
献县	棺材 kuæ̃³³tsʰɛ⁰	出殡 tʂʰu³³pin³¹	牌位 pʰɛ⁵⁵uei⁰
平泉	材 tsʰai³⁵ 棺材 kuan⁵⁵tsʰai⁰	发送 fa³⁵suŋ⁰ 出殡 tʂʰu⁵⁵pin⁵¹	牌位 pʰai³⁵uei⁵¹ 灵位 liŋ³⁵uei⁵¹
滦平	寿器 ʂou⁵¹tɕʰi⁰ 棺材 kuan⁵⁵tsʰai⁰	出殡 tʂʰu⁵⁵pin⁵¹	牌位儿 pʰai³⁵uər⁵¹ 灵位 liŋ³⁵uei⁵¹
廊坊	材 tsʰai³⁵ 棺材 kuan⁵⁵tsʰai⁰	出殡 tʂʰu⁵⁵pin⁵¹	灵位 liŋ³⁵uei⁵¹
魏县	朳 xuə³¹² 材 tsʰai⁵³	出门儿 tʂʰue³³mər⁵³ 出殡 tʂʰue³³pin³¹²	牌位儿 pʰai⁵³uər³¹²
张北	棺材 kuæ⁴²tsʰai⁰	出灵 tʂʰuəʔ³liŋ⁴²	牌位 pʰai⁴²vei²¹³
万全	棺材 kuan⁴¹tsʰei⁰	出灵 tʂʰuəʔ⁴⁴liəŋ⁴¹	灵位 liəŋ⁴¹vei²¹³
涿鹿	棺材 kuæ⁴²tsʰɛ⁰	出死人 tʂʰuʌʔ⁴³sɿ⁴⁵zəŋ⁵²	牌位 pʰɛ⁵²uei³¹
平山	斗 tɐu⁵⁵	发落 fa²⁴lɔ⁴² 出殡 tʂʰu²⁴pin⁴²	牌位 pʰɛ⁵³uæi⁴²
鹿泉	斗 tou³⁵	起丧 tɕʰi³⁵saŋ⁵⁵	灵位 liŋ⁵⁵uei³¹
赞皇	斗子 tɐu⁴⁵tsə⁰	出殡 tʂʰu²⁴pin³¹	灵位 liŋ⁵⁴uei³¹
沙河	寿木 ʂəu²¹məʔ⁴	起灵 tɕʰi³³liəŋ⁵¹	牌份⁼儿 pʰai⁵¹fər²¹
邯郸	朳 xuə²¹³ 材 tsʰai⁵³	起殡 tɕʰi⁵⁵pin²¹	牌位儿 pʰai⁵³vər²¹
涉县	材木 tsʰai⁴¹məʔ²⁴ 棺材 kuæ⁴¹tsʰai⁰	发丧 fɤʔ³²sã⁴¹ 出殡 tʂʰuəʔ³²piəŋ⁵⁵	位牌儿 vəi⁵⁵pʰɐr⁰ 灵位 liəŋ⁴¹vei²⁴ 牌位 pʰai⁴¹vəi²⁴

---

① 人死前准备的。

	0559 坟墓 单个的，老人的	0560 上坟	0561 纸钱
兴隆	坟 fən⁵⁵	添坟 tʰian³⁵fən⁵⁵ 上坟 ʂaŋ⁵¹fən⁵⁵	纸斋 tʂʅ²¹tsai⁰ 纸钱 tʂʅ²¹tɕʰian⁵⁵
北戴河	坟 fən³⁵	上坟 ʃaŋ⁵³fən³⁵	大钱儿 ta⁵³tɕʰiɐr³⁵
昌黎	坟 fən²⁴	上坟 ʂaŋ⁴²fən²⁴	烧纸 sau⁴²tʂʅ⁰
乐亭	坟 fən²¹²	上坟 ʂaŋ⁵³fən²¹²	纸钱儿 tʂʅ²¹¹tɕʰiɐr⁰
蔚县	坟 fəŋ⁴¹	上坟 sɔ¹³fəŋ⁴¹	鬼票子 kuei⁴⁴pʰiʌu³¹tsʅ⁰
涞水	坟头儿 fən⁴⁵tʰou²⁴uər⁰	上坟 ʂaŋ³¹fən⁴⁵	烧纸 sau³³tʂʅ⁰
霸州	坟头儿 fən⁴⁴tʰour⁵³ 坟 fən⁵³	上坟 ʂaŋ⁴¹fən⁵³	烧纸 ʂau²¹tʂʅ⁰ 纸 tʂʅ²¹⁴ 纸钱儿 tʂʅ²¹tɕʰiɐr⁵³
容城	坟头儿 fən⁴⁴tʰou²¹ər⁰	上坟 ʂaŋ⁵²fən³⁵	洋钱票 iaŋ⁴⁴tɕian⁴⁴pʰiau⁵¹³
雄县	坟头儿 fən⁵³tʰour⁵³	上坟 ʂaŋ⁴¹fən⁵³	烧纸 ʂau⁴⁴tʂʅ⁰ 洋钱票 iaŋ⁵³tɕʰiãn⁵³pʰiau⁴¹
安新	坟 fən³¹ 坟头儿 fən⁴⁵tʰour³¹	上坟 ʂaŋ⁵³fən³¹	洋钱票 iaŋ⁵³tɕʰian⁴⁵pʰiau⁵¹ 纸钱儿 tʂʅ⁴⁵tɕʰiɐr³¹ 轱辘钱儿 ku⁴⁵lu⁰tɕʰiɐr³¹①
满城	坟 fən²²	上坟 ʂaŋ⁵³fən²²	烧纸 sau⁴⁵tʂʅ⁰ 洋钱票 iaŋ⁴⁵tɕʰian⁴⁵pʰiau⁵¹²
阜平	坟 fəŋ²⁴	上坟 ʂaŋ⁵³fəŋ²⁴	烧纸 ʂɔ²⁴tʂʅ⁵⁵
定州	坟 fən²¹³	上坟 ʂaŋ⁵³fən²⁴	纸钱 tʂʅ²¹¹tɕʰian⁰
无极	坟头儿 fen³⁵tʰəur²¹³	上坟 ʂaŋ⁵¹fen²¹³	死人毛票 sʅ³⁵zen²¹³mɔ³⁵pʰiɔ⁵¹
辛集	坟 fən³⁵⁴ 坟头儿 fən³⁵⁴tʰour³⁵⁴	烧纸去 sau³³tʂʅ³²⁴tɕʰi⁰	洋钱票儿 iaŋ³⁵⁴tsʰian³⁵pʰiaur⁴¹
衡水	坟 fən⁵³	上坟 ʂaŋ³¹fən⁵³	烧纸 sau³¹tʂʅ⁵⁵
故城	坟 fẽ⁵³	上坟 ʂaŋ³¹fẽ⁵³	烧纸 ʂɔ²¹tʂʅ⁵⁵
巨鹿	坟 fən⁴¹	上坟 ʂã²¹fən⁴¹	烧纸 sau³³tʂʅ⁵⁵
邢台	坟 fən⁵³	上坟 ʂaŋ³¹fən⁵³ 烧纸 sau³⁴tʂʅ⁵⁵	烧纸 ʂau³⁴tʂʅ⁵⁵ 洋钱票儿 iaŋ³³tsʰian⁵³pʰiaur³¹
馆陶	坟 fen⁵²	上坟 ʂaŋ²¹fen⁵² 烧纸 sao²⁴tʂʅ⁴⁴	纸钱儿 tʂʅ⁴⁴tsʰiɐr⁵²

（续表）

	0559 坟墓 单个的，老人的	0560 上坟	0561 纸钱
沧县	坟 fən⁵³	上坟 ʂaŋ⁴¹fən⁵³	烧纸 ʂau⁴¹tʂʅ⁰
献县	坟 fən⁵³	上坟 ʂã³¹fən⁵³	烧纸 ʂo³³tʂʅ⁰
平泉	坟 fən³⁵ 坟墓 fən³⁵mu⁵¹	上坟 ʂaŋ⁵³fən³⁵	烧纸 ʂau⁵⁵tʂʅ²¹⁴ 纸钱 tʂʅ²¹tɕʰian³⁵
滦平	坟茔 fən³⁵iŋ⁰ 坟墓 fən³⁵mu⁵¹	上坟 ʂaŋ⁵¹fən³⁵	白钱儿 pai³⁵tɕʰier³⁵ 纸钱 tʂʅ²¹tɕʰian³⁵
廊坊	坟 fən³⁵	上坟 ʂaŋ⁵³fən³⁵	烧纸 ʂau⁵⁵tʂʅ⁰
魏县	坟 fən⁵³	上坟 ʂaŋ³¹²fən⁵³	火纸 xuə⁵³tʂʅ³¹² 纸钱儿 tʂʅ⁵⁵tɕʰier⁵³
张北	坟 fəŋ⁴² 墓 mu²¹³	上坟 sõ²³fəŋ⁴²	纸钱儿 tʂʅ⁵⁵tɕʰier⁴² 鬼钱儿 kuei⁵⁵tɕʰier⁴²
万全	墓圪堆 mu²⁴kə⁴¹tuei⁴¹	上坟 sa²⁴fən⁴¹	纸钱儿 tʂʅ⁴⁴tɕʰier⁴¹
涿鹿	坟 fəŋ⁴²	上坟 sã²³fəŋ⁵²	洋钱票 iã¹¹³tɕʰiæ⁵²pʰiɔ³¹
平山	坟 fəŋ³¹	上坟 ʂaŋ²⁴fəŋ³¹	纸钱儿 tʂʅ⁵⁵tsʰiær³¹
鹿泉	坟 fẽ⁵⁵	烧纸 ʂo⁵⁵tʂʅ³⁵	纸钱儿 tʂʅ³⁵tsʰier⁵⁵
赞皇	坟 fən⁵⁴	烧纸 ʂo⁵⁴tʂʅ⁴⁵	纸钱儿 tʂʅ⁴⁵tsʰier⁵⁴
沙河	坟 fən⁵¹	上坟 ʂaŋ²¹fən⁵¹	箔 pəʔ²
邯郸	墓子 mu²¹tə⁰	上坟 saŋ²⁴fən⁵³	纸钱儿 tʂʅ⁵⁵tsʰier⁵³ 纸 tʂʅ⁵⁵
涉县	坟 fəŋ⁴¹²	上坟 sã⁵⁵fəŋ⁰	银元票 iəŋ⁴¹yæ³¹pʰiau²⁴

---

① 铜钱状的单个纸钱。

	0562 老天爷	0563 菩萨统称	0564 观音
兴隆	老天爷 lɑu²¹tʰian³⁵iɛ⁵⁵	菩萨 pʰu⁵⁵sa⁰	观音 kuan³⁵in³⁵
北戴河	老天爷 lɑu²¹tʰian⁴⁴iɛ³⁵	菩萨 pʰu³⁵ʃa⁰	观音 kuan⁴⁴in⁴⁴
昌黎	老天爷 lɑu²¹tʰian⁴⁴iɛ²⁴	菩萨 pʰu⁴²sa²³	观音 kuan⁴³in⁰
乐亭	老天爷 lɑu³³tʰien³³iɛ²¹²	菩萨 pʰu³¹sa⁰	观音 kuan³¹iən⁰
蔚县	老天爷 lʌɯ¹³tʰiã⁵³iə⁰	菩萨 pʰu⁴¹sa⁰	观音 kuã⁵³iŋ⁰
涞水	老天爷 lɑu²⁴tʰian⁵⁵iɛ⁴⁵	菩萨 pʰu²⁴sa⁰	观音 kuan³³in⁰
霸州	老天爷 lɑu²¹tʰian⁴⁵iɛ⁵³	菩萨 pʰu⁵³sa⁰	观音菩萨 kuan⁴⁵in⁴⁵pʰu⁵³sa⁰
容城	老天爷 lɑu²¹tʰian⁴⁴iɛ³⁵	菩萨 pʰu²¹sa⁰	观音菩萨 kuan⁴⁴in⁴⁴pʰu²¹sa⁰
雄县	老天爷 lɑu²¹tʰiãn⁴⁵iɛ⁵³	菩萨 pʰu⁵³sa⁰	观音 kuãn⁴⁵in⁴⁵ 观音菩萨 kuãn⁴⁵in⁴⁵pʰu⁵³sa⁰
安新	老天爷 lɑu²¹tʰian⁴⁵iɛ³¹	菩萨 pʰu³³sa⁰	观音 kuan⁵³in⁴⁵
满城	老天爷 lɑu²¹³tʰian⁴⁵iɛ⁰	菩萨 pʰu²²sa⁰	南海老母 nan⁴⁵xai²¹³lɑu³⁵mu²¹³
阜平	老天爷 lɔ²⁴tʰiæ⁵⁵iɛ²⁴	菩萨 pʰu⁵³sa⁰	观音 kuæ³¹iŋ⁰
定州	老天爷 lɑu³³tʰian³³iɛ²¹³	菩萨 pʰu⁴²sa⁰	观音 kuan³³in¹¹
无极	老天爷 lɔ³⁵tʰiãn³³iɛ²¹³	菩萨 pʰu³¹sa⁰	观音 kuãn³¹ien⁰
辛集	老天爷 lɑu²⁴tʰian³³iɛ⁰	菩萨 pʰu³⁵sa⁰	观音 kuan³⁵⁴iən³³
衡水	老天爷 lɑu⁵⁵tʰian²⁴iɛ⁵³	菩萨 pʰu²⁴sa⁰	观音 kuɑn²⁴in²⁴
故城	老爷爷 lɔɔ⁵⁵iɛ⁵⁵iɛ⁰	菩萨 pʰu⁵⁵sa⁰	观音 kuæ²⁴iẽ²⁴
巨鹿	老天爷 lɑu⁵⁵tʰian³³iɛ⁴¹	佛佛 fo⁵³fo⁰	南海老母 nẽ⁴¹xai⁵⁵lɑu⁴¹mu⁵⁵
邢台	老天爷 lau⁴³tʰian³⁴iɛ⁵³	菩萨 pʰu⁵³sa³¹	观音 kuan³⁴in³⁴ 观音菩萨 kuan³⁴in³⁴pʰu⁵³sa³¹
馆陶	老天爷 lao⁴⁴tʰiæn²⁴iɛ⁵²	菩萨 pʰu⁵³sa²¹	观音菩萨 kuæn²⁴in²⁴pʰu⁵³sa⁰ 菩萨 pʰu⁵³sa²¹
沧县	老天爷 lɑu⁵³tʰian⁴¹iɛ⁵³	菩萨 pʰu⁵⁵sa⁰	观音 kuan²³iən²³
献县	老天爷 lɔ²⁴tʰiæ³³iɛ⁵³	菩萨 pʰu⁵⁵sa⁰	观音 kuæ⁵³in³³
平泉	老天爷 lɑu²¹tʰian⁵⁵iɛ³⁵	菩萨 pʰu³⁵sa⁰	观音 kuan⁵⁵in⁵⁵
滦平	老天爷 lɑu²¹tʰian⁵⁵iɛ³⁵	菩萨 pʰu³⁵sa⁰	观音 kuan⁵⁵in⁵⁵
廊坊	老天爷 lɑu²¹tʰiɛn⁵⁵iɛ³⁵	菩萨 pʰu³⁵sa⁰	观音 kuan⁵⁵in⁵⁵
魏县	老天爷 lɑu⁵⁵tʰian³³iɛ⁵³	菩萨 pʰu⁵³ʂa³¹²	观音 kuan³³in³³

(续表)

	0562 老天爷	0563 菩萨 统称	0564 观音
张北	老天爷 lau⁵⁵tʰiæ⁴²iɛ⁰	菩萨 pʰu⁴²sa⁰	观音 kuæ⁴²iŋ⁰
万全	老天爷 lɔ⁴⁴tʰiã⁴¹iei⁴¹	菩萨 pʰu⁴¹sa⁰	观音 kuan⁴¹iəŋ⁰
涿鹿	老天爷 lɔ⁴²tʰiæ⁴⁴iɛ⁴²	菩萨 pʰu⁴²sa⁰	观音 kuæ⁴²iŋ⁰
平山	老天爷 lɔ⁵⁵tʰiæ⁵³iə³¹	菩萨 pʰu⁴²sa⁰	观音 kuæ⁴²iŋ⁰
鹿泉	老天爷 lɔ³⁵tʰiæ⁵⁵iɤ⁵⁵	菩萨 pʰu⁵⁵sa⁰	观音 kuæ⁵⁵iẽ⁰
赞皇	老天爷 lɔ⁴⁵tʰiæ⁵⁴iɛ⁰	菩萨 pʰu⁵¹sa⁰	观音 kuæ⁵⁴in⁰
沙河	老天爷 lau³³tʰiã³³iɛ⁵¹	菩萨 pʰu⁵¹sɔ⁰	观音 kuã⁴¹iən²¹
邯郸	老天爷 lɑu²⁴tʰiæ⁵⁵iɛ⁵³	菩萨 pʰu⁵³sɔ⁰	观音 kuæ³¹in³¹
涉县	老天爷 lau⁵³tʰiæ⁴¹iə⁰	菩萨 pʰu⁴¹sɒ⁰	观音菩萨 kuæ̃⁴¹iəŋ⁰pʰu⁴¹sɒ⁰

	0565 灶神口头的叫法，其中如有方言亲属称谓要释义	0566 寺庙	0567 祠堂
兴隆	灶王神 tsau⁵¹uaŋ⁵⁵ʂən⁵⁵ 灶王爷 tsau⁵¹uaŋ⁵⁵ie⁵⁵ 灶神 tsau⁵¹ʂən⁵⁵	寺庙 sʅ⁵³miɑu⁵¹	祠堂 tsʰʅ⁵⁵tʰaŋ⁵⁵
北戴河	灶王爷 tʃau⁵³uaŋ⁰ie³⁵	寺庙 ʃʅ⁵³miɑu⁵¹	祠堂 tʃʰʅ³⁵tʰaŋ³⁵
昌黎	灶王爷 tsau⁴²uaŋ⁰ie²⁴	寺庙 sʅ⁴²miɑu⁴⁵³	祠堂 tsʰʅ⁴²tʰaŋ²³
乐亭	灶间老爷 tsau⁵²tɕien⁰lau³³ie²¹²	庙 miɑu⁵²	祠堂 tsʰʅ³⁴tʰaŋ²¹²
蔚县	灶王爷 tsʌɯ³¹vɔ⁴¹iə⁴¹	寺庙 sʅ¹³miʌɯ³¹² 庙 miʌɯ³¹²	祠堂 tsʰʅ¹³tʰɔ⁴¹
涞水	灶王爷 tsau³³¹uaŋ⁰ie⁴⁵	庙 miɑu³¹⁴	祠堂 tsʰʅ⁴⁵tʰaŋ⁴⁵
霸州	灶王爷 tsau⁴⁵uaŋ⁰ie⁵³	庙 miɑu⁴¹	祠堂 tsʰʅ⁴⁴tʰaŋ⁵³
容城	灶火老爷 tsau⁵²xuo⁰lau²¹ie³⁵	寺庙 sʅ⁴⁴miɑu⁵¹³	祠堂 tsʰʅ⁴⁴tʰaŋ³⁵
雄县	灶火爷 tsau⁴⁵xuo⁰ie⁵³ 灶王爷 tsau⁴⁵uaŋ⁰ie⁵³	庙 miɑu⁴¹	祠堂 tsʰʅ⁵³tʰaŋ⁵³
安新	灶火老爷 tsau⁵⁵xuo⁰lau⁴⁵ie³¹	庙 miɑu⁵¹	
满城	灶火爷 tsau⁵³xuo⁰ie²²	寺 sʅ⁵¹²	祠堂 tsʰʅ⁴⁵tʰaŋ²²
阜平	灶火爷 tsɔ⁵³xuɤ⁰ie²⁴	庙 miɔ⁵³	祠堂 tsʰʅ⁵⁵tʰaŋ²⁴
定州	灶火爷 tsau³⁵xuo⁰ie²¹³	庙 miɑu⁵¹	家庙 tɕia²¹¹miɑu⁵¹
无极	灶君爷 tsɔ⁵¹tɕien³³ie²¹³	寺庙 sʅ⁵¹miɔ⁴⁵¹	祠堂 tsʰʅ³⁵tʰaŋ²¹³
辛集	灶王爷 tsau⁴²uaŋ⁰ie³⁵⁴	庙 miɑu⁴¹	祠堂 tsʰʅ³⁵⁴tʰaŋ³⁵⁴
衡水	灶王爷 tsau⁵³vaŋ⁰ie⁵³	庙 miɑu³¹	
故城	灶王爷 tsɔ⁵³vaŋ⁰ie⁵³	庙 miɔ³¹	家庙 tɕia²⁴miɔ³¹
巨鹿	灶王爷 tsau²¹uaŋ³³ie⁴¹	寺庙 sʅ³³miɑu²¹	祠堂 tsʰʅ⁴¹tʰã⁴¹
邢台	灶王爷 tsau³¹vaŋ⁰ie⁵³	庙 miɑu³¹	
馆陶	灶王爷 tsao²¹uaŋ²⁴iɛ⁵²	寺 sʅ²¹³ 庙 miao²¹³	祠堂 tsʰʅ⁵²tʰaŋ⁵²
沧县	灶王爷 tsau⁵³uaŋ⁰ie⁵³	庙 miɑu⁴¹	祠堂 tsʰʅ⁵³tʰaŋ⁵⁵
献县	灶王爷 tsɔ³³¹uã⁰ie⁵³	庙 miɔ³¹	
平泉	灶王爷 tsau⁵³uaŋ³⁵ie³⁵ 灶王神 tsau⁵³uaŋ³⁵ʂən³⁵ 灶神 tsau⁵³ʂən³⁵	庙 miɑu⁵¹ 寺庙 sʅ⁵³miɑu⁵¹	祠堂 tsʰʅ³⁵tʰaŋ³⁵

（续表）

	0565 灶神 口头的叫法，其中如有方言亲属称谓要释义	0566 寺庙	0567 祠堂
滦平	灶王爷 tsau⁵¹uaŋ³⁵iɛ³⁵ 灶神 tsau⁵¹ʂən³⁵	寺庙 sɿ⁵¹miau⁵¹	祠堂 tsʰɿ³⁵tʰaŋ³⁵
廊坊	灶王爷 tsau⁵¹uaŋ⁰iɛ³⁵	寺 sɿ⁵¹ 庙 miau⁵¹ 寺庙 sɿ⁵³miau⁵¹	祠堂 tsʰɿ³⁵tʰaŋ³⁵
魏县	灶角爷 tʂau³¹²tɕyə³³iɛ⁵³	庙 miau³¹²	祠堂 tʂʰɿ⁵³tʰaŋ⁵³
张北	灶门爷 tsau²³mə⁰iɛ⁴²	庙 miau²¹³	祠堂 tsʰɿ⁴⁴tʰɔ̃⁴²
万全	灶门爷 tsɔ²¹³ma⁰iei⁴¹	寺庙 sɿ⁴¹miɔ²¹³	祠堂 tsʰɿ⁴¹tʰaŋ⁴¹
涿鹿	灶王爷 tsɔ³¹uã⁰iɛ⁴²	庙 miɔ³¹	
平山	灶火爷 tsɔ⁵⁵xuə⁰iə³¹	寺庙 sɿ²⁴miə⁴²	
鹿泉	灶王爷 tsɔ³¹uaŋ⁰iɤ⁵⁵	寺庙 sɿ³⁵miɔ³¹	祠堂 tsʰɿ⁵⁵tʰaŋ⁵⁵
赞皇	灶王爷 tsɔ³¹uaŋ⁰iɛ⁵⁴	寺庙 sɿ²⁴miɔ³¹	
沙河	灶爷 tsau²¹iɛ⁵¹	寺 sɿ²¹	家屋庙 tɕiɔ⁴¹u³³miau²¹
邯郸	灶家爷 tsau²¹tɕiɔ⁰iɛ⁵³	庙 miau²¹³	祠堂 tsʰɿ²⁴tʰaŋ⁵³
涉县	火神爷 xuə⁵³səŋ⁴¹iə⁰	寺 sɿ⁵⁵ 庙 miau⁵⁵	祠堂 tsʰɿ⁴¹tʰã⁰

	0568 和尚	0569 尼姑	0570 道士
兴隆	和尚 xə⁵⁵ʂaŋ⁰	姑子 ku³⁵tsʅ⁰ 尼姑 ȵi⁵⁵ku³⁵	老道 lau²¹tau⁵¹ 道士 tau⁵³ʂʅ⁵¹
北戴河	和尚 xɤ³⁵ʃaŋ⁰	尼姑 ȵi³⁵ku⁴⁴	老道 lau²¹tau⁵¹
昌黎	和尚 xɤ⁴²ʂəŋ²³	尼姑 ȵi⁴³ku⁰	老道 lau²¹tau⁴⁵³
乐亭	和尚 xuə³¹ʂəŋ⁰	姑子 ku³¹tsʅ⁰	老道 lau³³tau⁵²
蔚县	和尚 xɤ⁴¹sɔ⁰ 师父 sʅ⁵³fu⁰	姑子 ku⁵³tsʅ⁰ 尼姑 ȵi⁴¹ku⁵³	老道 lʌɯ⁴⁴tʌɯ³¹² 道士 tʌɯ³¹ʂʅ⁰
涞水	和尚 xɤ²⁴ʂaŋ⁰	姑子 ku³³tsʅ⁰ 女和尚 ȵy⁴⁵xɤ²⁴ʂaŋ⁰	老道 lau²⁴tau³¹⁴
霸州	和尚 xɤ⁵³ʂaŋ⁰	姑子 ku²¹tsʅ⁰	老道 lau²⁴tau⁴¹
容城	和尚 xɤ²¹ʂəŋ⁰	姑子 ku³¹tsʅ⁰	老道 lau³⁵tau⁵¹³
雄县	和尚 xɤ⁵³ʂaŋ⁰	尼姑 ȵi⁵³ku⁰ 姑子 ku⁴⁴tsʅ⁰	老道 lau²⁴tau⁴¹ 道士 tau⁴¹ʂʅ⁰
安新	和尚 xɤ³³ʂaŋ⁰	姑子 ku⁴⁵tsʅ⁰	老道 lau²¹tau⁵¹
满城	和尚 xɤ²²tʂʰaŋ⁰	姑子 ku⁴⁵tsʅ⁰	老道 lau²¹tau⁵¹²
阜平	和尚 xɤ⁵³ʂaŋ⁰	姑子 ku³¹tsʅ⁰	老道 lɔ⁵⁵tɔ⁵³
定州	和尚 xɤ⁴²ʂaŋ⁰	姑子 ku³³tsʅ⁰	老道 lau³⁵tau⁵¹
无极	和尚 xɤ³¹tʂʰaŋ⁰	姑子 ku³¹tsʅ⁰	老道 lɔ³⁵tɔ⁵¹
辛集	和尚 xə³⁵tʂʰaŋ⁰	姑子 ku³³tsʅ⁰	老道儿 lau²⁴taur⁴¹
衡水	和尚 xɤ²⁴tʂʰaŋ⁰	姑子 ku³¹tsʅ⁰	老道 lau⁵⁵tau³¹
故城	和尚 xɤ⁵⁵tʂʰaŋ⁰	尼姑儿 ȵi⁵³kur²⁴ 姑姑儿 ku²¹kur⁰	道士 tɔɔ⁵³ʂʅ⁰ 老道 lɔɔ⁵⁵tɔɔ³¹
巨鹿	和尚 xɤ⁵³ʂã⁰	姑子 ku³³tsʅ⁰	道士 tau⁵³ʂʅ⁰
邢台	和尚 xə⁵³ʂaŋ⁰	姑子 ku³⁴ə⁰	道士 tau³¹ʂʅ⁰
馆陶	和尚 xɤ⁵²ʂaŋ⁰	姑子 ku²⁴tə⁰ 尼姑 ȵi⁵³ku²⁴	道人 tao²¹zən⁵²
沧县	和尚 xɤ⁵⁵ʂaŋ⁰	姑子 ku⁴¹tsʅ⁰	老道 lau⁵⁵tau⁴¹
献县	和尚 xɤ⁵⁵tʂʰã⁰	姑子 ku³³tsʅ⁰	老道 lɔ²⁴tɔ³¹
平泉	和尚 xə³⁵ʂaŋ⁰	姑子 ku⁵⁵tsʅ⁰ 尼姑 ni³⁵ku⁵⁵	老道 lau²¹tau⁵¹ 道士 tau⁵¹ʂʅ⁰

(续表)

	0568 和尚	0569 尼姑	0570 道士
滦平	和尚 xə³⁵ʂaŋ⁰	姑子 ku⁵⁵tsə⁰ 尼姑 ni³⁵ku⁵⁵	老道 lau²¹tau⁵¹ 道士 tau⁵¹ʂʅ⁰
廊坊	和尚 xɤ³⁵ʂaŋ⁰	姑子 ku⁵⁵tsʅ⁰ 尼姑儿 ni³⁵kur⁰	老道 lau²¹tau⁵¹
魏县	和尚 xuə⁵³ʂaŋ³¹²	姑子 ku³³tɛ⁰	老道 lau⁵⁵tau³¹²
张北	和尚 xə⁴²sɔ̃⁰	尼姑 ni⁴²ku⁰	老道 lau⁵⁵tau²¹³
万全	和尚 xə⁴¹sa²¹³	尼姑 ni⁴¹ku⁴¹	道士 tɔ²¹³ʂʅ⁰
涿鹿	和尚 xə⁴²ʂã⁰	姑子 ku⁴²ə⁰	老道 lɔ⁴⁵tɔ³¹
平山	和尚 xuə⁴²tʂʰaŋ⁰	姑子 ku⁴²tsʅ⁰	老道 lɔ⁵⁵tɔ⁴²
鹿泉	和尚 xɤ⁵⁵ʂaŋ⁰	姑子 ku⁵⁵tɤ⁰	老道 lɔ³⁵tɔ³¹
赞皇	和尚 xə⁵¹tʂʰaŋ⁰	姑子 ku⁵⁴tsə⁰	老道 lɔ⁴⁵tɔ³¹
沙河	和尚 xɤ⁵¹ʂaŋ²¹	姑子 ku⁴¹tə⁰	道士 tau²⁴ʂʅ⁴¹
邯郸	和尚 xuə⁵³tʂʰaŋ²¹	姑子 ku³¹tə⁰	老道 lɑu⁵⁵tau²¹
涉县	和尚 xuə⁴¹sã²⁴	姑子 ku⁴¹ə⁰	道士 tau⁵⁵səʔ⁰

	0571 算命 统称	0572 运气	0573 保佑
兴隆	批八字 pʰi³⁵pa³⁵tsʅ⁵¹ 算卦 suan⁵³kua⁵¹ 算命 suan⁵³miŋ⁵¹	时气 ʂʅ⁵⁵tɕʰi⁰ 运气 yn⁵¹tɕʰi⁰	保佑 pau²¹iou⁵¹
北戴河	算命 ʃuan⁵³miŋ⁵¹	运气 yn⁵³tɕʰi⁰	保佑 pau²¹iou⁵¹
昌黎	算卦 suan⁴²kua⁴⁵³	运气 yn⁴⁵tɕʰi⁰	保佑 pau²¹iou⁴⁵³
乐亭	算卦 suan⁵³kua⁵²	时气 ʂʅ³⁵tɕʰi⁰	保佑 pau²¹¹iou⁵²
蔚县	算命 suã¹³miŋ³¹² 算卦 suã¹³kua³¹²	运气 yn³¹tɕʰi⁰	保佑 pʌɯ⁴⁴iəu³¹²
涞水	算卦 suan³¹kua³¹⁴	运 yn³¹⁴	保佑 pau²⁴iou³¹⁴
霸州	算命 suan⁴⁵miŋ⁴¹	运气 yn⁴¹tɕʰi⁰	保佑 pau²⁴iou⁴¹
容城	算卦 suan⁴⁴kua⁵¹³	运气儿 yn⁵²tɕʰiər⁰	保佑 pau²¹iou⁰
雄县	算命 suãn⁵³⁴miŋ⁴¹	运气 yn⁴¹tɕʰi⁰	保佑 pau²⁴iou⁴¹
安新	算卦 suan⁵³kua⁵¹	运气 yn⁵³tɕʰi⁵¹	保佑 pau²¹iou⁵¹
满城	算卦 suan⁵³kua⁵¹²	运 yn⁵¹²	保佑 pau²¹iou⁵¹²
阜平	算卦 suæ̃⁵³kua⁵³	运气 ioŋ²⁴tɕʰi⁵³	保佑 pɔ⁵⁵iou⁵³
定州	算卦 suan⁵³kua⁵¹	时气 ʂʅ²¹¹tɕʰi⁰	保佑 pau²⁴iou⁵¹
无极	算命 suãn⁵¹miŋ⁴⁵¹	运气 yen⁵¹tɕʰi⁵¹	保佑 pɔ³⁵iəu⁵¹
辛集	算卦哩 suan⁴²kua³²⁴li⁰	时气 ʂʅ³⁵tɕʰi⁰	保佑 pau²⁴iou⁴¹ 保着哩 pau³²²tʂə⁰li⁰
衡水	算卦 suan³¹kua³¹	时气 ʂʅ⁵³tɕʰi³¹	
故城	算卦 suæ̃²⁴kua³¹ 算命 suæ̃²⁴miŋ³¹	运气 yẽ³¹tɕʰi⁰	保佑 pɔo⁵⁵iou³¹
巨鹿	算卦 suan³³kua²¹	运气 yən³³tɕʰi²¹	保佑 pau⁵⁵iou²¹
邢台	算卦 suan³³kua³¹	时气儿 ʂʅ⁵³tɕʰiər³¹	保佑 pau⁵⁵iou³¹
馆陶	算卦 suæn²⁴kua²¹	运气 yn²⁴tɕʰi²¹ 时运 ʂʅ⁵²yn⁰	保佑 pao⁴⁴iəu²¹ 保 pao⁴⁴
沧县	算卦 suan²³kua⁴¹	运气儿 yən⁴¹tɕʰiər⁴¹	保佑 pau²³iou⁴¹
献县	算卦 suæ̃³¹kua³¹	时气 ʂʅ⁵⁵tɕʰi⁰	保佑 pɔ²⁴iou³¹
平泉	算卦 suan⁵³kua⁵¹ 算命 suan⁵³miŋ⁵¹	命 miŋ⁵¹ 运气 yn⁵³tɕʰi⁵¹	保着 pau²¹tʂə⁰ 保佑 pau²¹iou⁵¹

（续表）

	0571 算命统称	0572 运气	0573 保佑
滦平	算卦 suan⁵¹kua⁵¹ 算命 suan⁵¹miŋ⁵¹	运气 yn⁵¹tɕʰi⁵¹	保佑 pɑu²¹iou⁵¹
廊坊	算卦 suan⁵³kua⁵¹ 算命 suan⁵³miŋ⁵¹	运气 yn⁵¹tɕʰi⁰	保佑 pɑu²¹iou⁵¹
魏县	算卦 ʂuan³¹kua³¹²	运气 yn³¹²tɕʰi⁰	保佑 pɑu⁵⁵iəu³¹²
张北	算卦 suæ²³kua²¹³	运气 yŋ²³tɕʰi⁰	保佑 pɑu⁵⁵iɐu⁰
万全	打卦 ta⁴⁴kua²¹³	运气 yəŋ²¹³tɕʰi⁰	保佑 pɔ⁴⁴iou²¹³
涿鹿	算卦 suæ²³kua³¹ 算命 suæ²³miŋ³¹	命 miŋ³¹	保佑 pɔ⁴⁵iəu³¹
平山	算卦 suæ²⁴kua⁴²	时气 ʂɿ⁴²tɕʰi⁰	保佑 pɔ⁵⁵uei⁴²
鹿泉	算卦 suæ³¹²kua³¹	运气 yẽ³¹²tɕʰi⁰	保佑 pɔ³⁵uoi³¹
赞皇	算命 suæ²⁴miŋ³¹	时气 ʂɿ⁵¹tɕʰi⁰	保佑 pɔ⁴⁵uei³¹
沙河	算卦 suã²¹kuɔ²¹	命 miəŋ²¹	保佑 pɑu³³iəu²¹
邯郸	算卦 suæ̃⁵³kɔ²¹	运气 yn⁵³tɕʰi²¹	保佑 pɑu⁵⁵iəu²¹
涉县	算卦 suæ̃⁵³kuɒ²⁴	运气 yəŋ⁵⁵tɕʰi⁰	保佑 pɑu⁵³iou²⁴

	0574 人 一个~	0575 男人 成年的，统称	0576 女人 三四十岁已婚的，统称①
兴隆	人 zən⁵⁵	老爷们儿 lau²¹iɛ⁵⁵mər⁰ 大老爷们儿 ta⁵¹lau²¹iɛ⁵⁵mər⁰ 男人 nan⁵⁵zən⁰	老娘们儿 lau²¹n̠ia⁵⁵mər⁰ 女人 n̠y²¹zən⁵⁵
北戴河	人 zən³⁵	男的 nan³⁵ti⁰	女的 n̠y²¹ti⁰ 老娘们儿 lau²¹n̠ia³⁵mər⁰
昌黎	人儿 zər²⁴ 人 zən²⁴	男的 nan⁴²ti²³	女的 n̠y²¹ti⁰
乐亭	人 zən³¹	老爷们儿 lau³³iɛ³¹mər⁰	老娘们儿 lau³³nia³¹mər⁰
蔚县	人 zəŋ⁴¹	男的 nã⁴¹ti⁰ 男人 nã⁴¹zəŋ⁰	女的 n̠y⁴⁴ti⁰ 女人 n̠y⁴⁴zəŋ⁰
涞水	人儿 zər⁴⁵	男的 nan²⁴ti⁰ 老爷们儿 lau⁴⁵iɛ²⁴mər⁰	娘们儿 n̠iaŋ²⁴mər⁰
霸州	人 zən⁵³	男的 nan⁵³tɤ⁰ 老爷们儿 lau²¹iɛ⁵³mər⁰ 大老爷们儿 ta⁴¹lau²¹iɛ⁵³mər⁰	女的 n̠y⁴¹tɤ⁰ 老娘们儿 lau²¹n̠ia⁵³mər⁰ 娘们儿 n̠ia⁵³mər⁰
容城	人 zən³⁵	男的 nan²¹ti⁰	女的 n̠y⁵²ti⁰
雄县	人 zən⁵³	老爷儿们儿 lau²¹iɛr⁵³mər⁰ 大老爷儿们儿 ta⁴¹lau²¹iɛr⁵³mər⁰ 男的 nãn⁵³tɤ⁰	老娘儿们儿 lau²¹n̠iar⁵³mər⁰ 女的 n̠y⁴¹tɤ⁰
安新	人 zən³¹	男的 nan³³ti⁰ 老爷们儿 lau⁴⁵iɛ³³mər⁰	老娘们儿 lau⁴⁵nia³³mər⁰② 妇女 fu⁵⁵n̠y²¹⁴
满城	人 zən²²	老父儿们 lau²¹fu²¹ər⁰mən⁰	老娘儿们 lau³⁵n̠iaŋ²²ər⁰mən⁰
阜平	人 zəŋ²⁴	男哩 næ⁵³li⁰ 老爷儿们儿 lɔ⁵⁵ier⁵³mər⁰	女哩 n̠y²¹li⁰ 妇女 fu⁵³n̠y⁰
定州	人儿 zər²⁴	男的 nan⁴²ti⁰	女的 n̠y²¹¹ti⁰
无极	人 zən²¹³	男哩 nãn³¹li⁰	女哩 n̠y³⁵li⁰
辛集	人儿 zər³⁵⁴	男哩 nan³⁵li⁰	娘们儿 n̠iaŋ³⁵mər⁰
衡水	人 in⁵³	爷们儿 iɛ²⁴mər⁰	娘们儿 n̠iaŋ²⁴mər⁰
故城	人 zẽ⁵³	男的 næ⁵⁵ti⁰ 爷们儿 iɛ⁵⁵mər⁰	女的 n̠y²⁴ti⁰ 娘们儿 n̠iaŋ⁵⁵mər⁰
巨鹿	人 in⁴¹	男哩 nẽ⁵³li⁰	女哩 n̠y⁵⁵li⁰

(续表)

	0574 人 一个~	0575 男人 成年的，统称	0576 女人 三四十岁已婚的，统称
邢台	人 in^{53} 人儿 zər^{53}	汉们儿 xan^{31}mər^{0}	娘们儿 niaŋ^{53}mər^{0}
馆陶	人 zən^{52}	男哩 næn^{52}li^{0} 男人 næn^{52}zən^{0}	媳妇 si^{52}fu^{0}
沧县	人 zən^{53}	男的 nan^{55}ti^{0}	女的 ny^{23}ti^{0} 通称 老娘们儿 lau^{23}n̩ia^{55}mər^{0}③
献县	人 zən^{53}	男的 næ^{55}ti^{0}	妇女 fu^{31}n̩y^{214}
平泉	人 zən^{35}	老爷们儿 lau^{21}iɛ^{35}mər^{0} 男人 nan^{35}zən^{35}	老娘们儿 lau^{21}niaŋ^{35}mər^{0} 女人 n̩y^{21}zən^{35}
滦平	人 zən^{35}	老爷们儿 lau^{21}iɛ^{35}mər^{0} 男的 nan^{35}tei^{0} 男人 nan^{35}zən^{35}	老娘们儿 lau^{21}niaŋ^{35}mər^{0} 女的 n̩y^{21}tei^{0} 女人 n̩y^{21}zən^{35}
廊坊	人 zən^{35}	老爷们儿 lau^{21}iɛ^{35}mər^{0} 男人 ŋan^{35}zən^{35}	妇女 fu^{53}n̩y^{214} 老娘们儿 lau^{31}niaŋ^{35}mər^{0}
魏县	人 zən^{53}	男嘞 nan^{53}lɛ^{0}	女嘞 n̩y^{55}lɛ^{0}
张北	人 zəŋ^{42}	男人 næ^{42}zəŋ^{0}	女人 n̩y^{55}zəŋ^{0} 女的 n̩y^{55}tə^{0}
万全	人 zəŋ^{41}	男的 nan^{41}tə^{0}	女的 n̩y^{55}tə^{0}
涿鹿	人 zəŋ^{42}	爷儿们 iɤr^{42}məŋ^{0}	娘儿们 n̩iãr^{42}məŋ^{0}
平山	人 zəŋ^{31}	汉们 xæ^{55}məŋ^{0}	娘们儿 niaŋ^{42}mər^{0}
鹿泉	人 zẽ^{55}	汉们 xæ^{31}mẽ^{0}	娘们儿 n̩iaŋ^{55}mər^{0}
赞皇	人 zəŋ^{54}	汉们 xæ^{51}məŋ^{0}	娘们儿 n̩iaŋ^{51}mər^{0}
沙河	人 zən^{51}	汉们 xã^{21}məŋ^{0}	娘们 nie^{51}məŋ^{0}
邯郸	人 zən^{53}	汉们 xæ^{13}məŋ^{0}	娘们儿 niaŋ^{53}mər^{0}
涉县	人 iəŋ^{41}	汉们 xæ^{55}məŋ^{0}	娘儿们 n̩iɤr^{41}məŋ^{0}

---

① 这里的注释内容不是给词下定义，仅是在限制调查对象的范围。
②③ 有轻蔑意味。

	0577 单身汉	0578 老姑娘	0579 婴儿
兴隆	光棍儿 kuaŋ³⁵kuər⁵¹ 单身汉 tan³⁵ʂən³⁵xan⁵¹	老姑娘 lau²¹ku³⁵n̠iaŋ⁰ 老丫头 lau²¹ia³⁵tʰou⁰ 老闺女 lau²¹kuei³⁵n̠y⁰	婴儿 iŋ³⁵ər⁵⁵
北戴河	光棍儿 kuaŋ⁴⁴kuər⁵¹	老姑娘 lau²¹ku⁴⁴n̠iaŋ⁰	小孩儿 ɕiau²¹xɐr³⁵
昌黎	光棍儿 kuaŋ²⁴kuər⁰	老老姑子 lau²⁴lau⁰ku⁴⁴tsʅ⁰ 家姑老儿 tɕia⁴⁴ku⁴⁴laur²¹³	小孩儿 ɕiau²⁴xɐr²⁴
乐亭	光棍儿 kuaŋ³⁵kuər⁵²	坐家女儿 tsuə⁵³tɕiau³³nyər³⁴	小孩子儿 ɕiau³³xai³¹tsər⁰
蔚县	光棍 kɔ⁵³kuŋ⁰	老闺女 lʌɯ⁴⁴kuei⁵³n̠y⁰	小孩儿 ɕiʌɯ⁴⁴xɐr⁴¹ 尿咕抓 n̠iʌɯ³¹ku⁰tsuɑ⁵³
涞水	光棍儿汉 kuaŋ⁵⁵kuər³¹xan³¹⁴	老闺女 lau²⁴kuei³³n̠i⁰	小孩儿 ɕiau²⁴xɐr⁴⁵① 婴儿 iŋ³³ŋər⁰
霸州	光棍儿 kuaŋ⁴⁵kuər⁴¹	老闺女 lau²⁴kuei²¹n̠y⁰	小月孩儿 ɕiau²¹yɛ⁴⁵xɐr⁰② 小孩儿 ɕiau²¹xɐr⁵³
容城	光棍儿 kuaŋ³⁵kuər⁵¹³	老闺女 lau²¹kuei³¹ni⁰	小娃娃儿 ɕiau⁴⁴ua²¹uər⁰
雄县	光棍儿 kuaŋ⁴⁵kuər⁴¹	老闺女 lau²⁴kuei⁴⁴n̠y⁰ 女光棍儿 n̠y²¹kuaŋ⁴⁵kuər⁴¹ 光棍儿 kuaŋ⁴⁵kuər⁴¹	小月孩儿 ɕiau²¹yɛ⁴⁵xɐr⁰③ 小孩儿 ɕiau²¹xɐr⁵³
安新	光棍儿 kuaŋ⁴⁵kuər⁵¹	老闺女 lau²¹kuei⁴⁵ni⁰④ 大闺女 ta⁵³kuei⁴⁵ni⁰ 通称	小月孩儿 ɕiau²¹yɛ⁵⁵xɐr⁰
满城	光棍儿 kuaŋ⁴⁵kuər⁵¹²	老姑娘 lau²¹ku⁴⁵n̠iaŋ⁰	小娃娃儿 ɕiau³⁵ua²²uər⁰
阜平	光棍儿 kuaŋ²⁴kuər⁵³	老闺女 lɔ⁵⁵kuei³¹n̠i⁰	小娃娃儿 ɕiɔ⁵⁵ua²¹uar⁰
定州	光棍儿 kuaŋ²¹¹kuər⁰	老闺女 lau²⁴kuən²¹¹n̠i⁰	小娃娃儿 siau²⁴ua²¹¹uɐr⁰
无极	光棍儿 kuaŋ³⁵kuər⁰	老闺女 lɔ³⁵kuen³⁵n̠i⁰	小娃儿娃儿 siɔ³⁵uɐr³¹uɐr⁰
辛集	光棍儿 kuaŋ³⁵kuər⁴¹	老闺女 lau³²⁴kuei³³n̠i⁰	娃娃 ua³⁵⁴ua⁴²
衡水	光棍儿 kuaŋ²¹kuər⁰	老姑娘 lau²¹ku⁰n̠iaŋ⁰	小月孩儿 ɕiau⁵⁵yɛ⁵³xɐr⁰
故城	光棍儿 kuaŋ²⁴kuər⁰	老姑娘 lɔ²⁴ku⁰n̠iaŋ⁰	宝宝儿 pɔɔ²⁴pɔɔr⁰ 小娃娃儿 ɕiɔɔ⁵⁵va⁵⁵vɐr⁰
巨鹿	光棍儿 kuaŋ³³kuər²¹	老闺女 lau⁵⁵kuei³³n̠y⁰	小月子孩儿 ɕiau⁵⁵yɛ⁵³tsʅ⁰xar⁴¹
邢台	光棍儿 kuaŋ³⁴kuər³¹	老闺女 lau⁵⁵kuei³⁴ni³⁴	月里孩子 yɛ³¹li⁰xai⁵³ə⁰ 小孩子儿 siau⁵⁵xai⁵³tsər⁰
馆陶	光棍儿 kuaŋ⁴⁴kuər²¹	老闺女 lao⁴⁴kuei²⁴n̠y⁰	吃奶哩 tʂʰʅ²¹nai⁴⁴li⁰

(续表)

	0577 单身汉	0578 老姑娘	0579 婴儿
沧县	光棍儿 kuaŋ²³kuər⁴¹	老闺女 lau²³kuei⁴¹n̠i⁰	月孩子 ye⁵³xai⁰tsʅ⁰
献县	光棍儿汉子 kuã³³kuəz̩³¹xæ̃³³¹tsʅ⁰	大姑 ta³¹ku³³ 老闺女 lɔ²⁴kuei³³n̠y⁰	月孩子 ye³³¹xɛ⁰tsʅ⁰
平泉	光棍儿 kuaŋ⁵⁵kuər⁵¹ 单身汉 tan⁵⁵ʂən⁵⁵xan⁵¹	老姑娘 lau²¹ku³⁵niaŋ⁰ 老丫头 lau²¹ia³⁵tʰou⁰ 老闺女 lau²¹kuei³⁵n̠y⁰	婴儿 iŋ⁵⁵ər³⁵
滦平	光棍儿 kuaŋ⁵⁵kuər⁵¹ 单身汉 tan⁵⁵ʂən⁵⁵xan⁵¹	老丫头 lau²¹ia⁵⁵tʰou⁰ 老闺女 lau²¹kuei⁵⁵n̠y⁰ 老姑娘 lau²¹ku⁵⁵n̠iaŋ⁰	婴儿 iŋ⁵⁵ər³⁵
廊坊	光棍儿 kuaŋ⁵⁵kuər⁵¹	老姑娘 lau²¹ku⁵⁵n̠iaŋ⁰	小孩儿 ɕiau²¹xɐr³⁵
魏县	光棍儿 kuaŋ⁵⁵kuər³¹² 光老汉儿 kuaŋ³³lau⁵⁵xɐr³¹²	老闺女种 lau⁵⁵kuɛ³³n̠y⁰tʂuŋ⁵⁵ 老姑娘 lau⁵⁵ku³³n̠iaŋ⁵³	吃奶孩子 tʂʰe³³nai⁵⁵xai⁵³tɛ⁰
张北	光棍儿 kuɔ⁴²kuɐr²¹³	老姑娘 lau⁵⁵ku⁴²n̠iɔ̃⁰	小孩孩 ɕiau⁵⁵xai⁴²xai⁰
万全	光光汉 kuaŋ⁴¹kuaŋ⁴¹xan⁰	老闺女 lɔ⁵⁵kuei⁴⁴n̠y⁵⁵	小孩儿孩儿 ɕiɔ⁴⁴xɐr⁴¹xɐr⁰
涿鹿	光棍儿汉儿 kuã⁴²kuɐ̃r⁰xɐr³¹	老闺女 lɔ⁴⁵kuei⁴²n̠y⁰	小孩子 ɕiɔ⁴⁵xɤ⁴²ə⁰
平山	光棍儿 kuaŋ⁴²kuər⁰	老闺女 lɔ⁵⁵kuæi⁵⁵n̠i⁰	小娃娃儿 siə⁵⁵ua⁴²uɐr⁰
鹿泉	光棍儿 kuaŋ⁵⁵kuər⁰	老闺女 lɔ³⁵kuei⁵⁵n̠iɤ⁰	娃娃儿 ua⁵⁵uar⁰
赞皇	光棍儿 kuaŋ⁴⁵kuər⁰	老女子 lɔ⁴⁵n̠y⁴⁵tsə⁰	娃娃儿 ua⁵⁴uar⁰
沙河	光棍儿 kuaŋ⁴¹kuər⁰	老闺女 lau³³kuei⁴¹n̠y⁰	月子孩子 yəʔ²tə⁰xai⁵¹tə⁰
邯郸	光棍汉儿 kuaŋ⁵⁵kun⁵³xɐr²¹	老闺女 lau⁵⁵kuəi³¹nieʔ⁰	月子孩儿 yʌʔ²⁴tə⁰xɐr⁵³
涉县	光棍汉儿 kuã⁵⁵kuaŋ⁵³xɐr²⁴ 光棍儿 kuã⁵⁵kuər⁰	老闺女 lau⁵³kuəʔ⁰n̠y⁰	吃奶孩子 tsʰə̩ʔ³²nai⁵³xai²⁴ə⁰

---

① 本地原无专用词语表示婴儿。
②③ 满月前的。
④ 家里最小的大龄仍未出嫁的女儿。

	0580 小孩 三四岁的，统称	0581 男孩 统称：外面有个~在哭	0582 女孩 统称：外面有个~在哭
兴隆	小孩儿 ɕiau²¹xɐr⁵⁵	男孩儿 nan⁵⁵xɐr⁵⁵ 小子 ɕiau²¹tsɿ⁰	丫头 ia³⁵tʰou⁰ 女孩儿 ny²¹xɐr⁵⁵
北戴河	小孩儿 ɕiau²¹xɐr³⁵	小子 ɕiau²¹tʃɿ⁰	丫头 ia⁴⁴tʰou⁰
昌黎	小孩儿 ɕiau²⁴xɐr²⁴	小子 ɕiau²¹tsɿ⁰	丫头 ia²¹³tʰou⁰
乐亭	小孩子儿 ɕiau³³xai³¹tsər⁰	小小子儿 ɕiau³³ɕie²¹¹tsər⁰	小丫头儿 ɕiau³³ia³¹tʰour⁰
蔚县	小孩儿 ɕiʌɯ⁴⁴xɐr⁴¹	小小儿 ɕiʌɯ⁵³ɕiʌɯ⁴⁴ 小小子 ɕiʌɯ⁴⁴ɕiʌɯ⁴⁴tsɿ⁰ 男孩儿 nãn⁴¹xɐr⁴¹	小女子 ɕiʌɯ⁴⁴ny⁴⁴tsɿ⁰ 女孩儿 ny⁴⁴xɐr⁴¹
涞水	小孩儿 ɕiau²⁴xɐr⁴⁵	小小子儿 ɕiau²⁴ɕiau³¹tsər⁰	小闺女儿 ɕiau²⁴kuei³³n̠yr⁰
霸州	小孩儿 ɕiau²¹xɐr⁵³	小小儿 ɕiau²⁴ɕiau⁴¹tsər⁰	小闺女儿 ɕiau²⁴kuei²¹n̠yr⁰
容城	小孩儿 ɕiau²¹xɐr³⁵	小小儿 ɕiau³⁵ɕiau⁵²tsər⁰	小闺女儿 ɕiau²¹kuei³¹niər⁰
雄县	小孩儿 ɕiau²¹xɐr⁵³	小小儿 ɕiau²⁴ɕiau⁴¹tsər⁰	小闺女儿 ɕiau²⁴kuei⁴⁴n̠yr⁰
安新	孩子 xai³³tsɿ⁰	小小儿 ɕiau²¹ɕiau⁵³tsər⁰	小闺女儿 ɕiau²¹kuei⁴⁵niər⁰
满城	小人儿 ɕiau²¹zər⁰	小小儿 ɕiau²¹ɕiau⁴²tsər⁰	小丫头儿 ɕiau²¹ia⁴⁵tʰou²²ər⁰
阜平	小孩儿 ɕiɔ⁵⁵xɐr²⁴	小子 ɕiɔ²¹tsɿ⁰	闺女 kuei³¹n̠i⁰
定州	小孩子儿 siau²⁴xai⁴²tsər⁰	小小儿 siau²⁴siau²¹¹tsər⁰	小闺女儿 siau²⁴kuən²¹¹niər⁰
无极	小孩子儿 siɔ³⁵xæ³¹tsər⁰	小子 siɔ³⁵tsɿ⁰	闺女 kuen³¹n̠i⁰
辛集	小孩儿 siau²⁴xɐr³⁵⁴	小小子儿 siau³²⁴siau³⁵tsər³⁴	小闺女儿 siau³²⁴kuei³³niər³⁵⁴
衡水	小孩儿 ɕiau⁵⁵xɐr⁵³	小小儿 ɕiau⁵⁵ɕiau²¹tsər⁰	小妮儿 ɕiau⁵⁵n̠iər²⁴
故城	小孩儿 ɕiɔ²⁴xɐr⁵³	小小儿 ɕiɔ⁵⁵ɕiɔ²⁴tsər⁰	小妮儿 ɕiɔ³¹n̠iər²⁴ 小闺女儿 ɕiɔ⁵⁵kuei²¹n̠yər⁰
巨鹿	小孩儿 ɕiau⁵⁵xar⁴¹	小小儿 ɕiau⁵⁵ɕiaur⁵⁵	小妮儿 ɕiau⁵⁵n̠iər³³
邢台	小孩子 siau⁵⁵xai⁵³ə⁰	小子 siau⁵⁵ə⁰ 小小子儿 siau⁵³siau⁵⁵tsər⁰	小妮子 siau⁴³ni³⁴ə⁰ 小闺女 siau⁴³kuei³⁴niər⁵³
馆陶	小孩儿 ɕiao⁴⁴xɐr⁵²	小子 siao⁴⁴tə⁰	女孩儿 ny⁴⁴xɐr⁵²
沧县	小孩儿 ɕiau⁵⁵xɐr⁵³	小小子 ɕiau⁵³ɕiau²³tsɿ⁰	小丫头儿 ɕiau⁵⁵ia⁴¹tʰour⁰
献县	小孩儿 ɕiɔ²¹xɐr⁵³	小小子儿 ɕiɔ²⁴ɕiɔ²¹tsəʐ⁰	小闺女儿 ɕiɔ²⁴kuei³³n̠iour⁰
平泉	小孩儿 ɕiau²¹xɐr³⁵	小子 ɕiau²¹tsɿ⁰ 男孩儿 nan³⁵xɐr³⁵	丫头 ia⁵⁵tʰou⁰ 闺女 kuei⁵⁵ny⁰ 女孩儿 ny²¹xɐr³⁵

(续表)

	0580 小孩 三四岁的，统称	0581 男孩 统称；外面有个~在哭	0582 女孩 统称；外面有个~在哭
滦平	小孩儿 ɕiɑu²¹xɐr³⁵	男孩儿 nan³⁵xɐr³⁵	女孩儿 n̩y²¹xɐr³⁵
廊坊	小孩儿 ɕiɑu²¹xɐr³⁵	小小子儿 ɕiɑu³⁵ɕiɑu²¹tsər⁰	小闺女儿 ɕiɑu²¹kuei⁵⁵n̩iər⁰ 小姑娘儿 ɕiɑu²¹ku⁵⁵n̩iɑ̃r⁰
魏县	小毛孩儿 ɕiɑu⁵⁵mɑu⁵³xɐr⁵³	小儿 ɕiɑur⁵⁵ 小子 ɕiɑu⁵⁵tə⁰	妮儿 niər³³ 小闺女儿 ɕiɑu⁵⁵kuɛ³³n̩yər³³
张北	小孩儿 ɕiɑu⁵⁵xɐr⁴²	小小子儿 ɕiɑu⁴²ɕiɑu⁵⁵tsər⁰	小闺女儿 ɕiɑu⁵⁵kuei⁴²n̩yər⁰
万全	小孩儿 ɕiɔ⁵⁵xɐr²¹³	小子 ɕiɔ⁵⁵tsə⁰	丫头 iɑ⁴¹tʰou⁰
涿鹿	小孩儿 ɕiɔ⁴⁵xɐr⁵²	小子 ɕiɔ⁵⁵ə⁰	小女子 ɕiɔ⁵³n̩y⁵⁵ə⁰
平山	小孩儿 siɑ⁵⁵xər⁵³	小小子儿 siɑ⁵⁵siɑ⁵⁵tsər⁰	小闺女儿 siɑ⁵⁵kuæi⁴²n̩iər⁰
鹿泉	小孩儿 siɔ³⁵xɐr⁵⁵	小小子儿 siɔ⁵⁵siɔ³⁵tər⁰	小闺女儿 siɔ³⁵kuei⁵⁵n̩iər⁰
赞皇	小孩子儿 siɔ⁴⁵xɛ³²tsər⁰	小小子儿 siɔ⁵⁵siɔ⁴⁵tsər⁰	小闺女儿 siɔ⁴⁵kuei⁵⁴n̩yər⁰
沙河	小孩儿 siɑu³³xɑr⁵¹	小子 siɑu³³tə⁰	小闺女儿 siɑu³³kuei⁴¹niər⁰
邯郸	小孩子 siɑu⁵⁵xai⁵³tə⁰	小子 siɑu⁵⁵tə⁰	闺女 kuəi³¹nieʔ⁰
涉县	孩子 xai⁴¹ə⁰	小子 ɕiɑu⁵³ə⁰	闺女 kuəʔ³²n̩y⁰

	0583 老人 七八十岁的，统称	0584 亲戚 统称	0585 朋友 统称
兴隆	老人 lau²¹zən⁵⁵ 老年人儿 lau²¹ɲian⁵⁵zər⁵⁵ 上岁数的 ʂaŋ⁵³suei⁵¹ʂu⁰tə⁰	亲戚 tɕʰin³⁵tɕʰi⁰	朋友 pʰəŋ⁵⁵iou⁰
北戴河	到岁数的 tau⁵³ʃuei⁵³ʃu⁰ti⁰	亲戚 tɕʰin⁴⁴tɕʰi⁰	朋友 pʰəŋ³⁵iou⁰
昌黎	年纪人儿 ɲian⁴²tɕi²⁴zər²⁴ 老人 lau²¹zən⁰	亲戚儿 tɕʰin⁴²tɕʰiər⁰	朋友 pʰəŋ⁴²iou²³ 相好的 ɕiaŋ³⁴xau²¹ti⁰
乐亭	老人 lau²¹¹zən⁰	亲戚 tɕʰiən³¹tɕʰi⁰	朋友 pʰəŋ³¹iou⁰
蔚县	老人 lʌɯ⁴⁴zəŋ⁰	亲戚 tɕʰiŋ⁵³tɕʰi⁰	相好的 ɕiɔ⁵³xɯ⁴⁴ti⁰ 朋友 pʰəŋ⁴¹iəu⁰
涞水	老人 lau²⁴zən⁴⁵	亲戚 tɕʰin³³tɕʰi⁰	朋友 pʰəŋ⁴⁵iou⁰
霸州	上岁数儿的 ʂaŋ⁴⁵suẽ⁴¹ʂuʴ⁰tɤ⁰	亲亲 tɕʰin²¹tɕʰin⁰	朋友 pʰəŋ⁴⁵iou⁰
容城	老人 lau²¹zən⁰	亲戚 tɕʰin³¹tɕʰi⁰	朋友 pʰəŋ³¹iou⁰
雄县	上岁数儿的 ʂaŋ⁴¹suei⁴¹ʂuʴ⁰tɤ⁰	亲戚儿 tɕʰin⁴⁴tɕʰiər⁰	朋友 pʰəŋ⁴⁵iou⁰
安新	老人 lau⁴⁵zən³¹	亲戚儿 tɕʰin⁴⁵tɕʰiər⁰	不错的 pu²¹tsʰuo⁵⁵ti⁰
满城	老人儿 lau²¹zər⁰	亲戚儿 tɕʰin⁴⁵tɕʰiər⁰	朋友 pʰəŋ²²iou⁰
阜平	老人 lɔ⁵⁵zəŋ²⁴	亲戚 tɕʰin³¹tɕʰi⁰	朋友 pʰəŋ²¹iou⁰
定州	老人儿 lau²⁴zər²⁴	亲戚 tsʰin³³tsʰi⁰	不错的 pu³³tsʰuo³⁵ti⁰ 不生古的 pu³³ka²¹¹ku⁰ti⁰
无极	老人 lɔ³⁵zən²¹³	亲亲 tsʰien³¹tsʰien⁰	不赖哩人儿 pu³¹ləi³⁵li⁰zər²¹³
辛集	老人 lau²⁴zən³⁵⁴ 老头儿老婆儿 lau³²²tʰour⁰lau³²²pʰər⁰	亲亲 tsʰiən³⁵⁴tsʰiən³³	就伴儿哩 tsiou⁴²per³²⁴li⁰ 不赖哩 pu³⁵lai⁴¹li⁰ 伙计 xuə³²²tɕʰi⁰
衡水	老头儿 lau⁵⁵tʰəur⁵³ 老婆儿 lau⁵⁵pʰor⁵³	客 tɕʰiɛ²⁴	朋友 pʰəŋ²⁴iəu⁰
故城	老人家 lɔo²⁴zə̃⁵⁵tɕia⁰ 老头儿 lɔo²⁴tʰour⁵³ 老妈妈 lɔo⁵⁵ma²⁴ma⁰	亲家 tɕʰiẽ²¹tɕia⁰	朋友 pʰəŋ⁵⁵iou⁰ 不错的 pu²⁴tsʰuʴ⁵³ti⁰
巨鹿	老家人 lau⁵⁵tɕia⁰iər⁴¹	亲家 tɕʰin³³tɕia⁰	朋友 pʰəŋ⁵³iou⁰
邢台	老人儿 lau⁵⁵zər⁵³	亲戚 tsʰin³⁴tsʰi⁰	朋友 pʰəŋ⁵³iou⁰
馆陶	老人 lao⁴⁴zen⁵²	亲戚 tsʰin²²tsʰi⁰	朋友 pʰəŋ⁵²iəu⁰ 相好哩 siaŋ⁴⁴xao⁴⁴li⁰

(续表)

	0583 老人 七八十岁的，统称	0584 亲戚 统称	0585 朋友 统称
沧县	老人 lau⁵⁵zən⁵³	亲亲 tɕʰiən⁴¹tɕʰiən⁰	朋友 pʰəŋ⁵³iou⁰
献县	老人 lɔ²¹zən⁵³	亲戚 tɕʰin³³tɕʰi⁰	朋友 pʰən⁵³iou²¹⁴
平泉	老人 lau²¹zən³⁵	亲戚 tɕʰin⁵⁵tɕʰi⁰	朋友 pʰəŋ³⁵iou⁰
滦平	老人 lau²¹zən³⁵	亲戚 tɕʰin⁵⁵tɕʰi⁰	朋友 pʰəŋ³⁵iou⁰
廊坊	老人 lau²¹zən³⁵	亲亲 tɕʰin⁵⁵tɕʰin⁰	朋友 pʰəŋ³⁵iou⁰
魏县	老人 lau⁵⁵zən⁵³	亲亲 tɕʰin³³tɕʰin⁰	朋友 pʰəŋ⁵³iəu³¹²
张北	老人 lau⁵⁵zəŋ⁴²	亲戚 tɕʰin⁴²tɕʰi⁰	朋友 pʰəŋ⁴²iəu⁵⁵
万全	老人 lɔ⁴⁴zəŋ⁴¹	亲家 tɕʰiəŋ⁴¹tɕia⁰	朋友 pʰəŋ⁴⁴iou⁵⁵
涿鹿	老人 lɔ⁴⁵zəŋ⁵²	亲戚 tɕʰiŋ⁴²tɕʰi⁰	伙伴儿 xuə⁴⁵pɐr³¹
平山	老人 lɔ⁵⁵zəŋ³¹ 上年纪儿的 ʂaŋ⁴²n̩iæ⁴²tɕiər⁰ti⁰	亲戚 tsʰiŋ⁴²tsʰi⁰	不赖的 pu³¹lɛ⁵⁵ti⁰
鹿泉	老人 lɔ³⁵zẽ⁵⁵	亲亲 tsʰiẽ⁵⁵tsʰiẽ⁰	朋友 pʰəŋ⁵⁵iou⁰
赞皇	上岁数儿哩 ʂaŋ³¹²suei³¹ʂʅur⁰li⁰	亲亲 tsʰin⁵⁴tsʰin⁰	不赖哩 pu²⁴lɛ⁵¹li⁰
沙河	上岁数嘞 ʂaŋ²¹suei²¹ʂu⁰le⁰	亲戚 tsʰiən⁴¹tsʰi⁰	弟兄 ti²¹ɕioŋ⁰
邯郸	老人 lau⁵⁵zən⁵³	亲亲 tsʰin³¹tsʰin⁰	朋友 pʰəŋ⁵³iəu⁰
涉县	老汉儿 lau⁵³xɐr²⁴	亲戚 tɕʰiəŋ⁴¹tɕʰiaʔ⁰	朋友 pʰəŋ⁴¹²iou⁵³

	0586 邻居 统称	0587 客人	0588 农民
兴隆	邻居 lin⁵⁵tɕy⁰ 隔壁子 tɕie⁵¹pi²¹tsʅ⁰	客 tɕʰiɛ²¹³ 客人 kʰə⁵¹zən⁰	农民 noŋ⁵⁵min⁵⁵
北戴河	隔壁子 tɕie⁵³pi²¹tʃʅ⁰	客 tɕʰiɛ²¹⁴	老农 lau²¹nəŋ³⁵
昌黎	隔壁儿 tɕie⁴²piər²¹³① 对门儿 tuei⁴²mər²⁴ 邻居 lin⁴²tɕy²³	客 tɕʰiɛ²¹³ 客人 kʰɤ⁴⁵zən⁰	庄稼人 tsuan²⁴tɕie⁰zən²⁴ 农民 nəŋ²⁴min⁰
乐亭	隔壁儿 tɕie⁵³piər³⁴	客 tɕʰiɛ³⁴	庄稼人儿 tʂuan³⁵tɕie⁰zər²¹²
蔚县	邻居 liŋ⁴¹tɕy⁰	客人 tɕʰiə⁵³zəŋ⁰	种地的 tsuŋ¹³ti³¹ti⁰ 社员儿 sɤ¹³yɐr⁴¹ 农业社 nəŋ⁴¹iə⁰sɤ³¹ti⁰
涞水	隔壁儿 tɕie³¹piər³¹⁴②	客 tɕʰiɛ²⁴③ 客人 kʰɤ³¹zən⁴⁵④	老百姓 lau⁴⁵pai²⁴ɕiŋ⁰
霸州	街坊 tɕie²¹faŋ⁰	客 tɕʰiɛ²¹⁴	庄稼主儿 tʂuaŋ²¹tɕia⁰tʂur²¹⁴
容城	街坊 tɕie³¹faŋ⁰	客 tɕʰiɛ²¹³	农民 nən³¹min⁰
雄县	街坊 tɕie⁴⁴faŋ⁰	客 tɕʰiɛ²¹⁴	种地的 tsuŋ⁴¹ti²¹tɤ⁰ 庄稼主儿 tsuaŋ⁴⁵tɕia⁰tʂur²¹⁴
安新	邻室儿 lin³³ʂər⁰ 邻居 lin³³tɕy⁰	客 tɕʰiɛ²¹⁴ 客人 kʰɤ⁵³zən³¹⑤	庄稼人 tʂuan⁴⁵tɕia⁰zən³¹
满城	街坊 tɕie⁴⁵faŋ⁰	客 tɕʰiɛ²¹³	庄稼人 tʂuan⁴⁵tɕia⁰zən²²
阜平	邻家 liŋ⁵³tɕia⁰	客人 tɕʰiɛ²¹zəŋ⁰⑥ 客人 kʰɤ⁵³zəŋ⁰⑦	老百姓 lɔ⁵⁵pæ²¹ɕiŋ⁰
定州	隔壁儿 tɕie³³pi²¹¹iər⁰	客 tɕʰiɛ³³	农民 nəŋ²¹³min⁰
无极	邻家 lien³¹tɕia⁰	客 tɕʰiɛ²¹³⑧ 客人 kʰɤ⁵¹zen²¹³⑨	庄稼主儿 tʂuan³⁵tɕia⁰tʂur³⁵
辛集	邻家 liən³⁵tɕia⁰	客 tɕʰiɛ³³	种地哩 tʂoŋ⁴²ti³²⁴li⁰
衡水	邻家 lin²⁴tɕia⁰	客人 kʰɤ⁵³in⁰	庄稼人 tʂuan³¹tɕia⁰in⁵³
故城	邻居 liᴇ⁵⁵tɕy⁰ 左邻右舍 tsuɤ²⁴liᴇ⁵³iou³¹ʂɤ⁵⁵	客人 kʰɤ⁵³zẽ⁰ 客 tɕʰiɛ²⁴	庄稼人 tʂuan²¹tɕia⁰zẽ⁵³ 种地的 tsuŋ³¹ti⁵³ti⁰
巨鹿	邻家 lin⁵³tɕia⁰	客人 kʰɤ³³in⁴¹	种地哩 tʂoŋ³³ti⁵³li⁰
邢台	邻家 lin⁵³tɕia³⁴	客 kʰə³¹/tɕʰiɛ³¹	庄稼人儿 tʂuan³⁴tɕia⁰zər⁵³
馆陶	邻居 lin⁵²tɕy⁰	客人 kʰɤ²¹zen⁵²	农民 nuŋ⁵²min⁵² 种地哩 tʂuŋ²⁴ti²¹li⁰
沧县	邻室 lien⁵⁵ʂʅ⁰	客 tɕʰiɛ²³	庄稼人 tʂuan⁴¹tɕia⁰zən⁵³

（续表）

	0586 邻居 统称	0587 客人	0588 农民
献县	邻室家 lin⁵⁵ʂʅ⁰tɕia⁰	客 tɕʰie³³	庄稼人 tʂuã³³tɕia⁰zən⁵³
平泉	隔壁子 tɕie⁵³pi²¹tsʅ⁰ 邻居 lin³⁵tɕy⁰	客 tɕʰie²¹⁴ 客人 kʰə⁵³zən³⁵	农民 nən³⁵min³⁵ / nuŋ³⁵min³⁵
滦平	邻居 lin³⁵tɕy⁰	客 tɕʰie²¹⁴ 客人 kʰə⁵¹zən³⁵	庄稼人 tʂuan⁵⁵tɕia⁰zən³⁵ 农民 nuŋ³⁵min³⁵
廊坊	街坊 tɕie⁵⁵faŋ⁰	客人 kʰɤ⁵³zən³⁵ 客 tɕʰie²¹⁴	农民 ŋuŋ³⁵min³⁵ 庄稼人 tʂuan⁵⁵tɕia⁰zən³⁵
魏县	邻家 lin⁵³tɕia³¹²	客人 kʰɛ³³zən⁰	种地嘞 tʂuŋ³¹ti³¹²lɛ⁰
张北	隔壁儿的 tɕie⁵⁵piər⁴²tə⁰ 邻居 liŋ⁴²tɕy⁰	客人 tɕʰiəʔ³zən²¹³	种地的 tsuŋ²³ti²¹³tə⁰
万全	隔壁子 tɕiə²²piə²²tsə⁰	客人 tɕʰiəʔ²²zəŋ⁰	庄户人 tsuə⁴¹xu⁰zəŋ⁴¹
涿鹿	隔壁 kʌʔ⁴³piʌʔ⁴³	客人 kʰə³¹zəŋ⁰	庄伙佬儿 tsuŋ⁴²xuə⁰lər⁴⁵
平山	邻家 liŋ⁴²tɕia⁰	客生 tɕʰiə²¹səŋ⁰	种地的 tʂoŋ²⁴ti⁵⁵ti⁰
鹿泉	邻家 liẽ⁵⁵tɕia⁰	客 tɕʰiʌ¹³	种地嘞 tʂuŋ³⁵ti³¹lɛ⁰
赞皇	邻家 lian⁵¹tɕia⁰	客 tɕʰie²⁴	种地哩 tʂuŋ³¹²ti⁵¹li⁰
沙河	邻家 liaŋ⁵¹tɕiɔ⁰	客人 kʰəʔ²zən⁵¹	种地嘞 tʂoŋ²¹ti²¹lɛ⁰
邯郸	邻家 lin⁵³tɕiɔ⁰	客人 kʰʌʔ²zən⁰	种地嘞 tʂuŋ⁵³ti²¹ləi⁰
涉县	邻家 lian⁴¹tɕiɔ⁰	客人 kʰəʔ³²iəŋ⁰⑩ 客儿 kʰɐr⁵⁵⑪	农民 nuəŋ⁴¹miəŋ⁰

---

① "隔壁儿"也说"隔壁子 tɕie⁴²pi²¹tsʅ⁰"，是住在左右两边的；"对门儿"也说"对门子 tuei⁴²mən⁴³tsʅ²³"，是住在对面的。
② 一般只指房屋相接的邻居。
③⑥⑧ 有血缘、亲戚关系的。
④⑤⑦⑨ 没有血缘、亲戚关系的。
⑩ 向家人以外的人做介绍时用。
⑪ 向家人做介绍时用。

	0589 商人	0590 手艺人 统称	0591 泥水匠
兴隆	做买卖儿的 tsuo⁵¹mai²¹mɚ⁰tə⁰ 商人 ʂaŋ³⁵zən⁰	耍手艺的 ʂua³⁵ʂou²¹i⁵¹tə⁰ 手艺人 ʂou²¹i⁰zən⁵⁵	瓦匠 ua⁵¹tɕiaŋ⁰ 泥瓦匠 ȵi⁵⁵ua²¹tɕiaŋ⁵¹
北戴河	买卖人 mai²¹mai⁰zən³⁵	手艺人 ʃou²¹i⁰zən³⁵	泥瓦匠 ȵi³⁵ua²¹tɕiaŋ⁵¹
昌黎	买卖人 mai²¹mai⁰zən⁰	手艺人 sou²¹i⁰zən⁰	瓦工 ua²¹kuŋ⁰ 泥水匠 ȵi⁴³ʂuei²¹tɕiaŋ⁴⁵³
乐亭	买卖人儿 mai²¹¹mei⁰zɚ²¹²	手艺人儿 ʂou²¹¹i⁰zɚ²¹²	瓦匠 ua⁵⁵tɕiaŋ⁰
蔚县	做买卖的 tsuɤ⁵³mei⁴⁴mei⁰ti⁰	耍手艺的 sua⁵³sou⁴⁴i⁰ti⁰	泥工 ȵi³¹kuŋ⁰
涞水	做买卖的 tsou³¹mai²⁴mai⁰ti⁰	耍手艺的 ʂua²⁴sou²⁴i⁰ti⁰	瓦匠 ua²⁴tɕiaŋ⁰
霸州	做买卖的 tsou⁴¹mai²¹mai⁰tɤ⁰	耍手艺的 ʂua²⁴sou²¹i⁰tɤ⁰	瓦匠 ua²¹tɕiaŋ⁰
容城	做买卖的 tsuo⁴⁴mai²¹mai⁰ti⁰	手艺人儿 sou²¹i⁰zɚr³⁵	瓦匠 ua²¹tɕiaŋ⁰
雄县	做买卖的 tsuo⁴¹mai²¹mai⁰tɤ⁰	耍手艺的 sua²⁴sou²¹i⁰tɤ⁰	瓦匠 ua²¹tɕiaŋ⁰
安新	做买卖的 tsou⁵³mai²¹mai⁰ti⁰	耍手艺的 ʂua⁴⁵sou²¹i⁰ti⁰ 技术人儿 tɕi⁵⁵ʂu⁰zɚr³¹	瓦匠 ua²¹tɕiaŋ⁵¹
满城	做买卖的 tsou⁵³mai²¹mai⁰ti⁰	把式 pa⁴²ʂʅ⁰	瓦匠 ua²¹tɕiaŋ⁰
阜平	做生意的 tsuɤ⁵³ʂəŋ³¹i⁰ti⁰	技术人 tɕi⁵⁵ʂu⁵⁵zəŋ²⁴	水泥匠 ʂei⁵⁵ȵi⁵⁵tɕiaŋ⁵³
定州	做买卖的 tsou⁵¹mai²¹¹mai⁰ti⁰	耍手艺的 ʂua²⁴sou²¹¹i⁰ti⁰	瓦匠 ua²¹tɕiaŋ⁰
无极	商人 ʂaŋ³¹zen⁰	（某人）有手艺 iəu³⁵ʂou³⁵i⁵¹	泥瓦匠 ȵi³¹ua³⁵tsiaŋ⁵¹
辛集	做买儿卖儿哩 tsou⁴¹mɚ³²²mɚ⁴¹li⁰	耍手艺哩 ʂa³²⁴sou²⁴i⁴¹li⁰	瓦匠 ua³²⁴tsiaŋ³¹
衡水	买卖人 mai²¹mai⁰in⁵³	耍手艺的 sua⁵⁵sou⁵⁵i⁵³ti⁰	瓦匠 va²¹tɕiaŋ⁰
故城	买卖人 mæ²⁴mæ⁰zə̃⁵³	手艺人 sou²⁴i⁰zə̃⁵³	瓦匠 va²⁴tɕiaŋ⁰
巨鹿	做买儿卖儿哩 tsou²¹mɚ⁵⁵mɚ⁰li⁰	把式 pa⁵⁵ɕi²¹	盖房哩 kai²¹fã⁵³li⁰
邢台	买卖人儿 mai⁵⁵mai⁰iər⁵³	艺人 i³¹zən⁵³	瓦工 va⁵⁵kuŋ³⁴
馆陶	做买卖哩 tsəu²¹mai⁴⁴mai⁰li⁰ 做生意哩 tsuo²⁴ʂəŋ²⁴i²¹li⁰	手艺人 ʂəu⁴⁴i²¹zən⁵²	瓦工 ua²¹kuŋ²⁴
沧县	做买卖的 tsou⁴¹mai²³mai⁰ti⁰	手艺人 sou⁵⁵i⁴¹zən⁵³	瓦儿匠 uʌr⁴¹tɕiaŋ⁰
献县	做买卖的 tsou³¹me²⁴me⁵³ti⁰	手艺人 sou²⁴i³¹zən⁵³	瓦匠 ua²⁴tɕiã³¹
平泉	做买卖的 tsuo⁵³mai²¹mai⁰tə⁰ 商人 ʂaŋ⁵⁵zən³⁵	手艺人 ʂou²¹i⁰zən³⁵	瓦匠 ua⁵³tɕiaŋ⁵¹ 泥水匠 ni³⁵ʂuei²¹tɕiaŋ⁵¹

（续表）

	0589 商人	0590 手艺人 统称	0591 泥水匠
滦平	买卖人 mai²¹mai⁰zən³⁵ 商人 ʂaŋ⁵⁵zən³⁵	手艺人 ʂou²¹i⁰zən³⁵	瓦匠 uɑ⁵¹tɕiaŋ⁰ 泥水匠 ȵi³⁵ʂuei²¹tɕiaŋ⁵¹
廊坊	做买卖的 tsuo⁵³mai²¹mai⁰tɤ⁰ 买卖人儿 mai²¹mai⁰zər³⁵	手艺人儿 ʂou²¹i⁰zər³⁵	瓦匠 ua²¹tɕiaŋ⁵¹
魏县	做买卖嘞 tsue³³mai⁵⁵mai³¹²le⁰	手艺人儿 ʂəu⁵⁵i³¹²zər⁵³	掌尺嘞 tʂaŋ⁵⁵tʂʰʅ³³le⁰ 泥瓦匠 ȵi⁵³ua⁵⁵tɕiaŋ³¹²
张北	买卖人 mai⁵⁵mai⁰zəŋ⁴² 做买卖的 tsuə³mai⁵⁵mai⁰tə⁰	耍手艺的 sua⁴²ʂou⁵⁵i²³tə⁰	瓦匠 va⁵⁵tɕiã²¹³
万全	做买卖的 tsuə²¹³mei⁴⁴mei²¹³tə⁰	手艺人 sou⁵⁵i⁰zəŋ⁴¹	大工 ta²⁴kuəŋ⁴¹
涿鹿	做买卖的 tsuə³¹mɛ⁵⁵mɛ⁰tə⁰	有手艺的 iəu⁴⁵ʂou⁴⁵i³¹tə⁰	泥匠 ȵi⁴⁵tɕiã³¹
平山	干买卖的 kæ⁴²mɛ⁵⁵mɛ⁵⁵ti⁰	耍手艺的 ʂua⁵⁵ʂəu⁵⁵i⁵⁵ti⁰	泥匠 ȵi⁴²tsiaŋ⁰
鹿泉	做买卖嘞 tsuo³¹mɛ³⁵mɛ⁰lɛ⁰	耍把式嘞 ʂua³⁵pa³⁵ʂʅ⁰lɛ⁰	瓦匠 ua³⁵tsiaŋ³¹
赞皇	做生意哩 tsuə³¹²ʂəŋ⁵⁴i⁰li⁰	做技术活儿哩 tsuə³¹²tɕi³¹ʂu⁰xɤr⁵⁴li⁰	泥瓦工 ȵi⁵⁴ua⁴⁵kuŋ⁵⁴
沙河	做买卖嘞 tsuəʔ²mai³³mai²¹le⁰	手艺人 ʂəu³³i²¹zəŋ⁵¹	瓦匠 uo³³tsiaŋ²¹
邯郸	做买卖嘞 tsuʌʔ²mai⁵⁵mai²¹ləi⁰	手艺人 ʂəu⁵⁵i²¹zəŋ⁵³	匠人 tsiaŋ²¹zəŋ⁰
涉县	生意人 səŋ⁴¹i²⁴iəŋ⁰ 商人 sã⁴¹iəŋ⁰	手艺人 sou⁵³i²⁴iəŋ⁰	泥水匠 ȵi⁴¹suəi⁵³tɕiã²⁴

	0592 木匠	0593 裁缝	0594 理发师
兴隆	木匠 mu⁵¹tɕiaŋ⁰	裁缝 tsʰai⁵⁵fəŋ⁰	推头的 tʰuei³⁵tʰou⁵⁵tə⁰ 剃头的 tʰi⁵¹tʰou⁵⁵tə⁰ 理发师 li²¹fa⁵¹ʂʅ³⁵
北戴河	木匠 mu⁵³tɕiaŋ⁰	裁缝 tʃʰai³⁵fəŋ⁰	剃头的 tʰi⁵³tʰou³⁵ti⁰
昌黎	木匠 mu⁴⁵tɕiaŋ⁰	裁缝 tsʰai⁴²fəŋ²³	剃头儿的 tʰi⁴²tʰour⁴²ti²³ 剃脑袋 tʰi⁴³nau²¹tai⁰ti⁰
乐亭	木匠 mu⁵⁵tɕiaŋ⁰	做衣裳的 tsou⁵³i³⁵ʂəŋ⁰ti⁰	剪脑袋的 tɕien³³nau²¹¹tei⁰ti⁰
蔚县	木匠 mu³¹tɕiɔ⁰ 木工 mu³¹kuŋ⁰	裁缝 tsʰɛi⁴¹fəŋ⁰	剃头的 tʰi¹³tʰəu⁴¹ti⁰ 理发的 li⁴⁴fa⁴⁴ti⁰
涞水	木匠 mu³³¹tɕiaŋ⁰	裁缝 tsʰai²⁴fəŋ⁰ 砸⁼衣裳的 tsa⁴⁵i⁴⁵ʂaŋ⁰ti⁰	推脑袋的 tʰuei⁵⁵nau³¹tai⁰ti⁰
霸州	木匠 mu⁴⁵tɕiaŋ⁰	裁缝 tsʰai⁵³fəŋ⁰	推头的 tʰuei⁴⁵tʰou⁵³tɤ⁰ 剃头的 tʰi⁴¹tʰou⁵³tɤ⁰
容城	木匠 mu⁵²tɕiaŋ²³	裁缝 tsʰai²¹fəŋ⁰	推脑袋 tʰuei³⁵nau⁵²tei⁰ti⁰
雄县	木匠 mu⁴⁵tɕiaŋ⁰	裁缝 tsʰai⁵³fəŋ⁰	推头的 tʰuei⁴⁵tʰou⁵³tɤ⁰ 剃头的 tʰi⁴¹tʰou⁵³tɤ⁰
安新	木匠 mu⁵⁵tɕiaŋ⁰	裁缝 tsʰai³³fəŋ⁰	推头的 tʰuei⁴⁵tʰou³³ti⁰
满城	木匠 mu⁵⁵tɕiaŋ⁰	裁缝 tsʰai²²faŋ⁰	推头的 tʰei⁴⁵tʰou²²ti⁰ 剃头的 tʰi⁵³tʰou²²ti⁰
阜平	木匠 mu²⁴tɕiaŋ⁵³	裁缝 tsʰæ⁵³fəŋ⁰	推脑袋 tʰei⁵⁵nɔ²¹tæ⁰ti⁰
定州	木匠 mu³⁵tɕiaŋ⁰	裁缝 tsʰai⁴²fəŋ⁰	剃脑袋 tʰi⁵¹nau²¹¹tei⁰ti⁰
无极	木匠 mu⁵³tsiaŋ⁰	裁缝 tsʰæ³¹fəŋ⁰	推脑袋哩 tʰəi³¹nɔ³⁵tæ⁰li⁰
辛集	木工 mu⁴¹koŋ³³	裁衣裳哩 tsʰai³⁵⁴i³³ʂaŋ⁰li⁰	推头哩 tʰei³⁵⁴tʰou³⁵⁴li⁰
衡水	木匠 mu⁵³tɕiaŋ⁰	铰衣裳的师傅儿 tɕiau⁵⁵i³¹ʂaŋ⁰ti⁰sʅ³¹fur⁰	推头的 tʰuei²⁴tʰəu²⁴ti⁰
故城	木匠 mu⁵³tɕiaŋ⁰ 木工 mu³¹kuŋ²⁴	裁缝 tsʰæ⁵⁵fəŋ⁰ 砸⁼衣裳的 tsa⁵³i²¹ʂaŋ⁰ti⁰	剃头的 tʰi³¹tʰou⁵⁵ti⁰ 推头的 tʰuei²⁴tʰou⁵⁵ti⁰ 理发的 li⁵⁵fa²¹ti⁰
巨鹿	木匠 mu⁵³tɕiaŋ⁰	做衣裳哩 tsou²¹i³³ʂã²¹li⁰	剃头哩 tʰi²¹tʰou⁵⁵li⁰
邢台	木工 mu³¹kuŋ³⁴	裁缝 tsʰai⁵³fəŋ⁰	剃头嘞 tʰi³¹tʰou⁵³lei⁰

（续表）

	0592 木匠	0593 裁缝	0594 理发师
馆陶	木工 mu²¹kuŋ²⁴	做衣裳哩 tsəu²¹i²¹ʂaŋ⁴⁴li⁰	剃头哩 tʰi²¹tʰou⁵²li⁰ 理发哩 li⁴⁴fa²¹li⁰
沧县	木匠 mu⁵³tɕiaŋ⁰	裁缝 tsʰai⁵⁵fəŋ⁰	推头的 tʰuei²³tʰou⁵⁵ti⁰
献县	木匠 mu³³¹tɕiã⁰	砸⁼衣裳的 tsa⁵³i³³ʂã⁰ti⁰	推头的 tʰuei³³tʰou⁵⁵ti⁰
平泉	木匠 mu⁵³tɕiaŋ⁵¹	做衣服的 tsuo⁵³i⁵⁵fu⁰tə⁰ 裁缝 tsʰai³⁵fəŋ⁰	剃头的 tʰi⁵³tʰou³⁵tə⁰ 理发师 li²¹fa⁵³ʂʅ⁵⁵
滦平	木匠 mu⁵¹tɕiaŋ⁰	做衣服的 tsuo⁵¹i⁵⁵fu⁰tei⁰ 裁缝 tsʰai³⁵fəŋ⁰	剪头的 tɕian²¹tʰou³⁵tei⁰ 理发师 li²¹fa⁵¹ʂʅ⁵⁵
廊坊	木匠 mu⁵³tɕiaŋ⁵¹	裁缝 tsʰai³⁵fəŋ⁰	理发师 li²¹fa⁵³ʂʅ⁵⁵ 剃头的 tʰi⁵³tʰou³⁵tɤ⁰
魏县	木匠 mɛ⁵³tɕiaŋ⁰	砸⁼衣裳嘞 tʂa⁵³i³³iaŋ⁰lɛ⁰ 裁缝 tʂʰai⁵³fəŋ³¹²	推头嘞 tʰuəi³³tʰəu⁵³lɛ⁰
张北	木匠 məʔ³tɕiɔ̃²¹³	裁缝 tsʰai⁴²fəŋ⁰	剃头的 tʰi²³tʰəu⁴²tə⁰ 推头的 tʰuei⁴²tʰəu⁴²tə⁰ 剃头匠 tʰi²³tʰəu⁴²tɕiɔ̃²¹³
万全	木工 məʔ⁴⁴kuaŋ⁴¹	裁缝 tsʰɛi⁴¹fəŋ⁰	推头的 tʰuei⁴¹tʰou⁴¹tə⁰
涿鹿	木匠 mʌʔ⁴³tɕiã⁰	裁缝 tsʰɛ⁴²fəŋ⁰	剃头匠 tʰi²³tʰəu⁵²tɕiã³¹
平山	木匠 mu²⁴tsiaŋ⁴²	裁缝 tsʰɛ⁴²fəŋ⁰	剃头的 tʰi²⁴tʰəu⁴²ti⁰
鹿泉	木匠 mu³¹tsiaŋ⁰	砸⁼衣裳嘞 tsa⁵⁵i⁵⁵ʂaŋ⁰lɛ⁰	剃头嘞 tʰi³¹tʰou⁵⁵lɛ⁰
赞皇	木工 mu³¹²kuŋ⁵⁴	做衣裳哩 tsu²⁴i⁵⁴ʂaŋ⁰li⁰	剃头哩 tʰi³¹²tʰəu⁵⁴li⁰
沙河	木匠 məʔ⁴tsiaŋ²¹	做[衣裳]嘞 tsuəʔ⁴iaŋ²¹lɛ⁰	剃头嘞 tʰi²¹tʰəu⁵¹lɛ⁰
邯郸	木匠 məʔ⁵tsiaŋ²¹	做[衣裳]嘞 tsuʌʔ⁴iaŋ³¹ləi⁰	推头嘞 tʰuəi⁵⁵tʰəu⁵³ləi⁰ 铰头嘞 tɕiau⁵⁵tʰəu⁵³ləi⁰
涉县	木匠 mu⁵⁵tɕiã⁰	裁缝 tsʰai⁴¹²fəŋ⁰	剃头嘞 tʰi⁵⁵tʰou⁴¹əi⁰

	0595 厨师	0596 师傅	0597 徒弟
兴隆	厨子 tʂʰu⁵⁵tsɿ⁰ 炒菜的 tsʰau²¹tsʰai⁵¹tə⁰ 厨师 tʂʰu⁵⁵ʂɿ³⁵	师傅 ʂɿ³⁵fu⁰	徒弟 tʰu⁵⁵ti⁰
北戴河	大师傅 ta⁵³ʃɿ⁰fu⁰	师傅 ʃɿ⁴⁴fu⁰	徒弟 tʰu³⁵ti⁰
昌黎	大师傅 ta⁴⁵ʂɿ⁰fu⁰	师傅 ʂɿ⁴³fu⁰	徒弟 tʰu⁴²ti²³
乐亭	大师傅 ta⁵³ʂɿ⁰fu⁰	师傅 ʂɿ³¹fu⁰	徒弟 tʰu³¹ti⁰
蔚县	厨子 tsʰu⁴¹tsɿ⁰ 做饭的 tsu¹³fã³¹ti⁰ 大师傅 ta³¹ʂɿ⁰fu⁰	师傅 ʂɿ⁵³fu⁰	徒弟 tʰu⁴¹ti⁰
涞水	大师傅 ta³³¹ʂɿ⁰fu⁰	师傅 ʂɿ³³fu⁰	徒弟 tʰu²⁴ti⁰
霸州	大师傅 ta⁴⁵ʂɿ⁰fu⁰ 厨子 tʂʰu⁵³tsɿ⁰	师傅 ʂɿ²¹fu⁰	徒弟 tʰu⁵³ti⁰
容城	大师傅 ta⁴⁴ʂɿ²¹fu⁰	师傅 ʂɿ³¹fu⁰	徒弟 tʰu²¹ti⁰
雄县	大师傅 ta⁴⁵ʂɿ⁰fu⁰ 厨子 tʂʰu⁵³tsɿ⁰	师傅 ʂɿ⁴⁴fu⁰	徒弟 tʰu⁵³ti⁰
安新	厨子 tʂʰu³³tsɿ⁰ 上灶儿的 ʂaŋ⁵⁵tsaur⁵⁵ti⁰ 掌勺儿的 tʂaŋ⁴⁵ʂaur³³ti⁰	师傅 ʂɿ⁴⁵fu⁰	徒弟 tʰu³³ti⁰
满城	厨子 tʂʰu²²tsɿ⁰	师傅 ʂɿ⁴⁵fu⁰	徒弟 tʰu²²ti⁰
阜平	大师傅 ta⁵⁵ʂɿ³¹fu⁰	师傅 ʂɿ³¹fu⁰	徒弟 tʰu⁵³ti⁰
定州	厨子 tʂʰu⁴²tsɿ⁰	师傅 ʂɿ³³fu⁰	徒弟 tʰu⁴²ti⁰
无极	做饭儿哩 tsəu⁵¹fɚ³⁵li⁰	师傅 ʂɿ³¹fu⁰	徒弟 tʰu³¹ti⁰
辛集	厨子 tʂʰu³⁵tsɿ⁰	师傅 ʂɿ³³fu⁰	徒弟 tʰu³⁵ti⁰
衡水	大师傅 ta⁵³ʂɿ³¹fu⁰	师傅 ʂɿ³¹fu⁰	学徒工 ɕiau⁵³tʰu⁵³kuŋ²⁴
故城	做饭的 tsou³¹fæ̃⁵³ti⁰ 厨子 tʂʰu⁵⁵tsɿ⁰	师傅儿 ʂɿ²¹fur⁰ 老师 lɔo³¹ʂɿ²⁴	徒弟 tʰu⁵⁵ti⁰
巨鹿	做饭哩 tsou⁵³fɛ⁴¹li⁰	师傅 ʂɿ³³fu⁰	徒弟 tʰu⁵⁵ti²¹
邢台	厨子 tʂʰu⁵³ə⁰	师傅 ʂɿ³⁴fu⁰	徒弟 tʰu⁵³ti⁰
馆陶	做饭哩 tsəu²⁴fæn²¹li⁰ 大师傅 ta²¹ʂɿ²⁴fu⁰	师傅 ʂɿ²⁴fu⁰	徒弟 tʰu⁵³ti²¹

(续表)

	0595 厨师	0596 师傅	0597 徒弟
沧县	厨子 tʂʰu⁵⁵tsʅ⁰	师傅 sʅ⁴¹fu⁰	徒弟 tʰu⁵⁵ti⁰
献县	大师傅 ta³³¹sʅ⁰fu⁰	师傅儿 sʅ³³fur⁰	徒弟 tʰu⁵⁵ti⁰
平泉	厨子 tʂʰu³⁵tsʅ⁰ 厨师 tʂʰu³⁵sʅ⁵⁵	师傅 sʅ⁵⁵fu⁰	徒弟 tʰu³⁵ti⁰
滦平	厨子 tʂʰu³⁵tsə⁰ 厨师 tʂʰu35sʅ55	师傅 sʅ⁵⁵fu⁰	徒弟 tʰu³⁵ti⁰
廊坊	厨子 tʂʰu³⁵tsʅ⁰ 大师傅 ta⁵³sʅ⁵⁵fu⁰	师傅 sʅ⁵⁵fu⁰	徒弟 tʰu³⁵ti⁰
魏县	厨子 tʂʰu⁵³tɛ⁰ 掌勺儿嘞 tʂaŋ⁵⁵ʂuɤr⁵³lɛ⁰	师傅 sʅ³³fu⁰	徒弟 tʰu⁵³ti³¹²
张北	大师傅 ta²³sʅ⁴²fu⁰	师傅 sʅ⁴²fu⁰	徒弟 tʰu⁴²ti⁰
万全	厨师 tʂʰu⁴¹sʅ⁰	老师傅 lɔ⁵⁵sʅ⁴¹fu⁰	学徒的 ɕyəʔ⁴tʰu⁴¹tə⁰
涿鹿	厨子 tʂʰu⁴²ə⁰	师傅 sʅ⁴²fuə⁰	徒弟 tʰu⁴²ti⁰
平山	厨子 tʂʰu⁴²tsʅ⁰	师傅 sʅ⁴²fu⁰	徒弟 tʰu⁴²ti⁰
鹿泉	做饭嘞 tsuo³¹²fæ³¹lɛ⁰	师傅 sʅ⁵⁵fo⁰	徒弟 tʰu⁵⁵ti⁰
赞皇	厨子 tʂʰu⁵¹tsə⁰	师傅 sʅ⁵⁴fu⁰	徒弟 tʰu⁵¹ti⁰
沙河	做饭嘞 tsuəʔ⁴fã²¹lɛ⁰	师傅 sʅ⁴¹fəʔ⁰	徒弟 tʰu⁵¹ti⁰
邯郸	做饭嘞 tsuʌʔ⁵fã²¹ləi⁰	师傅 sʅ³¹və⁰	徒弟 tʰu⁵³ti²¹
涉县	大师傅 tɒ⁵⁵sʅ⁴¹fu⁰ 厨师 tʂʰu⁴¹sʅ⁰	师傅 sʅ⁴¹fu⁰	学徒嘞 ɕyɐʔ³²tʰu⁴¹əi⁰

	0598 乞丐 统称，非贬称（无统称则记成年男的）	0599 妓女	0600 流氓
兴隆	要饭的 iɑu⁵³fan⁵¹tə⁰ 叫花子 tɕiɑu⁵¹xuɑ³⁵tsʅ⁰ 乞丐 tɕʰi²¹kai⁵¹	小姐 ɕiɑu³⁵tɕie²¹³ 婊子 piɑu²¹tsʅ⁰ 妓女 tɕi⁵¹ny²¹³	流氓 liou⁵⁵maŋ⁵⁵
北戴河	老花子 lau²¹xua⁴⁴tʃʅ⁰	妓女 tɕi⁵³ny²¹⁴	流氓 liou³⁵maŋ³⁵
昌黎	花子 xua⁴²tsʅ⁰	窑子娘们儿 iau⁴²tsʅ²³ȵia⁴²mɚ²³	流氓 liou³⁴maŋ²¹³
乐亭	老花子 lau³³xua³¹tsʅ⁰	窑子娘们儿 iau³¹tsʅ⁰nia³¹mɚ⁰	二流子 ɚ³⁴liou³¹tsʅ⁰
蔚县	讨吃子 tʰʌɯ⁴⁴tsʰʅ⁵³tsʅ⁰ 要饭的 iʌɯ¹³fã³¹ti⁰	黄米 xɔ⁴¹mi⁰	二流子 ɚ¹³liəu⁵³tsʅ⁰
涞水	要饭的 iau³¹fan²⁴ti⁰	窑姐儿 iau⁴⁵tɕier²⁴	流氓 liou⁴⁵maŋ⁴⁵
霸州	要饭的 iau⁴¹fan⁴⁵tɤ⁰	窑姐儿 iau⁴⁴tɕier²¹⁴	流氓 liou⁴⁴maŋ⁵³
容城	要饭的 iau⁵²fan³⁵ti⁰	窑姐儿 iau⁴⁴tɕier²¹³	流氓 liou⁴⁴maŋ³⁵
雄县	要饭的 iau⁴¹fã²¹tɤ⁰	窑姐儿 iau⁵³tɕier²¹⁴	流氓 liou⁵³maŋ⁵³
安新	叫花子 tɕiau⁵³xua⁴⁵tsʅ⁰ 要饭的 iau⁵⁵fan²¹ti⁰	窑姐儿 iau⁴⁵tɕier²¹⁴	二流子 ɚ⁵³liou⁴⁵tsʅ⁰ 流氓 liou⁴⁵maŋ³¹
满城	要饭的 iau⁵³fan⁵¹²ti⁰	窑姐儿 iau⁴⁵tɕier²¹³	流氓 liou⁴⁵maŋ²²
阜平	要饭吃的 iɔ²⁴fæ⁵⁵tʂʰʅ²¹ti⁰	黄米 xuaŋ⁵³mi⁰	流氓 liou²⁴maŋ⁰
定州	要饭的 iau⁵³fan³⁵ti⁰	窑姐儿 iau²⁴tɕier²⁴	二流子 ɚ⁵³liou³³tsʅ⁰
无极	要饭儿哩 iɔ⁵¹fer³⁵li⁰	窑姐儿 iɔ³¹tsiɤ³⁵	流氓 liəu³⁵maŋ³¹
辛集	要饭儿哩 iau⁴²fer³²⁴li⁰	窑子哩 iau³⁵tsʅ⁰li⁰	二流子 lə⁴¹liou³⁵tsʅ⁰
衡水	要饭儿的 iau³¹fer⁵³ti⁰	窑姐儿 iau⁵³tɕier⁵⁵	流氓 liəu⁵³maŋ⁵³
故城	要饭 iɔɔ³¹fæ⁵³ti⁰	妓女 tɕi³¹ny⁵⁵ 窑姐儿 iɔɔ³¹tɕiɤɤ⁵⁵	流氓 liou⁵³maŋ⁵⁵ 二流子 ɚ³¹liou⁵³tsʅ⁰
巨鹿	要饭儿哩 iau²¹far⁵³li⁰	窑子哩 iau³⁵tsʅ⁰li⁰	流氓 liou⁴¹mã⁴¹
邢台	要饭哩 iau³³fan³¹li⁰	婊子 piau⁵⁵ə⁰	大流氓 ta³¹liou³³maŋ⁵³
馆陶	要饭哩 iao²⁴fæn²¹li⁰	卖屄哩 mai²¹pi²⁴li⁰	流氓 liəu⁵²maŋ⁵²
沧县	要饭的 iau⁴¹fan⁵³ti⁰	窑姐儿 iau⁵³tɕiɤɤ⁵⁵	狗屎 kou⁵⁵ʂʅ⁵⁵
献县	要饭儿的 iɔ³¹fer³³¹ti⁰	窑姐儿 iɔ⁵³tɕiɲɤɤ²¹⁴	流氓 liou⁵³mã⁵³
平泉	要饭的 iau⁵³fan⁵¹tə⁰ 叫花子 tɕiau⁵³xua⁵⁵tsʅ⁰ 乞丐 tɕʰi²¹kai⁵¹	婊子 piau²¹tsʅ⁰ 妓女 tɕi⁵³ny²¹⁴	流氓 liou³⁵maŋ³⁵

（续表）

	0598 乞丐 统称，非贬称（无统称则记成年男的）	0599 妓女	0600 流氓
滦平	要饭的 iau^{51}fan^{51}tei^{0} 乞丐 tɕʰi^{21}kai^{51}	婊子 piau^{21}tsə^{0} 窑姐儿 iau^{35}tɕier^{214} 妓女 tɕi^{51}n̠y^{214}	流氓 liou^{35}maŋ^{35}
廊坊	要饭的 iau^{53}fan^{51}tɤ^{0} 叫花子 tɕiau^{53}xua^{55}tsɿ^{0}	窑姐儿 iau^{35}tɕier^{214}	流氓 liou^{35}maŋ^{35}
魏县	要饭嘞 iau^{31}fan^{312}lɛ^{0} 叫花子 tɕiau^{312}xua^{33}tɛ^{0}	窑姐儿 iau^{53}tɕiɤr^{55}	流氓 liɐu^{53}maŋ^{53}
张北	讨吃的 tʰau^{55}tsʰə^{32}tə^{0}	婊子 piau^{55}tsə^{0} 窑姐儿 iau^{42}tsier^{0}	二流子 ər^{23}liəu^{42}tsə^{0}
万全	讨吃的 tʰɔ^{44}tsʰə^{22}tə^{0}	窑姐 iɔ^{44}tɕiei^{55}	二流子 ər^{45}liou^{41}tsə^{0}
涿鹿	要饭的 iɔ^{23}fæ^{31}tə^{0}	窑姐儿 iɔ^{52}tɕiɤr^{45}	流氓 liɐu^{113}mã^{52}
平山	讨吃 tʰɔ^{55}tʂʰʅ^{0}	妓女 tɕi^{42}n̠i^{55}	流氓 liɐu^{53}maŋ^{31}
鹿泉	要饭嘞 iɔ^{312}fæ^{31}lə^{0}	窑姐儿 iɔ^{55}tsiɤr^{0}	流氓 liou^{55}maŋ^{55}
赞皇	要饭哩 iɔ^{312}fæ^{31}li^{0}	窑姐儿 iɔ^{54}tsiɤr^{45}	流氓 liɐu^{54}maŋ^{55}
沙河	要饭嘞 iau^{21}fã^{0}lɛ^{0}	小姐 siau^{31}tsie^{33}	#1 头鬼 tsʰɔ^{21}tʰəu^{51}kuei^{33}
邯郸	要饭嘞 iau^{53}fæ^{21}ləi^{0}	婊子 piau^{55}tə^{0}	流氓 liɐu^{24}maŋ^{53}
涉县	要饭儿嘞 iau^{53}fɚ^{24}ləi^{0}①	妓女 tɕi^{55}n̠y^{0}	流氓 liou^{412}mã^{0}

① 非儿化的"要饭嘞"有贬义。